누워서 읽는 중국사

울퉁불퉁 중국인 이야기

들어가는 말

인간적으로 참아내기 어려운 궁형(宮刑)을 당하면서도 역사를 기록하고자 능욕을 참았다던 사성(史聖) 사마천은 과연 무엇을 기록하고 싶어 그리 했을까?

《사기(史記)》를 통해 추론해보면 그가 그토록 기록하고 싶었던 것은 아마 맨 앞장에 기록되어 있는 백이(伯夷), 숙제(叔齊) 이야기였을 것이다. 오늘날까지 중국이란 국가의 국시(國是)가 되고 있는 인의예지(仁義禮智)에 의한 인본(仁本)적 다스림의 맨 앞자리를 차지하고 있는 것은 주(周)나라 무왕(武王)이다. 그런 무왕의 말고삐를 잡고 '이상주의 도덕론'을 설파했으나 민생을 도탄에서 구해내야 한다는 현실 정치의 혁명론자들에 떠밀려 겨우 목숨만 부지한 채 수양산에 들어가 도라지를 캐 먹다 죽은 변방 나라 고죽국 출신의 두 왕자, 백이, 숙제. 사마천은 도대체 무에 그리 중요하다고 열전(列傳)의 맨 앞자리에 그들을 배치했을까?

공자(孔子)가 일찍이 그랬듯 선인(善人)이 패배하고 악인(惡人)인 도척이 천수를 누리는 것을 보면서 그는 "하늘의 뜻이 과연 있는가, 있다면 세상은 왜 이 모양인가?"라고 외쳤지만, 하늘은 잠자코 말이 없었다. 그래서 그는 하늘이 못다 한 '선(善)을 선양(宣揚)하고 악(惡)을 징치(懲治)하는 그 일'을 그의 붓끝으로나마 나타내고 싶었을 것이다. 아마도 공자(孔子)의 역사책《춘추(春秋)》에 대한 존경심에서 비롯했을 그의 예리한 '붓끝'은 그 뒤 사마광의 《자치통감》에서 언뜻 보인 후 역사 속에서 영영 사라지고 말았다.

우리나라와 중국은 길항(拮抗) 관계의 2천 년을 보냈다. 고구려는 싸우고 신라는 협조하며 초기 천년을 살았고, 그 후 고려는 5백 년을 밀고 당기며 보냈으며, 조선은 오백 년을 조공 형태의 사대와 복종의 역사로 지내왔다.

근대 이후 우리는 중국과 대체로 적대적인 관계였다. 떼려야 뗄 수 없는 한중일의 삼국은 서로 폄하하고 조롱하는 뉴스만 소비했다. 남의 나라의 기쁜 소식이 나의 슬픔이 되고, 남의 나라의 슬픈 소식이 나의 기쁨이 되는 적대적 동반자 관계가 삼국 정치의 현실이 되었다. 극우적인 유튜버나 악성 논쟁으로 주목받기 좋아하는 사이비 언론뿐만 아니라 주류 미디어나 학계도 서로의 진실은 애써 외면하고 민중들의 적대감을 고무하며 그들의 위치를 지켜가고 있다. 과연 그들의 말대로 14억 중국인들 모두가 세상의 중심이 중국이고 동양의 모든 문화는 중국에서 시작되었다고 하는 중화론자들일까? 일본의 1억 2천만 인구 모두가 한국을 식민지로 삼아 개발의 씨앗을 뿌려주었는데도 한국인들이 고마움을 모른다고 생각하는 혐한론자들일까? 가장 악랄한 기사나 댓글만 소개해, 온 국민에게 이웃 국가에 대한 증오의 감정을 부추기고 있는 것은 아닌지 그들에게 묻고 싶다.

솔까말! 솔직히 까놓고 말해 보자.

만일 중국이 없었다면 우리의 문화는 어떠했을까? 중국이 우리를 정복하거나 합병해 식민지화했다면 오늘 우리는 과연 우리말을 쓰며 우리만의 독특한 문화를 뽐낼 수 있었을까? 우리는 거대한 중국과의 관계에서 전쟁이든 조공이든 사대든 어떠한 방법이든 간에 살아남아 오늘에 이르렀다. 우리 민족 문화가 온전히 살아남은 이 자체가 바로 우리의 기적적인 성공의 핵심이고 요체이다.

객관적으로 보아 우리는 오랜 기간 한자 문화권에 속한 국가였다. 세종대왕이 훈민정음이라는 새로운 우리말 표기법을 발명하기 이전의 그 오랜 시간, 우리는 중국인들이 만든 한자를 빌려 우리말을 표기해 왔고, 그래서 문화와 전통을 간직하고 전달해 왔다. 물론 고립어인 한자를 교착어인 우리말로 기록하느라고 한자의 음(音)과 훈(訓)을 빌려 쓰며 구결(口訣), 현토(懸吐), 이두(吏讀), 향찰(鄕札) 등 갖가지 연구를 해가면서 노력해 왔지만, 그 근본은 한자였다. 요즘은 영어 능력이 권력이라지만 그보다 오랜 시간 한자 실력, 혹은 한문 경전을 아는 것이 출세의 지름길인 시대도 있었다. 시대가 조금 변했다고 그야말로 한자를 쌩까고(?) 있는 것은 아닌지 모르겠다. 아직도 우리말 사전의 단어 중 70% 이상이 한자어에서 온 말이라는 것은 부인할 수 없는 사실이다. 어디 언어뿐인가. 그들의 정치 제도와 철학도 오랜 시간 우리 사회를 지배해 온 주류적 흐름이 아니었던가. 다만 세계 모든 나라가 그러하듯 그들의 것을 가져다 우리 형편에 맞게 창의적으로 변형시켰다. "너희들 모든 것이 다 우리나라에서 흘러간 것 아니냐"는 중화론자들의 어설픈 원조(元祖)론에 동의할 필요는 없지만, 그리스 문화를 서양 문화의 원줄기로 생각하는 서양 사람들처럼 생각해 준다고 하여 크게 자존심 상할 일은 아니라고 보는 것이 나의 생각이다. 문화란 마치 공기처럼 기압이 높은 곳에서 낮은 곳으로 흘러가는 것이다. 문화의 모방(模倣), 표절(剽竊), 이식(移植)도 넓게 보면 모두 '문화 접변(接變)' 현상으로 전 세계 어디서나 일어나는 일이다. 우리는, 중세까지는 중국이 위치한 대륙 쪽에서 흘러온 문화를 받아들이고 근대 이후는 바다 쪽 미국에서 흘러오는 문화를 받아들이고 있을 뿐이다.

인정할 것은 쿨하게 인정하자. 다만 그런 원자재를 얼마나 아름답고 효율적으로 현대적 삶에 응용하는 능력을 가졌느냐가 가장 중요한 포인트가 될 뿐이다. 일본에서 개발된 가라오케라는 기계를 들여와 여러 가지 형태의 노래방을 만들어 하나의 커다란 오락 산업으로 키운 것이, 미군 부대에서 흘러나온 소시지나 햄 등을 김치와 버무려 부대찌개라는 새로운 한국적 음식을 만들어 낸 것이 그런 예가 될 것이다.

적어도 중국 대륙에 명멸(明滅)했던 수많은 왕조는, 우리에게 형님이라 부를 것을 강요했을 뿐 우리를 말살하거나 해체하려고 하지는 않았다. 그게 뭐 그리 대단하냐고 말하는 사람은, 종교의 자유를 찾아 북아메리카에 상륙한 서양인들이 이후 그 땅의 원주민 인디언들을 처리한 방식과, 남아메리카 대륙에 상륙한 스페인 포르투갈인들이 남미의 원주민들에 가한 압박을 생각해 보라. 오스트레일리아에 상륙한 영국인들이 원주민을 말살하다시피 한 사례도 살펴보라. 그리고 미완의 과업으로 실패하고 말았지만 나폴레옹의 군대나 히틀러의 군대가 러시아 땅으로 쳐들어가 슬라브족을 멸족(滅族)시키기 위해 군인과 민간인을 가리지 않고 수천만 명을 죽인 일을 회고해 보라.

우리 한(韓)민족이 매우 용맹하게 영토 방위 전쟁을 했고, 게다가 의(義)를 추구하는 '동방예의지국'의 면모를 지니고 있었던 것이 사실이라 하더라도, 압도적 인구와 막강한 군사력과 어마어마한 생산력을 가진 중국의 왕조들이 우리 민족을 정복해 중국의 일개 지방이나 성(省)으로 만들지 않은 것은, 그들이 착하기 때문이 아니라 적어도 우리와의 공존(共存)의 이유가 그들에게도 있었기 때문이라고 나는 생각한다. 100원을 들여 공격해서, 얻어먹을 것은 10원도 안 된다고 판단했거나, 그냥 살려두고 때로 을러메거나 달래가면서 이용해 먹는 것이 더 효율적이라고 생각했을 수도 있고, 변두리에 두어 타 해양 세력의 대륙 진출을 막아내는 전진 기지 역할쯤으로 그냥 둔 것일 수도 있다.

우리의 생존 방식이 저항과 투쟁, 공존과 협력, 사대와 조공 등 다양한 현실에 따라 갖가지 대처법이 있었던 것은 사실이지만, 그런 과정을 통해 우리는 중국을 때로는 겁주고 때로는 설득하고 때로는 다독이며 한민족의 정체성을 유지해 왔다. 이것은 바다라는 천연 장벽을 사이에 둔 일본과는 전혀 다른 환경에서 만들어낸 업적이다. 그런 점에서 우리는 그런 선조(先祖)들을 자랑스러워해도 좋을 것이다. 우리 민족을 비겁했다고 말하는 자가 있다면 고개 들어 우리와 같은 핏줄을 지녔다는 북방의 유목 민족들을 보라. 한때 중국 대륙을 정복하고 소수의 인원으로 다수의 한족(漢族)을 지배했던 거란인과 몽골인 그리고 만주족의 오늘을 보면 우리 조상들의 현명함은 바로 오늘 우리의 존재 자체가 증거가 된다.

여담이지만 우리가 올림픽에서 양궁(洋弓)의 최대 강국인 이유도 중국이라는 나라가 옆에 있었기 때문일 것이다. 중국이라는 거대한 나라가 쳐들어 왔을 때 상대적으로 인구가 적은 우리가 그들의 대군과 전면전을 벌여서는 승산이 없다. 그래서 고대로부터 사용한 전술이 견벽청야(堅壁淸野) 작전이었다. 즉 일단 높은 산에 준비된 산성(山城)으로 백성 모두가 피신하고 버티는 것이 견벽(堅壁)이고, 적들의 잠자리, 음식, 식수가 될 수 있는 집이나 식량, 우물을 모두 없애 버리는 것이 청야(淸野)이다. 그리고 산성으로 쫓아 올라온 적들을 내려다보며 활을 쏘아 대항해 결국 원정군인 중국 군사들이 스스로 물러가게 만든 작전을 썼던 결과가 양궁 실력으로 나타났다고 볼 수도 있다. 소수의 인원으로 다수의 적병을 맞아 강토를 지키는 처절한 생존의 경험에서 생긴 능력인 것이다. 고구려 을지문덕 장군이 수(隋)나라의 백만 대군과 맞서 승리할 수 있었던 것이 바로 그런 작전이었다. 그러면서 을지문덕은 "그대의 신기한 책략은 천문을 꿰뚫었고, 그대의 신묘한 계산은 지리적 이치를 통달했도다. 자, 이제 만족함을 알았으면 물러감이 좋을 듯합니다"라고 한편으로 적을 치켜주면서 한편으로 적을 치는 고도의 작전을 펼쳤다.

2차 대전 종전 후의 국제 질서를 논의한 카이로 회담에서 한국을 일본의 일부로 알고 있던 미국 루스벨트 대통령과 영국의 처칠 앞에서 비록 말석(末席)에서나마 한반도를 독립시켜야 한다고 주장한 장제스가 없었다면 전후 한반도의 상황은 또 다른 혼란을 겪었을 것이다. 결국 분단의 아픔을 맞게 되고 자칭 해방 전쟁을 감행한 북한 정권의 남침에 의해 6·25라는 씻지 못할 동족상잔의 아픔을 겪기는 했지만, 그것은 미국과 소련의 냉전 체제의 산물이지 중화민국 혹은 장제스의 잘못은 아니다. '죽(竹)의 장막' 시대를 거쳐 중국의 개혁 개방을 통해 한때 우호적이었던 한중 관계는 미국과 중국이 불화하면서 소위 '신냉전'의 시대를 맞고 있다. 정권에 따라 조금 차이가 있기는 하지만, 우리나라에서 미국과의 상호 방위조약을 믿는지 아니면 1인당 GDP가 몇 달러 많다는 것을 믿는 것인지, 중국 혹은 러시아 앞에서 "때릴 테면 때려 봐, 때려 봐" 하며 미국, 일본의 뒷배를 믿고 까불대고 있는 우파 정권들과 언론들의 작태를 보면 나는 기가 막힌다. 싸울 땐 싸우더라도 전후(戰後)를 생각하고 경쟁 대상을 예우할 줄 알았던 을지문덕의 지혜가 필요하다는 말이다.

게다가 그 이유가 같은 민족인 북한과 동맹 관계이고 6·25 때 북한의 멸망을 그냥 지켜보지 않고 인민군을 파견해 항미(抗美) 원조(援朝)한 것이 원죄라면 미국과 우리의 관계도 마찬가지이다. 근래 우리가 선진국으로 도약할 수 있었던 것도 중국과의 긴밀한 경제적 관계가 한몫한 것은 분명한 일이다. 별다른 사건 사고도 없이 중국과 적대 관계로 돌아가는 것은 우리가 주체적 외교 능력을 가지지 못한 미국의 푸들에 불과하다는 것을 대내외에 알려주는 것에 불과하다. 작은 국가일수록 때론 영민하게 때로는 영악하게 국제 정세의 파도를 타면서 자국의 이익을 챙겨야 오래 살아남을 수 있다. 우리가 중국에 침략을 당한 역사를 보면 그런 교훈을 얻을 수 있다. 수(隋)나라, 당(唐)나라 시절에야 그쪽의 정복 군주에 의해 전쟁을 맞이할 수밖에 없었지만, 그 후 거란과의 전쟁이나 몽골과의 관계, 혹은 만주족에 의한 병자호란 등은 우리가 외교력을 충분히 발휘했다면 막을 수 있는 침략이었다는 것이 역사학자들의 중론(衆論)이다. 결국 한족(漢族)이 아닌 북방 유목민의 국가에 대한 폄하나 멸시적인 태도가 전쟁의 주요한 원인이 되었다. 이런 점은 1992년 흑인들에 의한 LA 폭동 당시 주요 피해자가 재미 한국인이었던 것에서 잘 나타나고 있다. 흑인들의 입장에서는 한국계 미국인들 역시 유색 인종인데, 이들이 마치 백인 주류 사회에 속한 양 흑인을 깔보고 차별한 데 대한 묵은 감정이 폭발한 것이다. 같은 몽골리안이면서 동족 계열인 자기들은 상종 못 할 야만인으로 대하고, 이민족인 한족(漢族)에게는 설설 기는 고려 혹은 조선인에 대한 거란, 몽골, 만주족들의 감정도 LA 흑인들의 감정과 크게 다르지 않았을 것이다.

이제 털 것은 털고 잊을 것은 잊고 대등하고 평등한 외국으로서 중국을 보아야 한다. 그런 점은 일본도 마찬가지이지만, 일본의 경우는 식민 지배에 대한 제대로 된 사과가 전제되어야 한다. 사과는 지속적이면서 또 행동으로 나타나야 한다. '고이즈미 담화'나 일본 천왕의 "통석(痛惜)의 념(念)을 금(禁)할 수 없다"와 같은 말 한마디를 한 뒤 "조센징 놈들, 도대체 몇 번을 사과하라는 거야. 한 번 했음 됐지"라고 말하는 것은 사과가 아니다. 앞에서는 사과하고 뒤로는 뒤통수 치는 구밀복검(口蜜腹劍)이나 한두 명은 사과하는 척하고 나머지는 뒤에서 경제 개발을 도왔다고 헛소리하는 한 제대로 된 사과는 아니다. 물론 한반도에 자생하는 일제 식민지 잔존 세력들인 소위 New Right라는 일부 집단이, 식민지 근대화론이니 뭐니 하는 해괴망측한 이론으로 일본인들을 기고만장하게 만든 탓도 있지만, 그런 놈들이야말로 '일부 몰지각한 반국가 사범'들이다. 대다수 국민의 의견은 제대로 된 사과를 기다려 친선이나 우호를 맺어도 그리 늦지 않다는 것이다.

물론 중국에도 언젠가 미국을 넘어 세계 최고의 강대국이 되겠다는 패권적인 '중국몽(中國夢)'에 취한 집권자들과 그들의 홍위병 격인 소위 '소분홍(小粉紅)'들이 애국심에 취해 각종 미디어에 나타나 갖가지 눈꼴신 짓을 하는 사람들이 있다. 하지만 그런 일부 비상식적인 것들이야 우리나라의 '일베충' 혹은 '낙성대충'처럼 어느 나라에도 있다. 중국의 민주화가 진행되고 민도(民度)가 높아지면 그런 해충들은 구제되는 날이 올 것이다. 아직은 명색이 공산당 집권의 프롤레타리아 일당 독재를 구호로 앞세우고 있는 나라이니 조금 더 참고 정경 분리의 입장에서 지켜보면 될 일이다.

우리는 누구인가? 우리는 어디에서 왔고 어떻게 살아왔고 어디를 향해 가는가?

한 개인의 정체성이 그의 '기억(記憶)'에 의해 규명되듯 우리 '민족(民族)'이란 정체성도 기억에 의해 구성되고 형성된다. 그리고 그 기억의 중심은 '역사(歷史)'이다. 국가란 일종의 '상상의 공동체'이고 그 상상은 국민이 공유하는 '정신/의식'임에 분명하다. 그 바탕에는 우리만이 사용하는 언어와 문화, 태도, 관습 등이 있기는 하나 가장 근본적인 것은 우리가 가진 '우리다움' 혹은 '남과 다름'일 것이다. 우리가 우리를 정의하고 규정할 때는 우리가 가진 우리다운 '공통점'을 찾는 방법도 있고, 또 우리와 다른 국가나 민족과의 '차이점'을 통해서 찾기도 한다. 그런 측면에서 중국(中國)이란 나라와 민족은 우리의 정체성을 규정하는 '차이'를 발견하는 기준점이 될 수 있는 가장 가까운 이웃이다. 물론 일본(日本)도 지근거리에 있는 국가이긴 하지만 서로 주고받은 영향력의 정도는 중국이 훨씬 더 강력하고 긴밀했으며, 그 정도는 과거로 올라갈수록 더욱 더하다. 그런 점에서 중국이야말로 우리와 떼려야 뗄 수 없는 관계이다. 지리적 인접성으로부터 출발한 인종, 문화, 철학, 예술 등 갖가지 측면에서 중국은 우리와 같거나 다르다. 두 나라는 그런 점에서 동반자(同伴者) 관계이다. 시대에 따라 그 동반자 관계는 우호적이기도 하고 적대적이기도 하면서 애증(愛憎)으로 오락가락했으나 적어도 두 나라의 관계가 단절된 적은 없었고 또 그럴 수도 없었다.

서양학자들은 중국과 우리는 인종(人種)이 다르다고 한다. 저들은 China족, 우리는 Mongolia족, 언어(言語)도 달라 저들은 China-Tibet 어족이라 하고 우리는 Ural-Altai 어족에 속한다고도 했다. 또 저들은 Chinese이니 '-니즈'로 불리는 집단이고 우리는 Korean이니 '-안'으로 불리는 집단이라고 한다. 그러나 DNA 조사를 해 본 결과 우리 민족과 중국 그리고 일본인들과의 유전자적 차이는 한반도 내의 차이와 크게 다를 바 없다는 것이 밝혀졌다. 즉 중국인과 일본인 그리고 우리 대한민국 사람들의 차이는 혈통적인 것이 아니라 '정신적인 그 무엇'이라는 것이다. 그 결과 민족이란 '그 자신이 거기에 속한다고 생각하는 정신'의 소산이라는 것이다. 다시 말하면 국가와 민족이란 결국 '상상의 공동체'라는 결론에 이르게 된다. 어쩌면 민족이란 여권에 적힌 국적이나 그가 살고 있는 지역이 아니라 월드컵이나 올림픽 경기가 열렸을 때 어느 나라를 응원하느냐의 문제일 수도 있다.

일찍이 손자(孫子)는 그의 병법(兵法)에서 지피지기(知彼知己)면 백전불태(百戰不殆)라고 했다. 적(敵)이라고도 친구라고도 말할 수는 없지만 적어도 중국은 우리 역사와 오랜 시간 함께해 왔다. 그만큼 공존(共存)의 시간은 길었다. 상대적으로 작은 나라였기에 우리 민족이 주로 형님처럼 모시긴 했으나 적어도 우리 영토를 침범하는 것은 용납하지 않았다. 농담 삼아 말하자면 비록 작은 나라지만 세계 강대국 국민에게 '-놈'이라고 일상생활화하여 낮추어 말하는 나라는 우리밖에 없을 것이다. 적어도 자존감은 강한 나라이고 지고는 못 사는 민족이기 때문이다. 우리 앞에는 많은 과제가 있고 그 과제들은 이웃 나라들과 연결되어 있는 경우가 대부분이다.

최근 들어 우리는 이웃 나라들과 불화(不和)를 겪고 있다. 중국은 오랜 침체에서 벗어나 세계 2위의 경제 대국으로 부상했으며 중국몽(中國夢)이라는 세계 최고의 패권 국가의 꿈을 멈추지 않고 있다. 최강대국인 미국은 그런 중국의 부상을 견제하고 있으며 그런 결과 동북아에는 새로운 냉전(冷戰) 관계가 형성되고 있다. 그럼에도 불구하고 중국과 우리 그리고 일본은 같은 문화를 공유한 사이임에 틀림없다. 중국인들이 발명한 한자(漢字)를 언어의 일부로 사용하고 있고, 붓으로 글씨를 쓰고, 젓가락으로 음식을 먹고, 부모와 나이 든 사람을 존중하는 유교적 태도를 지니고 있는 것은 사실이다. 우리끼리는 아무리 다르다고 외쳐도 서양인의 눈에는 그저 '그놈이 그놈'일 뿐이다. 그런 공통점을 찾아보고 그들과 우리의 관계를 규정했던 조공(朝貢)과 하사(下賜), 사대(事大)의 본질적 차이를 제대로 알아야 한다.

사실 우리가 알고 있는 인류 역사 동안 중국은 세계 최고의 국가였다. 요즘 말로 바꾸면 중국은 오랜 시간 세계 GDP의 30% 이상을 차지해온 최강대국이었다. 아편 전쟁 이후 종이호랑이로 전락했던 중국이 요즘 다시 슬며시 고개를 쳐들며 특유의 자부심을 되찾고 있는 중이라고 볼 수도 있다. 원래 중국 56개 소수 민족의 단결을 위해 시작한 동북 공정이 조금 마음에 거슬리긴 하지만, 자신들의 일체감 형성을 위해 다소 미성숙한 중국식 애국주의라고 이해할 수도 있다. 중국몽(中國夢)은 근대 역사에서의 중국의 아픔을 되풀이하지 않겠다는 그들의 내부적 다짐으로 풀어볼 수도 있다. 서양 사람들은 내세관을 앞세운 종교로 현실 인간을 통제해왔지만, 중국은 《춘추(春秋)》 이래 역사 기록으로 현실적 인간을 제어해 왔다. 그런 점에서 중국인들은 가장 현실주의자들이고 가장 자본주의자들이다. 그들의 꿈은 천국(天國)에 있는 것이 아니라 여기 지금 현실에 있기 때문이다.

E.H Carr에 의하면 모든 역사는 언제나 현대사, 즉 과거와의 대화이다. 그런 점에서 보면 이 책은 우리 한민족과 중국 민족과의 대화의 기록이다.

이 땅의 사람들이 어떻게 살아 왔는가를 알기 위해서는 이웃 나라들의 문화와 풍습이 우리에게 어떤 영향을 끼쳤는가를 아는 것이 필수적이다. 이 책은 그런 점에서 우리와 가장 가까운 나라 중국의 역사를 통해 우리 문화의 본질과 정체성을 살펴보고 우리의 앞날을 제시해줄 것이다.

이제 대한민국도 그렇게 꿈꾸던 선진국 반열에 들어섰다. 백범 김구 선생은 일제에 빼앗겼던 나라를 되찾았을 때 '내가 원하는 우리나라'라는 글에서 복수나 증오보다는 상생(相生)을 먼저 말씀하셨다. 조금 더 선생의 말을 인용해 본다.

> 나는 우리나라가 세계에서 가장 아름다운 나라가 되기를 원한다. 가장 부강한 나라가 되기를 원하는 것은 아니다. 내가 남의 침략에 가슴이 아팠으니 내 나라가 남을 침략하는 것을 원치 아니한다. 우리의 부력(富力)은 우리의 생활을 풍족히 할 만하고 우리의 강력(强力)은 남의 침략을 막을 만하면 족하다. 오직 한없이 가지고 싶은 것은 높은 문화의 힘이다. 문화의 힘은 우리 자신을 행복하게 하고 나아가서 남에게 행복을 주겠기 때문이다.
>
> 나는 우리나라가 남의 것을 모방하는 나라가 되지 말고 이러한 높고 새로운 문화의 근원이 되고 목표가 되고 모범이 되기를 원한다. 그래서 진정한 세계의 평화가 우리나라에서, 우리나라로 말미암아서 세계에 실현되기를 원한다. 홍익인간(弘益人間)이라는 우리 국조(國祖) 단군의 이상이 이것이라고 믿는다.
>
> 우리 민족이 주연 배우로 세계의 무대에 등장할 날이 눈앞에 보이지 아니하는가.
>
> 이 일을 하기 위하여 우리가 할 일은 사상의 자유를 확보하는 정치 양식의 건립과 국민 교육의 완비다. 내가 위에서 자유의 나라를 강조하고 교육의 중요성을 말한 것은 이 때문이다. 최고 문화 건설의 사명을 달할 민족은 일언이폐지하면 모두 성인을 만드는 데 있다. 대한 사람이라면 간 데마다 신용을 받고 대접을 받아야 한다. 우리의 적이 우리를 누르고 있을 때에는 미워하고 분해하는 살벌, 투쟁의 정신을 길렀었거니와 적은 이미 물러갔으

니 우리는 증오의 투쟁을 버리고 화합의 건설을 일삼을 때다. 집안이 불화하면 망하고 나라 안이 갈려서 싸우면 망한다. 동포 간의 증오와 투쟁은 망조(亡兆)다. 우리의 용모에서는 화기가 빛나야 한다. 우리 국토 안에는 언제나 춘풍이 태탕하여야 한다. 이것은 우리 국민 각자가 한 번 마음을 고쳐먹음으로써 되고 그러한 정신의 교육으로 영속될 것이다.

최고 문화로 인류의 모범이 되기로 사명을 삼는 우리 민족의 각원은 이기적 개인주의자여서는 안 된다. 우리는 개인의 자유를 극도로 주장하되 그것은 저 짐승들과 같이 저마다 제 배를 채우기에 쓰는 자유가 아니요, 제 가족을, 제 이웃을, 제 국민을 잘 살게 하기에 쓰이는 자유다. 공원의 꽃을 꺾는 자유가 아니라 공원에 꽃을 심는 자유다.

단재 신채호 선생의 말씀도 들어 보자.

우리 조선 사람은 매양 이해(利害) 이외에서 진리를 찾으려 하므로 석가(釋迦)가 들어오면 조선의 석가가 되지 않고 석가의 조선이 되며, 공자(孔子)가 들어오면 조선의 공자가 되지 않고 공자의 조선이 되며, 무슨 주의(主義)가 들어와도 '조선의 주의'가 아니라 '주의의 조선'이 되려 한다. 그리하여 도적과 주의를 위한 조선은 있어도 조선을 위한 도덕과 주의는 없다. 아! 이것이 조선의 특색이냐. 특색이라면 특색이나 노예의 특색이다. 나는 조선의 도덕과 조선의 주의를 위하여 곡(哭)하려 한다.

내 비록 변방의 비전공자이긴 하지만 적어도 진실의 눈으로 중국을 바라보고자 노력해 왔다. 내가 나름의 시각을 갖기 시작한 것은 1975년부터이다. 그때까지 나를 지배한 것은 학교나 방송에서 배운 반공 방첩 교육이었다. 당시 미국의 지원금으로 발행되던 빳빳한 지질의《자유의 벗》이라는 잡지에 실린 만화 한 커트가 지금도 기억난다. 콧수염을 기른 험상궂은 스탈린이 뚱뚱한 모택동에게 활을 건네주며 "택동아, 저 비둘기를 쏘아라" 지시하며 세계 평화를 깨뜨리는 내용의 삽화가 가장 인상적으로 남는 장면이었다. 그러다가 1972년인가 고등학교 2학년 때, 마침 그때가 박정희가 '10월 유신'을 선포한 뒤였다. 6·25 참전 용사라는 사회 선생님이 시간마다 한국적 민주주의와 함께 국민 총화와 총력안보를 강조하기에 어쩌다 내가 "선생님, 우리도 알 만한 것은 다 아니 어지간히 하시지요"라고 나름 개폼(?)을 잡았다가 그 선생이 "저런 싹수없는 놈은 가르칠 필요가 없다"며 책을 던지고 교실을 나가버린 것이 유일한 반항 사건이었을 정도로 인식의 폭이 좁았다.

그러던 내가 고등학교 졸업 후 최초로 만난 코페르니쿠스의 이름은 리영희였다. 그분은 민음사에서 펴낸 《전환시대의 논리》라는 책으로 당대 젊은 이들이 딛고 섰던 땅을 전복(顚覆)시켰다. 내 친형도 참전한 월남전의, 우리 용맹한 맹호 청룡 부대 용사들이 그곳 전선에서 물리친 베트콩들이 사실은 그 나라의 독립운동가들이었다니, 그들이 우리 향토 예비군처럼 '일하면서 싸우고 싸우면서 일하는' 베트남의 애국적 민중일 수도 있다니 나 같은 촌놈이 그 얼마나 놀랐겠는가. 이어서 나온 《8억인과의 대화》는 당시의 중공(中共)에 대한 나의 관점을 완전히 바꾸어 놓았다. 링컨 대통령이 통나무집에 살던 시절 빌려 읽었던 《엉클 톰스 캐빈》이라는 소설이 그 어린 마음에 흑인 노예 해방이라는 평생의 과업에 불씨가 되었다면 적어도 나에게는 리영희 선생의 저작들이 나의 엉클 톰스 캐빈이었다. 그 책 이후 내가 세상을 보는 눈은 바뀌기 시작했고 한국 사회의 소위 주류 언론과 학계가 가진 '가면의 세계' 속이 들여다보이기 시작했다. 이익에 따라 보도하고 연출에 따라 연구하는 것이 아닌 진실의 편이 되어야겠다는 평생의 결심을 한 것이 그때쯤이었다.

나의 아버지는 일제 강점기에 태어나 식민지 백성으로 설움을 겪다가 성장해서는 6·25라는 동족상잔의 전쟁 통에 국군의 탄약통을 지게에 지고 참전했고, 전쟁 전후로 자식들을 잃은 흔하디흔한 이 땅의 농민이다. 이런 난세를 겪으며 살아 남은 뒤 이어진 군사 독재 시절 남 앞에서 말조심을 하며 가족을 지켜온 아버지는, 내가 대학생이 된 뒤 마을 지서장이 찾아와 자식 단속 잘하라는 언질을 듣자 나에게 "빨쩽이가 되어 집안을 망치려고 그러느냐"라고 꾸중했다. 그분이, 빨쩽이란 말이 빨갱이, 즉 단순한 좌익적 사고를 가진 자가 아니라 빨치산(partizan)에서 유래한 말이었음을 알았는지 몰랐는지 내가 알 바는 아니지만, 그 말을 듣는 순간 나는 아버지의 말씀처럼 빨치산이 되기로 결심했다.

리영희 선생의 책에서 배운 것을 나름 응용해 '인문학의 빨치산'이 되기로 한 것이다. 즉 정규전이 아닌 게릴라 전투로 불의한 세력과 혼자 힘으로 싸우는 파르티잔이 되기로 결심했다. 그 뒤 취직하고 결혼하고 가정을 이루어 식구들을 먹여 살리면서 이런 젊은 날의 결심은 형편없이 바래고 퇴색했지만, 그런 과업들이 거의 끝나고 남들은 은퇴한 칠순의 나이에 나는 다시 빨치산이 되어 인문학이라는 거대한 산에 입산(入山)하기로 다짐했다.

국어 선생답게 사실 그대로 진실의 눈으로 세상을 보고 그 시기의 인물들을 중심으로 역사를 기록하고 그 인물이 처했던 시대적 상황을 함께 기록해 이해를 돕도록 노력했다. 《사기》를 쓴 사마천도 공자의 《춘추》를 롤 모델로 삼아 엄격한 기준으로 역사를 기술했지만, 그 나름 공자와는 다른 원칙도 있었다. 첫째는 인간에 대한 가치 평가를 도덕적인 측면뿐만 아니라 실용적 실질적인 것에도 두었다는 점이고, 둘째는 진(秦)나라의 시황제나 당대인 한나라의 무제(武帝) 등 절대 권력자에게 은근한 저항 의식을 가지고 기록했다는 것이다. 나도 가능하면 그런 사마천의 뒤를 따르고 싶은 마음이다. 뒤늦은 이런 나의 작업을 비웃어도 좋고, 손가락질해도 좋고 사상범으로 몰아도 좋다. 나에게 중요한 것은 입은 비뚤어져도 말은 바로 하자는 것이고, 그것은 이번 중국사뿐만 아니라 우리 문학과 역사에 관한 것도 마찬가지가 될 것이다. 나에게 가장 중요한 것은 그냥 내가 알고 있는 진실을 쓰는 일이다. 그것 자체가 때로는 편견에 가득찬 것일 수도 있음을 인정하겠다. 나름 책을 보며 연구랍시고 했지만 많은 부분이 다른 학자나 저자들의 글이나 주장에서 왔음은 당연한 일이다. 인용을 넘어서는 과도한 퍼나름도 있을 수 있다. 그럼에도 불구하고 나는 뻔뻔스럽게도 그 모든 것에 나의 양념과 소스를 뿌렸기에 나의 요리라고 주장한다. 그리고 그런 나의 길을 가는 것이 저만치 앞서가신 역사의 성인 사마천이나 진정한 신문 기자 리영희 선생에 대한 존경심으로 그들이 앞서 디딘 발자취를 찾는 작업일 뿐이라고 강변한다.

애초는 퇴직 후 강릉의 노년층을 대상으로 노인복지관에서 강의할 기회가 있어 강의 자료로 만들었으나 주변의 권고를 뿌리치지 못하고 또 한 번 이렇게 세상에 못난 자식을 내놓게 되었다. 필자는 중국사에 해박한 역사 전공자도 아니다. 다만 우리 문학을 공부하는 과정에서 중국과의 연결성을 공부하다 보니 여기에 이르게 되었다. 역사를 공부하는 여러분들에게 죄송하지만 다른 시각에서 바라볼 수도 있다는 점을 양해해 주기 바랄 뿐이다.

감사의 말을 덧붙여야겠다.

나는 변두리의 이름 없는 문학도에 불과하다. 이 책이 세상에 모습을 보일 수 있게 된 것은 늘 담배 연기 자욱한 골방에 틀어박혀 낑낑대는 나를 묵묵히 지켜 보아준 아내와 먼 데서 응원해 주는 식구들이 있었기 때문이다. 사랑하는 식구들은 내 칠순을 맞아 여행 대신 출판비를 보태 달라는 내 부탁을 흔쾌히 들어주었고, 거기에 어린 시절 친구였던 이광석, 조돈집이 가난한 무명작가를 지원해 이 책이 있게 되었다.

2025년 8월 강릉시

명주동 루외루에서 야매(野魅) 박삼균이 쓰다

이 책이 세상에 태어날 수 있었던 것은 나의 구정 초등학교 친구 이광석, 조돈집 군의 도움 덕분이었음을 여기서 밝힙니다.

차 례

2

제 4 장
남북의 교류와 문화 제국의 등장

제 5 장
때 이른 자본주의 국가 송나라

1

제 1 장
신화에서 통일까지

제4강 서주 이야기 - 봉건 제도의 시작

- 주나라의 뿌리
- 서백의 덕치
- 무왕의 창업
- 봉건제의 탄생
- 주(周)나라의 치세
- 서주(西周)의 몰락

제5강 주나라 초기의 인물들

- 강태공(姜太公, BC 1128~1015년경)
- 백이와 숙제
- 주공 단(旦)
- 낭만왕 목왕과 서왕모
- 공화 정치
- 유왕과 포사

제6강 동주 시대와 춘추 오패의 등장

- 춘추 오패
- 최초의 패자 제 환공(桓公, BC 685~643)
- 진(晉) 문공(文公, BC 636~627)
- 진(秦) 목공(穆公, BC 659~621)
- 초 장왕(莊王, BC 614~591)
- 송 양공(襄公, BC 651~637)
- 춘추 오패의 명신들

제 2 장
통일 국가 중국의 출발

제11강 진(秦)의 천하 통일 과정과 빠른 멸망

- 통일 전쟁의 과정

제12강 항우 유방의 초한 쟁패 이야기

- 인간 항우(項羽, BC 232~202)
- 한고조 유방(劉邦, BC 256~195)

제13강 한(漢)의 천하 제패와 조력자들 이야기

- 유방의 군수 참모 소하
- 영원한 오른팔, 작전 참모 장량
- 유방의 일선 사령관, 한신
- 유방의 시골 친구 번쾌(樊噲)와 노관(盧綰)
- 유방의 여인 여태후와 척부인
- 기타 중요 인물들

제14강 한 무제와 전한 이야기

- 문제와 경제의 문경지치(文景之治)
- 한 무제 유철의 치세

제18강

위와 서진 이야기

- 위(魏)나라
- 서진(西晉)

3

제 7 장
청 제국과 서세동점(西勢東漸)의 시대

제 8 장
새로운 중국의 등장

울퉁불퉁 중국인 이야기

제4장

남북의 교류와 문화 제국의 등장

제19강

남북조 시대 5호 16국

남북조의 형성과 5호 16국의 탄생

진나라 무제 사마염(司馬炎)은 삼국을 통일한 후 황실의 일족을 왕으로 삼아 중요한 지방을 맡아 다스리게 했다. 그러나 무제가 죽고 자질이 부족한 혜제가 즉위하여 정치를 제대로 하지 못하자 지방을 다스리던 여덟 명의 왕이 황제 자리를 차지하기 위해 싸움을 벌였다. 사마씨 왕족들 사이에 권력을 두고 벌어진 내란 '팔왕의 난'은 16년 동안이나 계속되어 진나라를 혼란에 빠뜨렸다.

그러나 이와 같은 혼란은 북방의 유목 민족이 활동할 수 있는 좋은 기회를 제공했다. 애초 진시황이 만리장성을 축조한 이유는 유목민인 북방 민족과 농경민인 한족 간의 경계선을 명확히 하기 위함이었지만, 그 이후 유목민들도 점차 한족 문화와의 접촉을 통해 농경(農耕)을 병행하기 시작했고 상대적으로 안정된 생활을 추구하기 시작했다. 흉노(匈奴)를 비롯한 북방 민족은 정치가 어지러워지기 시작한 후한 말부터 만리장성을 넘어 야금야금 중국 땅에 옮겨 와 살았다.

❀ 5호 16국 시대 왕조표(※ 북조 통일 국가)

종 족	국 명	존속 기간	건국-재위왕-망군	수 도
흉노(匈奴)	한(漢)-전조(前趙)	304~329(25)	유연-6-유희	좌국성-평양-장안
	하(夏)	407~431(24)	혁련 발발-3-혁련정	통만성
	북량(北涼)	397~439(42)	단업-3-저거목건	장액-고장
갈(羯)	후조(後趙)	319~351(32)	석륵-7-석지	양국-업
선비(鮮卑)	전연(前燕)	337~370(33)	모용황-3-모용위	극성-용성-계-업
	후연(後燕)	384~409(23)	모용수-4-모용희	증산-용성
	남연(南燕)	398~410(12)	모용덕-2-모용초	광고
	※ 대(代)-북위(北魏)	315~534	탁발의로	성락-평성-낙양
	서진(西秦)	385~431(37)	걸복국인-4-걸복모말	원천-금성-염천-낙도
저(氐)	성(成 : 漢)	304~347(34)	이웅-5-이세	성도
	전진(前秦)	351~394(43)	부건-6-부승	장안
	후량(後涼)	386~403(17)	여광-4-여륭	고장
강(羌)	후진(後秦)	384~417(33)	요장-3-요홍	장안
한족(漢族)	전량(前涼)	301~376(75)	장궤-9-장천석	고장
	서량(西涼)	400~421(21)	이고-3-이순	돈황-주천
	북연(北燕)	407~436(29)	풍발-3-풍홍	용성

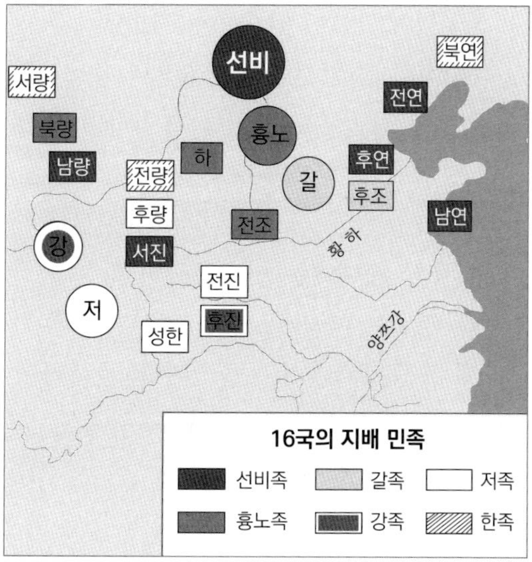

그러던 중 팔왕의 난 때, 병사들이 부족한 사마씨 왕들이 이들을 용병(傭兵)으로 고용하게 되자 화북 지방에는 여러 북방 민족이 밀려들었으며, 정치적 혼란이 계속되는 가운데 그들은 각지에서 잇따라 반란을 일으켰다. 결국 서진(西晉)은 316년에 이르러 흉노족에게 멸망되었다. 그 후 화북 지방에는 몽골 계통의 흉노(匈奴)족, 선비(鮮卑)족, 갈(羯)족, 티베트 계통의 저(氐)족, 강(羌)족 등 오호(五胡)가 각축을 벌이면서 각지에 나라를 세웠다. 이리하여 약 130년 동안 화북 지방에만 모두 16개의 국가가 흥망을 거듭했으므로, 이 시대를 5호 16국 시대라고 했다. 5호 16국 시대(五胡十六國時代, 301~439년)는 16개의 국가가 회수(淮水) 일대와 화북을 정복하여 여러 나라를 세우며 난립하던 시대를 말한다. 구체적으로는 전량(前涼, 301~379)이 건국된 301년부터 선비족 탁발씨의 북위(北魏, 386~534)가 화북을 정복 통일한 439년까지를 가리킨다. 그래서 우리가 위진 남북조 시대라고 부르는 시대는 다음과 같이 정리할 수 있다.

- **위진**(魏晉): 220~420년
- **남북조**: 439~589년

애초 '팔왕의 난'이 일어나고 한족의 지배하에 있던 각지의 이민족들이 반란을 일으키면서 화북 지방에는 여러 국가가 난립했다. 먼저 흉노족의 유연이 서진(西晉)의 쇠퇴를 좋은 기회로 삼아 304년 병주(并州, 지금의 산서성)을 정복해 한(漢)을 세웠다. 같은 해 사천(四川)에서도 이웅이 자립하여 성한을 건국했다. 301년 감숙(甘肅)지방에서도 서진의 양주자사였던 한족 장궤가 독립적인 정권 전량을 세웠으나 흉노 석륵의 조나라에 굴복하다 멸망했고, 선비족 탁발부도 중국을 침입하여 대(代)나라를 건국했다. 이로써 5호 16국 시대가 시작되었다.

5호 16국 시대에는 이민족들이 화북의 한족을 대량으로 학살해 화북에 한족의 인구는 대략 5/6가 사라졌다. 이후 화북의 한족들은 학살을 피해 화남으로 도망치거나 저항을 멈추고 굴복하여 이민족 왕조에 등용되는 방법을 선택했다. 흉노족 유연(柔然)은 갈족 출신의 석륵을 시켜 병주 일대를 공략하고, 308년 황제에 즉위했다. 그러나 310년에 사망하고 아들 유화가 이를 계승했다. 유화는 인망이 없어 동생 유총이 제위를 찬탈했다. 유총은 311년에 서진의 수도 낙양을 유린하고 한족들을 학살한 후 서진 회제를 붙잡았다. 이것을 '영가의 난'이라고 부른다. 그 후 장안에서 민제가 옹립되었으나 316년에 유총에게 패하여 서진(西晉)은 완전히 멸망했다. 이에 서진의 왕족이었던 사마예가 남쪽의 건업에서 진을 재흥시키니 이 나라를 동진(東晉)이라고 부르게 되었다.

흉노족 유총 사후 후계자 쟁탈전에서 유요가 승리하여 즉위했으며 국호를 조(趙)로 고쳤다. 그러나 하북 정벌에 나섰던 석륵이 자립하여 하북·하남·산동을 장악하여 낙양을 경계로 유요 정권과 화북을 양분하게 되었다. 석륵 또한 국호를 조(趙)라고 했기 때문에 구분하기 위해 유요 정권은 전조(前趙), 석륵 정권은 후조(後趙)라고 불렀다.

328년, 유요가 낙양을 탈환하기 위해 출병했으나 석륵의 조카 석호에게 대패하여 포로가 된 뒤 살해당하니 전조는 국력이 쇠퇴하여 후조에게 멸망했다. 화북 대부분을 정복한 흉노족 후조에서는 333년 석륵이 죽고 석홍이 즉위했으나 석호가 그를 폐위하고 스스로 즉위했다. 석호는 매우 포악하고 잔인하여 많은 사람들을 죽였다. 석호는 수도를 업(鄴)으로 옮겼고, 이 시기가 후조의 최전성기였다. 349년에 갈족 석호가 죽자 석륵의 양자 석민이 경쟁자를 제거하고 즉위했다. 갈족 석민은 이후 본래 성인 염씨(冉氏)로 돌아가 염위를 세웠다.(염위는 워낙 단명한 왕조라 16국에는 들어가지 못했다.) 염위는 한족들을 학살했다. 한편, 337년 요서(遼西)에 근거지를 둔 선비족 모용부가 모용황을 중심으로 전연(前燕)을 세우고, 349년 이후 후조 멸망의 혼란을 틈타 중국에 진출하여 한족들을 정복했다. 전연은 352년에 염위를 멸망시켰으며, 같은 시기 섬서(陝西) 지방에서 저족의 부건이 장안에서 전진(前秦)을 건국(351년)했다. 화북이 혼란해지자 동진의 실권자 환온은 347년, 성한을 멸망시켜 촉(蜀) 지역을 장악하고 북벌을 감행하여 전진을 공격했으나 패퇴했으며, 이를 계기로 저족 전진의 국력이 증가해 360년에는 화북을 선비족 전연과 양분했다.

383년 부견은 천하를 통일하기 위해 한족 동진 정벌을 계획하여 '100만 대군'이라고 자칭한 대군을 이끌고 한족을 정복하기 위해 남하했다가 비수의 전투에서 동진군에게 대패했다. 이 전투의 패배로 전진의 국력은 단번에 쇠퇴하고 하북·하남·산동 일대에는 선비족들의 후연(後燕)이 건국되고, 병주에는 대[代, 북위(北魏)]와 서연이 세워졌다. 섬서에는 후진과 서진이, 감숙 지방에는 후량(後梁)이 건국되었다. 그 외에도 감숙 지방에는 여러 민족에 의해 국가들이 난립하며 할거했다. 이들 가운데 선비족 모용수의 후연과 강족 요장의 후진이 가장 강력했다. 후연은 서연을 멸망시키고, 후진은 전진을 멸망시켜 영토를 확대하고 다시 화북을 동서로 양분했으나, 탁발부의 북위와 흉노의 혁련발발이 건국한 하(夏)가 이들을 누르고 강대해졌다. 395년에 북위에 패배한 후연은 남연과 북연으로 분열되었고, 대부분의 영토를 북위(北魏)에게 빼앗겼다. 다음으로 선비족의 탁발씨가 세운 북위(北魏)가 점점 강력해져 주위의 여러 나라를 정복하고 439년 다시 중국 북부를 통일함으로써 5호 16국 시대의 종지부를 찍었다.

한족 유유는 410년, 화남으로 이동하여 한족 국가 송(宋)을 건국했나. 선비족 북위와 함께 화북을 양분했으나, 427년 한족들이 건국한 송나라는 북위에게 패한 뒤 쇠퇴를 거듭하다 431년에 선비족에 의해 멸망당했다. 이후 선비족 북위는 436년에 북연을, 439년에 북량을 멸망시켜 한족들을 학살하고 화북을 정복하니 북위에 의한 북조 시대가 시작되었다.

한편 진나라가 망할 때, 황실의 일족인 사마예가 남쪽으로 내려와 건강(지금의 난징)에 도읍을 정하고 317년 진나라를 부활시켰다. 이를 동진(東晉)이라 한다. 동진이 성립된 뒤, 북쪽의 많은 호족과 농민들이 이민족의 지배를 피하여 남쪽으로 내려왔다. 그들은 새로운 삶의 터전이 된 강남 지방(장강 이남)을 개발하는 데 힘써, 이 때부터 강남은 중국의 발전에 중요한 구실을 했다. 사마예는 동진의 관중이라 불리는 왕도의 도움으로 강남 지방 호족들을 복종시켜 동진의 기반을 튼튼히 해나갔다. 동진 정권이 수립된 후 6년째에 동진의 중신 왕돈이 형주에서 군사를 일으켜 건강을 함락하고 반대파 중신들을 죽이거나 추방했다. 동진의 황제 사마예는 왕돈의 반란에 심한 분노를 느껴 발병하여 죽고 그 후 왕돈의 난은 평정되었다. 동진 정권은 북방에서 내려온 호족 왕씨와 강남 지방의 호족 세력이 2대 지주를 이루었는데, 약 100년 동안은 왕씨 일족과 그 뒤를 이은 유씨(庾氏), 사씨(謝氏), 환씨(桓氏) 등이 조정의 실권을 장악했다. 동진은 끝내 중국 북부를 수복하지는 못했으나 383년에는 비수(淝水)의 대전에서 전진왕(前秦王) 부견의 대군을 격파함으로써 양자강 이남의 땅을 확보했다. 그러나 동진은 말기에 이르러 남조 송(宋)을 세운 유유(劉裕)에게 멸망당했다.

중국 북부는 북위가 통일하고 중국 남부는 송의 유유가 통일함으로써 남북조 시대가 열리게 되었다. 이 시기는 아마도 중국 역사상 가장 수준 낮은 사람들에 의해 수준 낮은 방식으로 지배된 사회였을 것이다. 북방에서 내려온 북조의 여러 북방 민족들은 비록 자신들은 중국의 화북(華北) 지역과 접촉하면서 나름 중국의 문화를 흡수하고 발전시켰다고는 하지만 여전히 생명을 경시하고 타민족을 말살시키는 유목민적인 성격을 버리지 못하고 있었다. 남조의 국가라고 별로 다른 것은 없었으니 오직 정권을 잡은 자들이 백성을 쥐어짜 자신의 호화롭고 사치스러운 생활에만 매진해 당대 민중의 삶은 문자 그대로 도탄에 빠져 있었다.

남조의 국가들

동진(東晉)과 유송(劉宋)

306년, 서진 말기 '영가의 난(永嘉之亂)'으로 인해 수도 낙양(洛陽)이 흉노족에게 함락되고, 서진 황제 사마치(司馬熾, 회제)가 유총(劉聰)에게 포로로 잡히면서 서진은 사실상 멸망했다. 진(晉)의 낭야왕(琅邪王)인 사마예는 흉노족들이 벌이는 학살을 피해 한족들을 이끌고 건업(建業)으로 피하여 낭야의 호족 왕도(王導)의 힘을 빌려 건강(建康, 지금의 난징[南京])에서 즉위했다. 317년 다시 진(晉)을 재건했으니 역사에서는 그 나라를 동진(東晉)이라 부르고, 그 이전의 진(晉)을 서진(西晉)이라 불렀다.

사마예와 함께 월남한 북부, 즉 서진의 호족들이 동진(東晉)의 지배층을 구성했으며, 강남 토착 호족들의 도움을 받아 일종의 호족 연합적인 성격의 정권을 만들었다. 동진(東晉), 유송(劉宋), 남제(南齊), 남양(南梁), 남진(南陳)으로 이어지는 남조의 왕조들은 북조에 비해 상대적으로 정치적 군사적 기반이 취약했고, 정치상의 싸움과 반란이 잇따랐다. 그러나 남조는 당시 북부 지방이 분열되어 있었고, 북부와 장강을 사이에 두고 있기 때문에 멸망하지 않고 589년까지 명맥을 이어갔다. 화북 지방으로부터 온 한족 피난민은 초기에 세금을 감면하는 등 세제상 혜택을 주어 적극적으로 유랑민을 받아들이고 미개발지의 개간을 장려했다. 그 결과 인구 부족으로 미개척지로 남아 있던 강남의 토지는 점차 개간되었고, 원래 습기가 많고 수자원이 풍부한 지역이기도 하여 금세 논농사 지역으로 빠르게 발전했다. 그 결과 강남은 경제적으로 당시의 화북 지방과 겨룰 정도로 번영했다.

그러나 동진(東晉)은 제9대 효무제(孝武帝) 때 이민족 왕조인 전진(前秦)의 남하 정복 전투에 의해 위기를 맞게 되었다. 한때 동진은 전진에 조공을 바치기도 했다. 동진은 383년 비수대전(淝水大戰)에서 승리하여 위기를 넘기지만, 이때부터 한족 농민 반란이 잦아졌다. 동진 말기 강남에서 손은(孫恩)이 난을 일으키자, 형주의 유력자 환현(桓玄)이 반란의 평정을 핑계로 군사를 이끌고 도읍인 건강(健康)에 들어가 제위를 빼앗았다. 그러자 팽성(彭城)의 하급 군인이었던 유유(劉裕)가 병사를 일으켜 손은과 환현을 무찌르고 동진의 황제 안제(安帝)를 복위시켰다. 유유는 후연의 침공을 격퇴하고 반란군의 잔당을 소탕한 뒤, 북벌을 감행해 후진의 요홍(姚泓)을 멸망시켰다. 그 명성과 북부군(北府軍)의 병권을 배경으로 공제(恭帝)로부터 선양을 받아 즉위했다.

유유가 새로 세운 나라 송(宋, 420~479)은 중국 남북조 시대(439~589) 강남 지방에서 건국된 남조 첫 번째 왕조이다. 조광윤(趙匡胤)이 세운 국가 송나라(960~1279)와 구별하기 위해, 건국자인 유유(劉裕)의 성씨를 따라 유송(劉宋)이라 부르기도 한다. 유유는 건국 후 귀족의 기득권을 보장해 주면서 정권을 안정화시켰다. 이때부터 하급 군인 출신 황제의 무력과 귀족의 정치력이 결합되어 남조의 독특한 사회 체제가 시작되었다. 유유는 토단법(土斷法) 등의 새로운 정책을 시행하면서 화북에서 온 유랑자들을 강남의 호적에 편입시켜 동진 시대의 황적(黃籍), 백적(白籍: 유랑자의 신분 증명서)의 구별 철폐를 추진했다. 이로써 토착민과 유랑자 간의 과세의 균등화를 목표로 했다. 유유는 강남의 경제 발전과 한문화의 보존에 중대한 공헌을 했다. 그리고, 강좌육조(江左六朝) 중 강역이 가장 넓었던 시기이기도 했다. 무제 유유는 동시에 군현의 통합을 추진하는 등 경제 재건을 계획했으나 재위 3년 만에 죽었다.

유유는 후사를 한문(寒門) 출신의 서희지(徐羲之), 전량(傳亮), 단도성(檀道成), 사회(謝晦)에게 맡겼다. 그러나 그들은 19세 먹은 2대 소제(少帝)를 퇴위시키고, 그의 동생 유의륭을 문제(文帝)로 즉위시켰다. 문제가 왕홍(王弘), 왕화(王華), 은중심(殷仲甚) 등의 귀족을 존중하고 문치를 내세운 30년간의 치세는 '원가(元嘉)의 치(治)'라 불릴 정도로 태평성대를 구가했다. 문제는 수재의 임기를 제한함으로써 지방을 안정화시키고, 430년에는 전서법(錢署法)을 두어 4가지 주전(鑄錢)을 주조하여 일시에 화폐 경제를 부흥시켰다. 또한 438년 유학, 현학, 문학, 사학의 4학을 연구하는 시설을 만들어 동진의 유민 도잠(陶潛)과 사령운(謝靈運), 안연지(顔延之) 등이 시문 세계에서 활약했고, 토번과 하서왕 등 주변국과도 활발히 교류했다.

그러나 문제는 430년, 450년 두 차례에 걸쳐 북위(北魏) 태무제(太武帝)에게 패배하여 회북(淮北)을 빼앗겼고, 그로 인해 군사비가 증가했다. 심지어 아들인 태자에게 암살당하면서 송나라는 급속히 쇠퇴했다. 아버지인 송 문제 유의륭을 암살한 형, 유소(劉劭)를 죽이고 제위에 오른 인물은 유준(劉駿), 송의 5대 황제 효 무제(孝武帝)였다. 효 무제는 아버지의 정책을 이어가면서 형주, 양주, 강주 군부의 권한을 축소시키고, 대사를 파견하여 조세를 독촉했다. 또한 사족과 공상, 잡호와의 통혼을 금하고 사문에게 왕자를 배알하게 하는 등 중앙 집권화를 그린 정치를 추진했다. 그러나 그의 아들 유자업은 어린 나이로 6대 왕으로 즉위했으나 기반이 탄탄하지 못했다. 강력한 대신, 종실과 번진들 앞에서 내심 불안해하던 그는 황제의 자리를 공고히 하기 위해 대신을 처벌하고 죽이며, 여러 왕을 구금했다. 왕권을 강화하자고 시작한 공포 정치에 오히려 조정이 흔들리게 되었다. 결국 466년 황제의 숙부인 상동왕(湘東王) 유욱(劉彧) 등에 의해 피살되고 전폐제(前廢帝)라는 부끄러운 칭호가 붙으니 당시 나이 겨우 17세였다.

이후 유유의 손자인 유욱(劉彧)이 여덟째 황제로 명제(明帝)가 되었으나 전폐제의 동생 유자훈(劉子勛)이 반란을 일으키자 심유지(沈攸之)을 보내 그를 죽였다. 명제는 채흥종(蔡興宗) 등 귀족의 말을 듣고 학관을 설치했으나 난의 평정 후 독단 정치를 펼치며, 사치와 미신을 좋아해 재정을 궁핍하게 만들었다. 명제 이후 472년 유욱(劉彧)의 장남 유욱(劉昱)이 황위에 올랐다. 그는 474년 소도성(蕭道成)을 재상에 임명했다. 그러나 유욱(劉昱)은 사람됨이 흉포하고 잔혹하여 조정을 혼란에 빠뜨렸다. 그의 숙부 유휴범(劉休範)이 한문(漢門) 출신의 권력자들의 전횡에 분노해 병사를 일으켜 건강을 위협하자, 무장 소도성(蕭道成)이 난을 평정하고 포악한 군주 폐제 유욱(劉昱)을 살해하고 유욱(劉彧)의 셋째 아들 유준(劉準)를 순제로 옹립했다. 유욱은 477년 피살되는데, 나이 겨우 15세였고, 역사에서는 송후폐제(宋後廢帝)라 불렀다. 이때부터 조정은 소도성이 차례차례 장악하게 되었다.

순제가 명목상으로는 황제였지만, 권력은 모두 소도성이 장악했다. 심유지, 유겸, 원찬 등이 의병을 모아 공격했으나 실패했고, 소도성은 병마의 모든 권한을 장악한 후 479년 순제 유준으로부터 선양 받아 송나라 황위를 물려 받았다. 같은 해 순제는 단양궁에서 피살되었는데, 그때 나이 겨우 13세였다. 소도성은 479년 순제(順帝)로부터 선양을 받으면서 제(齊)나라를 건국했고, 이로써 송나라는 멸망했다. 남조 송(420~479)는 중국 남북조 시기 남조의 첫 번째 정통 왕조이며, 남조에서 존속 기간이 가장 길고, 강역이 가장 넓었던 왕조였다. 모두 사세(四世)에 걸쳐 10명의 황제가 있었으며, 59년간 존속했다. 이 10명의 황제 중에서 7명이 피살당하고 겨우 3명만 선종(善終)했다. 이는 파란만장한 중국 왕조사를 통틀어 보아도 보기 드문 경우라 할 것이다.

남제(南齊)와 양(梁)

소도성이 이끄는 새로운 세력이 남제(南齊)를 건국하여 유송을 대신했지만, 이곳 역시 황족 간에 반목과 살인이 일어나 더욱 큰 혼란에 빠졌으며, 30년도 되지 않는 남제의 존속 기간 동안 유송 왕조의 60년에 맞먹는 엽기적인 행각이 일어났다. 결국 방계 황족인 소연이 다시 정변을 일으켜 수도인 건강을 점령하고, 양위를 받아 새로운 국가인 양 왕조를 건립했다.

양(梁)나라는 고구려, 신라, 백제 등 원삼국과 교류했다. 특히 백제와 교류하면서 우리 역사와도 인연이 깊은데, 공주에 있는 무령왕릉이 당시 양나라의 영향을 받아 건축되었다는 점이 유명하다. 특히 이때 외교적으로 무지했던 변방 국가 신라는 백제 사신을 뒤따라 갔다가 현지어를 몰라 불합리한 처지에 놓이기도 했다. 백제 사신이 "우리는 중국 북해 부근에 식민지를 갖고 있는 등 주변 국가를 영도(領導)하는 국가이다. 저 뒤에 따라온 사로

국(신라) 대표가 우리의 대표적인 속국이다"라고 말하기도 했다는 기록이 있다. 당대 중국어를 알아듣지 못한 신라 대표는 멀뚱멀뚱 서 있기만 했다고 한다. 양나라에서 그린 <양(梁) 공직도>란 그림이 지금까지 전해져 당시 우리나라 대표단들의 복식과 모양을 보여주고 있다.

남조 양나라에 조공 온 주변국 사신을 그린 양 공직도의 원삼국 대표들 모습

양나라의 군주가 된 소연은 그동안의 정치를 일소하고 새로운 정치를 폈으며, 남조에 거듭 나타난 폭군들과는 달리 비교적 안정적인 정치를 한 것으로 유명하다. 다만 당시 남조의 사회 풍조가 현실에 안주하고 가진 것을 지키려는 경향이 강했기 때문에 사회가 안정되긴 했지만, 눈에 띄는 공적을 가진 무장들은 나오지 않았다. 그런 와중에 큰 공을 세운 대표적 인물이 진경지(陳慶之)였다. 진경지는 소연을 예전부터 보좌하던 시종 출신의 장군으로 말타고 직접 칼을 휘두르며 싸우는 전장형 장수가 아니라 후방에서 작전을 세우고 통솔하는 참모형 대장군에 가까운 타입이었다.

당시 북방에서 패권을 잡고 있던 북위는, 6진에서 큰 반란이 일어나 국력을 크게 소진한 상태였고, 선비족이 한족화(漢族化)되면서 이전의 거친 풍속을 잃어버리고 급속히 쇠퇴하던 시기였다. 북위의 서주자사 원호가 반란을 일으켜 양나라에 항복하자, 양나라는 그를 새로운 북위의 황제로 삼기 위해 진경지에게 7천 명의 병사를 주어 북상시켰다. 진경지는 상대적으로 적은 수의 병사를 이끌고 북상하여 곳곳에서 북위군을 크게 무찔렀다. 수도를 방어하기 위한 북위군 30만이 모여들어 이들을 포위했는데, 결국은 이 싸움에서 이기고 견고하기로 이름난 형양성을 함락시켜 낙양 근처로 진군하기도 했다. 결국 북위 정권은 낙양에서 도망쳤고, 진경지와 원호는 낙양에 입성하여 새로운 황제로 원호를 세웠다.

북조의 왕국들

통일 왕국인 서진(西晉)이 멸망하자 군사력을 가진 북방족은 제각기 거점 지역에서 나라를 세우기 시작했다. 이른바 5호 16국의 시대가 시작된 것이다. 한족(漢族)인 장식(張寔)은 전량(前涼, 314~376), 갈족(羯族)인 석륵(石勒)은 후조(後趙, 319~351), 한족(漢族)인 염민(冉閔)은 염위(冉魏, 350~352), 모용(慕容) 선비(鮮卑)족인 모용황(慕容皝)은 전연(前燕, 337~370), 저족(氐族)인 부홍(符洪)은 전진(前秦, 350~394)을 세웠다.

383년 8월부터 11월까지 벌어진 전진(前秦)과 동진(東晋)의 비수 전쟁(肥水戰爭)은 북방 민족과 남방 한족이 천하의 운명을 놓고 겨룬 전쟁이었다. 여기에서 전진(前秦)이 결정적으로 패배하자 복속되었던 여러 민족과 지역에서 다시 반란을 일으켜 전진(前秦) 치하에서 이탈하기 시작했다. 376년부터 384년까지 전진(前秦)에 의해 통일되었던 북중국은 비수 전쟁 이후로 다시 분열되기 시작했다. 강족(羌族)의 요장(姚萇)은 후진(後秦, 384~417), 선비족인 모용수(慕容垂)는 후연(後燕, 384~407), 같은 선비족인 모용홍(慕容泓)은 서연(西燕, 384~394), 걸복선비인 걸복국인(乞伏國仁)은 서진(西秦, 385~431), 대(代, 338~376)를 세웠다가 전진(前秦)에 멸망당한 탁발 선비족은 10년 후인 386년에 북위(北魏)를 다시 세웠으며, 저족(氐族)인 여왕(呂光)은 후량(後涼, 386~403)을 세워 전진(前秦)의 영토를 분할했고, 전진은 10년이 지난 394년에 후진(後秦)에게 멸망당했다.

북방에서는 그 후로도 여러 나라가 멸망과 건국을 반복하며 부침(浮沈)의 영화(榮華)를 장식했다. 독발선비인 독발오호(禿髮烏孤)는 남량(南涼,

397~414), 모용선비인 모용덕(慕容德)은 남연(南燕, 398~410), 한족인 이고(李暠)는 서량(西凉, 400~421), 흉노족인 혁련발발(赫連勃勃)은 하(夏, 407~431), 한족인 풍발(馮跋)은 북연(北燕, 407~436), 흉노족인 저거몽손(沮渠蒙遜)은 북량(北凉, 401~439)을 세웠다. 북방의 분열은 탁발선비족이 세운 북위가 439년에 북량을 정복하여 북방을 완전히 통일할 때까지 50년 동안 지속되었다.

후조(後趙)의 석륵(石勒, 274~333)

석륵(石勒)은 5호 16국 시대 후조(後趙)의 창건자이다. 흉노(匈奴)의 하위 부족인 갈족(羯族) 출신으로 전조(前趙)의 장수로 활약하다가 독립하여 후조를 건국했다. 묘호는 고조(高祖), 시호는 명황제(明皇帝)이다. 석륵은 상당군(上黨郡) 출신으로 갈족 소부락의 수령 주갈주(周曷硃)의 아들로, 본래 성(姓)이 없이 배(㔨)라는 이름만 가지고 있었다. 태안 연간(302~303)에 기근이 들어 부족이 뿔뿔이 흩어졌는데, 석륵도 떠돌아 다니다가 서진(西晋)의 동영공 사마등에게 사로잡혀 산동 지역의 사환에게 노예로 팔렸다. 그러나 비범한 재능을 인정받아 노예에서 해방되고 근방의 목장에서 일하게 되었다.

'팔왕의 난'이 일어나자 석륵은 목장 주인 급상(汲桑)과 함께 도적이 되었으며 팔왕의 난에 참여하여 용병으로도 활약했다. 이때 급상이 석륵에게 성과 이름을 지어주었다. 석륵은 용병으로 활약하다가 패배하고 군사력과 근거지를 상실하자, 307년에 한(漢)의 유연(劉淵)에게 항복했다. 유연의 휘하에서 여러 전공을 세운 석륵은 독자적인 병력을 이끄는 군단의 수장으로 출세했으며, 유연이 사망한 후 유총(劉聰)의 휘하에서 활약했다. 석륵은 하북 및 하남 지역을 휩쓸고 다녔으며, 310년에는 한수를 건너 장강 유역까지 진격했다. 311년, 낙양(洛陽) 공략(영가의 난)에 참가하여 도망치던 왕연(王衍)의 무리 10만을 격파하고 유요(劉曜), 왕미(王彌) 등과 함께 낙양을 함락시켰다. 이후에도 황하 남쪽에서 약탈전을 지속했으며, 자신을 죽이고 군대를 탈취하려고 모의하던 왕미를 죽이고 그의 군대마저 흡수했다.

석륵은 글씨를 읽을 줄 모르는 까막눈이었으나 식견이 뛰어나고 인재를 모으는 것을 좋아했다. 309년에는 하북을 공격하는 과정에서 뛰어난 선비들을 모아 군자영(君子營)이라는 부대를 만들기도 했다. 이때 등용한 장빈(張賓)은 석륵의 1등 참모로 활약했다. 312년, 석륵은 수춘(壽春)을 공격하려 했으나 장마로 인해 위기에 빠졌다. 이때 장빈은 석륵에게 약탈전을 그만두고 기주(冀州) 지역에 거점을 만들 것을 건의했다. 석륵은 이를 따라 양국(襄國)을 수도로 하여 하북 일대에 반독립적인 세력을 구축했다. 316년에는 세력권 안으로 쳐들어온 병주(幷州)의 유곤을 격파하고 병주 북부 일대를 차지했다. 318년에 한(漢)의 황제 유총이 사망한 후, 반란이 일어나 황제 유찬(劉粲)이 죽고 병주 중남부 일대를 반란군이 점거했다. 이에 석륵은 장안(長安)에서 황제에 즉위한 유요의 명을 받아 조공(趙公)에 임명되어 반란군을 진압했다. 석륵의 군대에 패배한 반란군이 유요에게 항복하자 석륵은 분노하여 수도 평양(平陽)을 공격하여 불태웠다. 이후 유요와 화친하기 위해 사신을 보냈으나 유요는 사신을 죽여버렸으며, 석륵은 유요와 결별하여 독자적인 세력이 되었다.

319년 11월, 석륵은 조왕(趙王)에 즉위하여 조나라를 건국했다. 장안의 유요도 국호를 조(趙)로 바꾸었기 때문에 역사가들은 유요의 조나라를 전조, 석륵의 조나라를 후조라고 하여 구분했다. 건국 이후 석륵은 주변 지역을 평정하는 데 주력하여 청주(青州: 산둥성 동부), 연주(兗州: 산둥성 서부) 등을 점령했다.

324년부터 전조와 후조는 본격적으로 대립하기 시작했다. 325년, 후조의 병주가 유요의 전조에게 항복했으며, 동진(東晉)의 사주(司州: 허난성 중남부)도 유요에게 투항하여, 낙양을 지키는 후조의 석생(石生)이 포위되었다. 석륵은 석호(石虎)를 구원군으로 보내어 전조군을 격파하고 오히려 역포위했다. 전조의 유요는 장안에서 직접 군대를 이끌고 진격하여 석호를 격파했으나 군중에서 이유없이 일어난 혼란으로 패주했다. 이로 인해 병주, 사주 일대를 후조가 모두 장악했으며 화북의 동진 세력도 크게 위축되어 후조는 회수(淮水) 이북을 모두 지배하게 되었다.

328년, 후조의 장수 석호는 병주 지역에 남아 있던 전조의 거점을 공격했다. 이에 전조의 황제 유요는 10만의 대군을 이끌고 반격에 나섰고, 석호는 크게 패배하여 후퇴했다. 오히려 유요의 전조군이 낙양 일대를 포위했다. 낙양 포위는 3개월 동안 계속되었으며, 석륵은 구원군을 이끌고 낙양의 유요를 공격했다. 유요는 반격에 대한 대비를 게을리하여 석륵의 구원군이 접근하자 포위를 풀고 낙양 서쪽에 포진하는 실수를 범했다. 12월 5일, 석륵은 유요의 군대를 공격했는데, 이때 유요가 술에 취한 채로 지휘했기 때문에 석륵은 크게 승리했고 유요도 포로로 잡았다. 석륵은 유요를 처형했으며, 329년에는 상규(上邽: 간쑤성 천수)로 도망쳐 있던 전조의 잔당도 토벌하여 전조를 멸망시켰다. 330년 2월, 석륵은 천왕(天王)에 즉위했으며, 뒤이어 9월에는 황제에 즉위했다.

그러다 333년, 석륵이 병으로 몸져 눕자, 당시 강대한 세력을 가지고 있던 석호는 궁궐을 장악하고 전횡을 부렸다. 7월에 석륵이 사망하자 석호는 석륵의 시신을 몰래 파묻어 아무도 무덤을 찾을 수 없게 했다.

중국 쪽 기록에 석륵(石勒)이 고구려(高句麗)의 사신 우문옥고(宇文屋孤)를 대접하는 술자리를 가졌고, 그 자리에서 석륵이 한무제 유방이나 후한 광무제 유수와 비교해 어떠하다는 내용이 나오는 것으로 보아 후조(後趙)와 고구려가 어떤 형식으로든 외교적 접촉이 있었던 것으로 보인다.

전진의 부견(符堅, 357~385)

전진(前秦)의 부견(符堅)은 3대 황제로 문옥(文玉)이라고도 한다. 자는 영고(永固)이다. 저족(氐族) 출신으로 다재다능하고 박학다식했으며, 한족(漢族) 문화에 대한 교양이 풍부했다. 그는 부건(苻健)의 동생 부웅(苻雄)의 아들로 337년에 태어났다. 어릴 적부터 명민하여 전진의 창업사 부홍(符洪)의 총애를 받았으며, 믿을 수는 없지만 등에 '초부응왕(草付應王)'이라는 붉은 글씨가 써 있어 부홍은 이를 보고 성을 부씨(苻氏)로 고치기도 했다고 한다.

354년에 부웅이 전사하자 부견이 동해왕(東海王)의 작위를 이어받았다.

357년에 왕맹을 만나 등용했으며, 왕맹과 함께 반정을 일으켜 부생(苻生)을 폐위하고 스스로 황제에 올라 대진천왕(大秦天王)이라 하고 연호를 영흥(永興: 357~385)으로 바꾸었다. 재위 중에 한족 정치가 왕맹(王猛)을 등용하여 관리 제도를 정비하고 인재를 중용했다. 또한 학교를 널리 부흥시키고 유학을 제창하여 고관의 자제들에게 경학을 배우도록 했다. 부견은 태학(太學)에 나가 친히 학생들의 시험을 주관했으며, 관리에게는 경(經)이나 예(藝) 어느 한 가지라도 능통하지 못하면 파직하는 규정을 만들었다. 또한 불법을 일삼는 귀족을 억압해 중앙 집권을 강화하고 농업 생산을 중시해 관중(關中) 지방에 관개 시설을 만들었으며, 부·요역의 부담을 줄여 전진을 16국 가운데 가장 강력한 국가로 만들었다.

부견은 전연(前燕), 전량(前凉), 대(代)를 차례로 정벌해 북방 지역을 대부분 통일했으며, 서역(西域)으로 진군하고, 동진의 양주(梁州), 익주(益州)를 정복해 각 민족의 우두머리에게 융화 정책을 썼다. 367년 말에 전진의 왕족들이 대규모 반란을 일으켜 위기에 빠졌으나 부견은 왕맹을 파견하여 반란을 진압하고 다시 관중을 통일했다.

369년에 환온(桓溫)이 북벌을 일으켜 전연을 공격하자 전연에서 전진에 구원군을 청했다. 이에 부견은 왕맹의 진언에 따라 구원군을 파견했다. 북벌군에 타격을 받은 전연이 쇠약해지자 부견은 겉으로는 우호 관계를 유지하면서 전쟁을 준비했다. 전연의 왕족 모용수가 망명을 해 오자 부견은 이를 받아들였으며 369년 말에 전연을 공격하기 시작했다.

370년에 왕맹이 전연을 멸망시키자 부견은 왕맹을 사지절, 도독관동육주제군사에 임명하여 전연 영토를 다스리게 했다. 372년에는 왕맹을 승상으로 삼아 국정 전반을 관리하게 했으며 왕맹의 보좌 아래 전진의 국력은 크게 성장했다. 373년에는 동진의 양주(梁州: 산시성 남부)와 익주(益州: 쓰촨성)를 정복했으며, 전량과 대나라 등의 여러 지방 세력들도 복속하여 번국을 만들었다. 376년에는 전량과 대를 멸망시키고 화북을 통일했다.

전진은 동진과는 적대 관계를 유지하는 가운데 전연의 동쪽에 위치한 고구려의 소수림왕과 우호 관계를 맺었고, 372년에는 승려 순도(順道)가 와서 불상과 경문을 전함으로써 고구려에는 최초로 불교가 전파되었다. 부견은 선비족이 세운 전연(前燕, 337~370)을 협공하여 멸망시킨 뒤 북중국의 패자가 되었으며, 나아가 남쪽의 동진(東晋)까지 흡수하여 천하의 주인이 되고자 했다. 그는 불교를 신봉했으며 스스로 황하 북방의 예토(穢土)를 정화하고 부처님의 나라를 건설하기 위해 나타난 전륜성왕(轉輪聖王)이라 자처했다.

375년에는 전진의 실질적 최고 권력자 왕맹이 병사했다. 부견은 378년, 동진의 양양(襄陽)을 공격하여 1년 동안의 포위전 끝에 점령했으며, 회수(淮水) 일대도 침입했다. 한편 부견은 복속된 세력에 대해서 대단히 관대한 정책을 펼쳤다. 이에 따라 장안(長安) 인근에는 선비족과 강족을 이주시켜 살도록 했으며 복속된 세력의 지도자에게 이들을 이끌게 했다. 또한 관중의 저족을 화북의 여러 곳으로 이주시켜 지배권을 강화하고자 했다.

383년 부견은 천하 통일을 목표로 여광에게 서역을 정벌하도록 하는 한편, 주위의 반대를 물리치고 96만 명의 대군을 징집하여 동진을 공격했다. 부견의 원정군은 동진의 국경 전체에 걸쳐서 공격해 들어갔으나 부견이 직접 참여한 비수(淝水) 방면의 전선에서 배반으로 인해 크게 패배하여 전군이 패주했다. 부견은 모용수가 이끄는 3만 병력의 보호를 받으며 낙양(洛陽)에 도착하여 병력을 수습했는데, 모용수는 독립할 생각으로 부견을 설득하여 하북으로 향했다. 부견이 장안에 도착했을 때, 관중 지역에서는 부견이 이주시켰던 선비족과 강족들의 지도자인 모용홍, 걸복국인 등이 반란을 일으키고 있었다. 부견은 요장(姚萇)을 파견하여 모용홍을 공격하게 했으나 패배했으며, 부견의 처벌을 두려워한 요장도 반란을 일으켰다.

하북 지역에서는 모용수가 후연(後燕)을 건국하고 업(鄴)의 부비(苻丕)를 공격했으며 각지의 군현들은 후연과 전진의 세력 사이에서 이합집산했다. 이후 요장은 후진(後秦), 걸복국인은 서진(西秦), 모용충은 서연(西燕), 양정은 구지(仇池) 등을 건국하여 화북 각지가 분열되었다.

하남 지역은 동진이 점령해 나갔다. 부견은 주로 서연, 후진 등의 침입에 맞서 싸웠으며, 385년에 서연이 장안을 함락하자 부견은 서쪽으로 도망치다가 후진의 요장에게 포로로 사로잡혔다. 그때 요장의 선양(禪讓) 요구를 거절했다가 결국 신평불사(新平佛寺)에서 교수형을 당했다. 요장은 부견에게 장렬천왕(壯烈天王)이라 시호를 내렸으며, 부비는 세조(世祖) 선소제(宣昭帝)로 추증했다.

북위의 북방 통일

군소 국가가 난립하던 북부 지방을 처음 통일한 인물은 북위(北魏)의 태무제(太武帝)였다. 북위는 중국 5호 16국 시대에 선비족 탁발부에 의해 화북에 건국된 나라로 강력한 북방 민족의 군사력과 최호(崔浩) 등 한족 지식인들의 협력에 힘입어 북부를 통일하여 지배할 수 있었다. 북위(北魏)에 공격 당하던 북연(北燕)의 마지막 왕 풍홍은 황룡성으로 피난왔다 고구려 장수왕에게 몸을 의탁하고 함께 피난온 유민들은 고구려 주민으로 편입되기도 했다.

통일 후 태무제는 흉노, 선비 등 북방 민족의 부족제를 해산하고 그들을 한족의 편호(編戶)처럼 '호'를 단위로 지배하는 방식을 취했다. 북방에는 6진(六鎭)을 세워 선비족의 호족 자제들을 그곳으로 파견했다. 효 문제(孝文帝)가 낙양으로 천도한 뒤 국방상 주요 전선이 북에서 남으로 이동했다. 초기에는 고유의 선비족 문화를 중시했으나 효 문제가 한화(漢化) 정책을 추진하여 중국 제도와 문화를 적극적으로 수용했다. 그는 한족화(漢族化) 정책에 반대하는 세자를 죽여가면서 정책을 강행하여 성씨와 언어, 복장을 중국식으로 바꾸고 균전제(均田制)를 실시하여 농민들에게 토지를 분배했다. 이러한 개혁에 선비족 출신 군인들이 소외되고 이에 따라 실제 전투에 참가했던 군인들인 진민(鎭民)은 냉대받고 천민화되어 갔으며, 중앙에서 파견된 관료들에게 혹사당했다.

523년, 효 문제 사후 북방을 수비하던 군인들의 반란이 일어나고, 난은 이주영(爾朱榮)에 의해 진압되었다. 그러나 이후 북위에 정치적인 혼란이 시작되었다. 서쪽 장안의 우문태(宇文泰)는 534년 고환(高歡)을 피해온 수(修, 孝

武帝)를, 동쪽 업(業: 지금의 허베이 지역)의 고환은 선견(善見, 孝靜帝)을 각각 황제로 옹립하여 결국 북위를 동위와 서위로 분열시켰다.

550년 동위에서는 고환의 아들 고양(高洋)이 효 정제로부터 제위를 물려받아 제(齊)를 세웠다. 이렇게 시작된 북제(北齊)에서는 선비족 중심주의가 크게 대두되었다.

한편, 우문태는 동위에서 도망쳐 나온 효문제를 옹립하여 서위를 세웠다. 그는 앞서 효문제가 폐지했던 북방 민족의 성(姓)을 다시 사용하게 하는 등 동위와 마찬가지로 선비색이 짙은 정권을 세웠다. 이것은 우문태가 죽은 후 우문호(宇文護)가 세운 북주(北周)에서도 그대로 이어졌다. 마지막 557년에 북주는 북제를 멸망시키고 북주(서위를 멸함)의 외척 양견(楊堅)이 581년에 북주를 무너뜨리고 수나라를 세웠다. 간단히 정리하면 북위(北魏)가 동위(東魏)와 서위(西魏)로 분할되었다가 동위는 북제(北齊)로, 서위는 북주(北周)로 국호를 바꾸고, 그 후 북주(北周)가 북제(北齊)를 멸망시키고 통일해 수(隋)나라가 된 것이다.

북위가 동위와 서위로 분리된 이후 남조의 양나라는 동위를 공격하여 영토를 확장하고자 했다. 547년에 동위의 장군 후경이 동위의 실질적 통치자인 고징과 불화를 겪다가 하남 지역의 13개 주를 가지고 양나라에 귀순했다. 이에 양나라 초대 왕 소연(蕭衍: 양 무제이며 이 시대에 달마 대사가 선법을 전함)은 그를 환대했다.

그런데 막상 양나라에 귀순한 후경은 그곳의 복잡한 내부 사정에 염증을 느껴 모반을 계획하고 549년에 군사를 일으켜 양나라 건강(남경)의 왕성을 포위하여 함락시켰다. 후경은 소연(양무제)을 궁중에 연금하여 소연은 결국 궁중에서 굶어 죽었다. 후경은 스스로 왕위에 올랐지만, 이후부터 왕권 쟁탈전이 벌어져 552년에 양나라 3대 왕 소역(蕭繹)에 의해 제거되었다. 소역이 왕이 되지 종실의 옹주자사 소찰이 이에 불만을 품고 서위에 항복했다. 그 후 소찰은 서위의 세력을 등에 업고 소역을 제거했으나 소찰은 서위의 허수아비에 불과했다. 이때 장군 왕승변과 진패선은 소역의 아들 소방지(蕭

方智)를 양나라 마지막 4대 왕으로 옹립해 소찰에 대항했다. 그러나 얼마 뒤에 진패선이 왕승변을 살해하고 557년에 소방지를 폐위한 후 자신이 왕위에 올라 국호를 진(陳)으로 바꾸었다. 이로써 북쪽엔 북제와 북주, 남쪽에는 진(陳)나라가 성립되어 남북조 시대는 막바지로 접어들게 되었다.

북주(北周) 왕조의 마지막 5대 왕은 정제(靜帝)이다. 그는 579년에 즉위했으나 581년에 양견에게 왕위를 빼앗겼다. 양견은 북주의 4대 왕 선제의 황후인 양씨(楊氏)의 아버지였다. 581년 2월, 북주(北周)의 외척이었던 양견이 황제라 칭하며 국호를 수(隋)라고 했다. 그는 남조의 진(陳)나라를 8년 만에 마지막으로 정복하여 중국의 남북조 시대를 마감하고 589년에 통일을 이룩했다. 이때 고구려는 25대 평원왕 시절이었다.

제20강

위진 남북조 시대의 새로운 문화와 종교

가장 전쟁이 치열했던 춘추 전국 시대에 제자백가가 등장하여 백가쟁명의 철학과 경세의 학문이 발달했던 것처럼, 그 못지않게 치열했던 위진 남북조 시대에도 수많은 국가가 창업과 몰락을 거듭하는 사이 문화는 꽃을 피웠다. 이 시기에는 중국 역사에서 불교 등 새로운 종교가 유입되고 문학과 서예 등 새로운 예술이 발아(發芽)하여 꽃을 피우기 시작했다. 그렇게 맺은 열매는 당연히 우리나라에도 영향을 끼쳤다.

건안(建安) 문학

《삼국지연의》에서는 간웅으로 묘사되지만, 위(魏)의 창업주인 조조(曹操)는 상당한 실력을 가진 시인이었다. 오촉(吳蜀) 연합군과의 적벽대전을 앞둔 상황에서도 그는 '월명성희 오작남비(月明星稀 烏鵲南飛)'라는 시구를 읊었는데, 그 의미는 '달이 밝게 빛나니 뭇별은 그 빛이 흐려지고, 까막까치는 남쪽으로 날아가누나'란 뜻이다. 전쟁의 결과와는 상관없이 자신은 달이고 나머지 장군들은 뭇별, 오촉의 병사들을 오합지졸로 생각한 나름 호기를 부린 시로 생각된다.

조조의 그런 문재(文才)는 그의 아들 조비와 조식에게도 이어져 두 형제가 다툴 때도 시를 도구로 사용했다. 두 형제가 칠보(七步)를 걷는 동안 시를 지은 이야기도 남아 있다. 조조는 집권 기간 내내 문학을 후원하는 일에도 앞장섰는데, 이것은 결과적으로 중국에서 문학이 하나의 예술로 성장하는 기반이 되었다.

한나라 때까지만 해도 문자를 통해 기록하거나 부(賦)라고 하여 노래 가사 같은 것은 있었지만, 글자 수와 운자(韻字)를 의식하며 창작하기 시작한 것은 이때가 처음으로 알려져 있다. 조비가 위(魏)나라를 세우기 전까지 후한(後漢) 헌제(獻帝)의 건안(建安) 연간(196~220)에 조조(曹操) 부자의 후원으로 꽃핀 당대의 문학을 건안 문학이라고 한다. 그중 조조 부자 밑에서 활약한 문학 집단 가운데 특히 뛰어난 재자(才子) 7인을 가리켜 '건안 칠자'라고 했다. 이 '칠자'라는 명칭을 처음 언급한 사람은 조비(曹丕 187~226)였다. 이들 일곱 사람은 건안 시기에 조조 부자를 제외하고 뛰어난 작품을 남긴 작가들인데, 조비의 발언 이후 후세 평자들의 일반적인 인정을 받았다.

칠자(七子)의 삶은 보통 전후 두 시기로 나뉜다. 전기에는 한나라 말기의 혼란한 시대를 살면서 사회적 지위와 경험이 각기 달랐지만 모두 몰락해서 곤궁한 처지에 빠져 있었다. 후기에 그들은 다투어 조조의 휘하에 들어가 관직에 등용되었는데, 공융은 소부(少府), 왕찬은 시중(侍中)을 역임하는 등 고급 관료로 활동했다. 나머지 사람들도 조씨 부자의 측근으로 문학과 정치 양면에서 활동했다. 그러나 공융은 나중에 조조와 알력이 생겨 피살되고 말았다.

일곱 사람이 조조의 휘하에서 활동한 시기가 일치하지 않기 때문에 그들의 활동 시기를 일률적으로 구분하기는 어렵다. 그중에도 왕찬과 유정은 뛰어난 시인으로 평가되며, 5언시의 발전, 문학의 서정화에 이룩한 공적이 지극히 컸다. 건안 시대의 문학은 칠자(七子) 외에도 3조(조조, 조비, 조식 3부자)를 합하여 말한다. 이 시기 시가 창작되고 서로 작품을 감상하고 평가하는 문화가 등장했고, 시문에 대한 평가 기준도 처음 등장하여 이 시점이 문학

비평의 시작이라고 할 수 있다. 당대의 평가 기준은 '풍골(風骨)'이라는 것인데, 풍골이 얼마나 힘차고 거세냐에 따라 평가가 달랐다고 한다.

풍(風)은 정신적인 자세와 허(虛)의 의미가 강하고, 신운(神韻)이나 생취(生趣) 등의 정신적 기질을 말한다. 반면에 골(骨)은 육체적인 외모나 자태를 중시하여 실(實)과 관련이 있었다. 수척하더라도 영기(靈氣)가 있어야 골(骨)이 있다고 할 수 있다. 이것은 후대 회화(繪畫)의 평가 기준인 기운생동(氣韻生動)과 골법용필(骨法用筆)과 같은 의미이다.

이러한 시대를 배경으로 유협(劉勰, 466~520)은 《문심조룡(文心雕龍)》이라는 중국 최초의 문학 비평서를 썼다. 그는 이 책에서 인간이 자연적 성정을 따른다면 문학의 아름다움은 당연히 따라오는 것이라면서, 천지 자연의 아름다움을 인간의 마음이 신묘한 글로 표현한 것이 최고의 문장이라고 말하고 있다. 그는 형(形)이 인간의 육체를 말한다면 기(氣)는 인간의 생명력에 해당한다고 보았다. 풍(風)은 문장의 생명력으로 문장의 내재적 생명력, 정신의 충실함을 의미하여 정신력에 영향을 미치는 요소, 골(骨)은 문장의 표현력과 연관되어 문장의 표현에 강건함이 있어야 함을 말한다.

건안 문학의 가장 유명한 사람은 조조의 3남 조식으로, 붓을 한 번 들기만 하면 한 편의 글을 이루어 하필성문(下筆成文)이란 고사를 남겼다. 한번은 조조가 조식이 쓴 문장을 보고 그 출중함에 매우 놀라며 짐짓 "누가 대신 써 준 것이 아니냐?"라고 물었다. 조식은 "저는 입을 열기만 하면 말이 되고, 붓을 놀리기만 하면 문장이 이루어지는데(言出爲論, 下筆成章), 누구에게 대신 써 달라고 할 필요가 있겠습니까?"라고 대답했다고 한다. 그 무렵 조조가 세운 동작대(銅雀臺)가 완성되어 조조는 축성식에 참석한 아들들에게 동작대를 주제로 하여 부(賦)를 한 편씩 지어 보게 했다. 그러자 조식은 순식간에 한 편의 빼어난 작품을 완성하여 사람들은 탄복하게 했으니, 이것이 유명한 <동작대부(銅雀臺賦)>이다. 이 고사는 《삼국지》의 〈위서(魏書)·진사왕식전(陳思王植傳)〉에 실려 있다. 진사왕은 조식의 시호이다. 또 조식은 건안칠자(建安七子)의 한 사람인 왕찬(王粲)을 높이 평가하여 〈왕중선

뢰〉를 지어 "문장은 봄꽃과 같고, 생각은 샘처럼 솟아오른다. 하는 말마다 읊조릴 만하고, 붓을 놀리면 작품이 된다(文若春華, 思若湧泉. 發言可詠, 下筆成篇)"라고 칭송했다.

죽림칠현(竹林七賢)

춘추 전국 시대는 지식인들에게 잘하면 출세하고 실패하면 죽음이라는 극단적인 두 가지 길이 공존하던 시대였다. 이 시기는 스스로를 홍보하는 유세(遊說)의 시기였다. 반면, 전쟁이 잦았던 위진 남북조 시대는 긍정적 측면보다는 부정적 측면이 많아 상당수 지식인들이 출세보다는 은둔과 도피를 선택하여 생명을 부지하는 길을 선택했다. 당대의 지도자들은 사람 보는 안목도 부족하여 사람의 능력이나 가치보다는 자신의 편이 되거나 손발이 되어주는 자를 선호하는 경향도 강했다. 특히 진(晉) 이후 사마씨가 국정을 장악하고 전횡을 일삼자 고고한 선비 일곱 사람이 대나무 숲으로 들어가 은둔 생활을 했다. 이들은 시를 짓고 거문고를 뜯으며, 술을 마시고 고담준론을 펼쳤다. 이들을 세상에서는'죽림칠현'이라고 불렀는데, 완적(阮籍), 혜강(嵇康), 산도(山濤), 향수(向秀), 유영(劉伶), 완함(阮咸), 왕융(王戎) 등 일곱 명의 은자(隱者)를 말한다.

이들은 도가(道家) 사상을 신봉하며 혼탁한 세속에서 벗어나 자아 해방과 자유를 노래하는'청담(淸談)'을 펼쳤다. 청담을 통해 나타난 이들의 사상과 행동은 지배 세력에 대한 소극적인 저항으로 이해되었다. 이들이 술을 마시고 시를 짓는 것조차도 현실에 대한 저항으로 여겨졌다. 사마소가 완적에게 아들 사마담의 배필로 딸을 달라고 하자 아무런 대답도 하지 않고 무려 60여 일 동안 술만 마시는 것으로 대답을 대신했다는 일화도 있다. 근대 중국의 문호 루쉰(魯迅)은 죽림칠현의 행위를 현실 정치의 압력에 맞선 소극적 저항이라고 평했다.

죽림(竹林)은 탁한 속세와 멀리 떨어져 있어 당시에 청담을 논의하기 위해 좋은 장소로 인식되었다. 이들은 모친상에 가면서 거문고를 가져가 연주한 것, 상 중에 고기와 술을 먹는 것, 옷을 벗어던지는 것, 불효의 죄로 고소당한 친구를 변호하는 것 등 당시 유교라는 전통적인 가치관에 반기를 드는 행위를 많이 했다. 이들이 보이는 행동은 겉보기에는 자유분방하지만, 내면에는 오히려 유가 사상을 깊이 믿고 있었다. 완적은 정작 자신의 아들에게 음주 행렬에 들어가지 못하게 했고, 혜강은 《가계(家誡)》라는 책을 써서 자신의 아들에게 올바른 사람이 되기 위한 예절과 주의 사항을 훈계한 것이 대표적인 사례다.

또한 이들은 후한 시대의 청의(淸議) 사상에 따라 불의한 정권에 대한 소극적인 저항 의식도 있어서 조정에서의 출사 권유를 여러 가지 방법으로 거부하기도 했다. 이들의 사상은 하안(何晏)과 왕필(王弼)이 시작한 유학의 새로운 해석, 이른바 현학(玄學)과 결합되어 있다. 현학은 삼현(三玄)이라고 불리는 《도덕경(道德經)》, 《장자(莊子)》, 《주역(周易)》 연구와 해설을 중심으로 한 철학적 해석의 전통이며, 죽림칠현은 이와 결합된 청담 사상을 완성한 공로가 있다. 적어도 이 시기까지의 청담 사상은 불의한 권력에 대한 저항 의식을 가지고 유가 이외의 다른 사상에 대한 생각의 확대를 도모했다. 또한 물욕과 권력욕을 억제하면서 시대적 한계점은 있었으나 나름대로 건전한 방향으로 발전하고 있었다. 그러나 이들의 저항 의지를 권력자들이 모를 리가 없었고, 결국 탄압받게 되면서 청담 사상은 저항 의식을 상실하고, 현학도 망가지면서 사실상 권력가의 취미 겸 헛소리로 퇴락했다. 청담 사상은 결국 공담(空談)으로 급격하게 변질했다.

그래서 죽림칠현을 그동안 지나치게 높이 평가해 왔다는 비판도 존재한다. 당대에도 이미 '대은거시 소은거산(大隱居市 小隱居山)', 즉 "큰 은둔자는 시중에 살고, 작은 은둔자는 산속에 산다"라고 하여 산속 은둔자 혹은 자연인으로 자처하는 자를 쇼맨십을 즐기는 자일 뿐이라는 조롱 섞인 표현이 있었다.

대표적인 비판서로는 상하이대 고대 정치 사상사 교수인 자오찌엔민이 쓴 《죽림칠현, 빼어난 속물들》이라는 책이다. 이 책에 의하면 죽림칠현은 정치적 계산과 출세 목적이 섞인 결사체였다. 이 주장에는 몇 가지 이유가 있다. 먼저 이들은 혼자서 은거한 것이 아니라 여럿이 모여서 행동했다. 혼자서 은거하면 그냥 은둔이지만, 당대에 이름난 명사들이 모여서 은거하는 형태를 취하면 영향력을 유지하면서 명사로 이름을 알릴 수 있다. 이들이 은거했다는 곳은 산양인데, 산양은 당대의 중심지 중 하나인 낙양에서 멀리 떨어지지 않은 곳이다. 이들의 행적은 금세 낙양을 통해서 세상에 알려졌다. 결정적으로 이들의 은거 기간은 그리 길지 않았고, 실제로 은거 기인의 모습을 유지한 이들도 많지 않았다. 이들이 출사 권유를 거절한 것이 유명할 뿐이지, 실제로는 이전에 출사한 적이 있거나 대부분 출사했다는 사실은 모르는 이들이 많다. 죽림칠현은 산도가 사마소의 천거로 벼슬자리에 나가면서 해체되었다.

구성원들의 말년 행적을 살펴보자. 산도(山濤)는 사마소와 먼 친척이었으며, 삼공의 하나인 사도의 직위까지 오른 인물로 죽림칠현의 상당수는 산도의 천거로 관직에 올랐다. 그는 혜강의 아들도 천거해 주었다. 혜강(嵇康)은 조조의 아들 패목왕 조림의 손녀 장락정주와 결혼하고 낭중으로 천거되어 중산대부에 제수되는 등 일시적으로 관직 생활을 하다가 사마씨가 집권하자 정치에 관여하지 않았다. 산도에 의해서 천거되었으나 이를 거절하고 오히려 절교하는 등 일반적으로 생각하는 죽림칠현의 모습을 보였다. 그러나 종실의 여인과 결혼해서 워낙 정계와 깊이 연결되어 있었기 때문에 혜강의 발언은 정치적으로 큰 의미를 지닐 수밖에 없었으며, 이 때문에 평소에 미움을 샀던 종회와 사마소에 의해서 반역과 불효죄 등에 엮여서 참형당했다.

상수(向秀)는 혜강이 처형된 후 관직에 올랐으며, 산기상시를 지내는 중 병사했다. 왕융(王戎)은 종회의 추천으로 관직에 올랐으며, 산도와 마찬가지로 벼슬이 삼공에 이르렀다. 워낙에 정치적으로 문제가 많아서 후대에 왕융은 죽림칠현에서 제명해야 한다는 이야기가 많았다. 유영(劉伶) 역시 관직에 올라서 왕융이 장군을 지낼 때 건위참군으로 일했다. 서진이 건국된 후 무제 사마염에게 도가 정치를 권유했지만 무능하다는 평가를 받고 낙향했다. 이후 유영은 술독에 빠져 살다 인생을 마감했다. 술과 관련한 일화가 많아 죽림칠현의 이미지를 형성하는 데 크게 기여한 인물이지만, 유영이 술 마시던 일화의 대부분은 죽림칠현이 해체되고도 한참 뒤의 이야기다. 그는 <주덕송(酒德頌)>이란 글을 남기기도 했다.

완적(阮籍)은 조방 시기에 상서령에 올랐다가 낙향했고, 조상의 참군이 되었으나 다시 금방 낙향했다. 그는 사마소의 총애를 받아서 유영과는 달리 술 마시고 막말을 많이 했음에도 꾸준히 관직을 유지했다. 완함(阮咸)은 완적의 조카로 역시 산도의 천거를 받아서 이부령이 되며 관직에 올랐다. 대충대충인 성격에 술을 좋아해서 평은 역시 좋지 않았다. 완함은 산기상시, 시평태수 등을 역임했다.

이러한 점을 종합해 보면 혜강이 사마소에 의해서 죽임을 당한 다음에 나머지 인물들도 모두 크든 작든 관직 경력이 있으며, 혜강마저도 그 전에는 벼슬을 지낸 적이 있었다. 긍정적으로 평가한다 해도 관직에 올라서 술 마시고 제대로 일 안 했더라는 것이 고작이고, 심한 경우에는 열심히 일해서 고위 관직에 오르다 못해 줄타기까지 한 인물도 나왔다. 이런 사실들을 고려하면 후대 인물들이 죽림칠현의 고매한 뜻을 왜곡해서 이들의 평가가 나빠졌다는 주장은 신빙성을 잃는다.

이들 중에서 실제로 의식이 있었던 인물은 혜강이나 산도가 출사했다는 것을 듣고 절교서를 보낸 완적 정도에 불과했다. 나머지 인물들은 함께 묶여서 비슷한 평가를 받아왔다. 더구나 혜강은 조위의 부마로서 사마씨 집안과 관련해서 출사 자체가 어려웠으며, 그 때문에 생을 마감하게 되었다. 혜강이 세상을 떠날 때도 완적은 소신껏 발언하지 못했다. 오히려 혜강을 살해한 사마소의 총애를 받았다는 사실을 고려하면 평가는 더더욱 박해진다.

속세와 연을 끊는다고 큰소리쳤지만, 실제로 죽림칠현은 누구보다 호화롭게 살았던 이들이다. 좀 더 악평하자면 위말 진초에 한적한 도성 교외에서 청담을 읊으면서 술을 마신 것으로 유명해진 사람들이라고 해도 좋을지 모른다. 다만 혜강은 끝내 사마씨 정권이 싫어 절의를 지키다가 목숨을 잃었으니 그만은 좀 다르게 평가할 수 있겠다. 그가 죽었을 때 많은 태학생이 그의 사형을 말리려 했던 것만 해도 그의 명성이 헛된 것이 아니었다는 사실을 알 수 있다.

우리의 조선 시대 때 〈관동별곡〉을 쓴 송강 정철(鄭澈)이 이런 경우였다. 그는 관동별곡 도입부에서 "강호에 병이 깊어 자연에 누웠다"라며 자신을 천석고황(泉石膏肓)의 고질병에 걸린 자연인으로 묘사하고 있지만, 얼마 뒤 임금의 부름을 받자 잽싸게 뛰어 올라가 벼슬을 받고 의기양양해하는 자신의 모습을 묘사하고 있다. 자신이 가짜 은둔자라는 사실조차 망각한 채 글을 쓰고 있는 것이다.

도연명(陶淵明, 365~427)

도연명(陶淵明)의 본명은 도잠(陶潛)으로 동진(東晉), 유송(劉宋) 대의 시인이다. 당나라 이후 남북조 시대 최고의 시인으로 평가받는다. 그는 동진 시대 지방 하급 관리로 관직 생활을 하기도 했으나 일평생 은둔하며 시를 지었다. 술의 성인으로 불리며, 전원 시인의 최고봉으로 꼽힌다. 대표작으로는 <귀거래사(歸去來辭)>를 비롯하여 〈오류선생전(五柳先生傳)〉, 〈도화원기(桃花源記)〉 등이 있다.

중국을 대표하는 시인 중에는 술을 사랑했던 시인이 많다. 술을 좋아한다는 데서 유래한 별명도 부지기수다. 이백(李白)은 술의 신선(神仙), 소식(蘇軾)은 술의 친구, 육방옹(陸放翁)은 술 미치광이, 죽림칠현(竹林七賢)의 유령(劉伶)은 술의 귀신으로 불렸다. 마지막으로 술로 평가된 시인이 있었으니 바로 중국의 대표적 시인 도연명으로, 그는 술의 성인(聖人)으로 표현된다. 그는 술을 열렬히 칭송했는데, 그가 남긴 약 130여 수의 시 중 절반 정도에는 술에 관한 구절이 포함되어 있다. 도연명은 중국 문학사상 가장 위대한 시인 중의 한 사람으로 은둔자, 술을 사랑한 전원 시인의 최고로 꼽히는 인물이다. 이백이나 소식 등은 모두 그를 흠모했던 시인들이다.

도연명은 현실에 실망할 때마다 술로 자신을 위로했고, 국화를 기르는 것을 낙으로 삼았다. 그의 후기 작품에는 국화를 읊은 시들이 많다. 그의 시 〈음주(飮酒)〉를 소개한다.

結廬在人境(결로재인경) 초막집 짓고 사람들 속에 살아도
而無車馬喧(이무거마훤) 시끄러운 말과 수레 소리 없어라
問君何能爾(문군하능우) 그대에게 묻노니 어찌 그럴 수 있는가
心遠地自偏(심원지자편) 마음이 세상에서 멀어지니 절로 그렇다오
采菊東籬下(채국동리하) 동쪽 울타리에서 국화를 따다가
悠然見南山(유연견남산) 한가로운 마음으로 남산을 바라보네
山氣日夕佳(산기일석가) 산 기운은 해 질 녘에 아름다운데
飛鳥相與還(비조상여환) 날던 새는 짝 지어 돌아오는구나
此中有眞意(차중유진의) 이 가운데 진정한 뜻이 있거늘
欲辨已忘言(욕변이망언) 말하려니 이미 말을 잊었구나

365년 강서성 심양(潯陽)에서 태어난 그는 본명이 잠(潛), 자가 원량(元亮) 또는 연명(淵明)이다. 그의 선조 도간(陶侃)은 동진 시대 초기 공신이었지만, 문벌 귀족이 정권을 장악한 상황에서 귀족 계급으로 신분이 상승하는 것은 거의 불가능했다. 부친의 이름은 알려져 있지 않지만, 지방의 하급 관리 정도였을 것으로 추측되며, 도연명이 열두 살 때 사망한 것으로 보인다. 아버지를 일찍 여의고 집이 가난했기 때문에 도연명은 집안의 농사일을 거들며 학문을 익혔다. 농사만으로 생계를 유지하는 것이 어려웠던 도연명은 집안

과 노모를 돌보기 위해 하는 수 없이 출사했고, 강주 제주(祭酒), 진군참군, 건위참군 등의 지방 하급 관리를 지냈다. 하지만 그의 관직 생활은 대부분 일 년을 채 넘기지 못했다. 그의 자유로운 성품이 관리 생활에 맞지 않았던 이유도 있었지만, 무엇보다도 당시 관리 사회의 혼탁함에 염증을 느꼈기 때문이었다. 관직 생활을 꾸준히 하지 못한 덕에 도연명의 가난은 계속되었다. 그의 곤궁한 생활을 보다 못한 친척이 그를 팽택현(彭澤縣)의 현령으로 추천했고, 405년 그는 팽택령에 임명되었다. 하지만 팽택령에서의 관직 생활도 약 80여 일 만에 끝을 맺었다.

《송서(宋書)》〈도연명 전기〉에는 이와 관련된 일화가 전한다. 도연명이 팽택령으로 부임한 그해 겨울에 상급 기관의 감찰관 독우(督郵)가 팽택현을 시찰하러 나왔다. 현사(縣吏)가 급히 달려와 의관을 갖추고 맞이할 것을 재촉하자 문득 도연명은 그 모든 것이 귀찮아졌다. 도연명은 "내 어찌 다섯 말의 쌀 때문에 시골뜨기 아이에게 허리를 굽힌단 말인가!"라고 탄식하며 사직하고 고향으로 돌아와 은둔 생활을 시작했다. 도연명은 〈귀거래사(歸去來辭)〉에서 은거에 대한 염원을 밝혔다. 그는 작품 서문에서 시집간 여동생의 죽음으로 관직을 버린다고 했지만, "돌아가자! 전원이 황폐해지려고 하는데 어찌 아니 돌아갈쏘냐(歸去來兮 田園將蕪 胡不歸)."라는 문구로 은둔을 선언했다.

〈귀거래사〉는 모두 4장으로 이루어져 있다. 첫 번째 장에는 태생적으로 맞지 않는 관직 생활을 그만두고 귀향하게 된 동기와 상황이 서술되어 있다. 두 번째 장에는 집으로 돌아온 후 비록 비좁은 공간이지만 벼슬살이를 할 때처럼 마음 쓸 일 없이 편안한 마음으로 술도 마시고 정원도 산책하는 등의 생활이 그려져 있다. 세 번째 장은 혼탁한 관직 생활에 다시는 미련을 두지 않겠다는 각오와 함께 친척들과 정담을 나누고 거문고와 독서를 즐기는 것 외에도 농사를 지으며 가끔 수레를 타고 산길을 달리거나 배를 저어 깊은 계곡을 찾아가는 등의 전원 생활에 대한 감흥을 담았다. 마지막 네 번째 장에는 짧은 인생의 여정에서 벼슬을 하거나 그만두는 것에 연연하지 않고, 어차피 신선이 되지 못할 바에는 가끔 밭에 나가 김 매고, 언덕에 올라 크게 노래 부르고, 맑은 물가에 나가 시를 읊는 등 자연에 순응하며 하늘의 뜻에 따라 소박하게 살아가겠다는 의지를 표현했다. <귀거래사> 한 구절을 소개한다.

귀 거 래 혜 청 식 교 이 절 유 세 여 아 이 상 위 복 가 언 혜 언 구
歸去來兮 請息交以絶遊 世與我而相違 復駕言兮焉求

열 친 척 지 정 화 낙 금 서 이 소 우
悅親戚之情話 樂琴書以消憂

농 인 고 여 이 춘 급 장 유 사 어 서 주
農人告余以春及 將有事於西疇

자, 이제 돌아가자, 돌아가 세상과의 모든 사귐을 끊고 살고 싶다. 세상과 나는 서로 생각이 다르니, 다시 말 타고 벼슬길에 올라 무엇을 구하겠는가. 동기간 친척들과 정겨운 이야기를 나누며 즐거워하고, 거문고를 타고 책을 읽으며 시름을 달래련다. 농부가 내게 찾아와 봄이 왔다고 일러 주면 내일은 서쪽밭에 나가 밭을 갈련다.

고향으로 돌아온 도연명은 다시 저작랑으로 조정의 부름을 받았으나 응하지 않았다. 도연명은 이후 20여 년간 손수 농사를 지으며 산수와 시와 술을 벗 삼아 전원 생활을 했다. 은거는 개인적인 성향과 현실에 대한 소극적 도피라고 할 수도 있지만, 동진 왕조에 대한 충성심과 송 왕조에 대한 저항이 내포되어 있다고도 볼 수 있다.

그는 세속과의 인연을 끊은 상징으로 집 앞에 속성수인 버드나무 다섯 그루를 심었는데, 그 나무는 금방 자라 도연명의 집을 가렸다. 그러자 이웃 사람들은 그를 오류(五柳) 선생이라 불렀다. 그는 <오류선생전>이라는 또 한 편의 글을 남겼다.

한 정 소 언 불 모 영 리 호 독 서 불 구 심 해 매 유 의 회 편 흔 연 망 식
閑靖少言 不慕榮利 好讀書 不求甚解 每有意會 便欣然忘食

성 기 주 가 빈 불 능 상 득 친 구 지 기 여 차 혹 치 주 이 초 지 조 음 역 진
性嗜酒 家貧不能常得 親舊知其如此 或置酒而招之 造飮輒盡

기 재 필 취 기 주 이 퇴 증 불 인 정 거 류
期在必醉 旣醉而退 曾不吝情去留

한적하고 조용하며 말이 적었고 명예나 실리를 바라지 않았다. 책 읽기를 좋아하지만 깊이 파고들지는 않았다. 매번 뜻에 맞는 글을 만나면, 곧 즐거워 밥 먹는 것도 잊었다. 성품이 술을 좋아하지만 집이 가난하여 항상 얻을 수는 없었다. 친구들이 이와 같은 처지를 알고는 때때로 술자리가 열리면 그를 초청했다. 마시는 데에 이르러서는 언제나 다 마셔버려 반드시 취하고야 말았다. 취하고 난 후에는 물러가는데, 가고 머무름에 미련을 두지 않았다.

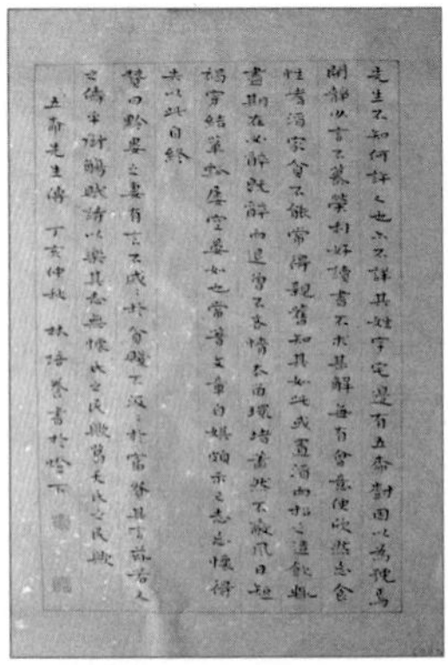

오류선생전 원문

도연명이 은둔 생활을 시작할 무렵 동진 왕조는 멸망의 기운을 드러내고 있었다. 동진 시대의 혼란은 훨씬 전인 4세기 중엽부터 시작되었다. 347년에는 명제의 사위인 환온(桓溫)이 반란을 일으켰고, 402년에는 손은이 오두미도 교단을 이끌고 반란을 일으켰다. 환온의 아들 환현(桓玄)이 반란 진압을 핑계로 제위에 올랐으나 장군 유유가 이 두 난을 진압하고 420년에 남조 송나라를 세웠다. 도연명이 은둔한 지 15년이 지난 해였다.

421년, 도연명은 송나라 조정에 출사하지 않고 농사에만 전념했다. 한때 그는 생활이 궁핍하다 못해 걸식 행각까지 할 정도가 되었다. 이러한 생활은 그의 사상에 변화를 가져왔다. 도연명은 백성들이 빈곤한 원인을 세상의 혼란스러움에서 찾았고, 더 나아가 수탈과 억압이 없는 이상 세계를 꿈꾸게 되었다. 〈도화원기〉는 도피하고 싶다는 도연명의 심정을 표현한 것이기도 하지만, 한편으로는 유유의 왕권 교체에 대한 불만을 드러낸 것이기도 하다. <도화원기(桃花原記)〉는 이런 사상적 변화에서 탄생한 작품이다.

〈도화원기〉는 세 부분으로 나뉜다. 내용은 한 어부가 길을 잃고 헤매다 도화원을 발견하는 데서 시작한다. 도화원에서 사람들은 외부 세계의 흥망성쇠를 모른 채 유유자적하고 태평한 나날을 보낸다. 어부는 도화원 사람들의 환대를 받았지만, 아쉬운 이별을 하고 돌아왔다. 그 후 태수를 비롯한 여러 사람들이 도화원을 찾아 나섰지만, 끝내 찾아낸 사람이 없었다는 내용이다.

427년, 그는 가난과 질병을 이기지 못하고 62세의 나이로 세상을 떠났다. 후세 사람들은 도연명이 자유로운 삶을 추구하고 자신의 신념을 지키며 살았다고 평하기도 하며, 이기적인 삶을 살았다고 평하기도 한다. 하지만 진솔하고 담담하게 전원 생활의 풍취를 담고 있는 그의 시는 오랫동안 사랑받으며, 그 또한 중국 역사상 최고의 전원 시인으로 평가받고 있다. 아울러 동양 전체에 널리 퍼진 전원 취향의 모든 작품의 아버지로 평가받고 있다.

위진 남북조 미술가들

중국 역사상 후한(後漢)의 멸망부터 수(隋)의 재통일까지를 위진 남북조 시대라고 일컫는다. 이 시기에 중국은 정치, 사회, 사상 전반에 걸쳐 혼란을 겪었다. 그러나 혼란한 사회 환경으로 인해 사상의 활약과 문학 예술의 발전이 촉진되었다. 앞에서 살펴본 대로 이 시기 사대부 계층이 성장함으로써 문예 창작의 번영 조건이 마련되었다. 한편 세력이 커진 북방 민족의 중원 진출, 서역 개발, 서방과의 왕래 증가 등은 모두 미술 창작에 영향을 미쳐 여러 민족의 문화가 융합된 새로운 특징이 나타났다.

중국에서 최초로 명성과 명예를 누린 화가가 출현한 것은 위진 시대였다. 즉 초기 직업 화가의 등장이었다. 오의 조불흥(趙不興, 221~280)은 처음으로 명성을 얻은 화가로, 용(龍)과 불화(佛畵)를 잘 그렸다. 진(晉)의 위협(威脅)은 묵직한 기운이 담긴 그림을 그렸으며, 화성(畵聖)이라고 불릴 정도로 높은 평가를 받았다.

고개지(顧愷之, 344~405)는 장시성[江西省] 우시[無錫] 출신으로 동진(東晉)의 대표 화가이다. 종교화를 잘 그렸고 초상화에도 능했다. 그의 작품 중 와관사[瓦棺寺]의 〈유마힐상(維摩詰像)〉이 유명하다. 그는 인물을 그릴 때 대상의 정신 세계까지 표현해낼 정도로 생생하게 묘사하여 인물화의 새로운 정형을 제시했다. 혼란한 시대적 상황에서 악의 없는 기인으로 행세하여 자신을 보호했고, 인물 화가와 시인으로 크게 이름을 날렸다. 지금까지 전해오는 〈여사잠도권(女史箴圖卷)〉,〈낙신부도권(洛神賦圖卷)〉, 〈열녀전도(列女傳圖)〉 등의 작품 중에는 옛 묘법인 '유사묘법(遊絲描法: 春吐絲式)'과 같은 묘선 사용 기법이 나타나 있다.

오늘날 고개지의 예술 세계는 그와 관련된 기록과 그림을 통해 알 수 있다. 중국에서 매우 유명한 불교 성자인 비말라키르티의 초상을 그가 처음으로 그렸다는 기록이 남아 있다. 전해지는 작품으로는 2점의 그림이 있는데, 이는 〈낙신부도권(洛神賦圖劵)〉과 〈여사잠도권(女史箴圖圈)〉(영국박물관 소장)이다.

〈낙신부도권〉은 위(魏)나라의 시인 조자건(曺子健)이 쓴 도교 시를 도식화한 것이다. 그가 쓴 화론 〈화운대산기(畵雲臺山記)〉 역시 도교적인 내용을 담고 있는데, 이는 그 당시에 그려졌던 그림을 묘사한 글일 수도 있다. 〈여사잠도권〉은 전칭된 작품임에도 불구하고 그의 서명이 들어가 있다. 그러나 이 그림은 분명히 당(唐, 618~906) 전기의 풍격을 내포하고 있다. 이는 낱장으로 분리되어 있는 일련의 장면들 상단부에 교훈적인 유교 시를 적어 넣어서 궁중 여인들이 지켜야 할 올바른 행실들에 대해 훈계한 그림이다. 잠사선을 사용해서 치밀하게 그렸으며 뛰어난 화면구성을 통해 전달하고자 하는 훈계적인 내용을 효과적으로 묘사했다.

송의 육탐미(陸探微)는 인물화에 능했으며, 붓끝이 가볍고 예리했다. 그의 그림은 절묘하고 신운(神韻)이 풍부하여 생동감과 친근감을 자아냈다고 한다. 고개지, 육탐미 두 사람의 풍격은 '밀체(密體)'에 속한다. 양의 장승요(張僧繇)는 초상화에 능했으며, 그의 화풍은 '소체(疏體)'에 속한다.

어느 날 장승요가 안락사란 절의 벽면에 용 그림을 그렸는데, 용의 눈을 그리지 않았다. 사람들이 모두 의아하게 생각하여 마지 못해 눈을 그려 넣었더니 갑자기 그림 속 용이 살아 벽을 박차고 날아 올랐다는 전설이 있어 화룡점정(畵龍點睛)이란 고사를 남겼다. 지금도 절에서 불상을 모실 때 맨 마지막으로 부처의 눈을 그려 넣는 점안(點眼)을 하는데, 이 풍속이 이로부터 생겼다고 한다.

북제(北齊)의 양자화(楊子華)는 궁정 화가로 주로 귀족 생활을 소재로 삼았다. 그와 동시대 인물인 조중달(曹仲達)은 조(曹)나라 출신으로 불상을 잘 그려 '조의출수(曹衣出水: 옷이 물에 젖어 몸에 달라붙어 있는 것 같음)'의 풍격을 만들어냈다. 남북조 시대에 산수화가 중시되기 시작한 것은 현학 사상(玄學思想)의 성행과 관계가 있다. 송의 종병(宗炳)과 왕휘(王徽)는 최초의 산수화가로 그들이 분류·선택하여 쓴 〈화산수서(畵山水序)〉, 〈서화(敍畵)〉는 중요한 화론서이다.

간쑤성[甘肅省] 자위관[嘉峪關]에서 출토된 수백 점의 그림 벽돌인 화상전(畵像磚)은 장원 생활(莊園生活)의 각 방면에 대해 묘사하고 있으며, 한대의 전통을 계승하고 있어 생동감 있는 필치에 질박한 풍격을 구사하고 있다. 난징 단양(丹陽)의 남조 능묘에서 출토된 전화 〈죽림칠현화영계기(竹林七賢和榮啓期)〉에는 필선이 힘차고 예리하며, 각기 다른 인물의 내재된 기질과 정신의 특징이 훌륭하게 표현되었다. 타이위안[太原]의 북제(北齊) 고분에 있는 대형 벽화는 북조 후기의 회화 기교의 발달 정도를 보여준다. 북조의 예술이 정교하고 아름다우며 장면이 복잡하고 생동감 있었다는 것을 알려주는 단서는 적지 않다. 그중 뤄양[洛陽]에서 출토된 닝위 석실[寧懋石室]과 효자관 석각(孝子棺石刻)이 가장 유명하다.

남북조 시대는 회화사론 저작의 형성 시기였다. 남제(南齊)의 사혁(謝赫)은 그의 화론서 〈화품(畵品)〉에서 '6법(六法)' 이론을 제시하여 회화의 조건과 품평 원칙을 내세웠다. 또한 〈화품〉은 28명의 화가를 각각 품을 나누어 평술하여 사(史)와 이론이 결합된 저술 방식을 최초로 시작했기 때문에 중요한 이론과 사료적 가치가 있다. 북위의 손창지(孫暢之)가 쓴 〈술서(述書)〉 역시 중요한 저작으로 손꼽힌다.

남북조 시대는 불교가 가장 번성했던 시기로 석굴 사원은 대부분 이 시기에 만들어졌다. 간쑤 서부에는 둔황[敦煌]과 빙링사[炳靈寺] 석굴 및 16국 시대의 조상(造像)과 벽화들이 보존되어 있다. 북위 정권은 불교를 매우 중시했으며, 문성제(文成帝) 때에 윈강 석굴[雲崗石窟]을 팠는데, 엄청나게 방대한 규모였다.

윈강 석굴 가운데 최초로 지어진 '담요(曇曜) 5굴'에 있는 주요 조상들은 북위 초창기의 5대 황제들을 상징하는데, 이는 신권(神權)과 왕권의 일치를 구현한 것이다. 480년 이후 효문제(孝文帝)는 한화정책(漢化政策)을 실행하여 494년 뤄양으로 천도하여 룽먼 석굴[龍門石窟]을 건설했다. 빈양중동(賓陽中洞)과 구양동[古陽洞] 등이 이 시기 조상의 대표작들인데, 불상들은 한족의 복식을 입고 있어 중국화의 특징을 갖추고 있다. 마이지산[麥積山], 궁셴[鞏縣], 샹탕산[響堂山] 등의 석굴에는 모두 매우 많은 동굴이 있다. 각지에 산재해 있는 단독 석각 조상과 금동 불상 역시 정교하고 아름다우며 시대적 특징이 뚜렷하다.

진(晉)의 대규(戴逵)는 화가이자 출중한 조각가로, 특히 불상 조각에 뛰어났다. 그는 와관사의 조상과 고개지가 그린 〈유마힐상〉을 조각하여 명성을 얻었으며, 불교 조각의 중국화 과정에 공헌했다. 그의 아들 대우(戴顒)는 매우 뛰어난 기술과 풍부한 경험으로 불상을 주조하여, 아버지와 함께 이름을 날렸다.

원강 석굴의 모습

남조의 능묘 중 가장 탁월한 조각 작품은 천록(天祿: 고대 중국 전설상의 동물), 벽사(壁邪: 상상의 동물)이다. 이러한 신수(神獸)는 몸체가 거대하고 수사자처럼 생겼으며, 겹날개가 달려 있다. 이처럼 과장된 형체의 특징으로 웅대한 기백을 표현한 이 작품들은 고대 대형 석각 작품 가운데 가장 특징적이고 뛰어난 작품이다.

왕희지(王羲之, 303~361)

위나라의 종요(鐘繇)는 해서(楷書)를 만들어냈고, 전서(篆書)와 예서(隸書) 등 한대의 서법을 계승하여 변혁을 가미하기 시작했다. 동진(東晉) 때에는 서법(書法)이 여러 서체로 발전하기 시작하여 장초(章草), 금초(今草), 행서(行書)의 각 서체가 형성되기 시작했다.

왕희지(王羲之)는 동진 시대 중국 최고의 서예가로 초(草), 예(隸), 팔분(八分), 비백(飛白), 장(章), 행(行) 등 여러 서체에 모두 능했다. 왕희지의 자는 일소(逸少)로, 산동성 낭야 임기(臨沂)의 명문가에서 태어났다. 그의 조상 왕상(王祥)은 서진의 고급 관료였고, 아버지 왕광(王曠)은 회남 태수를, 숙부 왕도는 동진의 재상을, 왕돈도 동진 조정의 관료를 지냈다. 왕희지는 일곱 살 때부터 서법(書法)을 익혀 열두 살에는 그 실력이 매우 뛰어났다. 그를 가르친 스승은 큰아버지 왕익과 이모 위부인 위삭(衛鑠)이었다. 위삭은 서진 시대 유명한 여류 화가이자 서예가로 이름이 높았다. 왕희지는, 초서는 후한 장지(張芝)의 서법을 따랐고, 해서는 위나라 종요(鍾繇)의 서법을 따라 익혔다. 후에 그는 종요의 서체를 더 발전시켜 왕희지체를 완성했다. 그는 밥을 먹을 때, 길을 걸을 때, 휴식을 취할 때도 서법 연구를 게을리하지 않았으며, 여러 종류의 글씨를 구하여 글자체와 필획의 구조 등을 연구했다.

한자의 서체는 전서, 예서, 초서, 해서, 행서순으로 완성되었는데, 이중 행서는 초서를 읽기 쉽고, 해서를 빠르게 쓸 수 있도록 절충하여 만든 서체다. 이를 집대성한 인물이 바로 '서성(書聖)'으로 존경받는 왕희지다. 그는 행서를 완성하고, 해서와 초서를 실용 서체에서 예술 서체로 승화시켰다. 또한 그는 동진 서법을 완성했다. 그가 가장 잘 썼던 서체는 금초와 해서였으며, 이 두 서체가 결합된 새로운 서체도 개발했다. 동시에 그의 글씨 쓰는 법은 다채로웠으며, 표현력이 대단히 풍부했다.

왕희지는 열여섯 살에 치감(郗鑒)의 딸과 결혼했다. 당시 태위였던 치감이 승상 왕도에게 혼담을 넣자 왕도는 직접 사람을 보내 골라보라고 했다. 며칠 뒤 치감은 심부름꾼을 보내 왕씨의 자제들을 살펴보게 했다. 치감의 사위가 되기를 원했던 왕희지의 형제와 사촌들은 치감에게 잘 보이고자 평소와 다르게 고상한 척 행동했다. 하지만 왕희지는 평소대로 평상에 배를 드러내고 누운 채 큰 떡을 먹으며 무심히 손가락으로 자신의 배 위에 뭔가를 열심히 쓰고 있었다. 필체를 가다듬는 연습 중이었지만 심부름꾼의 눈에는 그저 떡을 먹고 있는 소년일 뿐이었다. 심부름꾼이 돌아와 주인에게 소상히 알리자 치감은 망설이지 않고 왕희지를 사위로 선택했다. 이 일화에서 '배를 드러내고 동쪽 평상에 눕다'라는 '탄복동상(坦腹東床)'이라는 성어가 생겼고, 이상적인 사위라는 의미로 통용되었다.

왕희지가 벼슬길에 오를 나이가 되었을 때 숙부 왕돈이 반란을 일으켰다. 이 사건은 멸문지화를 당할 만큼 큰 사건이었으나 최고의 명문가였던 왕씨 일가는 권세를 이용하여 위기를 모면할 수 있었다. 왕돈의 반란이 진정된 후 왕희지는 비로소 관직에 오를 수 있었다. 왕희지는 비서랑으로 벼슬을 시작하여 정서 장군의 참장, 장사를 거쳐 340년 영원 장군 강주 자사로 승진했다.

351년, 그는 우군 장군, 회계내사에 임명되어 발령지인 절강성 소흥부로 갔으며 356년까지 4년 동안 관직 생활을 했다. 후에 그가 '왕우군(王右軍)'이라고 불린 것은 이때의 직책으로 인해 생긴 것이다. 당시 한 도사(道士)가 많은 예물을 가지고 와 도가(道家)의 경서인 《황정경(黃庭經)》을 써 달라고 부탁했다. 하지만 왕희지는 이를 거절했다. 당시 왕희지는 흰 거위를 매우 좋아했는데, 거위 목의 움직임을 관찰하여 서법을 연구할 수 있었기 때문이다. 그러자 이 소문을 들은 도사는 흰 거위와 글씨를 쓸 좋은 비단을 가지고 다시 찾아와 부탁했다. 이에 왕희지는 그가 가져온 비단 위에 《황정경》을 써 주었다고 한다.

한 번은 왕희지가 회계에서 평상복 차림으로 거리로 나갔다. 거리에서 왕희지는 매우 더운 날씨에 한 노파가 부채를 파는 것을 보았다. 부채값은 쌌지만 사는 사람이 없어 노파의 모습은 처량하기 그지없었다. 이에 왕희지는 노파에게서 부채를 빼앗아 그 자리에서 몇 자 써 주었고, 자신의 부채에 낙서를 한 줄 안 노파는 화를 냈다. 왕희지는 "이 부채를 제일 잘 보이는 곳에 두시오. 그러면 1백 전은 족히 받을 수 있을 것이오."라고 말하고 떠났다. 어리둥절해하던 노파는 왕희지가 시키는 대로 했고, 곧 지나가던 행인이 왕희지의 글씨가 쓰인 부채를 보자마자 선뜻 1백 전을 내고 사 갔다. 이 두 가지 일화는 왕희지가 생전에 이미 서예가로서 명성을 쌓았다는 것을 단적으로 보여 준다. 또한 그가 세상의 영리를 꾀하지 않고 소탈하며 즉흥적인 시작 습관을 가졌다는 것도 알 수 있다. 왕희지는 가문의 명성에 비해 높은 벼슬을 하지 못했는데, 이는 그가 정치적 권세와 명성에 관심이 없어 조정의 부름을 바라지 않았기 때문이다. 더불어 부패상이 드러나기 시작했던 당시 정세가 그의 성격과는 어울리지 않았기 때문이기도 하다.

왕희지 초상

353년, 회계 내사를 지냈을 당시 왕희지는 음력 3월경 명사 손작(孫綽), 사안(謝安), 허순(許詢), 지둔(支遁)과 자신의 아들 왕응지(王凝之), 왕휘지(王徽之) 등 41명과 함께 회계 산음에 있는 물가의 난정(蘭亭)에서 봄을 맞는 연회를 열었다. 이때 열린 행사는 곡수연(曲水宴)으로, 아홉 개의 구비에 강물을 끌어들인 후 술잔을 물에 띄워 흘러오는 술잔이 멈춘 자리에 있는 사람이 시를 짓는 놀이다. 이때 지어진 시는 총 37수로, 이를 기념하여 만든 시집이 《난정집서(蘭亭集序)》이다. 왕희지가 쓴 〈난정아집시서(蘭亭雅集詩序)〉라는 서문에서는 자유분방하면서도 법도에 어긋남이 없이 정교한 왕희지의 서체를 볼 수 있다. 이는 행서 제일의 서체로 여겨지며 서예가들의 찬사를 받았다. 후대에 이 서문을 연구한 이가 20개의 '지(之)' 자를 찾아서 살펴보았는데, 그 각각이 고상하고 아름다움을 지닌 채 서로 다른 방법으로 쓰여 있었다고 한다. 또한 이 서문은 왕희지가 취한 상태로 쓴 것으로 알려져 있는데, 취기가 사라진 후 자신이 쓴 글씨를 보고 스스로 감탄하여 다시 써 보려고 했으나 그것과 같은 유려한 글씨는 쓰지 못했다는 일화도 전한다.

하지만 이 〈난정집서〉의 진본은 오늘날 전하지 않는다. 왕희지의 글씨는 그가 살아 있을 당시에도 존경받았지만, 남북조 시대를 거쳐 수나라 왕족과 귀족들까지 애호했다. 특히 당 태종 이세민(李世民)은 왕희지를 숭배하여 그의 글씨를 늘 곁에 두고 감상했다고 한다. 심지어 그는 왕희지의 글씨를 무덤에 같이 묻어 달라는 유언까지 남겼다. 이런 까닭에 현재는 〈난정서〉의 진품이 전해지지 않고 모사품만 전해지고 있다. 당대의 명필 안진경과 구양순은 왕희지의 글씨를 보고 서예의 진수를 익혔다고 한다. 〈난정서〉가 세상에 나온 지 2년이 지나 왕희지는 스스로 관직에서 물러났다. 그 후 그는 죽을 때까지 경치가 뛰어난 회계의 산중에서 오로지 자연을 벗 삼아 유유자적한 생활을 즐기다가 생을 마감했다.

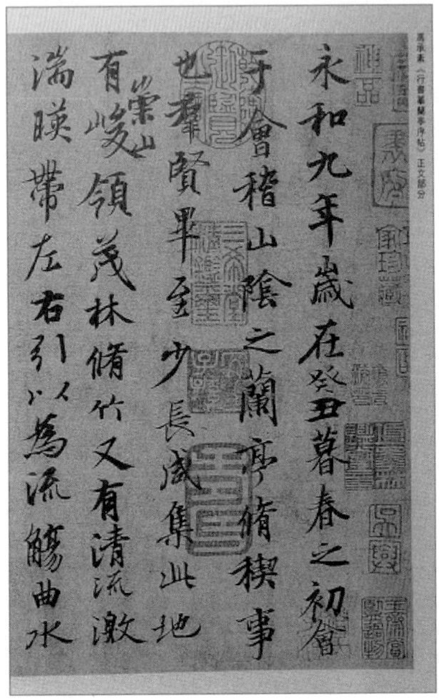

왕희지의 난정서 사본

왕희지의 작품으로는 해서체의 〈악의론(樂毅論)〉, 〈황정경〉, 〈동방삭화찬(東方朔畵讚)〉, 행서체의〈난정서〉, 〈집자성교서(集字聖教序)〉, 초서체의 〈십칠첩(十七帖)〉, 〈상란첩(喪亂帖)〉, <공시중첩(孔侍中帖)〉 등이 있다. 그러나 어느 것이든 진필은 전하지 않으며 현재 왕희지의 필체라고 전하는 것들은 모두 모사품과 탁본일 뿐이다. 그의 아들 왕헌지(王獻之) 역시 아버지의 서법 예

술을 계승했다. 2왕(二王)의 서법은 당대(唐代) 이래 모든 서법 예술사에 대단히 큰 영향을 끼쳤다.

불교의 전래

중국에 불교가 언제 전래되었는가에 대해서는 여러 학설이 있다. 동양의 거대한 두 문명인 중화 문명과 인도 문명은 높은 산맥으로 가로막혀 지리적 연결이 없었다. 그러나 한 무제 시기 장건의 원정 모험 이후 서역의 나라들이 알려지기 시작했다. 중국은 모든 것을 갖춘 자급자족의 대륙이었지만 한 가지 부족한 점이 사생(死生)에 관한 종교적 세계관이었다. 유교가 종교적 성격을 다소 지니고 있으나 오히려 철학이나 현실적 처세론에 가까워 사후 세계에 대한 구원(救援)의 믿음이나 현실 극복을 위한 기복(祈福)의 수단이 되기에는 턱없이 부족했다. 그런 점에서 인도에서 발생한 불교는 중국사회의 이런 결핍을 메우기에 충분했다.

불교가 중국에 전래된 시기에 관해서는 여러 가지 이설이 있다. 다소 전설적인 것으로는 《위략(魏略)》의 〈서융전(西戎傳)〉에 나타나며, 그 기록에 의하면 기원전 2년에 대월지왕(大月氏王)의 사자 이존(伊存)이 불교를 전수했다는 것이다. 그 뒤 65년에는 후한 명제(明帝)의 이복동생인 초왕영(楚王英)이 황로(黃老)와 함께 불교를 믿었다고 한다. 이 같은 기록에서 불교는 기원 전후 무역로인 실크로드를 따라 중국 북쪽 황하 유역에 전수되었음을 추정할 수 있다.

더구나 후한 혼란기 이후 북방 민족들이 문명화되는 과정에서 그들은 중화 민족의 유학적 사고보다는 새로운 통치 이념으로 불교를 채택했다. 위치상 상대적으로 인도 대륙과 교류가 많았던 그들에게 불교는 이미 익숙한 종교였을 가능성도 크다.

150년대에는 안식국(安息國)에서 온 지루가참(支婁迦讖)이 《반주삼매경(般

舟三昧經)》이라는 대승경전을 번역했다. 당시의 역경승(譯經僧)들은 인도 대월지국 안식국 강거국(康居國)에서 온 이방인들이었다. 한편, 중국에서는 거꾸로 구도(求道)와 구법(求法)을 위하여 서역으로 향했다. 위나라의 주자행(朱子行)을 비롯하여 많은 순례승들이 서역을 찾아나섰다. 특히 불도징(佛圖澄)은 중앙아시아의 구자국인(龜玆國人)으로서 신통력과 주술로 민중의 마음을 얻었고 국왕의 고문을 지냈다. 그의 제자 도안(道安)은 전진왕(前秦王) 부견(符堅)의 신임을 받아 경전 목록과 중국인 출가자를 위한 생활 규범을 작성했다. 또 도안의 제자 혜원(慧遠)은 여산(廬山)에서 백련사(白蓮寺)를 짓고 염불 중심의 결사운동(結社運動)을 전개했다.

특히 혜원의 《사문불경왕자론(沙門不敬王者論)》은 불교의 보편주의와 중국의 민족주의가 대립하면서 불교가 중국적 풍토에 토착화하는 과정에서 나타난 논설이다. 또한 서진 시대(西晉時代)에는 축법호(竺法護)가 《정법화경(正法華經)》, 《광찬반야경(光讚般若經)》 등을 번역했다.

이 무렵 중국의 일반 사상계에서는 노장사상(老莊思想)이 성행했다. 그래서 중국에서는 불교를 노장사상에 의하여 이해하려는 풍조가 현저히 나타났다. 이를 격의불교(格義佛教)라고 하는데, 불교 사상의 공(空)을 노장사상의 무(無)와 대비하여 설명하고 해석하려는 경향이 특징이다. 이는 불교가 중국에서 정착하기 위한 방편이기도 했고, 동시에 중국 사대부층이 불교에 접근할 수 있는 통로를 열어주는 역할도 했다. 또 이 시기 불교의 윤회 사상이 도입되어 전생, 현생, 내세에 걸친 인과응보 개념이 중국인의 생활에 깊이 뿌리를 내렸다.

위진 남북조 시기, 불교를 이미 익숙하게 받아들였던 북조의 국가들과 접촉하는 사이 남조의 국가들도 점차 불교의 영향을 받게 되었다. 불교는 이후 중국 남쪽 전체로 확산되기 시작했다. 육조(六朝)는 이때 강남(江南)의 건업(建業)에 도읍을 두었던 육왕조 시대(六王朝時代)를 말하는 것으로, 위진(魏晉)과 남조(南朝)를 가리키는 말이기도 하다. 이때 육조의 불교적 특색은 육조 문화의 일반적인 특색과 마찬가지로 귀족적, 고답적, 학술적이었으므로 북조(北朝)의 국가적, 주술적, 실천적인 불교와는 뚜렷한 대조를 이루고 있다. 남조에는 족벌 귀족이 광대한 장원을 소유하고 제왕 이상의 권세를 누리고 있었다. 그들은 고전적 교양에 능통했고, 현학(玄學)을 숭배하며 청담을 즐겼다. 불교도 이들에게는 도피 은둔의 사회적 유행과 관련된 방외은일적(方外隱逸的: 세상 밖에 숨어 사는 삶을 가치있게 여김)인 것으로 받아들여져서《유마경》과《반야경》 등이 애호되었다. 일종의 번의(翻意)적 성격을 지닌 격의불교가 성행된 것도 이때였다. 여산의 혜원(慧遠)이 "사문(沙門)은 방외(方外)의 빈(賓)이므로 세속적 정치 권력의 지배를 받지 않는다."고 주장하게 된 것도 그 자신이 동진의 귀족 사회에 몸 담고 있었기 때문이었다.

당시 육조의 불교는 전반적으로 지배자들의 보호를 받으며 발전했다. 정치에 참여하는 승려도 많았을 뿐 아니라 북조에서 있었던 폐불(廢佛: 북위의 태무제, 북주의 무제 등이 사원 불당 불상 불경 등을 파괴하고 승려들을 환속시키며, 그들이 소유하고 있던 장원과 노비를 몰수한 불교탄압사건)도 없었다. 오히려 왕후 귀족에 의하여 웅대한 사원이 건립되어서 불교의 연구 시대라고 칭할 만큼 경론의 연구와 강설이 성했다.

제(齊)나라의 태자 문혜(文惠)와 동생 숙자량(肅子良)은 열렬한 불교 신자로서 많은 학승을 가까이 하여 강석(講席)과 법회를 설치하고 불교 서적의 편찬 사업을 행했다. 양(梁)나라의 무제(武帝)는 남조의 여러 제왕들 중에서도 높은 교양을 가지고 있어서 불교의 교리에도 정통했다. 그는 스스로《단주육문(斷酒肉文)》을 저술하고 대사원을 건립했으며, 육지나 물에 있는 고혼(孤魂)을 제도하는 법회인 무차대회(無遮大會)를 10여 차례나 열었다.

역경 사업도 이 시대에 가장 성행했다. 앞에서 열거한 것 외에도 강량야사(畺良耶舍) 구나발타라(求那跋陀羅) 등의 외국승과 법현(法顯) 등의 중국승이 활약했다. 또한 양대(梁代)에는 승황(僧晃), 법운(法雲), 지장(智藏)의 3대 법사가 출현했고, 또 불교사가로 유명한 승우(僧祐)는《출삼장기집(出三藏記集)》과《홍명집(弘明集)》 등의 많은 저술을 남겼다.《고승전(高僧傳)》을 지은 혜교(慧皎)도 빠뜨릴 수 없는 인물이다.

최고의 불경 번역가 쿠마라지바(344~413)

위진 남북조 시대에는 불교가 크게 발전했다. 특히 북방 민족은 남방의 유교 대신 불교를 새로운 통치의 수단으로 내세웠고 그런 경향은 원삼국 시대인 고구려, 백제, 신라에도 지대한 영향을 미쳤다. 인도에서 전래된 불교는 석굴 사원과 거대한 불상 건축을 통해 중국에 깊이 뿌리내렸다. 대표적으로 운강 석굴 사원이 있다.

짐작건대 이러한 석굴 문화는 이때부터 활성화되기 시작한 실크로드를 통한 무역업과 관계있을 것으로 보인다. 아시다시피 당시 실크로드를 통한 무역은 엄청난 이익과 함께 목숨을 담보로 하는 위험한 모험이기도 했다. 이런 상황에 처하면 누군가에게 기도하고 빌면서 마음속으로나마 안전을 기원하는 것이 인간의 보편적 심리이고, 그것은 예나 지금이나 다를 바 없다. 그런 상황에서 새로 등장한 불교 사원과 석굴의 불상은 실크로드를 오가는 상인들에게 기도처로 안성맞춤이었다.

돈황(燉煌)이나 맥적산(麥積山), 운강(雲崗) 등 동굴 석불이 조성된 곳은 모두 실크로드 초입이라는 공통점이 있고, 거기에 필요한 막대한 자금은 실크로드 무역업자들의 후원 덕분에 가능했을 것으로 보인다. 오늘날 바닷가 언덕 위에 자리한 작은 암자나 사찰에는 바다를 향해 흰색의 화강암 바위나 거대한 석불이 조성되어 기도할 수 있게 된 시설이 많다. 주로 관음보살을 모신 이런 시설들도 험한 바다를 통해 사업하여 기도할 일이 많은 사람의 후원으로 조성된 경우가 대부분이다. 이것은 남북조 시대 불교의 기능이 오늘날까지 이어져 온 사례로 볼 수 있다.

불교는 중국 사회에 깊이 뿌리내리며 많은 사람에게 영향을 미쳤고, 다양한 불교 사상으로 전파되었다. 도교 역시 이 시기에 성립되었다. 북조의 구겸지는 노장 사상에 신선 사상을 결합하여 도교라는 종교 교단을 형성했다. 도교는 중국의 전통 사상과 결합하여 독특한 종교적 문화를 형성했다.

인도에서 들어온 불교는 쿠마라지바에 의해 한문으로 번역되어 민중 속으로 파고들 수 있었다. 쿠마라지바는 인도의 명문 귀족인 아버지 쿠마라야나(Kumārāyana, 鳩摩炎)의 아들로, 어머니는 쿠차국 왕의 누이동생인 지바카(Jīva)였다. 쿠차국에서 태어난 그는 7세에 어머니를 따라 출가하여 아버지의 고향인 서역(西域) 카슈미르 야르칸드에서 대승(大乘)과 소승(小乘) 불교를 배우고, 고국에 돌아와 열심히 대승을 설파하여 그 명성은 중국 내부에까지 퍼졌다.

그러나 그는 384년, 쿠차로 쳐들어온 중국 후량(後涼)의 장군 여광(呂光)의 포로가 되었다. 쿠마라지바는 군사(軍師)의 위치에 있으면서 여광을 돕기도 했지만, 여광은 그를 포로로만 대했다. 여광은 달리는 말에서 그를 떨어뜨리거나 함께 포로로 끌려온 쿠차의 왕녀를 강제로 아내로 맞게 하는 등의 잔학한 짓도 했다고 한다. 쿠마라지바는 18년 동안 여광과 여찬(呂纂)의 통치 아래 양주(涼州)에서 억류된 채 살았다. 그러던 중 서기 401년 후진의 황제 요흥(姚興)이 쿠마라지바를 국사(國師)로 예우했다. 요흥의 뜻에 따라 여성과 혼인하고 환속한 그는 이후 경전 번역에 종사하여 35부 300권의 불경을 한문으로 번역했다. 특히 후진(後秦) 시대에 장안(長安)에 와서 약 300권의 불교 경전을 한자로 번역한 게 유명하다. 그의 불경 번역은 불교 보급에 공헌했을 뿐 아니라 삼론종(三論宗)과 성실종(成實宗)의 기초가 되었다. 쿠마라지바는 최초의 삼장법사(三藏法師)로 불리며, 훗날 현장(玄奘) 등 많은 삼장의 기원이 되었다. 쿠마라지바는 현장과 함께 2대 대역성(大譯聖)으로 불리며, 진제(眞諦), 불공금강(不空金剛)과 함께 4대 역경가(譯經家)로 꼽힌다.

그는 《대품반야경》, 《금강반야경》, 《묘법연화경》, 《유마경》, 《아미타경》 등의 주요한 대승경전과 용수의 《중론(中論)》, 《십이문론》 등 중관학파(中觀學派)의 논서들을 번역했다. 특히 중관 사상은 그의 한역(漢譯)을 근거로 중국에서 연구되기 시작했다. 쿠마라지바의 역문은 유려하여 《법화경(法華經)》이나 《아미타경(阿彌陀經)》의 역문 등은 현대의 법의(法儀)에서도 사용되고 있다. 그의 번역 사업에 의하여 당시 유행하고 있던 《반야경(般若經)》 연구는 더욱 연구가 깊어졌고, 또 대지도론(大智度論) 등의 대승론부(大乘論部)도 처음으로 소개되었다. 그가 《반야경》을 포함한 불교 경전들을 불교 본연의 뜻에 맞게 바르게 번역하면서 당시까지 중국에서 유행하던 격의불교(格義佛教)의 폐단이 비로소 극복되었다.

쿠마라지바는 413년(혹은 409년) 장안에서 세상을 떠났다. 임종 직전 그는 "내가 전한 것(번역한 불경)에 틀린 것이 없다면 내 몸이 사라진 뒤에라도 내 혀는 타지 않을 것이다"라고 말했다. 그는 사후 불교의 방식대로 화장되었고, 다 타버린 그의 시신 속에서 혀만은 타지 않고 남아 있었다고 한다. 이 일화는 《고승전》 권2에 기록되어 있다. 쿠마라지바의 불경 번역은 중국뿐 아니라 동아시아의 불교사에서 길이 남을 공적이며, 중국에서는 그를 중국 삼장(三藏)의 한 사람이라 일컫는다.

일부 경전에서 산스크리트어 원전에는 없는 표현이나 교리를 설명하기 위한 의역 또는 창작으로 보이는 문구들이 포함되어 있지만, 쿠마라지바의 번역 불경이 후대 동아시아 불교계에서 얼마나 큰 영향력을 행사했는지는 가늠하기 어렵다. 중국과 한국, 일본, 베트남 등 한자 문화권에 널리 퍼진 불교 용어, 예를 들어 '극락(極樂)'이라는 단어는 쿠마라지바가 번역한 그대로 사용하고 있으며, 불교의 교리를 설명하는 유명한 구절 "색즉시공 공즉시색(色卽是空 空卽是色)"이라는 문구도 쿠마라지바에게서 나온 것이다. 당(唐)나라 현장(玄奘)에 의해 산스크리트어 불경이 중국에 수입되고 번역된 뒤에도 현장의 번역은 〈신역(新譯)〉이라 부르고, 쿠마라지바의 번역은 〈구역(舊譯)〉이라 불리며 존중되었다.(쿠마라지바 이전의 번역은 고역(古譯)이라 불린다.)

쿠마라지바 자신은 번역에 대해 "이미 입에서 한 번 씹은 밥을 다른 사람에게 먹이는 것과 같아, 원래의 맛을 잃는 것은 물론 심지어 구역질까지 느끼게 한다"라고 했으며, 한역(漢譯)에 대해서도 "천축의 풍습은 문채(文彩)를 몹시 사랑하여 그 찬불가는 지극히 아름답다. 지금 이것을 한문으로 옮겨 번역하면 그 뜻만 얻을 수 있을 뿐 그 말까지 전할 수는 없다"라고 했다. 조선 중기의 문인 서포(西浦) 김만중(金萬重)은 그의 문집 《서포만필(西浦漫筆)》

에서 쿠마라지바의 말을 인용해 문학의 가치는 마음에서 우러나는 말(음성언어)에서 시작해 글(즉 시각언어)과 노래로 옮겨지기도 하는 것이라며, 한글로 쓰여진 정철의 관동별곡과 사미인곡, 속미인곡 같은 작품을 굳이 칠언고시 같은 중국식으로 번역하려는 것에 대해, 자기(조선) 말을 버리고 다른 나라(중국)의 말을 배워서 표현해 봤자 앵무새가 사람 말을 따라 하는 것에 지나지 않는 부질없는 짓이라고 비판했다. 또한 당시 '민간에서 부르는 노래(즉 한자로 적지 않은 순수한 모국어)가 소위 학자나 사대부가 말하는 시문(詩文)보다 형식이 저속할지는 모르지만 표현의 진솔함에 있어서는 오히려 그들이 감히 따라올 수도 없다'고 적고 있다. 김만중의 이 비평은 한문이 아닌 국문으로 제작된 시문학의 가치를 긍정하는 것으로 한국 문학사에서 높게 평가받는다.

쿠마라지바의 제자 승조(僧肇)는 《조론(肇論)》을 저술하여 중국인이 이해한 공(空)사상을 피력했다. 이 《조론》의 영향은 당대 이후 중국 불교 사상계를 풍미했고, 쿠마라지바가 번역한 《중론》과 《십이문론》은 중국의 삼론종(三論宗)을 전개시키는 근거가 되었다.

또한, 동진 시대(東晉時代)의 역경승이었던 불타발타라(佛馱跋陀羅)는 후대 화엄종의 소의경전(所依經典)이 된 《화엄경》을 번역했다. 담무참(曇無讖)은 《열반경》을 번역해서 중국 불교에 "일체의 중생에게는 모두 다 불성이 있다(一切衆生悉有佛性)."는 사상을 전래하여 불성설(佛性說)의 전개를 위한 계기를 마련했다.

또 다른 역경승인 진제삼장(眞諦三藏)은 《섭대승론(攝大乘論)》 등의 유가학파 경전을 번역했을 뿐 아니라, 여래장 사상(如來藏思想)의 대표적인 논서인 《대승기신론》을 번역하여 당나라의 화엄종 성립에 큰 영향을 미쳤다.

이들 경전들은 역경이 이루어진 것과 거의 같은 시기 또는 100~200년의 간격을 두고 모두 우리나라에 전래되었으며, 우리나라 고승들에 의해서 깊이 있게 연구되고 유포되었다. 이들 경전은 우리나라 불교의 여러 종파의 근본 경전으로 채택되었을 뿐만 아니라 우리나라 불교 사상의 골격이 되었다.

선종(禪宗)과 보리달마(Bodhidharma, 菩提達磨)

보리달마는 남인도 마드라스(지금의 첸나이) 근처 칸치푸람에 있던 향지국의 셋째 왕자였다고 전하지만, 확실하지는 않다. 송(宋)나라 도언(道彦)이 1004년에 쓴《전등록(傳燈錄)》에 따르면 반야다라(Prajnatara)의 제자였다고 한다. 보리달마는 520년 중국 광저우[廣州]에 도착해 그해 10월에 선행(善行)으로 이름 높았던 양(梁)나라 무제(武帝)와 만났는데, 보리달마는 선한 행위를 쌓기만 해서는 구원에 이를 수는 없다고 해 황제를 당혹케 했다. 그뒤 보리달마는 뤄양으로 가서 사오린사[少林寺]의 동굴에서 매일 벽을 향해 앉아 9년 동안이나 좌선을 했다고 한다. 이에 대해 학자들은 오랜 기간 깊은 선정(禪定)을 닦았음을 말해주는 설화일 뿐이라고 믿고 있다. 그는 사람의 마음은 본래 청정한데, 오랜 수련을 통해서 이를 깨달을 수 있다는 주장을 세상에 펼쳤다. 다시 말하자면, 그는 이전의 경전 중심의 교종 불교에서 좌선 중심의 선종 불교를 주장한 셈이다.

조선 화가 김명국의 달마상

보리달마는 부처로부터는 28번째의 조사(祖師)로 여겨지며, 중국 선종(禪宗)에서는 초조(初祖)로 간주된다. 보리달마는 부처의 심오한 가르침에 도달하는 방법으로 선(禪)을 가르쳤기 때문에 그의 일파를 '선종'이라고 하게 되었다. 그의 사상을 알 수 있는 자료 중 가장 신뢰할 수 있고 오래된 자료는 제자 담림(曇林)이 기술한《약변대승입도사행론서(略弁大乘入道四行論序)》이다. 담림은 이 글에서 스승 보리달마의 선법(禪法)을 다음과 같이 서술하고 있다.

도에 들어가는 데에는 많은 방법이 있지만, 결국은 이(理)로부터 들어가는 것(理入)과 행(行)으로부터 들어가는 것(行入)의 두 가지로 귀결된다. '리(理)'로부터 도에 들어가는 것은, 경전을 통해 그 근본 정신을 파악하고, 무릇 살아 있는 것 모두의 평등한 본성을 믿어 벽과 같이 스스로의 마음을 관(觀)해 자신과 상대가 둘이 아님을 깨닫고, 진실의 도리와 명합(冥合)해 차별 없이 적연무위(寂然無爲)하게 되는 것을 말한다. '행(行)'으로부터 도에 들어가는 것은 보원행(報怨行), 수연행(隨緣行), 무소구행(無所求行), 칭법행(稱法行)의 4가지로 구분할 수 있다. 우선 보원행은 현세 생활의 여러 가지 원망과 증오 및 고통과 번뇌는 모두 과거의 업보로 말미암은 결과라고 보아 참고 받아들이면서 인간 본래의 도에 힘쓰는 것이다. 수연행은, 사람은 인연에 따라서 괴로움과 즐거움을 경험하게 되지만, 그러한 것들은 모두 업보에 따른 것이므로 인연이 다하면 모두 무(無)로 된다는 것이다. 따라서 순역(順逆)의 인연에 입각해서 도에 들어맞게 하는 것이다. 무소구행은 가치를 밖에서 추구하고 집착하는 것을 버리고 아무것도 바라지 않는 철저한 무욕의 자세로 살아가는 것이다. 칭법행은 일체중생이 모두 본래 청정하다고 하는 이법(理法)을 믿고 이 이법에 맞도록 끊임없이 육바라밀(六波羅密)을 닦아나가되, 실천에 집착하지 않고 무소득(無所得)을 철저히 견지하는 수행 방식이다.

이 설명은 매우 간명하면서도 곧고 적절하다. 끊임없이 수행하고 노력하면서도 수행과 노력에 얽매이지 않는 것을 강조하는 것은 심오한 반야의 공관(空觀)에 투철한 것이요, 착실하고 구체적인 현실의 행동을 지시하고 있는 것은 부처 이래의 선법에 충실한 것이다.

보리달마의 가르침이 이처럼 비교적 뚜렷한 반면, 그의 생애에 대한 이야기는 대개 설화적이다.

어느 날 그는 선정 도중에 잠들어버린 것에 화가 나서 자신의 눈꺼풀을 잘라내버렸다. 그런데 그 눈꺼풀이 땅에 떨어지자 자라기 시작하더니 최초의 차(茶)나무가 되었다. 그 때문에 차를 마시면 잠이 깬다는 전설이 생겨났다. 보통 불가의 그림 가운데는 달마도라 하여 달마 대사의 모습을 그린 화상이 많은데, 그림 속 달마가 눈을 무섭게 부라리고 있는 이유는 눈꺼풀을 잘라버렸기 때문이다. 이 전설은 선사(禪師)들이 선정 중에 깨어 있기 위해 차를 마시는 것에 대한 전통적인 근거를 제시해준다.

보리달마는 구전되는 전설들에서 하나같이 무언가 베어내거나 잘라내는 것과 관련이 있다. 무언가 '극(極)'을 받는 모습을 상징하는 강렬한 모습을 한 것이 달마인데, 그래서 중국에서는 달마도를 집에 걸어두면 관우상 같은 풍수 기물이 되기도 하고, 좋은 기운을 불러일으키는 사주명리에서의 부적처럼 쓰이는 경우가 많다.

어떤 이야기에 따르면 본래 달마는 매우 미남이었다고 한다. 어느 날 길에 커다란 죽은 구렁이가 널브러져 있어 그것을 치우기 위해 잠시 유체이탈을 한 사이 자기 몸을 곤륜산 선인이 갈아타 버렸다. 따질까 생각했지만 신선임을 감안해 결국 몸을 바꾸고 살았다고 한다. 그리고 원래는 더 흉악한 몰골을 지녔는데, 넘치는 선기(仙氣)로 흉악한 모습이 순화되어 못생겼지만 멋있는 모습이 되었다고 한다. 실제로는 큰 체구에 피부색이 어둡고 이목구비가 큼직한 인도인의 외모를 중국인들이 그렇게 해석한 듯하다.

보리달마가 고대 인도의 전통 무술 칼라리 파야트(Kalaripayattu)를 중국으로 가져와서 중국 권법(달마권. 소림권)의 시조가 되었다는 설이 있으나 이를 뒷받침할 자료는 없다. 보리달마는 그를 질투하던 다른 승려나 귀족으로부터 목숨의 위협을 받았지만, 그때마다 여유롭게 위기를 넘긴 일화로 유명하다. 또한 그는 승려들의 건강과 안위를 위해 소림권을 창시한 것으로 알려져 있다. 이런 이야기는 사실 역사적 신빙성은 떨어지지만, 소림권이 달마를 기원으로 두고 있고 다른 많은 무술이 소림권을 기원으로 삼고 있어서, 결국 중국 무술의 대부분은 보리달마로 귀결된다는 인식이 퍼져 있다.

보리달마는 양 무제(소연)를 방문한 뒤 얼마 되지 않아 풍토병으로 입적했다. 설화에 따르면, 절의 중건을 위해 정력과 국고를 소비하는 양 무제의 위선을 비판했다가 양 무제가 격노하여 그를 비밀리에 독살했다고 한다. 그 배후에는 광통율사 같은 교종 계열의 승려가 있다는 주장도 함께 전한다.

설화에서 전하는 무제와 달마가 나눈 대화의 내용은 다음과 같다.

무제: 짐이 지금까지 천 개의 절을 짓고 천 개의 탑을 쌓고 2만여 스님들을 공양했는데 그 공덕의 크기는 얼마인가?

달마: 아예 공덕이랄 것이 없습니다.(無功德)

무제: 어째서 공덕이 없다 하는가?

달마: 이러한 것들은 속세의 인과응보에 불과할 뿐 진정한 공덕이 아닙니다.

무제: 그러면 진정한 공덕이란 무엇인가?

달마: 청정한 지혜로 오묘하고 원만하여 본체가 본래 비어 있어 고요하니, 이러한 공덕은 현세와 속세의 법으로 구하지 못합니다.

무제: 좋다. 불교의 성스러운 교리 가운데 첫째 가는 것이 무엇인가?

달마: 전혀 성스러울 것이 없습니다.

무제: 내 앞에 있는 그대는 누구인가?

달마: 알지 못합니다.(不識)

보리달마가 양 무제를 조롱하거나 비판했다는 해석도 있지만, 단지 진실을 말했다는 시각도 존재한다. 득도를 위해 수행하고 덕을 쌓는 승려들에게 공양한 것에 대해 공을 치하받고자 하는 무제가 보리달마에게는 좋게 보일 리가 없다. 달마는 '공덕을 위해 공덕을 쌓지 말라'는 뜻으로 공덕이란 없다는 가르침을 주었다는 해석도 있다.

달마는 무려 다섯 번의 독살을 피했으나 그를 향한 여섯 번째 독살 시도를 알면서도 이를 담담히 받아들여 죽었다. 그의 유해는 웅이산(熊耳山)에 묻혔다. 그런데 3년이 지난 뒤에 멀쩡하게 다시 살아나 신발 한 짝만 지팡이에 꿴 채 고향 가는 길을 떠났다고 한다. 이를 안 양 무제가 추격군을 파견했지만, 달마는 갈대 잎 하나를 꺾더니 마치 수상 스키를 타듯 추격군을 따돌리고 강을 건너버렸다고 한다. 강을 건넌 그는 그대로 서쪽으로 향했다. 즉 인도로 다시 떠났다는 말이다. 이 다음에 일어난 일을 전하는 기록이 없으니 상식적으로 보았을 때 양 무제 치세 때 풍토병으로 병사한 것으로 생각된다. 양 무제는 수차례 황제의 자리에서 스스로 물러나 승려가 되려고 할 정도로 불교를 숭배했는데, 달마가 무제의 신앙 태도에 한사코 동의하지 않았던 점이 갈등의 원인이 되었을 수도 있다.

반면 양 무제를 좀더 긍정적으로 묘사한 야사도 있다. 양 무제가 달마를 죽이지는 않고 단순히 궁에서 내보냈다는 것이다. 이후 당대의 고승인 지공(志公)을 만나 달마에 대해 이야기하다가 뒤늦게 깨달음을 얻어 사람을 보내 달마를 불러들이려 했다. 그러나 지공이 "너무 늦었습니다. 모든 백성을 보낸다고 해도 결코 돌아오지 않으실 분입니다."라고 만류해서 포기했다는 이야기이다. 이 설화에 따르면 양 무제가 달마 대사의 열반 이후 그의 깨우침을 기리며 친히 추모비를 세워줬다는 기록도 있는데, 추모비의 내용은 다음과 같다.

"눈으로 보고도 알아보지 못했고(見之不見) 맞이해서 만나고도 뜻을 함께 하지 못했으니(逢之不逢) 예나 지금이나(古之今之) 후회되고 한스럽구나(悔之恨之)"

일설에 따르면, 달마가 중국에 왔을 때 그는 이미 한 세기를 너끈히 살아낸 사람으로, 백 세가 넘은 고승이었다고 한다. 심지어는 그가 500세까지 살았다는 이야기도 있고 250세까지 살았다는 설화도 전해진다. 이로 비추어 보아 달마가 오래 산 것은 사실인 듯하다. 부활했다는 설에서는 예수가 연상되는 인물이기도 하다.

혜가(慧可)는 보리달마의 제자가 되기를 갈망했지만, 달마는 자기 앞에 쌓인 눈이 붉게 변할 때까지 받아주지 않겠다고 했다. 그래서 혜가는 자신의 팔을 잘랐다. 상처에서 흐른 피가 하얀 눈을 붉게 물들이고 있는 와중에, 달마가 혜가를 향하여 무엇인가를 던졌다. 혜가는 본능적으로 그것을 잡으려 했으나 이미 팔을 잘라낸 뒤였다. 그때 '없는 팔로 무엇인가를 잡으려는 행위'를 통해 깨달음을 얻었다. 깨달음을 얻자 잘렸던 그의 팔이 도로 붙었다고 하는 이야기도 있지만, 거의 모든 전승에서 혜가는 외팔이로 묘사된다.

그렇게 혜가(慧可)에게 가르침을 주었는데, 그 흔적은 소림사 앞산의 이조암(二祖庵)이란 곳에 남아 있다. 이 이야기는 이후 달마 밑으로 6대를 더 전승되다가 점차 힘을 잃었다.

2대 혜가(慧可, 487~593)의 속성은 희씨(姬氏)이고 이름은 신광이다. 어려서부터 유교의 고전을 공부하고, 성장하여 불교 서적을 읽으면서 스스로 얻은 바가 있어 향산(香山)의 보정(寶靜)에게 출가하고, 영목사(永穆寺)에서 구족계를 받았다. 여러 곳을 두루 다니면서 공부했으며, 40세에 샤오린 사[小林寺]에서 보리달마 앞에서 왼팔을 잘라 구도의 결연한 의지를 보였다. 이어 두 사람 사이에 오고간 다음과 같은 '안심(安心) 문답'을 계기로 혜가는 선종의 제2대 조사가 되었다.

> 달마: 그래, 무엇을 알고자 하는가?
> 혜가: 마음이 심히 편치 않습니다.
> 달마: 편치 않다는 그 마음을 어디 가져와 보라.
> 혜가: 찾아보니 없습니다.
> 달마: 됐다. 그대 마음은 편안해졌다.

이 문답을 계기로 혜가는 보리달마를 6년 동안 모셨으며, 그 과정에서 《능가경 楞伽經》과 전법의 증표로 스승이 제자에게 전하는 가사인 '신의(信衣)'를 받고 선맥(禪脈)을 이었다고 한다. 혜가는 이후 552년 제자 승찬(僧璨)에게 법을 전하고 업도(鄴都)로 나가 34년 동안 설법했다. 말년에 시기하는 무리들의 무고로 가혹한 형을 받다가 107세에 입적했다.

당의 태조는 혜가를 정종보각대사(正宗普覺大師)라 시호를 내렸고, 덕종은 다시 대조선사(大祖禪師)라는 시호를 추증했다. 제3조 승찬(僧粲)은 수(隋)나라 때의 사람으로 혜가 대사를 만나 심법(心法)을 얻은 뒤에는 대중을 많이 모아놓고 정법(正法)을 두루 폈다.

모임 가운데 한 사미(沙彌)가 있었는데, 나이는 겨우 14세이고 이름은 도신(道信)이라 했다. 어느 날 도신이 간곡하게 말하기를 "화상께서 저에게 해탈 법문을 가르쳐 주시기를 오직 바랄 뿐입니다"라고 말하자 승찬이 답하기를 "누가 그대를 속박했는가?"라고 물었다. 도신이 "아무도 속박한 이가 없습니다"라고 했더니 승찬이 "아무도 속박한 이가 없다면 그대가 바로 해탈한 사람인데, 어찌하여 다시 더 해탈을 구하는가?"라고 말했다. 이에 도신은 크게 깨달았다. 그 후 승찬은 동산의 도신(道信, 580~651)에게 그의 법을 전했다.

동산(東山)은 도신이 머물렀던 호북성 쌍봉산(雙峰山)의 동쪽에 있는 풍무산(馮茂山)을 말한다. 동산법문(東山法門)이란 4조 도신과 5조 홍인(弘忍)의 선법을 말한다. 도신이 입적한 후, 홍인은 이곳으로 옮겨 그의 선법을 선양했기 때문에 동산법문이라 한다. 홍인(弘忍)은 도신의 후계자였다. 홍인이 도신을 스승으로 모신 지 30년이 지난 51세 때 스승의 명령에 따라 탑을 건립한 공적으로 스승의 법의(法衣)를 받게 되었다. 홍인(弘忍, 601~674)은 선종의 5대조가 된 후 쌍봉산의 동쪽에 있는 빙무산(憑茂山)으로 옮겨가 법문(法門)을 선양했다. 홍인이 전한 미묘한 법을 그때 사람들이 동산의 청정한 법문이라 했다. 또 장안과 낙양의 사람들이 "동산에는 도를 이룬 사람들이 많다"라고 찬탄했다고 한다. 이때 그의 회하(會下)에 모인 사람은 700명을 넘었는데, 절의 이름을 따서 당시 사람들이 동산법문(東山法門)이라고 불렀다. 그는 돈점(頓漸)의 주요한 뜻을 연구 통달하여 완전한 깨달음에 이르렀다고 전해진다.

육조(六祖) 혜능(惠能, 638~713)은 동아시아 선불교의 대표적 계통인 남종선을 창시했다. 그는 즉각적인 깨달음, 곧 돈오에 대한 혁명적인 선언을 하여 온갖 전통적인 불교 개념 및 경전, 수행법 등을 철저히 배척함으로써 점진적 깨달음인 점오를 옹호하는 북종선과의 사이에 메울 수 없는 간극을 만들었다.

혜능의 저작 《육조단경(六祖壇經)》에 의하면, 혜능은 젊었을 때 가난하고 무식했으며 장작을 팔아서 생계를 이어갔다. 그러던 어느 날 장작을 지고 시장에 나갔다가 한 객승이 《금강경(金剛經)》을 독송하는 것을 듣게 되었다.

혜능은 손님에게 어떻게 《금강경》을 가지고 읽게 되었느냐고 물었다. 손님은 기주 황매현 동빙무산에서 오조 홍인 대사를 예배하고 오는 길인데, 홍인 대사는 제자 1,000명을 거느리고 있을 만큼 유명하다고 했다. 또한 홍인 대사는 사람들에게 《금강경》 한 권이면 곧 자성을 깨달아 부처가 될 수 있다며 이를 외우고 지닐 것을 권했다. 혜능은 어머니에게 하직 인사를 드리고 홍인 대사를 만나러 떠났다.

혜능은 동빙무산으로 찾아가서 오조 홍인 대사를 만나 예배를 올렸다. 홍인 대사는 혜능에게 어디 사람인지, 자신에게 무엇을 구하는지 물었다. 혜능이 스스로 소개하기를 자신은 영남의 신주 백성이며, 부처님 되는 법을 구한다고 했다. 홍인 대사가 갑자기 꾸짖으며 영남 사람은 오랑캐인데, 어떻게 부처가 될 수 있느냐고 했다. 혜능이 말하길, 사람에게는 북쪽 사람과 남쪽 사람이 있지만, 부처의 성품에는 남과 북이 없다고 했다. 혜능은 다시 남쪽 오랑캐(남쪽 사람인 혜능 자신)의 몸은 스님(북쪽 사람인 홍인 대사)의 몸과 같지 않겠지만, 부처의 성품에는 무슨 차별이 있겠느냐고 반문했다. 오조 홍인 대사는 혜능이 범상치 않음을 알고 더 이야기하고 싶었으나, 주위에 사람이 많아 더는 말하지 않았다. 그리고는 행자를 시켜 혜능에게 방아를 찧게 했다.

661년, 혜능이 그의 문하에 들어온 지 8개월 가량 지났을 때 오조 홍인 대사가 제자들을 모두 모아놓고는 게송을 지어오라고 했다. 그리고 지어온 게송(偈頌)을 읽어 보고 깨우쳤다고 생각되는 사람에게 가사(袈裟)와 법을 물려주어 자신의 법맥(法脈)을 이을 육조(六祖)를 정하겠다고 선언했다.

이때, 오조 홍인 대사의 제자 중에 가장 높은 상좌가 신수(神秀, 605~706)였다. 신수는 혜능보다 나이가 32세나 많았고, 이미 측천무후를 비롯한 당나라 황제 3명의 국사였으므로 혜능과는 비교도 할 수 없는 위치였다. 다른 승려들은 어차피 자신들을 가르치는 교수가 신수이므로, 당연히 신수가 오조 홍인 대사를 이어 육조 대사가 될 것이니 게송을 짓지 말자고 했다. 신수는 다른 승려들이 자신 때문에 게송을 바치지 않았음을 알았다. 하지만 게송을 짓지 않으면 홍인 대사가 자신의 견해가 깊은지, 얕은지를 알 수 없으므로 내심 불안해했다. 고민에 고민을 거듭한 신수는 삼경(23~1시)이 되는 야심한 시각에 몰래 게송을 적어놓고 오기로 했다. 그리고 신수는 만약 홍인 대사가 자신의 게송을 보고도 가사와 법을 물려주지 않으면, 자신의 전생 업장이 두터워서라고 생각하기로 했다. 성인의 뜻은 원래 알기 어려운 것이라고 위로하며, 삼경에 남쪽 복도 벽 중간에 몰래 다음 게송을 적었다.

신시보리수 身是菩提樹	몸은 보리의 나무요
심여명경대 心如明鏡臺	마음은 밝은 거울과 같나니
시시근불식 時時勤拂拭	때때로 부지런히 털고 닦아서
막사유진애 莫使有塵埃	때와 먼지가 묻지 않게 하라

신수의 게송을 본 홍인 대사는 신수를 몰래 방으로 불러 직접 지은 것이 맞느냐고 물어보았다. 그리고 만약 신수가 지은 것이라면 자신의 법을 얻을 것이라고 말했다. 신수가 부끄러워 하며, 자신이 지었으나 감히 육대 조사의 자리를 얻으려고 한 것은 아니었으므로 자비롭게 봐달라고 했다. 자신과 같이 지혜가 작은 자가 어찌 큰 뜻을 알았겠느냐며 겸손을 보였다. 그러자 홍인 대사는 신수에게 "그대는 이미 당도는 했으나 문 안으로 들어오지는 못했소. 지금은 문 앞에 있소. 며칠 동안 더 생각해서 문 안으로 들어와서 자성을 본다면 가사와 법을 물려주겠소."라고 말했다. 그러나 며칠이 지나도 신수는 문 안으로 들어갈 수 있는 게송을 짓지 못했다.

한 동자가 혜능이 일하는 방앗간을 지나면서 이 게송을 외웠다. 혜능 스님은 한 번 듣는 것만으로 이 게송이 견성(見性)을 하지도 못했고 큰 뜻을 알지도 못한 것임을 알았다. 혜능이 동자에게 묻기를 "지금 외우는 것은 무슨 게송인가? 행자는 모르는가?" 하니 동자가, 큰스님께서 말씀하시기를 "나고 죽는 일이 크니 가사와 법을 전하고자 한다."고 하시고, 문인들에게 각기 게송 한 수씩 지어오라고 한 사실을 전했다. 만약 큰 뜻을 깨쳤으면 곧 가사와 법을 전하여 제6대의 조사로 삼겠다고 했더니 신수라고 하는 상좌가 문득 남쪽 복도 벽에 모양 없는 게송[無相偈] 한 수를 써 놓았고, 5조 스님께서 모든 문인들로 하여금 다 외우게 하셨다고 답했다. 홍인 대사가 이 게송으로 수행하면 죽음을 벗어난다고 말했다고도 전했다.

혜능은 신수의 게송이 견성도 깨닫지도 못한 것임을 바로 알았으나, 자신도 부처님의 나라에 나고 싶으니 신수의 게송이 적혀 있는 남쪽 복도로 데려가 달라고 부탁했다. 동자가 혜능을 남쪽 복도로 데려갔고, 혜능은 게송에 예배했다. 혜능은 글을 읽을 줄 몰랐으므로, 글을 읽을 줄 아는 사람을 불러 다시 신수의 게송을 들었다. 혜능은 대강의 뜻을 알고는 자신이 게송을 지어서, 글을 쓸 줄 아는 사람에게 부탁해 서쪽 벽에 다음과 같은 게송을 붙였다.

보리본비수
菩提本非樹 보리는 본래 나무가 아니고
명경역비대
明鏡亦非臺 밝은 거울 또한 받침대가 없네
본래무일물
本來無一物 본래 아무것도 없는데
하처약진애
何處惹塵埃 어느 곳에 티끌과 먼지 있으리요

혜능은 또 다음 게송을 적어달라고 했다. 그 뜻은 이러했다.

"세상에는 오직 사람이 있을 뿐이다. 몸이니 마음이니 나눌 것도 없으며 보리니 마음 거울이니 하는 것도 나눌 일이 아니다. 그러므로 본래로 한 물건도 없기 때문에 먼지나 번뇌가 낄 까닭이 없다."

"한 물건도 없다."라는 말은 인간의 절대적 존귀성을 뜻한다. 무한 광명과 무한 청정을 뜻한다. 마음을 닦는 일이 따로 있다고 보아 늘 부지런히 닦아서 먼지가 끼지 않게 해야 한다는 신수 스님과는 전혀 다른 견해였다.

마음을 닦는다는 주장은 영원히 끝이 없는 일이다. 오직 닦아야 하는 줄 알고 닦으면서 살아갈 뿐이다. 사람들이 몰려 들어 혜능의 계송을 보고는 놀라면서도 괴상히 여겼다. 홍인 대사가 나와 혜능의 게송을 보고는 바로 큰 뜻임을 알아보았으나, 다른 사람들의 눈치를 보며 이것도 아니라고 하며 방으로 들어가 버렸다.

그 날, 삼경(三更)이 되자 홍인 대사는 급히 혜능을 불렀다. 그리고는《금강경》을 설해주었다. 혜능 스님은 다시《금강경》강의를 듣고 사람이 본래로 위대한 존재라는 사실을 알았다. 모든 것이 자신의 자성을 떠나 있지 않다는 사실을 깨달았다. 그리고 오도송(悟道頌)을 읊었다.

하 기 자 성 본 자 청 정
何期自性本自清淨

내 자성이 본래 저절로 청정하다는 사실을 상상이나 했겠는가?

하 기 자 성 본 불 생 멸
何期自性本不生滅

내 자성이 본래로 불생불멸이라는 사실을 상상이나 했겠는가?

하 기 자 성 본 자 구 족
何期自性本自具足

내 자성이 본래 저절로 모든 것이 갖추어져 있다는 사실을 상상이나 했겠는가?

하 기 자 성 본 무 동 요
何期自性本無動搖

내 자성이 본래로 아무런 동요가 없다는 사실을 상상이나 했겠는가?

하 기 자 성 능 생 만 법
何期自性能生萬法

내 자성이 능히 일체 만법을 만들어낸다는 사실을 상상이나 했겠는가?

혜능은 문득 깨우쳤고 홍인 대사는 단박에 깨치는 법인 돈법(頓法)과 가사를 전수하며 혜능에게 "이제 너는 육대 조사가 되었다. 그 징표가 바로 이 가사(袈裟)이다."라고 말했다. 그리고 법은 마음에서 마음으로 전하되, 물려받는 사람이 스스로 깨우치도록 하라고 당부했다. 덧붙여 절 사람들이 까막눈에다 절에 들어온지 여덟 달밖에 안 된 혜능이 육대 조사가 되었다는 사실을 알게 되면 모두가 질투할 것이 분명하므로 이 밤에 몰래 떠나라고 했다. 그날 밤 떠나는 혜능을 홍인 대사가 몸소 배웅해주었다. "남쪽으로 향하라. 앞으로 환란이 있을 테니 3년 동안은 법을 펴지 말아라."라고 말했다. 혜능은 홍인 대사에게 하직 인사를 하고 남쪽으로 떠났다.

혜능이 남쪽으로 길을 떠난 지 두 달이 되어서 대유령(大庾嶺)에 이르렀다. 그때까지 혜능은 몰랐지만, 사실 그동안 수백 명의 사람들이 혜능을 뒤쫓고 있었다. 그들은 주로 신수(神秀)를 추종하는 무리들로 혜능을 해치고 가사와 법을 빼앗고자 한 것이었다. 하지만 혜능을 따라잡지 못하고 길을 반 정도 왔다가 돌아갔다. 하지만 삼품장군의 후손인 진혜명(陳惠明)이라는 승려는 집요하게 혜능을 뒤쫓았다. 그는 성품과 행동이 거칠고 포악하기로 유명했다. 그가 대유령 고갯마루까지 와서 혜능을 덮치려고 했다. 혜능이 곧 가사를 돌려주었으나 진혜명이 말하기를, 자신이 혜능을 뒤쫓은 것은 가사를 탐한 것이 아니라 법을 구하기 위함이었다고 말했다. 혜능이 고갯마루에서 혜명에게 법을 전하자, 진혜명은 혜능의 말 끝에 마음이 열렸다. 혜능은 진혜명에게 북쪽으로 가서 사람들을 교화하라고 했다. 이후 혜능은 남방으로 가서 16년을 숨어지냈다.

혜능의 나이 39세가 되자 법을 널리 설(設)할 시기가 되었음을 알고는 정처없이 떠돌기 시작했다. 떠돌던 혜능은 광주 법성사에 이르렀다. 마침 인종 대사가 행자 수백 명을 거느리고 열반경을 강의하고 있었다. 이때 갑자가 깃발이 펄럭였는데, 행자 두 명이 이를 가지고 싸우기 시작했다.

한 명은 깃발이 움직인 것이라고 했고, 다른 한 명은 바람이 움직인 것이라고 했다. 이내 모든 행자가 두 무리로 나뉘어져 싸우기 시작했다. 이때, 혜능만 빙그레 웃고 있으니, 대표 행자 두 명이 와서 혜능에게 판단을 맡겼다. 혜능은 이건 깃발이 움직인 것도 아니고 바람이 움직인 것도 아니며, 스님들의 마음이 움직인 것이라고 했다. 인종 법사는 이 말에 감동하여 혜능이 육조 대사임을 바로 알아보았다. 인종 법사는 혜능에게 절을 올리고 혜능의 머리를 밀어주었으며, 스스로 제자가 되어 혜능을 스승으로 모셨다.

이듬해 혜능은 남쪽 조계산에 보림사(현재는 남화사)를 짓고 36년간 법을 펼쳤다. 보림사가 있는 마을에는 조(曹)씨들이 많이 살았는데, 그런 까닭에 흐르는 개울이 조계(曹溪)였다. 혜능이 36년간 이곳에 머물자 조계는 혜능을 상징하는 이름이 되었다. 지금도 이곳에는 혜능의 시신을 그대로 모신 진신육신상이 있다. 혜능이 워낙 유명해지자 소주자사 위풍이 혜능을 대범사 강당으로 모셔 설법하게 했고, 이를 문하생인 법해가 기록하는데, 이것이 나중에 《육조단경》으로 편집되었다. 이후 설법으로 유명해지자 당나라 측천무후와 아들인 중종이 관직을 내렸으나 사양했다.

713년, 혜능은 국은사(國恩寺)에서 입적하면서 제자 열 명을 불러서, 단경을 읽으면 자신을 만나는 것과 같다며 단경을 이어받게 했다. 혜능이 입적하고 100여 년이 지난 816년에 대감선사라는 시호가 내려졌다. 이후 대감진공선사, 대감진공보각선사, 대감진공보각원명선사라는 시호가 계속 내려졌다.

혜능과 경쟁했던 신수는 6조로 먼저 인정받았으며, 실질적으로 북종선의 창시자라 할 수 있다. 당나라 측천무후, 중종, 예종 3대에 걸쳐 국사를 지냈고 6년간 장안과 뤄양의 법주를 지냈다. 신수의 많은 제자 가운데 하택신회가 독립하여 돈오선을 주창하며, 스승과 동문인 남종선의 혜능을 정통 6대조로 삼았다. 그는 신수를 북종점교라고 비판하면서 남종선(南宗禪)을 선종의 정통으로 자리매김하려 했다. 하택신회의 주장이 주류로 받아들여져 신수에 대한 자료는 일찍부터 유실되었다. 그러나 둔황 문서[敦煌文書]에 의해 《관심론(觀心論)》, 《대승오방편(大乘五方便)》, 《무생방편문(無生方便門)》 등이 재발견되었다.

732년, 활대 대운사 무차 대회에서, 수만 명이 모인 가운데 하택신회가 단박에 깨닫는 돈법(남종선)으로 점차 깨닫는 점법(북종선)을 논쟁에서 압도함으로써, 비로소 남종선이 북종선에 우위를 점하기 시작했다. 북종선은 신수 이후 2~3대가 지나자 역사 속으로 사라져버렸다. 하택신회는 당나라 황제 덕종이 공인한 7대 선사가 되었고, 이로써 혜능은 사후 30년이 지나 공식적인 6대 조사로 인정받게 된다. 하택신회가 오늘날 혜능의 지위를 만들었다고 해도 과언이 아니다. 더욱이 하택신회는 원래 신수의 제자이기도 했기 때문에 혜능의 복권은 더 큰 의미를 갖게 되었다.

혜능과 신수 두 스님의 게송은 불교의 큰 두 줄기의 사상으로 나뉘는 계기가 되었다. 혜능의 남종선은 돈오(頓悟)를, 신수의 북종선은 점오(漸悟)를 주장하여, 흔히 남돈북점(南頓北漸)이라 했다. 남종선은 단박에 깨닫고, 북종선은 점차적으로 깨닫는 다는 뜻이다. 불교 수행이란 점점 닦아서 성불의 길로 나아간다고 보는 입장과, 본래로 부처이기 때문에 달리 더 닦을 것 없이 지금 이대로 완전 무결한 부처라고 보는 입장이다. 이 두 가지의 입장은 당시부터 지금까지 계속하여 견해를 달리하면서 내려오는 사상이다. 두 사상은 그 끝이 넓어지지도 않고 좁아지지도 않는 평행선과 같다.

사람은 같은 사물을 보고도 그 견해와 안목에 따라 다르게 본다. 하물며 높고도 심오한 불교의 진리에 대해서야 더 말할 것이 있겠는가? 사람은 예나 지금이나 똑같은 사람인데, 다르게 본다고 한들 무엇이 달라지겠는가? 그러므로 사람이라는 존재의 실상을 제대로 파악하면 문제는 사라질 것이다. 우리나라에서도 이 문제는 여전히 논쟁 중이다. 해인사의 성철(性徹, 1912~1993) 스님은 돈오(頓悟) 돈수(頓修)를 주장하면서 한국 조계종의 태두인 보조국사 지눌의 돈오(頓悟) 점수(漸修) 사상을 비판했다. 여기서 시작된 논쟁은, 지눌의 법맥을 이었다고 자부하는 송광사 계열 스님들의 큰 반발을 불러일으켰고 아직 그 시원한 결말을 보지 못하고 있는 것으로 알고 있다.

중국 선종은 1대 달마 → 2대 혜가 → 3대 승찬 → 4대 도신 → 5대 홍인을 거쳐 6대 혜능에 이르렀다. 선종은 혜능으로부터 융성했고 우리나라에는 신라 때에 유입되어 유행했다. 혜능을 하나의 꽃에 비유한 일화오엽(一花五葉)이라는 말이 있다. 이는 혜능대사라는 하나의 꽃에서 선종의 다섯 종파가 나왔기 때문이다. 혜능의 문하에서는 청원행사(青原行思, ?~740), 남악회양(南岳懷讓, 677~744), 하택신회(荷澤神會, 685~760), 석두희천(石頭希遷, 700~790), 영가현각(永嘉玄覺, 647~713) 등이 가장 유명하다.

이후 선종을 이은 스님으로는 마조도일(馬祖道一, 709~788)이 유명하다. 그는 처음에는 처적(處寂) 밑에 출가해 선(禪)을 배웠고, 그 후 각지의 성지를 순례하다가 후난[湖南] 지방의 난웨[南岳]에 이르러 그곳에 머물며 좌선에 전력을 기울였다. 좌선에 빠져 있던 어느 날 "벽돌을 아무리 갈아도 거울을 만들 수 없는데, 어찌 좌선을 하여 성불할 수 있겠는가?"라는 남악회양(南岳懷讓)의 말을 듣고서 깨달음을 얻었고, 개심하여 회양을 따라 배웠다. 그는 회양에게 선(禪)을 배운 후 장시 지방 각지를 다니며 선의 가르침을 널리 전했다. 766년부터 779년까지 홍주(洪州) 개원사(開元寺)에 머물며 가르침을 폈는데, 각지에서 배우려는 이들이 구름처럼 모여들어 그 영향이 실로 대단했고, 마침내 마조도일은 홍주종(洪州宗)을 창립했다. 그의 사상은 '보통의 평범한 마음이 곧 도(平常心是道)'라는 말로 대변된다.

그는 새삼스럽게 닦을 필요가 없는 것이 도라고 하면서, 다만 무언가를 이루고 어딘가로 향하고자 하는 것을 더러운 짓이라 하여 경계했다. 마조는 추상적이고 형이상학적인 사고의 틀 속으로 도피하는 것을 거부하고, 그의 말대로 '우는 아이를 달래어 울음을 그치게 하는 돈(止啼錢)'과 같은, 현실에서 직접적으로 살아 숨쉬는 진리를 주장했다. 요컨대 그는 개별적이고 구체적인 현실 속에 담겨 있는 보편적 진리 파악을 강조했다. 그가 죽은 뒤 당 헌종(憲宗)은 대적선사(大寂禪師)라는 시호를 내렸다. 제자는 백장회해(百丈懷海) 등 139명이 있었다고 전한다.

실제로 학계에서는, 선불교는 중국에 불교가 전래되면서 도가 철학과 결합되어 형성된 불교적 사상의 한 갈래로 여기고 있다. 이는 전 세계 어느 학계에서도 100% 인정되는 정설이다. 나아가 이러한 사상적 운동의 일부에 원효의 저술과 사상이 영향을 끼쳤다고 한다. 즉 우리나라의 불교가 일방적으로 중국 불교의 영향만 받은 것이 아니라 오히려 영향을 끼치기도 했다는 것이다. 그런데 이는 천축에서 온 보리달마가 선불교를 전래했다는 기존 주장과 정면으로 배치된다. 이렇듯 선불교의 시작이 당나라 이후부터라는 주장이 있는 등, 시작한 시기부터 논란이 있는데, 그 선불교를 가져와 중국에 소개했다는 보리달마에 대한 이야기에도 당연히 문제의 소지가 있지 않겠는가?

우리나라 사람들에게 널리 알려진 보리달마에 관한 여러 전설적인 이야기들은, 중국 선종이 크게 번성한 이후, 종교적 권위를 강화하기 위해 후대에 꾸민 이야기일 가능성이 높다는 견해가 있다. 이들 이야기에는 함부로 범접할 수 없는 거룩함과 고결한 분위기가 강조되는데, 이는 종교적 심상을 의도적으로 연출한 결과로 보인다. 그러나 이러한 이야기들은 역사적 사실로 믿을 근거나 증거로 삼을 수 있는 것은 전혀 없다. 부처님과 가섭 사이의 교외별전(教外別傳), 불립문자(不立文字), 염화미소(拈花微笑)를 비롯한 전설은 인도의 어떤 문헌에서도 기록이 전무하고 중국 선종의 초기 문헌에서도 전혀 보이지 않듯이 보리달마도 마찬가지다.

보리달마라는 이름이 최초로 등장하는 문헌인, 5세기 동위(東魏) 양현지(楊衒之)가 쓴 《낙양가람기(洛陽伽藍記)》를 보면 남북조 시대 때 서역에서 온 보리달마라는 이름의 승려를 다룬 기록이 있다.

"서역(西域)에서 온 보리달마라는 사문(沙門)이 있다. 페르시아 태생의 호인(胡人)이다. 멀리 변경 지역에서 중국에 막 도착하여 탑의 금반(金盤)이 햇빛을 받아 빛나고 광명(光明)이 구름을 뚫고 쏟아지며, 보탁(寶鐸)이 바람에 울려 허공에 메아리치는 정경(情景)을 보면서 그 자는 성가(聖歌)를 읊조려 찬탄하고 신의 조화가 분명하다고 칭송했다. 일백오십 세인 그 자는 많은 나라를 돌아다녀 가보지 않은 곳이 없지만, 이토록 훌륭한 사찰은 이 지상에서 존재하지 않고 불국(佛國)을 찾아도 이만한 곳은 아닐 듯하다고 말한 뒤 '남무남무(南無南無, namunamu, 歸依)'를 부르면서 며칠이나 계속하여 합장(合掌)했다."

이 기록에서 보리달마는 뤄양[洛陽]의 아름다운 불탑을 보고 경탄(敬歎)해 마지 않는 시골에서 온 매우 경건(敬虔)한 승려이거나, 불경 중에 무척 까다로운 《능가경(楞伽經)》에 통달하고, 논리에 부합하고 체계 있는 수련법을 강조한 승려로서, 선종의 전설적인 보리달마와는 그 성격이나 행적이 아주 다르다.

이는 그가 물질적인 공덕에 집착하는 양 무제를 훈계하는 기록과는 전혀 다른 기록이다. 둔황 문헌 중에 보이는 몇몇 기록에서의 보리달마도 인도 불교에 지대한 영향을 받아 중국에서 발흥한 종교인 선종에서 추존하는 보리달마와는 사상과 수행하는 방법과 이론 논리 구조가 전혀 다르다.

더욱이 보리달마가 소림사 일대인 허난성 송루어에 머문 문헌상 시점은 북위 시대 초 효문제(孝文帝) 10년인 486년에서 19년인 495년이지만, 9년간 면벽좌선했다는 소림사는 달마가 머무르던 당시에 아직 존재하지 않았다는 연구 결과가 중국에서 발표되었다. 보리달마가 그의 주 무대로 알려진 소림사와 관계가 없듯이 보리달마를 다룬 이야기는 후대 선종이 득세하면서 선종을 상징하는 인재로 추존(追尊)하고자 꾸며낸 여러 가지 전설 중의 하나에 불과한 것으로 보인다. 보리달마라는 승려의 존재 자체를 완전히 부정하기는 어렵지만, 최소한 우리가 아는 달마는 뒷날에 많이 윤색되는 과정을 거쳐 형성되었다는 점은 정설이다.

당송 시대 선종의 발전과 더불어 보리달마의 전기가 추가되고 여러 가지 허구가 가미되었다. 이를 통해 보리달마는 역사적 사실과 무관하게 선종의 제1대 조사로 확립되고 달마상도 상징적으로 정착되어 전파되었을 것이다. 가미된 전설에는 양 무제와의 선문답을 다룬 이야기, 혜가가 눈 속에서 팔을 자르고 법을 전수받았다는 이야기, 서역에서 서방으로 돌아가는 보리달마를 만났다다는 이야기 등이 있다. 그러나 분명한 것은 보리달마가 설사 가상의 인물이라 하더라도 중국과 한국에서 유행한 선종(禪宗)이라는 종교 자체의 진정성과는 전혀 상관없다는 점이다.

제21강

수나라의 흥망성쇠

양충(楊忠, 507~568)

양충(楊忠)은 중국 섬서(陝西) 화음(華陰) 사람으로 남북조 시대 북조인 서위(西魏)와 북주(北周)의 대신으로 수 문제 양견의 부친이다. 관롱(關隴) 지방을 장악한 12대 장군 중 한 사람으로서, 대사공과 수국공(隨國公) 작위를 받았으며, 아들인 양견이 수나라를 건국하자 태조 무원황제(太祖 武元皇帝)에 추존되었다. 홍농화음(弘農華陰: 陝西省 渭南縣) 사람이라고 자칭하나 사실은 한인(漢人)이 아니고 선비족(鮮卑族)이거나 선비족과의 혼혈인 무장(武將) 집안 출신인 듯하다.

양충은 북위 시절 이주영(爾朱榮)의 친족 이주도율(爾朱度律)의 휘하에서 군을 이끌었다. 그의 동기로는, 북위가 서위, 동위로 분열할 때 함께 서위에 가담해 서위의 실력자가 된 독고신(獨孤信)이 있다. 양충은 우문태(宇文泰)를 따라 서위를 건국하는 데 공헌했고, 우문태에게 중용되어 거기대장군에 임명되었다. 북주(北周) 건국 후 양충은 원수로 임명되어 양찬, 이목, 왕걸, 전홍, 모용연 등 10여 명의 대장을 이끌고 북제(北齊)를 공격하여 20여 개 성을 함락했다. 이후 돌궐 10만 대군이 진양(晉陽)에 쳐들어오자 맞서 싸워 격퇴했다. 양충은 그 공적을 인정받아 12대 장군 수국공(隨國公)에 봉해졌다.

568년, 양충은 병으로 쓰러져 장안으로 돌아왔으나 낫지 못하고 병사했다. 향년 62세였다. 양충이 죽자 그의 아들 양견이 대장군-수국공의 지위를 물려받게 되었다.

수 문제 양견(楊堅, 541~604)

수 문제(文帝)는 수나라의 제1대 황제(재위: 581~604)이다. 성명은 양견(楊堅), 시호는 문황제(文皇帝), 묘호는 고조(高祖)이다. 어릴 때 이름(소자, 小字)은 나라연(那羅延)이고 이는 산스크리트어로 금강불괴를 의미한다. 양견은 선비족 무장 출신으로, 성은 보륙여(普六茹)였다. 그는 북주(北周)를 이어 수나라를 건국했으며, 이후 남쪽 한족 국가 진(陳)나라를 멸망시켰다.

양견은 서위의 수국공(隨國公)이자 대사공인 양충(楊忠)과 여씨 사이의 아들로 태어났다. 양견의 아버지 양충은 서위의 수국공(隨國公)이자 대사공인 선비족 보륙여씨에서 북위(北魏) 때 양충으로 한족 성씨로 개명했다. 8주국 관롱 집단의 선비족으로서 태어났고 어릴 때 이름은 금강나라연이었다. 8주국 관롱 집단은 예부터 선비족의 장군 집안끼리 결혼하는 풍습을 가지고 있었다. 선비족인 금강나라연은 선비족 독고씨의 대장군 독고신의 딸인 독고가라와 결혼했다. 즉 수나라와 당나라의 귀족들은 한족과는 다른 이민족인 선비족들이 건국한 정복 왕조이며, 8주국 관롱 집단의 선비족끼리 혈연관계에 있고 한족은 피지배 민족으로서 배제되었다. 양견이 정권을 장악한 뒤 명을 내려 이전의 선비족 성씨는 모두 옛 북위(北魏) 효 문제 시절 한화(漢化) 정책 때의 것으로 되돌리도록 했다. 이에 따라 자신의 선비족 성도 한족 성씨인 양(楊)으로 되돌렸고, 아울러 우문태가 선비화 정책을 펼친 성들도 다시 북위 때 받은 한족 성씨로 회복하도록 했다.

양견은 북주 무제로부터 수주(隨州) 자사의 벼슬을 받았고, 나중에 양충이 죽자 수국공에 봉해졌다. 573년에는 큰딸 여화를 북주의 황태자인 우문윤에게 시집보냈고, 표기 대장군과 대흥군공 등의 벼슬도 받아 정치적 실권을 행사하게 되었다. 578년에 우문윤이 황제가 되자 황제의 장인으로서 양견의 실권은 더 커졌고, 이듬해에 자신의 외손자인 정제가 즉위하자 섭정이 되어 모든 실권을 장악했다. 이후 승상이 되었으며 그 다음 해인 580년에는 수왕(隋王)에 책봉되었다. 581년에 정제는 양견에게 제위를 선양했고 양견은 황제로 즉위하여 연호는 개황(開皇)으로, 국호는 수(隨)로 고쳤다. 본래 문제(文帝)는 낙양에 수도를 삼으려고 했으나 서방으로 진출하기 위해서 장안(長安)을 수도로 삼았다.

문제는 황제가 되자마자 적극적으로 통일 사업을 서둘렀다. 당시 남조 진(陳)나라의 황제인 진숙보는 사치와 방종에 빠졌고 간신들의 참소만 들어 나라가 크게 피폐해져 있었다. 문제 양견은 차남인 진왕 양광에게 군사를 내주어 진나라를 공격하라 명했고, 589년에 진나라를 멸망시키고 통일을 달성했다. 문제(文帝)는 세금을 적게 걷어 백성의 고통을 덜었으며, 대운하 공사에 백성의 불만이 많아지자 공사를 중단토록 했다. 과거제(科擧制)를 실시하여 중앙 집권제를 강화하고, 귀족 세력을 억제했으며, 백성에게 균등하게 토지를 지급한 균전제(均田制)를 실시했다.

문제(文帝) 자신 역시 궁정의 소비를 줄이고 근검절약했다. 이리하여 국고는 풍족했으며 백성들의 삶도 한결 여유로워졌다. 이에 관해서 두 가지의 일화가 전해지고 있다.

먼저 양견이 민생을 살피던 일화이다. 양견이 친히 행차하여 민생을 돌아보는데, 백성들이 먹을 것이 없어 매우 고달파 하는 모습을 목격했다. 그러자 양견은 눈물을 흘리며 궁으로 돌아왔다. 한 신하가 백성들이 먹는 것이라며 쌀의 겨와 풀뿌리 등을 섞어 만든 떡을 양견의 수라상에 진상하자 양견이 맛을 보고 백성들의 삶을 안정시키기 위한 여러 정책을 폈다고 한다.

양견 대에 한 형리가 죄수들을 장안으로 압송하던 도중 죄수들이 목에 있는 칼과 발에 있는 족쇄 때문에 힘들어했다. 형리는 자신의 목숨을 잃을 수도 있었지만, 죄수들의 칼과 족쇄를 풀고 인솔한 뒤 장안에 도착하여 스스로 죄를 청했다. 양견은 이 일을 전해 듣고는 명령대로 시행하지 않은 형리를 칭찬했으며, 압송된 90명의 죄수들을 가족에게 돌려보내고 다음해 가을에 장안으로 다시 오라고 지시했다. 약속된 날에 죄수 90명이 모두 장안으로 돌아오자 양견은 크게 기뻐하며 죄수들을 모두 사면했다. (훗날 당 태종 이세민이 즉위한 뒤 390명의 죄수를 상대로 같은 일을 했지만, 이는 당 태종이 정관의 치 시기에 자신의 업적을 과장하기 위해 자작극을 벌인 것이라는 견해도 있다.)

양견은 개황율령을 발표하여 제도를 정비했고 관제 또한 정비했다. 이는 훗날 당나라 율령의 기초가 되었다. 양견은 첫 6년 동안은 기존의 구품중정제를 실시했지만, 587년 이를 폐지하고 선거제를 실시했다. 이 선거제는 과거제의 전신이며 당나라의 제도에도 영향을 주었다. 또한 조용조(租庸調) 제도를 정비했는데, 이는 훗날 당나라의 조세 징수 체제가 된다. 밖으로는 돌궐을 강함과 부드러움, 이 두 방법으로 압박했고, 고구려에도 30만의 원정군을 보냈으나 모조리 전멸했다. 흔히 우리는 수 문제가 먼저 쳐들어간 것으로 알고 있으나 사실은 고구려 영양왕이 먼저 요서 지역을 선제 공격한 것이었다.

수 문제는, 처음에는 자신의 장남 양용을 황태자로 삼았다. 그러나 양용은 여색에 빠지고 사치스런 생활을 즐겨 행실이 문란했다고 한다. 거기다 태자비가 죽었는데도 수수방관하자 평소 양용을 싫어했던 독고황후는 양견에게 태자를 바꾸라고 주청했다. 결국 600년에 양용은 황태자에서 폐위되고 차남 양광이 황태자에 올랐다. 602년에 독고황후가 죽자 양견은 다시 양용을 황태자로 세우려 했다. 그러나 당시 양광을 받쳐주던 세력인 양소(楊素)와 우문술(宇文述) 등이 극구 만류하여 양견은 일단 이를 유보했다.

훌륭한 군주였던 수 문제 양견도 말년에는 많은 실정(失政)을 했다. 먼저, 문제는 자신이 직접 제정한 개황율령을 내팽개치고 형벌을 남용했다. 아예 수시로 집행하고자 궁중에 몽둥이를 두고 하루에 몇 명을 때려죽인 적도 있다고 전해진다. 또한, 백성들을 동원하여 인수궁을 짓게 했는데, 누군가가 인수궁이 백성들의 노역의 결과라고 하자 문제는 자신의 성군(聖君) 이미지에 먹칠을 했다며 불쾌하게 여겼다. 게다가, 문헌황후 독고씨는 매우 질투가 심했다. 후궁을 몰래 들였다가 독고씨가 그녀를 죽이자 양견은 매우 마음이 상하여 사냥을 하러 나갔다. 이때 고경이 "일개 여자 하나 때문에 나라를 망쳐선 안 됩니다."라고 하자 문제는 정신을 차렸으나 문헌황후 독고씨는 이 말로 인해 매우 불쾌해했다. 결국, 고경은 나중에 수 양제(양광)에게 살해되었다.

문헌황후 독고씨 사후 문제(文帝)는 더욱 정신이 피폐해져 인수궁에서 병으로 눕게 되었다. 이에 폐태자 양용이 야심을 드러냈다. 양용은 자신의 부하들을 불러 문제 사후의 일을 논했는데, 이때 궁인의 실수로 양광의 야망을 담은 문서가 문제의 손에 들어가 문제가 대노했다. 게다가 양광이 선화부인 진씨까지 범하자 드디어 문제는 양광을 폐서인하기로 결심했다.

604년에 문제는 병이 매우 위중했다. 양광은 조정의 수장인 상서우복야 양소와 부황 시해 작전을 모의했고, 이 와중에 자신이 사모하던 과거 진의 공주 선화부인 진씨를 범했다. 선화부인 진씨는 문제의 후궁이었는데, 후궁을 자신의 아들이 범했다는 소식을 들은 문제는 노발대발하여 양광을 불러들였다. 문제는 폐황태자인 양용을 다시 황태자에 앉힌다는 교서를 내리고 유술과 원암에게 양용을 데려오도록 했으나 이 소식을 들은 양광은 장형과 모의해 쿠데타를 일으켰다. 그날 밤 문제는 양광의 심복이자 자신의 근위장 장형에게 시해당하니 향년 64세였다. 양용 역시 양광의 근위장인 우문지급과 양소의 동생 양약에게 목이 졸려 살해당했다. 묘호는 고조(高祖)이고 시호는 문황제(文皇帝)이며 능호는 태릉(太陵)이다.

수 문제는 황제에 즉위한 뒤 자기 조상들에 대해 격에 맞는 추존을 시행하였다. 그중 태조, 헌왕, 강왕은 북주의 제후국으로 있던 수 공국(公國)의 군주로 군림하거나 추존된 자들이었다. 수 문제가 황제로 즉위하여 이들의 지위 역시 황제의 조상에 걸맞게 한 등급씩 격상되었다. 그러나 양혜하의 경우 수 공국의 군주로 재위하거나 추존되지 않았기에 존령(尊靈)으로만 추존하고 종묘에만 배향했다. 양원수 이상의 조상들은 일률적으로 추존하지 않았다.

수(隋)나라는 오랑캐 출신 유목 민족인 북조와 남쪽의 한족 농경 민족을 통합하여 화이(華夷)를 하나로 만들었다. 이들은 우선 문자를 한자로 통일하고 문화도 한족(漢族)의 것으로 통일했다. 이때부터 명실공히 남북이 합쳐진 중화 문명으로 통합되었다. 반면 당시 유럽의 로마 제국은 동로마와 서로마로 분열되었고, 서로마는 라틴 문자, 동로마는 비잔틴 문자를 사용하면서 문자와 종교도 달라졌다. 그런 분열은 현재까지도 갈등의 요인으로 작동하고 있다.

수 양제 양광(楊廣, 569~618)

양제의 등극

수 세조 양황제 양광(隋 世祖 煬皇帝 楊廣)은 중국 수나라의 제2대 황제이다. 문제의 차남(次男)이고, 어머니는 문헌황후 독고씨이다. 본래 수나라에서 올린 묘호는 세조(世祖)이며, 시호는 명제(明帝)이나, 당나라에서 비하의 의미로 올린 양(煬)을 대신 붙여 이후 역사에서는 주로 양제(煬帝)로 불린다.

581년에 아버지 양견이 북주 정제로부터 제위를 선양(禪讓)받고 즉위해 수나라를 세웠는데, 그 시절 황자였던 양광도 부황에게 진왕(晉王)의 작위를 받았다. 이후 남조 진나라를 멸망시키는 데 활약하여 태위의 벼슬을 받았다. 양광은 양주 총관을 맡아 후방에서 동생인 한왕 양량을 도왔다. 598년 2월에 양량과 함께 고구려를 쳤으나 오히려 대패하고 대군이 전멸해서 양견에게 크게 질책을 받았다. 문제 양견은 양광과 양량에게 자결을 명했으나 모후인 독고황후가 말렸다고 한다.

600년에 강남에서 일어난 고지혜의 난을 물리친 양광은 평소 행실에 문제가 있던 형 양용 황태자가 폐위되자 후임 황태자가 됐다. 이는 독고황후 덕분인데 독고황후는 평소 매우 금욕적이고 질투가 심한 사람이었다. 양용은 태자비가 죽었는데도 방종과 사치에 놀아나서 가정을 돌보지 않았다는 이유로 어머니의 눈 밖에 났다. 이에 비해 양광은 청렴하게 살았고 의관도 소탈했으며 여자를 탐하지 않는 척해서 어머니의 신뢰를 얻을 수 있었다.

양광의 태자 책봉식은 매우 성대하게 치러졌는데, 그날 엄청난 바람이 불고 지진이 일어났다. 이 때문에 양광의 태자 책봉으로 수나라가 기울어져 결국 멸망하기에 이른다는 소문이 돌았다. 태자에 오른 양광은 602년 8월에 어머니 독고황후가 사망하자 태도가 돌변했다. 어머니의 죽음을 슬퍼하면서도 야심을 드러내기 시작했으며, 금욕적인 생활을 더 이상 하지 않았다. 어쩌면 그는 자유로운 생활을 원했으나 자신의 야심을 위해서 무서운 어머니에게 잘 보이려고 그런 계책을 쓴 것이라는 해석도 있다.

양광은 더욱더 야심을 보이더니 아버지의 황위를 노렸고, 평소 사모했던 부황의 후궁인 선화부인 진씨를 범하려 했다. 이 소식을 들은 문제는 당시 병이 위중했지만, 자신의 후궁을 범하려 한 아들을 문책하려 했다. 그러나 그것을 안 양광은 상서우복야 월국공 양소, 시종무관장 장형과 장군 우문술 등과 함께 반란을 일으켜 대신들과 궁녀들을 죽이고 그날 밤에 장안 인수궁 대보전에서 문제를 시해했다. 뒤이어 형인 양용에게 조작된 유언장을 보내어 자결하라 일렀으나 겁을 먹고 자결하지 않자 자신의 근위장 우문지급을 보내 처형했다. 뒤이어 양광은 그토록 사모하던 선화부인 진씨를 강제로 범했다. 이러한 패륜 행위를 행한 양광이 곧 제위에 오르니 그가 수의 제2대 황제인 양제이다.

수 양제의 토목 공사

수 양제(煬帝)는 통일 이후 급속도로 인구가 증가하자 원활한 물자 공급을 위해 대운하 건설에 착공했다. 605년에 건설하기 시작한 대운하는 서쪽의 장안, 북쪽의 탁군, 남쪽의 여항을 물길로 잇고, 해하, 황허, 회수, 양쯔강, 전당강 등 중국 5대 하천을 연결했다. 이로써 대운하는 남북을 잇는 단순한 교통로, 운송로뿐만 아니라 국토 통일을 강화시켰다. 그러나 얼마 후 대운하는 양제의 개인적인 유람 시설로 전락했고, 300년 후 송나라 때 이르러서야 제 기능을 발휘하기 시작했다.

통일 왕조 수나라는 불과 3대(代) 만에 멸망한 왕조였으나 중국 역사에 큰 족적을 남겼다. 오랜 남북 분열 시대에 마침표를 찍고 통일 시대를 열었고, 관리 등용 제도의 혁신을 꾀한 과거제를 실시했으며, 이전에 도달하지 못한 지역까지 영토를 최대한으로 확장했다. 여기에 남과 북을 잇는 총 길이 약 2,500킬로미터의 대운하를 개통했다는 점에서도 분명 역사에 지대한 영향을 끼쳤다.

수나라의 대운하는 양제가 완성했지만, 운하 건설이 수나라 때 처음으로 시작된 것은 아니었다. 춘추 시대 오왕(吳王) 부차(夫差)가 제나라 공격에 필요한 군수 물자를 운송하고자 처음으로 운하를 개통해 한구(邗溝)라고 이름 지었으며, 진(秦) 대에는 상강과 이강을 잇는 영거(靈渠)가 건설되었다. 한(漢) 대와 남북조 시대에도 운하는 짧게나마 건설되었으나 남과 북 전체를 잇는 역할은 하지 못했다. 중국에서 운하는 정치와 군사의 중심이었다. 식량 자급이 되지 않았던 북부와, 좋은 기후와 풍부한 수량으로 식량 생산 기지 역할을 했던 남부를 연결하는 대동맥으로 상습적인 기아와 군량미 공급을 위한 시급한 시설이었다. 그러나 그 규모가 상대적으로 너무나 큰 토목사업이었기에 그 누구도 감히 시행하지 못했는데, 드디어 수나라 문제와 양제가 과감하게 그 일을 실천했고, 결과적으로 수나라 망국의 한 원인이 되었다. 그러나 양제가 그렇게 건설한 대운하는 그 뒤 중국 전체에 엄청난 부가적 가치를 주었고 지금도 그 가치는 전혀 변하지 않았다.

583년, 문제(文帝)는 북주의 수도였던 장안의 남동쪽에 대흥성(大興城)을 세워 수나라의 수도로 삼았는데, 위수(渭水)에 모래 양이 비교적 많은 탓에 조운이 힘들어 식량 공급이 원활하지 못했다. 584년, 문제는 이러한 문제점을 해결하기 위해 우문개(宇文愷)에게 수로 건설을 명했고, 우문개는 대흥성 동쪽에서 시작해 동관(潼關)까지 길이 약 120킬로미터의 광통거(廣通渠)를 건설했다. 또 587년에는 진나라 후주를 공략하기 위한 남벌을 계획하면서 한구를 보수해 개통했다. 한구는 산양독(山陽瀆)이라고도 부르며, 북쪽 산양에서 시작해 남쪽 강도까지 이르며 회수와 양쯔강을 이어 주었다.

604년, 문제의 뒤를 이어 황제가 된 양제는 장안의 대흥성을 서경으로 삼고, 낙양에 동도(東都)를 건설했다. 그는 장안이 서쪽에 치우쳐 있어 증가하는 인구를 감당하기에 역부족이라고 생각했다. 하지만 여기에는 아버지를 살해하고 즉위했다는 오명에서 벗어나 자신의 정치적 영향력을 강화하려는 의지도 내포된 것으로 보인다.

양제는 동도 건설을 우문개에게 맡겨 606년에 완공시켰다. 동도성은 궁성, 황성, 외곽성 등 세 부분으로 나누어졌으며, 둘레가 무려 20킬로미터가 넘었다. 또한 동도 가까이에 현인궁(顯仁宮)이라는 별궁을 만들어 천하의 진기한 동물과 나무들을 모아 두었다. 이러한 대규모의 동도성을 건설하는 데 걸린 시간은 고작 1년이니, 동원된 백성의 수와 고통을 미루어 짐작할 수 있다. 당시 공사에 동원된 백성은 매달 200만 명에 달했으며, 공사는 밤낮을 가리지 않았다고 한다. 토목 공사가 끝난 후 양제는 부유한 상인 수만 명을 비롯해 백성을 대거 낙양으로 강제 이주시킴으로써 동도를 완성했다.

동도 건설과 함께 양제가 실시한 또 하나의 대규모 사업은 바로 운하 건설이었다. 당시 강남 지역은 남북조 시대를 거치면서 중원을 능가할 정도로 경제가 번성한 상태였다. 따라서 수나라 통일 이후 급속도로 인구가 증가한 화북 지역의 식량 공급원으로 적합했다. 이에 양제는 강남에서 낙양까지 원활하게 물자를 공급하기 위해 운하를 착공하기에 이르렀다.

양제의 대운하 건설은 모두 4단계로 이루어졌으며, 1단계는 동도가 건설된 605년에 시작되었다. 양제는 낙양의 서원에서 회수 근처의 산양에 이르는 통제거(通濟渠)를 개통했으며, 이로써 황허와 회수가 연결되었다. 그리고 같은 해에 회남의 10만 백성을 동원해 한구를 준설했는데, 그 너비는 40보(步)의 통제거와 일치했다. 3단계는 영제거(永濟渠)의 개통으로, 고구려 원정을 위한 군수, 운수의 특수 목적을 가지고 건설되었다. 영제거는 심수(沁水)를 남쪽 황허까지 끌어 합치고 북쪽 탁군(지금의 북경)까지 연결한 총 길이 2천 킬로미터의 운하로, 무려 100만 명을 동원하고도 노동력이 부족하여 부녀자들까지 동원했다고 한다. 4단계 운하는 610년에 개수된 강남하(江南河)로, 강남의 식량과 물자를 운반하기 위한 목적으로 만들어졌다. 이는 경구(京口)에서 시작해 태호(太湖) 유역을 지나 여항(餘杭)까지 이르는 약 400킬로미터 정도의 운하이다. 그리고 이 4개의 운하들을 연결하니 서쪽으로는 장안, 북쪽으로는 탁군, 남쪽으로는 여항까지 물길로 이어졌으며, 해하(海河), 황허, 회수, 양쯔강, 전당강(錢唐江) 등 5대 하천이 연결되었다.

수나라의 대운하는 진(秦) 대의 만리장성 축조에 버금가는 대규모 토목 공사라고 중국 역사에 기록된다. 그런데 이러한 대규모 토목 공사가 불과 시행 6년 만에 완공되었으니, 그 과정에서 인력으로 동원된 백성의 노고를 짐작하기는 어렵지 않다. 대운하가 건설되는 강의 언덕에는 부역에 징집되었다가 죽은 시체가 즐비했으며, 심지어 부역을 피하고자 스스로 손발을 자르는 이들이 생겨나기도 했다.

당시 수나라의 인구는 4,600만 명 정도였으며, 300만 명 정도가 대운하 건설 부역에 징집되었다. 또 운하 건설 때 갑문을 설치하거나 언(堰)이라는 경사면을 이용해 강 높이 차이에서 발생하는 문제점들을 해결했다. 수나라의 대운하는 초기 건설 목적대로 강남의 풍부한 물자들을 화북 지역으로 원활하게 운송하는 것을 가능하게 했다. 이에 강남의 물자들이 운하를 따라 조운되어 동도의 함가창, 흥락창, 회락창 등의 양식 창고에 수십만 석이 비축되었다. 또한 수나라는 대운하를 통해 강남 지역의 정치, 경제, 군사를 통제함으로써 통일을 공고히 했다. 결국 대운하는 남북을 잇는 단순한 교통로, 운송로뿐만 아니라 남북 교류를 통한 국토 통일을 강화시켰다.

반면 대운하는 이러한 공적인 기능 외에도 양제의 개인적인 용도로 이용되었다. 바로 양제의 강도(江都) 순행 때 사용된 것이다. 양제는 정해진 거처가 따로 없다는 말이 있을 정도로 지방 순행을 수차례 했는데, 특히 남쪽 강도(江都) 순행이 세 차례에 걸쳐 이루어졌다.

양제의 강도 순행은 유람의 성격이 강했다. 일반적으로 순행의 목적은 지역 민심을 살피고 황제의 권위를 널리 알리는 것이었으나, 양제는 강남의 화려하고 낭만적인 문화를 즐기고자 순행을 나갔다.

605년, 통제거가 개통된 후 양제는 현인궁을 떠나는 용주(龍舟)에 몸을 실었다. 용주는 황제가 타는 배로, 605년에 황문시랑 왕홍이 양제의 명을 받아 그해에 건조했다. 4층으로 된 용주는 높이가 약 14미터, 너비는 15미터, 길이는 61미터나 되었고, 1층에는 정전과 좌우 조당이, 2층에는 보석으로 장식된 120여 개의 방이 있었으며, 맨 아래층에는 환관들의 방이 있었다. 황후의 배 역시 규모만 작았을 뿐 화려함에서 용주에 결코 뒤지지 않았다. 궁비, 왕족, 귀족, 문무백관 역시 용주나 황후의 배에 미치지 못해도 그에 버금가는 배를 타기는 마찬가지였다. 그 수도 수천 척에 이르러 행렬의 길이가 무려 100킬로미터에 이르렀다고 한다.

611년에는 양제의 두 번째 강도 유람이 이루어졌는데, 무려 11개월에 걸쳐 계속되었다. 616년, 양제는 세 번째로 강도를 유람했다. 이때는 전국 각지에서 농민 봉기가 일어 나라가 어수선했으나, 613년에는 양현감(楊玄感)의 반란으로 소각된 용주를 다시 제작하여 유람을 강행했다. 게다가 임종, 최민상, 왕애인 등의 대신들이 강도 유람을 만류하자 이들을 모두 죽이고 강도로 향했다. 강도에서 양제는 풍전등화 상태였던 나라 사정은 아랑곳하지 않고, 오로지 향락만을 추구했다. 양제는 대운하를 따라 유람하면서 대토목 공사 성공의 위업을 알리고, 황제의 위엄을 세우려 했다. 그러나 이는 오히려 결과적으로 수나라를 멸망의 길로 안내했다. 양제는 대표적인 폭군으로 역사에 남았으며, 대운하를 단순히 자신의 유람 시설로 전락시켰다.

수나라의 대운하는 당나라 중기 이후부터 민간에게 허용되었으며, 300년이 지난 송나라 때부터 제 기능을 발휘하기 시작했다.

양제는 수도 장안 대신 낙양에 동도(東都)를 건설하여 백성들의 노고를 더욱 크게 만들었다. 양제는 낙양에 동도를 세우는 데 매월 2백만 명의 백성을 동원했다. 그리고 각지에서 희귀한 석재와 목재를 수집하여 낙양으로 보냈으며, 이 과정에서 수십만 명의 사람들이 죽어갔다. 낙양의 서쪽에 서원(西苑)이라는 큰 정원을 건설했고, 그 크기가 1.3 헥타르나 되었다. 그 안에 바다를 건설하고 3개의 인공 섬을 지었으며 여러 정자와 누각을 지었는데, 그 모습이 가히 장관이었다고 전해진다. 건설된 바다의 북쪽에는 '용린거(龍麟渠)'라는 수로를 만들어서 물이 바다로 흘러들어가게 만들었고, 그 물줄기를 따라 16개의 정원을 또 만들었다. 정원에는 각종 희귀 동물을 사육하여 양제가 즐기도록 했고, 밤에는 미녀들과 같이 어마어마한 연회를 베풀었다. 양제는 대운하를 건설할 때 40여 개의 행궁을 지었으며, 운하 옆에는 대로를 건설해서 그 옆에 버드나무와 느릅나무를 심었다.

수많은 백성의 부역에도 불구하고 양제는 운하에서 얕은 지대가 발견되자 관리 책임자와 많은 인부들을 강가에 생매장하는 극악무도함을 보였다. 또한, 운하 5백 리 이내에서 사는 백성들은 양제에게 음식을 갖다 바쳐야 했는데, 배가 떠날 때가 되면 이 음식들을 그냥 구덩이에 묻고 가버렸다. 이로 인해 많은 백성이 가산을 탕진했다. 배는 백성들이 끌고 다녔는데, 그 인부들이 무려 8만여 명이나 되었다. 양제는 북방에도 유람을 떠나기 위해 태항산에 굴을 뚫었는데, 이때 근처의 백성들을 동원하여 굴을 뚫고 대로를 건설했다. 백만여 명의 인부를 동원하여 20일 만에 장성을 쌓기도 했다. 또한, 건축가에게 이동식 궁전을 지으라 했는데, 이것을 관풍행전(觀風行殿)이라 했다. 이 궁전은 언제든지 조립과 해체가 가능했으며 수백 명을 수용할 수 있었다고 전해진다. 극심한 폭정으로 인해 백성들은 "토목 공사나 전쟁(고구려 원정 등)에 동원되어 죽느니 차라리 불구로 산다 해도 노역이나 징집은 면하고 싶다"라고 하여 스스로 팔이나 다리를 잘라서 '복수복족(福手福

足)'이란 말이 생겨났다. 팔이나 다리가 잘린 사람은 노역이나 징집에서 면제되기 때문이었다.

대외적으로도 수나라는 강경한 외교적 입장을 취했다. 북방에서 중국을 넘보는 돌궐과 토욕혼을 공략하는 데 성공하여 영토를 넓혔다. 양제는 이것으로도 만족하지 못해 고구려에 사신을 보내 조공을 요구했으나 고구려의 영양왕은 이러한 요구를 부당한 간섭이라고 여겨 거절했다. 그 후 수차례 사신을 보내 조공과 입조를 원했으나 고구려는 이에 전혀 응하지 않았다. 이에 양제는 아버지 양견이 축적한 모든 부를 동원해서 고구려를 공격하고자 했다. 양제는 총 세 번에 걸쳐 고구려를 공격했다.

대업 7년(611, 고구려 영양왕 22년) 2월, 양제는 그가 좋아하는 강도(양주)에서 백관들을 모아 큰 잔치를 베풀었다. 그는 그 길로 고구려 원정에 친히 나서기 위해 용선을 타고 운하를 북상하여 영제거를 지나 하북의 탁군에 도착했다. 그곳에서 양제는 동원령을 내려 완전 무장한 장병을 탁군으로 집결시켜 고구려 원정 준비에 착수했다. 동원령이 내려지자 각 군의 병사들이 속속 탁군으로 집결했다. 하남과 회북에서 급조된 전차 5만 대도 줄을 이어 북쪽으로 향했다. 황하 연안의 여양과 낙구에 저장되었던 군량도 배로 운반되어 꼬리를 문 돛대의 그림자가 천여 리까지 이어졌다.

수 양제의 고구려 원정

대업 8년(612) 1월 만반의 준비를 끝낸 양제는 마침내 출정 명령을 내렸다. 이 원정군의 총사령관은 양제의 사위 우문사급(宇文士及)의 아버지 우문술(宇文述)이었고 양제도 친정하기로 했다. 좌장군 우문술의 군사 45만 명, 우장군 우중문이 이끄는 군사 45만 명의 대규모 출정이었다. 그리고 양제 자신이 이끄는 군사 수만 해도 26만명, 행렬이 200여 리(73킬로미터)에 달했다. 원정군은 좌우 양 날개와 12군단으로 편성되어 총 병력 1백 13만 8천 명이었는데, 호왈 200만 명이라 칭했다. 원정군은 종대로 줄을 이어 장도에 올랐다. 각 군단 간의 거리는 20킬로미터로 매일 1개 군단씩 순서에 따라 출발했는데, 전군이 출발하는 데만 40일이 소요되었다. 113만 대군은 일정 간격을 유지하면서 장사(長蛇)의 행렬로 전진해 나갔다. 행진의 북소리는 천지를 진동시켰고 펄럭이는 깃발은 꼬리에 꼬리를 물어 장장 480킬로미터에 뻗쳤다. 그 뒤를 이어 친위병 6개 군단이 40킬로미터까지 이어졌다.

수나라 원정군은 요서로부터 요하를 건너 요동성을 공격했으나 도저히 함락할 수 없었다. 또한 요하의 도하 작전에서는 당시 공부 상서(건설부 장관)로 있던 우문개가 설계한 부교를 사용하려 했으나 한 길 남짓이 모자라 연결하지 못함으로써 막대한 사상자를 냈다. 부교가 짧아 수나라 군사들이 건너지 못해 우왕좌왕하자 고구려군은 이 틈을 이용해서 화살 세례를 퍼부었다. 결국 강을 건너기에 앞서 많은 수나라 군사가 죽어야 했다. 수나라는 군사를 재정비한 다음 부교를 다시 만들어 도하에 성공했고, 고구려군은 수많은 수나라 군사 앞에 무너져 1만 군사를 잃고 요동성으로 대피했다.

도하에 성공한 양제는 요동성을 겹겹이 포위했고, 100만 군사라면 함락은 시간문제라고 판단했지만, 요동성은 천혜의 요새였다. 요동성은 높이만 30미터, 게다가 주변의 산과 더불어 길이가 3.5킬로미터나 되었다. 수나라 군사는 성벽을 올라가려 시도했지만 사다리가 요동 성벽보다 낮아 올라갈 수 없었고 그 틈을 이용한 고구려군이 돌과 화살 세례를 퍼부어 속수무책으로 당할 수밖에 없었다. 그리고 성문과 성벽 등을 파괴하려 했지만, 고구려군의 성은 중국의 돌성과는 전혀 다른 흙으로 만든 토성이었다. 돌을 쌓으면 끝인 중국의 성과는 달리 고구려의 토성은 돌을 쌓은 다음 흙으로 에워 감싸서 더욱 견고했기 때문에 중국 성을 기준으로 만든 수나라의 무기로는 부수기 어려웠다. 게다가 수 양제가 자신의 명령 없이는 절대로 움직이지 말라는 군령을 내렸기 때문에 공격할 기회를 노려도 수 양제에게 보고를 해야 했다. 따라서 군사를 일사불란하게 움직일 수 없어 공격을 해도 고구려군이 이를 먼저 눈치 채 실패할 수밖에 없었다.

요동성을 포위한 지 6개월이 지났지만, 100만 명의 수나라 군사 중 단 한 명의 군사도 이 성벽에 오르지 못했다. 설상가상으로 보급을 담당하던 수군(水軍)이 패배했다는 소식도 들렸다. 요동성을 함락하지 못해 부아가 나 있을 때 설상가상으로 패전 보고를 받은 양제는 총사령관 우문술, 우문중 등 수뇌들에게 30만의 별동군을 편성해 고구려의 평양성을 공격하라고 지시했다.

"함락하지 못한 성은 그대로 두고 평양으로 직행하라."

그러나 이 별동군은 그저 허깨비에 불과했다. 양제는 이 군사들에게 100일치 식량을 한꺼번에 휴대하게 하여 군사들은 무거운 식량 짐 때문에 곤란한 처지에 놓였다. 군사들은 윗사람의 눈치를 보아가며 기회가 생길 때마다 식량을 파묻어버렸다. 시간이 흐르자 군사들은 굶주려 싸울 힘이 없어졌고, 이를 눈치 챈 고구려의 을지문덕 장군은 수나라 진영에 가서 거짓 항복을 청하며 수나라 군사들의 동태를 살폈다.

우중문은, 을지문덕이나 고구려왕이 올 때에는 반드시 잡으라는 양제의 기밀 명령에 따라 을지문덕을 잡으려 했으나, 우문술, 유사룡 등 주변 장수들이 항복한 장수를 잡아들이면 저들은 목숨을 걸고 싸울 것이라며 반대했다. 결국 을지문덕을 그대로 돌려보냈다. 그러나 나중에 염탐하기 위한 거짓 항복이라는 것을 알아챈 우중문은 을지문덕을 추격했다. 살수를 건넌 별동군은 평양성을 포위했지만, 이미 싸울 힘이 없는 수나라 군사들이 포위를 지속하는 것은 의미가 없어 결국 퇴각을 결정했고, 다시 살수(薩水)를 건너게 되었다. 이때 을지문덕이 미리 살수에 쌓아두었던 나무 댐을 터트렸고, 수나라 30만 별동군은 살수에서 수장되었다. 결국 수나라 30만 5000명 중 살아 돌아간 군사는 2,700명이었다. 이것이 을지문덕의 살수대첩이다. 이 소식을 들은 양제는 크게 분노하여 우중문과 우문술을 쇠사슬로 묶어 그해 10월 퇴각했다. 결과적으로 양제의 1차 침입은 처참한 패배로 막을 내리게 되었다.

한편 수로(水路)군은 산동반도에서 황하를 건너 패수를 거슬러 올라가 육로군과 합류하여 평양성을 공략하기로 작전을 짰다. 수륙 양로군이 합류하여 일거에 평양성을 공략하는 것이 작전의 상식이었으나 수로군의 총사령관 내호아(來護兒)는 공명심에 사로잡혀 단독으로 평양성을 함락하려 했다. 내호아는 원래 남조 진(陳) 출신의 관리로서 북조 수나라와 내통하여 스파이 활동을 함으로써 수나라가 남북을 통일하는 데 큰 공을 세운 사람이었다. 그러나 조국을 배반한 양심의 가책은 쉽게 지워지지 않았다. 내호아는 오직 큰 공을 세워 크게 부귀공명을 성취하여 양심의 가책을 상쇄시키려 했다. 큰 공을 세울 수 있는 기회가 바로 눈앞에 다가왔으므로 육로군이 도착하기 전에 단독으로 평양성을 공격하려 하자 부총관 주법상(周法尙)이 이를 만류했다.

"육로군이 오기를 기다려 함께 공격해야 안전합니다."

그러나 내호아는 단독 공격을 감행하기로 결정했다.

고구려의 평양성은 내성(內城)과 외성(外城)으로 이루어져 있었다. 수나라 군사의 공격을 예상한 고구려는 외성 안에 있는 절들을 텅 비워 놓고 그 안에 복병을 배치해 기다리고 있었다. 결국 그는 고구려군의 유인책에 걸려들어 병사들을 대부분 잃고 퇴각했고, 결과적으로 수군의 보급에 기대어 있던 육군의 패배도 불러오게 되었다. 제1차 고구려 원정 실패 후 총사령관 우문술은 함거에 실려 낙양으로 돌아왔다. 그러나 그의 아들 우문사급이 양제의 딸 남양 공주와 결혼한 사이였으므로 처형은 면하고 폐서인이 되었다. 그 대신 장군 유사룡에게 패전의 책임을 물어 그를 처형했다.

《삼국사기》에는, 이때 을지문덕 장군이 수나라 장수 우중문에게 보낸 시가 소개되어 있으니 바로 '여수장우중문시(與隨將于仲文詩)'이다.

신책구천문 神策究天文	신기한 책략은 하늘의 이치를 다했고
묘산궁지리 妙算窮地理	오묘한 계책은 땅의 이치를 다했다
전승공기고 戰勝功旣高	전쟁에서 이긴 공이 이미 높으니
지족원운지 知足願云止	만족함을 알고 그만두기를 바란다

– 《삼국사기》 권 44, 〈열전〉 권 4

제1차 고구려 원정의 참패로 양제의 체면은 말이 아니었다. 양제는 1차의 참패를 설욕하기 위해 이듬해 대업 9년(613) 재차 고구려 원정을 강행했다. 우문술은 관작과 명예를 회복할 기회를 부여한다는 뜻으로 재차 원정군의 총사령관에 임명되었으며, 양제도 친정에 나서 요동으로 향했다. 이번의 작전은 제1차 작전과는 달리 단숨에 평양을 공격하는 것이 아니라 도중에 각 성을 각개격파하는 작전이었다. 제1차 원정 때 퇴각하는 과정에서 각 성에서 출격하는 고구려군에게 곤욕을 당한 악몽이 잊히지 않았기 때문이었다.

613년 3월, 양제는 35만 대군을 동원하여 고구려를 다시 공격했다. 지난번의 패배를 되새긴 양제는 이번에는 별동군을 모아 공격하고자 했다. 요하를 건넌 수나라 군사는 요동성보다 토성을 높게 쌓아 화살 세례를 퍼부었다. 요동성의 고구려 군사는 이러한 수나라의 화살 세례에 쉽사리 대항하지 못했고, 양제는 효력이 있다고 판단해 계속적으로 화살로 공격하라고 지시했다. 그런데 이번에도 수나라 측에서 문제가 발생했다. 양제의 폭정을 지켜본 수나라의 예부상서 양현감(楊玄感)이 10만 군사를 이끌고 반란을 일으킨 것이다. 양제와 함께 이 소식을 들은 양현감의 친구 곡사정은 이번 반란이 자신에게 미칠 일을 두려워하여 고구려에 투항했다. 반란에 당황한 양제는 우왕좌왕하다가 곡사정이 고구려에 투항하자 급히 퇴각을 결정했다. 양제의 군사들은 고구려 군사가 눈치 채지 못하게 식량과 무기를 모두 버리고 퇴각을 시도했다. 그러나 이를 눈치챈 고구려군이 뒤를 추격하여 수나라 군사 수천 명이 운명을 달리해야 했다. 결국 양제의 2차 침입도 제대로 된 공격 없이 패배의 쓴맛을 본 채 막을 내리게 되었다.

당시 수나라 원정군이 순조롭게 공격을 진행하여 고구려에 위협을 가하고 있을 무렵, 군량의 수송을 담당했던 예부 상서 양현감(楊玄感)이 수송을 고의적으로 지연시키며 전선에 타격을 주더니 마침내는 반란을 일으킨 것이다. 이와 때를 같이하여 하북, 산동, 하남 등지에서도 농민들의 반란이 불길처럼 타올랐다. 양제는 국내의 반란을 진압하기 위해 할 수 없이 원정군을 철수시킴으로써 고구려 원정은 사실상 중지되고 말았다. 양현감은 일찍이 양제가 황태자의 자리에 오를 수 있도록 배후에서 조종했을 뿐 아니라 그 후 양제가 태자의 자리에서 쫓겨날 뻔했던 위기에서 그를 구해낸 명참모 양소(楊素)의 아들이었다. 양소는 양제가 제위에 오른 후 그 공적을 빙자해 교만 무례하고 조정의 연회석상에서도 신하로서의 예를 잃는 일이 종종 있었다. 특히 그의 만년에 양제는 높은 명예직만 주었을 뿐 실권을 주지 않았기 때문에 양소는 항시 불만을 품고 있었다.

양소가 병석에 눕게 되자 양제는 전의를 파견했으나 사실은 양소의 병이 나을까 두려워했다는 소문도 있었다.

"설사 양소가 병으로 죽지 않았다손 치더라도 언젠가는 그의 일족이 모두 양제의 손에 죽었을 것이다."

이런 연유 때문이었는지 양현감은 예부상서에 등용되었으면서도 양제에게 그다지 충성심을 가지지 않았다. 그가 반란을 일으킨 데에는 그의 친구 이밀(李密)의 영향이 컸었던 것으로 생각된다. 이밀은 북주 팔주국(北周八柱國)의 한 사람이었던 이필(李弼)의 손자였으므로 수(隋) 왕조의 양씨와 동등한 호족이었다. 수나라 조정에서 부름을 받아 그의 아버지 포산공(蒲山公)의 작위를 이어받기는 했으나 병을 구실로 관직에 나가지 않고 오로지 독서로 소일하고 있었다. 양소가 이 같은 이밀을 높이 평가하여 그의 아들 양현감에게 "이밀은 너와는 비교할 인물이 아니다."라며 이밀을 높여주었다. 양현감은 반란의 뜻을 굳히자 장안에 밀사를 보내 이밀을 그의 임지인 여양으로 불러오게 했다. 막중한 대사를 결행하자면 이밀이 가장 신뢰할 수 있는 인물이라고 믿었기 때문이었다. 이밀은 생각 끝에 세 가지 계책을 말했다.

첫째, 요동에 친정(親征) 중인 양제의 배후를 공격할 것. 둘째, 국도 장안을 공격할 것. 셋째, 낙양을 공격할 것.

첫째가 상책이고, 둘째가 중책, 셋째가 하책이라고 이밀은 설명했지만, 양현감은 하책인 낙양을 공격하기로 했다. 첫째가 상책이긴 하지만 양제의 원정군은 이미 전투 준비를 갖춘 부대이고 그 숫자도 어마어마했다. 성공하면 일거에 수(隋) 왕조를 분쇄할 수도 있지만, 그만큼 위험성도 크기 때문에 양현감은 이 계책을 채용하지 않았다. 둘째의 장안 공략도 거리가 워낙 멀기 때문에 곤란했다. 양현감이 주둔하고 있는 여양은 낙양 가까이 있었다. 당시 수나라는 대흥(大興, 장안)을 수도로 삼고 있었으나 낙양(동도)과 강도(양주)를 준수도라 하여 장안과 거의 동격으로 취급했다. 장안을 공격하기보다는 가까운 낙양을 공격하는 것이 낫다는 것이 양현감의 생각이었다.

이밀이 장안을 공격하는 것이 중책, 낙양을 공격하는 것이 하책이라고 말한 까닭은 건설 중에 있는 장안을 공격하기가 훨씬 수월할 뿐 아니라 반란 소식을 듣고 원정군이 철수할 때 낙양이 보다 가까워 공격을 일찍 받을 것을 염려했기 때문이었다. 그런데도 양현감은 안전만을 택하여 하책을 선택했다. 양현감은 이밀을 모사로 삼아 반란의 깃발을 높이 쳐들고 낙양을 공격하였으나 쉽게 함락되지 않았다. 역시 장안을 공격하는 편이 나았을 것이라 후회하고 공격 목표를 장안으로 돌렸으나 이미 낙양을 공격하는 데 많은 시간을 허비한 뒤였다. 그 사이에 고구려 원정군의 우문술과 내호아 등이 돌아와 양현감의 군대를 추격하여 대파했다. 동관으로 패주하던 양현감은 추격하는 군대에게 잡히기 일보 직전에 동생 양적선(楊積善)에게 자신의 목을 베게 하여 일생을 마쳤다. 이밀도 체포되었으나 낙양으로 호송되는 도중 용케 도망쳐 그 후 책양(翟襄)을 수령으로 하는 반란 집단에 가담했다.

양현감의 반란으로 제2차 고구려 원정을 중지해야 했던 양제는 이듬해인 대업 10년(614)에 다시 3차 원정군을 편성했다. 수나라 도처에서 반란의 무리들이 고개를 들고 있었지만, 양제의 오기는 고구려 원정을 포기할 수 없었다. 많은 신료대신의 반대에 부딪쳐야 했다. 양현감뿐만 아니라 곳곳에서 반란 사건이 터지고 있으며 전쟁과 반란 진압 과정에서 국가의 부(富)를 모두 탕진했으니 우선 민심을 수습하자는 건의가 들어왔다. 그러나 고집이 센 양제는 고구려 공격에 반대하는 자는 모두 죽이겠다는 엄한 군령을 내렸다.

그러나 무리한 원정군의 편성은 오히려 반란의 무리들을 도와주는 결과가 되었다. 징병을 기피하여 도망친 장정들이 반란군에 가세했기 때문이었다. 수나라 군사들은 계속된 전쟁의 패배로 인해 싸울 의지가 전혀 없었으며 고구려 공격을 개시하기도 전에 탈영병이 발생했다. 우왕좌왕하는 군사들로 양제는 무리하게 고구려 공격을 하고자 했던 것이다.

사실 고구려도 해마다 수나라 군사와 전 국력으로 맞서 싸우다 보니 피폐한 것은 마찬가지였다. 양제가 3차 원정에 나서자 고구려에서는 사자를 보내 화해할 것을 청했고, 망명해 있던 곡사정을 수나라로 송환했다. 곡사정은 원래 수나라 병부시랑으로 제2차 고구려 원정군의 수뇌였으나 양현감의 반란 소식을 듣자 양현감과 가까운 자신도 처벌 받을까 두려워 그 길로 고구려에 망명했다. 그런데 이 인물은 수나라 조정으로부터 양현감과 내통한 혐의를 받고 있던 자였다. 적국에 망명한 자국의 장군을 양제가 몹시 증오하고 있는 것은 당연했으며, 그런 인물을 송환한다 하니 양제는 크게 기뻐하여 고구려의 화해 요청을 성의 있는 것으로 받아들였다. 사실 양제로서도 고구려의 화해 요청에 안도의 한숨을 쉬었을 것이 틀림없다. 양제는 회군하다가 한단에서 뜻밖에도 양공경(楊公卿)이라는 도적의 괴수가 거느리는 8천 명의 무리에게 왕의 수레가 습격을 당했다. 다행히 도적들이 노린 것은 천자의 목숨이 아니라 천하의 보배로 일컬어지는 천자의 말이었다. 명마 중의 명마로 손꼽히는 42마리의 명마를 삽시간에 날치기 당했으니 수나라도 이미 말기 증상을 드러내고 있었다. 도적떼들까지도 우습게 여기는 수나라가 어찌 고구려를 정복하겠는가. 고구려는 입조를 약속했지만 끝내 수나라에 오지 않았다. 곡사정은 어차피 수나라 사람이므로 구워 먹든 삶아 먹든 고구려로서는 신경 쓸 일이 아니었다. 양제는 실제로 곡사정을 삶아 죽이고 그 국물을 백관들에게 돌려가며 맛보도록 했다.

대업 11년(615) 양제는 장안을 떠나 산서성의 태원을 돌아 분양궁(汾陽宮)에서 피서하고 낙양으로 돌아왔다. 양제는 양현감의 반란 때 불타버린 용선을 다시 만들도록 명령했다. 한두 척이 아닌 수십 척의 용선을 만들라 하니 얼마나 우매한 짓인가. 3차에 걸친 고구려 원정과 그 밖의 일로 국고가 텅 빈 상태인데도 다시 유흥을 꿈꾸는 양제의 생각은 폭군의 말로를 재촉했다. 이뿐만 아니라 회계 땅에는 새로 이궁(離宮)을 지을 생각까지 했으나 그곳에서 반란이 일어났기 때문에 실현에 옮기지 못했다.

그해 가을 용선이 마침내 낙양에 도착했다. 이에 양제는 강도로 행차하려

했다. 양제는 반란군이 낙양을 목표로 위협을 가해오고 있었기 때문에 일단 남쪽 강도(江都 양주)로 후퇴하여 위험을 모면해보려는 꿍꿍이속이 있었던 것이 사실이다. 대신들은 양제가 강도로 이동하면 그만큼 왕조의 붕괴를 재촉하는 결과가 오리라는 것을 알면서도 감히 충언하는 사람이 없었다. 유일하게 임종(任宗)이라는 하급 관리가 용기를 내어 상소를 올렸으나 곧바로 궁전 계단에서 타살되고 말았다.

사실 양제 자신도 천하의 형세가 수나라에 불리하게 돌아가고 있다는 사실을 짐작하고 있었다. 천하의 주인이었던 그는 북방의 식량과 물자가 대부분 남쪽에서 공급되는 것을 잘 알고 있었다. 만약의 경우 수나라가 천하를 모두 확보할 수 없다면 북쪽보다는 남쪽을 차지하는 것이 낫다고 판단했을지도 모르는 일이다. 남쪽에서는 자급자족이 가능했기 때문에 만약의 사태가 발생하면 강도를 거점으로 천하의 반만이라도 확보하겠다는 속셈이었을 가능성이 크다.

황태자가 일찍 죽고 그의 동생이 있었으나 양제는 그를 신뢰하지 않았다. 양제는 남쪽 강도로 거동할 때 황태자의 아들, 즉 손자인 대왕 양유(楊侑)는 장안에, 월왕 양통은 낙양에 머물게 했다. 어디서 어떤 변이 일어나더라도 수나라 왕조는 이 세 곳 중 한 곳에서라도 이어질 수 있도록 한 포석(布石)이었다. 그러나 이것이 얼마나 어리석은 생각이었는지를 역사는 현실로써 여실히 입증해 주었다.

양제는 대업 12년(616) 강도에 도착했으나 이곳 반란 세력들도 양제의 마음을 편안하게 놔두지는 않았다. 양제는 반란 세력에 잔혹한 탄압을 가하여 반란군들을 죽음의 바다에 밀어넣었다. 그러나 역사는 수나라 장군들이 반란군과 싸울 때마다 승리를 거두었으나 반란군은 일단 패했다가도 다시 모여들어 그들의 세력은 더욱 강대해졌다고 기록하고 있다. 각지의 반란군은 여러 차례 이합집산을 거듭한 끝에 차츰 통합된 조직으로 변모하여 비교적 강대한 3개의 조직으로 형성되어 갔다. 이들 3개의 조직은 책양과 이밀이 지휘하는 하남 세력, 두건덕이 거느리는 하북 세력, 두복위(杜伏威)와 보공석(輔公祏)이 거느리는 강회(江淮) 세력이었다.

617년, 결국 수나라에서 대대적인 반란이 터지고 말았다. 양제가 너무 백성을 혹사시킨 것과 무리한 고구려 원정이 근본적 원인이었다. 게다가 기근과 수해가 겹쳐 반란을 더 부채질했다. 이러한 반란은 120여 건에 달했고, 그 규모도 엄청났다. 그리고 이 반란군 가운데 양제의 이종사촌형인 태원유수 이연도 있었다. 이연은 장안으로 들어가서 왕실을 장악한 뒤 수 양제 양광을 태상황으로 만들고, 황태손 양유로 하여금 황제를 잇도록 해서 실질적인 황실 지배자가 되었다. 급박하고 혼란스러운 상황에서도 수 양제는 강도(양주)에서 사치와 방종, 여자들을 탐했다. 수 양제는 자신에 의해 혼란에 빠진 수나라의 상황에 대해서 전혀 반성하지 않았고, 사치스런 생활을 계속했다.

의녕 2년인 618년 3월 11일, 강도에서 호화스럽게 생활하던 수 양제는 자신의 근신이자 고구려 원정군 사령관이었던 우문술의 아들인 근위장 우문화급이 일으킨 반란의 와중에 형장의 이슬로 사라지게 되었다. 이때 그의 나이 50세였다. 그 후 임시 황제로 추대되었던 황태손 양유는 이연에게 처형당했다. 이렇게 수나라는 3대 38년 만에 멸망하고 말았다. 사후 그는 세조 명황제(世祖 明皇帝)로 추증됐으나 보통은 양제(煬帝)로 불린다.

양제라는 시호는 당나라 사람들이 그를 조롱하기 위해 붙인 별명이라고 한다. 여기서 '양(煬)'은 여색을 좋아하고 예를 무시했으며 하늘의 뜻을 거역하고 백성을 착취했다는 뜻이다. 그의 묘는 양저우 근교의 레이탕(雷塘)이라는 곳에서 황릉으로 불리지 않은 채 양광지묘(楊廣之墓)라는 이름으로 전해지고 있었으나 2013년 양저우에서 수 양제의 진짜 무덤이 발굴되었다. 그가 부황을 시해했다는 소문은 늘 그를 따라 다녔는데 《수서(隋書)》에서 부황 시해의 근거로 삼은 것은 수 문제가 죽을 때 양제가 그 자리를 지켰다는 점이었다. 그런데 같은 《수서》에서도 본기와 열전의 내용이 서로 달라서 일부에서는 수 문제가 죽을 때 양제가 자리를 지키지 않았다고도 한다. 또한 마찬가지로 선화부인 진씨에 대한 음행에 대해서도 서로 다른 기술이 존재한다.

수 왕조의 멸망

대업 13년(617)에는 수 왕조의 지방 관리, 장령들도 차례차례 각 지방에 할거하여 자신들의 세력을 구축하고 반란을 일으켰다. 그 가운데 최강의 실력을 자랑하는 것은 당국공(唐國公) 이연(李淵)이었다. 이연은 태원(太原)에서 군사를 일으켜 관중(關中)을 근거지로 삼아 맹렬한 형세로 그의 세력을 확장하고 있었다. 이연이 바로 나중에 당나라를 일으킨 당 고조이다.

당시의 반란 세력들 가운데 황제나 천자를 자칭하는 자들은 많았으나 그들은 세상을 모르는 우물 안 개구리에 지나지 않았다. 확실한 정치 구상을 가진 사람은 오직 이밀 한 사람이었다. 귀족 출신이었던 그는 정치적 관례에 정통했고, 갑자기 황제라 칭하는 것은 웃음거리에 지나지 않는다는 것을 잘 알고 있었다. 위(魏)나라와 진(晉)나라의 관례를 보더라도 우선 국공(國公)이 되고, 다음에 왕이라 칭하고 그 다음에 선양을 받아 황제가 되는 것이 일반적 관례였다. 이밀은 이 같은 관례에 따라 우선 '위공(魏公)'이 되고 연호도 '영평(永平)'이라 정했다.

처음에 이밀은 책양에게 몸을 의탁했으나, 그 후 책양은 이밀의 가문과 인격을 존중하여 수령의 자리를 이밀에게 양보한 것으로 보인다. 수 왕조의 힘이 쇠퇴했다는 것은 이제 누구의 눈에도 명백한 현실이었다. 강도에 들어간 양제는 그곳에서 옴쭉달싹도 못하게 되었다. 지금까지는 강남의 풍물을 즐기기 위해 종종 강도에 행차한 일이 있었으나 이번은 전과는 달라 움직일 수 없게 된 것이다.

"수나라는 이미 끝장이다. 다음은 이밀의 위나라이다."

이렇게 판단한 각지의 반란군 두목들은 다투어 이밀의 휘하로 모여들어 이밀의 무리는 수십만 명에 이르렀다. 이밀이 이미 점령한 낙구창(洛口倉)에는 곡식이 무진장 있었기 때문에 몇십 만 명이 모여들어도 식량 문제는 끄떡 없었다. 낙구창이야말로 이밀 정권의 기반이라 해도 과언이 아니었다.

낙구창은 낙양에서 그다지 멀지 않은 곳에 있었다. 이밀은 우선 낙양을 점령하여 천하 제패의 첫걸음을 내디디려 했다. 그리고 맹양(孟讓)을 총관으로 삼아 동도 낙양을 맹렬히 공격했다. 이때 낙양에는 양제의 손자 양통이 있었는데, 나이가 어려 대신들을 통제할 능력이 없었다. 그 일례로 군사령관 배인기(裵仁基)와 참모감군어사 소회정(蕭懷靜)과는 사사건건 대립하고 있었다. 배인기가 전리품을 부하들에게 나누어주려 해도 소회정은 이를 허락하지 않는 상태였다. 이런 가운데 배인기는 소회정을 죽이고 이밀에게 항복해왔다. 이밀은 배인기를 크게 환영하여 상주국(上柱國)의 벼슬을 내리고 낙양 공격 사령관에 임명했다.

낙양은 금방 함락될 것 같았으나 그래도 수나라 삼도(三都, 장안, 낙양, 강도)의 하나였으므로 쉽사리 무너지지 않았다. 회락창(回洛倉)이라는 낙구창과 똑같은 규모의 정부 양곡 창고가 낙양성 가까이 있어 그 창고에서 성내로 양식을 운반할 수 있었기 때문에 이밀은 회락창을 확보하려 했다. 회락창을 둘러싸고 수나라 군사와 이밀군의 싸움이 맹렬히 전개되었다. 이밀은 회락창 확보에 집착한 나머지 수나라의 수도가 장안이라는 사실을 잊고 있었다. 천하를 차지하기 위한 관건은 그 나라의 수도를 장악하는 데 있다는 것쯤은 상식인데도 이밀은 장안을 중요시하지 않았다. 어쨌든 이밀의 작전은 큰 실수를 범하고 말았다. 이밀이 회락창에서 시간을 보내는 동안 태원 유수 이연이 갑자기 남하하여 장안을 급습하고 그곳에 '당 왕조(唐王朝)'를 세우리라는 것은 꿈에도 생각지 못한 일이었다.

당 고조 이연(高祖 李淵, 566~635)

당 고조 이연(高祖 李淵)은 중국 당나라의 초대 황제이다. 자는 숙덕(叔德)이고 농서 성기 출신이다. 북주(北周) 시대에 활약한 이호(李虎)의 손자로, 선비족(鮮卑族) 출신의 무장이다. 8세에 아버지 이병이 죽자 당국공(唐國公)의 자리를 계승했다. 이연 모친의 동생, 즉 이연의 이모가 바로 수 문제 양견의 아내인 선비족 독고황후다. 그러므로 이연은 수 양제의 이종 사촌형인 셈이다.

615년, 이연은 태원(太原)에서 유수(留守)로서 근무했다. 이때는 양제의 사치와 토목공사가 절정에 달하던 때이므로 많은 양민이 처참히 죽어가고 있었다. 617년, 결국 중국 각지에서 반란이 터지고, 이연 역시 반란에 가담했다. 이연은 수도인 장안으로 들어가 자리를 비운 황제 양제를 제위에서 물러나게 하고, 그곳을 지키던 황태손 양유를 황제의 자리에 오르게 했다. 또한, 자신은 수나라 대승상(大丞相)이 되었다. 이때 양제는 자신의 별장이 있는 강도(江都, 양주)에 있었는데, 이듬해 618년에 자신이 믿었던 부하인 우문화급에게 암살당했다. 이연은 이 소식을 듣고 황제인 양유에게 형식상 선양을 받아 당나라를 건국하고, 황제의 자리에 올랐다.

제22강

당의 건국과 현무문의 변

당 고조 이연(李淵, 566~635)

당 고조(高祖) 이연은 당나라 초대 황제이다. 자는 숙덕(叔德)이고 농서 성기 출신이다. 북주(北周) 시대에 활약한 이호(李虎)의 손자로, 선비족(鮮卑族) 출신의 무장이다. 아버지 이병은 이후에 당 세조로 추존되었다. 태조가 흔히 건국자들에게 주어지는 묘호인데도 불구하고 이연은 고조가 되었다. 북조 시대 서위(西魏)의 재상이었던 이병의 아버지이자 이연의 할아버지인 이호가 당 태조로 추존되었다. 사실상 그가 당나라 건국의 기틀을 다져놓았기 때문이기도 하고 또 이연의 시호를 정한 사람이 아버지와 악연이 있는 당 태종 이세민이기 때문이기도 하다.

이연은 574년, 8세에 북주의 안주총관(安州總管)이자 3대 당국공이었던 아버지 이병이 죽자 당국공(唐國公)의 자리를 계승했다. 수 문제의 아내인 선비족 출신의 독고 황후가 작은 이모이고, 수 양제 양광이 이종사촌이다. 당국공(唐國公) 이연은 북주 팔주국(八柱國)에 속한 굉장한 명문가 출신이었고,

당국공은 세습되어 내려온 지위였으니 그야말로 금수저에 로열패밀리였다. 이연의 부인이 되는 두씨도 명문가 자제였는데, 두씨의 아버지 두의(竇毅)는 신무공(神武公)에 봉해졌던 사람이고, 황실과 결혼 관계를 맺어 인척이기도 했다. 두의의 딸 두씨는 북주(北周)의 명군 무제(武帝)에게 어린 나이에 조언을 할 정도로 똑똑했고, 궁궐을 드나들며 귀족 사회에서 일어나는 미묘한 대립이나 문제에 있어서도 분명하게 알고 처신할 수 있었다. 수 문제(隋 文帝) 양견(楊堅)이 북주의 정권을 찬탈했을 때는 울면서 이렇게 말했다고 한다.

"내가 남자로 태어났더라면 외삼촌의 나라를 구했을 텐데!"

이런 여장부와 이연이 결혼하게 된 것에 대한 재미있는 뒷이야기가 있다.

어느 날 두의는 딸이 혼기가 차자 독특한 방법으로 딸에 걸맞은 사내를 찾으려고 했다. 두의는 대문 앞에 두 마리의 공작 그림을 걸어놓고 백 보 앞에서 화살을 쏘아 보라고 했다. 개중에 공작의 눈을 맞히는 사람이 있으면 딸을 주겠다는 것이었다. 사람들이 다 실패했을 때 이연이 나섰다. 활을 쏜 그는 백발백중했고, 결국 현명한 미인인 두씨를 아내로 얻을 수 있었다고 한다. 둘은 매우 사이가 좋았고, 둘 사이에 4남 1녀를 두었다.

615년, 이연은 태원(太原)에서 유수(留守)로서 근무했다. 이에 따라 훗날 태원은 왕조의 개창지로서 당나라가 존속하는 동안 북도(北都)로 불리게 된다. 이때는 수 양제 양광의 사치와 토목 공사가 절정에 달하던 때로 양민들이 처참히 죽어가고 있었다.

617년, 결국 중국 각지에서 반란이 터지고, 이연 역시 반란에 가담했다. 이연은 수도인 장안(長安)으로 들어가 황제인 양광을 제위에서 물러나게 하고, 황태손인 양유를 황제의 자리에 오르게 했다. 또한, 자신은 수나라 대승상(大丞相)이 되었다. 이때 양광은 자신의 별장이 있는 강도(江都)라는 도시에 있었다.

이듬해 618년에 수 양제 양광이 자신이 믿었던 부하인 우문화급에게 암살당했다. 이연은 이 소식을 듣고 수나라 황제인 공제 양유에게 형식상 선양을 받아 당나라를 건국하고, 황제의 자리에 올랐다. 이연이 당나라 첫 번째 황제 고조(高祖)이며, 연호는 무덕(武德)이라 썼다.

난세의 창업 영웅들은 대부분 군공(軍功)이 있었다. 당나라 창업 시 군공의 대부분이 이세민의 것임을 고려할 때 당 고조가 창업 군주로서 높은 평가를 받기는 힘들어 보인다. 이연은 황제의 사촌이라는 자격으로 손쉽게 도성을 장악했고, 군사적 측면에서도 어느 정도는 이세민의 공에 업혀갔다고도 볼 수 있다. 일설에는 이연이 본래 수 양제를 폐위하고 수 공제를 옹립하여 수나라의 실권을 장악한 것에 만족하려 했다고 한다. 아들 이세민이 이연에게 이 기회에 수나라를 멸하고 칭제할 것을 건의했으나 이연은 지금은 그럴 시기가 아니라며 거부하는 통에 이세민은 못내 답답해했다. 이세민은 꾀를 내어서 형제들과 함께 수 공제의 후궁 한 명을 납치해 아버지에게 첩으로 바치고, 이연이 첩과 동침한 연후에 그 사실을 황제에게 고했다. 감히 황제의 여인을 범한 죄인이 된 이연은 어쩔 수 없이 수 공제에게 선양을 강요하고 당나라를 세웠다고 한다.

이연이 새 황조를 건립했으나 여전히 따르지 않는 반역 세력이 많았다. 당 고조 이연은 차남 진왕(秦王) 이세민에게 반란 세력을 제거하라는 명을 내렸다. 이세민은 한 번도 지지 않고 반란군을 격파하여 천책상장(天策上將)이란 별호를 받았다. 하지만 이연은 차츰 이세민을 의심하기 시작했다. 후궁인 윤덕비가 이세민을 참소하자 이연은 이세민을 소환하여 욕설을 퍼부었다.

이연에 대한 평가는 엇갈렸다. 한쪽에서는 이연이 주색잡기를 좋아하여 밤낮으로 황음무도한 짓을 하고, 당나라 개국 공신인 유문정은 이연의 질시를 받아 처형당했다고 했다. 다른 한쪽에서는 그러한 이야기는 훗날 이세민이 자신의 집권을 정당화하기 위해 거짓으로 쓴 것이라고 주장한다.

626년, 이세민은 자신의 인기가 황태자 이건성을 능가하자 계획을 세워 황궁의 현무문에서 황태자와 제왕(齊王) 이원길을 죽여버렸다. 이것이 '현무문의 변'이다. 한편에서는 이건성과 이원길이 서로 모의하여 이세민을 제거하려 했기에 먼저 손을 썼다는 이야기도 있다. 당 고조 이연은 이 사건이 있고 나서 사흘 뒤에 황태자에 이세민을 봉하고, 2개월 뒤에 황제의 자리에서 물러나 상징적 존재인 태상황(太上皇)이 되었다. 이연은 635년 69세의 나이로 사망했다.

당 고조 이연은 역대 창업 군주들이나 왕조 개창자들 중에서 평가가 안 좋은 편에 속했다. 이는 당 건국 및 황제 즉위와 중국 통일이 이연 자신이 주도했다기보다 그의 둘째 아들 이세민이 사실상 이뤄냈기 때문이고, 또한 후계자 문제에서도 태자 이건성, 넷째인 제왕 이원길과 이세민의 대립을 중재하는 데 실패해 골육상쟁을 불러일으킨 실책이 있기 때문이다. 물론 이세민이 현무문의 변을 통해 황제에 즉위했기 때문에 황제 즉위의 정당성을 확보하기 위해 아버지 이연의 업적을 축소시키거나 없애는 등의 왜곡을 했을 가능성도 있다. 그렇다 하더라도 이연은 다른 창업 군주들에 비하면 능력이 많이 부족했다고 볼 수 있다.

재미있는 것은 이세민을 비롯한 자식들의 군사적 능력은 아버지를 능가했다는 점이다. 정비인 태목황후(太穆皇后) 두 씨 소생인 장남 이건성(李建成), 차남 이세민(李世民), 4남 이원길(李元吉)도 대단했고, 특히 3녀 평양 공주(平陽公主) 이수녕(李秀寧, 596~623)은 두씨(竇氏)의 유일한 딸로 어머니를 닮아 대단한 여장부로 이름이 높았다. 수 문제의 문헌황후 독고씨나 훗날의 측천무후 등을 보면 수당 왕조는 대대로 북방 출신 여인들의 위세가 대단했던 듯하다.

평양 공주는 시소(柴紹)와 혼인한 후 아버지의 반란에 가담했다. 평양 공주는 갑옷을 입고 낭자군(娘子軍)이라 불린 군대 3만을 이끌고 직접 싸웠으며, 호현과 함곡관에서 수나라군을 크게 격파했다. 후에도 낭자군은 이세민의 북벌에서 활약했다. 평양 공주는 아들 시영무(柴令武)를 두었고, 다른 아들을 낳다가 27세에 죽었다. 당 고조 이연은 평양 공주에게 '소(昭)'라는 시호를 내렸다. 그래서 사서에서는 평양 공주를 봉호와 시호를 합쳐 평양소공주(平陽昭公主)라고 불렀다. 평양 공주는 개국 공신의 예로 군대를 동원하여 장사를 치렀다. 여동생 동안 공주의 손녀 왕씨는 훗날 당 고조의 황후가 되었으나 측천무후에 밀려나 폐위되었다.

중국 역사에서 또 하나 문제가 된 것은 당 고조 이연의 출신 성분이었다. 사실 선비족이 건국한 북주(北周)의 지배 체제는 수나라와 당나라까지 이어졌다. 훗날 중화 사상의 영향으로 수나라 황실은 한족계 양(楊)씨 출신으로 기록되었으나, 실상은 선비족 계통으로 보는 것이 타당하다. 서위 시기 다시 북방의 성(姓)으로 돌아가자는 호성(胡姓) 재행(再行) 정책에 따라 당 황실의 이(李)씨는 대야(大野)씨라는 선비족 성씨로 사성되었고, 수 황실 양씨(楊氏)도 보육여(普六茹)로 사성되었다. 대부분 중국 학자들은 그들이 한족 혹은 몰락 한족이라고 하지만, 선비족 본성을 보유했을 가능성이 크다고 본다. 그렇지 않더라도 그들이 한족일 가능성은 극히 희박하다.

청말 고증학자 진인각의 주장에 따르면 3세기 후한 말 이후 동북방 이민족들이 중국을 정복한 북조가 나타나면서 북조의 선비족 지배층이 수(隋)나라와 당(唐)나라까지 이어졌다고 본다. 당나라는 후세에 한족 국가로 알려졌지만, 이민족인 선비족 일파인 탁발족이 세운 국가이고, 수당(隋唐) 지배층들은 혈통으로 따져볼 때 대부분이 호족(胡族) 출신으로 보는 것이 옳다는 것이다.

당나라 황실의 공식 입장은 자신들이 한족 왕조의 후예라는 것이다. 한족 문벌 귀족들도 거기에 별다른 반감을 보이지 않았다. 당 황실은 스스로가 편찬한 황실의 계보를 통해 당(唐) 황실의 시조는 춘추 전국 시대 유명한 사상가 노자이며 이후 전국 시대 이신, 한나라의 명장 이광, 이릉 등을 조상으로 내세웠다.

그러나 수당의 황실이 본디 소속되어 있던 무천진 군벌, 소위 관롱집단(關隴集團)이라 불렸던 세력은, 북위 효 문제의 적극적인 한화 정책 이래 선비족이길 포기하고 100년간 한족의 말과 풍습을 쓰며 한족과 혼인하고 살았던 집단이다. 그리고 당 황실에서 고조, 태종, 고종의 어머니가 선비족인 것은 확실하나 부계는 의문이다. 그럼에도 불구하고 집안 스스로가 옛 한족 귀족의 후예를 자처했고, 실제로 순수 한족 출신과의 혼맥 관계도 많아 자타공인 한족 귀족으로 간주되었다. 어쨌거나 자신들은 한족의 귀족 출신이라고 자부했으니 그 위세나 자부심이 대단했다.

무덕 3년, 고조는 일찍이 상서우복야 배적에게 다음과 같이 말했다.

"우리 이씨는 예전에 농서 지방에서 귀갑과 보옥을 상당수 소유할 정도로 부유했다. 할아버지 대에 이르러 제왕과 인척이 되었고, 내가 의병을 일으키자 사방에서 구름처럼 모여들어 수개월 지나지 않아 천자에 올랐다. 이전 시대의 황제로 말하자면 대다수는 미천한 출신들로 군대를 지휘하고 진형을 포진시키느라 고생하면서 결코 마음 편히 살지 못했다. 공은 대대로 녹을 받는 명문가 출신으로, 지위가 매우 높고 중요한 직무를 담당하는 관직을 지냈는데, 어찌 고작 문서 담당 관리 출신인 소하, 조참과 같을 수 있겠는가? 오직 나와 공만이 오랜 시간이 지난 후에 선현들에게 부끄럽지 않을 것이다."

삼황오제로부터 정통성이 이어지는 하나라와 상나라, 주나라에 이르는 3대 왕조만이 그나마 자기들 당나라 황실에 비길 만하고, 춘추 전국 시대, 진나라, 한나라, 위, 촉, 오, 위진 남북조 시대, 수나라 등은 감히 언급할 필요도 없다는 태도이다. 더 나아가 황실뿐만 아니라 조정에서 중책을 맡았던 개국 공신들의 가문 역시 대단한 귀족의 가문이었다고 추켜세우면서, 아무 상관 없는 한나라 유방의 측근인 소하, 조참 등은 여기에 감히 댈 수도 없는 천한 것들이라고 폄하했다. 이것은 아마도 출신이 신통치 않았던 자의 변명으로 들린다.

이세민의 활약과 내란 진압

616년, 이연은 태원유수로 임명되어 부임했다. 여행과 토목 공사를 즐기는 수 양제는 여기저기 대규모 궁전을 지었는데, 태원에도 진양궁이라는 궁전을 세웠다. 궁전에는 거의 황제가 있었지만, 없을 때에 황제의 대리를 맡아보는 것이 유수(留守)의 임무였다. 황제에게 불만이 많았던 진양궁 부감 배적(裴寂)과 진양 현령 유문정(劉文靜)은 유능한 인물을 찾아 반란을 일으키게 하고, 자신들은 그 밑에서 공로를 세우겠다는 음모를 꾸몄다. 그들은 새로 부임한 이연과, 특히 그 둘째 아들 이세민에게 주목했다. 유문정은 이세민을 설득했고, 이세민은 아버지 이연에게 거사를 촉구했다. 이연은 "아무리 부자지간이지만 반역을 꿈꾸는 네 놈을 잡아 고발하지 않으면 안 되겠다"라고 엄포를 놓는 등 아들을 단념시키려 했다. 이세민이 결기가 없는 아버지에 대해 배적과 유문정에게 토로하자 배적이 공작을 벌였다. 여색에 약한 이연에게 미색을 소개하고 범하게 했는데, 알고 보니 그 여인은 진양궁의 궁녀였다. 황제의 소유인 궁녀를 범해 대역죄를 지은 이연에게 이세민이 차라리 거사를 치르자고 설득하여 성공시켰다. 하지만 이런 이야기들과는 달리 현재 학자들은 이연이 거사를 스스로 결정해 일으켰다고 보고 있다.

이연의 기실참군(記室參軍)으로서 문서를 담당했던 온대아(温大雅)라는 인물이 쓴 《대당창업기거주(大唐創業起居注)》라는 문헌은 이연의 태원 거병으로부터 즉위할 때까지 1년간의 일기로 현재까지 전한다. 이것은 이연의 기록 담당이 직접 작성한 중요한 일차 사료라고 할 수 있다. 이것을 보면, 이연이 20세인 아들 세민의 계책에 따라 거병한 이야기는 한 줄도 쓰여 있지 않다. 그뿐만 아니라 이연이 태원유수로 임명되었을 때 오히려 아들 이세민을 향해 "당은 본시 우리나라이고, 태원은 즉 그 땅이다. 지금 내가 여기에 온 것은 바로 하늘이 내린 것이다. 준 것을 받지 않는다면 장차 화가 이곳에 미칠 것이다."라고 말했다고 기록되어 있다. 이 말은 처음부터 이연에게 거병할 의사가 있었다는 것을 시사한다. 또한 이 문헌에는 태종 이세민을 깎아내리는 표현이 전혀 없다.

당시 태원유수 소관인 분양성에서는 농민 반란이 일어났고, 역시 태원유수 소관인 마읍에는 돌궐(突厥)이 침공해 왔다. 이연은 이를 핑계로 병사를 모으려 했다. 변경에서 농민 반란과 돌궐 침공을 맞아 병사를 모으는 것은 일견 자연스러운 일이었으나, 이를 의심하는 이들이 있었으니 부유수인 왕위(王威)와 고군아(高君雅)였다. 부유수의 임무 중 하나는 유수에 대한 감시였으니 이들이 왜 이연을 의심했는지 짐작할 수 있다. 이에 이세민 쪽에서는 역으로 이들의 의심을 눈치채고 제거하려는 계획을 세웠다. 돌궐을 방어하던 양곡(陽曲)의 수비대를 후퇴시켜 돌궐이 남하하도록 해놓고, 왕위와 고군아에게 돌궐을 끌어들였다는 누명을 씌워 참형에 처해 버렸다.

돌궐을 물러가게 한 후 이연은 천하 쟁취를 위한 작전을 세웠다. 이 과정에서 진공 목표를 낙양으로 할지 장안으로 할지를 두고 갑론을박하다가 이세민의 의견에 따라 장안으로 목표를 세웠다. 당시 수 양제 및 그를 따라간 장군들과 대신들은 강도(江都)에 머무르고 있었는데, 장안을 함락시키면 가족들의 안위가 걱정되어 강도의 수나라 수뇌부를 동요시킬 수 있다는 논리가 먹힌 것이다.

그렇다면 장안을 어떻게 함락시킬 것인지를 논의하게 되었고, 유문정의 제안에 따라 돌궐을 장안 공격에 끌어들이기로 했다. 이어 이연은 스스로를 대장군으로 칭하고, 대장군부를 설치했다. 대장군부의 장사(長史: 장관)에 배적, 군정 최고 책임자인 사마(司馬)에 유문정 등을 임명했다. 그 뒤 격문을 써 발표하고 617년 7월에 3만의 군사로 장안을 향해 출발했다. 이연은 거병 후에 뜻밖에도 근거지인 태원을 버리고 관중 지방으로 들어가기로 결정했다. 이와 같은 판단이 가능했던 것은 수 양제가 수나라의 정예군을 이끌고 남쪽으로 내려가 관중이 텅텅 비어 있었기 때문이었다. 관중은 수도 장안이 있는 수 제국의 중심지인 데다 마땅한 적수도 없었기에 이연의 세력은 곧바로 움직이기로 결정했다.

단 한 가지 문제는 이밀이었다. 당시 최강의 세력을 가진 반란군이었던 이밀의 세력이 낙양을 공격하고 있어 이연에게는 부담이었다. 관중으로 들어가기 위해선 이밀의 영향력이 미치는 곳과 가까워질 수밖에 없었다. 이에 이연은 이밀에게 '대제(大弟)'라는 극존칭을 사용하며 자신은 용의 비늘을 잡고 봉황의 날개를 붙잡을 뿐이라며 극도로 몸을 낮추었다. 그 덕분에 이밀의 호의를 샀고 무사히 관중에 진입할 수 있었다.

이연은 막내 이원길을 태원에 남기고, 장남 이건성과 둘째 이세민을 앞세워 장안으로 진격했다. 그러는 동안 수많은 유민, 반란 세력들이 합류하여 3만이던 군세는 무려 20만으로 증가했다.

617년 11월, 장안을 함락한 이연은 13세의 양유(공제)를 수나라의 허수아비 황제로 내세우며 스스로 당왕(唐王)을 자처했다. 또한 그해 퇴위당한 양제가 목숨을 잃었다. 이 무렵 첫 번째 난관이 닥쳐왔다. 천수 일대를 장악한 군웅 설거가 수나라의 신하로 돌궐을 막다가 전국이 혼란한 틈을 타 재빨리 독자 세력으로 독립해 자신을 패왕(霸王)으로 일컬었다. 그리고 남들이 감히 황제 칭호를 쓰지도 못할 때 서진(西晉)의 패왕이라고 자처하며 호기로운 모습을 보였다.

설거는 우선 자신의 아들 설인고(薛仁杲)를 당나라 전선에 파견했다. 당나라는 이세민을 보내어 이를 무찔렀다. 그러자 설거는 기병을 이끌고 직접 출정했는데, 이세민이 학질에 걸리는 바람에 은개산(殷開山)이 지휘를 맡게 되었다. 설거가 기병전의 전문가라 은개산은 죽기 일보 직전까지 몰렸다가 간신히 살아났고, 이세민도 줄행랑을 놓는 굴욕을 맛보았다. 설거의 기세는 엄청났다. 설거 세력이 아예 장안으로 밀고 들어오려는 시도를 했기에 당나라로서는 엄청난 위기에 빠졌다.

그런데 618년 설거는 정말 어이없게 급사해버리고 말았다. 후계자는 설인고가 되었지만, 설인고는 아버지에 비해 현저히 능력이 부족했다. 같은 해 12월, 설인고는 다시 공격을 시작했지만, 이세민은 교전을 피하면서 적의 보급선을 집중 공격해 설인고를 항복시켰다. 당시 산서 일대의 또 다른 군웅은 유무주(劉武周)였다. 이들은 돌궐의 후원을 받고 있었으며, 초반에는 소극적이었다가 송금강(宋金剛)이라는 장수가 자기 부하를 이끌고 유무주에게 항복해온 이후 분위기가 바뀌었다. 거기다 송금강에게는 울지경덕(尉遲敬德: 尉遲는 위지가 아니라 그들 방식대로 울지로 읽는 것이 좋다)이라고 하는 맹장까지 있었다. 유무주와 송금강은 산서성의 완전 병합을 노리며 남하했고, 최종적인 목표는 진양궁을 손에 넣는 것이었다.

그런데 이때 당나라 내부에서 문제가 발생했다. 진양 기병에서 가장 큰 공을 세운 사람은 진양령 유문정이었으나 이연은 친구인 배적을 편애했고, 둘이 다툴 때마다 배적의 손을 들어주었다. 결국 유문정은 술을 먹고 불평하다 반역죄로 잡혀오게 되었고, 이 과정에서 이세민이 유문정의 편에 섰다가 이연이 크게 분노했다. 유문정이 결국 죽자 이때부터 아버지 이연과 아들 이세민의 갈등이 시작되었다.

불만이 제기된 가장 큰 이유는, 배적이 공이 적다는 것이었다. 이에 이연은 배적에게 공을 세울 기회를 주고 싶어 배적을 사령관으로 삼아 유무주를 상대하게 했지만, 배적은 완패했고, 심지어 농민 반란군을 진압하는 과정에서도 패배했다. 결국 이연의 넷째 아들 이원길이 철수를 주장하여 당나라 군대는 태원을 버리고 후퇴했다. 그 결과 유무주와 송금강이 산서 일대를 완전히 장악하여 당나라에는 최악의 결과가 되고 말았다. 그렇지만 배적은 처형은커녕 오랫동안 잘먹고 잘 살았다.

산서를 손에 넣은 유무주와 송금강은 거침없이 하동으로 몰려 들어왔고, 이연은 하동을 포기하기로 마음먹었다. 이때 이세민이 나섰다.

"3만의 군대만 있으면 충분합니다."

619년 11월, 그야말로 당나라로서는 최악의 상황에서 이세민은 송금강을 막기 위해 출동했다. 이때도 이세민은 설인고를 물리쳤을 때의 전술을 그대로 사용했다. 직접적인 교전을 피한 채 송금강의 보급로만 지독하게 공격했는데, 사실 송금강 세력이 파죽지세로 진격하긴 했지만 길어진 보급로 때문에 상황이 좋지 못했다. 그렇게 6개월을 버티자 결국 송금강은 후퇴했고, 기세를 몰아 이세민은 곧바로 역공을 취해 송금강과 유무주는 돌궐로 도망쳤다. 돌궐로 도망친 송금강과 유무주는 이용 가치를 상실해 돌궐에서 살해되었다.

반면, 이세민에게는 기쁜 일이 있었다. 울지경덕이라는 창(槍)의 명수를 부하로 얻게 된 것이다. 이세민의 부하들 중에는 송금강의 부하였던 울지경덕을 못 믿겠으니 죽이라고 하는 자들도 있었지만, 이세민은 울지경덕을 거두어서 썼다.

서북 지역의 위협은 이로써 완전히 사라졌다. 본래 하동을 지키는 임무에서 역으로 산서를 되찾고 하북의 유무주까지 박살낸 이세민의 엄청난 무공에 당나라는 축제 분위기가 되었고, 이연은 이세민을 익주의 행대상서령(行臺尙書令)으로 임명했다. 기세를 탄 이세민은 쉴 틈도 없이 620년 7월, 하남으로 남하했다. 하남에는 왕세충이 있었다.

이 무렵, 위공(魏公)을 자처하던 반란군의 총수 이밀은 왕세충에게 박살이 난 상황이었다. 낙양은 그 당시 가장 중요한 도시였고, 낙양의 주인이 왕세충이었다. 왕세충은 이밀과의 싸움에서 승리하긴 했지만, 양측 모두 막대한 피해를 입어 왕세충의 세력도 크게 약화되어 있었다. 이세민은 바로 그런 순간을 노렸다. 왕세충과의 전투는 치열한 혈전으로 치러졌는데, 결국 이세민이 승기를 잡아 왕세충을 낙양성 내에 가두는 데 성공했다.

승리가 눈앞에 있는 상황에서 뜻밖의 소식이 전해졌다. 두건덕이 군사를 몰고 왕세충을 도우러 온 것이다. 하북의 두건덕은 농민 봉기군 출신이었다. 이전까지 싸움에 끼어들지 않았던 그는 이세민이 왕세충을 몰아넣는 모습을 보자 위기를 느꼈다. 본래 두건덕과 왕세충은 별로 사이가 좋지 않았지만, 왕세충이 패배한다면 당나라를 막을 수가 없을 것이 자명했기에 대군을 이끌고 왕세충을 구원하기 위해 달려왔던 것이다. 이에 이세민의 진영은 엄청난 공황 상태에 빠졌다. 왕세충과의 혈전으로 군사들이 많이 상한 상태에서 두건덕을 이기는 것은 어림없는 상황이었다. 퇴각할 수도 있었지만, 이세민은 단호한 결단을 내렸다. 이세민은 동생 이원길에게 낙양의 포위를 맡겨 두고, 온전치 못한 병력을 절반으로 나누어 재빨리 요충지인 호(虖)뢰관으로 입성했다. 호뢰관은 전략적 요충지로 이곳의 관문을 빼앗겨 정면 대결로 간다면 이세민이 아니라 그 누구라도 질 수밖에 없었다. 먼저 호뢰관에 들어간 이세민은 두건덕이 싸움을 걸어도 가만히 있었다. 그러자 두건덕의 병력은 한 달 동안 꼼짝도 못 했다. 이때 두건덕의 책사 능경(凌敬)이 다른 전략을 제안했다.

"여기서 이럴 것이 아닙니다. 이세민에게는 호뢰관을 계속 지키라고 하지요! 차라리 하북으로 북상해서 당나라의 산서를 바로 칩시다. 그리하면 낙양을 포위하고 있는 군대도 돌아갈 테니 왕세충은 자연히 구원되겠지요."

이른바 성동격서의 계책이었는데, 두건덕은 이를 무시했다. 그러자 두건덕의 부인마저 나섰다.

"대왕께서 당을 공격하고, 다시 돌궐이 관중을 공격하면 틀림없이 포위가 풀어질 터인데, 어찌 여기서 군비를 소모하고만 있다는 말입니까?"

그러나 두건덕은 아녀자가 끼어들 곳이 아니라고 하면서 그 충언을 무시했다.

한편 적진에서 동요가 일어나고 있을 때, 이세민은 다시 폭풍처럼 몰아칠 준비를 끝냈다. 정오가 되어 두건덕군의 전의가 많이 떨어졌을 때, 이세민은 기병을 동원해서 적군을 휘몰아쳤다. 두건덕도 기병으로 이세민의 기병을 막으려고 했지만, 갑작스러운 공격이라 재빨리 대처하지 못했다. 이때 이세민은 직접 나서서 소규모 부대를 이끌고 적의 사방을 헤집어 놓았다. 눈 깜짝할 사이에 두건덕의 주력은 궤멸되었고, 두건덕은 생포되었다. 낙양까지 끌려온 두건덕을 본 왕세충은 모든 것이 끝났다고 생각하여 항복하고 말았다. 그 후 두건덕은 장안으로 끌려와 처형당했고, 왕세충은 이연에 의해서 목숨만은 구했지만, 결국 자기가 처형했던 사람의 아들에게 암살당했다.

유무주를 쳐서 당나라의 위기를 구하고 왕세충과 두건덕을 동시에 때려잡은 이세민의 무공은 어마어마했다. 620년 10월, 당나라 조정은 이세민에게 천책상장(天策上將)이라는 칭호를 내렸다. 하지만, 이 막대한 공 때문에 형제간의 갈등이 벌어지고 만다.

618년, 이연이 수 공제에게 형식상으로 양위를 받아 새 황제로 등극하여 국호를 당(唐)으로 개칭했다. 그러나 당시 당의 지배 영역은 장안 지역에 국한되었으며, 각지에는 여전히 군웅들이 할거하고 있었다. 이에 당 고조 이연은 반란 세력을 제압하기 위해 통일 전쟁에 착수했다. 이 시기, 후에 당 태종이 되는 진왕(秦王) 이세민은 사방에 퍼진 반란군을 백전백승으로 토벌했고, 그 공로를 인정받아 천책상장이란 별호를 하사받았다. 하지만 황태자는 맏아들 이건성(李建成)이었다. 이세민이 당나라에서 차지하는 위상으로 봤을 때 이는 분명 문제가 있었다. 이세민의 황제 등극 후 본인의 공을 과장했다고는 하지만, 개국 공신으로서 그의 공은 타의 추종을 불허했다. 이건성이 황태자이고 이연의 근거지인 태원을 사수함으로써 당의 통일에 이바지했긴 하지만 눈에 보이는 이세민의 화려한 전공에 묻힐 수밖에 없었다.

이건성이 장자로서 황태자가 되었음에도 이세민이 절대적 위세를 떨친 것은 우연이 아니었다. 그렇기 때문에 이연이 장남 이건성에게 황제 자리를 물려줄 생각이었다면 분명한 태도를 취했어야 했다. 그러나 이연은 정작 이세민을 멀리하면서도 확실하게 쳐내지 못했다.

이연은 황후 두씨와의 사이에 이건성(李建成), 이세민(李世民), 이현패(李玄霸), 이원길(李元吉)을 두었다. 고조 이연은 당 건국 후 종법 제도의 법칙에 따라 장남 이건성을 태자에 책봉했다. 그러나 만약 당을 건국하는 데 있어 가장 큰 공을 세운 자를 기준으로 태자를 삼았다면 그 자리는 진왕 이세민의 몫이 되어야 했다. 당의 창업자는 이연이었으나 실질적으로 창업을 주도한 것은 이세민이었기 때문이다.

이세민은 618년에 금성 지역을 차지하고 있던 설거(薛擧), 설인고(薛仁杲)의 진(秦)을 멸망시켰으며, 619년에는 하서 5군을 차지하고 있던 이궤(李軌)의 양(涼)을 멸망시켰다. 또한 유무주(劉武周)가 남하하여 산서 남단에 이르렀을 때는 자진 출정하여 유무주의 선봉장 송금강을 격파하고 돌궐로 쫓아냈다. 게다가 621년에는 당의 최대 적이었던 왕세충(王世充)을 공격하여 왕세충과 두건덕(竇建德)을 모두 사로잡는 전과를 올리며 위세를 떨쳤다. 이세민은 당의 통일 전쟁에 앞장서서 622년에는 두복위(杜伏威)를, 623년에는 유흑달(劉黑闥)과 서원랑(徐圓朗)을 항복시켰다. 이처럼 당의 천하 통일을 위한 반란 세력 진압은 이세민이 모두 이루었다 해도 과언이 아니었다.

이세민의 전술 중 특기할 만한 것은 기동력을 중시했다는 것이다. 그의 군대는 무거운 철갑을 입은 중기병(重騎兵)보다 최소한의 철갑에 가죽을 덧댄 갑주를 입은 경기병(輕騎兵)을 주력으로 하고 있었다. 그와 휘하 장군들의 전술은 대체적으로 일단 수비를 굳건히 하고 적의 도발에 꿋꿋이 버티다가 날랜 경기병을 이용해 상대의 보급로를 무력화시켜 한순간에 승기를 잡는 것이다. 적이 후퇴할 시에는 승리에 만족하지 않고, 기병의 기동력을 이용하여 끝까지 추격해서 남은 적의 전력을 포위 섬멸했다. 이것은 유목민의 빠른 기동력과 전술을 모방한 것으로, 이연, 이세민 세력이 기본적으로 돌궐과의 투쟁을 기반으로 힘을 길러온 상황과 관련되어 있다. 이런 전술로 이세민의 군대는 연전연승하게 되었고, 이런 무공을 바탕으로 이세민은 천책상장(天策上將)이라는 칭호를 받게 된 것이다. 이세민은 황제가 된 이후에도 정예 기병 양성에 힘을 기울여 통일 전쟁 때는 물론 이후 돌궐, 서역 그리고 고구려 정벌에서도 효과를 보았다.

현무문의 변[玄武門之變]

나라가 건국되고 안정되는 데 이세민의 공훈이 그야말로 막대하다는 것은 모두가 알고 있었다. 당 고조 이연도 이를 충분히 인식하고 있어 그에게 천책상장의 칭호를 내렸다. 그런데 이세민은 단순히 공적을 쌓는 데만 그치지 않았다. 그는 당 고조 이연을 부추겨 태원에서 군사를 일으킬 때부터 자신만의 정치 세력을 형성하고 있었으며, 당 건국 후에는 할거 세력들을 평정하여 그 층을 더욱 두텁게 했다. 그리하여 그의 수하에는 울지경덕(尉遲敬德), 진숙보(秦叔寶), 정교금(程咬金) 같은 장수들과 두여회(杜如晦), 방현령(房玄齡), 우세남(虞世南) 등 18학사(十八學士)라 불리는 문관 인사들이 모였다.

당 건국에 가장 공이 컸던 이세민은 둘째 아들이라는 이유로 태자 책봉에 밀려나자 불만을 갖게 되었다. 그러나 태자 이건성 역시 불안하기는 마찬가지였다. 고조 이연이 이세민에게 '천책상장(天策上將)'이라는 생소한 칭호를 내리고, 태자의 동궁에 버금가는 홍의궁(弘義宮)을 짓게 한 것이다. 세간에서는 천책상장을 '준황태자(準皇太子)'급으로 생각했으며, 앞날을 내다보는 사람들은 황태자 폐립을 전제로 하여 왕보다 우위인 이 칭호를 우선 이세민에게 준 것이라고 추측하기도 했다. 황태자 건성의 동궁(東宮)을 의식해서 건성과 세민의 차를 좁히고 세민의 측근들의 불만을 해소시키려는 조치였을지도 모른다. 그러나 천책상장의 칭호나 홍의궁의 축조는 문제 해결에 도움을 주지 못했을 뿐 아니라 도리어 그들의 암투를 부채질하는 결과를 낳았다. 이건성도 건국 과정에서 당 고조의 본거지인 태원을 수비하는 임무를 맡아 일정한 역할을 했기 때문이다. 이건성이 손 놓고 앉아만 있었던 것도 아니고, 그 역시 군사적으로 활동하여 당의 건국에 공적이 적지 않았다. 이세민이 왕세충을 공격하고 있을 때 이건성은 돌궐을 막는 위치에 있었다. 따라서 이세민의 공적이 크다고 하나 이건성 역시 공적이 없는 것도 아니었다. 이건성에게 특별히 지적할 만한 결격 사유도 없었다. 이세민이 태자였다면 아무 문제도 없었겠지만, 태자가 이건성이었던 것이 문제였다.

태자 이건성은 제위 계승자로서 재상 배적의 지지를 받았고, 지모가 뛰어난 책사와 용맹스러운 군인들을 휘하에 거느리고 있어 그 힘에 있어서는 결코 진왕 이세민에게 뒤지지 않았다. 그러나 항상 진왕 이세민의 존재가 자신의 제위 계승을 위협했다. 이건성의 책사 위징(魏徵)은 이 같은 재앙의 뿌리를 뽑기 위하여 하루라도 빨리 진왕 이세민을 제거해야 한다고 진언했다. 이건성은 점점 비대해지는 이세민의 세력을 약화시키려 했다. 그런데 마침 동생 이원길이 이세민을 제거하자는 제안을 해오자 태자 이건성과 이원길의 연합이 이루어졌다. 제왕 이원길의 세력은 태자 이건성이나 진왕 이세민에게 미치지 못했지만, 그의 용맹성은 매우 뛰어났다. 이원길도 그 나름대로 계산을 하고 있었다.

'내가 제위 계승자가 되기 위해서는 우선 진왕 이세민을 없애야 한다. 이세민이 없으면 태자 이건성은 도마 위의 생선이나 마찬가지이므로 그다음은 내 차지다.'

이렇게 생각한 제왕 이원길은 태자 이건성에게 하루빨리 진왕 이세민을 죽여야 한다고 권하며 이를 위해 자신도 힘이 되겠다고 약속했다. 태자 이건성도 일이 순조롭게 이루어지면 제왕 이원길을 황태제(皇太弟)로 삼겠노라고 약속했다. 이런 일이 있은 후 어느 날, 태자의 초청을 받고 동궁의 연회에 참석했던 진왕 이세민이 술을 마신 후 심한 복통을 일으켜 많은 피를 토하고 거의 죽다시피한 위험한 상황이 발생했다. 이런 것을 보면 아마도 독살 시도도 있었던 것으로 보인다. 이렇듯 이건성은 이세민에게 공격당하지 않기 위해서는 먼저 공격하는 수밖에 없었고, 이세민 역시 스스로를 지키기 위해서는 형을 공격해야만 하는 불가피한 상황이 되어버렸다.

갈등이 아직 표면화되기 전, 뒷날의 대결을 예견한 이세민의 진왕부와 이건성의 태자 진영은 경쟁적으로 인재들을 끌어모았다. 문학관(文學館)을 장악한 이세민은 18학사(十八學士)들을 자신 편으로 만들고, 그곳을 일종의 참모 양성소처럼 꾸몄다. 이세민은 그의 수하인 굴돌통(屈突通)을 낙양에 남기고, 장량(張亮)을 시켜 낙양의 호걸들을 알아보라고 명령을 내렸다. 또한 방현령(房玄齡) 등을 통해 꾸준히 사람을 불러 모았다. 이세민에게 가장 유리한 것은 정복 전쟁을 하면서 전우로서의 결속력을 쌓았고, 자신이 지나간 사방에 자기 세력을 남길 수가 있었다는 점이었다. 물론 이건성도 이를 지켜보고만 있지 않고 자기편을 끌어모았다.

둘의 인재 풀(pool)은 대략 이러했던 것으로 보인다.

- **태자 이건성의 진영:** 제왕(齊王) 이원길, 위징, 왕규, 위정, 이예, 배적
- **진왕 이세민의 진영:** 방현령, 두여회, 단지현, 울지경덕, 장손무기, 장량, 굴돌통, 온대아, 정교금, 진경, 장공근, 설만철, 두엄, 장사귀(이 중 울지경덕과 진경은 무력이 뛰어난 장군으로 지금도 중국의 가정에서 연초에 이들의 화상(畫像)을 대문에 붙여 귀신을 쫓는 수호신으로 사용하고 있을 정도이다.)

이건성에게는 매우 막강한 카드가 있었는데, 바로 그의 친동생인 제왕 이

원길이었다. 이원길은 이연의 넷째 아들로 이건성과 이세민의 친동생이다. 승자가 된 이세민 측의 왜곡이 있었을 가능성을 감안하더라도 이원길은 몹시도 잔혹한 인물이었다고 한다. 생긴 것도 추하게 생겼다고 하며, 부하들을 두 패로 갈라 진검을 주고 막싸움을 시키거나 자기에게 충고한 유모를 부하를 시켜 목을 졸라 죽였다고 하는 일화도 있었다.

이건성 휘하의 신하들이 이세민을 직접적으로 공격하기는 어려운 일이었다. 워낙 공도 큰 데다 무엇보다 황제의 아들이었기 때문에 눈치를 볼 수밖에 없었다. 이건성 자신이 나서는 것도 좋지 않았는데, 태자가 진왕을 견제하는 모습을 보이는 것은 좀 문제가 있었다. 하지만 이원길은 달랐다. 제3자 입장에 있는데다 단 셋뿐인 정실 소생 황자 중 한 사람이었기에 언제든지 이연 앞에서 이세민을 공격할 수 있었다. 이 둘의 연합은 이세민에게는 매우 부담스러웠다. 태자의 책사 위징도 위협적인 인물로 깐깐한데다 영리한 그는 뛰어난 참모였기에 진왕부의 가장 큰 적이었다. 더 큰 문제는 황제 이연과 이세민이 사사건건 충돌하게 되었다는 것이다. 이연은 여러 번 측근에게 "둘째는 사람이 달라졌다.", "이제 예전의 그 아이가 아니다."라는 식의 이야기를 했으며, 이세민에게서 마음이 많이 떠나버린 상태였다.

그러던 와중에 두건덕의 부하인 유흑달(劉黑闥)의 반란이 일어났다. 당초 조정에서는 이세민을 파견하지 않으려고 했으나 의외로 유흑달의 세력이 막강하여 이를 진압하라고 보낸 이세적이 유흑달에게 패배하고 말았다. 그러자 어쩔 수 없이 이세민을 파견하여 진압하게 했다. 하지만 이세민이 철수한 후 유흑달은 다시 돌궐을 등에 업고 반란을 일으켰다. 이번에는 이건성이 움직였다. 바로 위징과 왕규의 간언 때문이었다.

"진왕의 공이 너무 큽니다! 하지만 태자께서는 동궁에 계시느라 이에 미치지 못하는 것은 분명한 사실입니다. 유흑달의 난으로 백성들의 불만이 하늘을 찌르니 태자께서는 이를 무찌르겠다고 선언하십시오. 산동 호걸들이 지지해줄 것입니다."

이에 이건성은 이연에게 말해 출정했고, 반란을 진압하여 산동에 자신의 세력권을 형성할 수 있었다. 물론 이세민의 큰 공에 비하면 부족했지만, 이세민뿐만 아니라 태자도 호락호락하지 않다는 것을 과시할 순 있었다. 거기다 이세민은 황제 이연의 비빈들에게 전혀 평판이 좋지도 않았고, 그들과의 관계를 개선할 생각이 없었다. 반면 이건성은 어느 정도 비빈들에게 영향력을 미치고 있었다. 비빈들은 계속해서 이연에게 이세민에 대한 험담을 했다.

이건성이 가진 힘이 여지없이 드러난 것이 양문간(楊文幹) 사건이다. 양문간 사건으로 이건성은 큰 피해를 입을 뻔했지만, 오히려 자신의 영향력을 과시하는 계기가 되었다.

사건의 개요는 이러하다. 양문간이라는 사람이 반란을 일으켰는데, 이건성이 배후에 있다는 사실이 밝혀진 것이다. 하지만 이것이 진짜 이건성의 소행인지, 진왕부 쪽의 책략인지 알 수는 없었다. 여기서 태자가 기를 쓰고 반란할 필요가 있는지 생각해 볼 필요는 있다. 아무튼 이 일로 이건성은 큰 공격을 받았고, 결국 이연은 이세민을 태자로, 이건성을 촉왕으로 하겠다는 의사를 표명했다. 이후 이세민은 양문간의 반란을 진압하러 떠났다. 한참 이세민이 싸우고 있었을 때, 갑자기 다른 소식이 들려왔다. 태자 교체 건을 없었던 것으로 한다는 것이었다. 이 일을 주도한 사람들이 이원길과 황제의 비빈들이었다. 이연의 마음을 돌려놓은 것이다. 이연은 위징, 왕규, 그리고 진왕부의 두엄을 처벌하는 것으로 이 일을 끝내버렸다. 처음에는 이세민의 공에 기가 눌리던 이건성이었지만, 점점 정치적인 투쟁에서 유리한 쪽을 점해가고 있었다. 태자 측 사람들은 끊임없이 이세민에 대한 부정적 보고를 올렸고, 이연은 그럴수록 치를 떨었다, 반대로 이세민 측의 공격은 어느 정도 차단했고, 이세민 측 인물들도 여기저기 흩어놓으면서 분열시켰다.

그런데 일대 전환점이 다가왔다. 626년, 양측의 암투가 한창 치열할 때 변방에서 돌궐의 침입 소식이 전해졌다. 태자 이건성과 이원길은 이때가 이세민의 군사력을 분산시킬 절호의 기회라고 생각했다. 이건성은 고조 이연에게 이원길을 수장으로 삼아 진왕부의 군사를 이끌고 돌궐을 정벌할 것을 진언했다. 이원길을 통병원사(統兵元師)로 추천하여 돌궐군을 막는 병사들을 지원하라고 권했는데, 조정에서는 이를 받아들였다. 그런데 사실 이들의 목적은 이원길의 지휘권을 이용해서 울지경덕, 진경 등 진왕부의 사람들을 참전시키는 것이었다. 전시에 총지휘관이 이들의 목을 베는 일은 아주 간단한 일이었다. 핑계를 만들면 울지경덕과 진경 등 이세민 측 장수들을 제거할 절호의 기회였던 것이다.

그런데 이 계획은 이세민 일파의 귀에 흘러 들어갔다. 이에 이세민은 격렬하게 반발했다. 당시 방현령과 두여회는 조정의 신하였기에 이 모임에 참석할 수 없었다. 대신 장손무기가 중심이 되어 무력을 써서 단호하게 일어나자고 설득했다. 울지경덕은 고심하던 이세민을 향해 "대왕께서 신의 말을 듣지 않는다면 더 이상 저도 대왕 곁에 머물 수 없습니다. 대왕께서는 지켜보기나 하십시오!"라는 충언을 했다. 그때야 이세민은 결심하고 자신의 칼을 울지경덕에게 주면서 내가 오지 않을 경우, 자신을 베어버리라는 말과 함께 방현령과 두여회를 불러들이라는 명령을 내렸다.

한편, 태자 이건성은 황제 이연을 섬기는 중신들과 궁녀들을 포섭하여 고조 이연에게 자신의 장점과 인덕(仁德)을 칭송하게 하고 이세민이 음모를 꾀하고 있다는 참소의 말을 퍼뜨리게 했다. 제왕 이원길도 이세민이 모반할 궁리를 하고 있으니 빨리 처벌해야 한다고 거짓 고자질을 했다. 고조 이연은 이 같은 참소의 말을 믿고 이세민을 처벌할 뜻을 굳혔으나 진숙달(陳叔達)이 "이세민은 천하에 큰 공이 있으므로 처벌해서는 안 됩니다."라고 간하여 생각을 바꾸고 머뭇거리고 있었다.

한편 진왕 이세민도 가만히 앉아만 있지는 않았다. 이세민은 많은 사람을 시켜 태자와 이원길의 움직임을 하나하나 감시하고 있었다.

이세민은 그동안 태자의 심복으로 인정되었던 현무문(玄武門)의 수비대장 상하(常何)를 매수하여 자기편으로 끌어들였다. 당초 이세민은 사태의 추이를 더 지켜볼 작정이었으나 그의 심복 장손무기(長孫無忌)와 방현령, 두여회, 울지경덕 등이 모여 대책을 상의한 끝에 먼저 공격하여 이건성과 이원길을 없애자는 데 의견을 모았다.

"적의 행동을 앉아서 기다리는 것보다 선수를 쳐야 합니다."

그들의 계획은, 고조 이연이 부른다고 꾸며 이건성과 이원길을 궁으로 불러들인 뒤 모두 주살하는 것이었다. 이세민은 우선 고조 이연을 알현하고 긴급 상황을 보고했다. "형인 태자 이건성과 동생 이원길이 후궁들과 결탁하여 신을 죽일 음모를 꾸미고 있습니다. 신은 형제에게 추호도 잘못한 일이 없사온데 이제 신을 죽이려 하오니 이것은 마치 내가 죽인 왕세충과 두건덕을 위하여 원수를 갚아주는 것과 같습니다. 신이 죄없이 죽어 지하로 돌아가 왕세충과 두건덕을 만나면 그들은 조롱하며 비웃을 것입니다. 이 얼마나 당나라를 위하여 부끄러운 일입니까."

이세민의 보고를 받은 고조 이연은 아연실색했다. 그는 너무나도 충격적인 보고에 어쩔 줄을 몰랐다.

"물러가도록 하라. 내일 아침 두 사람을 불러 이 문제를 밝히겠노라."

고조 이연은 다음 날 아침 두 아들을 불러 형제간에 우애 있게 지낼 것을 엄히 훈계할 작정이었다. 그러나 이세민의 의도는, 이건성과 이원길을 고조가 거처하는 대명궁(大明宮)으로 불러들이려는 책략이었다. 고조의 부름이 있을 때에는 반드시 입궐하지 않으면 안 되기 때문이었다.

626년 6월 4일 새벽, 이세민은 장손무기, 울지경덕과 함께 수하 부대를 이끌고 장안성 태극궁(太極宮)의 북문인 현무문(玄武門)에 매복했다. 현무문은 황궁을 출입할 때 반드시 통과해야 하는 문으로, 이미 현무문의 수비대장인 상하(常何)를 매수한 상태였다. 그는 원래 이건성의 측근이었으나 이세민에게 매수당했다.

태자 이건성과 이원길은 고조 이연의 부름을 받고 입궐해 현무문에 당도했다. 그들은 이세민과 한창 암투 중이었기 때문에 2천 명의 호위무사들을 대동했으나 황제가 있는 궁까지 군사를 대동할 수는 없었다. 두 사람은 수비대장 상하가 있는 한 안전하다고 생각하여 비무장으로 입궐했다. 현무문을 지나 임호전에 다다랐을 때 이세민과 그의 부하들이 나타났다. 이세민은 말을 달려 도망치는 태자 이건성에게 활을 쏘아 죽였고, 이원길에게도 활을 쏘았으나 비껴 나갔다. 이원길도 마주 활을 쏘아댔으나 당황하여 화살은 허공으로 날아갈 뿐 하나도 명중되지 않았다. 이원길은 부상을 당하면서까지 필사적으로 싸웠지만, 결국 울지경덕의 손에 무참히 살해되고 말았다.

태자 이건성에게는 다섯 명의 아들이 있었다. 이세민은 후환을 없애기 위해 피를 본 김에 이들까지 모두 죽였다. 이원길도 겨우 24세였지만 이미 다섯 명의 아들을 두고 있었다. 그들 역시 한 사람도 남지 않고 모두 죽임을 당했다. 이세민은 이건성과 이원길의 호위 부대도 모두 진압한 뒤 울지경덕을 시켜 고조 이연에게 상황을 거짓으로 보고하도록 했다.

상황이 종료된 후 혈전을 벌였던 울지경덕은 몸에 피칠갑을 한 그대로 고조 이연에게 달려갔다. 마침 연못에 배를 띄우고 구경하고 있던 그는 깜짝 놀라 누가 반란을 일으켰냐고 질문했다.

"태자와 제왕(齊王)이 모반을 꾀했으나 진왕(秦王)이 이들을 모두 죽여 진압했습니다. 진왕은 황제께서 놀라실 것을 우려해 저를 보내 어좌를 보존하라 하셨습니다."

사태를 눈치챈 이연은 곧 이세민에게 병권을 넘겨주었다. 이 사건을 '현무문의 변'이라고 역사는 기록하고 있다. 이세민은 동생 이원길의 처마저 자신의 후궁으로 들였다. 이세민은 결과적으로는 사실상 역사의 명군(明君)이 되지만 스스로 문제를 만든 제왕(帝王)으로 역사에 이름을 남겼다.

당 태종 이세민

현무문의 변이 있은 지 사흘 후, 고조 이연은 진왕 이세민을 태자로 세우고 두 달 뒤 퇴위했다. 이세민은 동궁인 현덕전(顯德殿)에서 황제의 위에 올라 태종(太宗)이 되었다. 이때 고조의 나이 62세, 태종의 나이 28세였다. 퇴위하여 태상황이 된 고조 이연은 이세민을 위하여 특별히 지었던 홍의궁을 대안궁(大安宮)으로 개칭하고 그곳으로 거처를 옮겼다.

'현무문의 변'은 결코 우발적인 사건이 아니었다. 그것은 당 왕조 초기 지배 집단 내부의 분열 위기를 일단 피하고 상대적인 통일과 안정이라는 새로운 국면을 창출하는 계기가 되었다. 권력을 얻기 위해서 형제간의 살상도 불사하는 잔인하고도 권력 지향적 인물이 아이러니하게 실질적으로 대당 제국의 위대한 기초를 쌓아올린 것이다. 이 사건은 그로부터 수백 년 후 조선조 초기 태종 이방원에 의해 비슷한 형태로 반복되니 역사란 참 공교롭다는 느낌을 갖게 한다.

제23강

당 태종 이세민과 정관의 치

당 태종 이세민(李世民, 598~649)

당 태종(太宗) 이세민은 제2대 황제이다. 626년부터 649년까지 22년 10개월 동안 제위에 있었으며 연호는 정관(貞觀)이다. 당나라 번영의 기초를 닦은 황제이며 휘는 이세민(李世民)이다.

진왕의 이름을 '세민(世民)'이라고 지은 데는 다음과 같은 이야기가 전한다. 이세민이 네 살 때의 일이다. 어떤 서생이 이세민의 상을 보고 이렇게 말하고 떠났다.

"용봉(龍鳳) 같은 높은 기품에 태양같이 귀한 상이다. 관례(冠禮, 20세)를 올릴 나이쯤 되면 반드시 세상을 구제하고 백성을 편안히 할 것이다.(濟世安民)"

이 말을 들은 고조가 사람을 시켜 그 서생을 뒤쫓게 했으나 만나지 못했다. 그래서 고조는 '제세안민(濟世安民)'이라는 말에서 '세민(世民)'이라는 두 글자를 따 이름을 지었다고 한다. 하지만 세(世)와 민(民)이 모두 일상에서 매우 많이 쓰이는 상용 한자였기 때문에 엄청나게 많은 피휘(避諱) 문제가 걸리게 되었다. 피휘란 유교 문화권에서 임금이나 존귀한 사람의 이름을 직접 부르거나 쓰는 것을 피하는 제도를 말한다. 왕세충과 이세적의 경우 이름 자 중 세(世)를 공란으로 만들었으며, 절세(絶世) 가인도 절대(絶代) 가인이 되었다. 관세음보살도 관음보살이 되었으니 피휘의 피해자라고 할 수 있다. 당나라 6부 중 민부가 호(戶)부가 되었으니 조선 시대 6조의 호조(戶曹)로 이어지는 이름이 여기서 비롯되었다. 그 외 수많은 '세(世)'를 쓰는 단어도 '대(代)'로 고쳐졌으니 당의 멸망 이후 세(世)를 주로 대체했던 대(代)라는 말과 합쳐져 세대(世代)가 되었다. 이렇듯 이세민의 경우는 피휘의 대표적 사례로 꼽힌다. 이후 후대 왕들은 아예 자손들의 이름자를 희(稀) 자나 벽(闢) 자를 쓰는 관행이 생길 정도였다.

이세민은 598년 1월 28일, 수 문제의 개황(開皇) 18년에 섬서(陝西)의 무공(武功) 지역에서 태어났다. 용이 그 주변을 맴돌았다, 점쟁이가 태어난 지 얼마 되지 않은 이세민의 얼굴을 보고 "귀인이다"라고 말했다는 등의 영웅 탄생담이 그에게도 덧붙여졌다. 특이한 것은, 보통 이런 이야기는 개국 군주의 일대기에서 나오는 법인데, 당 태종의 이야기에 이런 스토리가 더해졌다는 점이다. 그만큼 이세민이 당나라 개국에 많은 공을 세웠다는 방증으로 볼 수 있다.

어린 시절 이세민의 행적에 대해서는 별다른 기록이 없지만, 훗날 당 태종이 된 이세민은 위징(魏徵)에게 "내가 공부를 안 하고 싸우는 기술만 익혀서 황제 노릇하기가 힘들다."라는 말을 했다고 하니 어린 시절에는 개구쟁이였던 모양이다. 도박이나 무리 지어 다니기를 좋아했다는 이야기도 있는 것으로 보아 책보다는 칼을 많이 다루었던 듯하다. 결과적으로 이러한 성장 과정은 그가 권력을 잡는 데 도움이 되었다. 거리를 다니면서 얼굴을 익히며 민심과 세력을 파악했고, 칼을 잡으며 익힌 무예와 기술들은 전장에서 활약하는 데 영향을 미쳤던 것이다.

정관(貞觀)의 치(治)

태종 이세민은 형과 동생은 물론 그 가솔들까지 학살했다. 그러나 그 후에는 그 일파의 죄를 묻지 않겠다고 선언했다. 그러나 이 선언은 잘 지켜지지 않았다. 지방의 당 태종 일파가 기회를 틈타 눈엣가시이던 이건성 쪽 사람을 제거하거나 탄압했다. 태종을 따라 왕세충 등을 토벌하는 데 큰 공을 세웠던 장수 왕군곽(王君廓)은 고조 이연의 사촌이자 이건성 일파인 유주 대도독 이원을 선동해서 반란을 일으키게 하고, 왕군곽 스스로 반란을 진압하여 유주자사에 임명되기도 했다.

태종 이세민이 양위를 거쳐 즉위한 것은 무덕 9년(626년) 8월이었다. 그런데 같은 달 돌궐의 돌리가한과 힐리가한이 장안 근처 무공까지 10여만의 군사를 거느리고 진격해 왔다. 태종이 즉위하고 겨우 12일 만이었다. 무공은 장안에서 70킬로미터 정도밖에 떨어져 있지 않았다. 태종 이세민은 기마병 6기를 거느리고 와서 협정 위반이라고 항의했고, 태종 뒤로 제군들이 따라온 것을 보고 힐리가한은 황송해하며 위수(渭水)에서 백마를 참해 맹약을 맺었다.

이때의 일을 용비어천가(龍飛御天歌) 35장은 이렇게 노래하고 있다.

> 형차경모(詗此京耗) 경기독예(輕騎獨詣) 유피경적(維彼勍敵) 수능퇴지(遂能退之)
> 서울 기별을 알(고 쳐들어 왔)기에 홀로 나아가서 모진 도적을 물리쳤습니다.

그러나 이런 공식 기록과는 달리 당나라에서는 훗날 위수에서의 맹약을 굴욕적인 일로 기억했다. 이후 당군이 이정을 장군으로 삼아 원정군을 보내 돌궐을 격파했을 때 《구당서(舊唐書)》 〈이정전>에서는 태종이 이정의 전공을 치하하며 다음과 같이 말했다고 전한다.

"위세가 북적(北狄)에 떨치기는 고금에 없던 일로, 왕년 위수의 싸움을 갚기에 족하다."

'위수의 싸움'을 갚았다고 표현한 것은 그것이 패전이거나 굴욕적인 강화였음을 암시했다. 《신당서(新唐書)》에서도 위수의 치욕을 씻기에 족하다며 한층 더 분명하게 적고 있다. 위수에서의 맹약은 당에게, 그리고 즉위한 지 얼마 안 된 태종에게 굴욕적인 강화였으며 치욕이었다. 다만 3년 뒤인 정관 3년(629년)에 당은 이미 돌리가한을 항복시켜 그 치욕을 씻었으니 저력은 대단하다고 할 만하다.

이런 혼란 속에서 이세민이 해야 할 일은 민심을 얻는 일이었다. 민심을 얻기 위해서는 여론을 호의적으로 만들 필요가 있었다. 이를 위해 이세민은 세 가지 조치를 취했다.

맨 처음 취한 조치는 환속 중지였다. 당시 당나라는 정부 정책으로 불교와 도교의 절, 사원들 대부분을 철거하고 도사와 승려를 환속시키는 정책을 취하고 있었다. 이는 사회에 부정부패가 만연하고 사이비 종교가 창궐하여 폐단을 방지하기 위한 조치였던 만큼 정책 자체는 나쁘다고 볼 수 없었다. 하지만 승려와 도사의 수가 각각 20만을 훌쩍 넘는 엄청난 수였으므로 반발이 없을 수 없었다. 태종 이세민은 즉위와 동시에 이런 신자들에게 다시 제집을 찾아주게 하여 일단 민심의 동요를 막았다.

두 번째 조치는 계급이나 서열을 크게 따지지 않고, 의견이 있는 신하들은 모두 상소로 정책을 올리도록 했다. 이것은 모든 관료에게 기회를 주는 것으로, 황제의 눈에 들 기회가 생긴 관료들의 여론은 단기간에 좋아졌다. 정관(貞觀) 3년(629) 6월, 이미 즉위 3년 차인 태종 이세민은 간부 관료들에게 정견 논문을 제출하도록 명했다. 정4품 중랑장으로 승진했으나 가방끈이 짧아 학식이 없었던 수비대장 상하는 난처하여 식객으로 있는 마주에게 자기 대신 논문을 쓰게 하여 제출했다. 너무나 훌륭한 논문이었으므로 태종이 이상하게 생각하여 사실을 캐물었더니 상하가 자백했다.

"그 논문은, 사실은 신이 쓴 것이 아니옵고 신의 식객 마주가 쓴 것이옵니다."

태종은 마주를 불러 실력을 시험한 후 벼슬을 주었다. 상하도 유능한 인재를 추천했다 하여 비단 3백 필을 하사받았다.

세 번째 조치는, 3,000명이나 되는 궁녀들에게 자유를 주고 풀어준 일이었다. 이러한 조치들은 민심을 얻기 위한 태종 이세민의 노력이었다. 그러나 무엇보다 중요한 과제는 과거 이건성의 일파였던 사람들의 지지를 얻는 일이었다. 태종 이세민은 앞서 말한 것처럼 이건성과 이원길 일파에 대해 더 이상의 죄를 묻지 않겠다고 선언했다. 그리고 거기서 끝내지 않고, 보다 적극적으로 그 일파들을 끌어안으려고 했다. 태종이 이건성 일파에 대해 포용과 화합을 내세우는 중심에는 위징(魏徵)이 있었다. 위징은 이건성 일파를 대표하는 사람이었다. 위징을 기용함으로써 이건성 일파와 통합과 안정의 바탕을 마련할 수 있었다.

다음은 태자 이건성의 책사 위징에 얽힌 이야기이다. '현무문의 변'이 있은 후 이세민은 위징을 불러내어 질책했다.

"너는 우리 형제를 이간시킨 자렷다. 무엇 때문에 그런 짓을 했느냐?"

위징은 주눅 들지 않고 당당한 태도로 대답했다.

"이건성 황태자께서 만약 제 말에 따랐더라면 오늘과 같은 화는 절대 없었을 것입니다."

여기서 '제 말'이란, 태자 이건성에게 '이세민을 죽여야 한다'고 했던 그 말이었다. 패자(敗者)로서 이 같은 발언을 한다는 것은 보통 사람으로는 불가능한 일이었다. 위징은 이 같은 말을 입에 담은 이상 죽음을 각오했음이 분명했다. 죽음을 두려워하지 않고 소신대로 말할 수 있는 용기, 그것은 결코 쉬운 일이 아니다. 태종 이세민은 그런 위징에게서 오히려 매력을 느꼈다. 이세민은 위징을 국사(國師)로 인정하여 죄를 묻지 않고 등용했고, 이에 감명받은 위징은 그 은혜에 보답하기 위해 태종 이세민에게 충성을 다했다. 태종 이세민은 위징을 하북으로 보냈고, 위징은 그곳에서 별 무리 없이 이건성의 사람들을 통제하여 현재 태종의 체제에 복속되도록 도왔다. 그는 중용되어 명재상이 되며, 신료들 중 가장 높은 직위인 승상에까지 올랐다.

태종은 최선의 선정을 통해서 혼란을 극복하고자 했다. 균전제(均田制)를 실시해서 농민들에게 토지를 고르게 분배하고 조용조(租庸調)의 조세 제도를 확립했다. 토지를 분배받은 농민들은 수확물의 9분의 1과 1년 중 20일에 해당하는 노동력, 그리고 지역 특산물을 납부하는 것으로 모든 조세를 해결할 수 있게 되었다. 이러한 일련의 조치들은 정관율령(貞觀律令)이라는 이름의 명문으로 공포되었다. 목표는 백성들의 세금과 부역을 가볍게 하는 것이었다. 또한 군사 제도를 징병 제도로 전환하고 수 양제 시절 폐지되었던 과거 제도도 부활시켰다.

즉위 두 달째, 위징과 봉덕이를 부른 태종은 그들과 대화를 나누었고, 현재의 세상이 아직 어지럽다는 것에 의견을 모았다. 봉덕이의 주장은 강하게 나아가야 한다는 것이었고, 위징은 부드러운 국정 운영을 주장했다. 위징은 이렇게 말했다.

"세상이 어지러우면 다스리기가 힘들다고 하는데, 그렇지도 않습니다. 오히려 굶주린 자가 음식을 먹으면 금방 배 부르듯이 오히려 더 쉽기도 하지요."

일단 정책이 결정되자 그에 따라서 많은 일이 처리되었다. 우선 너무 많은 관리들을 정리하고, 조직을 간소화했다. 많은 현과 주를 통폐합했는데, 너무 세부적으로 분할되면 백성들이 받는 고통이 많아진다는 것이 이유였다. 그리고 의창(義倉) 제도를 실시해 식량을 비축해두고 빈민 구제에 사용했다. 흉년이 들면 창고를 열어 백성들에게 나누어 주었다. 또한 사형을 극단적으로 줄였다. 오부주(五復奏)와 삼부주(三復奏) 제도를 실시해 사형 판결을 받은 사람은 상소를 다섯 번, 혹은 지역에 따라 세 번까지 상소할 수 있게 했다. 이 과정만으로도 사형을 당하는 사람들이 줄어들었다. 동시에 사형 집행을 할 수 있는 날짜도 극단적으로 줄였다. 입춘부터 추분까지 사형을 금지시켰고, 그 외의 날도 제사가 있다, 초하루다, 상하현이다, 휴일이다, 밤이다 해서 사형을 금지시키니 사형 집행 날짜는 극히 제한되었다. 사형 집행이 미뤄지다 보면 다시 대사면이다 해서 사형수의 형이 감형되거나 풀려나기도 했는데, 정관 4년의 기록을 보면 중국 전역에서 사형당한 사람은 29명이었다. 또한 소소하게 곤장을 칠 때도 등 대신 허벅지를 치도록 조치하는가 하면, 사형 대신 오른발을 잘라버리는 제도도 귀양을 보내는 것으로 바꾸었다.

당 태종은 언제든지 신하들이 자신에게 직언할 수 있도록 했다. 이에 따라 신하들은 당 태종을 괴롭히는 수준으로 간언했는데, 그중 제일 거침없었던 사람이 위징이었다. 위징을 일컬어 '감히 간언했고 능히 간언했으며 훌륭히 간언했다.'라고 평가하는데, 위징은 태종 앞에서 거리낌 없는 비판을 하고도 얼굴색 한번 바꾸지도 않았다. 무슨 정책을 내려도 옳지 않다고 생각하면 세 번이고 네 번이고 저지했다고 한다. 그외에도 수많은 사람이 태종에게 간언하여 무슨 일이든 하려고 하면 항상 대신들이 수(隋)나라를 예로 들며 말렸다. 참다 못한 당 태종이 불만을 토로하기도 했다.

"내가 수 양제보다 못하다고 하는데… 그러면 하나라 걸왕이나 상나라 주왕하고 비교하면 어떤가?"

"국가에서 단 한 사람에게도 일을 시키지 않고, 단 한 푼의 세금도 거둬들이지 않아야 만족을 하겠군!"

물론 끊임없는 간언과 비판으로 스트레스를 받았지만, 이렇게 되도록 분위기를 만든 당사자가 바로 자신이었기에 태종은 감내할 수밖에 없었다. 바로 그 점이 당 태종을 성군으로 만든 비결이었다.

가끔씩 분노를 주체할 수 없는 순간도 있었지만, 이럴 때마다 당 태종을 제어한 사람은 장손황후(長孫皇后)였다. 태종의 부인인 장손황후(문덕황후 장손씨)는 후궁을 완전히 장악했고, 악랄함이나 시기 질투가 아닌 감싸고 포용하는 태도로 문제를 해결해 나갔다. 장손황후는 후궁들이 아프면 약을 주고, 그들이 낳은 아이는 자기 아이처럼 아끼고 사랑해 주었다. 이에 후궁들은 감동하여 암투는 사라졌고, 태종은 오로지 정치 업무에 전념할 수 있었다.

그뿐만이 아니라 장손황후는 실제로 태종을 제어하기도 했다. 어느 날 태종이 위징과 대화하다 몹시 분노하여 자리를 박차고 나와 궁으로 돌아가 버렸다. 돌아와서도 분을 삭이지 못한 태종을 보고 황후가 묻자 태종은 매우 화를 내며 말했다.

"그 시골뜨기 촌놈 위징 말이오. 내가 하려는 일마다 사사건건 반대를 해대니 언젠가는 그 늙은이를 죽여 버려야지!"

그러자 황후는 축하연에서나 입는 예복(禮服)을 입고 나와 태종에게 절을 했다. 태종이 놀라며 "아니, 왜 그러시오?" 하니 장손황후가 "전부터 위징이라는 사람에 대해서 들었습니다. 그렇게 충언하는 사람이 있다면 폐하와 나라를 위해 정말 기쁜 일이 아닙니까! 그래서 이 옷을 입었습니다."라고 답했다. 그 말을 들은 태종은 껄껄 웃으면서 화를 풀었고, 황후는 위징에게 상을 내렸다고 한다.

또한 장손황후는 외척의 개입을 막았다. 장손무기는 태종의 가장 친한 친구였는데, 황후가 외척인 장손씨가 정치에 개입하는 것을 거의 차단해버려 조정에 나아갈 수 없었다. 그는 장손황후(문덕황후)가 죽고 나서야 조정 전면에 나설 수 있었다.

평소 장손황후는 태종이 화를 내면 덩달아서 "그렇군요. 정말 나쁜 사람이군요."라며 맞장구를 쳤다가 태종의 화가 누그러지면 천천히 변호하면서 지적했다. 그러나 훌륭한 아내였던 장손황후는 40세가 되기 전에 요절하고 말았는데, 유언은 이러했다고 한다.

"방현령은 뛰어난 신하입니다. 중용하시지요. 그리고 외척을 중용하지 마세요. 제 장례는 간소하게 치러주십시오."

황후가 세상을 떠나자 태종도 매우 애통해했다. 슬퍼하는 태종에게 궁녀들이 하나의 책을 가져다주었다.

"평소에 황후께서 아녀자들의 정치 참여에 대한 득과 실을 모아 책을 쓰셨습니다. 글재주에 자신이 없다고 하시어 보여드리지 못했지요."

이 책은 아마도 조선조의 인수대비가 쓴 《내훈(內訓)》이란 책의 원형으로 보인다. 형제를 죽인 냉혹한 당 태종도 그 책장을 넘기는 순간에는 울음을 참지 못했다고 한다. 당 태종은 궁궐 내에 탑을 세우고 틈만 나면 그 자리에 올라가 황후의 무덤을 바라보았다. 그러자 위징이 말했다.

"어느 쪽을 바라보십니까?"

태종은 황후의 무덤인 소릉을 가리켰다.

"저기외다."

"아, 그러십니까? 전 폐하께서 선제의 무덤인 헌릉을 바라보시는 줄 알았지요."

이 와중에도 위징은 '황제가 아버지를 그리워하지 않고 죽은 자기 여인만을 그리워한다'고 비판한 것이다. 이 말을 들은 태종은 신하들 앞에서 크게 운 뒤 눈물이 멈추자마자 탑을 부수었다고 한다. 이렇게 위징은 간언하고, 장손황후는 태종의 심기를 헤아렸다. 한편 실무에서는 방현령과 두여회가 많은 관료를 감축하고 재정을 정비하여 국고를 풍족하게 하는 데 전력을 다했다.

대외 전쟁에서도 당 태종의 통치는 순조롭게 일이 풀려나갔다. 태종의 가장 뛰어난 장수였던 이정은 철륵의 설연타 등과 손을 잡고 동돌궐의 힐리가한(頡利可汗)을 굴복시키며(630년, 정관 4년) 몽골 고원을 제압했다. 이에 당나라의 위세에 압도된 유목민 집단들은 태종을 유목 세계의 패자라는 뜻을 지닌 천가한(天可汗=텡그리카간)으로 추대했다. 돌궐 패망과 함께 그간 돌궐의 세력에 예속되어 있던 철륵, 거란, 해, 습(霫) 등 몽골과 동부 내몽골의 홍안령 기슭 일대에 거주하던 유목 민족들이 당나라에 투항했다. 이로써 태종은 과거 힐리가한이 장안에 침공해 위수에서 굴욕적인 맹약을 체결했던 치욕을 씻고, 중원(천자)과 초원(가한) 양쪽 모두의 지배자가 되었다.

또한 640년에는 후군집과 소정방이 서돌궐에 복종했던 고창국(투루판)을 멸망시켰다. 당 태종은 위징(魏徵) 등의 반대를 뿌리치고, 그곳을 주현(안서도호부)으로 편제하여 당 조정이 직접 지배하는 영역으로 삼았다. 고창국 멸망은 곧 당의 북부와 서부에 있던 세력들이 모두 당에 복속되었음을 의미했다. 유목 민족이 농경 민족인 중국을 정복하는 경우는 많이 있었지만, 농경 민족이 유목 민족을 정복한 경우는 한 무제 시절 위청과 곽거병 이래 거의 유일했다. 이로써 당나라는 서쪽의 실크로드를 완전히 장악했다. 게다가 이정의 당군은 티베트 고원 북편 경사면에 있던 토욕혼을 격파했고, 그 후 635년에 토번(티베트)이 토욕혼을 정복했다. 한편 서남의 티베트 방면에 대해서도, 당은 641년 공주를 하가(下嫁)하는 등 회유책을 써서 안정을 꾀했다. 이제 동으로 황해 바다에 이르고, 서로는 언기(焉耆), 북으로는 사막, 남으로는 임읍(林邑)에 이르는 지역이 모두 당 제국의 주현으로 편제되었다. 당은 무릇 동서 9천5백10리, 남북 1만9백19리에 달하는 대제국을 구축하게 되었다. 이제 당과 국경을 접하고 있는 나라들 가운데 당에 대적할 수 있는 정도의 나라는 오직 고구려만 남게 되었다.

정관 17년인 643년, 그동안 무려 200번이 넘는 간언을 올리면서 고집 센 황제와 말 많은 신하들 사이에서 균형을 잡아 주었던 위징이 죽자 태종 이세민의 제어 장치도 사라지게 되었다. 그러자 기다렸다는 듯이 두 가지 중대한 사건이 연이어 발생했다. 하나는 두 번째 '왕자의 난'이 될 뻔했던 황태자의 반역 모의이며, 다른 하나는 무리하게 고구려 원정을 결정한 것이었다.

당 태종에게는 모두 14명의 왕자가 있었다. 정비 장손황후(長孫皇后)의 소생은 장남 승건(承乾), 넷째 태(泰), 아홉째 치(治), 셋이었다. 이들 중에서 장남 승건은 여덟 살 때 황태자로 책봉되었으나 다리를 약간 절었던 탓인지 성격적으로 문제가 있었고, 무엇보다도 동성애자였다. 승건이 이세민의 신임을 잃어 가면서 반대로 학문에 재능을 보인 태가 주목을 받게 되자 형제간의 대립이 일어났다. 상황은 현무문 정변이 일어나기 직전과 거의 비슷했으니 당 태종의 입장에서는 인과응보였던 셈이다. 승건은 상황이 자신에게 점차 불리하게 돌아가자 정변을 일으켜 아버지와 형제들을 살해하고자 했다. 이 음모는 사전에 발각되어 승건은 유배되었고, 측근들은 모두 처형되었다. 그렇지만 일단 태자로 책봉되었던 이태도 최종적으로 승리하지는 못했다. 당 태종이 그의 비열하고 위선적인 성격을 파악하게 된 것이다.

태종은 고심 끝에 황태자를 다시 한 번 폐하고 아홉째 아들 이치를 후계자로 선택했다. 그는 선량하다는 점을 제외하면 특별한 재능을 타고나지 못한 데다 성격까지 나약한 열다섯 살의 소년이었다. 당 태종은 이치를 선택한 이유를 다음과 같이 밝혔다.

"이태가 황제가 되면 이승건과 이치는 모두 죽을 것이고, 이치가 된다면 이승건과 이태는 최소한 살아남을 수는 있을 것이다."

고구려 원정

두 번째 왕자의 난이 불발된 그 해에 당 태종은 고구려 원정을 결정했다. 고구려 정벌은 단순히 연개소문이 괘씸해서라는 이유뿐만 아니라 내부적인 갈등을 외부로 돌리려는 태종의 정치적인 의도도 담겨 있었다. 고구려 정벌을 반대하는 신하들이 상당히 많았으나 당 태종은 연개소문의 쿠데타와 신라를 괴롭히는 고구려의 침략을 전쟁의 이유로 삼았다. 중국 쪽 기록을 보면 이런 내용이 있다.

> 太宗顧謂侍臣曰, "莫離支賊弑其主, 盡殺大臣, 用刑有同坑穽, 百姓轉動輒死, 怨痛在心, 道路以目. 夫出師弔伐, 須有其名, 因其弑君虐下, 敗之甚易也."
>
> 태종은 시신(侍臣)들을 돌아보며 "막리지(연개소문)는 그의 군주를 시해하고 대신을 다 죽였으며, 형법을 쓰는 게 함정과 같아서 백성을 움직이는 대로 죽이므로 원한이 가슴에 사무치어 길가에서도 눈짓을 한다. 무릇 군사를 일으켜 (백성을) 위로하고 (죄인을) 치기 위해서는 모름지기 명분이 있어야 하는데, 그가 임금을 시해하고 아랫사람을 학살한 구실을 내세운다면 무너뜨리기가 매우 쉬울 것이다."라고 말했다.

태종은 많은 신하의 반대를 묵살하고 다음 해에 수십만의 병력과 500척이 넘는 선박을 동원해서 대대적인 고구려 침공을 강행했으나 결과는 수 양제의 경우와 마찬가지로 대실패로 끝났다. 정관 19년인 645년, 당나라의 대군은 안시성에서 치명적인 패배를 당해 10만이 넘는 전사자를 기록하고 한겨울에 퇴각해야만 했다. 이 원정의 실패는 당 태종에게 정신적, 육체적인 타격을 가했다. 이후에 그는 병석에 눕는 날이 많아졌으며 초심을 잃고 점차 사치와 향락에 빠져들었다. 크게 무너진 자존심이 문제였을 것이다.

태종은 고구려에 설욕하기 위해 647년과 648년 두 차례 더 원정을 했지만 그때마다 초전에서 패퇴하자 결국 포기하고 고구려와의 화해를 모색했다. 태종은 돌궐 정복에 성공한 전무후무한 전쟁 영웅으로 유명했으나 신성, 건안성, 특히 안시성을 필두로 하는 고구려의 요동 방어선 공략에 실패하면서 원정은 결국 당의 패배로 끝나게 되었다. 그 때문에 고당 전쟁에 관한 야사나 설화가 많이 남아 있을 정도로 중국인들에게는 큰 인상을 남겼다.

태종이 안시성에서 안시 성주의 화살에 한 눈을 잃어 애꾸가 되었다는 야사(野史)라든지, 안시성 전투 이후 연개소문이 역으로 추격해오자 태종이 우물에 몸을 숨겼고, 마침 거미가 입구에 거미줄을 쳐 고구려군의 눈을 속였다는 전설이 전해진다. 그 보답으로 태종이 우물 위에 탑을 세웠다는 전설도 전하는데, 이 이야기는 오히려 한국보다 중국에서 더 널리 알려져 경극으로 전승되기도 했다.

수나라와는 달리 당나라는 초창기 여러 전투에서 승리했고, 10여 개의 성을 함락시키기도 하는 등 고구려에게 타격을 입혔다. 그러나 전쟁의 목적을 성취하지 못하고 함락한 성도 건사하지 못한 채 빈손으로 귀환하다시피 했다. 제1차 고당 전쟁의 경우, 당나라는 요동성을 함락시켰으나 고구려 요동 방어선을 넘지 못했다. 당나라는 돌파구를 찾으려 계속 신성, 건안성, 안시성 등을 공격했으나 공략에 실패하고 만다. 이런 점으로 볼 때 수나라보다 낫다고 단언하기 어렵다. 특히, 전쟁 초기 요동으로 가는 길목인 요하 남쪽의 늪지대 요택을 도하하면서 고구려 정복 의지를 불태우기 위해 도하 장비를 태워버렸던 것이 큰 악재로 남았다. 안시성에서 이민족을 함께 정벌했던 정예 병사들을 많이 잃었을 뿐만 아니라 퇴군을 하려면 또다시 요택을 건너야 하는 데, 태워버린 도하 장비를 다시 만드는 과정에서 보급이 끊어져 수많은 병사가 동사하거나 굶어 죽었고, 태종 본인도 한겨울에 흙으로 길을 다시 메우고 수레를 손수 밀다가 등창에 걸려 죽을 고비를 넘겼다는 기록도 있다. 살아 돌아온 이는 극히 소수였다고 한다. 이것만으로도 천책상장 태종의 개인적 입장에서는 비참하기 그지없는 상황인 것은 분명했다.

고구려 원정을 반대했던 위징의 주장을 회고하면서 당 태종은 "위징이 살아 있었다면 나에게 어찌 이런 일이 일어났겠는가?(魏征若在, 不使我有是行也)"라며 크게 후회하기도 했다. 장안으로 돌아와 죽은 병사들을 위한 제사를 올릴 때 태종이 곡을 하니 신하들도 슬피 울었고, 백성들은 자신의 죽은 자식을 위해 울어주는 황제를 더 이상 원망하지 않았다는 기록이 있다.

요동성을 공격할 때 직접 흙을 퍼나른 것은 그를 미화하는 수사로 보이나 요택에서 몸소 풀을 베고 흙을 나르는 행위에서는 당군의 위급한 퇴각 상황이 드러나기도 한다. 당시 고구려 연개소문이 당나라 후방의 설연타를 움직여 수도권인 관중을 노리는 상황이었기 때문에 당군은 긴급하게 퇴각할 수밖에 없는 상황이었다.

고구려도 내몽골 일대로 전장을 옮겨 당나라를 견제함으로써 당군의 소모전에 대응했고, 당이 백제를 멸망시키고 야심차게 준비한 결정타는 연개소문이 괴력을 발휘하여 격파했다. 이런 만전의 전략으로도 뚫지 못한 고구려의 문을 연 것은 아이러니하게도 당 태종의 아들 고종, 그리고 연개소문의 아들들이었다.

어쨌든 태종은 황태자 이승건을 폐위한 후 정신적으로 힘든 와중에 먼 원정으로 체력을 많이 소비했고, 거기다 고구려 원정 패배라는 충격으로 정신적으로 피폐해지면서 건강이 급속도로 악화되었다. 이후 회복을 위해 단약에 의존하다가 단약 중독으로 사망하게 되었다.

한편 태종이 안시성 전투에서 양만춘의 화살에 한쪽 눈을 잃었다는 야사가 있는데, 정사에는 등장하지 않는다. 다만 《자치통감》에 따르면 당 태종은 "다시는 요하를 넘지 말라." 또는 "요동을 공격하는 것을 그만두어라"라고 유언했다고 한다. 그러나 《구당서》, 《신당서》의 기록에 따르면 태종은 죽기 직전까지 고구려 재정벌을 준비하고 있었다. 또한, 당 태종의 유지를 받든 당 고종은 고구려 정벌에 적극적인 모습을 보였다. 이런 점들을 생각한다면 고구려를 공격하지 말라는 뜻이라기보다는 천책상장이라 불릴 정도로 군사적 재능이 뛰어난 당 태종 자신에게 맞춘 원정 계획은 중단하고, 당 고종에게 맞는 전략을 다시 수립하라는 뜻으로 이해할 수 있다. 어쨌든 뒤를 이은 고종은 즉위 6년부터 고구려 정벌을 다시 시작해서 명군인 아버지가 실패한 고구려 정벌을 달성하고 만다.

649년, 이질에 걸려 초죽음이 될 정도로 고생했던 당 태종은 대리청정의 형식으로 황태자 이치에게 정사를 일임했다. 이때까지 살아 있던 개국 공신들은 장손무기, 저수량(褚遂良), 이적, 이 세 사람뿐이었다. 태종은 장손무기와 저수량에게 황태자를 부탁하고 명장 이적은 지방으로 좌천시켰다. 그는 황태자 이치에게만 자신이 죽은 후에 이적을 불러들여 요직에 앉히라고 은밀하게 조언했다. 군부의 절대적인 지지를 얻고 있는 이적으로부터 대를 이어 충성을 얻어 내기 위한 조치였다.

갖가지 병마에 시달리던 태종 이세민은 그해 7월 10일 사망했다. 나이는 쉰셋, 재위 기간은 20년이었다. 그러나 당나라의 후계는 태종의 생각대로 흘러가지 않았다. 유약했던 당 고종 이치는 태종의 궁녀로 들어왔다가 후일 자신의 계비가 되는 무측천(武測天)에게 휘둘려 실권을 거의 행사하지 못했다. 이후 당나라는 50여 년간 '측천무후(則天武后)의 시대'에 들어가게 되었다. 고종은 측천무후의 진언에 따라 신라와 동맹을 맺고, 백제와 고구려를 차례로 침공하여 승리했다. 내친김에 신라까지 정복하려고 했으나 신라에 패배(나당전쟁)하고 토번 전선의 약화가 겹쳐 실패하고 말았다. 이때 이씨 왕조는 거의 붕괴 위기에 처했으나 후일 당 현종이 되는 이융기(李隆基)가 주도한 쿠데타를 통해서 가까스로 원상을 회복했다.

정관정요

정관정요(貞觀政要)는 당 현종 때의 학자 오긍이 편찬했다고 전하는 당 태종의 언행록으로 전 10권 40편으로 되어 있다. 이 시기는 태종 사후 40~50년이 지난 뒤로, 측천무후가 퇴위하고 중종(中宗)이 복위하여 당 왕조가 재흥한 무렵이었다. 이전부터 역사 편찬에 종사하여 태종 시대의 치적을 잘 알고 있었던 오긍은, 중종의 복위를 몹시 기뻐하며 정관지치라 불린 당 태종 시대의 치적을 올바른 정치의 표본으로 삼고자 《정관정요》를 지어 중종에게 바쳤다. 제목의 '정관(貞觀)'은 태종의 연호이고, '정요(政要)'는 '정치의 요체'라는 뜻이다.

《정관정요》는 당 태종이 신료들과 정치에 대해서 주고받은 대화를 엮은 책으로서 예로부터 제왕학(帝王學)의 교과서로 여겨져 왔다. 당 중종 때에 상정된 것과 당 현종 말기에 그것을 개편한 것이 있는데, 양자를 비교하면 제4권의 내용이 서로 다르다. 현재 전해지는 것은 원나라의 과직(戈直)이 송나라의 구양수나 사마광의 평을 덧붙여 정리한 것을 명나라 때에 발간하여 증보한 과직본과, 당나라 때에 일본에 수입된 것으로 보이는 구본(舊本)의 두 가지가 있다.

주된 내용은, 태종과 그를 보좌한 중신(위징, 방현령, 두여회, 왕규 등) 45명과의 정치 문답을 통해 '정관의 치'라 불리는 태평성대를 가져온 치세의 요체를 다루고 있다. 태종이 걸출했던 것은 자신이 신하를 훈계하고 지도하는 영명한 군주였기 때문만이 아니라 신하의 직언을 기꺼이 받아들이고 항상 최선의 군주가 되어야 한다는 점을 매일 자각하며 노력했던 점에 있다는 것이 《정관정요》의 주된 내용이다.

고대 중국에는 진나라 이래로 천자에게 충고하고 정치의 득실에 대한 의견을 말하는 간관(諫官) 제도가 있었는데, 당나라 때의 간관에게는 매달 200장의 용지가 지급되어 이것을 통해 간언을 올리게 했다. 당나라 이외에도 역대 왕조 모두가 이러한 간관을 설치했으나 태종처럼 그 충고를 적극적으로 들어주었던 황제는 극히 드물었고, 오히려 천자의 노여움을 사서 좌천되거나 살해당하는 일도 많았다.

《정관정요》에 따르면 당 태종은 신하의 충고와 간언을 얻기 위해 먼저 자신에게 진언하기 쉬운 환경을 조성했다. 예를 들면, 태종 자신의 용모가 엄하고 딱딱하여 신하들이 겁을 먹는다는 것을 잘 알았던 태종은, 진언하는 백관들이 압도되지 않도록 반드시 온화한 얼굴로 신하의 의견을 들었고(구간편), 관리들을 교대로 궁중에 숙직시키며 늘 가까운 곳에 그 관리의 자리를 마련해 두고 정치 교화의 이해와 득실에 대해서 알고자 했다. 신하들도 이에 호응해 태종에게 잦은 간언을 올렸는데, 태종이 지나치게 음란하다며 직언하거나(납간편), 태종의 딸을 시집보내는 과정에서 그 준비가 몹시 사치스럽다는 것까지 지적했다.(위징의 간언) 태종은 줄기차게 올라오는 신하들의 진언과 충고를 매우 기뻐하고 아주 지당한 말이라 칭찬하며 즉시 수정하는 등 여느 군주들에게서는 찾아보기 어려운 태도를 보였다. 또한 태종은 검소, 검약을 장려하며 왕공 이하에게 신분에 맞지 않는 지출을 허락하지 않아 백성의 재산은 풍족해졌다. 공경들이 태종을 위해 피서용 궁전을 짓도록 제안했지만, 태종은 비용이 너무 든다며 듣지 않았다. 태종을 보좌한 위징 등 중신들도 오늘날 각 부처의 장관에 해당하는 인물들로서 사리사욕을 채우려면 얼마든지 그렇게 할 수 있었음에도 불구하고 그들의 집에 제대로 된 응접실조차 없었을 정도로 검소한 생활을 했다고 한다.

당 태종이 국가와 만민을 위해 성의를 다한 언행은 유교 정신에서 비롯된 것이었다. 중국에서는 유교 도덕에 기준을 두고 황제는 하늘의 뜻을 실행하여 인자(仁者)의 마음으로 만백성을 어루만져 길러야 한다는 이념이 있었다. 신하 역시 그들이 섬기는 천자를 보필해 이상적인 성군으로 만드는 것을 책무로 여겼으며, 천자의 정치에 결함이 없도록 자신의 안위를 돌보지 않고 경우에 따라서는 죽음도 각오하면서 간언해야 한다고 여겼다.

이 책은 오랫동안 교양인의 필독서로써 중국에서는 당나라 당대의 헌종

(憲宗), 문종(文宗), 선종(宣宗)뿐 아니라 당 이후 송의 인종(仁宗), 요(遼)의 흥종(興宗), 금(金)의 세종(世宗), 원(元)의 쿠빌라이 칸, 명의 만력제(萬曆帝), 청(淸) 건륭제(乾隆帝) 등의 군주들이 애독했다. 또 일본에서도 헤이안 시대의 오래된 사본이 전해져 도쿠가와 집안 등 정치 중역에 있던 사람들에게 애독되었다. 《고려사》〈세가>의 광종(光宗) 원년(950년) 봄 정월조에, 재앙을 피하기 위해 왕이 덕을 닦아야 한다는 사천대(司天臺)의 권고로 광종이 《정관정요》를 읽었다는 기록이 있으며, 최승로(崔承老)가 성종(成宗)에게 올린 시무 28조에서 《정관정요》를 언급하고 있다. 고려 말의 문신 박충좌(朴忠佐)는 충혜왕과 충목왕을 상대로 《정관정요》를 강의했으며, 정당문학(政堂文學) 권중화(權仲和)가 우왕(禑王) 3년(1377) 10월에 왕에게 《정관정요》를 강의했다는 기록이 있다. 공양왕(恭讓王) 2년(1390)과 3년(1391)에도 《정관정요》를 강의했는데, 정몽주에게 《정관정요》의 서문을 강독하게 했을 때 강독관(講讀官) 윤소종이 "중흥 군주로서 요순과 삼대를 모범으로 삼아야지 당 태종은 따를 것이 못 된다"며 《정관정요》 대신 《대학연의(大學衍義)》를 읽을 것을 권했다는 기록이 《고려사》에 전한다. 조선 시대에는 고려 시대와는 달리 유교 정치의 기준에서 《정관정요》보다 《대학연의》가 더 중시되었는데, 그럼에도 여전히 경연에서 《정관정요》는 제왕학의 주요 교재로 채택되었다. 현대 한국의 대통령들도 여름 휴가 필독서로 종종 이 책을 거론하기도 한다.

당 태종은 대체적으로 명군이라 평가되었지만 과거부터 현재까지 긍정적 평가와 부정적 평가가 공존하는 인물이다. 부정적으로 평가하는 사람들 중에서는 아예 태종 이세민을 수 양제와 동급 내지는 이하의 인물로도 평가하며, 심할 경우에는 "수 양제는 실제로는 무난하거나 유능한 황제였지만, 이세민에 의해 왜곡됐다"고까지 주장하기도 한다. 또한 당 태종은 거품만 잔뜩 낀 인물이라고까지 혹평하기도 한다. 골육상쟁(骨肉相爭)인 현무문의 변에 있어서도 비슷한 이유를 들어 이건성을 재평가하고 이세민을 부정적으로 보는 시각이 있다. 실제로 당 태종의 경우, 골육상잔(骨肉相殘)을 통해 즉위했기 때문에 정통성 및 이미지 관리에 각별히 신경 썼으며, 이로 인해 역사 기록에 많은 왜곡이 가해진 것은 사실로 보인다. 물론 태종 본인이 뛰어난 군주였다는 것은 분명하다. 수나라 말기의 대혼란 속에서 국정을 안정시키고 돌궐 등의 대외 문제를 잘 추스린 점에서도 그의 뛰어난 통치 역량을 알 수 있다.

명군이긴 했지만 성군이라고는 할 수 없다는 견해도 많다. 다만 황충(메뚜기)떼가 장안을 덮치자 답답한 마음에 메뚜기를 산 채로 삼킨 탄황(呑蝗) 고사를 남겼던 것만큼 백성에 가까이 다가가고자 노력했던 것만은 분명하다.

태종은 서예에 대단히 관심이 많았는데, 특히 왕희지의 글씨를 광적으로 좋아했다. 이로 인해 그는 전국에 있는 왕희지의 글씨를 헌납하라고 요구했는데, 왕희지의 글씨 중 걸작이라고 찬양받는 <난정서>만은 얻을 수 없었다. 수소문 끝에 왕희지의 7대손이자 승려였던 지영이 입적한 뒤, 그의 제자 변재가 <난정서>를 가지고 있다는 첩보를 입수하고는 그를 황궁으로 데리고 왔다. 그래서 <난정서>를 내놓으라고 신하들까지 동원하여 설득했으나 변재는 절대로 이를 팔지 않았고, 아예 존재 자체도 부인했다. 이에 태종은 머리를 써 감찰어사, 즉 감사원급 직원이었던 소익을 선비로 위장시켜 변재 스님에게 제자로 들어가게 했다. 소익이 몇 년 동안 극진히 모시자 마음이 동한 스님이 "자네에게만 보여주는 거야"라며 <난정서>를 보여주었는데, 이때 제자로 위장한 소익은 "감히 황제에게 거짓말을 해? 좋은 말할 때 내놓지?" 하며 〈난정서〉를 빼앗아 태종에게 바쳤다. 이후 태종은 <난정서>를 포함한 왕희지의 글씨를 자신의 무덤에 묻어달라고 했고, 결국 태종 사후 왕희지 작품은 태종의 무덤인 소릉(昭陵)으로 들어갔다고 한다. 그 충격으로 변재는 시름시름 앓다가 죽었다고 한다. 그러나 당나라 멸망 후 5대 10국 시대에 군벌 온도(溫韜)에 의해 황릉이 도굴되어 유실되고 말았다.

소릉에는 태종이 전쟁에서 탔던 6마리의 준마(駿馬)들을 부조(浮彫)로 표현해 놓았는데, 모두 태종보다 먼저 세상을 떠났다. 그래서 이들을 아꼈던 태종은 자신의 무덤에 육준(六駿)을 조각했는데, 각각의 이름은 특륵표(特勒驃), 삽로자(颯露紫), 청추(靑騅), 권모과(拳毛瓜), 십벌적(什伐赤), 백제오(白蹄烏)

였다. 그런데 1914년 위안스카이의 차남 위안커원(袁克文) 등이 중국과 미국의 골동품상과 결탁하여 삽로자(颯露紫)와 권모과(拳毛瓜) 두 석각을 훔쳐갔다. 이들은 4년 후인 1918년 다시 잠입하여 나머지 네 석각도 훔쳐가려 했으나 중간에 발각되어 반출에 실패했다. 현재 남은 네 석각은 조각난 채로 시안 비림 박물관에 전시되어 있으며, 이미 해외로 반출된 두 석각은 현재 미국 펜실베이니아 대학교 박물관에 있다. 도난당한 두 석각은 시안 비림 박물관에 모조품으로 전시되어 있다.

《정관정요》가 현실적 정치에 필요한 유교적 수단이었다면 당 태종은 백성들의 마음에 위안과 평안을 주기 위한 장치로 불교에 많은 관심을 기울였다. 태종은 당대의 고승 현장(玄奘, 602~664)을 인도로 파견하여 불경을 구해오도록 했으며, 현장은 629년에 장안을 출발하여 645년에 돌아왔다. 현장이 가지고온 인도 불경을 국가 사업으로 번역했으며, 그 기념으로 대안탑(大雁塔)을 세웠다. 현장이 번역한 불경은 쿠마라지바의 '구역(舊譯)'과 구별되어 '신역(新譯)'이라 불렸으나 기대만큼의 성과는 없었다. 현장이 쓴 《대당 서역기》는 나중 소설 《서유기(西遊記)》에 영향을 주었는데, 이로 인해 현장은 소설에서 삼장법사로 나오게 된다. 한편 신라승 혜초는 그로부터 약 80년 후인 720년경에 인도를 다녀와 《왕오천축국전(往五天竺國傳)》을 남겼다.

태종부터 희종 이전까지 당대 황제들은 산을 능으로 삼아 굴을 파고, 여러 통로를 만들어 채색된 벽화와 수많은 방을 조성하는 등 복잡한 무덤 구조를 갖추었다. 이 과정에서 가짜 통로와 방을 만들고 재궁과 부장품을 두었는데, 그 시초가 태종부터이다. 고조 이연은 진시황릉, 서한 황제들, 수 문제 양견처럼 평지에 묻혔다. 그러나 이연의 능은 당 말기 온도(溫韜)의 손에 도굴당했다고 하며, 이처럼 많은 황릉이 훼손되었다고 한다. 고종과 무측천의 건릉만 도굴 없이 오늘날까지 무사히 보존되어 있다.

당 태종의 신하들

당 태종의 대표적 신하는 위징(魏徵 580~643)으로 자는 현성이며, 거록군 곡양 사람이다. 위징은 어렸을 때 가족을 잃고 가난하여 출가해서 도사가 되었다. 617년 수나라에 반기를 든 이밀이 지휘하던 와강군(瓦崗軍)에 들어갔다가 이밀이 패한 뒤 당에 귀순했지만, 이후 다시 두건덕의 포로가 되었다. 두건덕은 그의 재능을 아껴서 자신의 휘하에 두고 중용했으나 두건덕이 패한 뒤에 위징은 당에 항복했다. 621년에는 이건성(李建成)의 태자세마가 되어 이세민을 죽이라고 간언했다. 그러나 태종 이세민은 즉위 후 그의 인물됨을 높이 평가하여 그에게 벌을 주지 않고 발탁하여 간의대부로 중용했다. 629년 위징은 비서감으로 조정에 들어가 비부도서를 교정하여 《군서치요(群書治要)》의 편찬을 주도했다. 636년에는 양(梁), 진(陳), 북제(北齊), 북주(北周), 수(隋)의 5개 왕조에 대한 역사 편찬을 주도한 공으로 광록대부에 임명되었고, 정국공(鄭國公)으로 봉해졌다.

태종은 항상 위징에게 나라를 다스리는 원리에 대해 물었다. 이에 위징은 "임금은 배와 같고 백성은 물과 같다. 물은 배를 뜨게 해주지만 반대로 전복시킬 수도 있다"라는 비유로 대답했다. 그는 태종에게 수나라가 망한 것을 역사의 거울로 삼아 부역을 줄이고 세금을 가볍게 하며, 현명한 신하를 중용하여 간언을 받아들이도록 권했다. 위징의 간언은 준엄했으며, 때로는 태종을 정면으로 비난하기도 했다. 태종은 이에 대해 화를 내는 일도 간혹 있었으나 200여 차례에 걸친 그의 간언을 대부분 받아들였다. 위징의 간언은 태종이 훗날 동아시아의 모든 통치자에게 모범이 된 '정관(貞觀)의 치(治)'를 이루는 데 큰 역할을 했다. 《자치통감》 권 196에 보면 위징이 죽었을 때 태종은 몹시 슬퍼하며, 옆에서 따르던 신하에게 다음과 같이 말했다고 한다.

"사람은 구리로 거울을 만들어서 의관을 바로잡고, 옛것을 거울 삼아서 역대의 흥망성쇠를 알 수 있으며, 사람을 거울로 삼아서 자신의 득실을 알 수 있다. 위징이 죽음으로서 짐은 거울 하나를 잃고 말았다."

이후 정관 18년(645년), 당 태종은 고구려 원정에 실패하고 돌아오는 길에 "위징이 지금까지 살아 있었으면 내게 이런 걸음을 하게 하지는 않았을 것(魏征若在, 不使我有是行也)"이라고 한탄하며 파손했던 위징의 묘비를 다시 세우게 했다는 이야기도 유명하다. 태종은 또한 "사람의 인생에 의기(意氣)가 있다면야. 구구한 공명(功名) 따위 무슨 문제가 되랴"라는 구절로 유명한 〈술회(述懷)〉라는 시를 읊었다.

위징과 함께 당나라의 기틀을 세우는 데 공헌한 또 한 사람은 방현령(房玄齡)이다. 방현령은 당 태종의 최측근으로 태종이 즉위하기까지의 과정을 같이하여 큰 신임을 얻었다. 당 태종이 직접 군사를 이끌고 고구려를 공격하기 위해 장안을 비울 때는 대신 수도를 지켰다. 그런 그가 발탁한 인물이 정관의 치를 주도한 두여회(杜如晦)였다. 두여회는 수나라 조정에서 현위를 지냈던 인물로, 당 태종이 즉위한 후에는 병부상서, 상서우복야 등 요직을 두루 거치며 법률, 제도 및 행정 제도를 확립한 명신이었다.

태종이 아낀 인재 중에는 반대 진영에서 투항한 인재가 많았다. 전형적인 경우는 울지경덕으로 유무주의 부하로 용맹하여 당군에 패한 뒤 이세민에 투항하여 중용되었다. 그러나 당 장수들과 원한이 깊어 이세민의 부하 장군들이 울지경덕을 연금하고 살해를 건의하나 태종은 거절했다. 석방된 울지경덕에게 태종 이세민은 대장부는 한 번 약속을 반드시 지킨다는 신념을 내비치며 주변의 온갖 참언에도 그에 대한 충성심을 기대했다. 울지경덕은 이후 백전노장으로 공로를 세웠고, 이세민에 감격하여 충성을 다하고 친신으로 일했다.

태종의 통치 이념 중 하나는 인재를 널리 구하여 현자를 등용하는 일이었다. 그는 즉위한 지 얼마 안 되어 대신 봉덕이에게 인재 추천의 임무를 맡겼다. 그런데 아무리 기다려도 추천하는 인물이 한 사람도 없었다. 기다리다 못한 태종이 봉덕이에게 묻자 봉덕이는 이렇게 말했다.

“결코 게을리 한 일은 없습니다. 아무리 여기저기 찾아보아도 이렇다 할 인물을 찾지 못했을 뿐입니다.”

그러자 태종은, “경이 사람을 보는 안목이 없기 때문이오. 사람을 쓰는 일이란 마치 그릇을 쓰는 것과 같아서 각기 그 장점을 발견하여 쓰는 것이 아니겠소. 어째서 어진 사람이 없단 말씀이오. 옛 성군은 그 시대 사람이 아닌 다른 시대의 사람을 구해서 쓰기라도 했단 말이오? 지금 이 세상에 어진 사람이 없다고 말하는 것은 경에게 사람을 보는 안목이 없기 때문이오.”라고 질책했다고 한다.

제24강

측천무후 · 안록산 · 당현종

태종의 후계자 고종과 한반도 전쟁

당 태종의 가장 큰 고민 중 하나는 신통한 후계자가 없다는 점이었다. 그의 아들 고종은 군주로서의 평가는 그럭저럭 나쁘지 않았지만, 아버지인 태종이 워낙 명군으로 평가되다 보니 비교 당하는 일이 잦았다. 특히 아내인 측천무후가 그의 사후 정권을 장악하여 중국 역사상 전무후무한 여황제의 자리에 오르면서 많은 비판을 받았다. 고종은 후세 사람들에게 아내도 제대로 단속하지 못했다는 비판을 받았고, 이로 인해 후계자 문제는 고구려 원정과 더불어 태종의 실책들 중 하나로 꼽힌다. 기록으로 확인되는 태종의 유언을 보면, 장손왕후 소생 이치에게 왕위를 물려주면서도 마지막 가는 순간까지 '과연 이 아이가 잘할 수 있을까?' 하는 우려를 드러낸다. 자식들이 하나같이 변변찮은 데다 2대만에 나라를 망친 수 양제의 사례도 있어 태종의 걱정은 결코 과장된 것이 아니었다.

태자 이승건과 이태가 문제를 일으킨 후에는 이각을 태자로 삼으려고도 했다. 사실 3남이었던 오왕 이각이 문무에 출중하여 태종은 그를 총애했다. 문제는 이각의 어머니가 수 양제의 딸, 즉 수나라 공주였기 때문에 장손무기가 이에 격렬하게 반대했다. 태종 말년, 장손무기의 위상이 갈수록 강화되어 가던 시기였던 만큼 장손무기의 반대는 결정적이었다. 결국 장손무기의 의향에 따라 그가 찬성한 진왕 이치가 후계자가 되고, 그가 반대한 오왕 이각은 후계자 자리에서 밀려났다. 이각은 얼마 안 가 역모죄로 젊은 나이에 사약을 받고 죽었다.

태종 사후 진왕 이치가 고종으로 즉위했고 장손무기와 저수량은 고명대신의 역할을 했다. 장손무기는 권력의 핵심으로 한동안 군림했으나 결국 측천무후와 갈등 끝에 실각하여 모함을 받고 자살했다.

당 고종(高宗) 이치(李治, 628~683)는 당 태종(太宗) 이세민(李世民)의 9남으로, 당나라의 통치보다는 오히려 신라와 힘을 합해 백제와 고구려를 멸망시킨 황제로 잘 알려져 있는 인물이다. 그는 태종이 죽은 지 5일 뒤인 649년 7월 15일, 20세의 나이로 황제에 올랐다. 처음에는 아무도 이치가 황제가 될 것이라고 생각하지 않았다. 그것은 아버지인 태종의 생각도 마찬가지였는데, 막내아들인 데다가 성격이 소심한 탓에 제대로 된 정치를 하지 못할 것이라 판단했기 때문이었다. 처음에 고종은 '정관의 치'를 이끌었던 유능한 가신들을 옆에 두고 대외적으로도 강경한 입장을 취했다. 특히 백제에 대해서는 강경한 입장이었는데, 그것은 당나라에 조공하는 신라를 계속 공격했기 때문이었다. 이에 백제에 사신을 보내 신라를 공격하지 말라고 강압했으나 백제왕은 전혀 굴하지 않았다. 오히려 나제 동맹 당시 신라가 백제를 먼저 배신했으며, 선왕인 성왕(聖王)을 죽이고 모욕했다며 당은 이에 간섭하지 말라는 엄포를 내렸다. 백제는 643년, 고구려와 함께 당나라에 조공을 하는 신라를 공격하여 한강 유역의 무역 중심지인 당항성을 함락시켜 조공길을 막았다.

신라는 이때 당나라를 비롯해 서역까지 활발한 외교와 무역 활동을 한 것으로 보인다. 2014년에 번역되어 나온 이란의 《쿠쉬나메》라는 책에는, 이

때 당나라에 망명해 있던 아비탄이라는 페르시아 왕자가 바실라(신라)로 귀화하여 신라 공주와 결혼해 아들까지 낳고 살다가 다시 돌아갔다는 내용이 있다. 이 책에는 그때 당시 신라의 기후, 산물, 음식, 궁중 의례 등이 담겨 있으며, 페르시아 왕자가 신라 왕조에 충성하며 왕족들에게 말타고 하는 경기인 폴로(Polo)를 가르쳐 주었다는 얘기도 전한다. 공교롭게도 《삼국유사》에는 이때 김춘추와 김유신이 같이 격구(擊毬)를 하다가 김춘추의 옷고름이 떨어져 김유신의 누이동생 문희가 옷고름을 꿰매주어 김춘추와 결혼하게 되었다는 내용이 기록되어 있다. 그 후 원성왕 무덤인 괘릉에 서역인 모습의 무인 석상이 서 있는 것을 보면 당시의 국제 관계를 살펴볼 수 있다.

651년에 백제에서 사신을 보내자 당 고종은 백제에 신라와 화친할 것을 요구했지만, 백제는 이를 무시했다. 오히려 신라의 김춘추(태종 무열왕)가 654년에 왕위에 오르자 신라 진골 출신으로의 정권 교체로 정세가 불안해질 것이라고 생각한 백제와 고구려는 655년 정월, 신라를 대대적으로 협공하여 33개의 성을 함락시켜 수도인 금성까지 위협했다. 이에 신라는 고구려와 백제로부터 자신을 방어해 줄 구원군을 당나라에 정식으로 요청했다. 그러나 당 고종은 백제를 공격하기에 아직 시기가 이르다고 판단하고 공격의 기회를 엿보고 있었다. 마침 백제의 의자왕이 계속된 전쟁의 승리에 도취한 나머지 군사 방비를 소홀히 하자 고종은 백제의 세력이 미약해졌다고 판단하고 660년 3월 소정방에게 13만 군사를 주어 백제를 치도록 했다. 그리고 백제의 동맹국인 고구려 군대의 파견을 막기 위해 이적에게 고구려 국경 지역인 요하에 군사를 배치시켜 고구려가 함부로 움직이지 못하게 했다.

신라도 김유신이 5만 군사를 이끌고 협공했다. 한편 백제의 의자왕은 국제 정세 파악에 둔감하여 방비를 소홀히 하는 등 전쟁에 전혀 대비하지 않았다. 뒤늦게 나당 연합군 18만 명이 공격한다는 소식을 듣고 귀향 생활 중인 흥수에게 대책을 물었고, 흥수는 천혜의 요새인 백마강과 탄현 지방에 군사를 배치하여 당나라와 신라군을 막으라고 조언했다. 그런데 대신 중 달솔이라는 자가 흥수를 시기하여 "당나라 군과 신라군을 백마강과 탄현을 넘어오게 한 뒤 협공하자"고 제안해 의자왕이 달솔의 의견을 받아들이는 실수를 하고 말았다. 이러한 실수는 곧 패배로 이어져 백제는 군사 3만여 명을 잃었다. 일본 측 기록에는 이 전투에 일본에서 파견한 함대도 다수 참전했다고 한다. 이 참담한 결과로 좌절에 빠진 의자왕은 계백 등 출정 장수에게 남은 군사 1만 명 중 5천의 군사를 주어 결사 항전하도록 했지만, 수적 열세로 패배해 황산벌에서 모두 전멸했다. 의자왕은 웅진성으로 달아나 남은 5천 명의 군사로 대항했으나 얼마 버티지 못하고 결국 660년 7월 18일 항복을 선언했다. 의자왕을 포함한 왕족, 귀족, 백성 등 13만 명의 포로는 당나라로 끌려갔다. 이로써 백제는 건국 678년 만에 신라와 당나라의 연합군에 의해 멸망했다.

고구려는 동맹국인 백제가 멸망하자 신라, 당나라 양쪽에서 압박을 받으며 고립 상태가 되었다. 당 태종이 절대로 고구려를 공격하지 말라는 유언을 남겼지만, 고종은 아버지 당 태종이 고구려군에 패퇴하고 그 전쟁에서 병을 얻어 사망했기 때문에 고구려에 대해 강한 증오심이 있었다.

때마침 655년에 고구려와 백제가 연합해 신라를 공격하여 33개 성을 빼앗자 신라의 김춘추가 구원병을 요청해 왔다. 이에 당나라군은 고구려의 배후를 치기 위해 국경 지역인 요하에 도착해 선제 공격했지만 패퇴했고, 659년에 재차 공격했지만 성과 없이 퇴각했다. 그러다가 660년 백제를 멸망시키는 데 성공하자 당 고종은 고구려를 고립시켰다고 판단했다. 곧 정벌할 수 있는 기회라고 생각한 고종은 661년 정월에 4만 4천 명의 병력을 이끌고 요하 지역에 도착해 공격하려 했지만, 마침 백제 부흥군이 나당 연합군 진영에 선제 공격을 가하여 혼란에 빠지자 고구려 공격 시기를 늦추었다.

마침내 그해 8월, 고종은 이적을 패광도대행대총관, 정명진을 누방도행군, 계필하력을 요동도행군, 소정방을 평양도행군, 임아상을 패강도행군, 방효태를 옥저도행군으로 임명하고 당나라 67개 지방에서 집결된 대규모 병력을 고구려의 신성과 부여성으로 각각 진격시켰다. 병력 규모에 대한 정확한 기록은 없지만, 출전한 장수들의 위상과 배치 상황을 고려할 때 약 35만 명으로 추측되고 있다. 그들의 최종 목적지는 고구려의 부수도인 평양성이었다. 그곳에는 고구려왕인 보장왕이 머물러 있었다.

소정방은 이적, 정명진, 임아상, 설인귀 등 당나라 장수들이 각각 부여성과 신성을 공격해 고구려군의 시선을 어지럽힌 사이 샛길로 빠져나가 평양성으로 진격하여 단숨에 함락시킬 계획을 세웠다. 그러나 평양성은 외곽, 외성, 내성 등 3중 구조로 되어있고 워낙 견고하여 함락이 쉽지 않았다. 이로 인해 전쟁은 장기전으로 이어졌고, 당은 고구려군에 의해 보급로가 끊기고 군량미가 떨어지는 상황에서 겨울이 다가오자 싸울 의지를 잃었다. 소정방과 그의 군사는 때마침 도착한 김유신이 이끄는 신라군의 군량미로 배를 채운 뒤 황급히 퇴각했다. 다른 진영에서도 별반 다를 게 없었다. 계필하력은 압록강 인근까지 진격했지만 연개소문의 장남인 남생 휘하의 고구려군의 저항으로 건너가지도 못하고 퇴각했고, 이적과 정명진은 고구려의 최북방 요새인 부여성을, 임아상과 설인귀는 신성을 1년이 넘도록 함락시키지 못했다. 특히 662년 방효태가 이끄는 4만 군사가 사수 전투에서 그의 아들 12명과 함께 연개소문이 이끄는 고구려군에 의해 몰살되었다. 결국 계속된 패배로 전의를 완전히 상실한 당나라군은 퇴각했다. 동맹국인 신라군 또한 김유신을 앞세워 평양성 인근까지 도달했지만, 남산과 남건이 이끄는 고구려군의 저항으로 소정방에게 군량미만 넘긴 채 별다른 성과 없이 퇴각했다. 당 고종은 이렇게 많은 병력을 동원했지만 연개소문 아래 일사불란하게 움직이는 고구려군에게 참패를 당하고만 것이다.

고구려군과 계속된 전쟁에서 연패하자 당 고종은 고구려를 공격할 의사를 완전히 잃고 말았다. 당나라 신료들도 반대하긴 마찬가지였다. 한편 고구려에서는 665년 연개소문이 사망했고 그의 유언에 따라 맏아들 남생이 최고 지위를 계승했다. 동생들인 남산과 남건도 맏형을 도와 고구려 안정을 꾀하려 했다. 그러나 연개소문의 동생 연정토가, 최고 지위인 막리지를 자신이 아닌 맏아들 남생에게 넘겨준 것에 불만을 품어 남생, 남산, 남건을 서로 이간질시켰다. 이러한 이간질은 곧 정권 다툼으로 이어져 나라가 혼란에 빠졌고, 급기야 궁지에 몰린 장남 남생이 666년에 당나라에 투항했다. 이를 기회로 당 고종은 그해 6월 남생을 앞잡이로 하여 이적, 설인귀, 소정방에게 50만 군사를 주어 대대적으로 고구려를 공격하도록 했다. 그때 연개소문의 동생인 연정토가 당나라의 대규모 출정 소식을 듣고 고구려 남쪽 20개 성을 가지고 신라에 투항해버리자 고구려는 큰 혼란에 빠지게 되었다. 신라에서도 이러한 연정토의 항복에 힘입어 김유신에게 20만 군사를 주어 고구려 남부로 진격하게 했다. 당나라와 신라, 이 두 나라가 양쪽에서 공격을 개시하자 오랜 전쟁으로 피폐해진 고구려는 속수무책으로 당할 수밖에 없었다. 당나라군은 고구려의 지리적 위치와 군사적 장단점을 상세히 알고 있는 남생을 앞세운 공격으로 667년 1월 고구려의 북쪽 최북 방어성인 신성을 비롯해 16개 성을 함락시켰고, 이어서 668년 2월에는 부여성과 40여 개의 성을 함락시켰다. 그리고 그해 8월, 당군은 평양성을 포위했고, 신라와의 협공으로 9월 21일 마침내 평양성을 함락하는 데 성공하여 보장왕의 항복을 받았다. 이로써 고구려는 건국 705년 만에 멸망하게 되었다.

당 고종은 애초 백제와 고구려를 멸망시키고 신라까지 집어삼킬 계획이었다. 그러나 신라군을 비롯한 백제, 고구려 유민(遺民)의 완강한 저항으로 인해 장기전으로 바뀌어 계획에 차질을 빚었다. 이 시기 신라는 백제, 고구려 유민들에게 당나라와의 차이점을 강조하고 우리 민족의 공통점을 부각하여 함께 당에 맞서자고 설득했다. 이때부터 우리 민족 혹은 한민족의 민족적 정체성이 형성된 것으로 볼 수 있다. 신라와 유민들은 언어와 문화에서 중국과 다른 나라임을 자각한 것으로 보인다. 게다가 전쟁 과정에서 당나라 군대는 이민족이자 정복군으로, 신라군은 같은 민족의 해방군의 이미지로 인식해 이것이 유민들을 결집시키는 중요한 요인이 되었다. 결국 당나라는 675년에 있었던 매소성 전투와 676년에 있었던 기벌포 전투에서 신라와 유민 군사들에게 완패하여 퇴각을 결정했다. 나당(羅唐) 전쟁 후 신라와 당나라는 국교를 단절했지만, 얼마 지나지 않아 각자의 필요에 의해 두 나라는 서로 친서를 교환하고 화친을 맺었으며, 무역 등 경제적으로 밀월 관계를 지속했다.

당시 당나라 궁정의 내부 사정도 만만치 않았기에 전쟁을 지속하기에는 어려움이 많았다. 당 고종은 아버지의 후궁이었던 무씨(659~683)를 총애하여 소의, 나아가 황후로까지 봉했다. 무씨는 황후가 되자 폐황후 왕씨(650~655)를 지지했던 장손씨 등 개국 공신 집단(관롱 집단)을 가차없이 처형했으며, 이후로도 자신의 의견에 반대하는 신하들은 모두 제거했다. 이를 계기로 이 시기 관료 집단의 구성이 개국 공신에서 과거 북제(北齊) 영역이던 산둥 출신의 새로운 관료로 변화되었다. 그 후 고종 이치가 병이 나자 측천황후가 정치를 대행했으며, 674년에는 황제의 칭호를 고쳐 천황(天皇)으로, 황후를 천후(天后)로 칭했다. 재위 34년째인 683년 고종은 55세의 나이로 붕어하여 건릉(乾陵)에 묻혔다.

최초의 여황제 측천무후(則天武后, 624~705)

측천무후는 중국에서 최초이자 최후로 여황제에 오른 인물이다. 중국 역사상 550명의 황제 중 유일한 여성이다. 당나라 고종의 비(妃)였던 그녀는 스스로 권력을 쟁취하여 황제의 자리에 올랐고, 마침내 주(周)나라를 열었다. 측천무후의 아명은 미랑(媚娘)이며 황제로 즉위한 후 이름을 조(曌)라고 바꾸었다.

측천무후 미랑의 아버지는 당나라의 개국 공신 무사확(武士彠)이다. 무사확은 목재상으로 부를 쌓아 귀족 가문과 연을 맺기 위해 수나라의 몰락한 귀족 출신인 양달의 딸과 재혼했다. 두 사람 사이에서 둘째로 태어난 무미랑은 무사확이 죽은 후 궁핍하게 생활했다.

무미랑은 어린 시절부터 출중한 미모와 총명함으로 소문이 났다. 아버지 무사확은 딸에게 말타기와 활쏘기, 춤과 노래에 이르기까지 다양한 분야를 가르쳐 무미랑은 못하는 것이 없을 정도였으며, 특히 시를 짓고 글을 쓰는 데 뛰어난 재능을 보였다. 당시는 당 태종 이세민이 통치하던 정관의 치(貞觀之治) 말엽으로, 황제는 진정으로 사랑하던 황후 장손(長孫) 씨를 잃고 그 후유증으로 어린 소녀들을 탐닉하던 때였다.

무미랑은 638년, 열네 살의 나이로 당 태종의 눈에 들어 입궁했다. 당시 태종은 수천 명의 후궁을 두었던 수 양제를 반면교사 삼아 후궁의 숫자를 줄여 황후 1명을 정점으로 각 품계별로 합쳐 총 120여 명의 후궁만 두도록 법으로 규정해 놓고 있었다. 그중 가장 낮은 품계가 재인(才人)이었다. 무미랑은 처음 궁궐에 들어와 재인(才人)이 되었으나 태종은 그녀를 찾지 않았고, 승은(承恩)도 받지 못했다. 그녀는 황궁에서 미랑(媚娘)이라고 불렸으며 다른 소녀들과는 달리 책읽기를 좋아하고 시와 서에 능했다. 이 사실을 알게 된 황제 이세민은, 그녀를 황실의 서가(書架)를 관리하는 사서와 같은 직책에 임명했다. 이는 그녀에게 잘 어울리는 직책이었다. 이로써 무미랑은 독서와 학문을 즐길 수는 있었지만, 황제의 총애를 얻는 데는 실패했다. 12년 동안이나 곁에서 시중을 들었는데도 아이를 얻지 못했으며, 품계도 궁에 들어올 때의 재인(才人) 그대로였다.

이와 관련해서는 두 가지 이야기가 전해진다. 하나는 무(武)씨 여인이 이씨 자손을 시해하고 천하를 얻는다는 예언이 있어 당 태종이 가까이 하지 않았다는 설인데, 신빙성은 별로 없다. 다른 하나는 천리마 사자두(獅子頭)에 얽힌 이야기이다. 태종은 서역에서 이 말을 공물(貢物)로 받았는데, 자질은 뛰어났으나 성질이 하도 사나워서 감히 손을 댈 수 없었다. 그러자 무미랑이 나섰다.

"이 말을 길들이기 위해서는 세 가지 물건만 있으면 됩니다. 억센 채찍과 쇠망치와 날카로운 검이 그것입니다. 우선 채찍으로 가죽이 벗겨질 때까지 내리친 뒤 굴복하지 않으면 쇠망치로 머리통을 내리칩니다. 그래도 굴복하지 않으면 검으로 목구멍을 가르면 됩니다"

10대 소녀인 무미랑의 입에서 나온 이러한 이야기가 사실이라면 태종 이세민이 아니라 그 누구라도 기겁을 했겠지만, 이것 역시 그녀의 사악한 심성을 강조하기 위해서 후일 첨가된 기록일 가능성이 있다.

이러한 서술보다 무미랑이 당 태종에게 사랑받지 못한 이유로 가장 그럴듯한 기록은 "대단히 아름답고 총명하기는 했지만 애교가 부족했다"라는 것이다. 자고로 예쁘고 똑똑하지만 목이 뻣뻣한 여성은 남성들에게 그리 큰 매력을 발휘하지 못하기 마련이다. 특히 당시의 태종처럼 나이 차이가 많이 나는 남자들의 여성 취향은 더욱 그러했을 것이다. 당시 태종은 고구려 원정을 감행했다 실패한 후 깊은 병에 들어 있었다. 태종은 침상에 누워 대신들을 만나고 정책을 결정했다. 태종이 사람을 다루는 것을 가까이에서 오래 지켜보면서 무미랑은 알게 모르게 정치적 식견을 넓혀 갔을 것이고 치국의 도리를 익혔을 것이다. 이런 과정을 통해 무미랑은 나중에 여황제에 올라 거대한 제국을 통치하는 기반을 형성했던 것이다.

무미랑이 병석에 누운 당 태종 이세민을 간호하는 모습을 보고 아버지에게 문안을 드리러 왔던 태자가 반했다고 한다. 결국 병석에 누운 태종 대신 아들인 태자 이치의 눈에 들어 둘은 깊은 관계가 되었다. 그녀가 입궁한 지 12년째인 649년 5월, 태종이 사망했다.

무미랑은 황제가 죽으면 후궁은 비구니가 되어야 한다는 황실 전통에 따라 감업사(感業寺)로 들어가 비구니가 되어야 했다. 그런데 태종의 뒤를 이어 고종 황제가 된 이치는 아버지의 명복을 빈다는 핑계로 무미랑이 머무르는 절을 자주 찾으며 그녀와의 관계를 지속했다. 그러던 중 그 사실을 알아낸 고종의 황후 왕씨가 당시 고종의 총애를 받던 소숙비를 견제하기 위해 무미랑을 궁궐로 불러 들이고 소의(昭儀)에 봉했다. 아마 당시 중국에도 후궁의 간택은 왕비의 고유 권한이었던 모양이다. 절망의 끝자락에서 극적으로 살아난 무소의(武昭儀, 곧 무미랑)는 노련하게 처신했다.

아무것도 모르고 궁에 들어왔던 총명한 열네 살의 소녀는, 험난한 황궁 생활 12년과 고독한 산사(山寺)에서의 2년이 지난 후에는 처세에 능수능란한 스물여덟 살의 괴물로 바뀌어 있었다. 무소의는 자신이 다시 입궁하는 데 결정적인 역할을 한 황후를 지극정성으로 모시며, 왕 황후와 소숙비의 암투에서 황후의 편에 섰다. 다른 한편으로는 환관들과 궁녀들에게 뇌물 공세를 펴 그들을 자신의 편으로 끌어들였다.

무소의는 먼저 황후의 바람대로 앞장서 소숙비를 제거하는 데 성공했다. 무소의는 652년에 아들 이홍(李弘), 이듬해 이현(李賢)을 낳으며 고종의 사랑을 독차지하고 승승장구했다. 그러나 무소의에 대한 고종의 지나친 총애에 황후의 위기 의식이 높아졌다. 황후는 맏아들 이충(李忠)을 내세워 그녀를 견제하기 시작했다. 무소의는 다른 비빈들을 모두 제거하고 스스로 황후에 오른 후 자신의 아들 홍을 태자로 올리려는 꿈을 꾸기 시작했다. 그러나 조정 신료들은 무소의가 아버지 태종의 후궁이었다는 점, 귀족 가문 태생이 아니라는 점 등을 이유로 격렬히 반대했다.

그러던 중 654년, 황후가 무소의의 딸을 보고 다녀간 뒤 어린 딸이 갑작스럽게 숨졌다. 이 어린 공주는 매우 예쁘고 귀여워서 황후를 비롯한 궁중 사람들의 사랑을 독차지하고 있었다. 이 일로 무소의의 딸을 죽였다고 의심받은 황후는 폐위되었고, 무소의는 655년 드디어 황후의 자리에 올랐다. 친딸을 제거하고 정적에게 누명을 씌웠다는 일화는 다소 극단적이지만, 후일 그녀가 보여준 잔인함이나 포악함으로 판단할 때 충분히 가능성이 있는 이야기이다.

당 태종이 수나라를 멸망시키고 천하를 얻는 데 결정적 공을 세운 장손무기와 재상인 저수량(褚遂良)은 무소의(이후 무조)의 황후 발탁에 목숨을 걸고 반대했다. 특히 유학자이자 저명한 서예가였던 저수량은 무조가 비천한 출신인데다 한때 선왕인 태종의 여인이었으므로, 그런 여인을 황후로 임명한다는 것은 불가하다며 어전에서 이마에 피가 흐를 정도로 땅바닥에 머리를 찧으며 읍소했다.

"저런 자를 어찌하여 때려죽이지 않으시는 겁니까!"

분노한 무조가 참지 못하고 발 뒤에서 소리쳤다고 한다. 어찌 되었던 황후가 된 그녀는 병약한 고종을 대신하여 권력을 장악했다. 어쩌면 그녀가 가진 정치적 역량으로 황제에게 조언하다가 나중에는 정국의 주도권을 장악해 나갔을 것이다. 궁궐 사람들은 권력 향방에 민감하기에 시간이 흐를수록 권력의 중심이 그녀에게 기울어졌다. 무조는 먼저 황후와 소숙비가 황제를 만나 호소할 것이 있다는 청을 전달받고 환관에게 은밀히 명하여 냉궁(冷宮)의 황후와 소숙비를 죽였다. 657년에는 자신이 황후 자리에 오르는 데 반대했던 원로 대신들을 모두 숙청하기 시작했다. 저수량을 벼슬에서 내쫓았고, 659년에는 태종의 공신이자 요직을 역임한 황제의 외척 장손무기(長孫無忌)까지 귀양을 보낸 후 자결하게 함으로써 보복을 완성했다. 또한 황후 왕씨 소생의 태자 이충(李忠)을 폐하고, 자신의 첫째 아들 이홍(李弘)을 태자에 책봉했다. 고종의 지병이 심해져 시력을 잃게 되자 그녀는 수렴청정을 시작했고, 스스로를 천후(天后)라고 지칭했다. 그녀가 고종 뒤에서 발을 치고 어전 회의에 참석해 정사를 좌지우지한 일을 빗대 항간에서는 이성(二聖), 즉 '두 명의 황제'라고 불렀다. 중국 낙양에 가면 지금도 '해와 달이 함께 뜬 태평성대'라고 각색한 대형 공연물을 만들어 측천무후와 고종의 공동 통치 시기를 무대에 올리고 있다.

고종은 날이 갈수록 건강이 악화되자 황좌를 태자 홍에게 물려주고자 했다. 천성이 너그럽고 겸허하면서도 심지가 굳었던 이홍은 황제와 중신들의 큰 기대를 받고 있었다. 몸이 약했던 고종은 그에게 가능한 한 빨리 양위하기 위해 열 살을 갓 넘긴 시절부터 이홍을 조회에 참석시켜 정치적 감각을 키워 주었다. 태자 이홍은 장성하면서 자신의 뚜렷한 주관을 가지고 어머니와 대립하기 시작했다. 무후의 입장에서는 머지않아 권력이 자신의 손에서 떠나 아들에게 가리라는 사실은 불을 보듯 뻔했다.

이 상황에서 무후는 잔인한 선택을 했다. 자신의 아들에게 독주(毒酒)를 마시게 한 것이었다. 태자 이홍이 독살됐을 때 그의 나이는 겨우 스물네 살이었다. 이 사건으로 인해 심약한 고종 황제가 받은 충격은 대단했다. 그는 국사를 거의 돌보지 못할 지경이 되자 둘째인 이현(李賢)을 태자로 임명하고 그에게 양위하려고 했다. 이현은 영리하고 책 읽기를 좋아해 상당한 지식을 쌓았을 뿐 아니라 그의 형만큼이나 탁월한 능력과 함께 강건한 기백까지 가지고 있는 사람이었다. 무후는 이현(李賢)에게 여러 번 경고를 보냈지만, 태자는 귀담아 듣지 않았다. 모자 사이의 대립이 심해지자 무후는 사람들을 사주해서 태자가 사생활이 문란할 뿐 아니라 반역을 도모하고 있다고 모함하도록 했다. 동궁을 수색하자 마구간에 숨겨진 수백 종류의 무기가 발견되었다. 황제에게는 이러한 음모를 막을 만한 힘이 없었다. 태자는 서인으로 강등되어 파주에 유폐되었고, 4년 후 고종이 죽자 두 달 만에 살해되었다.

둘째 아들 이현(李賢)에게는 세 명의 아들이 있었다. 무후에게는 손자들이었지만, 후환을 두려워했던 그녀는 이 세 손자들을 황궁 깊숙이 유폐했다. 아버지와 아들 사이의 권력 다툼은 역사에 제법 많은 사례가 있지만, 어머니와 친아들의 권력 다툼은 이것이 처음이자 마지막이라고 할 수 있다. 무후에게 권력은 모정에 우선했다. 그녀는 권력을 독점하기 위해서 두 아들을 살해하고 어린 손자들을 유폐했다.

684년, 주로 병석에서 지내던 황제가 마침내 붕어하자 절대 권력을 향한 측천무후의 도전은 순풍에 돛을 올린 셈이 되었다. 병약했던 황제였지만, 고종은 장장 35년이나 제위에 있었다. 그는 죽고 나서 고종(高宗)이라는 칭호를 얻었으며, 태자인 셋째 아들 이현(李顯)이 황제 직위를 계승하게 되었으니 이 사람이 중종(中宗)이다. 이현은 원래 아버지처럼 심약하고 야심도 없는 인물이었으며 어머니에게 순종적이었다. 그가 황제의 자리에 있은 날은 고작 55일이었다. 이는 자신의 장인을 재상으로 삼으려고 한 일이 무후의 비위를 거슬렀기 때문이었다. 무후는 셋째 아들을 유폐시키고 막내아들인 이단(李旦)에게 황제의 지위를 넘겼으니 그가 예종(睿宗)이다. 이런 지경이니 이단(李旦)은 허울뿐인 황제였다. 고종이 죽었을 때 측천무후의 나이는 이미 예순한 살이었는데, 권력에 대한 그녀의 집착은 늙어갈수록 정도가 심해졌다.

유약한 성정의 예종(睿宗)은 무후의 말에 절대적으로 복종하는 허수아비였으며, 무후는 그가 직접 정치에 나서는 것을 금하며 섭정을 계속했다. 무씨 친족들이 득세하면서 황족들과 원로 대신들을 밀어내고 조정의 요직을 독차지했다. 황제가 어리거나 무능할 때 태후가 정치에 관여하는 일이야 흔했지만, 스스로 황제를 폐하고 새로운 황제를 세우는 일은 분명히 반역 행위였다. 황후가 점차 왕조 자체를 탈취하려는 조짐이 보이자 명분을 중시하는 사람들의 반발이 일어났다. 원로들은 물론 근왕병들의 움직임까지 심상치 않은 가운데 드디어 반란이 일어났다.

중종의 폐위를 계기로 측천무후에 의해 좌천되었던 유주사마(柳州司馬) 서경업(徐敬業)과 고종의 신하였으나 측천무후가 부상하자 조정을 떠났던 저명한 문장가 낙빈왕(駱賓王)이 주축이 되어 양주에서 봉기를 일으키자 순식간에 10만의 병력이 되었다. 당시 승상이었던 배염(裴炎)은 이 반란을 진압하기보다는 이를 계기로 무후의 퇴진을 강력하게 요구했다. 이 사건은 측천무후에게는 최대의 위기였지만 유능한 장군들의 활약에 힘입어 무장 봉기는 40여 일 만에 진압되었으며 극심한 혼란은 수습되었다. 무후에게는 이 위기가 오히려 권력을 공고히 하는 계기가 되었다. 그녀는 승상 배염을 사형에 처하면서 조정을 자신의 조카인 무승사(武承嗣)를 비롯한 충성스러운 측근들로 채웠다. 일단 위기를 넘긴 무후는 정권 탈취의 과정을 착착 진행시켰다.

마지막 결정적인 하늘의 뜻은 작은 조약돌을 통해서 전해졌다. 무후가 가장 신임하는 조카 무승상은, 옹주 출신의 강동태(剛同泰)라는 인물이 일찍이 복희씨 시절 하도(河圖)가 발견되었던 낙수(洛水)에서 신비한 돌을 찾아냈다는 사실을 보고했다. 신기하게도 그 흰색의 돌에는 예언이 선명하게 적혀 있었다.

성모임인
聖母臨人　　성모께서 사람들 사이로 내려오셔서

영창제업
永昌帝業　　영원히 번창할 제업을 이룰 것이다

무후는 이 조약돌을 하도(河圖)를 본 떠 보도(寶圖)라고 이름 짓고, 발견 장소인 낙수에 커다란 절을 창건했다. 또한 새로 건축한 낙양의 새 궁전 명당에는 만상신궁(萬象神宮)이라는 이름을 붙였다. 신궁의 중심 전각인 대전 무성전(武成殿)에서 당시 황제 이단(李旦)에게 '성모신황(聖母神皇)'이라는 존호와 함께 '신황지새(神皇之璽)'라는 새로 만든 옥쇄를 자신에게 바치도록 했다. 이제 황제가 모후에게 양위하는, 즉 아들이 어머니에게 황제 자리를 물려주는 괴이한 역성혁명(易姓革命)은 시간문제였다. 이 무렵, 부유예(傅游藝)라는 관리가 수백 명의 지방 관리들을 대표해서 무후에게 제위에 오를 것을 청하는 상소를 올렸다. 그러자 무후는 그 상소의 청을 거절하면서도 부유예를 승진시켰다. 그러자 비슷한 내용의 상소가 빗발치면서 무려 육만 명이 넘는 관리, 귀족, 승려, 일반인들이 이에 참여했다.

마침내 690년 8월 18일, 예순다섯 살의 무후는 예종에게서 선양받는 형태로 황제에 즉위하고, 자신을 '성신 황제'라고 칭했다. 국호는 고대 주나라를 계승한다는 의미에서 '주(周)'로 변경했으며, '천수(天授)'라는 연호를 사용했다. 또한 당 황실의 성을 이(李)에서 무(武)로 바꾸면서 실질적으로 새로운 왕조를 개창했다. 또한 수도를 낙양에서 신도(神都)로 옮겼고, 과거 당 황실의 친척과 신료들을 제거하여 귀족 중심 정치에서 벗어나 황제 중심의 중앙 집권 체제를 강화했다. 당나라 이전 북주(北周) 시대부터 이어진 귀족들의 권력 장악을 해소하기 위해 측천무후는 과거 제도를 개편하여 신진 세력을 대거 기용했다. 이때 등용된 요숭(姚崇), 송경(宋璟) 등의 학자들은 당 현종이 즉위한 후 적극적으로 활약하면서 당나라 왕조의 전성기인 '개원(開元)의 치(治)'를 이루었다.

측천무후는 포퓰리즘의 의미를 정확하게 이해하고 있었던 사람이었다. 그녀가 악명 높은 혹리(酷吏)들을 처형하자 민심은 일단 수습되기 시작했다. 그리고 그녀의 인사 정책은 여론 조성의 핵심이었다. 그녀는 관직에 뜻이 있는 사람들은 누구라도 스스로를 추천할 수 있다는 파격적인 조칙을 내렸다. 이론적으로는 능력이 있는 사람은 누구나 관리가 되어 녹봉을 받을 수 있다는 말이다. 이러한 정책은 단지 구호에 그치지 않았다. 무후는 실제로 관리들을 지방에 파견해서 과거에 응시한 경험이 없는 선비들과 현재 아이들을 가르치고 있는 사람들을 추천하도록 했다. 이런 식으로 추천받은 사람들은 정식 관리는 아니었으나 일단 시관(試官)이라는 이름으로 모두 임용했다. 단어의 의미 그대로 시관이 정식 관리로 발령받기 위해서는 자신의 능력을 입증해야 했는데, 현대적인 인턴 제도와 유사한 시스템을 수백 년 전에 이미 시행한 셈이다.

원래 기득권 세력의 권력 세습은 어제오늘의 일이 아니다. 사람들이 만든 어떠한 사회 체제 아래서나 발생하는 문제이다. 과거 제도는 이러한 병폐를 억제하기 위해 만들어진 것이지만, 아무리 과거 제도가 공정하게 운영된다고 해도 교육의 기회가 많은 명문가 출신들이 그 과거를 통해 권력을 독점하는 세습의 악순환은 계속되었다. 그래서 과거 제도는 결국 기득권 계층을 보호하는 일종의 사회적 장치로 작동하기 마련이었다.

무후가 관직에 대한 문호를 실질적으로 개방하자 명문가들이 독점하고 있던 조정은 크게 변화하기 시작했다. 출세를 결정하는 요인으로 출신 집안이나 배경이 아니라 철저하게 개인의 능력이 우선시되었다. 측천무후 시절은 영화 소재로도 유명한 적인걸(狄仁杰)과 이소덕(李昭德) 등 후세에 길이 이름을 남긴 명신들이 등용되고 활약한 시기였다.

무후는 많은 사람에게 관직을 개방해서 인심을 얻었다. 이러한 제도는 왕국 건설에 기여한 공신 중심의 봉건 체제였던 중국 사회가 거대한 관료 기구에 의해 움직이는 체제로 재편되어 간다는 사실을 의미했다. 그렇지만 이것은 양날의 칼과 같은 것이었다. 비대한 관료 조직에는 엄청난 유지 비용이 소요되었다. 능력만 있다면 누구나 관리가 되어 토지로 봉록을 받을 수 있는 구조는, 초기에는 '기회의 균등'이라는 이상을 실현한 듯 보였지만, 후일 대단히 비효율적이고 불건전한 형태로 변모하게 될 중국식 관료 체제의 출발점이 되었다.

무후는 675년, 지방에 은거하고 있던 학자들을 소집하여 각종 서적을 편찬하게 했다. 이 학자들을 '북문학사'라고 부르는데, 측천무후는 이들로 하여금 신권(臣權)을 견제하는 각종 개혁 방안을 고안하게 했다. 또한 전국에 불교 사원을 건립하여 불교를 중흥시켰다. 특히 낙수(洛水)가의 룽먼(龍門) 석굴은 측천무후 시대가 석굴 조성의 최전성기였음을 잘 보여주고 있다. 지금도 가장 잘 보존되어 있는 봉선사(奉先寺) 석굴이 그 예이다. 봉선사 석굴은 규모와 예술성에서 최고의 가치로 평가되며, 노천에 드러난 9개 불상 제작에만 4년이 걸렸고, 전체 석굴을 만드는 데는 15년 이상 소요됐을 것으로 추정된다. 봉선사로 난 계단을 따라 올라가다 보면 한가운데 위치한 노사나불(盧舍那佛)이 시선을 사로잡는다. 이 불상은 길이 17.14미터의 초대형 불상으로 머리 크기만 4미터, 귀 길이가 1.9미터에 달한다. 무척 거대한데도 전체적인 조형미가 세련되고 여성스럽다. 얼굴은 보름달처럼 둥글고, 눈썹은 초승달처럼 가늘며, 온몸에서 위엄이 느껴지지만, 전체적으론 온화한 분위기가 감돈다. 전해 오는 바에 따르면 비로사나불은 측천무후를 모델로 삼았다고 한다. 조정 대신들의 반대를 무릅쓰고 자리에 오른 측천무후는 불교를 자신의 영향력을 확대하는 수단으로 삼아 석굴 조성에도 깊이 관여했다. 사서에는 "측천무후가 화장품 살돈 20,000관을 헌납했다"라는 기록이 전해온다. 당시 1관이 엽전 1,000개를 꿴 것이라고 하니 엄청난 기부금이었다.

낙양 용문 석굴 봉선사 비로사나 불상

무후는 늙지 않기 위해서 결사적인 노력을 했다. 각종 비법이 실제로 효험이 있었는지는 알 수 없으나 일흔이 넘었을 때에도 나이를 알 수 없을 정도로 싱싱한 외모가 시들지 않았다고 전한다. 특히 피부가 일품이라 일흔이 넘은 나이임에도 십대 소녀와 같은 탱탱한 피부를 유지했다고 한다.

무후가 호감을 보인 남자들은 몇 사람 되지 않았으며, 모두 순종적인 관계였다. 남자 복도 그리 좋은 편은 아니었다. 첫 번째 인물은 풍소보(馮小寶)라는 한량이었는데, 이 사람은 고향에서 죄를 짓고 도주하다 후한(後漢) 명제(明帝)가 지은 중국 최초의 절 백마사(白馬寺)에서 중 노릇을 한 적이 있었다. 이 시기 무후는 백마사 인근의 감업사에서 비구니로 머무르고 있었으며, 이때 풍소보와 처음 인연을 맺었다. 이후 수십 년 만에 무후와 풍소보는 고종의 고모인 천금 공주(千金公主)의 소개로 재회했다. 무후는 환속해서 장사를 하던 풍소보에게 설회의(薛懷義)라는 이름을 주고 다시 출가하도록 한 뒤 백마사(白馬寺)의 주지로 임명했다. 설회의는 황실의 불교 행사를 주관한다는 명목으로 황궁에 자유롭게 출입했으며 태사(太師)라는 존칭으로 불렸다. 그는 원래 믿을 만한 사람이 아니었으며, 오만방자한 성격이었다. 무후의 총애를 받자 기고만장했으며, 무후의 사생활까지 공공연하게 떠들고 다녀 그녀의 수심이 깊어졌다. 그러자 어머니의 근심거리를 알게 된 외동딸 태평 공주(太平公主)가 자객을 보내 그를 제거했다.

무후의 또다른 남자는 어전 시의(侍醫)였던 심남료(沈南蓼)라는 인물로, 무후와 비슷한 연배의 신중하고 온화한 사람이었다. 그는 무후의 주치의로 정성을 다해 그녀를 보살피다 정신적인 교감이 생겼다. 그는 무후의 총애를 업고 권력을 휘두르려고 하지 않았으며, 무척 친절하고 다정해 무후가 정신적으로 많이 의존했지만, 어느 정도의 거리를 유지하는 관계였다.

마지막 남자는 장역지(張易之)와 장창종(張昌宗) 형제로, 그들은 명문가 출신의 스무 살을 갓 넘긴 청년들이었다. 그들은 외모도 준수할 뿐 아니라 풍류를 즐길 줄 아는 사람들로, 부와 권세를 가진 바람기 많은 귀부인 사이에서는 이미 명성이 자자한 한량들이었다.

화려한 남성 편력을 자랑하던 이 낙양의 유한부인 그룹의 리더가 바로 무후의 외동딸 태평 공주였다. 그녀는 상당히 영리했지만, 못 말리는 바람둥이로 공식적인 결혼만 세 번을 하면서 무후의 골머리를 썩였는데, 그녀가 이들 형제를 무후에게 추천했다. 그러나 나이가 들면서 총명함을 잃어가던 측천무후가 아첨을 일삼던 장역지, 장창종 형제를 총애하고 충신들의 간언을 무시하면서 정국은 점차 불안해졌다.

무후의 말년에 살아남은 두 아들 중에서 셋째인 중종 이현은 유배 중이었고, 막내아들 예종 이단은 '황제의 아들'이라는 신분으로 전락해 권력의 핵심에서 멀찌감치 밀려나 있었다. 이단(李旦) 대신 무후를 보좌한 사람들은 무후의 두 조카인 무승사와 무삼사였다. 특히 무승사는 차기 황제로 유력시되고 있었으며, 이단(李旦)의 태자의 자리를 원하고 있었다.

무승사가 후계자로 굳어지는 듯한 분위기에서 무후가 발탁한 두 명신인 적인걸과 이소덕이 무후를 찾아와 그녀에게 넌지시 물었다.

"폐하께서는 아들과 조카 중에서 누구와 더 친하십니까?"

이 질문에 무후는 정신이 번쩍 들었다. 그녀는 이현이 유배되어 있던 곳으로 사람을 몰래 보내어 그를 은밀하게 낙양으로 불러들였다. 이 사실을 알게 된 황태자 이단은 스스로 태자의 자리에서 물러나기를 청했다. 중종 이현이 다시 황태자로 복귀하자 조카인 무승사는 크게 실망해서 병에 걸려 시름시름 앓다 죽었다. 무후는 자신의 소생인 이현과 이단, 태평 공주 삼 남매와 무씨 일가를 한데 모아 천지신명에게 화평을 서약하게 하고 이를 쇠판에 기록해서 사관에게 보관하도록 했다.

결국 705년, 무후가 직접 등용한 중신들인 재상 장간지(張柬之)와 최현위(崔玄暐), 환언범(桓彦範) 등은 군사들을 동원해서 장씨 형제가 걸어 잠근 황궁의 문을 부수고 침전까지 들어가 장씨 형제를 살해하고 무후에게 양위를 요구했다. 그리고 황태자였던 중종 이현이 황제로 즉위하면서 측천무후의 권세도 막을 내렸다.

이 사건을 중국사에서는 '오왕의 정변(五王政變)'이라고 부른다. 장씨 형제를 처형하고, 82세의 측천무후를 폐하고 중종을 복위시켰다. 이로써 주 왕조는 15년 만에 끝을 맺었다. 측천무후는 같은 해 12월에 죽었으며, 황후로서 고종과 함께 합장되었다. 그녀는 마지막으로 모든 것을 원점으로 돌리기 위한 시도를 했다. 자신의 존호에서 황제를 빼고 '측천대성황후(側天大聖皇后)'로 부를 것과 고종의 무덤인 건릉(乾陵)에 합장할 것을 유언으로 남긴 것이다. 그녀는 이와 함께 자신의 정적이었던 왕황후와 소숙비의 일족들, 자신이 처단했던 고종조의 신하들인 저수량, 한원, 유상 등의 일족들을 모두 사면하라는 유언도 함께 남겼다. 그녀의 능 앞에는 유언에 따라 한 글자도 새겨지지 않은 비석이 세워졌다. 이를 '무자비(無字碑)'라고 한다.

측천무후는 정적을 제거하고 황제를 갈아치운 데 더해 결국 스스로 황좌에 오르기까지 하면서 중국 역사상 최고의 악녀 중 한 사람으로 꼽히게 되었다. 그러나 그것은 남성적 사관의 소산일 뿐 사실 그녀의 치세 동안 민생은 안정되어 백성들에게 널리 지지받았다. 측천무후가 세운 주나라는 과거의 주나라와 비교하여 '무주(武周)'라고 부르며, 그녀가 이룩한 태평성대는 '정관의 치'와 비교하여 '무주(武周)의 치'라고 불린다.

외교와 군사 측면에서도 잃은 것보다는 얻은 것이 훨씬 많았다. 그녀 이전 세대에 고구려를 정복해서 세웠던 안동도호부 전역을 그녀의 통치 시절에 대조영이 세운 신생국 발해에게 고스란히 내주어야 했지만, 발해와는 선린 관계를 맺는 데 성공했다. 또한 돌궐(突厥)이라고 부르던 북방 유목 민족과도 우호 관계를 유지하여 돌궐(튀르크)이 당나라의 큰 위협이었던 키탄(거란)까지 대신 제압해 주는 외교적인 성과를 올렸다. 이로써 당나라 입장에서는 동쪽 국경 지역의 근심거리를 완전히 해소할 수 있었다.

한자어로 토번(吐藩)이라고 불리던 서역의 고대 티베트 왕국에 대해서는 강경한 정책을 고수해서 결국 티베트 왕국을 정복했다. 티베트의 정복은 막대한 부가 창출되는 서방 교역로를 독점했다는 의미였다. 이는 곧바로 괄목할 만한 경제 부흥으로 이어졌다. 경제 문제에 관한 한 측천무후에 대한 평가는 대단히 긍정적이다.

그녀는 기존의 경제 체제를 잘 유지했을 뿐 아니라 경제가 낙후된 각 지방에 대해서 "농업과 양잠업을 중시하고 세금과 부역을 가볍게 한다"라는 단순한 경제 원칙을 세우고 이를 강력하게 밀고 나갔다. 지방의 관리들에게는 기회와 위험이 동시에 주어졌다. 농지를 개간해서 경작지가 넓어지면 포상을 받고 파격적인 승진이 가능했으나 호구 수가 줄어들면 엄격한 처벌을 받았다. 또한 부역과 세금 감면 정책을 통해서 유랑민들을 정착시켰다. 그러자 당나라 전체의 호구(戶口) 수는 65퍼센트 이상 늘어났다. 그 시대의 호구 수는 곧바로 국부(國富)를 의미했다. 일반 백성들의 입장에서는 문자 그대로 태평성대를 구가했던 것이다.

초기에 티베트 정복을 위한 막대한 전비(戰費)가 재정에 부담이 되었으나 동서 교역로의 확보는 장기적으로는 크게 남는 장사였다. 독실한 불교 신자였던 무후는 새로운 황궁인 명당과 함께 대규모 사찰을 건립하면서 재정을 낭비한 과실도 있지만, 호구 수가 증가하면서 경제 규모 자체가 커졌기 때문에 백성들의 세금 부담은 그녀 이전의 태종이나 고종 시절보다 전반적으로 낮은 수준을 유지할 수 있었다.

무후에 대한 평가와 관련된 논쟁의 핵심은, 항상 정치적인 측면과 이와 연관된 윤리적인 문제였다. 그녀는 피의 숙청을 통해서 권력을 창출했다. 언제라도 정권에 도전할 수 있는 황실의 직계 손들은 대부분 희생되었는데, 그중에는 자신의 몸에서 나온 두 아들도 포함되어 있었다. 비인간적인 잔인한 모정이었다. 자신의 권력을 공고히 하기 위해서 황족뿐 아니라 무고한 사람들 수천 명이 죽고 수만 명이 유배되거나 노비 계급으로 전락해야만 했다. 그렇지만 이러한 희생은 어디까지나 권력층 내부의 일이었지 일반 백성들과는 별 상관이 없는 일이었으며, 오히려 국가 전체로서는 득이 되는 일이기도 했다. 그러한 상황에서 무후의 잔인한 숙청은 일반 백성들의 입장에서는 기득권 세력이 와해된 것을 의미했으며, 그것은 결국 자신들의 부담으로 유지되는 계급이 줄어든 것이었다. 또한 무후의 통치 시절은 지배를 받기만 하던 사람들에게도 공정한 기회가 주어진 시대였다.

결국 그녀에 대한 평가는 '선정을 베푼 찬탈자'라는 평가로 요약될 수 있다. 측천무후의 '음탕함'을 비난하는 역사가들의 견해는 편협한 것이다. 공정한 입장이라면 역대 중국 황제들의 음탕함을 동시에 비난해야만 한다. 남자 황제들이 자기의 딸 또래의 여자들을 수백 명씩 불러들여 즐기는 것에 대해서는 관대하면서 유독 무후의 남성 편력을 비난하는 것은 성에 대한 이중적인 잣대를 적용하는 것이다. 변하지 않는 한 가지 사실은, 측천무후는 550명에 달하는 중국의 황제들 중에서 유일무이한 여성이지만, 엄연히 '황제'였다는 점이다. 그녀가 사망하고 당(唐)이 복구된 후 현종(玄宗, 712~756) 재위 기간에 이루어진 이른바 개원(開元)의 치적도 그녀의 통치 기간에 조성된 경제나 사회의 발전력이 비로소 효과를 발휘했기 때문에 가능했던 것이다.

현종과 개원의 치

중국 최초의 여황제 탄생으로 당(唐)은 사라질 뻔했으나 이에 반감을 가진 중신들이 그녀가 병든 말년에 신룡정변(神龍政變)을 일으켜 무후는 국권을 내놓게 되었다. 이로써 무후에 의해 폐위되었던 중종이 복위했다. 그러나 중종은 다시 혼란의 소용돌이에 휘말렸다. 제2의 여황제가 되고 싶었던 위황후와 황태녀를 생각하고 있었던 위후의 딸 안락 공주가 중종을 독살했으니 그 사건이 경룡정변(景龍政變)이었다.

그 후 성제가 옹립되었으나 710년 임치왕 이융기가 고모인 태평 공주와 손을 잡고 아버지를 복위시켰는데, 이것이 당륭정변(唐隆政變)이었다. 임치왕 이융기는 정국을 수습하면서 아버지 예종을 황위에 복위시키는 데 큰 공적을 세워 공헌도로만 따지면 충분히 황태자가 될 수 있었다. 하지만 적장자가 아니었기에 미묘한 어려움이 있었는데, 적장자 송왕 이성기가 '현무문의 변'을 되풀이할 수 없다고 생각하여 스스로 황태자 자리를 양보했다.

이로써 이융기는 큰 무리 없이 황태자 자리에 오를 수 있었다. 그러나 이후 정치적으로 큰 힘을 얻은 태평 공주와 황태자가 된 이융기의 대립이 시작되었다. 당 예종은 아들이자 실권자인 임치왕 이융기가 황태자로서 오래 있게 했다가는 자신도 위험할 수 있다고 여겨 스스로 양위했고, 이융기는 27세에 당나라의 6번째 황제로 즉위했다.

당 현종의 성명은 이융기(李隆基)로 예종 이단의 3남이며 아명은 이삼랑(李三郎)이었다. 재위 후 시호는 지도대성대명효황제(至道大聖大明孝皇帝)이고, 줄여서 명황제(明皇帝), 당명황(唐明皇)이라고도 불린다. 묘호는 현종으로 검을 현(玄)을 쓰는 게 특징이다. 이는 현종의 큰아버지인 중종의 이름이 이현(李顯)이기에 현종(顯宗)이란 묘호를 쓸 수가 없었기 때문이었다.

현종은 즉위하자마자 한때 동지였던 태평 공주와 치열한 정치적 투쟁을 벌여야 했다. 태평 공주는 여러 번 현종을 독살하려 했으나 실패했고, 현종은 결국 즉위 다음 해인 713년에 태평 공주와 그 일파까지 제거했다. 이 사건은 측천무후 퇴위 이후 연이어 발생한 군사 반란과 정변의 흐름을 종결짓고 정치 질서를 안정화시킨 중대한 정치적 전환점이 되었으며, 이를 선천정변(先天政變)이라 했다. 이후 유능한 재상들을 등용하고 측천무후 시기부터 진행되던 사회변화에 맞추어 제도를 개혁하고 군사력을 재건했으며, 대외 영향력을 확대하여 제국의 영향력을 최전성기로 끌어올렸다.

이 시기 현종을 보좌한 유능한 재상으로는 요숭, 송경, 장가정, 장열, 이원굉, 두섬, 한휴, 장구령 등이 있었다. 요숭(姚崇)과 송경(宋璟)은 '개원(開元)의 치(治)' 초창기를 빛낸 명재상으로서 '정관(貞觀)의 치(治)'를 보좌한 방현령、두여회와 비견될 만한 인물이었다. 이들 두 재상은 각각의 성을 따서 '요송(姚宋)'이라고 불렸고, 정관 시대의 '방두(房杜)'에 견주는 표현으로 사용될 만큼 높은 평가를 받았다. 특히 한휴는 현종에게 자주 직언하여 좌우의 지지 세력들이 "한휴가 재상이 되고 나서부터 폐하는 단 하루도 즐겁게 지내신 적이 없습니다."라고 할 정도로 잔소리꾼이었다. 단순히 이러한 유능한 재상들의 목록만 놓고 본다면 부하를 잘 둬서 명군이라고 해석할지도 모른다. 그러나 현종의 강력한 황권을 생각한다면 부하들은 현종을 보좌하는 자들이고, 결국 정책을 실시하는 주체는 황제 현종이 분명했다. 즉, 개원지치(開元之治)를 통해 당이 직면했던 내적 문제를 해결할 수 있는 최종적인 공로는 현종에게 있었다. 그 대표적인 사례가 '화적법'이다.

이 법은 추수기에 제국에서 강남 등 곡창 지역의 곡식을 시가보다 2~3할 정도 더 비싸게 사들여 이를 각지의 군진들에 직접 공급하고, 번번이 식량 부족에 시달리는 수도권 관중 지역에도 공급하는 제도로써 기존의 지조(地租: 농민들이 직접 부담하는 토지세)와 영전(營田: 군사들이 둔전을 행함)을 대체하는 제도가 되었다. 결국 농민의 부담 경감과 군량 확보라는 두 마리 토끼를 한꺼번에 잡는 데 성공한다. 이처럼 제도 개혁을 지속적으로 이끌어내는 데 성공한 공적은 결국 현종에게 있다.

태평성세가 계속되며 재위 중반을 향해 가자 명군 현종도 명재상들을 멀리하고 아첨하는 부하들을 가까이 하여 국정의 권력 투쟁이 시작되었다. 이 시기 당 제국은 모병제로 유지하는 대규모의 군진과, 이를 지역별로 엮어서 통솔하는 절도사직을 신설했고, 천보(天寶) 연간으로 넘어갈 즈음에는 절도사직 10개가 설치되면서 군사력이 하늘을 찌르고 있었다. 736년에는 간신 이임보가 재상의 일원이 되어 명신 장구령을 몰아내면서 불길한 징조가 감돌았다. 그리고 737년, 현종은 황태자 이영, 악왕 이요, 광왕 이거를 사사(賜死)시키고 738년 충왕 이여를 황태자로 등극시켜 황태자를 교체했다. 게다가 즉위 초기의 현종은 상당히 검소한 황제였지만, 이 시기 즈음부터는 검소함이 사라지고 화려한 생활을 영위하기 시작했다. 741년 연호를 개원(開元)에서 천보(天寶)로 바꾼 이후로 현종의 치세에 변화가 생긴 것으로 보는데, 이 때문에 현종 후반의 치세를 초반의 개원성세(開元盛世)에 대비하여 천보난치(天寶亂治)라고 부르기도 한다.

대외 정복 전쟁에서는 고구려 출신 당나라 원정군의 고선지가 서역에서

종횡무진 활약하면서 72개 국가를 정복하는 등 당나라의 팽창주의를 이어가 영토가 크게 확장되었다. 이로써 당나라는 아시아 전체에 영향력을 행사할 수 있게 되었고 재정도 나아졌다. 그러나 잦은 전쟁으로 인해 수많은 인력이 목숨을 잃고 국고가 궁핍해졌으며 농촌이 황폐화되었다. 더욱이 이 시기에 압바스 왕조와 같은 이슬람 세력이 등장하여 이들과 충돌하게 되었다. 그 정점에 있었던 사건이 천보 10년(751년)에 일어난 탈라스 전투였다. 이 전투 이후로 안사의 난이 연달아 발발하면서 당은 내전에 돌입하게 되었다. 참고로 탈라스 전투로 인해 제지술이 이슬람을 거쳐 유럽까지 전파되었고, 이로 인해 지금껏 잠들어 있던 유럽이 큰 변화를 겪게 되었다. 당 제국은 탈라스 전투 이후 고선지의 후임인 안서절도사 봉상청이 대발률국을 정복하는 등 안서도호부의 강역을 더욱 더 정복함으로써 서역에 대한 영향력을 여전히 행사하여 중앙아시아는 여전히 당나라의 지배하에 있었다.

내치 측면에서는 고종 이후 측천무후의 치세를 거치면서 몰락했던 관롱 귀족 세력이 간신 이임보를 필두로 다시 정국을 장악했다. 이임보가 주도권을 장악하면서 개원의 치를 펼치는 데 큰 도움이 되었던, 빈천한 가문 출신의 관료들, 즉 과거제로 입문한 관료들은 세력을 잃고 밀려나게 되었다. 대외적으로 현종은 기존의 부병제를 기반으로 하는 당의 군제가 측천무후 집권기에 파탄을 맞자 당 제국의 군제를 직업 군인제인 모병제 중심으로 개혁하는 데 성공하여 개원 말엽(730년대)에는 부병제를 완전히 폐지하는 데까지 이르렀다. 그리고 당 제국은 이러한 모병제를 중심으로 양성된 대규모 정예군을 바탕으로 군사력을 재정비하고 대외적으로 정복 전쟁을 재개하면서 주변국에 강대한 영향력을 행사하기 시작했다.

당은 북방의 숙적인 돌궐 제국을 정복하기 위해 노력했다. 돌궐의 묵철가한이 화친을 요청했으나 현종은 이를 거부했고, 북벌을 진행했으나 토번 제국의 공격과 거란 전선에서의 대패로 인해 돌궐 북벌은 실패했다. 그러나 돌궐 제국의 가한으로 군림하며 돌궐 제2제국을 전성기에 올려놓고 하북(河北)을 공포로 몰아넣었던 돌궐 제국 최전성기를 이룩한 황제 묵철가한(카파간 카간)이 혼자 밤길을 가다 허무한 암살을 당함으로써(716년) 돌궐 제국은 심각한 혼란에 빠졌다. 돌궐에 정복되었던 5개 부족이 한꺼번에 당 제국에 귀부해오면서 북방 국경선이 크게 강화되었다. 그 결과 강성하던 토번 제국도 730년경 완전히 정복 당했다. 거란족도 마찬가지로, 당 현종은 이이제이(以夷制夷) 정책으로 적절히 거란의 내정에 개입하여 군사적, 정치적으로 분열시키고 압도적인 군사적 우위를 확보하는 데 성공했다. 거란과의 전쟁이 한창이던 때 발해와의 전쟁도 발발하면서 전선이 양면으로 확대되었다. 732년 발해 무왕이 보낸 장문휴 군대에게 등주를 공격당해 자사 위준이 살해당했고, 이에 분노한 현종은 갈복순을 보내 이를 막게 했으나 발해군은 후퇴한 뒤였다. 그 뒤 반격에 나섰으나 마도산 전투에서 당군이 발해군에게 패하면서 실패했다.

당 현종은 개원성세라는 전성기를 이끌면서 여러 국가를 정복했고, 당 제국의 영토를 팽창시켜서 중앙아시아까지 영향력을 확대한 군주였다. 동시에 '안사(安史)의 난(亂)'이라는 거대한 내전을 발발하게 하여 제국의 몰락까지도 초래한 황제여서 여러모로 평가가 극과 극으로 갈리곤 한다. 양귀비와의 로맨스는 거의 그를 상징하는 요소이며 그와 관련한 많은 이야깃거리와 전설을 남기기도 했다. 다만 여기서 주의할 것은 현종이 양귀비와 놀아나다 제국을 망쳤다는 평가인데, 이 말 그대로 받아들이는 것은 지나친 도덕적 역사관이기도 하지만, 사실과는 좀 다르다. 후기의 현종이 암군(暗君)의 모습이 보인다는 평가는 정치적 측면에서 이해할 수 있다. 실제로는 바닥까지 몰락했던 관롱 귀족 집단이 완전히 정국을 장악하여 국정을 전횡하는 것을 그가 방관했다는 점이 가장 큰 문제였다. 현종은 이를 극복하기 위한 군제와 경제 개혁을 몇 차례 시도했지만 이에 반대하는 군인과 귀족들이 정국을 장악해 실질적 변화가 어려웠다. 오히려 그들은 현종의 개혁에 강하게 반발하며 저지에 나섰고 개혁을 실패하게 만들었다. 이런 상태에서 자신에게 간언하는 과거제 출신 관료들에게 거부감을 느끼게 되었고, 정치에 회의감을 갖기 시작했다. 이는 현종이 부정적인 방향으로 변하기 시작한 원인 중 하나였을 것이다.

752년 이임보 사망 후, 총애하던 후궁 무혜비 사후 맞아들인 양귀비로 인해 양씨 일가가 전횡하게 되었다. 이 때문에 국정의 권력 투쟁은 끊임없이 계속되었다. 게다가 조정 신료들과 절도사 사이에서, 여러 절도사 사이에서 갈등이 심각한 상황이었다.

삭방 절도사로 있던 안록산(安祿山)의 사촌 안사순이 일찍이 안록산의 배신을 경고했으나 조정은 무시했고, 오히려 안사순이 가서한의 무고로 죽게 되었다. 이때 이임보는 지금까지 장성 안쪽의 내지 절도사직을 문신이 아닌 장군이 담당하게 하여 권력에 반기를 들 수 있는 정치 세력의 등장을 아예 막고 있었다. 그러나 이러한 정책은 오히려 지방 절도사들의 군사력을 강화시키는 부작용을 낳았고, 마치 중세 봉건제 국가처럼 지방 군사들은 강성하고 중앙군은 부패하고 빈약한 상황이 되었다. 결국 이임보 사후 절도사직을 셋이나 겸임하던 안녹산이 국경의 정예 병력들을 장악하면서 독자적인 군대가 되었고, 755년 양국충 타도를 명분으로 군사 반란을 일으켜 수도 장안까지 침공했다. 이에 현종은 사천을 향해 몽진을 가기에 이르렀다. 이임보가 권력을 잡은 지 19년 만의 일이었다.

몽진 도중, 모든 것이 양귀비와 양국충 때문이라고 불만을 품은 군인들이 마외(馬嵬)에서 정변(政變)을 일으켜, 양국충은 그들에게 살해되고 양귀비는 군인들의 분노를 진정시키기 위해 스스로 목숨을 끊었다. 양귀비와 양국충이 목숨을 잃자 일단 사태는 수습되어 무사히 퇴각할 수 있었지만, 현종은 큰 충격을 받았다. 현종이 사천에 퇴각해 있는 동안에 다른 영지에서 분조를 이끌고 있던 황태자가 군인들의 추대로 즉위하여 숙종(肅宗)이 되었다. 자칫하면 황제와 황태자 간의 내전이라도 일어날 분위기였지만, 현종은 공연히 고집을 부렸다가는 상황이 더 악화될 것이라고 인식했는지, 양귀비의 죽음으로 더 이상 삶의 의지를 잃어버렸는지 그는 황태자에게 정식으로 양위하고 사천에서 순순히 태상황으로 물러났다. 이후 각지에서 반란군을 격퇴하려는 군대와 숙종이 이끄는 반란 진압 연합군은 안록산의 반란군을 공격하여 진압하고 장안성을 탈환하는 데 성공했고, 757년 장안성에 입성하게 되었다.

이후 당 현종은 장안성의 별궁인 흥경궁에 은거했다. 그는 '안사의 난'이 평정된 후에도 영향력을 행사했지만 며느리 장황후와 환관 이보국이 권력을 장악하면서 강제로 감로전으로 유폐되었고, 그의 부하인 고력사마저 유폐되었다. 현종은 그들의 처사에 분노했으나 아들인 당 숙종이 병석에 있었고 현종 자신도 고령으로 인해 건강이 좋지 않아 대항할 만한 힘이나 군대가 없었다. 그의 곁에는 이제 궁인들과 가끔씩 정기적으로 방문하는 혈족들밖에 없었다. 결국 762년 5월 2일, 당 현종은 옥피리를 불고 궁인들에게 목욕을 하고 싶다고 말한 뒤 목욕 후 갑자기 쓰러졌고, 그다음 날인 5월 3일 새벽 78세를 일기로 죽음을 맞이했다. 늙은 황제는 죽는 순간까지도 양귀비를 그리워하며 죽었다고 전해진다. 현종 사후 13일 뒤에 아들 당 숙종도 사망하면서 당 제국의 정국은 다시 한번 혼란에 빠지게 되었으며, 이는 제국의 몰락으로 이어지게 되었다.

현대 중국인들에게 중국 역사상 가장 선호하는 왕조 시기를 꼽으라고 하면 대부분 한나라와 더불어 당나라 시기를 꼽을 정도로 당나라는 중국인들 사이에서도 영광스러운 과거로 인식되고 있다. 당나라는 역대 중국 왕조 중 군사, 경제, 문화, 정복 등 다방면에서 균형잡힌 나라였기 때문이다. 또한 역대 왕조 중 가장 활발한 대외 팽창 정책을 실시했고, 삼국 시대부터 이어진 혼란기를 최종적으로 마무리지었다는 점, 당 태종 이세민과 당 현종 이융기가 중국사에서도 손꼽히는 태평성대를 이루었다는 점, 당 태종과 위징의 관계가 중국 역사상 가장 이상적인 군신 관계 중 하나로 평가된다는 점, 또 중국 역대 왕조들 중 송나라와 더불어 가장 개방적이고 국제적인 문화 강국을 이룩했다는 점 등을 이유로 가장 인기가 있다고 한다. 물론 문화의 개방성이나 융성이라는 측면에서는 송이 더 개방적이고 융성했으나 송은 상대적으로 군사력이 약해서 역사 내내 요나라, 금나라, 원나라에게 굴욕도 많이 당해 당에 비하면 대중의 평가가 높지는 않았다.

중국인들이 당을 좋아하는 마지막 이유는 중국 경내 소수 민족을 흡수하려 노력했다는 정치적인 이유 때문이다. 이는 현 중국 당국에서 다민족 통합의 상징으로 당나라를 부각시키고 있는 흐름과도 맞닿아 있다. 즉 당나라의 개방성과 화려함이 중국 역대 최고의 경지를 이룩했다는 것이다. 그들의 개방성은 심지어 과거 시험에서도 유효하여 당나라 말기 신라 유학생 최치원이 빈공과(賓貢科)에 합격하여 벼슬하며 '토황소격문'을 지었던 것은 유명한 일이다. 또한 장보고는 중국 현지에 신라인이 거주하는 지역과 사찰을 마련하고 무역을 한 일도 잘 알려져 있다.

당나라가 멸망한지 500여 년이 지난 명나라 치세에도 중국인들은 자신들을 '대명(大明)'이 아닌 '대당(大唐)'인이라고 소개하는 부분이 최부의 《표해록》에 나오며, 현대의 차이나타운도 중국인들은 '당인가(唐人街)'라고 부른다. 외국을 대강 부르기로 악명 높은 일본에서 '당(唐/Kara)'은 중국을 지칭하는 대명사였고, 그보다는 사정이 나은 한반도에서도 중국 한족풍의 문화를 '당풍(唐風)'이라 일컬었다. '한(漢)'이 한족(漢族)의 어원이 된 민족적인 개념이라면 '당(唐)'은 문화적인 개념의 중국을 상징하는 것이다. 그 이후에도 고급스런 제품에는 앞에 '당(唐)-'을 접두사로 붙이는 경향도 나타났다. 서양에서도 당나라와 실크로드로 인한 활발한 교류가 있었기 때문에 당나라에 대한 인식이 좋은 편이었다. 그 당시 국가의 체계를 갖추어 나가기 시작했던 동아시아로 분류되는 통일신라, 발해, 일본, 베트남에서는 당나라의 문화를 받아들여 율령, 불교, 유교를 통해 국가 체제를 갖추었다. 또한 균전제(均田制) - 조용조(租庸調) - 부병제(府兵制) - 율령제(律令制) - 3성 6부제로 대표되는 당나라 중기까지의 국가 체제는 고대 중국 국가 체제의 완성으로 여겨지고 있다.

'당삼채(唐三彩)'로 대표되는 채색 도자기 등은 이전 시대와 비교했을 때 화려하면서도 이국적이고, 자유로운 풍조를 띄게 되었다. 이러한 문물은 이슬람을 거쳐 유럽에도 일부 영향을 주었다. 고구려 유민 고선지 장군이

톈산산맥을 넘어 벌인 탈라스 전투를 계기로 종이가 이슬람 문명으로 넘어가 전 세계로 퍼지게 된 사건도 중요하다. 불교와 도교의 교단이 확립되어 다양한 종파들이 활발히 활동했던 것도 당나라 시대였다. 특히 남북조 시대에 있었던 쿠마라지바(鳩摩羅什, 구마라습)의 불경 번역을 믿지 못해 직접 현장법사를 천축국으로 보내 불경을 얻어와 번역하여 펴냈다. 문학적으로도 이태백, 두보, 백거이 등에 의해 당시(唐詩)라는 한시의 형식적 미학이 갖추어졌으며 그 후 한유, 류종원, 구양수 등의 당송 팔대가의 업적이 후에 고문(古文)의 표본이 되었고, 왕희지의 〈난정서〉를 좋아한 태종의 취미로 인해 안진경, 구양순 등이 서체를 발전시켜 서예가 예술로 정착한 것도 이 시대였다.

안록산의 난과 당의 몰락

개원지치 즈음에 군진(軍陣)을 관리하기 위해 설치한 절도사 제도는 점점 심각한 문제를 일으키기 시작했다. 절도사 제도는 본래 막대한 수의 직업 군인을 지방의 군사 지휘자가 단독으로 통솔하는 구조였기 때문에 강력한 중앙의 통제가 없어 군벌화 되기 쉬운 태생적 단점을 가지고 있었다. 천보 시대부터 관리가 극도로 소홀해진 것이 문제였다. 즉 이 시기부터 당나라는 중앙 집권 제국이 아니라 완전한 분권적 봉건제 제국으로 탈바꿈하게 된 것이다.

당나라는 군사 제도를 직업 군인 제도인 모병제로 완전히 바꾸고, 군사력을 엄청나게 증강시키면서 팽창주의를 고수했다. 그 결과 고선지 등이 72개가 넘는 국가들을 정복하고 아시아 전체에 막대한 영향력을 행사하고 있었다. 동시에 당 태종 대에는 최전성기를 달리면서 세계 1위의 군사력을 자랑했다. 그러나 당의 군사력이 강력한 가운데 정작 현종은 강한 군사력을 제대로 통제하지 않았다. 그러니 힘이 막강할 대로 막강해진 군인들과 절도사들이 더 이상 힘을 주체하지 못하고 걸핏하면 조정에 반항하며 내전을 일으키거나 황제의 명령 없이 독단적으로 자신의 개인 군대를 이끌고 원정이나 정복 전쟁을 나가는 등 병영 국가화되어 갔다. 강력하지만 통제되지 않는 군대는 양날의 검이 되어 제국을 위협하게 되었다.

대표적인 경우가 안녹산이다. 그는 평로 절도사로 14년, 범양 절도사로 12년, 하동 절도사로 5년을 재임하며, 이들 셋을 겸임했다. 절도사의 원래 임기가 2년이란 점을 감안하면 이는 명백한 월권행위였다. 이것은 절도사들의 군사력이 너무나 막강하고 개인 권력화하여 더 이상의 관리가 불가능해졌다는 것을 의미했다.

안녹산이 통제하던 군대 병력만 해도 당시 당의 지방 절도사들이 관리하던 총 군대 병력인 48만 6,900명 중 37.8%인 18만 3,900명이며, 여기에 수만 명에 달하는 사병(私兵) 조직까지 확보하고 있었다. 말 그대로 절도사는 황제를 압도하는 군사지휘권을 가진 군벌로 변하여 통제 불능의 군대 세력이 된 것이다. 이것을 방관한 말년의 황제 현종이 과연 현명했다고 할 수 있을까 의문이다. 결국 이런 거대한 군대 병력을 통제하고 있던 안녹산이 간신 양국충의 토벌을 핑계로 반란을 일으키자 동시에 거대한 제국 전역에서 대규모 군대를 거느린 수많은 절도사들까지 군사를 일으켰다. 이것이 제국 전체를 휩쓰는 거대한 내전으로 흘러가면서 말 그대로 대책이 없는 상황으로 전개되었고, 결국 당 제국은 피폐해지면서 멸망의 길로 갔다.

안사의 난(安史之亂)은 755년 12월 16일부터 763년 2월 17일에 걸쳐 삼도 절도사인 안록산과 부하인 사사명, 그리고 그 자녀들이 일으킨 대규모 반란이다. '안사의 난'이란 안록산(安祿山)과 사사명(史思明)의 첫글자를 따서 지은 이름으로 안록산의 난 또는 천보의 난(天寶之亂)이라고도 한다. 안록산은 나라 이름을 연(燕)으로 하고, 스스로 황제라고 선포하고 9년간 반란 전쟁을 지속했다. 이 기간 당나라의 인구는 3,600만 명이나 줄었다. 직접적인 원인은 양귀비의 사촌인 양국충과의 권력 다툼에서 패한 안록산이 군사를 일으킨 것이지만, 당나라 말기 율령제의 변질, 균전제와 조용조의 변화, 부병제의 붕괴 등이 간접적 원인이라고 할 수 있다. 개원의 치를 이끌었던 현종은 양귀비에 빠져 밤낮으로 양귀비와 놀고먹으며 그녀가 말하는 것은 다 들어주었다. 백거이(白居易)가 〈장한가(長恨歌)〉에서 노래한 바와 같이 현종은 정사는 돌보지 않고 밤낮으로 궁정에서 환락의 생활에 빠졌다. 양귀비의 환심을 사기 위해 재물은 말할 것도 없고 권력조차 넘겨주는 일을 서슴없이 행한 현종은 여산(驪山)의 온천에 있는 별궁을 수리하여 화청궁(華淸宮)이라 하고 사시사철 그곳에서 지냈다.

화청지에 세워진 양귀비상

현종이 고력사 등의 환관들에게 정치를 맡기면서 양국충 등 외척과 환관들의 본격적인 환관-외척 정치가 시작되었다. 현종은 양귀비에게 빠져 있었고, 그로 인해 정치 권력을 손에 넣은 재상 이임보는 양귀비를 조종하여 독재 정치를 했다. 현종은 명신 장구령의 충언은 무시하고 이임보만 절대적으로 신임했는데, 그로 인해 746년에는 과거 응시자를 전원 탈락시키는 사건을 일으켰다. 우수한 관리가 나오면 이임보의 정치가 흔들릴 것 같았기 때문이다. 이임보는 매우 교활하고 간사하여 아첨을 잘했으며, 재상의 자리에 있었던 10여 년간 사리사욕만 챙겼다. 또한 귀족 세력을 견제하고자 무관을 경시하는 사회 풍조를 이용해 이민족 출신을 번진 절도사로 등용하자고 주장한 장본인이다.

페르시아와 돌궐의 혼혈이었던 안녹산은, 일찍 아버지를 여의고 어머니를 따라 돌궐 부락에서 생활했다. 716년에 돌궐에서 당으로 망명한 그는 당나라가 소수 민족을 변방의 군사로 모집할 때 군에 들어갔으며, 30대에 유주 절도사 장수규에게 발탁되었다. 그는 자신이 소수 민족 출신으로 변방의 지리에 밝고 여러 언어에 능통한 것을 적극 활용해 토벌 작전에서 많은 공을 세웠다.

안녹산이 이렇게 빠르게 승진할 수 있던 것은 그의 능력과 함께 현종, 이임보, 양귀비의 전적인 신임을 받았기 때문이다. 안녹산은 권모술수에 매우 능한 인물로, 현종을 알현할 때 일부러 바보같은 언행을 일삼았다. 그는 처음 태자를 만났을 때 짐짓 예를 알지 못하는 척 절을 하지 않았다. 이에 주위에서 절을 종용하자 그는 자신이 오랑캐라 예를 알지 못했으며 태자가 무엇인지 반문했다. 현종이 웃으면서 자신의 뒤를 이어 황제가 될 인물이라고 알려 주자 안녹산은 세상에 황제는 오직 현종만 있는 줄 알았다며 그제야 태자에게 절을 올렸다고 한다.

또 한번은 현종이 안녹산의 비대하고 축 처진 배를 가리키며 그 속에 무엇이 들었는지 물었다. 이에 안녹산은 현종에 대한 충성심만이 가득 들었다고 아첨하기도 했다. 그는 현종뿐만 아니라 조정 대신들에게도 아첨하며 변방에서 챙겨온 뇌물을 나누어 주었다. 특히 현종이 양귀비를 총애하자 안녹산은 출세를 위해 그녀에게 접근했다. 그는 이미 중년의 나이로 양귀비보다 무려 10여 살이나 위였음에도 그녀의 양아들이 되기를 자처했다. 안녹산은 때를 가리지 않고 궁궐을 드나들며 양귀비를 만났지만, 현종은 둘의 관계를 조금도 의심하지 않았다.

이임보가 죽고 난 후에 양귀비의 사촌인 양국충이 재상이 되는데, 현종은 양국충뿐 아니라 양귀비의 언니들 세 명에게도 호화 저택을 하사하고, 그 친척들을 고관으로 임명했다. 당나라 시(詩)에는 양귀비의 언니들이 화려한 비단옷을 입고 향수 냄새를 흩뿌리며 호화로운 마차를 타고 장안을 누비고 다니는 풍경을 묘사한 것도 많다. 이렇게 환관과 외척들의 전횡과 부패 속에서 제도와 관리들은 타락할 수밖에 없었으며, 권력 다툼은 결국 755년 안녹산에게 난을 일으킬 명분을 주게 된 것이다.

755년, 안녹산은 양국충 토벌을 명분으로 범양에서 거병하여 낙양으로 진격했다. 안녹산의 15만 대군은 평균 30킬로미터의 속도로 진군하여 33일

만에 낙양을 함락했다. 당시 당나라의 중앙군은 오랫동안 지속된 평화로 전쟁 대비를 전혀 하지 못했기 때문에 제대로 싸우지 못하고 동관(潼關)까지 철수했다. 낙양을 점령한 안녹산은 756년에 대연(大燕)을 건립하고 스스로 황제가 되어 연호를 건무(建武)로 정했다.

낙양 점령 이후 안녹산은 장안을 향해 진격하려 했으나 곳곳에서 조직된 의병들에게 막혀 진군에 어려움을 겪었다. 또한 당나라 군대가 동관에 방어진을 치고, 배후에서는 평원태수 안진경과 상산태수 안고경, 곽자의, 이광필 등이 공격하자 안녹산의 군대는 더 이상 진격할 수 없었다. 그런데 이때 동관을 지키던 가서한(哥舒翰)이 반란군을 저지해 무공을 세울까 두려워한 양국충은, 현종으로 하여금 가서한에게 낙양 공격 명령을 내릴 것을 건의했다. 현종은 이에 가서한에게 낙양 공격을 명했다. 이것은 동관을 포기하는 것과 마찬가지였으나 가서한은 황제의 명령에 불복할 수 없었다. 가서한은 군대를 이끌고 관문을 나섰으나 반란군에 대패했고, 당나라 군대는 동관을 반란군에게 내주고 말았다. 안녹산이 장안을 향해 빠르게 진격하자 현종은 양귀비와 황족, 양귀비의 일족, 대신, 측근들을 데리고 사천으로 피란을 떠났다. 피란 행렬이 장안에서 약 60킬로미터 떨어진 마외역(馬嵬驛)에 이르렀을 때 금위군 사이에서는 사태의 원인을 제공한 양국충에 대한 불만이 쇄도하기 시작했다. 그리하여 금위군은 쿠데타를 일으켜 양국충의 목을 베고, 급기야 현종의 거처를 포위한 채 양귀비를 죽일 것을 요구했다. 이에 현종은 양귀비에게 자결을 명했다.

양귀비가 죽은 10여 일 후 장안은 반란군에게 함락되었다. 그러나 여전히 난을 진정시킬 방도를 찾지 못한 현종은 결국 태자 이형에게 황위를 물려주고 태상황이 되었다. 이 무렵 현종은 성도(成都)에 도착하여 사자를 보내 양위의 책서와 옥새를 전달했다. 제위에 오른 숙종 이형은 곽자의와 이광필을 재상에 임명하고, 회흘과 서역 여러 나라에 원조를 요청해 반격을 가했다. 숙종이 영무에서 장안을 탈환하기 위해 진용을 정비하여 봉상으로 나아가자 회흘족의 수장은 그의 아들 섭호(葉護)에게 정병 4천의 응원군을 거느리게 하여 합류했다. 병마 원수 광평왕 이숙과 부원수 곽자의가 지방의 군사와 회흘 서역의 군사 15만을 거느리고 장안 탈환 작전을 벌였다. 당 왕조는 비로소 장안을 수복할 수 있었다.

한편 안록산 반란군에서는 내분이 일어나 자멸의 길을 자초하고 있었다. 장안 함락 후 안록산은 눈이 나빠지기 시작하여 이 무렵에 이르러서는 완전 실명하여 아무것도 보지 못하게 되었다. 더구나 악성 종양까지 발생하여 공연히 울화통을 터뜨리는 난폭자가 되어 지도자로서의 위엄을 상실한 상태였다. 이에 예전부터 안록산에게 반감을 품은 엄장이 태자 안경서(安慶緖)와 환관 이저아를 부추겨 안록산 암살을 모의했다. 태자 안경서는 안록산이 애첩 소생의 아들을 사랑해 황제 자리가 자신에게 돌아오지 않을지도 모른다는 위기의식을 가지고 있었다. 757년, 안록산은 아들 안경서에 의해 자던 중 살해당했다. 이때 안경서의 부장 사사명(史思明)이 당나라에 항복 의사를 표명했으나 당 숙종은 이를 거짓으로 받아들였다. 이에 사사명은 758년, 진중 반란을 일으켜 스스로 대연 황제에 올랐다. 이후 사사명은 안경서를 살해했고, 761년에는 사사명이 자신의 아들 사조의(史朝義)에게 살해되었다. 이로써 반란군은 완전히 분열되었다. 당 왕조는 반란군의 분열을 틈타 공격을 거듭했고, 763년 사조의가 자결하면서 9년의 난에 종지부를 찍었다. 이렇게 해서 755년 겨울부터 763년 초까지 이어졌던 안사의 난은 평정되었다. 이를 기념하여 원결(元結)이 <대당중흥송(大唐中興頌)>을 짓고 명필 안진경이 글씨를 써 돌벽에 새겼으나 당나라는 이미 기울기 시작했다.

반란이 평정된 후의 당나라 국력은 쇠퇴 일로를 걸었다. 그 사이 요동과 만주 지방은 거란과 발해의 세력권이 되었다. 또 고구려 유민 출신인 이정기가 혼란기를 틈타 무려 15개 주를 장악하여 절도사로 있던 산동 지방에 제(齊)나라를 세우는 등 사실상 반독립 왕국이 되었다. 그의 세력은 손자 이사도까지 무려 4대를 지속했고, 당나라는 결국 신라에 지원군을 보내달라고 할 정도로 국력을 소모한 끝에 간신히 이사도를 토벌했다. 이때 활약한 황제가 두 사람 있는데 바로 (숙종, 대종 다음인) 덕종과 (순종 다음인) 헌종이었다. 덕종은 양세법을 실시하여 재정을 충실히 했고, 조정에 적대적인 하북 3진을 치러 나섰다. 하지만 전선이 지지부진했던 사이에 장안에서 주차-이회광의 난이 발생했다. 그것을 진압한 후에도 토번-회흘과 중앙아시아를 두고 계속 전쟁이 벌어지는 바람에 결국 화친을 맺는 선에서 국면을 마무리할 수밖에 없었다.

덕종의 노력은 헌종에게 이어졌다. 특히 헌종 시기에는 친위 부대인 신책군을 설치하여 적대적인 번진을 모두 진압했다. 이에 번진의 재정과 군사력을 회수하고 감시를 강화하는 등 큰 소득을 거두었으니 그것을 원화중흥(元和中興)이라 한다. 그렇지만 헌종은 말년에 마약에 빠지고 불교를 맹신하는 등의 행위를 하다 환관에게 독살당하고 말았다. 한유(韓愈) 등의 뜻있는 선비들이 계속 상소를 올렸으나 돌아오는 것은 지방으로의 좌천이었다.

이후 당은 환관들이 좌지우지하는 나라로 서서히 몰락했다. 최후의 중흥 군주였던 선종 때부터 시작된 연속된 반란은 희종 때 터진 '황소(黃巢)의 난'을 통해 당나라에게 그야말로 결정타를 먹이고 말았다. 사실 당조가 적대적인 번진에 맞서 유지할 수 있었던 이유 중 하나는 당에 충성하던 강회(강남-회수) 지역의 원활한 경제적 사정에 의존했기 때문이었다. 강남 개발이 어느 정도 진전되고 상업이 발달하자 강회(江淮) 지역은 부유해졌다. 당조는 이 지역에 과중한 세금을 매기고 이를 이용해 신책군을 만들어 당조에 적대적인 번진에 맞섰다. 자연스럽게 이 지역은 당의 착취에 저항하게 되었다. 이미 '구보의 난', '방훈의 난' 등이 있었고, 끝내 소금 밀매상 출신인 황소(黃巢)가 대규모 농민 반란을 일으키게 되었다. 농민 반란군에 불과했던 황소군은 이미 군율이 무너진 중앙군을 격파하면서 유유히 장안에 입성했고, 주민들의 지지까지 얻으며 다음 왕조를 예고하는 듯했다. 그러나 전열을 가다듬은 관군에 포위되고, 심복이었던 주온(=주전충)이 배신하여 관군에 합류하면서 '황소의 난'은 진압되었다.

주전충은 황소의 잔당군을 자기 세력으로 흡수하는 등 세력을 키운 후 당나라를 멸망시키니 조정에서 하사한 전충(全忠)이란 이름이 무색해져 버렸다. 이후로 당은 그저 이름만 유지한 채 몇 년 더 지탱하다가 907년 주전충이 애종으로부터 양위를 받아 후량(後梁)을 건국하니 당 왕조는 289년 만에 멸망했다. 그 후 송나라가 자리를 잡을 때까지 5대 10국이라는 또 다른 혼란기로 접어들게 되었다.

제5장

때 이른 자본주의 국가 송나라

제25강

당송 교체와 5대 10국

당나라의 문화

수당 이전의 중국은 만리장성 아래 농사 짓는 사람들의 일견 소박한 문화였다. 그러나 위진 남북조 시대를 거쳐 북방의 문화가 쏟아져 들어오면서 무채색이었던 중국 문화는 화려한 색채를 지니게 되었다. 당시 흉노, 돌궐 등의 북방민들은 유목과 목축에 종사하며 한족(漢族)의 골치 아픈 적으로만 인식되었다. 하지만 이들은 활발한 유통과 교역을 기본으로 살아가는 사람들로, 자기만의 문화에 자족하며 내부 투쟁에만 힘쓰던 한족들과는 사고방식 자체가 달라 외부에서 문화를 도입하는 것에 주저하지 않았다. 남조(南朝)와 북조(北朝)의 융합 문화인 수(隋)와 당(唐)의 문화는 그런 점에서 양쪽의 장점만 모은 문화적 현상을 보여주었다. 북방 민족들이 도입한 불교를 비롯하여 고리타분한 유학적 규범에 얽매이지 않는 개방적 태도는 당나라 곳곳에 화려한 미적 감수성과 자유로운 정신을 더해주었다. 흔히 실크로드라고 불린 동서양의 교역로를 통해 소그드인을 비롯한 중간 지역의 상인들은 동서 두 지역의 문화적 융합의 촉진제가 되었는데, 그것은 단순한 물자의 이동뿐만 아니라 사람과 사상의 유통까지 포함되었다. 문화는 접촉하고 변화하고 또 새로이 생성되어 꽃을 피웠다. 우리 말에도 당(唐)이라는 접두사가 붙으면 무엇이든 화려하고 고급스러운 느낌을 주듯 당나라 문화는 동서양의 문화가 집약되어 화려함과 사치스러움의 절정판이었다. 모든 길은 장안(長安), 오늘날의 시안(西安)으로 통했다. 문화의 유입이 현저하게 나타난 시기의 수도 장안(長安)은 문화적 중심지로서 외국과의 통상이 활발하여 세계 최대의 국제 도시였을 것으로 추정된다. 장안에는 아시아 각지의 상인과 유학생들이 모여들었으며, 전성기에는 인구가 100만 명에 달할 정도로 세계 최대 규모의 도시로 번창했다. "장안의 화제가 되었다" 혹은 "장안의 지가(紙價)를 올렸다"는 관용어는 장안이 오늘날의 뉴욕(New York)과 같은 세계적 도시였음을 잘 반영한 표현이다.

다음 두보의 시는 이때 서역에서 유입된 미녀들이 선보인 화려하고 이국적인 춤 공연(일종의 밸리댄스)를 보고 열광하는 중국 남자들의 행동이 잘 묘사되어 있다.

시 제목 '즉사(卽事)'는 요즘 말로 하면 일종의 현장 스케치라는 뜻이다.

백 보 장 요 대 百寶裝腰帶	온갖 보배로 허리띠를 장식하고
진 주 락 비 구 眞珠絡臂鞲	팔찌에는 진주를 달아 얽었구나
소 시 화 근 안 笑時花近眼	웃을 때는 꽃을 가까이서 보는 듯하고
무 파 금 전 두 舞罷錦纏頭	춤을 마치니 비단 전두를 머리에 감아주는구나

오늘날 시안은 유네스코(UNESCO)가 지정한 '세계 역사 도시'로 산시성(陝西省)의 성도에 불과하지만, 고대에서 중세에 이르기까지의 시안(장안)은 지금과는 결이 다른 국제 교역의 중심지이자 문화적 중심지였다. 로마, 카이로, 아테네 등과 함께 '세계 4대 고도(古都)'였을 뿐만 아니라 중국의 고대 도시들 중에서도 가장 오랜 역사를 지닌 곳이었다. 서주(西周), 진(秦), 서한(西

漢), 서위(西魏), 수(隋), 당(唐) 등 13개 왕조가 이곳을 수도로 삼았고, 옛 주(周)나라의 수도 호경(鎬京)과 진(秦)나라의 수도 함양(咸陽)이 이곳과 인접해 있다.

기원전 202년 전한(前漢)의 수도로 역사를 시작한 시안은, 581년에 수(隋)나라, 618년에 당(唐)나라의 수도로 300년간 국제 도시로서 융성했다. "중국의 최근 100년을 보려면 상하이로 가고, 중국의 최근 500년을 보려면 베이징으로 가고, 중국의 3000년 역사를 알고 싶으면 시안으로 가라!"는 말이 있을 정도로 도시 전체가 박물관이다. 이런 곳에 어찌 궁궐터와 불교 유적만 있겠는가. 이 장안을 중심으로 당나라는 화려한 문학을 펼쳐 나가기도 했다.

중국 문학사를 공부하다 보면 한문(漢文), 당시(唐詩), 송사(宋辭), 원곡(元曲), 명소설(明小說)이란 단어들이 등장한다. 중국의 역대 왕조 시대에 가장 왕성했던 문학의 장르를 대표적으로 말하는 것이다. 그런 점에서 당나라 문학은 특히 시문(詩文) 분야에서 번영을 이루었다. 이백(李白)과 두보(杜甫)와 같은 중국 역사상 최고의 시인이 배출되었는데, 이들은 당대에 뛰어난 작품을 남겨 중국 문학사의 중요한 위치를 차지했다. 이백과 두보를 비롯한 당시(唐詩)는 오늘날까지도 많은 이들에게 사랑받고 있으며, 그 문학적 가치는 높이 평가받고 있다.

당나라 이전에도 시의 형식은 있었으나 일정한 규칙은 없는 상태였다. 그러나 위진 시대 건안 문학을 거치며 한문 시는 차차 사성(四聲)에 맞는 단어와 운자(韻字)를 일정하게 배치하며 정비되어 나가다가 당나라 때에 이르러 형식을 갖추었다. 4구를 기본으로 한 구절에 5글자를 배치하는 5언시와 일곱 글자를 배치하는 7언시로 정착되었고, 4구를 기본으로 하는 절구(絶句)와 8구를 기본으로 하는 율시(律詩)로 정형화되었다. 학자들은 당나라 이전의 시는 이런 형식미를 완비하지 못했다고 하여 고시(古詩)라고 부른다. 이런 형식미가 완성되는 데 기여한 당나라 시인이 한둘이 아니지만 가장 중요한 시인은 이백, 두보, 백거이 3인이다.

당시(唐詩)라고 하면 으레 이백과 두보를 첫손으로 꼽는 것이 상식이다. 물론 왕유, 백거이, 두목, 이상은 같은 대가들이 있지만, 이백과 두보에는 미치지 못한다는 것이 일반적인 견해이다. 이 두 사람은 같은 시대에 같은 길을 걸었으면서도 우열을 가릴 수 없을 만큼 시문학의 쌍벽으로 꼽혔다. 그래서 이백을 시의 신선(詩仙)으로, 두보를 시의 성인(詩聖)으로 받들기도 한다.

사실 이백은 천부적 재능이 뛰어나서 주변의 온갖 것을 시화(詩化)하는 능력이 있었으며, 보고 듣고 생각하는 일체가 시 아닌 것이 없었다. 그에게는 모든 것이 시의 소재가 되었다. 반면에 두보는 온갖 것을 시로 엮어내는 고심과 재치가 남달랐다. 그야말로 피눈물 나는 노력의 결정이요, 일상의 소재를 갈고닦아 시를 엮어낸 것이었다. 요컨대, 이백의 시가는 보통 사람으로서는 상상도 할 수 없는 시어가 예사로 씌어지고 도저히 시가가 될 수 없는 소재가 노래로 둔갑한다면, 두보는 누구나 보고 듣고 생각하고 느낀 소재를 갈고 다듬는 진통을 거친 뒤에, 꼭 알맞은 말과 소리를 찾아 보석처럼 메우고서야 비로소 붓을 놓았다. 그러므로 이백은 시를 위해 태어난 시선(詩仙)이고, 두보는 시를 짓기 위해 태어난 시성(詩聖)이라고 할 수 있다.

이백(李白)은 자가 태백(太白)으로, 술과 달과 시를 사랑하고 세속에 얽매이지 않는 천의무봉한 시상과 방랑벽으로 동양 시인의 전형을 보여주는 시인이었다. 우리나라에도 가장 잘 알려진 시인이다. "달아 달아 이태백이 놀던 달아"란 민요 자락을 포함하여, 술 취한 사람을 주태백(酒太白)이라 부르는 등 주나라 초기 강태공(姜太公)만큼이나 우리 생활 깊숙이 스며들어 있는 존재이기도 하다. 그는 701년에 태어나 762년에 죽어 딱 60년을 지상에 머물다 간 시선(詩仙)이었다. 청련거사(青蓮居士)라는 별명도 세속에 물들지 않는 사람됨과 관련 있을 것이다. 지금도 그가 지은 1,000여 수의 시가 전해지고 있다. 시의 소재로는 주로 여행, 이별, 음주, 달빛, 신선 등이며, 시의 형식은 7언 절구를 많이 사용했다. 그의 출생지와 혈통에 관해서는 여러 설이 있지만, 아마도 어릴 때 서쪽에서 이주해왔고 당나라 문화 속에서 성장한 것으로 보인다. 그는 경제적으로 풍족한 가정에서 태어났으며, 일찍부터 독서를 좋아했고, 15세 무렵에는 시문 창작에도 높은 기량을 보였다고 한다. 20세 무렵에는 임협(任俠)의 무리와 사귀었으며, 칼로 사람을 베었다는 기록도 있다. 이백은 20대 중반에 고향인 촉을 떠나 약 10년간은 안릉에서 생활하다가 그 지방의 명문 허어사(許圉師)의 손녀와 결혼했다. 시인 맹호연(孟浩然, 689~740)과의 교제도 이 무렵에 시작된 것으로 보인다. 742년(天寶 1) 가을에는 친하게 지낸 도사 오균(吳筠)이 조정에 입조하면서 그의 추천으로 벼슬을 하게 되었다. 장안에 도착한 이백은 저명한 문인인 태자 빈객 하지장(賀知章, 659~744)과 만나게 되었는데, 하지장은 이백의 시재를 극찬하며 그를 '천상의 적선인(謫仙人)'으로 찬양했다. 이를 계기로 이백의 명성이 순식간에 장안의 화제가 되었다. 그 뒤 현종(玄宗)을 알현하여 시문의 재능을 인정받아 한림공봉(翰林供奉)으로 임명되었다. 그러나 궁정 시인으로서의 생활은 그에게 맞지 않았다. 그는 황제 측근들과의 마찰로 인해 744년 장안을 떠나지 않을 수 없었다.

744년 봄, 장안에서 나온 이백은 동쪽으로 향했다. 그해 여름 뤄양[洛陽]에서 이백은 두보(杜甫, 712~770)를 만났다. 두 시인의 만남은 두보에 의해 아름다운 우정의 시로 탄생되었다. 755년(天寶 14) 11월, 안사(安史)의 난이 일어나고, 12월 뤄양이 함락되었다. 이듬해 6월에는 장안이 함락되고, 현종은 촉으로 피신했으며, 황태자[肅宗]가 영무(靈武)에서 즉위했다. 당시 이백은 양쯔강을 따라 떠돌아다니고 있었으며, 장안이 함락된 56세의 겨울에는 루산[廬山]에 은거하고 있었다. 이 무렵 이백은 현종의 아들 영왕(永王) 이린(李璘) 휘하의 수군에 막료로 들어가게 되었다. 물론 이때 이백은 안녹산을 토벌하기 위해 참가했다. 그러나 황실 내부의 주도권 분쟁으로 숙종 측에 의해 영왕의 군대는 적군(賊軍)으로 간주되어 영왕은 살해되었고, 이백도 체포되어 감옥에 갇혔다. 주변 사람들의 도움으로 일단 석방되었으나 대역죄가 추가되어 결국 멀리 구이저우성[貴州省]으로 유배되었다. 759년(乾元 2년) 3월 이백은 귀양 가던 도중 양쯔강 상류의 백제성(白帝城)을 지나다 사면 통지를 받게 되었다. 다시 자유을 얻은 이백은 양쯔강 중류의 둥팅호[洞庭湖]

부근에서 시인 가지(賈至, 718~772)를 만나 강남의 온화한 풍토에서 지냈다. 762년(寶應 1) 62세의 이백은 당도(當塗)의 현령으로 숙부뻘이었던 이양빙(李陽冰)에게 병든 몸을 의탁했다. 《구당서(舊唐書)》에는 여러 해에 걸친 과도한 음주가 병의 원인이었다고 기록되어 있다. 겨울이 가까워지면서 병세가 악화되었으며, 그해 11월 무렵 이양빙의 손에 시문의 초고를 맡기고 죽었다.

이백의 현존하는 1,000여 수의 작품은 제재나 시의 형태로 보아 중국 고전 시의 거의 모든 분야에 걸쳐 있다. 대표적인 시의 재제는 여행, 이별, 음주, 달빛, 유선(遊仙) 등이며, 그의 도교적 세계관이 반영되었다. 예를 들면 여행의 시에서는 아득히 먼 시공에 대한 동경과 미지의 세계에 대한 관심, 이별의 시에서는 예측 불가능한 심상(心象)의 상태를 보여주었고, 음주 행위에서 수반되는 수용하기 힘든 고양감, 심적 세계의 확대, 순간의 영원화, 광대 또는 영원한 시공에서 미지의 세계인 밝은 달빛에 대한 공감, 그리고 인간이 지니는 시간과 공간의 한계를 극복하는 것으로서 설정된 신선의 세계, 혹은 그것을 향한 자유로운 비상 등 가장 이백적인 감각을 지닌 제재들을 사용했다. 그 외에도 여성의 슬픔을 노래한 규원(閨怨)의 시, 변경의 요새를 수비하는 병사를 노래하는 변새시, 역사를 장식한 장대한 드라마를 미미한 인간세계의 한순간의 꿈으로 노래한 회고시 등 이백은 다양한 작품을 남겼다. 그가 결국 재야의 시인으로서 생활할 수밖에 없었던 것은 중국 문학사 측면으로서는 행운이었다고 하지 않을 수 없다.

시는 워낙 유명하니 그가 비교적 젊은 시절 친척 동생들과 봄밤에 연회를 베풀면서 썼다는 서(序)라는 일종의 표지 글을 하나 소개한다.

春夜宴桃李園序(춘야연도리원서)

(봄밤에 도리원에서 열리는 연회에 붙이는 서문)

부 천지자 만물지역여 광음자 백대지과객 이부생약몽
夫 天地者는 萬物之逆旅요 光陰者는 百代之過客이라, 而浮生若夢하니
위환기하 고인병촉야유 양유이야 황양춘소아이연경
爲歡幾何오? 古人秉燭夜遊는 良有以也로다. 況陽春召我以煙景하고
대괴가아이문장
大塊假我以文章이라.

대저 천지(天地)는 만물(萬物)이 잠시 쉬어가는 여관이고, 시간(時間)이라는 것은 긴 세월을 거쳐 지나가는 길손이다, 이 덧없는 인생은 꿈같이 허망하니 즐긴다 해도 얼마나 되겠는가? 옛사람들이 촛불 들고 밤에도 노닌 것은 참으로 이유가 있었구나. 하물며 따스한 봄날이 아지랑이 낀 아름다운 경치로 나를 부르고 천지가 나에게 글재주를 빌려 주었음에랴!

회 도 리 지 방 원　　서 천 륜 지 락 사　　군 계 준 수　　개 위 혜 련
會桃李之芳園하여 序天倫之樂事하니 群季俊秀는 皆爲惠連이어늘
오 인 영 가 독 참 강 락　　유 상 미 이　　고 담 전 청　　개 경 연 이 좌 화
吾人詠歌獨慙康樂이라. 幽賞未已에 高談轉淸이라, 開瓊筵以坐花 하고
비 우 상 이 취 월　　불 유 가 작　　하 신 아 회　　여 시 불 성
飛羽觴而醉月하니 不有佳作이면 何伸雅懷리오? 如詩不成이면
벌 의 금 곡 주 수
罰依金谷酒數 하리라.

복숭아꽃 오얏꽃 핀 아름다운 정원에 모여 형제들이 즐거운 놀이를 벌이는데, 여러 아우들은 글솜씨가 빼어나서 모두 혜련(惠連)에 버금가는데, 내가 읊은 시만이 강락(康樂)에 부끄러울 뿐이다. 조용히 봄 경치 감상이 끝나지도 않아서, 고아(高雅)한 담론은 더욱 맑아진다, 화려한 잔치 자리 벌려 꽃 사이에 앉아서, 새 모양의 술잔 주고받으며 달에 취하네, 이럴 때 좋은 시 짓지 않는다면 무엇으로 고아(高雅)한 심정(心情) 펴낼 수 있겠는가? 만약 시(詩)를 짓지 못하면 금곡(金谷)의 고사(故事)처럼 벌주(罰酒)를 마시게 하리라.

두보(杜甫)는 당 현종(玄宗)이 즉위한 해인 선천(先天) 1년(712)에 허난성 궁현에서 태어났다. 770년에 죽었으며 호는 자미(子美) 혹은 소릉야로(少陵野老)라고도 했다. 초당(初唐)의 이름 높은 시인 두심언(杜審言)의 손자이기도 한 두보는 7세 때부터 시를 지은 조숙한 소년이었다. 그는 일찍 어머니를 여의고 뤄양의 숙모 밑에서 자랐는데, 그의 시에 대한 재능은 일찍이 뤄양의 명사들에게 인정을 받았다. 하지만 과거에 급제하지 못하고 곤궁한 생활을 계속해야 했다.

개원 28년(740), 29세 때 당시 산둥성 옌저우[兗州]에서 관리로 있던 아버지 두한(杜閑)을 방문했을 때 지은 시가, 남아 있는 두보 시 중 가장 초기의

것이다. 이듬해 산둥성에서 돌아온 그는 평생의 반려자였던 부인 양(楊)씨를 맞아들였다.

천보 5년(746) 두보는 장안으로 갔다. 그 후 약 10년 동안 수도인 장안에서 과거 시험에 급제하지도 못하고 관직도 얻지 못한 채 곤궁한 생활을 계속했다. 명사나 고관의 집에 드나들며 추천을 희망하는 시들을 짓기도 했고, 몇 번인가 시문을 조정에 바쳐 인정받기 위해 노력했다.

천보 10년(751) 그는 〈삼대례부(三大禮賦)〉를 바쳐 현종으로부터 칭찬을 받았고, 집현원대제(集賢院待制)의 명을 받아 관리로 뽑힐 순서를 기다렸으나 결국 임용되지 못했다. 당대의 시인은 대체로 관계(官界)에의 진출을 원하고 정치 참여를 구하는 마음이 강했던 것 같다. 이는 시대적인 분위기이기도 했고 또 임용되지 않으면 세상에 나아가 경세제민(經世濟民)의 이상을 실현할 수 없었기 때문이었다. 이 경세제민의 이상은 예로부터 중국 지식인의 공통된 희망이었다. 두보는 그것을 위해서는 우선 천자(天子)가 옛날의 요·순(堯舜) 같은 훌륭한 임금이 되어서 이상적인 정치를 실현해가는 것이 첫째이고, 그것이 백성을 구원하는 유일한 길이라고 생각했다. 다만 실제로 두보에게 정치적 재능이 있었다고는 생각되지 않는다. 그러나 그로서는 정치가로서 세상에 아무런 공헌도 할 수 없는 것을 항상 부끄럽게 여기고, 또 초조해했다. 그래서 그런지 장안에서의 두보의 생활은 불우하고 궁핍했다. 두보의 눈은 차츰 사회의 모순으로 향하게 되었고, 그의 시는 사회의 불합리한 실정을 여실히 그려냈다.

개원 연간에는 풍년이 계속되었으나 천보 연간에 들어오면서는 기근이 잇달았다. 천보 13년에는 장마가 심하게 계속되어 기근으로 점점 더 생활이 어려워지자 두보는 한때 처자를 봉선현(奉先縣)의 친척집 농가에 맡겼다. 다음 해 처음으로 우위솔부(右衛率府)의 주조참군(胄曹參軍), 즉 금위군(禁衛軍)의 무기고 관리로 정8품(正八品) 하(下)라는 가장 낮은 관직에 임명되었다. 미천한 벼슬이었지만, 두보는 일단 굶주림을 면하게 되었다고 기뻐하며 서둘러 처자가 있는 곳으로 향했다. 장안을 출발해서 도중에 리산산[驪山] 기슭에 다다르니 그곳 온천에는 정치에 싫증난 현종이 양귀비(楊貴妃)와 함께 조정의 문무백관을 거느리고 추위를 피해 환락의 나날을 보내고 있었다. 두보는 "부잣집에서는 술과 고기 냄새가 나지만, 길에는 얼어죽은 해골이 뒹굴고 있다"고 하며 빈부의 차가 너무나도 현격한 세상에 대해 분노를 토로했다.

천보 14년(755) 안사의 난이 일어나자 두보는 가족들을 데리고 산시성[陝西省] 바이수이현[白水縣] 부주 등지로 난을 피해 옮겨 다녔다. 어려운 피난을 계속하다가 홍수를 만나 가족을 부주 교외의 강촌에 남겨 두고 자신은 닝샤성[寧夏省] 링우[靈武]에서 즉위한 숙종(肅宗) 휘하로 가던 도중 반란군에게 잡혀 장안으로 도로 끌려갔다. 수도는 황폐해졌고 반란군이 거리에 넘쳐나고 있었다. 두보는 장안에서 겨우 아는 사람의 도움을 받아 생계를 이어가며 망국의 비애를 애도하고 가족의 안부를 염려했다. 이 무렵 지은 시가 그 유명한〈춘망(春望)〉이다.

春望(춘망)(봄의 소망)

國破山河在(국파산하재) 나라는 망했어도 산하는 남아
城春草木深(성춘초목심) 봄 성엔 초목만 우거졌구나
感時花濺淚(감시화천루) 시절을 슬퍼하니 꽃이 눈물을 흘리게 하고
恨別鳥驚心(한별조경심) 이별을 한탄하니 나는 새마저 놀라게 하는구나
烽火連三月(봉화연삼월) (전란의) 봉홧불은 석 달이나 계속 이어지고
家書抵萬金(가서저만금) 집에서 온 편지는 만금보다 소중하도다
白頭搔更短(백두소경단) 흰머리 긁을수록 더욱 짧아져
渾欲不勝簪(혼욕불승잠) 이제는 비녀조차 이기지 못하는구나

지덕(至德) 2년(757), 반란군에 내분이 일어나서 안녹산이 살해되었다. 숙종은 링우로부터 장안에서 가까운 펑샹[鳳翔]으로 행재소(行在所)를 옮겼다.

두보는 4월에 장안을 탈출해서 펑샹으로 급히 달려갔다. 황제는 그 공을 가상히 여겨 두보를 5월에 좌습유(左拾遺)에 임명했다. 이 무렵 두보는 휴가를 얻어 부주에 있는 가족들을 만나러 가게 되었는데, 이 여행길에서 두보는 많은 걸작시를 남겼다. 당시에 쓴 시들은 나라와 군주에 대한 충성, 가족에 대한 애정을 노래한 것으로 비장미가 넘친다. 그해도 저물어 장안은 관군에 의해 탈환되고 숙종과 상황(上皇, 현종)도 장안으로 돌아왔다.

두보도 장안의 궁정에서 좌습유의 관료 생활을 하게 되었다. 그러나 반란군은 아직도 중원의 각지를 황폐화시키고 있었고, 시국은 여전히 불안했다. 정치의 결함을 보완한다는 좌습유라는 관직에 있던 두보의 의견은 하나도 중시되지 않았고, 모든 것이 그의 기대에 어긋났다. 두보의 눈은 차츰 사회의 모순으로 향하게 되었고, 그의 시는 사회의 불합리한 실정을 여실히 그려냈다. 그는 계속되는 전란 속에서 관직 생활과 귀향의 길을 오가면서 병을 얻어 겨우 연명하면서 일생을 보냈다.

쓰촨성의 청두에 겨우 도착해서 친분이 있는 사람들의 도움으로 한숨을 돌리기까지 그는 생애 최악의 시기를 보냈다. 청두에서 두보는 친분이 있던 승려와 친척 두제(杜濟)의 도움을 받았다. 옛 친구 엄무(嚴武)가 성도윤(成都尹) 겸 검남서천절도사(劍南西川節度使)로 재임하고 있어서 두보에게 누구보다도 큰 후원자가 되어주었다. 덕분에 만년에 공부원외랑(工部員外郎)의 관직을 지냈으므로 두공부(杜工部)라고 불리기도 한다. 그는 전대의 시인에게서 흔히 볼 수 있었던 빈약하고 엉성한 내용을 수식어로 장식하는 것이 아니라 대상의 참모습을 충실하게 묘사하고자 했다. 청두 시절에 쓴 시가 나중 영화로도 제작된 '춘야희우(春夜喜雨)'이다.

춘 야 희 우
春夜喜雨(봄밤의 반가운 비)

호 우 지 시 절
好雨知時節　　고운 비가 내릴 때를 알아

상 춘 내 발 생
常春乃發生　　봄이면 초목이 싹이 트고 자란다

수풍잠입야
隨風潛入夜　밤비는 조용히 바람 따라 들어와

윤물세무성
潤物細無聲　만물을 적시되 가는 소리조차 없다네

야경운구흑
野徑雲俱黑　들길은 하늘 덮은 구름으로 어두운데

강선화독명
江船火獨明　강가의 고깃배 홀로 불빛이 화안하다

효간홍습처
曉看紅濕處　이른 아침 붉게 물든 젖은 땅을 볼 것이니

화중금관성
花重錦官城　금관성에는 꽃이 많이 피었을 것이다

761년 성도(成都) 두보 초당에서 지은 시로 고난 중에 잠시 한숨 돌린 두보는 이렇듯 소생의 입김을 느끼게 하는 시를 썼다. 시어의 아름다움이 극치를 이루고 있으니 두고 다시 볼 만하다. 때맞추어 오는 봄비와 그 비로 만물이 용틀임치며 솟아오르고 길가엔 이른 봄의 꽃잎이 여기저기 떨어져 내리는 생동감 있는 봄을 묘사하며 자신에게도 이제 좋은 시간이 오기를 바라는 마음도 함께 담고 있는 것으로 볼 수 있다.

청뚜 두보 초당 앞의 두보상

이때 두보는 청두의 교외 완화계(浣花溪) 부근에 초당을 마련하고 여기에서 비교적 평온한 나날을 보냈다. 이즈음 그의 시에는 국가의 운명과 백성의 고난을 우려하고, 멀리 떠돌아다니고 있는 동생들을 그리워하는 절절한 시도 있긴 하지만, 자연을 읊은 귀중한 절구(絶句) 등도 보여서 작자의 유유자적한 심경을 느낄 수 있다. '강촌(江村)'이란 7언 율시가 그 완화계 초당에서의 짧은 행복의 시간을 노래하고 있다.

강촌(江村)

청 강 일 곡 포 촌 류
清江一曲抱村流　　맑은 강물 한 줄기 마을을 감싸 흐르고

청 강 일 곡 포 촌 류
長夏江村事事幽　　긴 여름 강촌에 하는 일마다 고요하구나

자 거 자 래 당 상 연
自去自來堂上燕　　절로 가며 절로 오는 것은 지붕 위의 제비고

상 친 상 근 수 중 구
相親相近水中鷗　　서로 친하고 가까운 것은 물 가운데 갈매기로다

노 처 화 지 위 기 국
老妻畵紙爲棋局　　늙은 아내는 종이에 바둑판을 그리고

치 자 고 침 작 조 구
稚子敲針作釣鉤　　어린 자식은 바늘을 두드려 낚시를 만드네

다 병 소 수 유 약 물
多病所須唯藥物　　많은 병에 오직 필요한 것은 약물이니

미 구 차 외 갱 하 구
微軀此外更何求　　보잘것없는 이 몸이 그 밖에 무얼 구하리오

성도 완화계의 강촌의 생활이 눈에 보이듯 묘사되어 있으며 동시에 늙고 병들어 가는 시인의 모습도 손에 잡힐 듯 보인다. 두보는 이렇듯 앞에는 객관적 풍경을 노래하고 뒤에는 자신의 심정을 드러내는 방식의 시를 많이 썼는데, 후세의 모범이 된 이런 방식을 흔히 선경후정(先景後情)이라 한다. 아름다운 강촌의 오두막에 처자와 어렵게 살아가는 중에 나름 조용히 느끼는 삶의 안도감과 자신의 늙고 병들어 가는 것에 대한 안타까움이 잘 나타나고 있다. 그러나 평화로운 기간은 2년밖에 지속되지 못했다. 엄무의 천거로 절도참모(節度參謀)·검교공부원외랑(檢校工部員外郞)을 지냈으나 막중(幕中)에서의 생활은 결코 즐겁지 않았고, 동료들과도 마음이 맞지 않은 데다가 관청 생활의 불편함도 견딜 수 없었다. 게다가 두보는 이전부터 폐병을 앓고 있었는데, 이즈음에는 중풍 기운까지 나타나서 팔다리가 저렸다. 엄무에게 호소하여 영태(永泰) 1년(765) 1월 관직을 사퇴하고 다시 초당의 생활로 돌아갔다.

춘 일 강 촌
春日江村(강촌의 봄날)

부 병 수 주 불
扶病垂朱紱　　병든 몸이 관직을 맡았다가

귀 휴 보 자 태
歸休步紫苔　　은퇴하여 이끼 낀 뜰을 거닌다

교 비 존 만 계
郊扉存晩計　　변두리의 작은집 노후 보낼 만하였는데

막 부 괴 군 재
幕府愧群材　　관청의 선비들에 부끄러운 꼴 보였네

연 외 청 사 권
燕外晴絲捲　　밖에는 제비 날고 아지랭이 아롱거리고

구 변 수 엽 개
鷗邊水葉開　　갈매기 나는 강변에는 물풀이 덮여 있네

인 가 송 어 별
隣家送魚鼈　　순박한 이웃들 고기 자라 보내오고

문 아 삭 능 래
問我數能來　　나를 자주 찾아와 안부를 묻곤 한다네

관직 생활이 체질에 맞지 않아 그만두고 완화계(浣花溪)에 돌아와 아름다운 봄 경치와 순박한 이웃의 인정에 흐뭇해 하는 청빈의 낙을 읊고 있다. 그러나 영태 1년 4월에 엄무가 갑자기 죽자 두보는 유일한 후원자를 잃고 더 이상 쓰촨 지방에 머무를 수 없게 되었다. 5월에 처자를 이끌고 배로 양쯔강[揚子江]을 내려와서 또다시 표류하다가 기주에 머물렀다. 두보는 기주에 온 이래로 2년 동안 430여 수에 이르는 많은 시를 지었다. 그 시는 점점 율격(律格)이 엄격해지고 자구(字句)도 단련되어 정연한 구성을 가지게 되었다. 그러나 그 시에서는 더이상 이전의 시에서 나타났던 혹독한 사회 비판이라든가 격렬한 분개는 보이지 않았다. 오히려 그러한 비장함은 밑바닥에 가라앉고 다만 무거운 우수와 인간에 대한 따뜻한 애정이 절실하게 배어 있었다.

대력 5년(770) 겨울 웨양[岳陽]으로 가는 도중 두보는 그 고생스러운 일생을 끝마쳤다. 이때 나이 59세였다. 가족은 그의 관을 향리로 운반할 돈이 없어 오랫동안 악주(岳州)에 두었는데, 그 후 40여 년이 지난 뒤 두보의 손자 두사업(杜嗣業)이 뤄양 옌스현[偃師縣]으로 운반하여 서우양산[首陽山] 기슭 선조 두예(杜預)의 묘 근처, 즉 할아버지 두심언의 묘 옆에 묻었다. 현실적으로는 이백이 더 유명한 시인이었지만, 평생을 우국충정으로 살았던 두보는 말하자면 가장 모범적인 애국 시인이었다. 우리나라에서도 조선 성종 12년(1481) 유윤겸(柳允謙) 등이 두보의 시를 우리말로 번역하여 《두시언해(杜詩諺解)》를 지었다. 임진왜란 이후 사라지자 다시 목판으로 펴내는 등 두보의 시는 조선 선비들이 가장 좋아하는 시로 오래 사랑받았다.

이백, 두보와 함께 당나라를 대표하는 또 한 명의 시인은 백거이(白居易)이다. 772년에 태어나 846년에 죽은 그의 자는 낙천(樂天)이며, 호는 향산거사(香山居士) 또는 취음 선생(醉吟先生)이다. '시선(詩仙)'이라 일컬어지던 이백은 시를 쓸 때 한 잔 술에 막힘없이 한 번에 써 내려가 일필휘지(一筆揮之)했다고 하며, '시성(詩聖)'이라 불리는 두보는 열 번의 손질을 해 절차탁마(切磋琢磨)했다고 한다. 또 한 사람의 위대한 당나라 시인은 시를 탈고할 때마다 글을 모르는 노파에게 먼저 들려주었다고 한다. 그는 노파가 알아들었는지를 묻고, 만약 모르겠다고 하면 노파가 뜻을 알 때까지 몇 번이고 고친 후에야 비로소 붓을 놓았다고 한다. 그가 바로 당나라 중기를 대표하는 시인 백거이다. 그의 시는 쉬운 어휘로 이루어져 있으며, 통속적이면서도 사회상이 반영되어 있다. 그는, 문장은 시대의 요구를 받아들여 그것에 맞춰 써야 하며, 문장 자체에 머무르지 않고 세상의 변화를 선도해야 한다고 생각했다.

백거이는 낙양 부근 신정(新鄭)의 하층 사대부 집안에서 태어났다. 그의 부친과 숙부들은 모두 관직 생활을 했으나 그가 태어날 즈음에는 가세가 기울어 넉넉지 못한 어린 시절을 보냈다. 그는 어릴 적부터 매우 총명했다고 하는데, 태어난 지 6개월 만에 '갈 지(之)' 자와 '없을 무(無)' 자 두 자를 구분할 수 있었고, 다섯 살에는 시 짓는 방법을 배웠다고 전한다. 또한 열여섯 살 무렵 이미 시로 사람들의 인정을 받았다. 백거이는 지방의 하층 사대부

출신이었기 때문에 그가 출세하기 위해서는 과거에 합격해야만 했다. 그가 태어나기 전인 755년에 일어난 안사의 난을 거치면서 기존의 계층 구조가 흔들려 그가 성장한 시기인 당 중기에는 하층 사대부들도 과거를 통해서 중앙의 고위 관리로 등용될 수 있었다. 이에 선주(宣州)의 지방 시험에서 합격한 백거이도 수도 장안에 가서 과거를 준비했다.

800년, 스물아홉 살의 백거이는 마침내 과거에 급제하여 진사가 되었고, 803년 비서성 교서랑에 임명되었다. 그는 동료 원진(元稹)과 함께 당시 정세를 진단하고, 각종 폐단들을 고해 올렸다. 또한 민생 안정을 위해 감세 정책과 극형 폐지 등을 주장했으나 권세가들의 반감을 사 받아들여지지는 않았다. 교서랑의 임기를 마친 백거이는 806년 장안에서 가까운 현의 현위로 파견되었다. 그는 그곳에서 당시의 유명한 처사 진홍(陳鴻), 왕질부(王質夫)와 친분을 쌓고 그들과 함께 마외파를 유람하고, 양귀비의 묘를 찾았다. 백거이는 왕질부의 제의로 당 현종과 양귀비의 사랑을 담은 장편시 〈장한가〉를 썼다.

시안의 백거이 기념상

808년, 백거이는 조정의 부름을 받아 황제에게 직접 간언할 수 있는 좌습유에 임명되었다. 비록 높은 관직은 아니었으나 그는 황제에게 위민 정책에 대한 자신의 소신을 직접 진언할 수 있는 좋은 기회로 여겼다. 그리하여 그는 시대의 병폐를 지적하고 황제와 관리들의 잘못을 직간접적으로 드러내는 시들을 지었다. 그러나 이런 개혁적인 정치적 성향과 비판적 견해는 권문세가들의 미움을 샀고, 그들과 마찬가지로 불편함을 느꼈던 당 헌종(憲宗)은 결국 그를 경조부의 호조참군으로 강등시켰다. 이 시절 쓴 사회 시들은 중국 문학 사상 큰 의의를 지니고 있다. 이때의 작품들은 당시의 정치, 사회, 생활상과 그에 대한 비판이

돋보인다. 더불어 작품들의 분위기가 서민적이고 어휘와 문장의 구성이 쉬우면서도 내용 면에서는 풍자와 비판을 담고 있다는 것이 특징이다.

그 후 벼슬길을 들락거리던 백거이는 815년 구강군 사마로 좌천되었다. 이듬해 손님이 찾아왔다가 돌아갈 때 백거이는 배웅하고자 같이 말을 타고 심양강에 가서 배에 같이 탔다. 배 안에서 환송연을 여는데, 음악이 없어서 아쉬워하는 차에 놀라운 솜씨로 연주하는 비파 소리가 들렸다. 근처에 있는 배에서 나는 소리라 백거이 일행은 배를 움직여 다가가 연주자에게 나와달라고 요청하고 부랴부랴 잔치 준비를 다시 했다. 한참을 부탁하자 얼굴을 비파로 가린 여자가 나와 백거이네 배로 옮겨 타더니 비파를 연주한 뒤 자리에서 일어나 자기를 소개했다. 자기는 본디 장안 사람으로 한때 장안에서 이름난 기녀였으나 나이가 들자 상인의 아내가 되었다는 것이었다.

심양강은 강주 지방 구강 부근 양자강 지류에 위치한 강이다. 양자강 근처에는 주위에서 재배한 차를 팔러오는 상인들도 많고 배를 타고 멀리 왔다 가는 사람들도 많았다. 이 작품의 여인도 그런 사람들이었을 것이다. 이런 만남과 헤어짐의 장소에서 아무 상관 없는 이들이 한 사람은 음악을 타면서 마음을 달래고, 한 사람은 음악을 들으며 아쉬운 마음을 삭이고 있었을 것이다. 하지만 여인의 연주가 끝나고 두 번째 연주가 정점에 달하자 주위에 있던 사람들도 감흥되어 눈물을 흘리지 않을 수 없었다. 늙은 기생의 연주와 가련한 이야기를 들은 백거이는 그녀를 동정하는 한편 변방에서 암울한 나날을 보내고 있는 자신의 처지를 돌이켜 보게 되었다. 집으로 돌아온 백거이는 그런 한탄을 단숨에 시로 남겼으니 일생일대의 걸작 〈비파행(琵琶行)〉이 그것이다.

비파행(琵琶行)

백낙천(白樂天)

심 양 강 두 야 송 객
尋陽江頭夜送客　　심양강에서 밤에 손님을 보내는데

풍 엽 적 화 추 슬 슬
楓葉荻花秋瑟瑟　　단풍잎, 억새꽃에 가을이 소슬하네

주 인 하 마 객 재 선
主人下馬客在船　　주인도 같이 말에서 내려 손님 배에 같이 타

거 주 욕 음 무 관 현
擧酒欲飮無管絃　　술을 들어 마시려는데 음악이 없네

취 불 성 환 참 장 별
醉不成歡慘將別　　취하나 장차 이별할 생각에 기쁘지 않고

별 시 망 망 강 침 월
別時茫茫江浸月　　이별할 적에 아득히 강에 달이 잠기더라

홀 문 수 상 비 파 성
忽聞水上琵琶聲　　홀연히 물 위로 비파 소리 들리는데

주 인 망 귀 객 불 발
主人忘歸客不發　　주인은 돌아감 잊고 손님은 출발을 않네

심 성 암 문 탄 자 수
尋聲暗問彈者誰　　소리 찾아 나직이 '연주자 누구요?' 물으니

비 파 성 정 욕 어 지
琵琶聲停欲語遲　　비파 소리 멈추었으되 대답을 망설이네

이 선 상 근 요 상 견
移船相近邀相見　　배 옮겨 대고 가까이 다가가 보고자 하여

첨 주 호 등 중 개 연
添酒廻燈重開宴　　술 더하고 등불 켜 술자리 다시 열었네

천 호 만 환 시 출 래
千呼萬喚始出來　　천 번 만 번 부르니 비로소 나오는데

유 포 비 파 반 차 면
猶抱琵琶半遮面　　비파를 안고 반 정도 얼굴을 가리었더라

전 축 발 현 삼 량 성
轉軸撥絃三兩聲　　굴대 감고 현 튕겨 두세 번 소리 내는데

미 성 곡 조 선 유 정
未成曲調先有情　　아직 곡을 이루지 않았는데도 이미 정이 깊네

현 현 엄 억 성 성 사
絃絃掩抑聲聲思　　현을 가리고 누르니 소리마다 생각이 있고

사 소 평 생 부 득 지
似訴平生不得志　　평생 뜻 얻지 못함 하소연하는 것만 같네

저 미 신 수 속 속 탄
低眉信手續續彈　　고개 숙이고 손에 맡겨 계속 연주하니

설 진 심 중 무 한 사
說盡心中無限事　　마음속 다함 없는 얘기 악기 속에 담겼네

경 롱 만 연 발 부 조
輕攏慢撚撥復挑　　가볍게 누르고 느리게 쓰다듬어 다시 타니

초 위 예 상 후 육 요
初爲霓裳後六幺　　처음은 예상곡이요 나중은 육요로다

대현조조여급우 大絃嘈嘈如急雨	큰 줄은 뚜웅뚜웅 마치 소나기 오는 듯하고
소현절절여사어 小絃切切如私語	작은 줄 띠잉띠잉 재잘거리는 말인 듯하네
조조절절착잡탄 嘈嘈切切錯雜彈	뚜웅뚜웅 띠잉띠잉 여러 소리 섞이니
대주소주락옥반 大珠小珠落玉盤	크고 작은 구슬 옥쟁반에 떨어지는 듯하네
간관앵어화저활 間關鶯語花底滑	꾀꼴꾀꼴 꾀꼬리 소리 꽃 아래 미끄러지고
유열천류빙하탄 幽咽泉流氷下灘	깊은 샘물이 얼음 아래 여울져 지나가는 듯
빙천냉삽현응절 氷泉冷澁絃凝絶	얼어붙은 샘물이 막히듯 현도 멈추는데
응절불통성잠헐 凝絶不通聲暫歇	멈춰도 통하지 않아 잠시 소리가 그치네
별유유수암한생 別有幽愁暗恨生	깊은 근심 남모를 한 다시 생기는데
차시무성승유성 此時無聲勝有聲	이때는 소리 없음이 소리 있음보다 낫네
은병사파수장병 銀甁乍破水漿迸	은주전자 갑자기 깨져 물이 쏟아지듯
철기돌출도창명 鐵騎突出刀槍鳴	말 탄 병사 뛰쳐나와 창칼 소리 나는 듯하네
곡종추발당심획 曲終抽撥當心劃	곡 끝나자 손 거두어 가슴 쓸어내리니
사현일성여렬백 四絃一聲如裂帛	네 줄이 한 소리 내니 비단이 찢어지는 듯하네
동선서방초무언 東船西舫悄無言	동쪽 배와 서쪽 배 잠잠히 말이 없고
유견강심추월백 唯見江心秋月白	강물 한가운데 가을 달만 밝게 빛나네

침음수발삽현중 沈吟收撥揷絃中	시름에 잠겼다가 비파를 거두는데
정돈의상기렴용 整頓衣裳起斂容	옷을 정리하여 일어나서 용모를 가다듬더니
자언본시경성녀 自言本是京城女	스스로 이야기 시작했네 나는 원래 서울 여자로
가재하마릉하주 家在蝦蟆陵下住	집은 하마릉 근처에 있었는데

십삼학득비파성 十三學得琵琶聲	열세 살에 비파 배워 일가를 이루었고
명속교방제일부 名屬教坊第一部	이름이 음악원 교방 제1부에 있었지요
곡파상교선재복 曲罷常教善才服	곡 타고 나면 스승들이 재주를 탄복하고
장성매피추랑투 妝成每被秋娘妬	화장하면 매번 언니들이 질투했네요
오릉년소쟁전두 五陵年少爭纏頭	서울의 귀한 자제들이 앞다투어 들은 값을 주니
일곡홍초부지수 一曲紅綃不知數	한 곡에 붉은 비단 셀 수가 없었지요
전두은비격절쇄 鈿頭銀蓖擊節碎	전두와 은비녀 박자 맞추다 부서지고
혈색라군번주오 血色羅裙翻酒汚	핏빛 비단 치마 술에 더럽혀졌지요
금년환소부명년 今年歡笑復明年	올해도 즐겁게 웃고 이듬해도 그러하니
추월춘풍등한도 秋月春風等閒度	가을 달 봄바람 가듯 헛된 세월을 보냈지요
제도종군아이사 弟徒從軍阿姨死	후배들 군대 따라가고 기생 어미 저승 가고
모거조래안색고 暮去朝來顏色故	저녁 가고 아침 오니 미모는 옛것이 되었네요
문전랭락거마희 門前冷落車馬稀	문 앞이 적막하여 수레며 말 탄 손 없으니
노대가작상인부 老大嫁作商人婦	나이 들어 시집가 상인의 아내가 되었지요
상인중리경별리 商人重利輕別離	상인은 이익을 무거이 이별을 가벼이 여겨
전월부량매다거 前月浮梁買茶去	지난달엔 부량으로 차(茶) 사러 떠났네요
거래강구수공선 去來江口守空船	(남편이) 떠난 후 강어귀에서 빈 배만 지키니
요선명월강수한 遶船明月江水寒	배 주변의 달은 밝고 강물은 차갑네요
야심홀몽소년사 夜深忽夢少年事	깊은 밤에 문득 어릴 적 꿈을 꾸고는
몽제장루홍란간 夢啼粧淚紅闌干	꿈에 울더니 꾸민 얼굴에 붉은 눈물이 흐르네요

아 문 비 파 이 탄 식
我聞琵琶已歎息　나는 비파 소리 듣고 탄식하는데

우 문 차 어 중 즉 즉
又聞此語重唧唧　또 이 이야기 들으니 거듭 우울해졌네

동 시 천 애 륜 락 인
同是天涯淪落人　우리 모두 하늘 끝 먼 곳에서 몰락한 사람들이니

상 봉 하 필 증 상 식
相逢何必曾相識　꼭 서로 아는 사이라야 만나겠는가!

아 종 거 년 사 제 경
我從去年辭帝京　나는 지난해부터 황제 계신 서울을 떠나

적 거 와 병 심 양 성
謫居臥病潯陽城　심양성에 귀양 와 살며 깊은 병이 들었다네

심 양 지 벽 무 음 악
潯陽地僻無音樂　심양 땅은 외지고 음악도 없고

종 세 불 문 사 죽 성
終歲不聞絲竹聲　일년 내내 악기 소리 듣지 못하였다네

주 근 분 강 지 저 습
住近湓江地低濕　사는 곳 분강에 가까워 낮고 습하니

황 로 고 죽 요 택 생
黃蘆苦竹遶宅生　시든 갈대와 죽은 대만 집을 둘러싸고 있다네

기 간 단 모 문 하 물
其間旦暮聞何物　그 사이에 아침저녁으로 무엇을 들었던가

두 견 제 혈 원 애 명
杜鵑啼血猿哀鳴　두견새 피 토하고 원숭이 슬피 우는 소리라네

춘 강 화 조 추 월 야
春江花朝秋月夜　봄 강에 꽃 피는 아침, 가을 달 뜨는 밤

왕 왕 취 주 환 독 경
往往取酒還獨傾　이따금 술 가져다 또다시 혼자 기울였네

기 무 산 가 여 촌 적
豈無山歌與村笛　산촌 노래며 시골 피리 소리가 어찌 없으랴마는

구 아 조 찰 난 위 청
嘔啞嘲哳難爲聽　조잡하고 시끄러워 듣기가 괴롭더이다

금 야 문 군 비 파 어
今夜聞君琵琶語　오늘 밤 그대의 비파 소리 들었는데

여 청 선 락 이 잠 명
如聽仙樂耳暫明　신선의 음악을 듣는 듯 귀가 잠시 맑아지네

막 사 갱 좌 탄 일 곡
莫辭更坐彈一曲　다시 앉아 한 곡 타기를 사양치 마시길

위 군 번 작 비 파 행
爲君翻作琵琶行　나 그대 위해 '비파행'을 지으리다

감 아 차 언 양 구 입 感我此言良久立	(여인이) 내 말에 감동하여 한참을 서 있더니
각 좌 촉 현 현 전 급 却坐促絃絃轉急	다시 앉아 운지를 달리하니 현이 더욱 당겨져
처 처 불 사 향 전 성 凄凄不似向前聲	애절하고 애절하여 이전 연주보다 더하니
만 좌 문 지 개 엄 읍 滿坐聞之皆掩泣	모두들 다시 듣고 (얼굴을) 가리고 흐느끼는데
취 중 읍 하 수 최 다 就中泣下誰最多	그 자리에서 누가 가장 많이 눈물 흘리는가
강 주 사 마 청 삼 습 江州司馬青衫濕	강주사마인 나의 푸른 적삼이 축축해졌더라

왕유(王維)는 699년 산시성[山西省]에서 태어나 759년에 세상을 떠난 또 한 명의 당나라 천재 시인이다. 그는 불교에 심취해 호를 마힐(摩詰)이라 했으며 시, 음악, 그림에 뛰어난 삼절(三絶)의 재주를 보였으며, 남종화의 시조로 알려져 있다. 남종화는 문인 화가들을 중심으로 전개된 화풍으로 개인적인 감정 표현에 더 많은 관심을 가졌다. 그는 여러 가지 주제로 그림을 그리고 다양한 표현 양식을 채택했으나 산수화를 발달시킨 최초의 사람 중의 하나로 특히 유명하다. 그는 생존 시에 설경 산수화로 유명했으며, 가장 유명한 작품은 <망천도>라는 화권이다. 또한 그는 자연의 정치와 한가로운 전원 생활을 노래한 시인으로 이백(701~762), 두보(712~770) 등의 유명한 당대 시인들과 함께 서정시 형식을 완성한 시인으로 손꼽힌다.

17세기의 명나라 말기의 화가이자 문인인 동기창(董其昌, 1555~1636)은 그의 화론서에서 왕유를 남종화의 시조로 규정했다. 남종화는 문인 취향의 그림으로 피상적인 묘사보다는 개인적인 감정 표현에 더 많은 관심을 가진다. 동기창이 사실적 묘사를 중심으로 하는 직업 화가들의 그림을 북종화라 하여 오히려 천시하고 문인들의 추상적이고 표현주의적 그림을 남종화, 문인화라 하여 추앙한 덕분에 우리나라 조선의 화단(畫壇)도 크게 영향을 받아 서예가인 추사 김정희가 그린 문인화풍의 '세한도(歲寒圖)'가 최고의 걸작으로 평가되기도 한다. 왕유는 나중에 후세 문인 화가들에 의해 거의 신화적인 존재로까지 추앙받았다.

왕유는 당대(唐代, 618~907)에 태어나서 자랐다. 당시 당의 수도 장안(長安)은 부와 안정을 동시에 누린 국제적 도시였다. 왕유는 21세 때 진사(進士) 시험에 급제했다. 9세 때부터 이미 문학적 재능을 보였다고 하지만, 진사 급제는 특히 음악적 재능이 뛰어났기 때문으로 추정된다. 그는 고위 관직에 올랐지만, 이내 강등되어 산둥성[山東省]의 하찮은 직책에 임용되었다가 734년에 수도로 소환되어 상서우승(尙書右丞)의 자리에 올랐다.

안녹산(安祿山)이 반란을 일으켜 756년에 수도 장안을 점령했을 때, 왕유는 반란군에 사로잡혀 반란군의 수도인 뤄양[洛陽]으로 끌려갔다. 이곳에서 왕유는 억지 벼슬을 받았다. 758년 관군이 장안과 뤄양을 탈환했을 때, 왕유는 반란군에게 억류되어 있는 동안 황제에 대한 충성을 표현한 시를 썼고, 또 고위 관리인 형이 힘을 써준 덕분에 화를 면할 수 있었다.

말년에 그는 속세에 환멸을 느끼게 되었다. 아내와 어머니의 죽음으로 더욱 슬픔에 빠진 그는 장안 중난산[終南山]의 망천(輞川) 옆에 있는 시골 집에 틀어박혀 불교 연구에 몰두했다. 왕유가 지은 시 가운데 가장 훌륭한 작품으로 꼽히는 것들은 대부분 시골 풍경에서 영감을 받은 것들이다.

왕유의 예술은 당시의 기록과 오늘날까지 전해지는 그의 그림 사본을 바탕으로 하여 이론적으로 복원할 수밖에 없다. 그가 여러 가지 주제로 그림을 그리고 다양한 표현 양식을 채택한 것도 분명한 사실이나, 산수화를 발달시킨 최초의 사람 중의 하나로 특히 유명하다. 그는 생존 시에 설경 산수화로 유명했으며, 가장 유명한 작품은 〈망천도 輞川圖〉라는 화권(畵卷)이다. 이 그림은 없어진 지 오래되었으나 후에 제작된 많은 모사품으로 대강의 구도는 보존되었다. 기록상 그의 작품에서 발묵 기법이 최초로 발견되었다고 한다. 그의 그림들은 과거의 전통과 새로운 것을 함께 받아들였다. 후세에 성인에 버금가는 지위까지 올라간 것은 그가 화가인 동시에 위대한 시인이었기 때문이다. 중국 명시 선집에 그의 작품은 거의 빠지지 않고 등장한다. 그는 이백, 두보 등의 유명한 당대 시인들과 함께 서정시 형식을 완성한 시인으로 손꼽힌다.

왕유(王維)의 이별 시를 한 편 감상해 보고자 한다. 왕유는 흔히 성당(盛唐)

시대라고 불리는 당나라 융성기에 태어나 이백, 두보와 거의 동시대를 살아간 시인이었다. 이 '송원이사안서(送元二使安西)'라는 시는 요즘 사람들에게는 익숙하지 않지만 고려와 조선 시대 선비들에게는 김소월의 진달래꽃이나 이미자 혹은 조용필의 노래만큼이나 익숙했을 작품이다.

예나 지금이나 이별은 슬픈 것이다. 사랑하는 사람과의 이별이나 고향에 계신 부모님과의 작별은 물론 사랑하는 친구와의 작별도 서럽고 슬프기는 마찬가지이다. 이 시는 시인 왕유와 절친했던 '원이'라는 친구를 최전방 지역인'안서(安西)' 지방에 보내면서 쓴 시이다. 남자들만이 가지는 선 굵은 이별의 내밀한 아픔이 잘 드러나 있는 시로 함께 읽어 볼 만한 가치가 충분하다고 생각하여 소개해 본다. 이 시는 당나라 때 송별(送別)의 노래로 널리 애창되었고, 세 번 되풀이하여 부르기 때문에 '양관 삼첩(陽關三疊)'이라고도 했다.

송 원 이 사 안 서
送元二使安西(원이를 안서땅으로 보내며)

위 성 조 우 읍 경 진 渭城朝雨浥輕塵	위성의 아침 비가 잔 먼지들을 적시고
객 사 청 청 유 색 신 客舍靑靑柳色新	여관 앞 버들잎의 색은 더욱 산뜻하구나
권 군 갱 주 일 배 주 勸君更進一杯酒	그대에게 또다시 한 잔 술을 권하노니
서 출 양 관 무 고 인 西出陽關無故人	양관 서쪽에 나가면 친구도 없을 터이니

7언의 절귀 형식으로 되어 있는 이 시는 서역(西域)으로 가는 마지막 통로였던 양관으로 가는 친구 원이를 위해 쓴 시이다. '원이'란 당시 풍습대로라면 '원(元)'씨 성을 가진 집안의 둘째 아들이었을 것이며, 본명은 잘 알 수 없고 알 필요도 없다. 일설에 의하면 중국인들은 집안의 사촌 형제들끼리 태어난 순서대로 자기 성을 붙여 1, 2, 3, 4의 순서를 매겨 불렀다고 한다. 우리가 흔해 빠진 평범한 사람들이란 의미로 갑남을녀(甲男乙女)나 장삼이사(張三李四)라는 말을 사용하는데, 이 말은 중국에서 가장 흔한 성씨인 장씨

집 셋째, 이씨 집 넷째를 가리키는 말이니 뭐 특별하거나 두드러질 것 없는 평범한 사람들을 말하는 것이다. 그 원이란 친구가 '안서', 요즘 우리 식으로 번역하면 '전방' 혹은 변방 근무를 나가니 걱정도 많고 슬픔도 컸을 것이다. 위성은 위수가에 있었던 소도시이고 그곳은 양관으로 가는 사람을 전송하는 마지막 지역이었을 것으로 보인다. 우리로 말하면 조선 시대의 의주처럼 국경의 마지막 도시 쯤이다. 위성 북쪽은 황토 고원 지대로 사람이 살기에는 척박한 땅이었다. 그러다 보니 때마침 아침에 가볍게 비가 내리니 펄펄 날리던 먼지들도 다 가라앉았다는 묘사가 가능한 것이다. '읍(浥)'이란, 그저 젖었다 혹은 축축해졌다 정도의 강우량을 나타낸 것으로 비가 더 왔더라면 아마 먼지가 전부 씻겨 내려가거나 했을 텐데 그 정도의 비는 아닌 가벼운 비를 표현한 것이다.

객사란 그냥 여관이라기보다는 관청에서 운영하는 여관이었다. 관리인 원이와 역시 관리인 왕유도 그 객사에서 마지막으로 함께 술잔을 기울이며 회포를 풀고 이별의 아침을 맞이했을 것이다. 강물이 흘렀다면 그 강가에는 버드나무가 많았을 것이고 객사 주변에도 역시 마찬가지였을 것이다. 그 버드나무가 아침 비에 촉촉이 젖어 가지를 늘어뜨리고 게다가 늘 먼지에 뿌옇게 절어 있던 평소와는 달리 싱싱한 푸른 빛을 띤 것이 시인의 눈에 포착되어 버들잎이 새롭게 푸르고 푸르다고 묘사했다.

요즘은 육상 교통 중심이지만, 옛날에는 강이 바로 고속도로였다. 그런 점에서 대부분의 슬픈 이별은 강가에서 이루어졌다. 그 강가에는 토사 방지용이나 홍수 방지용으로 버드나무를 주욱 심어 놓았던 것이 일반적이고, 그러다 보니 그 나무가 이별의 상징처럼 되어 버렸다. 옛 여인들은 사랑하는 남정네가 강가에서 배를 타고 떠나는 광경을 멀리 버드나무 뒤에서 장옷을 뒤집어쓴 채 남의 눈을 피해 지켜보았다. 그러면서 죄 없는 버드나무 가지만 쥐어 뜯었다. 어떤 시에는 버드나무 가지가 남아 있지 않았다는 내용도 보이는 것으로 보면 그곳에서 아마 대규모 이별이나 출병(出兵) 등의 행사가 있었던 것으로 추측할 수 있다.

그대에게 다시 한 잔의 술을 권한다는 것은 이미 전주가 있는데 마지막으로 더 권한다는 내용이다. "자, 한잔 더 해"라고 친구에게 마지막 잔을 권하는 그 심정은 아마 이 술잔이 자네와 내가 나누는 마지막 술잔이 될지도 모른다는 절박함이 나타나 있다. 무슨 말이 필요한가. 사나이 대장부가 꼭 말로 해야 하는가. 묵묵히 한 잔 술을 더 권하는 이 손길 속에 이미 수많은 감정이 녹아 있다. 여인이라면 손목도 부여 잡고 얼굴도 만져 보면서 콩죽 같은 눈물을 흘렸겠지만, 남정네의 이별은 담백하게 그러나 깊은 울림으로 나타내는 것이다.

한 잔 술을 묵묵히 더 권한 이유는, 이제 그대가 서쪽으로 더 나아가 양관으로 가면 친구는커녕 아는 사람 하나도 없을 것이니 그때 누가 잔을 잡아 권하며 그대에게 살갑게 대해 주겠는가, 그러니 암만 말고 한 잔 더하라는 우정 어린 말이다. 무식한 돌궐족 등의 오랑캐들과 코 큰 놈, 얼굴 붉은 놈, 머리에 터번 쓴 놈 등등 당시 중원에 근거를 둔 중국인들로서는 감당하기 만만찮은 사람들과 부대껴야 하는 양관이 그만큼 벽지이자 오지였던 것이다.

종교 측면에서도 당나라는 마치 비빔밥처럼 복합적이었다. 조선 사회가 그러했던 것처럼 당나라의 지배층은 충효인의예지를 강조하는 유교 문화가 고착화되었고, 서민들 사이에서는 기복(祈福), 발복(發福)을 추구하는 불교가 융성했다. 어려운 경전을 외워야 하는 교종(敎宗)보다는 누구나 깨달고 쉽게 성불한다고 가르치는 선종(禪宗)이 유행했는데, 그런 종교 풍속은 당연히 신라, 일본 등 주변국에도 강력한 영향을 미쳤다. 불교와 도교의 교단이 확립되어 다양한 종파들이 활발히 활동했던 것도 그 시대이며, 실크로드를 타고 들어온 이슬람교 등 타 종교도 난립하여 당대의 종교적 다양성을 이루었다. 이러한 종교적 융합은 당대 문화의 풍부함과 다채로움을 더해주었다.

유교는 관료 제도의 도덕적 기반을 제공했으며, 불교는 예술과 건축 분야에서 큰 영향을 미쳤다. 그래서 당나라 시대의 예술은 그 내용이 풍부하고 다채로웠으며, 세계적인 성격을 띠게 되었다.

당나라의 궁전 건축과 장안의 도시 설계는 그 당시의 기술적, 예술적 수준을 반영했다. 또한, 회화와 도자기는 뛰어난 기술과 아름다움으로 유명하며, 오늘날에도 그 예술적 가치는 높이 평가받고 있다. 도자기에 최초로 칼라를 도입한 '당삼채(唐三彩)'로 대표되는 도자기 제작 기술은, 이전 시대와 비교했을 때 화려하면서도 이국적이고, 자유로운 풍조를 띄게 되었다. 이러한 문물은 이슬람을 거쳐 유럽에도 일부 영향을 주게 된다. 금속 공예와 도자기 제조 기술의 향상은 당나라 예술품의 품질을 높여주었으며, 이는 당나라의 경제적 번영과도 직결되었다. 고선지 장군의 탈라스 전투를 계기로 종이가 이슬람 문명으로 넘어가 전 세계로 퍼지게 된 사건도 빼놓을 수 없는 중요한 사건이다.

당대에는 과학 분야에서도 중요한 발전이 있었다. 천문학, 의학, 수학 등 다양한 학문이 번창했으며, 이는 후대 중국과 동아시아의 과학 발전에 큰 영향을 미쳤다. 기술과 산업 분야에서도 당나라는 눈부신 발전을 이룩했다. 종이 제조술, 인쇄술, 화약의 발전 등은 당나라 시대에 크게 진보했으며, 이는 전 세계적으로도 중요한 기술 혁신으로 평가받고 있다.

당나라의 각종 법률과 통치 시스템은 사회 문화적으로 동아시아 주변국인 신라, 발해, 일본, 베트남에 깊은 영향을 주었다. 각국은 당나라의 문화를 받아들여 율령, 불교, 유교를 통해 국가 체제를 갖추었다. 또한 당나라에서 실시했던 조세 제도인 균전제(均田制)를 배경으로 한 조용조(租庸調), 부병제(府兵制), 율령(律令), 정부 구성의 3성(省) 6부(府)제 등 당나라의 국가 운영 체제는 동아시아 전체 국가들의 국가 경영에 기본 틀이 되었다.

황소의 난과 군벌의 난립

역사서들은 당나라가 완전히 멸망한 것은 907년이라고 기록하고 있다. 그러나 실제로는 왕조로서의 당나라는 875~884년에 걸쳐 일어난 황소(黃

巢)의 난에 의해 이미 멸망한 것이나 다름없었다. 그 후 당나라는 장안(長安)을 중심으로 관중 지역을 지배한 일개 지방 정권으로 추락하여 주전충과 이극용 등 절도사 세력이 함께 난립하는 상태였다. 당나라의 중앙 정부는 현종 때인 755~763년에 일어난 안사의 난에 의해 이미 통제력을 잃어버린 상태였다. 이를 틈타 각지의 절도사 세력은 자립성이 강해져 자신들의 관할 지역을 스스로 다스리기 시작했고, 먼 지방의 절도사 중에는 중앙에 대한 납세마저도 거부하는 자가 있었다. 이에 대해 역대 황제들은 억제책을 고안해 부분적으로 절도사를 누르는 데 성공하기도 했지만, 절도사 세력을 억누르기 위해 이용했던 환관 세력이 도리어 힘을 갖고 정치에 과도하게 참여하게 되어 황제의 폐립까지 결정하게 되는 사태가 벌어지게 되었다.

황소의 난이 발발하자 정부군의 권위는 추락할 때까지 추락하여 오합지졸의 황소군에게 고전을 면치 못했고, 세간에는 일부 절도사들이 황소군을 전멸시키면 자신들의 입장이 위험해질 것을 두려워해 일부러 전력을 기울이지 않았다는 말도 돌았다.

황소군은 장안을 함락했고, 황제 희종은 촉(蜀)으로 도망쳤다. 당의 입장에서 다행스러운 것은 황소군이 장안에서 폭정을 일삼아 장안 시민의 실망과 분노를 샀다는 점이다. 그러나 그 와중에도 당나라 정부는 장안을 회복할 만한 능력이 없었다. 그나마 돌궐 사타족 출신의 이극용과 황소군의 간부였다가 당나라 조정에 투항한 주온(후에 당나라로부터 전충(全忠)이란 이름을 하사받았다)이 활약하여 장안을 회복했다. 그러나 이것으로 인해 당나라의 실상이 만천하에 폭로되었고, 황제는 허울뿐인 존재가 되었다. 이 상황은 주의 동천(東遷) 이후의 춘추 전국 시대나 후한 말기 헌제 등이 처한 상황과 비슷했다.

이 시기 중앙을 두고 다투었던 이들은, 변주(汴州, 현재의 카이펑)를 중심으로 산동, 하남을 지배한 주전충(朱全忠)과 태원을 중심으로 산서를 지배하던 이극용(李克用), 하북을 지배한 유인공이나 섬서 일대를 지배한 이무정 등이다. 그 외의 지역에서도 자립한 이들이 많아 후에 10국의 기원이 되었다. 이극용의 군대는 검은색 의복으로 통일하여 이들을 통칭 갈가마귀군[鴉軍]이라 불렀고, 전투에 매우 강했지만 난폭한 행동을 많이 했다. 주전충은 정략(政略)에 뛰어나 다른 누구보다도 한발 앞서 민심을 장악했다. 당 조정을 장악한 주전충은 황제를 꼭두각시화하고 협박하여 드디어 907년 선양을 받아 후량[국호는 양(梁)]을 건국했다. 후량(後梁)이란 후세의 역사가들이 구별을 위해 붙인 것이다.

5대 10국

5대 10국(五代十國, 907~960) 시대는 중국 역사에서 당나라가 멸망한 907년부터, 송나라가 건립된 960년까지 약 50여 년간 황하 유역을 중심으로 화북을 통치했던 5개의 왕조(오대)와 화중, 화남과 화북의 일부를 지배했던 여러 지방 정권(십국)이 흥망을 거듭한 정치적 격변기를 가리킨다. 5대 10국의 오대는 후량, 후당, 후진, 후한, 후주를 뜻하며, 십국은 오월, 민, 형남, 초, 오, 남당, 남한, 북한, 전촉, 후촉을 포함한다.

5대(五代)

후량(後梁), 주전충, 907~923년 → 후당(後唐), 이존욱, 923~936년 → 후진(後晉), 석경당, 936~946년 → 후한(後漢), 유지원, 947~950년 → 후주(後周), 곽위, 951~960년

후량(後梁)

당나라를 멸망시킨 주전충이 세운 오대의 첫 나라가 후량이다. 그러나 주전충을 황제로 인정하지 않고, 그를 따르려 하지 않았던 각지의 세력은 스스로 황제를 자칭했다. 반면 후량과 대립하는 것을 바라지 않는 화남의 여러 나라 중에는 후량에 대해 신하의 예를 갖춘 나라도 있었다. 주전충의 숙

적이었던 이극용은 908년에 사망했고, 뒤를 계승한 이존욱(후당의 장종)은 후량에 맹렬한 공격을 시작했다. 후량 측은 주전충의 실정과 타락이 심해 차례로 영토를 빼앗겼다. 거기에다 주전충은 후계자를 선택하는 것에도 실패해 내분을 초래했다. 이를 지켜본 이존욱은 연왕을 칭하던 유인공을 공격하여 그의 나라를 병합했다. 자신감을 가진 이존욱은 923년 당 황제를 자칭하고 이후 후량의 수도를 함락시켜 후량을 멸망시켰다.

후당(後唐)

이극용의 이(李)씨 성은 공적에 의해 당나라로부터 국성(國姓)을 하사받은 것이었다. 이것을 이유로 이극용의 계승자 이존욱(후당의 장종)은 스스로가 당나라의 후계자임을 자칭하고 후당을 건국하게 되었다. 후량을 멸망시킨 후, 뒤이어 기왕(冀王)을 자칭한 이무정과 사천을 지배하던 전촉을 멸망시켜 영토를 확대했다. 이존욱(장종)은 당나라의 위업을 되살리겠다는 생각으로 낙양으로 천도하고, 주전충이 폐지했던 군대 내 환관 감찰관 제도를 부활시켜 무장들의 불만을 샀다. 이 불만 때문에 926년 무장들이 이사원(후에 명종)을 옹립했다. 이사원의 군이 낙양에 육박하자 금군(근위병)들에 의해 장종은 살해당했다. 새로 즉위한 명종은 환관의 배제와 절약 등을 꾀하며 전국 토지를 재조사하여 불공정한 점을 바로잡는 데 노력했다. 또한 새로운 재무 기관으로 삼사사를 창설했다. 아울러 자신처럼 유력 군인에 의한 찬탈이 되풀이되지 않게 하기 위해 직속군인 시위친군을 창설해 금군의 강화를 꾀했다. 이 삼사사는 후에 송나라에도 이어지게 된다. 명종은 오대의 나라들 중에 후주의 세종(시영)에 버금가는 명군이라 칭송받았다.

후진(後晉)

후당 명종은 재위 6년(933년) 만에 사망했다. 3남 이종후가 뒤를 이었으나 곧 양자인 이종가에 의해 찬탈되었다. 또한 이종가는 권력의 안정을 노려 명종의 사위이며 실력자였던 석경당을 배제하기에 이른다. 석경당은 이에 대항했으나 혼자 힘으로 대항할 수 없다는 것을 깨달아 북쪽의 거란에게 원조를 요청하고 그 대가로 연운 십육주의 할양을 약속했다. 이에 응답해 거란의 태종 야율덕광은 대군을 이끌고 남하하여 후당군을 몰아내 주었다. 936년 즉위하여 후진을 건국한 석경당(고조)은 요나라에게 굴종하여 후진은 사실상 거란의 위성 국가였다. 중앙의 상황을 본 지방 세력은 등을 돌려 남쪽의 오에게 넘어가거나 반란을 일으키는 자들도 속출했다. 진압에 나섰던 후진 고조 석경당은 942년에 병사했다. 후에 조카 석중귀가 제위를 이었는데, 그의 즉위는 거란에 대한 강경파가 주도한 것이었기에 거란의 분노를 사게 되었다. 946년 거란(다음해 국호를 요라고 하였다)의 태종은 다시 친정에 나서 대군을 이끌고 남하하여 후진을 멸망시켰다. 거란은 국호를 '요'로 변경하고 중국 지배를 시도했다. 카이펑 주민들은 만족(蠻族)을 천시하던 전통 때문에 거란의 지배를 강하게 거부했고, 거란의 본토에서도 중국 지배에 대해 반대가 많아 요나라 태종은 북쪽으로 철수했으나 귀국 도중 병사했다.

후한(後漢)

후진(後晉)의 흥망을 지켜보며 방관했던 석경당의 예전 측근인 유지원은 자신의 임지였던 태원에서 947년에 즉위해 후한을 건국했다. 그는 즉시 군대를 이끌고 남하하여 947년 카이펑을 점령했다. 그러나 유지원은 다음 해 사망하고, 차남 유승우가 뒤를 계승했다. 유제 유승우를 보필하게 된 측근들은 왕권 유지를 위해 군사적 힘을 보유한 후한의 유력자들을 배제하는데 노력하여 차례로 군인들을 주살했다. 반란 진압에 나섰다가 겨우 숙청을 모면한 추밀사의 곽위는 숙청을 피하는 것이 불가능하다고 느끼고 반란을 일으켜 카이펑을 점령하고, 자신을 주살하려던 왕의 측근들을 모두 없애버렸다.

후주(後周)

곽위는 정국을 장악한 후 한때 유승우의 사촌이었던 유빈을 옹립했으나 생각을 고쳐 풍도를 시켜 유빈을 살해하고 스스로 즉위하여 후주를 건국했다. 유빈의 아버지 유숭은 북쪽에서 자립하여 북한을 건국했다. 이 후주에서 입지를 다져 계승한 사람이 바로 송나라 태조 조광윤이다.

10국(十國)

국 호	창업주	존속 기간	참고 사항
오(吳)	양행밀	902~937년	남당에 멸망
남당(南唐)	이변	937~975년	오(吳)를 계승함
전촉(前蜀)	왕건	907~925년	사천(泗川)에 자리함, 남당에 멸망
후촉(後蜀)	맹지상	934~965년	전촉 멸망 후 사천에 자리함
형남(荊南)	고계흥	907~963년	호북(湖北)에 자리함
오월(吳越)	전류	907~978년	절강(浙江)에 자리함
민(閩)	왕심지	909~945년	복건(福建)에 자리함, 남당에 멸망
초(楚)	마은	907~951년	호남(湖南)에 자리함
남한(南漢)	유은	909~971년	광동(廣東)에 자리함
북한(北漢)	유숭	951~979년	산서(山西)에 자리함, 북송에 멸망

오(吳), 남당(南唐)

10국 중 가장 강력한 국가는 중국에서도 가장 풍요로운 지대에 자리잡은 오(吳)라고 할 수 있다. 건국자인 양행밀은 양주(揚州) 일대를 장악하고, 북쪽의 후량과 호각지세를 이룰 정도로 세력을 자랑했다. 그러나 오나라는 양행밀의 사후, 휘하의 서온(徐溫)의 힘이 커지면서 최후엔 서온의 양자 서지고(徐知誥)에 의해 찬탈당한다. 서지고는 찬탈 후 이변이라고 이름을 바꿨고, 당나라의 후계자임을 자처하며 국호을 당(唐)이라고 했다. 후세 역사가들에 의해 이 나라는 남당(南唐)이라 불리게 되었다.

오월(吳越)

같은 시기 남쪽 절강 지역에는 오월이 세력을 확장했다. 건국자인 전류(錢鏐)는 소금 밀매상의 신분에서 일어나 절강 일대를 장악했다. 북쪽의 강력한 오나라, 남당과 대치했기에 항상 화북 오대의 나라들에게 신종(臣從)하면서 오나라, 남당에게 대항했다.

민(閩)

오월의 남쪽 복건성 지역에는 절도사 왕심지가 이 지역을 장악하고 민(閩)을 건국했다. 왕심지는 내정에 힘써 복건 지역의 생산성을 비약적으로 발전시켰다. 그러나 왕심지 사후 내분이 일어나 이 기회를 틈타 침략한 남당에 의해 945년 멸망했다.

형남(荊南), 초(楚), 남한(南漢)

호북성에서는 형남(荊南)(남평), 호남성에서는 초(楚), 광동성에서는 남한(南漢)이 할거했다. 형남은 10국 중 가장 최소국으로 주변 여러 나라 전부에게 신종하여 교역의 중계점으로 번영을 누렸다. 초나라는 차의 교역으로 번영한 국가로 건국자 마은의 통치 시기에는 경제적으로 매우 부유했다. 그러나 마은 사후 내분 사태에 빠져 951년 남당에 의해 멸망했다. 남한의 통치자 유씨는 아랍계로 알려져 있는데, 그의 궁정은 5대 10국의 전란 속에서 유일하게 문관의 힘이 강했다고 한다. 그러나 후기에는 그의 정치도 몰락하고 환관 정치로 변질되었다.

전촉(前蜀), 후촉(後蜀)

사천성은 양주와 함께 부유한 나라였기에 천부(天府)라 불렸다. 이곳에서 할거한 나라는 전촉, 후촉의 정권이었다. 전촉의 건국자 왕건은 원래 소금 밀매상이었으나 사천성에 들어와 이곳을 장악하고 이 땅의 풍부한 산물을 바탕으로 문인의 보호와 경서의 인쇄를 진행하는 등 문화적인 정책을 실시했다. 전촉은 925년 후당에 의해 멸망 당했다. 그 후 이 땅에 부임한 무장 맹지상이 자립하여 후촉을 건국했다. 후촉도 전촉과 마찬가지로 문화 진흥에 힘을 기울였고, 특히 당나라 말기부터 당대까지의 사(詞)를 모아 화간집(花間集)을 편찬한 것은 이 시대의 문화를 전하는 데 커다란 공헌을 한 대표적 성과였다.

북한(北漢)

951년 곽위가 후한을 멸하고 후주를 창건하자 이에 반발하여 후한 고조 유지원의 동생 유숭이 산서성 일대를 근거지로 하여 세운 왕조이다. 세우자마자 후주와 한판 붙었으나 크게 무너진 뒤 더 이상 중원을 노리지 않고 산서 일대만 굳게 수비했다. 이 때문에 자칭 황제라고 일컬었으나 실상은 태원(太原)을 중심으로 한 산서 지방의 지방 정권에 불과했으며, 유숭 스스로도 이 점을 매우 한탄했다고 한다. 위치의 특성상 십국의 왕조들 가운데 마지막까지 남았다가 북송 태종이 979년에 멸망시켰다. 원래 있던 산서 지역의 특성상 영토가 작고 지형이 험하며 인구가 적어서 국력이 약한 데다가 거란과 인접해서 그 전 시기를 거란에 크게 의존했다. 멸망할 때도 거란의 구원군이 출발했으나 북송의 토벌군에 맞설 만한 군세를 만들기엔 시간상 역부족이라 북송의 토벌군은 거란의 방해를 거의 받지 않고 북한을 없앴다. 그래도 곽위가 사망하자 잠시 공세에 나서기도 했으나 당시 북주의 무장이었던 조광윤의 활약으로 패퇴했다.

중원의 오대 왕조는 구 당나라 왕조 영역의 6할을 차지했으나 국내 정세의 불안정에 더해서 거란 등의 외적 요인까지 겹쳐 십국을 평정할 여건이 마련되지 못한 채 불안정한 세력 균형 속에서 정국이 유지되었다. 다만 오대 최후의 왕조 후주(後周)가 형남, 남당의 영역을 잠식하기 시작하면서 이런 균형은 일거에 무너지게 되었다.

후주의 왕으로 즉위한 태조 곽위는 내정에 뜻을 두고, 형벌의 완화와 자작농의 양성 및 세제의 불공평을 시정하는 등의 정책을 펼쳐 연이은 전란으로 황폐화된 중원의 부흥에 나섰다. 이렇게 축적된 힘을 바탕으로 천하통일의 대망을 품게 된 이가 954년에 즉위한 시영(후에 세종)이었다. 세종은 오대의 권력자 중 가장 훌륭한 명군으로 칭송받았던 인물이다.

세종이 즉시 실시한 것은 지방의 자립적 무장 세력을 억누르는 것이었다. 이를 위해 과도하게 비대화된 시위 친군을 분할해 전전군(殿前軍)을 창설했고, 이를 황제 직속 병력으로 두고 강화하여 절도사 및 금군 사령관들이 황제에게 대항할 수 없게 만들었다. 이 군사력을 바탕으로 남당, 후촉, 북한, 요나라 등을 공격해 영토의 일부를 빼앗았다. 그중에서도 남당에게서 빼앗은 토지는 소금의 산지로서 가장 중요한 지역이었기에 이 땅을 차지한 것은 남당의 생사 여탈권을 장악한 것이나 마찬가지였다. 또한 막대한 군사비를 모으기 위해 폐불 운동을 진행했다. 중국에서는 삼무일종의 법난(法難)이라 일컫는다. 당시는 세금을 피하기 위해 비과세인인 승려로 가장하는 사람이 많았고, 이들을 가려내 징세를 실시한다면 막대한 수입이 들어오는 것은 불 보듯 뻔한 일이었다. 또 화폐를 주조하는 동(銅)이 부족했기에 불상 등을 녹여 주원통보(周元通寶)라고 일컫는 동전을 주조했다. 이렇듯 세종은 통일을 향해 착착 일을 진행해 갔으나 959년 원정에서 돌아오던 중 병사하고 말았다. 세종의 뒤를 계승한 사람은 겨우 7세의 시종훈이었다. 이 상황을 보고 북한(北漢)은 요나라의 후원을 얻어 후주를 침공했다. 이를 막기 위해 나선 인물이 세종의 제일 측근이었으며, 전전도점검(殿前都點檢, 금군사령관)이었던 조광윤(후에 송나라 태조)이었다.

송(宋)의 건국

어린 황제 시종훈(柴宗訓)을 모시고 요나라와의 전쟁에 나선 후주군은, 전세가 불리해지자 군 내부에서 불안감이 확산되었다. 결국 군인들은 도중에 진교에서 술에 취한 조광윤을 강제로 옹립했는데, 역사에서는 이를 '진교의 변'이라고 한다. 수도에 돌아온 조광윤은 시종훈을 보호하며 선양을 받아 송나라를 건국했다. 오대에서 선양은 이렇듯 자주 일어났다. 양위를 한 황제는 뒷날 일어날 역습을 우려해 죽이는 것이 관례였으나 조광윤은 시종훈을 죽이지 않았고, 시종훈의 자손은 남송 멸망 때까지 보호를 받았다.

오대 최후의 왕조인 후주(後周)를 계승한 송 태조는 군인이 정치 실권을 장악해온 오대의 경향을 타파하고 문치주의를 내세웠다. 그는 과거 제도를 정비했고, 지방 군대 약화와 중앙군 강화, 절도사직의 무력화 등을 진행해 내부를 안정시키고 중앙 집권을 강화했다. 그는 후주 세종의 노선을 물려받아 통일에 대한 길을 걷기 시작했다.

963년, 송 태조는 중국 대륙의 가장 중요한 요지라 할 수 있는 호북성의 형남을 합병했다. 그때 10국은 동서로 분열되어서 단결하여 송나라에 대항하는 것이 어려웠다. 뒤이어 965년에 사천성의 후촉을 병합하고 이 땅의 풍부한 물산을 획득해 전쟁 비용을 보충하고 971년 광동을 지배하던 남한을 멸망시켰다. 그리고 975년 화남에서 최대 세력을 자랑하던 남당을 멸망시켰다. 이제 남은 것은 북쪽의 북한과 남쪽의 오월뿐이었지만 태조는 당돌에서 병사했다. 이 죽음에는 동생이자 제2대 황제인 태종 조광의에 의한 독살 의혹이 제기되었다.(천극불결의 의) 태종은 태조의 방침을 이어받아 통일을 진행해 978년 오월을 멸망시키고, 979년 북한을 멸망시킴으로써 천하 통일을 완성했다. 당나라 멸망 후 약 70년 만의 일이었다.

제26강

송의 건국과 북송 시대

송 태조 조광윤과 문치주의의 개막

송 태조(太祖) 조광윤(趙匡胤, 927~976)은 낙양(洛陽)에서 군관이었던 조홍은(趙弘殷)의 둘째 아들로 태어났다. 그가 출생할 시기에 중국은 큰 혼란에 빠져 있었다. 한때 대제국을 형성했던 당조는 반란으로 인해 907년에 멸망했다. 당 왕조가 멸망한 후 송 왕조가 들어서기 전까지 50년에 불과한 기간 동안 후량(後梁), 후당(後唐), 후진(後晋), 후한(後漢), 후주(後周) 다섯 왕조가 차례로 교체되었다. 이들 왕조의 지배력은 황하강 유역의 중원에만 미쳐 그 주변에 전촉(前蜀)과 후촉(後蜀), 오(吳), 남당(南唐), 민(閩), 형남(荊南), 남한(南漢), 오월(吳越), 북한(北漢), 초(楚)의 10국이 전쟁을 계속했다. 한편 북방 역시 불안정하여 이민족인 거란이 세력을 확장하며 중원을 위협하고 있었다. 이 시기를 5대 10국 시대라 일컫는다.

조광윤은 927년, 5대 10국의 두 번째 왕조 후당 시대에 낙양의 협마영(夾

馬營)이라는 병영에서 태어났다. 아버지 조홍은(趙弘殷)은 후당의 금군을 담당했던 무인으로 936년 후당을 멸망시키고 들어선 후진의 검교사도가 되어 금군을 담당했다. 조광윤의 가문은 3대조부터 제위 찬탈을 노리는 군벌 아래에서 군관으로 공로를 쌓아왔고, 조광윤의 아버지는 956년 사망할 당시에 상당한 고위직 군관이었다. 어머니 두씨(杜氏)는 지혜와 통찰력으로 조광윤에게 큰 영향을 끼쳤는데, 961년 두씨가 죽은 뒤 조광윤은 어머니를 그리워하며 상당히 힘들어 했다고 한다.

조광윤은 어린 시절 성격이 사내답고 활달하여 글 읽는 것보다는 말타기와 활쏘기에 더 열중했다. 950년 20세에 이르러 조광윤은 카이펑에 후주(後周)를 세운 곽위(郭威)의 양아들인 세종(世宗)의 군대에 참여했다. 곽위는 후에 5대 10국 시대의 네 번째 왕조인 후한을 멸망시키고 마지막 왕조인 후주(後周)를 창건한 인물이다. 곽위가 후주를 세우고 태조로 즉위하자 그는 후주 건국의 공을 인정받아 활주부지휘로 임명되었다. 953년에 태조 곽위가 숨을 거두고 태자 시영(柴榮)이 세종으로 즉위하자 조광윤은 그의 오른팔이 되어 금군을 지휘했다. 세종은 954년 왕위에 올라 중국 남부 지역으로 영토를 확장해나갔고, 산시[陜西] 북쪽에 근거지를 정하고 거란 제국의 도움을 받으며 중국의 왕위를 노리고 있던 정치적 반대 세력의 제거를 시도했다. 조광윤은 후한 잔당 세력과 벌인 고평 전투에서 포위된 세종을 구했고, 이후 회남, 요군 등을 정벌할 때 과감하고 성공적인 전투를 여러 차례 수행했다. 이러한 전과를 올려 황제 근위군 총사령관인 전전도점검에 임명되었다.

959년, 원정 도중 후주(後周) 황제 세종이 병사하자 그의 일곱 살 난 아들 시종훈(柴宗訓)이 공제(恭帝)가 되어 즉위했다. 그 직후인 960년 북한이 거란족의 요나라와 합세하여 후주를 공격했다. 이에 조광윤은 군대를 이끌고 도성을 출발하여 진교역(陳橋驛)에 진을 쳤다. 이곳에서 조광윤의 운명이 바뀌는 일대 사건이 발생했다. 그것은 후대에 '진교병변(陳橋兵變)'이라고 일컬어지는 사건이다.

조광윤의 군대가 카이펑 북교(北郊)의 진교역(陳橋驛)에 숙영(宿營)했을 때,

전란 중에 어린 황제 공제가 등극하자 불안해진 신하들과 장병들이 움직이기 시작했다. 조광윤의 동생 조광의(趙廣義)와 측근 조보(趙普)를 중심으로 부하 장병들이 술에 취해 잠든 조광윤을 깨워 황제의 옷을 입히고 마상(馬上)에 오르게 하여 황제로 옹립했다. 그리고 카이펑으로 군대를 돌려 어린 공제의 양위(讓位)를 받아낼 것을 강요했다. 조광윤이 황제가 되고 싶어 했는지는 알 수 없으나 그는 조보가 입혀 주는 황포를 거절하지 않았다. 이를 본 군사들은 일제히 만세를 불렀고, 조광윤은 장병들에게 태후, 공제, 중신들을 해치지 않고 약탈을 금할 것을 맹세시킨 후 도성으로 회군했다.

이러한 사실을 뒷받침하는 역사적 근거는 없지만 조광윤이 이 같은 정변을 사전에 알고 있지는 않았던 듯하다. 더구나 부하들이 억지로 황포를 입혔다고 했는데, 황포는 황제의 옷이므로 군중(軍中)이 쉽게 접할 수 있는 물건이 아니었다. 사전에 준비하지 않았으면 황포가 갑자기 등장할 리가 없다. 게다가 조광윤은 출동하기 전에 자기 가족을 안전한 곳으로 옮겨 놓았다. 이를 종합해보면 조광윤은 처음부터 반란을 일으킬 목적으로 거란이 공격해왔다는 거짓 보고를 이용해서 군사를 이끌고 출동했던 것이라고 볼 수도 있다. 반면 2대 황제가 되는 동생 조광의가 자신이 왕이 되기 위해 인망 높은 형을 이용해 이 모든 것을 연출했을 가능성도 제기된다. 이런 해석과 달리 송나라의 엄격한 역사가 사마광(司馬光)이 당시에 편찬한 《자치통감(資治通鑑)》에는 이런 기록이 없는 것도 사실이다.

조광윤은 부하 장병들의 절대 복종 맹서를 받아내고 또 황실과 그 측근 및 공공기관 그리고 백성들에게 해를 입히지 않겠다는 약속을 받아낸 뒤 황제에 즉위했고, 국호를 송(宋)이라고 했다. 조광윤은 5대 10국 시절 권력이 자주 바뀌면서 전임자 가족이나 씨족을 멸절시키거나 백성을 약탈하는 그런 선례와 달리 미리 휘하 군대에게 철저히 민가 약탈과 살육을 금하는 명령을 내렸고, 전임 황제인 시종훈와 후주 황족들을 죽이기는커녕 오히려 우대했다. 아울러 단서철권(丹書鐵券)을 내려 시씨 문중을 보호하도록 했다. 단서철권이란 면사금패(免死金牌)라고도 하며, 죄를 지어도 처벌받지 않는 일종의 국가 유공자 증명서 겸 개국 황제인 태조가 내린 대훈장 역할을 하는 문서였다. 이것이 있다면 역적 모의를 획책하지 않는 한 아무리 후대의 황제라도 그들에게 함부로 벌을 내릴 수 없었다. 송(宋) 시대를 배경으로 한 <판관 포청천>이라는 드라마에도 이런 황제의 하사 물품이 일종의 면책권으로 활용되는 장면을 많이 보여 준다. 그 결과 시씨 문중은 북송이 금나라에 쫓겨 남쪽으로 내려갈 때도 송나라 황실이 함께 데리고 갔고, 남송이 멸망할 때까지 3백 년간 보호받았다. 그리고 선양한 공제 시종훈을 정왕(鄭王)으로 봉해 식읍을 내려 그의 가문이 살아갈 수 있도록 해주었고, 시종훈이 973년에 20세의 나이로 요절했을 때에도 황제에 준하는 예우로 장사까지 지냈다. 이러한 후대(厚待)는 이후 송나라 내내 이어졌고, 그래서였는지 후에 애산 전투에서 패한 송나라가 멸망할 때 많은 시씨 일족이 끝까지 송나라 황실과 명운을 같이 했다.

이런 시씨 일족의 후손 중 한 명이 수호지에도 등장하는데, 바로 소선풍 시진이다. 소설에서 그는 의로운 도적들의 보호자 역할을 하며 단사철권을 가지고 그들의 목숨을 구해주는 장면도 여러 번 등장한다. 조광윤은 시씨 이외에도 5대 10국의 군주나 장수들도 죽이지 않고 관용을 베풀었고, 정복한 지역의 백성들에 대한 약탈도 엄금해 후대에 높은 평가를 받았다.

조광윤은 세상을 떠날 때 돌에 유훈을 새겨 남기면서 새 황제가 즉위했을 때 반드시 이를 보고 지키도록 했다. 이를 돌에 새겨 남긴 유훈이라 하여 '석각유훈(石刻遺訓)'이라 하는데, 존재 자체가 송 황실 최고의 극비였던 까닭에 아무리 총애 받는 신하라고 해도 그 존재조차 알 수 없었다. 결국 석각유훈은 금나라가 수도 변경(개봉)을 점령한 후에야 만천하에 공개되었다.

그 내용은 아래와 같다.

1. 시씨의 후손은 죄가 있어도 형을 가하지 말고, 역모의 죄를 지었다 해도 옥중에서 자진하게 해주고, 저잣거리에서 공개 처형하지 말 것. 그리고 지속(支屬)에게 연좌시키지 말 것

2. 사대부와 상소하는 사람을 죽이지 말 것
3. 자손 중에서 이를 어기는 자는 하늘이 반드시 죽일 것이다.

역사 소설가 진순신은 석각유훈(石刻遺訓)을 비롯한 송 태조의 통치 방식을 높게 평가하면서 중국 사상 최고의 군주로 평가했다. 아무튼 조광윤의 이러한 덕행(德行) 때문인지 그가 황제에 추대된 직후 중국 내의 군소 제후국들은 송에 복속해왔다. 963년 두 제후국이 스스로 투항해왔고 다른 두 제후국은 정복되었다. 976년에 이르러 북부의 군벌을 제외하고는 모두 평정되었고 그 군벌을 지원하는 거란 세력도 여러 번 패퇴시켰다. 976년 송의 군대는 북부 군벌을 정복하기 위해 총동원되어 있었으나 그해 태조는 49세의 나이로 죽었다. 3년 후 태조의 아우인 태종이 그의 뒤를 이어 제위에 올라 중국 천하를 통일했다. 그러나 베이징[北京] 주위의 일부 소규모 지역은 여전히 거란의 세력 아래 있었다.

중국 통일은 결코 쉬운 과업이 아니었다. 중국의 여러 지역에서 독립을 요구하는 지방 군벌들의 반란은 통일 대업을 더욱 어렵게 했다. 태조는 당을 멸망시키는 데 결정적 요인이 된 지방 군벌의 위험을 제거하기 위해 전념했고, 자신이 창건한 송의 번성을 위해 노력했다. 절도사 지배 체제를 폐지하고, 민정, 병정, 재정의 3권을 중앙에 집중시켰으며, 문치주의를 확립함으로써 이후 300년간 이어지는 송 왕조의 기틀을 다졌다. 태조의 시책이 그의 높은 인품과 깊은 관계가 있음은 말할 나위도 없다. 그 당시나 후대에서도 그의 폭넓은 인품에 대한 일화가 많이 전해져 왔다. 그 일화들은 일부는 지어낸 것도 있겠지만, 그의 동시대인들이 태조에 대해 가지고 있던 인상과 느낌을 전달해준다.

젊은 시절 뛰어난 기량을 갖춘 궁수이며 기사였던 태조는 매우 위험한 정벌 전쟁에서 상처를 입지 않고 살아 남았다. 제위에 오른 뒤 자신이 황제가 된 것도 하늘의 뜻이고, 죽고 사는 것도 하늘의 뜻에 따라 결정되는 것이기 때문에 인간은 그것을 거스를 수 없다고 말했다. 신하들의 만류에도 불구하고 변장을 하고 백성들의 생활 형편을 살피는 미행(微行)을 고집했다. 그는 신하들이 권하는 호신용 단검 선물을 화를 내며 물리치고 비무장으로 미행을 했다고 한다.

그의 생활은 검소했다. 부하들이 전 쓰촨[四川] 태수로부터 압수한 귀중한 상감 야호(夜壺)를 보고는 그것을 부수어 없애버리게 했다. 그는 비공식적으로 대신들의 집을 방문했고 그들 앞에서 서슴없이 자신의 과오에 대한 회한을 표명했다. 재위 기간 마지막 해에는 그에게 헌상된, 통일을 달성하고 전국을 평정한 황제라는 칭호를 거부했다.

태조는 중대사에 대해서는 관리들의 책임을 철저하게 물었다. 그 결과 측근들은 그를 무서워했다. 한편 그는 사소한 잘못이나 무례한 행동은 웃으면서 용서해주었다. 또 여간해서 의심을 하지 않았다. 그가 가끔 난폭하게 행동한 적도 있었고, 술에 지나치게 탐닉했다고도 하나 그 근거는 희박하다. 가끔 무례한 관리나 신하들 때문에 진노한 적도 있었으나 곧 냉정해져 화가 나서 내린 형벌을 경감해주거나 그 불운한 피해자가 당한 어려움을 보상해주기도 했다.

송 태조는 천성이 활동적이었다. 그는 무예가 매우 뛰어난 용장으로, 특히 창술과 봉술에 능했다고 알려져 있다. 전쟁터에서는 쇠로 만들어진 봉을 휘둘렀는데, 전투 중에 봉이 부러져 쇠사슬로 연결했더니 그 위력이 대단하여 편곤(鞭棍)의 시초가 되었다고 알려져 있다. 이렇듯 곤술(棍術)에 뛰어나서 태조곤법이라는 무술 체계도 존재했으며 무림에서도 높은 평가를 받을 정도로 달인이었다. 편곤의 기원을 따지다 보면 송 태조의 이름이 꼭 나온다. 그러나 실제로 편곤은 조광윤이 아니라 서융족의 무기에서 기원한 것이라고 한다. 그뿐만 아니라 송태조는 삼십이세장권(三十二勢長拳), 즉 장권의 창시자이기도 했다. 축국도 잘하고 봉술과 권법에도 뛰어났던 팔방미인의 황제인 듯하다.

심지어 송 태조에서 시작된 지역 음식도 있다. 조광윤이 야전군이던 시절 섬서성에서 조광윤이 끼니를 해결하기 이해 누룩 없이 딱딱하게 구운 밀가

루 반죽 조각을 국물에 적셔 먹었던 것이 유래가 되어, 오늘날까지 시안 지방에서 즐겨 먹는 양러우파오모[羊肉泡饃]라는 요리가 만들어졌다고 한다.

송 태조는 황제로 즉위해서도 가끔 토벌전을 직접 지휘했다. 당의 황제들이 완성된 형태의 정부 문서에 서명만 했던 것과는 달리, 태조는 대신들에게 문서의 초안을 올리도록 하여 미리 지적 사항을 하교하곤 했다. 이처럼 태조가 관장했던 정부는 기능적으로 잘 정비되어 있어서 그의 성격의 일면을 엿볼 수 있다.

그는 3명의 동평장사(同平章事)가 재정, 군사, 총무의 3개 분야를 관장하는 기존의 제도를 그대로 유지하되, 각 대신의 권력을 제한했다. 동시에 그들에게 막중한 책임과 권한을 내려 군주와 대신 간의 기능이 원활하도록 했다. 지방 정부에 대한 중앙 정부의 감독 기능도 강화했다. 963년부터는 각 주(州)의 행정은 절도사(節度使)에서, 조정에서 파견한 문관에게로 넘어가게 되었다. 주 이하의 지방 행정 단위는 조정에서 직접 관리를 파견하여 행정을 담당하게 했다. 965년부터 조세는 직접 국고에 귀속되었다. 전운 제도(轉運制度)의 시초인 전운사 제도(轉運使制度)가 도입되어 지방의 세수 관리들을 감독했다. 국가의 안전을 위협하는 군사 반란에 대비하여 태조는 최정예 군대를 수도에 주둔시켰고, 적절한 기회를 이용하여 세력이 강대해진 군 지휘관들을 퇴임시켰다.

송 태조가 된 조광윤은 새 정권을 안정시키기 위해 몇 가지 중요한 문제를 해결했다. 그는 당나라의 멸망과 지난 50년간의 대혼란이 절도사에게 권력이 집중되어 있었기 때문이라고 판단했다. 이에 그는 지방군을 약화시키고 중앙 권력을 강화하기 위해 공신들의 금위군 통솔권을 회수했다.

961년 소의 절도사 이균과 회남 절도사 이중진의 반란을 진압한 후 송 태조는 금군을 통솔하던 석수신(石守信)과 왕심기(王審琦) 등 여러 공신을 불러 술자리를 열었다. 그는 먼저 공신들의 공로를 치하한 다음, 기회가 된다면 누구나 천자가 되고 싶어 할 것이라는 말로 운을 띄웠다. 그 자리의 대화를 재구성해 보자.

송 태조: 만일 그대들의 도움이 없었다면 짐이 천자가 되지는 못했을 것이다. 그러나 천자가 된 후 짐은 매일 밤잠을 설치노라.

공신 들: 폐하, 신들이 혹여 역심(逆心)이라도 품을 것을 우려하시옵니까? 신들이 어찌 감히 다른 마음을 가질 수 있겠습니까?

송 태조: 짐에게도 본디 역심이 없었지만, 그대들이 술을 먹이고 용포를 입히지 않았는가. 그대들에게 아무리 역심이 없더라도 그대들의 부하들이 술을 먹이고 용포를 입힌다면 그런 상황에서는 그대들도 거부하기 힘들 것이 아닌가?

공신 들: 폐하께서 안심하시려면 신들이 어찌해야겠사옵니까?

송 태조: (크게 한숨을 내쉬면서) 세상에서 가장 좋은 것은 '돈' 그리고 '마음의 평화'이니, 그것이 무슨 의미인지는 그대들 스스로 잘 생각해 보도록 하라.

이에 자리에 있던 공신들은 송 태조의 뜻을 쉽게 알아차렸다. 그리고 다음 날 장성급 공신 전원은 전역 신청서를 제출했고, 송 태조는 그들을 바로 전역시키기보다 일단 지휘권이 없는 보직으로 전보 조치했다. 송 태조는 공신들에게 병권을 내놓고 넓은 영토의 주인으로 적당히 안락하게 살 것을 권했고, 이에 석수신 등은 모두 사직하고 귀향했다. 이것이 바로 '배주석병권(杯酒釋兵權)', 즉 '술자리에서 병권을 내놓게 하다'라는 일화다.

이 일화는 당나라 말기의 혼란과 5대 10국 시기의 분열을 돌아보게 만든다. 각 장수들이 병권을 장악하면 황제를 우습게 보고 또 다른 분란의 원인이 된 경우가 허다했다는 것이다. 그렇게 술자리에서 자신의 고민을 토로함으로써 하루아침에 군벌들의 세력을 넘겨받아 중앙으로 복속시켰다. 이 사건은 지방 군벌에 의한 군웅할거의 국면을 종식시키는 계기가 되었다. 태조는 동일한 수단으로 왕언초(王彦超) 등 여러 절도사의 병권도 자발적으로 받아냈고, 지방의 행정과 재정을 모두 중앙으로 복속시켰다.

왜 황제에게 병권이 집중되어야 하는지를 설득하는 한편, 병권을 내놓은 개국 공신들에게 그에 따른 혜택도 약속했다. 그리고 동일한 방법으로 각

지방의 절도사들을 불러 역시 정직하게 설명하고 설득한 뒤, 병권, 지방 행정권, 재정권 등을 중앙 정부로 흡수했다. 이로써 조광윤은 피를 보지 않는 무혈 숙군으로 상황을 말끔히 정리했다. 역대의 많은 나라의 초대 왕이 개국 공신을 숙청한 것에 비하면 꽤 특이한 사례이다. 물론 병권 반납에 대한 불안감을 가질 사람들을 위한 혜택은 철저하게 주었다. 조광윤은 병권을 내놓은 휘하 장수들이나 지방 절도사, 군관들을 지방의 관리로 전보하거나 토지를 하사하는 등, 공신들이 여생을 편안하게 보내게끔 조치를 취함으로써 자신이 한 약속을 모두 지켰다.

배주석병권은 역사적으로 드문 케이스로, 후대의 귀감이 될 만하다. 다만 이는 송 태조가 휘하의 장수나 군벌들과 매우 '좋은 관계'를 유지했기에 가능한 일이지 단순하게 화술만 좋다고 되는 일은 아니다. 물론 일각에서는 배주석병권도 은근한 숙청 경고를 통해 결과적으로 비폭력적으로 해결했다는 해석도 존재한다. 사실 연회에서 송 태조가 한 말의 속뜻은 '나한테 죽을래, 고향 내려가서 편하게 살래?'에 가까운 말이라는 것이다. 어찌 되었든 비폭력적 과정을 통해 좋은 결과를 얻어낸 위업이며, 결과만 놓고 보면 송 태조의 평소 언행이 신뢰를 얻지 못했다면 이루어질 수 없는 일이었다.

중앙 병력을 강화하여 권력을 쥔 송 태조는 절도사의 세력을 축소하는 데 박차를 가했다. 그는 각지의 절도사를 사임시켜 중앙의 한직을 맡긴 다음 후임으로 중앙의 문관을 임기를 정해 파견했다. 이때 파견된 문관과 비슷한 권력을 가진 하급 관료를 동시에 파견함으로써 상호 견제하도록 했다. 이로써 막강했던 절도사들의 권한은 축소되고 송나라의 문관 체제는 굳건해졌다. 하지만 이것은 군사력을 약화시켜 외세의 침략에 취약하게 만들었고, 결국 송나라 멸망의 원인으로 작용했다.

송 태조의 사람 관리는 지금 봐도 배울 점이 많다. 그는 공신의 임지를 수시로 바꾸어 뿌리를 내리지 못하게 하여 세력을 약화시켰으며, 그 과정에서 신하가 섭섭해하지 않도록 정성을 다했다. 성의 없이 임명장만 던져주는 게 아니라 직접 대면해서 부탁했다고 하니, 신하들 입장에서도 속셈은 보이지만 황제가 직접 읍소하는 상황에서 거절하기란 쉽지 않았을 것이다.

건국 초기에는 왕권을 강화하기 위해 자신을 도와준 많은 공신을 정리하기 마련이다. 그러나 권력을 빼앗긴 자의 원한은 쉽게 사라지지 않기에, 많은 군주들은 유혈숙청을 택했고, 이는 결국 내부의 갈등과 복수로 이어지곤 했다. 그런 면에서 조광윤 송 태조처럼 유혈 사태를 보지 않고 문제를 해결한 사례는 보기 드물며, 이것은 그의 정치력이 매우 뛰어나다는 것을 보여준다.

중국의 역대 왕조 중에서 송 왕조와 함께 중앙 집권을 지향하면서 장기 번영에 성공한 한족의 통일 왕조 한나라와 명나라의 사례와 비교하면 이 점은 명확하다. 일단 통일 왕조가 탄생한 뒤 정국이 안정되기 위해서는 군벌(중앙 정부-황제의 통제 바깥에서 군권을 가진 권신)이 없어져야 한다는 건 삼척동자도 아는 내용이다. 이것을 하지 못한 사례가 바로 전임 5대 10국 시대의 5대 왕조들과 서진(西晉) 왕조로, 이들 왕조는 일시적인 통일은 이루었지만, 예외 없이 단명했다. 반면 장기간의 번영에 성공한 한(漢), 송(宋), 명(明) 세 왕조의 경우, 왕조 초기에 공신들의 군권 회수에 성공했다는 공통점을 가진다. 다만 여기서 한(漢), 명(明) 왕조와 송(宋) 왕조의 차이는 한신을 죽이는 등 공신들에 대한 토사구팽의 전형을 보여준 한/명 왕조에 비해 송 왕조에서는 공신들을 숙청하는 대신 군권만 내놓으면 편안한 여생을 보장해주었다는 것이다. 이 점에서 같은 목표를 지향하면서도 피를 흘리는 대신 압박과 설득으로 해결한 송 태조의 정치력이 대단했다는 것은 부정하기 힘들다. 정치력, 설득 능력이 부족하면 대개 그보다 하책인 '힘'으로 해결하려 들면서 다수에게 피를 보게 만드는 결과로 이어지게 마련이다. 그러나 송 태조는 피 대신 협상과 설득으로 원하는 결과를 얻어냈으니 그 성과는 결코 작지 않다. 그 결과 내부 반란 세력의 발호로 멸망 수순에 빠져든 한/명 왕조와는 달리 송 왕조는 외부의 침략에 시달리긴 했지만, 애산 전투에 이르기까지 사대부들의 충성심은 지속적으로 확보할 수 있었다. 그런 점에서 소설가 진순신은 《18사략》 등에서 석각유훈을 비롯한 송 태조의 통치 방식을 높게 평가하면서 중국 사상 최고의 군주로 꼽았던 것이다.

국내 정치 상황을 안정시킨 송 태조는 곧 천하 통일의 대업에 착수했다. 963년 송 태조는 호남의 내분을 틈타 형남을 멸망시키고 호남을 병합했다. 964년에는 촉 원정군을 파견하여 965년 촉을 멸망시켰으며, 969년에 촉나라 잔당들이 일으킨 난을 평정했다. 또한 969년 남한 지역을 차례로 점령하기 시작해 971년에 완전히 멸망시켰다. 이 나라들이 이미 쇠퇴의 길을 걷고 있었기 때문에 원정은 비교적 순조롭게 이루어졌다. 또한 이듬해 송 태조는 남당 정벌을 시작하여 975년 남당을 멸망시켰다.

그가 숨을 거두기 직전 남은 건 송나라 북쪽에 있는 북한(北漢)과 남쪽에 위치한 오월(吳越) 정도였다. 그러나 조광윤은 중국 통일 위업을 달성하지 못하고 976년 숨을 거두고 영창릉에 안장되었다.

송 태조의 뒤를 이어 동생 송 태종 조광의가 즉위하여 조광윤이 시작한 중국 통일 및 국가 체계 정비를 완수했다. 다만 즉위 과정에서 의문점이 많아 혹시 조광의가 형을 암살한 것이 아니냐는 이야기도 있다.

전해지는 이야기에 따르면, 송 태조가 죽던 날 밤, 동생 조광의가 형 태조의 침실에 들어가 단둘이서 이야기를 나누었다. 신하들이 방문 밖에서 바라보니 누군가 도끼를 방바닥에 찍으면서 "그렇게 하라!"라고 외치는 모습이 촛불 그림자로 비치었다. 이후 갑자기 방문이 열리더니 조광의가 나와 "형님이 말씀하시기를 '장남 조덕소가 아직 어리고 천하 통일이 아직 이뤄지지 않았으니 어린 아들을 황제로 삼으면 후주 공제처럼 나라를 잃을까 두렵다. 아우가 제위를 물려받으라.'라고 하셔서 내가 사양하니, 형님이 도끼로 나를 위협하여 어쩔 수 없이 제위를 받겠다고 하자 숨을 거두셨다."라고 주장했다.

당연히 의심할 만한 일인지라, 일부 신하들은 태조의 첩을 희롱하다 걸린 태종 조광의가 도끼를 들고 형을 위협하다 죽이고 제위를 찬탈했다고 믿었다. 이 두 형제가 서로 너무 닮아서 그림자만으로는 누군지 구분할 수 없었던 것이 이러한 의심의 근원이었다. 이 고사를 '촛불 그림자와 도끼 소리'라는 뜻의 촉영부성(燭影斧聲)이라고 한다. 이 고사가 어찌나 유명한지 정사에서는 간략히 언급되었으나 야사로 꾸준히 전해졌다. 청나라 강희제가 유조에서 역대 왕조가 후사를 정하던 얘기를 하면서 언급했을 정도였다.

애당초 태종 조광의의 주장에는 근본적인 문제가 있었다. 당시 태자 덕소는 어린아이가 아니라 거의 30세에 가까운 나이였다. 사실 조광윤의 즉위 과정도 작전을 계획하고 총지휘한 것이 바로 동생 조광의였음을 생각하면 묘하게 섬뜩한 부분이 있다. 정말로 저 모든 것을 계획해서 황제가 되었는지, 아니면 형에게 충성스러운 동생으로 살다가 자연스럽게 형의 뒤를 이었는지는 당사자 밖에 모르는 일이다.

참고로 이때부터 북송의 역대 황제와 남송 초대 황제 고종 대까지 모든 황제는 송 태종 조광의의 후손이었다. 그러나 송 태종의 자손이 귀했고, 송 고종 이후에는 송 휘종 대에 '정강의 변'으로 송 태종의 자손들이 대거 금나라로 끌려가 송 고종의 대도 끊기면서 송 태조의 자손들이 다시 황제에 오르게 되었다.

한국의 성씨 중에 배천(白川) 조씨는 조광윤의 차남 연의왕 조덕소(趙德昭)의 3남 위왕 조유고(趙惟固)가 시조다. 조유고는 아버지 연의왕 조덕소가 자살하게 된 황실의 환난을 피해 조지린(趙之遴)으로 개명하고, 979년 고려로 망명해 경종 대에 황해도 배천군 도태리에 정착하게 되었다고 한다. 조지린은 고려 현종 대에 좌복야참지정사가 되었다. 조지린의 아들 조양유(趙良裕)는 덕종 대와 정종 대에 문하시중으로 배천군(白川君)에 봉해졌다. 배천 조씨가 배출한 대표적 인물로는 조선의 2등 개국 공신인 부흥군 조반과, 율곡 이이, 성혼과 교류하다 임진왜란이 일어나자 관직을 물리고 의병을 일으킨 중봉 조헌(趙憲)이 있다.

마찬가지로 임천(林川) 조씨는 연의왕 조덕소의 차남 기강효왕 조유길(趙惟吉)의 5남 조수강(趙守康)이 시조다. 조수강도 조천혁(趙天赫)으로 개명하고, 979년 숙부 조지린과 함께 고려로 망명해 충청남도 부여군 임천면에 정착하게 되었다. 조천혁은 현종 대에 강감찬과 함께 요나라를 격파한 공으로 가림백(嘉林伯)에 봉해졌다. 참고로 말하면 송 태조 조광윤의 치세는 고려 광종(949~975)의 치세와 겹친다.

태조 조광윤의 시책은 혈연이나 정실보다는 실력과 능력에 바탕을 둔 관료 제도를 확립하는 것이었다. 이것이 구체적으로 드러난 조치가 과거 제도 정비였다. 963년 태조는 궁중의 관리들이 신임 관리를 추천하는 관습을 금지시켰고, 과거에 급제한 사람들이 과거 시험 위원을 자신들의 후견인으로 존대하는 관습을 폐지시켰다. 그는 과거에 낙방한 사람의 청원을 받아들여 재시험을 명하기도 했고, 과거 합격과 선정 과정이 공정하지 못했다는 기미가 조금만 있어도 재시험을 치르도록 했다. 973년, 태조는 어전시(御前試)의 최종 시험 제도를 확립하여 급제 순위를 확인했고, 합격자 명단을 공개하도록 지시했다. 또한 여러 등급에 걸쳐 많은 수의 합격자를 내기도 했다.

또 태조의 시책에는 인자함과 인간적인 정조가 담겨 있었는데, 이는 대체로 유교적 정신과도 일치하는 것이었다. 그는 패배한 적장에게 늘 관용을 베풀었고, 후주의 추종 세력들에게도 관심을 보였다. 부장(部將)들에게는 정복한 지역의 백성들에게 쓸데없는 피해를 입히지 말라고 거듭 경고했다. 심지어 정복지에서 포획된 사병이나 장수들의 목숨을 살려주기도 했다. 태조의 신임을 잃은 신하들도 좋은 대접을 받았다. 행형 제도(行刑制度)의 개혁에서도 관리들의 부패와 무책임에 대해서는 여러 가지 가혹한 형벌을 부과했지만, 염전과 주조(酒造)의 국가 통제권을 위반한 사례에 대해서는 처벌을 감해주었다. 또 사형 집행에서는 수도의 궁중에서 사전 검토하는 것을 의무 사항으로 규정하여 목숨을 귀히 여기도록 했고, 이런 제도는 조선 왕조에서도 사형(死刑)은 반드시 임금의 재가를 받도록 한 제도로 이어졌다. 송 태조의 초기 시책들은 궁핍한 평민들의 경제 사정을 개선시키고 조세의 부담을 경감해 주는 쪽에 큰 관심을 기울였다.

16년의 치세를 통해 태조는 송대라는 획기적인 시대의 정치 제도를 유지하는 데 필수적인 기반을 닦아놓았다. 송의 정치 체제는 놀라울 정도로 토론의 자유, 관료 제도의 개혁, 내부 개혁, 평화, 안정을 유지하고 추진했다. 이러한 분위기에 힘입어 송대에는 경제 기술의 개발, 과학의 진보, 철학·예술·문학의 빛나는 업적이 이루어졌고 이것이 송대의 특징이 되었다. 조광윤은 사대부를 우대하는 문치주의를 펼쳤고, 이 문치주의 정책은 동생인 조광의가 계승하여 문학가들의 등장과 화약을 비롯한 획기적인 발명품을 등장시키게 하는 배경이 되었다.

태조 조광윤이 세상을 떠났을 당시, 송나라의 국가 기반이 완성되었던 것은 결코 아니었다. 후대의 평화와 번영은 새로운 해결책을 요구하는 문제를 가져왔다. 후대의 송 황제들 중 경륜이나 인품에서 태조에 필적할 만한 인물은 아무도 없었다. 그러나 유교에서 강조하는 조상 숭배 의식은 계속 존중되어 후대 황제들에 의해 더욱 강화되었다. 행정에 대한 적극적 관심과 관료 체제에 대한 깊은 이해는 태조가 세워놓은 전통으로, 후대의 송 황제들도 정도의 차이는 있지만 이를 계승했다. 후대의 국가 발전은 대체로 태조가 지시한 방향으로 움직여나갔다.

태조의 시책에 장점만 있었던 것은 아니었다. 군부의 반란을 지나치게 경계했기 때문에 군부의 힘이 약해져 강력한 외세의 침입을 막아내는 데 미흡했다. 그러나 후대 황제들이 국민 복지를 증진하고 관직에 인재를 등용하며 국가의 안전을 도모함으로써 3세기에 걸쳐 국가를 지켜나갔다. 그 배경에는 태조가 다져놓은 통치술이 크게 작용했다.

송 태조를 이어 왕이 된 사람은 동생 조광의이니 그가 태종이다. 그는 960년 진교의 변에 가담했을 때 형 조광윤을 설득하여 후주 공제에게 양위를 받고 송나라 건국에 기여했으며, 이후 진왕에 봉해졌고 개봉부윤 등에 임명되었다. 형 태조 황제의 사망 경위에 대한 의혹의 핵심에 있었지만, 즉위 후에는 인재 양성과 신문고 설치 등 민생 문제에 많은 힘을 기울였다. 태종은 후주 때부터의 통일 사업을 계속 진행했다. 먼저 978년 항주 지방에 있는 오월은 군주 전홍숙이 스스로 나라를 들어 바치면서 멸망했다. 이에 태종은 전홍숙을 회해 국왕에 봉하고 수도 개봉으로 보내어 안락한 생활을 보내도록 했다. 이어 1년 뒤인 979년에는 지형이 험하고 거란과 인접해 있는 북한을 공격하여 멸망시켜버렸다. 그리하여 당나라 멸망 후 약 70년 만에 5대 10국 시대를 종식시켰다.

후진(後晉)의 건국자 석경당(石敬瑭)은 자국의 건국을 돕는 대가로 거란, 즉 요나라에 연운 16주(오늘날의 베이징과 만리장성 사이 지역)를 넘겨주었다. 이로 인해 연운 16주는 5대 10국 시기부터 중국 황제들의 최대 숙원 사업으로 남게 되었다. 이 때문에 태종은 979년 대대적으로 편성한 원정군으로 요나라를 공격했다. 그런데 휘하 장군들이 태종의 작전 지시를 무시하고 독단적으로 행동하다 연패했다. 거기다 태종이 부상으로 사망했다는 말까지 나와 수도 개봉에서 태조의 아들 조덕소를 옹립하려는 움직임까지 있었으나 조덕소(趙德昭)의 자살로 끝이 났다.

조덕소가 죽고 2년 후, 태조의 또 다른 아들이자 조덕소의 동생인 진강혜왕(趙德芳, 조덕방)이 22세의 젊은 나이로 급사했다. 이로써 태조 조광윤의 아들 중 태종 조광의의 제위에 직간접적으로 위협이 되었던 두 황자 모두 사망하게 되었다. 이후 태평흥국 7년(982년), 태종 입장에서 자신의 아들들에게 가장 큰 위협 요소로 인식되던 동생 조정미(趙廷美)까지 숙청했다. 황제의 동생인 조정미는 태종의 심복들인 시우석, 왕현에 의해 반란을 꾀한다는 모함을 받아 개봉윤에서 파직되고 서경유수로 좇겨 난 뒤 불과 38세의 나이에 병으로 사망하여 황제 자리는 자연스럽게 태종의 자식들에게 이어졌다. 송나라는 태종의 아들 진종(眞宗), 인종(仁宗)으로 이어지며 문화 강국으로 발전해 나갔다.

문화 강국의 빛과 그림자

북방의 골칫거리였던 요나라 정벌은 건국 이후 줄곧 송나라의 염원이었다. 거란은 요나라로 국호를 개칭하기 전인 936년, 후진의 석경당에게 연운 16주를 할양받았다. 당시 후당을 멸망시키기에 역부족이던 석경당은 거란에 도움을 청했고, 거란은 연운 16주 할양을 조건으로 내세웠다. 이로써 화북 지역에서 한족(漢族)이 비한족의 지배를 받는 상황이 시작되었으며, 송나라는 건국 후 연운 16주를 수복해 요나라를 화북 지역에서 몰아내고 완전한 통일을 이루고자 했다. 이런 이유로 양국 간 영토 분쟁은 끊이지 않았다.

송 태조 조광윤도 요나라 정벌을 계획했으나 국력의 열세를 깨닫고 먼저 남방의 여러 나라를 정벌하는 데에 집중했다. 하지만 976년 북쪽의 북한과 오월을 남겨둔 채 송 태조가 병사하여 연운 16주 수복을 이루지 못했다. 979년에는 태종 조광의가 북한을 평정하면서 요나라 정벌의 기치를 이어갔다. 송나라가 북을 공격하자 요나라는 북한에 원군을 보냈다. 이에 송나라는 북한을 평정한 후 그대로 진격하여 유주(幽州)까지 들어갔다. 그러나 요나라의 완강한 저항에 송나라는 유주 함락에 어려움을 겪었고, 요나라의 지원군까지 남하한다는 소식에 고량하에서 총공세를 펼쳤다. 여기서 태종은 오히려 화살을 두 대나 맞고 포로가 될 뻔했다가 노새가 끄는 수레를 타고 간신히 도망쳤다. 태종은 요나라 정벌을 포기하지 않고 980년, 986년에 다시 공격했지만, 모두 패했다. 태종 이후 진종 시대의 송나라는 요나라 정벌에 소극적인 자세를 취했고, 문신 관료 체제 확립으로 군사력까지 약화되었다.

송나라는 발달한 상업을 배경으로 화려한 문화 국가를 이루었다. 3대 황제 진종의 치세는 중국 역사상 태평성세 시기 중 하나인 함평지치(998~1004)라고 불린다. 그리고 아들 인종까지가 흔히 송의 전성 시기로 평가받는데, 당시 북송의 수도인 개봉은 한밤에도 불이 꺼지지 않을 정도로 번영했다고 한다. 또한 함평 3년(1000년)에는 세계 4대 발명품 중 하나로 불리는 화약이 발명되었다. 경제적으로 번영하던 송나라였지만 건국한 지 50년도 지나지 않아 요나라의 침입을 받아 결국 1004년 굴욕적인 전연의 맹을 맺었다.

반면 요나라는 907년에 야율아보기가 8개 부족으로 나뉜 거란 부족 전체를 통일하여 전제적인 권력을 확립했다. 이후 야율아보기는 원정에 나서 서남방의 탕구트를 제압한 데 이어 926년에는 발해를 멸망시켜 세력을 확장했다. 또한 야율아보기의 뒤를 이은 태종은 936년에 후진의 석경당으로부터 연운 16주를 획득하여, 유목 민족의 만리장성 이남 지역 지배라는 새로운 전기를 이루었다. 또한 979년 고량하 전투, 986년 기구관 전투 등 송나라의 계속되는 공세를 성공적으로 막아내면서 만만찮은 모습을 보였다. 이후 요나라는 왕위 계승 문제로 혼란을 겪기도 했으나 성종 즉위 후 안정을 되찾아 세력을 확장했다. 993년, 성종을 대신해 섭정하던 소태후가 소손녕에게 명령해 고려를 침략했으며, 1004년에는 송나라를 위협했다.

송나라와 요나라는 황허를 사이에 두고 전주(澶州)에서 대치했다. 요나라는 소달람을 선봉장으로 삼아 송나라를 공격했고, 송나라는 화살을 쏘아 방어했다. 이때 요나라의 장수 소달람이 화살에 맞아 전사하면서 전세는 송나라에 유리해졌다. 이에 장군 구준이 진종에게 화북 지역까지 진격할 것을 진언했다. 그러나 진종은 전쟁할 마음이 없었기 때문에 쉽게 결정을 내리지 못했다. 한편 요나라는 지휘관 소달람을 잃어 사기가 떨어진 상태에서 송나라군이 공격을 위해 집결하고 있다는 소식을 접하게 되었다. 이것은 요나라에서 전쟁을 주도하고 있던 소태후에게 예상 밖의 상황이었다. 소태후는 송나라의 문관 중시, 무관 경시 풍조로 인해 송나라가 가급적 전쟁을 피할 것이라 생각했으며, 또한 송나라의 군사력이 매우 약할 것이라 여겼다. 전세가 불리해지자 후퇴 중에 송나라의 공격을 받을 위험이 있다고 판단한 소태후는 송나라에 사신을 보내 화친을 제안했다. 요나라의 강화 제의에 구준은 진종에게 연운 16주 반환을 조건으로 내세울 것을 진언했다. 만약 요나라가 거부할 때는 전쟁을 계속해야 한다고 주장했다. 하지만 진종은 요나라의 강화 제안을 기회로 삼아 전쟁을 빨리 끝내고자 했다. 이에 그는 조이용(曹利用)을 사신으로 파견하며 은 100만 냥이라도 좋으니 반드시 화친을 얻어 내라고 명령했다. 양국은 황허에서 불과 하루 거리밖에 안되는 전연(澶淵)에서 화의 회담을 거행했다. 양국이 전연에서 평화 조약을 맺었으니 역사는 이를 '전연의 맹약'이라 한다.

이것으로 송나라는 요나라로부터 군대 철수 약속을 받아내고 평화를 획득했다. 하지만 전연의 맹약으로 얻은 평화는 송나라에 적지 않은 출혈을 일으켰다. 송나라는 요나라에 매년 은 10만 냥과 비단 20만 필을 바쳐야 했는데, 이것은 겉으로는 대등한 관계처럼 보였지만, 사실은 전쟁 배상금 혹은 신하 국가가 상납하는 공물에 가까운 성격이었다. 양국은 지극히 평등한 독립 국가로 인정하면서도 송나라가 형, 요나라가 동생인 관계를 맺었다. 송나라는 형의 나라가 되어 외견상 체면을 차리는 듯 했으나 진종은 요나라의 소태후를 숙모라고 부르는 등 굴욕적인 모습을 보였다. 또한 연운 16주는 그대로 요나라가 차지하며 양국은 현재의 방어 시설은 그대로 유지하되 더 이상 증축하지 않기로 협의했다. 양국은 평화 조약 체결을 천지신명에 고하고 후대까지 영원히 지킬 것을 맹세했다. 진종은 '대송 황제'의 이름으로, 요 성종은 '대거란 황제'의 이름으로 조약을 맺었다.

전연의 맹약으로 양국은 현실적인 이익을 얻었다. 우선 송나라는 매년 은 10만 냥과 비단 20만 필을 요나라에게 바쳐야 했지만, 당시 송나라의 경제적 능력으로 보아 전쟁으로 인한 경제적, 인적 손실에 비하면 그리 큰 손해는 아니었다. 또한 송나라는 차, 비단, 도자기, 철기, 서적 등을 요나라에 수출하여 요나라에 지급한 은 일부를 거두어들였다. 송나라에 더욱 다행스러웠던 것은 비록 연운 16주 회복에 실패했지만, 더 이상의 영토를 잃지 않은 것이다. 진종은 영토를 잃지 않고 요나라에 지급할 돈이 자신이 예상했던 은 100만 냥이 아닌 은 30만 냥으로 결정된 것에 안심했다.

한편 기마 병력이 우수한 요나라는 강남 지역에서 불리한 전쟁을 피할 수 있었다. 또한 요나라는 송나라에 매년 받는 비단 20만 필과 은 30만 냥으로 체제를 유지하고, 군대 정비에 드는 비용을 마련할 수 있었다. 그리고 송나라와의 활발한 무역을 통해 선진 문물을 수용하여 정복 왕조의 틀을 점차 만들어 나갔다.

전연의 맹약은 송나라가 매우 유리한 고지에 있었음에도 요나라와 화친을 맺은 굴욕적인 조약으로 평가된다. 송나라가 매년 요나라에 지급하기로 약속한 돈과 비단은 고스란히 백성의 부담으로 전가됐으며, 반대로 요나라가 더욱 강성해질 수 있는 길을 열어 주었다. 양국은 이후 전쟁을 더 이상하지 않고 100년이 넘는 기간 동안 평화를 유지했다. 평화라고는 했지만 거란은 송나라의 거대한 기생충으로 송나라의 재정을 갈취했으니 송나라의 재정 부담은 점차 커졌고, 결국은 변화를 도모하지 않을 수 없었다.

신법 왕안석과 구법 사마광

송대에는 상업이 유례없이 발전한 시기였다. 유교 경전의 출판과 활자의 사용이 시작되어 문학과 학문이 크게 발전했고, 다양하고 풍부한 문화적 업적으로 송은 한(漢), 당(唐)과 함께 중국의 위대한 왕조 가운데 하나로 손꼽혔다. 그러나 상대적으로 국방의 가치를 무시한 탓에 군사력의 약화로 '전연의 맹약'을 맺어 평화를 돈으로 사는 어리석음을 범했고, 그 부담은 후대 왕들에게 재정 압박으로 돌아갔다. 이러한 상황에서 6대 황제 신종(神宗)은 왕안석(王安石)을 등용하여 신법(新法)을 제정하여 개혁 정치를 펼쳐 나가기 시작했다.

왕안석(王安石, 1021~1086)은 개혁 정치가이자 문인으로 당송팔대가 중 한 사람으로 꼽힌다. 한자의 연원과 제자 원리 등을 연구한 《자설(字說)》, 문집인 《왕임천문집(王臨川文集)》, 《임천집습유(臨川集拾遺)》 등을 남긴 학자이기도 했지만, 무엇보다 신념을 가진 정치가였다. 그는 황제의 전적인 신뢰를 받았고, 자신의 문장처럼 구습을 타파하고 새로운 세상을 만들겠다는 강한 의지와 신념으로 신법(新法)이라는 개혁 정책을 추진했다. 왕안석은 신종의 신임으로 재상이 되어 1069년부터 1076년 무렵까지 균수법, 시역법, 면행법, 청묘법, 면역법, 보갑법, 보마법 등의 신법 개혁을 단행했다. 당시 송나라는 건국 이후 전성기를 맞이했으나 내부적으로는 많은 사회적 모순을 안고 있었다. 중앙 집권 체제를 강화할 목적으로 관료 기구를 세분화했기 때문에 관료의 수가 급증했고, 비대해진 행정 기구는 그 구조가 매우 복잡해 기능이 효율적이지 않았다. 또한 관호(官戶)가 증가함에 따라 일반 백성들은 토지를 잃고 소작농으로 전락했다. 이에 줄어든 국가의 재정 수입은 다시 일반 백성들의 세금 착취로 이어져 삶은 더욱 곤궁해졌다.

한편 송 왕조는 5대 10국 시대처럼 혼란한 상황이 도래하는 것을 방지하기 위해 엄청난 수의 금위군을 양성했다. 이 금위군의 유지비가 재정 지출의 대부분을 차지할 정도로 막대했고, 북쪽의 요(遼)와 서쪽의 서하(西夏) 같은 나라들과 평화를 유지하기 위해 지출하는 비용도 만만치 않아 국고는 고갈되기 직전이었다. 결국 제4대 황제 인종 때 사회적 문제들이 표면으로 불거졌고, 인종은 1043년 '경력신정(慶曆新政)'이라는 개혁 정치를 단행했다. 하지만 인종의 '경력신정'은 실패로 끝나고 말았다. 왕안석은 오랜 지방관 생활을 통해 사회적 병폐의 원인을 소수의 사대부와 지주들의 토지 겸병에서 찾았다. 그리고 1058년 인종에게 개혁안인 '만언서(萬言書)'를 올렸다. 하지만 인종은 이전의 실패로 개혁에 대한 의지가 없었으며, 조정에도 그의 주장을 지지하는 대신들이 없었다. 1067년 신종이 제6대 황제로 즉위할 당시에도 송나라의 사정은 조금도 나아지지 않았다. 내부적으로는 이전부터 이어진 정치 문제가 심화되고 민란이 빈번히 발생했으며, 외부적으로는 요와 서하의 계속되는 침입으로 국가의 존망이 위협받고 있었다. 여기에 국가의 재정 상황은 더욱 악화되고, 백성들의 생활은 도탄에 빠져 나라의 구조마저 흔들리는 위기가 도래했다.

신종은 즉위하자마자 왕안석을 지강녕에 임명했고, 몇 달 후 그를 중앙으로 불러 한림학사 겸 시강으로 삼았다. 왕안석의 개혁 의도와 변법 제안은 신종의 개혁 의지와 일치했다. 1069년에 참지정사가 된 왕안석은 신종에게 제치삼사조례사(制置三司條例司)라는 입법 기관을 설립하고 이곳에 참신한 인재를 등용하여 신법을 제정할 것을 건의했다. 또한 한기(韓琦), 사마광(司馬光) 등 구법당의 인물들을 축출하고, 구법(舊法)을 철폐하며, 신법(新法)을 채택하여 재정 위기를 극복하고 민생을 안정시키고자 했다. 왕안석이 주도한 신법 개혁의 핵심 목적은, 상인의 횡포를 막고, 농업 기술을 발전시켜 생산량을 늘려 세수를 증대하며, 관료 체제와 군사 제도를 개혁하고 중앙 집권 체제를 강화하는 것이었다. 왕안석은 신종의 전폭적인 지원 아래 청묘법(青苗法: 농민에게 저리의 이자로 대출하는 제도), 모역법(募役法: 농민에게 부역 대신 세금을 내게 하여 이 돈으로 정부가 실업자를 고용하는 제도), 균수법(均輸法: 지방의 산물을 조세로 징수하여 다른 지방에 판매하여 재정을 확충하는 제도), 시역법(市易法: 정부가 중소 상인을 보호하기 위해 물자를 매입해 주거나 저리로 대부해 주던 제도), 보갑법(保甲法: 향촌 조직으로 민병대를 조직하여 마을의 치안을 유지하는 제도), 보마법(保馬法: 기병대를 육성하기 위한 정책) 등의 신법을 시행했다.

왕안석의 개혁안은 제대로만 된다면 국가와 일반 서민층인 농민, 중소 상인들에게 유리한 정책인 반면, 기존 기득권 세력에게는 불리한 정책이었다. 하지만 현실은 달랐다. 좋은 취지에서 시작한 제도는 허점도 많고 부정부패, 고리대가 심화되는 등의 부작용을 심화시켜 백성들의 삶을 더욱 어렵게 만들었다. 특히 대부호들은 대부분 기존 기득권층 출신이었고, 이들은 정치적으로 왕안석을 반대하는 당파를 조직했다. 그리하여 반대파를 구법파(舊法派)라고 하고 개혁에 찬성하는 파를 신법파(新法派)라고 하여 당쟁이 가속화되었다.

당시 구법파의 당수는 사마광이었다. 더욱이 왕안석을 지지하던 관료들이나 왕안석 찬성 세력인 신법파 내부에서도 전보다 더 심해진 사회 부작용, 너무 급격하게 밀어붙이는 개혁 속도 등을 이유로 왕안석을 비판했다. 그들은 신법의 내용과 효과를 비판하기 시작했고, 왕안석 개인에 대한 사상적, 도덕적 비판도 서슴지 않았다. 이에 왕안석은 개혁 의지를 지닌 인재들을 선발하여 보수 세력과 대항하고자 했다. 하지만 송나라의 관료 제도는 아직 완전히 개혁되지 않은 상태였기 때문에 새로 등용된 인재들은 오히려 보수 세력과 결탁하여 왕안석을 공격했다. 하지만 신종의 개혁 의지는 흔들리지 않았고, 1070년 왕안석을 재상으로 임명하여 그에게 개혁의 힘을 실어 주었다.

1074년(희녕 7년), 변법에 대한 논란이 격화되고 있던 중 허베이성에 큰 가뭄이 발생했다. 이때 구법파는 이것을 신법에 대한 하늘의 분노로 해석하여 신법 철폐를 요구하는 상소를 올렸다. 당시 신종의 어머니 선인황후 고씨와 내시 세력, 구법파 관료들이 지속적인 퇴진 운동을 벌였다. 이에 더해서 신법파 내부에서도 장돈, 증포, 여혜경이 급격한 개혁 내용을 담은 신법의 부작용을 비판했고, 원래 신법을 지지하던 구양수조차 청묘법의 문제 등을 지적하며 반대했다. 이에 신종도 왕안석을 해임시키지 않을 수 없어 왕안석은 지방으로 좌천되었다. 하지만 신법은 폐기되지 않고 왕안석이 관직에서 물러난 뒤에도 신종의 재위 기간에는 꾸준히 추진되었다. 그러나 신법당에는 왕안석 외에는 그다지 인물이 없었기 때문에 신법파 내부에서도 내부 분열이 일어났다. 특히 여혜경은 수완은 뛰어났지만 구법파 사람들에게도 간사하다는 평가를 받던 인물로, 평소 왕안석의 말을 기록해두었다가 왕안석의 세력이 약해질 때 즈음 부정적으로 해석될 여지의 것들만 골라 황제에게 참소했다. 다음 해에 왕안석은 복직했지만, 여혜경은 이를 두려워하여 앞장서서 "왕안석이 유가의 도를 배신하고 황제를 허수아비로 여겨 속이고 있다"며 신종에게 왕안석을 탄핵하라고 격렬하게 비난했다. 결국 왕안석은 1076년에 다시 사직하고 고향으로 내려가 은둔 생활을 했다. 그러다가 1085년 북송 신종이 38세의 젊은 나이로 세상을 뜨고 이어 철종이 즉위하자 어린 왕을 대신해 할머니인 선인태후가 섭정을 하게 되었다. 신법에 반대했던 선인태후는 사마광을 재상에 등용하고 신법을 하나씩 폐지해 나갔고, 결국 왕안석은 이듬해 자신의 신법이 무너지는 소식을 들으며 눈을 감았다.

왕안석은 의지가 확고부동하여 한 번 옳다고 여긴 것은 밀어붙이는 성격이었다. 어떤 이는 왕안석의 신법이 실패한 요인을 여기에서 찾았다. 그가 지나치게 자신만만하여 다른 사람의 의견을 경청하지 않았기 때문이라는 것이다. 왕안석의 외골수에 가까운 추진력에 관해서는 한 가지 일화가 전한다.

왕안석에게는 왕원택(元澤)이라는 아들이 있었다. 그는 방씨 성을 가진 여인을 부인으로 맞이했고, 선남선녀였던 아들 내외는 하늘의 질투를 살 정도로 행복하게 살았다. 그런데 아들 왕원택이 병에 걸려 증세가 심각해지자 며느리 방씨의 외롭고 긴 독수공방이 시작되었다. 이에 젊고 아름다운 며느리가 홀로 지내는 것이 가여웠던 왕안석은 방씨를 재가시킬 것을 결심하고 아들을 설득했다. 왕원택은 아내의 행복을 위해 그녀에 대한 애끓는 마음을 노래한 '안아미(眼兒媚)'라는 시를 지어 주고 재가를 허락했다. 방씨가 재가한 후 왕원택은 3년이 채 지나지 않아 병사했다. 세간의 이목을 무시하고 병석에 누운 아들을 설득하여 기어이 며느리를 재혼시킨 그의 결단과 추진력이 놀라울 뿐이다.

왕안석은 후대에 대표적인 개혁자로 평가받지만 소위 '개혁 정치인'들이 다 그렇듯 동시에 비판도 많이 받았다. 개혁 부분에 집중하여 높이 평가하는 시각도 있었으나 한동안은 그 부작용과 폐단에 주목해 부정적인 평가가 우세했던 시기도 있었다. 특히 성리학을 세워 후대에 큰 영향을 끼친 남송의 주희가 사마광에 호의적이었기 때문에 더더욱 저평가되었다. 주희는 왕안석을 유능한 명신으로 평가했지만, 신법에 대해서는 상당히 비판적이었으며 북송의 멸망 원인으로 이 신법의 부작용을 제기했다. 이 때문에 성리학을 국시로 삼았던 조선에서도 왕안석에 대한 평가는 나빴다.

왕안석에 대한 비판은 크게 두 가지로 나뉜다.

첫째는 신법 자체가 비현실적 내지는 백성들의 이익을 빼앗는다는 것이다. 이미 당대에 소동파는 희녕변법에 대한 가혹한 비판을 가한 바 있었다. 그는 일단 정부의 전곡 출납 장부의 곡식 가격 자체가 이미 지나치게 높게 책정되어 있고, 품질이 떨어지면 팔 수 없고, 뇌물을 바치지 않으면 거래 자체가 성립이 안 되는 상황을 지적했다. 이에 따라 조정에서 되파는 가격은 시장가격보다 높아지고 그 부담은 백성들에게 전가되었다. 소동파는 차라리 상인들에게 세금을 징수하는 것이 더 낫다고 비판했다.

또한 희녕변법 시행 후 신종은 32곳이나 되는 궁내 창고에 비단을 꽉 채우고도 모자라 창고를 추가로 지었을 정도였으니, 소동파는 왕안석의 신법이 민간의 이익을 빼앗는 것이라 지적한 것이다. 신법 중 가장 논쟁거리였던 청묘법 또한 정부가 민간 사금융보다 더 높게 고리의 이자를 매겨 돈놀이를 한다는 비판이 나왔다. 청묘법이 처음 시범적으로 실시된 하북 일대에서는 백성들이 단체로 존경받던 명신 한기에게 몰려가 "청묘인지 뭔지 하는 것 좀 황제 폐하께 제발 없애달라고 해주십쇼. 이것 때문에 죽겠습니다"라고 집단 행동까지 했고, 신법당과 왕안석의 주장을 지지해주던 인사들까지 이를 비판했다. 또 다른 제도인 보마법 역시 비현실적이라는 비판이 이어졌다. 즉, 왕안석의 개혁은 말만 국가와 농민, 중소 상인들을 위한 것이지 실질적으로는 정부가 기득권을 대신해 대지주, 대상인의 위치를 독점하여 민간의 이익을 독차지하고, 사채놀이를 하며 백성들을 수탈하는 짓이 아니냐는 것이 오랫동안 가해진 비판이었다.

두 번째 비판은 왕안석의 태도와 신법당에 대한 것이다. 먼저 왕안석은 중앙 무대 데뷔 당시부터 특유의 성격과 그 성품 때문에 반대가 심했다. 당시 조정 내에서 한기 등 경험 많은 원로들과 강직한 성품을 가진 오규 같은 이들조차 함께 일할 당시 "당연한 것조차도 자기가 싫으면 무조건 자기합리화하며 듣지 않는 태도"와 "업무 처리에서도 현실을 파악하지 않은 채 잘못이 있어도 포기하지 않는 '외고집' 기질"을 이유로 강하게 반대했다. 하지만 신종은 원로들의 조언이나 군목사로 함께 일한 이후 경험을 토대로 기용에 반대한 오규 등의 의견을 모두 받아들이지 않았고, 반대 의견을 낸 장지기에게는 과거 그가 구양수를 비판할 때 개인 가정사를 언급했다는 이유로 대놓고 면박을 주었다. 그러나 결국 이들의 주장처럼 왕안석의 가장 큰 결점으로 지적된 성격과 업무 스타일은 개혁 집행 과정에서 갈수록 문제를 발생시켜 지지했던 이들조차 정적으로 만들었다. 결국 왕안석은 실각했고, 송나라는 개혁의 실패와 부작용으로 긍정적 효과보다는 악영향이 커지는 결과를 얻고 말았다. 왕안석은 빠른 개혁을 위해 지지층을 최대한 늘리려 노력했고, 자신의 의견을 지지하는 이들을 대거 개혁 업무 전면에 추천해 중앙 요직을 차지하게끔 했다. 따라서 신법당은 순식간에 유력한 정치 세력으로 등장했다. 문제는, 그렇게 세를 늘리다 보니 여혜경, 채경, 증포와 같이 문제가 많은 인물이 주류 구성원이 되었고, 왕안석 생전에도 부정부패로 문제가 된 인물들이 많았다는 점이다.

신법을 대표하는 왕안석과 가장 대척점에 있었던 인물이 구법당파의 영수라 불리는 사마광이었다. 사마광(司馬光, 1019~1086)은 왕안석의 신법 개혁을 반대하다가 관직에서 물러났고, 철종이 즉위한 후 재상에 올라 신법을 철폐했다. 그는 주나라 위열왕 때부터 후주의 치세인 959년에 이르기까지 1360여 년간의 역사를 일 년씩 묶어 기록한, 사마천의 《사기》와 함께 중국의 대표적인 역사서로 꼽히는 《자치통감》을 편찬한 위대한 역사가이기도 했다. 아버지 사마지(司馬池)가 광주(光州) 광산에 부임했을 때 태어나 지역 이름을 따라 '광(光)'이라고 이름 지었다고 한다. 어린 시절부터 총명함이 남달랐던 그에 대한 유명한 일화가 한 가지 전한다.

어느 날 사마광이 또래 친구들과 함께 후원에서 놀고 있었다. 후원 안에는 돌을 쌓아 올린 작은 돌탑이 있었고, 돌탑 아래에는 물이 가득 채워진 커다란 물 항아리가 있었다. 사마광이 친구들과 돌탑 위에서 놀고 있을 때 한 아이가 그만 물 항아리에 빠지고 말았다. 친구들은 모두 당황하여 어떤 아이는 울었고, 어떤 아이는 소리쳤으며, 어떤 아이는 어른을 찾으러 뛰어갔다. 그러나 사마광만은 당황하지 않고 침착하게 돌 하나를 들어 있는 힘을 다해 항아리를 깨고 친구의 목숨을 구했다고 한다.

1038년 사마광은 우수한 성적으로 진사 갑과에 급제하여 진사가 되었다. 그는 이때 부친의 친구인 장존(張存)의 딸과 혼인했는데, 부부의 금실이 매우 좋았음에도 아이는 쉽게 생기지 않았다. 이에 친구들이 그에게 소실을 얻을 것을 권했다. 그가 거절하자 친구들은 억지로 소실을 얻어 주었다. 하루는 소실이 사마광의 마음을 얻기 위해 온갖 방법으로 그를 유혹했다. 하지만 그는 읽고 있던 책에서 한시도 눈을 떼지 않았으며, 그녀의 존재조차도 느끼지 못했다. 소실은 그를 유혹하는 것을 포기하고 무심결에 그가 읽고 있던 책의 제목을 물었다. 그제야 사마광이 고개를 들어 그녀의 얼굴을 보며 책 제목을 말해 주었다고 한다. 그와 부인 장씨는 평생을 금실 좋게 해로했다.

1067년에 황제로 즉위한 신종은 왕안석을 중용하여 신법을 단행했다. 당시 한림학사였던 사마광은 왕안석과 시를 주고받을 정도로 가까운 사이로, 처음에는 신종의 개혁 의지를 받아들여 개혁을 주장했다. 그러나 곧 상하를 막론하고 모든 구법을 철폐한다는 지나치게 급진적인 개혁이 실효를 거둘 수 있을 것인지에 대해 의문을 품고, 민생에 실질적으로 영향을 미칠 만한 온건한 개혁을 주장하게 되었다. 사마광은 왕안석과 의견이 대립하자 곧 입장을 바꾸고 구법파와 손을 잡았다. 사마광은 왕안석이 재상이 된 후에는 그가 시행하는 모든 개혁 조치들을 반대했으며, 심지어 신종의 면전에서 왕안석과 논쟁을 벌이기까지 했다. 사마광의 구법당과 왕안석의 신법당의 격한 대립 속에서 신종은 사마광의 의견을 받아들이지 않았다. 개혁에 대한 신종의 강한 의지를 읽은 사마광은 조정에서 물러나 낙양에서 은거 생활을 시작했다.

사마광의 은거 생활은 14년간 계속되었다. 그는 이때 일생일대의 업적이 되는 《자치통감》을 집필했다. 그는 정치가가 정책을 만들 때 역사 연구가 반드시 선행되어야 한다고 생각했다. 그러나 당시까지의 역사서들이 너무 번잡하고 양이 방대하여 실제로 통치자들이 읽고 교훈으로 삼기에는 무리가 있다고 여기고, 보다 간결한 역사서가 필요하다고 생각했다. 신종은 자신의 장서를 내주면서까지 사마광의 역사서 편찬에 협력했고, 그의 역사서에 《자치통감》이라는 이름을 지어 주었다.

사마광은 무려 19년이라는 세월이 지난 1084년, 드디어 294권에 달하는 방대한 역사서인 《자치통감》을 완성했다. 《자치통감》이 완성된 다음 해인 1085년, 사마광은 정계에 복귀했다. 신종이 붕어한 뒤 열 살의 어린 철종이 즉위하자 철종의 할머니 선인태후 고씨가 섭정을 맡게 되었다. 왕안석의 신법을 줄곧 반대해 온 선인태후는 섭정을 시작하자마자 사마광을 재상으로 삼았다. 이미 오랜 시간이 지난 데다 늙고 병까지 들었지만, 왕안석의 신법을 반대하는 태도만큼은 조금도 변하지 않은 사마광은 결국 신법을 모조리 폐지해 나갔다. 1086년 4월, 이 소식을 들은 왕안석은 실의에 빠져 병사했다. 그리고 얼마 지나지 않아 사마광도 병이 위중해져 그해 9월에 숨을 거두었다.

사마광에 대한 평가는 시대에 따라 극명하게 나뉘었다. 주자학이 학계를 지배했을 때는 구법파의 흐름을 따르던 사마광은 군자의 풍도가 있고, 건실하게 일하며, 일생을 광명정대하게 살아온 인물로 묘사되었다. 그러나 근대 이후에는 대지주와 대상인을 옹호하고, 백성의 복지를 촉진한 신법을 무조건 배제했다는 이유로 비판받았다.

왕안석과 상대 당을 전혀 이해하지 않으려 했다는 비판도 공존한다. 그들에 의하면 사마광이 신법의 의의 자체를 무시했거나 재임한 지 겨우 8개월 만에 서거했기 때문에 신법을 대신할 방책을 마련할 기회를 얻지 못했을 수도 있다는 의견도 있다. 그는 아이러니하게도 일생의 맞수인 왕안석과 같은 해에 죽었다. 나이는 왕안석이 두 살 어리다. 사마광은 집권 당시 신법 철폐 정책을 신법 추진 이상으로 급격하게 밀고 나갔기 때문에 소동파 등 함께 신법을 반대했던 동료들과도 크게 마찰을 빚었다. 특히 노역을 금납화하는 모역법(면역법) 폐지를 둘러싸고 충돌이 극심했다. 소동파도 직선적이긴 했지만 사마광 역시 고집불통이라 소동파는 대궐의 정사당을 나가면서 "사마우(司馬牛: 사마광은 황소 고집)! 사마우!" 하며 절규했다고 한다.

이후 고태후가 죽자(1093년) 송 철종은 신법당을 도로 복귀시켰고, 그에 따라 철종 연간에 득세했던 구법당(원우당)은 크게 몰락했다. 이 때문에 황제가 친히 내린 사마광의 비문이 철거되고 사마광 후손들은 삭탈 유배를 떠나는 치욕을 겪었다. 부관참시까지 거론되었으나 이것만큼은 면했다. 하지만 송 철종이 급서하면서(1100년) 동생 휘종이 즉위하자 황태후는 다시 구법당을 복권시켰다. 왕안석(신법당)과 사마광(구법당) 사후에 계속 빚어진 신법당과 구법당의 진흙탕 싸움은, 북송 멸망 때까지 계속되어 국력 약화의 주요 원인이 되었다.

왕안석과 사마광은 정책 대결과는 별도로 우정은 평생 유지했다고 한다.

"개보(왕안석의 자)가 천하에 큰 이름을 떨친 지 어언 30년, 우수한 재능과 풍부한 학식으로도 나아가 벼슬하는 건 어렵고 물러나는 것은 쉽다오. 천하 사람 누구나 그대가 가히 태평한 나라를 세울 수 있다 외치며, 백성들이 그대의 은택을 입었다고 외친다오."

이것이 사마광이 왕안석에게 보낸 편지이다. 사마광은 왕안석의 신법을 매우 반대했지만 실제로 왕안석과 사마광 개인 대 개인의 사이는 그리 나쁘지 않았다고 한다. 사마광이 왕안석에게 세 통의 편지를 보낸 것으로 전해지는데, 그 편지에는 "내가 그대의 벗으로서 하는 말"이라고 적혀 있으며 매우 허심탄회하게 왕안석의 정책을 비판하면서도 "나라를 곤경에서 벗어나게 하려는 그대의 목적은 좋았고, 나와 그대의 목적은 같지만 방법이 다를 뿐"이라고 밝혔다. 즉, 이들 둘이 나라를 생각하는 마음은 다르지 않았다. 사마광이 신법을 반대한 것은 신법이 성공하면 송나라의 고질적인 문제를 해결할 수 있으나 의도와는 달리 사회 문제를 더 악화시키는 부작용을 우려했기 때문이었다. 실제로 그렇게 되어 왕완석의 신법은 많은 논란이 되었다.

왕안석 역시 사마광이 사심 없는 인물임은 인정했기 때문에 답장에 사마광의 비판을 하나하나 논박하면서 "사사로운 면에서는 나 역시 그대를 벗으로 생각하나, 국사에 대한 의견이 맞지 않는 것은 각자 방법이 다르기 때문이오."라고 적었다. 하지만 두 사람의 관점이 워낙 조정될 여지가 없었기 때문에 사마광도 왕안석을 설득하는 것을 그만두고 조정에서 더욱 강력하게 왕안석의 개혁안을 비판하게 되었다. 하지만 사마광과 왕안석은 죽을 때까지도 서로를 존중하고 공경하는 태도를 지켰다고 한다.

최근에는 왕안석의 신법 몇 가지 조치로 북송을 구할 수 있었느냐는 이야기도 나오고 있다. 실제로 북송 시대 송 휘종(徽宗) 무렵에는 채경을 중심으로 한 신법당이 우세했고, 구법당은 역적으로 몰려 모욕당했다. 또한 신법도 완전히 묻힌 것은 아니어서 상당히 많은 정책이 발굴되었고, 구법당 옹호 측인 주희도 신법과 비슷한 정책을 내놓기도 했지만, 결과론적으로 북송이나 남송이나 망하기는 일반이었다. 다만 북송의 멸망 원인은 신법당과 구법당의 당쟁에서만 찾을 수는 없다. 송 휘종과 북송의 잘못된 외교 정책이 멸망에 결정적 요인으로 작용했다는 것이다. 오늘날에도 왕안석에 대한 평가는 나뉜다. "현명한 개혁자 왕안석이 수구 꼴통들의 음모에 매장당했다."는 개혁파와 "간신 왕안석의 사악한 음모가 나라의 수명을 깎았다"는 수구파로 갈린다.

왕안석과 사마광을 중심으로 한 신법파와 구법파의 당쟁은 그 후 관리라면 누구나 학습해야 할 중요한 역사적 사건으로, 조선조에서도 자주 논의된 기록이 있다.

송나라 신종이 왕안석에게 "옛날 당 태종이 고구려를 쳤는데 왜 못 이겼느냐?"라고 묻자 "연개소문이 비범한 인물이었기 때문입니다."라고 대답했다는 일화가 있다. 이 이야기는《삼국사기》에 실려 있다. 참고로 이 일화는 중국 측의 사료에서는 따로 전하지 않는데, 있었던 사실만을 기록하려했던 김부식의 성격을 생각해 볼 때에 없는 이야기를 지어냈을 가능성은 낮다. 아마도 송나라에 사신으로 파견되었을 때에 들은 이야기를 실은 것으로 생각된다. 실제로 김부식은 안시성주의 활약을 기록했지만 그의 이름은 기술하지 않았는데, 이는 그의 이름이 전해지지 않았기 때문으로 김부식 본인도 "이런 영웅의 이름이 전해져 내려오지 않는 게 애석하다."라는 개인적 견해만 남겼을 뿐이다.(흔히들 알고 있는 양만춘이란 이름은 조선 시대에 처음 등장한지라 신뢰하기 힘들다.) 더군다나 김부식은 연개소문을 매우 부정적으로 평가했으니 더더욱 없는 이야기를 만들어서 연개소문을 띄워줄 가능성은 낮다.

왕안석에 대한 평가는 조선에서도 이어졌다. 홍대용의《계방일기》를 보면 세손(정조), 유학자(실학자 포함)들이 한목소리로 왕안석을 조롱하곤 했다.

"여기서 왕안석이 재상이 된 것이 역사의 쾌사입니다."

"어찌 그렇소?"

"그러지 않았다면 왕안석이 간신임이 밝혀지지 않고 현자로 평가되었을 것이기에 그렇습니다."

이런 대화 분위기를 통해 왕안석이 얼마나 비판의 대상이 되었는지 알 수 있다. 그런데 정작 정조는 세손 시절에는 왕안석을 비판했지만, 왕이 되고 난 후에는 왕안석을 옹호했다.

정 조: 왕안석은 사마광과 비교하면 인품은 몰라도 재주는 뛰어나지 않소?

신하들: 사마광은 거의 완전한 사람입니다. 정치를 오래 했다면 삼대의 정치를 이뤘을 것입니다.

채제공: 옛 법을 고치고 새로운 법을 만드는 게 얼마나 힘든 일인데 요즘 젊은 것들은 그런 것도 모르고 사마광이 더 낫다고 하는 것입니다.

정 조: 그렇소. 주자도 왕안석이 명신이라 일컬었소. 왕안석(王安石)의 신법(新法)을 혁파한 일은 무엇 때문에 그렇게 서둘렀는가. 희령(熙寧)의 정치가 물론 폐단은 많았지만 병제(兵制)를 변통한 것과 같은 것은 실로 좋은 법인데 어찌 모두 폐지해서 결국 융정(戎政)을 떨치지 못하고 나라의 형세가 더욱 약해지게 만들었단 말인가. 왕안석에서 나온 것이라면 꼭 서둘러 폐지하였으니 어쩌면 그렇게도 지나쳤는가. 정자(程子)가 "우리들이 그를 격동시켜 그렇게 된 것이다." 한 말이 진실로 대현인의 공평한 말씀이며 공평한 마음이다. 대체로 왕안석은 고집이 너무 지나쳤지만, 그 재주야 어찌 세상에 쓸 만한 것이 없었겠는가. 신종(神宗)이 왕안석을 등용한 것은 그 뜻으로 보면 큰일을 할 수 있는 임금이었다고 말할 수 있다.

– 실록 정조 15년(1791년) 기사 중

정조는 자신이 총애했던 규장각 검서관 박제가에게 '너는 왕안석'이라고 말한 적도 있다. 박제가가 이루기 어려운 개혁을 주장한다는 뜻이지만, 그렇다고 부정적인 뉘앙스는 아니었던 것 같다. 전근대 중국 지식인(사대부)들

사이에선 그다지 높게 평가되지 못하고 도리어 이단아라고 보는 시각까지 존재했으나 청말 캉유웨이가 왕안석에 대한 재평가를 하면서 왕안석에 대한 시각도 바뀌기 시작했다.

정강의 변

정강의 변(靖康之變)이란 1126년 송나라가 여진족의 금나라에 패하여 정치적 중심지 화북을 잃어버리고 황제 휘종과 흠종이 금나라에 사로잡힌 사건을 말한다. 금 태종은 휘종과 흠종의 황후와 모친들 그리고 후궁들을 금나라 기방(妓房)으로 강제로 보냈고, 여진족들에게 희롱당하는 치욕을 겪게 했다. 정강(靖康)은 당시 북송의 연호다.

송나라는 국내의 무인 세력을 억제하기 위해 문치 정책을 썼는데, 이것 때문에 요나라와 서하의 침입에 대항하지 못해 조공이나 다름없는 은이나 비단을 매년 수차례 보내 침입을 방지해야 했고, 그 때문에 송의 재정은 나날이 갈수록 피폐해졌다. 이러한 위기를 타개하기 위해 왕안석의 개혁 정치를 실행했지만, 보수파 관료들의 반발에 부딪혀 투쟁이 격화되고, 피폐한 농민들에 의해 방랍의 난 같은 농민의 반란이 잇달았다.

특히 제8대 황제 휘종은 정치를 신하들에게 맡기고 서화나 골동품, 여자에 탐닉해 '풍류 천자'라고 불리며 국고를 탕진했다. 정치를 맡게 된 신하 채경은 당시 권력층과 황제를 만족시키는 일에만 힘을 쏟아 당시 정치와 경제 재정 상태는 빈사 직전이 되었다. 휘종은 쑤저우의 태호석 등을 개봉까지 운반하는 데 수십만 백성을 동원했고, 가혹한 부역에 시달려 피폐해진 백성들은 이를 참지 못해 난을 일으켰는데, 이것이 '방랍의 난'이다. "못난 놈일수록 제 가족에게 가혹하다"는 말대로 송나라는 방랍의 난을 진압하는 데 엄청난 군사력과 국력을 탕진했다. 당시 방랍의 반란군 10만을 제압하기 위해 요나라 군대에 대응하기 위해 준비했던 15만의 병력을 동원했으며, 진압 과정에서 죽인 백성도 300만에 달했을 정도였다고 한다.

오늘날 만주 동부와 한반도 북부에 살던 여진족은 처음에는 요(遼)의 지배하에 있었지만, 1115년 족장 아쿠타에 의해 독립하면서 금(金)나라를 건국했다. 이것을 안 휘종은 종래 요나라에게 주고 있던 세공을 금나라에게 보내고, 양국이 요나라를 협공할 것을 제안했다. 휘종의 속셈은 요나라에 할양했던 연운16주를 돌려받기 위함이었다. 금은 이 제안을 받아들여 대군으로 요나라를 공격하고 타격을 입히는 데 성공했다. 그러나 송군의 전과는 미미했다. 워낙 평화에 익숙한 군대라 약체였고, 송나라 스스로 이이제이(以夷制夷)를 생각했기 때문에 적극적인 공격을 펼치지 않았던 것이다. 금나라가 이에 격분하여 항의하자 송은 공물을 대폭 인상하여 바치겠다는 약속을 함으로써 무마하는 데 성공했다.

1125년 금나라는 마침내 송나라와 동맹을 맺어 요나라를 멸망시켰다. 그 후 요나라와의 전쟁 상황만 주시하던 송은 약속한 공물(供物)을 주지 않았고, 금의 정치 내분을 조장하여 견제하려고 시도했다. 이에 화가 난 금나라 군대는 남하하여 수도 카이펑을 공격했다. 휘종은 제위를 아들인 흠종에게 물려주고 사태의 책임이나 처리를 떠넘긴 채 자신은 남쪽으로 피난 가 버렸다.

흠종은 수도를 포위한 금군과 영토 할양과 배상금 지급 등을 골자로 하는 굴욕적인 강화를 맺었다. 그러나 한세충을 비롯한 주전파가 그 강화에 반발해 끝내 강화 약속은 지켜지지 않았고, 금나라는 다시 총공격했다. 40일간 치열한 공방전 끝에 1126년 11월, 수도 카이펑이 함락되었으니 그 해가 정강 원년이었다.

금나라는 흠종과 휘종 이하 왕족과 관료 수천 명을 포로로 잡아 만주로 연행했다. 금나라는 도교에 심취해 국정을 소홀히 한 휘종에게 정신이 혼미하다는 의미로 혼덕공(昏德公), 흠종에게 중혼후(重昏侯)라는 모멸적인 칭호를 붙였다. 두 황제를 비롯한 왕족들이 비참한 포로 생활을 했고, 대부분 그곳에서 남은 생을 마쳤다. 특히, 금 태종은 흠종과 휘종의 황후와 모친, 여성 일족들을 모두 기방(妓房)으로 보내 기생으로 전락시켰고, 여진족에게 희롱당하는 수모를 당하게 했다. 후일 남송의 재상이 된 진회(秦檜)도 이때 같이 끌려갔다가 극적으로 탈출했는데, 이 일은 그가 평생 외교의 중요성과 대책 없는 주전론을 경계한 계기가 되었다.

이렇게 송은 멸망했지만, 당시 수도인 카이펑에 있지 않았던 휘종의 아홉 번째 아들이자 흠종의 동생인 조구가 강남의 임안(臨安, 현재의 항저우)으로 가서 남송을 세우고 고종으로 즉위했다. 이후 남송의 고종은 금나라와의 협상을 통해 생모와 휘종의 유해를 돌려받는 데 성공하지만, 고종이 이미 황제의 자리에 올라 있던 터라 고종의 형인 흠종은 포로 송환 대상에서 제외되어 쓸쓸하게 만주 땅에서 생을 마감했다.

남송은 항주(杭州)를 수도로 삼았으나 정강의 변 치욕에도 불구하고 이전과 달라지지 않았다. 이를 잘 보여주는 한 편의 시가 있다. 이 시는 서호를 중심으로 항주의 아름다움을 읊으면서도, 변주(汴州, 즉 북송의 수도 개봉)를 금(金)나라에 빼앗기고 항주(杭州)로 내려와 향락을 일삼으며 변주를 회복할 의지도 없이 굴욕적인 평안에 안주하는 남송 위정자들을 신랄하게 비판하고 있다.

題臨安邸(제임안저)(임안의 객사에 제하다)

林升(임승)

山外青山樓外樓(산외청산루외루) 산 너머 또 푸른 산, 누각 너머 또 누각
西湖歌舞幾時休(서호가무기시휴) 서호의 가무는 언제나 그칠까
暖風薰得遊人醉(난풍훈득유인취) 따스한 바람도 노니는 이들 취하게 하니
直把杭州作汴州(직파항주작변주) 바로 항주를 변주(개봉)로 여기는구나

제27강

송나라의 문화

시장 경제의 천국

역사에서 가장 빈번하게 등장하는 비교 대상은 유럽과 중국이다. 각기 서양과 동양을 대표하는 양대 지역인 데다 주변으로 세력을 확장하는 성향을 가졌기 때문이다. 특히 고대 로마 제국과 중국의 한(漢)나라는 비슷한 시기인 기원전·후의 4세기 동안 대륙 규모의 영토를 지배하며 전성기를 맞았다

장택단(張擇端)의 청명상하도(清明上河圖) 일부 – 북송 시대 수도 개봉의 모습

는 점에서 유사하다. 유럽은 로마 제국 이후 줄곧 분열된 상태였지만 중국은 이후로도 대부분 통일된 제국을 유지했다는 점에서 커다란 차이를 보인다. 만일 중국 역사에서 강대국을 들라면 아마 한나라나 당(唐)나라, 또는 원(元), 명(明), 청(淸) 등을 살펴봐야 할 것이다. 실제 진시황의 짧았던 대륙 통일 이후 등장한 고대 한나라는 중국이라는 거대한 나라를 역사에 뿌리내리는 역할을 했다. 또 황하와 양자강 유역을 중심으로 태평양과 티베트 사이의 영토를 통일한 국가의 기초도 역시 한대(漢代, 기원전 206~서기 220년)에 수립됐기 때문이다. 그래서 여전히 한자(漢字), 한족(漢族), 한문(漢文), 한약(漢藥) 등의 용어로 남아 있다.

중세의 당나라(618~907) 역시 중국이 전성기를 구가한 시기다. 영토를 넓히고 활발한 국제 교역의 중심으로 발전을 이룩했으니 말이다. 당인(唐人)이라는 표현이 중국인을 의미하게 된 것도 그 덕분이다. 13세기부터 20세기까지 중국 대륙에서 제국을 형성한 원, 명, 청은 모두 동아시아를 지배하는 강대국의 면모를 발휘했다. 이에 반해 국제 정치나 군사적으로 보면 송나라는 취약한 세력이었고, 실제 쉽게 무너지는 경향을 보였다. 예컨대 북송 시기에 대륙의 북부는 송과 거란의 요나라가 양분했고, 남송의 시대에는 아예 중화 문명의 핵심인 황하 유역을 여진의 금나라에 완전히 내줬다. 그럼에도 불구하고 '부국(富國)'의 기준으로 살펴보면 송나라가 단연 으뜸이다. 중국은 송대(宋代, 960~1279)에 경제 수준이 정점에 도달한 뒤 19세기 유럽에 추월당할 때까지 지속적으로 높은 수준을 유지하는 데 성공했기 때문이다. 다시 말해 산업 혁명 이전의 중국 대륙에서 최대의 경제 선진국으로 부상한 시기는 송나라 때이고 학자들은 당시 세계 GDP의 3~40%는 송나라 몫이었다고 본다.

우리나라를 비롯한 동북아에서 중국 역사상 여러 왕조 중 가장 폄하되고 있는 왕조는 단연 송(宋)나라라고 할 수 있다. 필자의 기억에 의하면 고교 시절 송나라는 문약(文弱)한 나라, 즉 국방은 게을리하고 오직 도자기와 비단 등의 문화에 취해 오랑캐에게 돈을 주고 평화를 샀다가 결국 나라를 빼앗긴 멍청한 지도자들의 나라라고 배웠던 기억만 남아 있다.

그러나 고대 주(周)나라부터 현대 중화 인민 공화국까지 3000년이 넘는 중국 역사에서 송나라는 한마디로 시장 경제가 가장 발달한 시대였다. 현재의 자본주의 세상과 송나라의 가장 인상적인 공통점은, 정부가 발행한 지폐가 전국적으로 사용되는 경제 체제라는 사실이다. 송나라는 무려 1000년 전에 인류 최초의 정부 발행 지폐(紙幣) 경제를 형성했다. 물론 고대 그리스도 기원전 시기에 이미 정부가 발행한 은화를 통해 정치 권력 주도하에 경제 질서를 창출했다. 하지만 금은 등의 화폐는 그 자체가 가치를 갖기 때문에 사회적 신뢰에 의존하는 지폐와는 질적으로 다르다.

지폐를 활용하는 화폐 경제가 작동하려면 사회를 통제하는 정부의 능력이 무척 강하거나 화폐 발행 제도에 대한 대중의 신뢰가 밑받침되어야 한다. 유럽에서 이런 형태의 지폐 경제는 17~18세기 프랑스에서 시도했지만 실패했고, 19세기가 되어서야 영국의 중앙은행이 발행하는 지폐 중심의 경제가 제대로 형성됐다. 이후 2차 대전 후 미국의 달러 체제가 이를 정립했다.

사실 중국의 화폐 역사는 적어도 춘추 전국 시대까지 거슬러 올라간다. 조개껍데기나 거북이 등껍데기를 사용하는 초기부터 옥이나 금을 사용했던 시기를 거쳐, 한나라 시대에는 처음으로 동전이 대규모로 발행됐다. 중국은 로마에 버금가는 거대한 영토를 가진 제국을 형성했을 뿐 아니라 권력을 중앙에 집중하는 강한 국가였다. 이런 거대한 국가 조직을 운영하기 위해서는 전국에서 세금을 거둬야 했다. 화폐는 징세와 관료의 봉급, 벌금 등에 다양하게 적용되는 경제 수단이었다. 동전(銅錢)과 철전(鐵錢)은 고대 중국 경제에서 가장 많이 활용되는 기본적인 화폐였다. 송나라에 와서도 동전과 철전은 일상에서 가장 즐겨 사용하는 지불 수단이었다. 하지만 경제 규모가 성장하면서 고액을 보관하거나 이동하기 어려운 동전이나 철전보다는 지폐라는 새로운 수단을 발명해 활용하기 시작했다.

처음으로 종이 문서를 화폐로 사용하기 시작한 것은 사천(四川) 지역의 상인들이었다. 중세 유럽에서 상인들이 문서를 통해 화폐 기능을 개발했듯이 중국에서는 이보다 몇백 년 앞서 신용 화폐를 사용했다. 더욱 놀라운 점은 송나라 정부가 이 아이디어에 착안해 지폐에 의존하는 경제를 만들었다는 점이다.

960년 나라를 세워 중국 대륙을 지배했던 송 왕조(宋王朝)는 1023년에 교자무(交子務)라는 기관을 설립해 지폐 관리를 맡겼다. 여기서 교자(交子)란 지폐를 의미하며 교자 대신 회자(會子), 철인(鐵引) 등의 명칭이 사용되기도 했다. 처음에는 제한된 지역에서 제한된 기간 동안만 사용되던 지폐는 점차 지역과 유효 기간이 확대되어 송나라 말기가 되면 회주(淮州), 성도(成都), 항주(杭州) 등에 공장을 만들어 정부가 직접 지폐를 인쇄하는 조폐 기능까지 관장했다. 항주의 조폐 공장에선 1,000명에 가까운 노동자가 작업했다고 전해질 정도였다. 산업 혁명 이전 시기에 중국에는 대규모 공장이 존재했던 셈이다. 몽골의 원나라도 송의 지폐 전통을 이어받았는데, 마르코 폴로와 같은 유럽의 여행자들이 이 기발한 아이디어를 서구에 전달했다.

고대 바빌로니아부터 그리스나 로마에서 보았듯이 인구의 증가는 대부분 경제 생산성이 더 높아졌다는 사실을 반영한다. 중국의 송나라 시대 역시 인구가 대폭 증가했다. 실제 당나라 시기인 713년 750만 호였던 가구 수는 5대 10국의 혼란기를 거치며 송나라 초기인 980년 610만 호로 줄어들었다가, 1085년에는 1,540만 호로 크게 늘었다. 또 이후에도 성장세는 지속되어 1102년 4,550만 명 규모였던 인구가 1207년에는 8,000만 명 수준으로 불어났다. 1207년의 인구수는 중국 남부에 자리한 남송(南宋)과 북부에 있는 금(金)나라의 인구를 더한 숫자다.

중국에서 이와 같이 인구가 가파르게 증가할 수 있었던 가장 커다란 요인은, 양자강 이남 지역의 개발과 이모작이 가능한 동남아 쌀의 도입 때문이었다. 11세기 송나라의 인종(仁宗)은 복건성의 관료를 베트남 참파(Champa)에 파견해 보물을 선사하고 그 대가로 일찍 여무는 올벼의 종자를 받아오도록 했다. 올벼의 도입으로 기후가 온화한 중국 남부에서는 이모작이 가능해졌고 생산성은 급증했다. 송나라 시기의 농업 생산성을 계산하는 것은 어려운 작업이지만, 사료를 바탕으로 평균을 따지는 연구에 따르면 헥타르당 2,800킬로그램의 쌀을 수확한 것으로 추정된다. 같은 시기인 중세 유럽에서 밀의 수확량은 300~500킬로그램에 불과했고, 20세기 초 미국의 아이오와에서도 2,500킬로그램이었다는 점을 감안하면 무척 높은 생산성이었다. 물론 유럽이나 미국의 밀농사와 비교했을 때 중국의 쌀농사는 더 많은 노동력이 투입되어야 했다. 관개 시설을 건설해야 했고 손도 더 많이 가는 농업이었기 때문이다. 대략 8세기부터 중국은 양자강 하류에서 농토를 개간하는 작업을 시작했고 13세기까지 이를 완성했다. 또 항주만이나 광동의 주강(珠江) 하류에서도 관료가 주도해 땅을 개척하는 작업을 진행했다. 이런 작업은 17세기 네덜란드에서 북해를 막아 농토를 개간한 노력과 비교할 만하다. 농지를 개발한 송나라의 노력은 원(元)나라 초기의 통계에서 고스란히 드러난다. 전국에 걸친 정부 수입 가운데 양자강 하류의 농토에서 거두는 세금이 40%나 차지했는데, 그중 40%는 국가가 직접 소유한 농지에서 발생한 세금이었다. 말하자면 국가 수입의 무려 16%가 양자강 하류 국가 농토에서 집중적으로 도출됐던 셈이다.

송나라는 도시 발전이라는 측면에서도 새로운 지평을 열었다. 고대 그리스나 로마와 마찬가지로 중국은 고대부터 도시가 발전하는 특징을 공유했다. 중국 역사에서 서한(西漢) 시기(기원전 206~서기 24년)는 도시화가 매우 발달해 서기 1500년 유럽과 비슷한 수준이었다. 그러다가 동한(東漢) 시기부터 당대(唐代)까지는 당의 수도 장안을 제외하면 도시화가 오히려 퇴보하는 경향을 보였다. 중국에서 도시화가 다시 진행된 것은 송나라 때였다. 이 시기에 도시에 사는 사람의 비중은 전 인구의 10%에 달했는데, 이는 유럽이 1800년에 이르러서야 도달한 수준이다. 북송의 수도였던 개봉(開封)과 남송의 수도였던 항주(杭州)는 인구가 100만에 달하는 거대한 규모였다. 이처럼 중세 시대에 이미 송나라는 세계에서 가장 거대하고 화려한 대도시를 둘씩이나 만개시켰던 것이다.

송나라 장택단(張擇端)의 청명상하도(淸明上河圖)는 12세기 수도 변경(汴京,

개봉)의 모습을 상세하게 보여주는 대표적인 작품이다. 청명절을 맞아 거리에 나온 사람들과 도시의 풍경은 당시 발달한 도시 문화의 일면을 보여주는 한편, 풍요로운 송나라의 현실을 소개했다. 그림에 나오는 도시의 거리는 많은 사람과 마차, 수레로 활기차게 붐비고 있으며 상점이나 장터에서 거래가 이뤄지는 모습도 볼 수 있다. 또 길에는 서남아시아에서나 볼 수 있는 낙타도 등장하는데, 송나라에서 국내 교역뿐 아니라 국제 무역도 활발하게 이루어지고 있었음을 증명해준다. 강가에는 많은 배가 떠 있는데, 당시 중국 남북을 연결하는 대운하를 통해 교역이 얼마나 활발하게 이뤄졌는지 쉽게 상상하도록 해준다. 또 배를 자세히 살펴보면 당시 송나라의 조선 기술을 엿볼 수 있다. 중국은 바퀴를 돌려 배를 운항하는 기술을 적용했고, 바다에서 사용하는 커다란 배의 경우 1,000명까지 승선할 수 있는 규모였다. 송나라의 중국 상인들은 바다를 통한 해외 무역에 활발하게 나섰고, 특히 남송(南宋, 1127~1279) 시기에 수도를 강남 항주로 옮긴 다음에는 광동이나 복건성을 기반으로 하는 무역이 발달했다.

이처럼 송나라는 당시 일종의 중상주의(重商主義)를 실천했다고도 볼 수 있다. 일례로 정부는 항주, 광주, 천주 등 연안에 8개의 무역관을 운영했다. 그 가운데 복건성의 천주(泉州)는 동남아를 넘어 인도양을 향한 중국 해외 무역의 핵심 기지였다. 남송 시기 천주 지역 출신 관료들이 송나라 조정에 다수 발탁될 정도였다. 또 이런 해양 무역의 도시에는 아랍 상인이 정착해 중국 고위 관료가 되는 경우도 있었다. 1970년대 천주 앞바다에서 난파선이 발견됐는데, 배 안의 상품을 조사한 결과 향료, 조미료, 약재 등이 있었고, 이들 가운데 일부는 동아프리카 연안에서 온 것으로 추정되는 물건도 있었다. 중국에서 출발한 배가 동남아나 인도, 아라비아를 거쳐 동아프리카까지 진출했을 가능성을 점칠 수 있는 것이다. 명나라 정화의 해외 대원정이 무(無)에서 이뤄진 것이 아니었던 것이다.

우수 품종의 쌀을 도입해 농업 생산성이 늘어나면서 인구가 증가하고 동시에 도시가 발달하면서 송나라는 이후 자본주의 사회에서 볼 수 있는 소비 사회의 모습을 띠기 시작했다. 개봉이나 항주를 중심으로 각자의 취향에 따라 동호인들과 모여 취미를 즐기는 클럽들이 생겨나기 시작했다. 또 이런 활동을 뒷받침하는 해당 서적들이 출간되어 대중화를 이끌었다. 예를 들면 수많은 요리책이나 차(茶)에 대한 서적, 레스토랑의 등장, 술에 대한 안내서 등을 발견할 수 있다.

개봉은 항주처럼 바다에 접한 도시가 아니었다. 그럼에도 불구하고 개봉에는 다양한 종류의 말린 생선을 쉽게 소비할 수 있었을 만큼 연안과 내륙의 교역이 활발했다. 송나라 시기 중국은 광동 지역에서 사탕수수를 재배해 설탕 생산이 증가한 것도 확인할 수 있다. 또한 송 말기에 차(茶)는 점차 대중이 대량으로 소비하는 중요한 상품으로 등장하기 시작했다. 수도에서 생선 요리나 설탕을 넣어 만든 단 음식을 먹으며 차를 마시는 일이 일상이었다는 말이다. 이는 대륙 규모로 연결된 효율적 시장이 없으면 불가능한 일이다.

그때나 지금이나 중국인이 가장 선호하는 육류는 돼지고기다. 유명한 동파육의 요리법은 미식가 소동파(蘇東坡)가 직접 작성한 것으로 전해진다. 세계적으로 유명한 양주(揚州) 볶음밥도 송나라 때부터 전해졌다는 설이 유력하다. 송나라 사람들은 생선은 물론 돼지, 양, 오리, 거위, 참새 등을 가리지 않고 날로 먹기를 즐겼다. 물론 시간이 지나면서 위생을 위해 생식(生食)은 점차 줄어들었다. 중국은 다양한 채소와 과일을 소비하는 데 앞장섰고, 약초와 약재 역시 중요한 소비 상품이었다. 음식 문화는 건강한 삶과 밀접하게 연결되어 있었다.

송나라 때는 다양한 수공업이 발달해서 도시의 시장에 상품을 제공했다. 수공업에서 빠뜨릴 수 없는 품목은 비단과 면직물이다. 옷을 만들어 입는 데 필수적인 재료였기 때문이다. 종이나 칠기, 바구니 등을 만들기 위해 나무를 심고 대나무를 키우는 일도 중요한 사업이었다. 당시 비단과 함께 중국의 대표적 수출품으로 등장한 것이 도자기였다. 송나라에서는 황궁에 납품하는 자기를 국가가 직접 관리하는 관요(官窯)에서 제조했다. 송나라의 청자는 고려청자와 유사한 스타일의 옥빛 청자들인데, 용천 지역에는 500

개가 넘는 가마에서 자기를 생산했다. 복건성의 경덕진(景德鎭) 백자와 흑도(黑陶) 역시 송나라 때인 11세기부터 만들어지기 시작했다. 경덕진은 14세기 원나라 때 황실의 도자기를 생산하는 기지로 부상하면서 다른 지역을 능가했고, 이후 중국 도자기의 대명사로 부상해 세계 시장을 지배하는 것은 물론 유럽 등지에서 도자기 산업의 발전을 자극했다.

송나라에서 국내 교역과 국제 무역이 모두 활발하게 발전한 이유는 무엇일까? 앞서 농업 생산성에 따른 인구의 증가 덕분에 도시가 발달했다는 점은 살펴본 바 있다. 경제 발전이 이뤄질 수 있는 필수 조건은 갖춘 셈이다. 하지만 중국에서처럼 권력이 집중된 강력한 정부가 도시나 상업의 발전을 가로막았다면 송대의 화려한 경제 생활은 심각한 타격을 입었을 것이다.

송나라가 경제를 발전시킬 수 있었던 중요한 요소는 아이러니하게도 국가 안보의 취약성에서 비롯되었다. 북송은 중국의 전통적 중심인 중원 개봉을 수도로 두고 있었지만, 바로 북쪽에 거란의 요나라와 서쪽 탕쿠트의 서하(西夏)로부터 상시적인 안보 위협을 받고 있었다. 사실상 끊임없는 전쟁 상태에 놓이다 보니 당나라 말기 안록산의 난 이후 전쟁이 잦은 북부 지역을 이탈하기 위해 중국 북부의 지식인을 비롯한 대규모 인구가 남쪽으로 이동하여 사회 구성원의 질을 바꾸어 놓았다. 중국은 전통적으로 농업 분야의 징세를 통해 국가를 운영해 왔는데, 송나라는 이런 모델을 재현하기 어려운 형편이었다. 자연히 정부는 세금을 징수할 수 있는 또 다른 수단인 상업을 장려해 국가 재정을 보충하고자 했다. 그것이 국내 교역이건 해외 무역이건 상품의 이동은 세금을 거둬들이는 유용한 길이었다. 특히 송나라처럼 거대한 규모의 군대를 운영하기 위해선 재정 수요가 긴박하기 그지없었다. 실제 송나라 예산의 80%는 국방비에 해당했고, 나머지 20%는 국가 관료제를 유지하는 비용이었다. 물론 국가가 과도하게 민간의 경제 활동에 관여하거나 세금을 과중하게 거둬들이면 경제가 위축될 수도 있었다. 송나라는 이런 관점에서 매우 균형 잡힌 정책을 채택한 것으로 보인다.

한 연구에 의하면 송나라가 교역 상품에 대해 부과한 세금은 2~5% 수준에 그쳤다고 한다. 국가에 의한 관리와 통제가 수월하지 않았던 시대의 조건을 고려하더라도 이는 그다지 높은 과세라고 보기 어렵다. 송나라 정부는 민간 경제 활동을 장려하여 조금씩 자주 세금을 거두는 것이 과도한 세금으로 활동을 위축시키는 것보다 훨씬 영리한 전략이라는 점을 잘 알고 있었다. 예를 들어 해외 무역에 나간 배가 1년 만에 돌아오면 정상적인 세금을 매겼다. 하지만 다섯 달 안에 귀국하면 세금을 깎아 주었고, 1년을 넘기면 관료들이 조사에 나섰다.

유교의 민본(民本) 사상도 이런 가벼운 세금 정책을 뒷받침하는 기본 윤리로 작용했다. 중국 유교 사상에서 민은 국가의 기본을 형성하기 때문에 어떤 정치 권력도 민에 과도한 부담을 지우는 것이 금기시되었다. 국가나 통치자에 대한 믿음은 바로 이런 정책적 배려를 통해 형성될 수 있는 결과였다. 송나라에서는 상업을 장려해 세금을 부과하는 것이 민에 대한 부담을 가볍게 해주는 지혜로 통용되기도 했다. 남송(南宋)의 고종(高宗)은 "해외 무역으로부터의 이윤은 무척 많다. 무역을 제대로 활용한다면 그 이윤은 쉽게 동전 수백만의 액수에 해당한다. 그렇다면 무역의 수익이 일반 사람들을 징세하는 것보다 낫지 않은가. 따라서 민의 세금 부담을 덜기 위해 해외 무역에 더 많은 관심을 가져야 할 것이다"라고 선언하기도 했다.

중세 이후 중국과 유럽을 비교해보면 중국은 농촌의 가족 내에서 수공업이 발전한 반면, 유럽은 주로 도시에 수공업이 자리 잡았다. 그 이유는 제국이 지배하는 중국은 상대적으로 농촌도 안정적이었지만, 분열된 유럽은 전쟁이 잦아 도시가 더 안정성을 가졌기 때문이다. 이런 차이는 장기적으로 큰 변화의 출발점이 되었다. 농촌보다는 도시의 노동자 임금이 더 비싸기 때문에 유럽은 자본과 노동의 비중이 상대적으로 자본 쪽으로 기울게 되었다. 그 결과 유럽에서는 더 치열한 기술 개발이 진행되었다. 결국 중세부터 중국과 유럽 모두 상업 활동과 시장의 발달을 공통으로 경험했지만, 유럽은 자본의 축적과 기술 개발을 통해 산업화로 나아가는 데 보다 유리한 기반을 마련하게 되었다.

예술 문화

송대에는 상업이 유례없이 발전했다. 상업 길드가 조직되었고, 지폐의 사용도 증대했으며, 주요 수로(水路)와 남동 해안 지역을 중심으로 유통망이 발달했다. 특히, 수도 변경(汴京, 현재의 개봉 開封)과 같은 몇몇 대도시는 인구가 100만 명을 넘을 정도였다.

11세기에는 유교 경전의 광범위한 출판과 활자의 사용이 시작되어 문학과 학문의 커다란 발전을 가져왔다. 사숙(私塾, 일종의 사립 학교)이 번성하여 국립 학교와 함께 많은 과거 시험 응시자들을 배출했다. 행정에서는 복지 정책을 널리 시행하여 이 시기를 중국 역사에서 가장 살기 좋은 시대 가운데 하나로 만들었다. 주희(朱熹)와 육구연(陸九淵, 일명 陸象山) 같은 12세기 사상가들의 저작에서 볼 수 있듯이 성리학이 이론적으로 체계화되었다. 송대에는 특히 예술의 발전을 위해 국가가 직접 예술을 장려했고, 부분적으로는 장려금까지 지급했다. 북송의 변경(汴京)에는 불교, 문학, 예술이 부흥하기 시작했으며, 궁중에서는 위대한 시인과 화가들이 많이 배출되었다. 북송의 마지막 황제 흠종(欽宗)은 뛰어난 예술품 수집가로도 알려져 있다.

수도인 변경은 궁정, 사원 및 거대 탑 등으로 이루어진 아름다운 도시였는데, 1126년 여진족의 침입으로 불타버렸다. 송대의 건축 양식은 웅대한 구조로 유명한데, 변경에 있던 가장 높은 탑은 110미터에 달했다. 송의 건축가들은 지붕의 처마선을 가장자리에서 위쪽으로 치솟게 만들었다. 6각 혹은 8각으로 된 목탑과 석탑이 성행했는데, 이들 중에는 지금까지 남아 있는 것도 있다. 송대의 조각에서는 불상을 중시했는데, 당시의 불상 조각은 역대 작품 가운데 최고로 꼽힌다.

산수화도 북송의 뛰어난 예술품의 하나이다. 산수화에서는 범관(范寬), 이성(李成)이 가장 유명했다. 남송에서도 많은 화가가 한림원(翰林院)에서 봉직했는데, 효과적인 붓놀림과 세밀 화법에 뛰어났으며, 선(禪)의 영향하에서 불교 고승(高僧), 동물, 새 등을 주로 그렸다. 송대의 장식 예술로는 도자기가 높은 수준을 보여주고 있다. 송대의 도자기는 형태의 단순함, 색채의 순수함, 유약 빛깔의 농담(濃淡) 등이 특징적이다. 북송에는 정요(定窯), 균요(鈞窯), 여요(汝窯), 자주요(磁州窯) 등의 관요(官窯)에서 궁중에 납품하는 자기를 생산했다. 그외 북부에서는 청자와 흑갈색의 유약을 칠한 자기가 있었고, 남송에는 징더전 요[景德鎭窯]의 백자, 길주요(吉州窯) 자기인 청자, 푸젠[福建]의 흑도 등이 있었다. 남송 수도 부근의 관요(官窯)에서 생산된 도자기는 송대의 수많은 도자기 중에서 가장 훌륭한 작품으로 알려져 있다. 북송과 남송의 관요에서 생산된 자기들은 현재도 경매 시장에서 시가 수백억 원을 호가할 만큼 명품으로 평가된다. 송대의 옥 공예와 칠기는 전통적인 기교와 선(線) 기법을 받아들였기 때문에 그 기법이나 작품 경향만으로는 송대의 작품을 명확히 판별하기 어렵다.

음악에 있어서 북송은 몽골족의 악기인 2줄 달린 현악기를 받아들였고, 궁정에서는 음악 행사나 연회가 활성화되었다. 송대의 많은 문학 작품들에는 음악에 대한 깊은 관심이 나타나 있다. 송대의 관찬(官撰) 역사서 496권 가운데 17권이 음악에 관한 내용이고, 1267년에 만들어진 백과사전에서는 200권 가운데 10권이 음악에 관한 것이었다. 송대에는 가극이 크게 번성했는데, 그 형태는 북송과 남송에서 아주 다르게 발전해나갔다. 송대 문학은 산문에서는 이전 시대와 같이 표현의 간결성을 강조하는 경향이 많았고, 고문(古文)이라고 불리는 단편 문장들이 다수 창작되었다. 당시의 구어(口語)로 이야기를 구술하는 설화(說話)라는 문학 양식이 생겨났으며, 화본(話本)이라 불린 설화의 대본은 후대 중국 소설에 큰 영향을 미쳤다. 전통적인 형식의 시(詩)도 널리 장려되었다. 그러나 송대의 시인들은 삶의 즐거움과 절망을 노래한 사(詞)라는 새로운 장르에서 최고의 기량을 발휘했는데, 사(詞)는 후일 송 문학의 상징이 되었다.

중국의 일부 오래된 마을에는 송나라 때 사용하던 스즈루(惜字樓)라는 시설이 남아 있는데, 이것은 일종의 소각장으로 마을 아이들이 습작기에 쓴 글씨들을 모아 애석한 마음을 담아 종이만 태우는 시설이다. 이런 것을 통해 송나라가 문자(文字) 자체를 얼마나 소중히 생각했는가를 미루어 알 수 있다.

당송 팔대가

당송 팔대가(唐宋八大家)는 중국 당(唐)나라와 송(宋)나라의 뛰어난 문장가 여덟 명을 가리키는 말이다. 당송 팔대가는 다음과 같다. 당나라의 한유(韓愈), 유종원(柳宗元)과 송나라 구양수(歐陽修), 소순(蘇洵), 소동파(蘇東坡), 소철(蘇轍), 증공(曾鞏), 왕안석(王安石)이다. 중국 근현대 이전의 문장 형식과 내용, 산문 이론을 정립하여 퍼트린 업적이 있는 인물들이다.

중국의 산문은 춘추 전국 시대 굴원의 초사(楚辭)에서 시작되어 한나라 때 황제의 업적을 찬양하기 위한 목적으로 형식이 정형화된 부(賦)로 발전했다. 부는 행간의 음절 수를 정하고 압운(押韻)을 적극 활용한 형식주의적 글이다. 하지만 중국 산문은 위진 남북조 시대를 거치며 당나라에 이르러서는 산문의 내용을 더욱 경시하고 적절한 미사여구나 문학적 표현의 사용만을 중시하는 변려문(騈儷文)으로 변화했다. 변려문은 수필임에도 4자나 6자의 대구를 많이 사용하여 사륙문(四六文)이라고도 불렸으며, 대우(對偶)와 대구(對句)를 적극적으로 활용했고, 각 글자를 음률(성조)의 일정한 법칙에 따라 배열하여 노래처럼 읊을 수 있도록 했다. 변려문은 격식과 수식을 차려 지배층 간의 소통에 적합한 문체였으나 형식에만 신경을 써서 문맥이 뚜렷하지 않고 뜻이 애매하여 그 내용을 이해하기 어려웠다. 이에 문체를 개혁해야 한다는 주장이 조금씩 생겨났으나 상당수의 학자가 모두 변려문에 익숙하여 문체 개혁의 움직임은 크지 않았다. 그러나 안사의 난 이후 변려문의 주 사용 계층이었던 귀족과 상류층이 몰락하고, 반대급부로 상인, 부농 등 중하위 계층이 글을 배워 출세하는 경향이 늘어나자 변려문을 대체할 이해하기 쉬운 글의 수요가 증가했다.

때마침 한유와 유종원이 등장하여 중국 산문은 전환기를 맞았다. 문장력이 뛰어났던 한유는 옛 문인들이 정립한 문학 이론을 집대성하여 문장으로서 유교의 전통을 회복하는 고문(古文) 운동을 전개했으며, 유종원 역시 그와 함께 고문 운동을 이끌어 나갔다. 다만 두 사람은 문장에 대한 관점에 차이를 보였다. 한유는 유교를 숭상하고 글의 내용만을 중시하여 문장의 미적 형식을 배척한 채 유교적 도리가 글의 내용에 담겼는지 여부만을 고려했다면, 유종원은 문장이 독자에게 오래 기억되기 위해서는 문장의 일정한 형식을 배격해서는 안 된다고 주장했으며, 비단 유교가 아니어도 올바른 도리를 포괄한다면 불교나 도교와 관련된 내용을 품고 있어도 괜찮다고 여겼다. 이토록 두 사람 사이에는 사상에 큰 차이가 있었지만, 한유와 유종원은 서로를 최고의 벗이자 협력자로 여겼다. 그들의 고문 운동은 당 말기와 5대 10국 시대의 혼란으로 다시 유미주의가 확산되며 잠시 주춤했으나 북송대에 이르러 구양수가 다시 유미주의를 비판하고, 한유의 문집을 모범으로 삼아 쉬우면서도 유창하게 읊고 쓸 수 있는 산문을 유행시킴으로써 다시 주목받았다. 이후 소순, 소식, 소철이 각자의 스타일로 고문을 집필하여 고문 운동의 주도권을 이어받았고, 왕안석, 증공이 임천(臨川) 출신 학자들과 교류하며 고문 운동을 독자적으로 발전시켜 크게 확산시켰다. 이로써 고문 운동은 완전한 성공을 거두게 되었다.

이들이 활동한 이후 송나라 때의 진덕수(眞德秀, 1178~1235)가 처음으로 이들 8인을 대가라고 평가했다. 이 평가가 그대로 명나라 이후의 문인들에게 수용되었고, 모곤(茅坤)이라는 문인이 이들의 산문들을 약간 편집하여 《당송팔대가문초(唐宋八大家文鈔)》라는 160권짜리 문집을 만들어 보급한 이래 지금의 당송 팔대가라는 명칭으로 남았다.

한유(韓愈, 768~824)

한유의 자(字)는 퇴지(退之) 혹은 창려(昌黎)로 중국과 일본에 광범위한 영향을 미친 후대 성리학(性理學)의 원조이다. 어려서 고아였고, 처음 과거에 응시했을 때는 인습에 얽매이지 않은 문체 때문에 좋은 평가를 받지 못해 낙방했다. 그러나 이후 고문 운동을 본격적으로 촉발시킨 인물이 되었다.

그는 스스로 맹자의 가르침을 계승했다고 자부할 정도로 유교를 크게 숭상했고, 그의 고문 운동 또한 변려문의 지나친 형식미가 유교의 도리를 제대로 전달되지 못하게 하므로 유교의 도통을 복원하기 위한 수단으로 진행한 것이다. 그 때문에 도교, 불교 등의 가르침은 이단시했고, 유학을 옹호하기 위해 그때까지 유학자들이 다소 소홀히 하던 《맹자(孟子)》, 《대학(大學)》, 《중용(中庸)》, 《주역(周易)》을 광범위하게 인용했다. 심지어 한유는 한나라 때의 책이 아니면 보지 않았다고 한다. 이토록 곧고 일관된 주장과 사상은 후세에 매우 큰 영향을 미쳤다.

시인으로서 그는 새롭고 기이한 어구를 많이 쓰는 난해한 시풍을 가졌으며, 평이하면서 통속적인 시풍을 지녔던 백거이(白居易)에 맞서 중당(中唐) 시단(詩壇)의 한 흐름을 형성했다. 아울러 맹교(孟郊), 장적(張籍), 이하(李賀), 왕건(王建), 가도(賈島) 등 '한문(韓門)의 제자'로 통칭하는 시인들을 배출했다. 한유가 가도와 주고받은 일화에서 유래한 '퇴고(推敲)'라는 단어는 오늘날까지 알려져 있다.

문장가로서의 최대 업적은 산문 문체의 개혁이다. 한유는 6조(六朝) 이래 문단의 주류였던 대구(對句)와 음조(音調)를 중하게 여기는 병려체(騈儷體)에 대하여 수사주의에 치중해 있다며 비판하고, 한대(漢代) 이전의 자유스러운 형식을 표본으로 하는 고문(古文)을 주장했다. 한유의 고문 부흥 운동을 지지했던 유종원(柳宗元)은 이후 한유와 함께 '한유(韓柳)'로 병칭되었다.

유종원(柳宗元, 773~819)

유종원의 자는 자후(子厚)이며 일찍이 유우석(劉禹錫) 등과 함께 왕숙문, 왕비 등의 정치 개혁 운동에 가담했다. 그 운동은 환관이나 그들을 이용하는 귀족의 세력을 누르고 쇄신하려는 것이었다. 그러나 급격한 정치 개혁 운동은 성공하지 못했고, 오히려 영주사마(永州司馬)로 좌천되었다. 이후 그는 다시는 중앙에 돌아오지 못하고, 43세 때에는 유주자사(柳州刺史)로 옮겨져 47세로 그곳에서 죽었다.

한유(韓愈)와 함께 고문 운동을 제창하여 거의 1000년 동안 귀족 출신의 문인들에게 애용되어 온 변려문에서 작가들을 해방시키고자 했다. 그러나 형식미를 완전히 배제한 한유와 달리, 꾸밈없는 문체는 읽는 이의 관심을 끌지 못하여 그 도리를 전파하지 못한다고 여겨 어느 정도의 미사여구는 허용해야 한다고 주장했다. 사상적 측면에서도 유교 외길을 걸었던 한유와 달리 불교나 도교 등 다른 학문의 가르침이라도 사람의 행동을 올바르게 이끈다면 수용할 수 있다고 여겼다.

유종원은 봉건 사회 구조를 의문시한 합리주의자였다. 그의 〈봉건론(封建論)〉이라는 제목의 글은 유명하다. 그는 합리주의 정신을 알기 쉽게 제시하고자 우화적 기법을 사용한 산문을 즐겨 썼다. 그의 글은 한유의 문장처럼 원리론에서부터 서술을 진행하는 이론상 장점은 없으나 세상이나 사람의 바람직한 자세를 주제로 한 비판 정신을 늘 내포했다. 지방 관리로 좌천된 이후에는 산수를 제재로 한 시를 지어 자신을 위로했다. 시인으로서는 왕유(王維), 맹호연(孟浩然), 위응물(韋應物)과 함께'왕·맹·위·유'라고 칭해졌다.

구양수(歐陽修, 1007~1072)

구양수의 호는 영숙(永叔)으로 1030년 진사 시험에 장원 급제하여 뤄양의 유수추관을 제수받았다. 1036년 범중엄(范仲淹)이 조정의 제도와 정책에 대해 반론을 제기했다는 이유로 좌천될 때 그를 옹호했다는 이유로 후난성의 하급 관리직으로 강등되었으며, 이곳에서 1,000년에 이르는 정치적 혼란 시대를 다룬 역사서《오대사기》를 저술했다. 1054년 구양수는 수도로 소환되어 한림원 학사가 되었다. 그는 한유와 유종원이 활동한 당 중기 이후 5대 10국 시대에 이르러 또다시 유미주의적 문체인 태학체(太學體)가 확산되어 북송대까지 이어지자, 당대의 고문 운동에 다시금 주목했다. 한유의 산문을 참고하여 명확한 산문 이론을 정립하고 실제 창작을 통해 그 이론을 실천함으로써 중국 산문사에 확고한 위치를 차지하게 되었다. 그래서 "唐之文涉五代而弊(당지문섭오대이폐), 至修復起(지수복기)", 즉 당대의 문장이 오대를 거치면서 피폐해졌는데, 구양수에 이르러 다시 일어났다는 평가를 받았다.

1057년에는 과거 시험 위원장인 지공거(知貢擧)로 일하면서 고문체로 답안을 작성한 사람들을 합격시키는 등 자신의 문학관을 심사에 적용했다는 비판을 들었으나, 변려문보다 고문을 더 중시하는 획기적 조치를 취함으로써 중국 문학에 새로운 지평을 열었다. 1058년에는 청천 포증에 이어 개봉부윤(府尹)의 임무에 종사하며, 과거를 감독해 소식을 발굴했다. 그 외에도 수많은 인재를 발굴했는데, 아래의 나머지 당송 팔대가 일원들이 모두 구양수의 도움을 최소 한 번쯤은 받은 인물들이다. 저주(滁州)의 자연이나 사람들의 생활을 묘사한 〈취옹정기(醉翁亭記)〉는 아주 유명한 작품 중의 하나이고 중국의 기행문 중 최고 수준의 작품으로 칭송받았다. 구양수는 글쓰기에 대해 간다(看多), 주다(做多), 상량다(商量多)라는 금언을 남겼다. 이는 한국어 어순에 맞게 다독(多讀), 다작(多作), 다상량(多商量)으로 알려졌으며, 많이 읽고, 많이 쓰고, 많이 생각하고 고치라는 의미이다.

소순(蘇洵, 1009~1066)

소순은 쓰촨성[四川省] 메이산현[眉山縣] 출신으로 소동파(蘇東坡, 蘇軾)의 아버지이다. 28세 때 과거에 낙제하자 그때까지 지은 글들을 모두 불태워버리고 두문불출하며 오로지 독서에 전념했다. 그 결과 6경에서 제자백가에 이르기까지 두루 꿰뚫게 되었고, 단시간 내에 수천 언(言)의 글을 지을 수 있는 대문장가가 되었다. 인종(仁宗) 말기에 두 아들인 소식과 소철을 데리고 상경하여 당시 한림학사 구양수(歐陽修)에게 인정받았다. 구양수가 천자에게 그의 저서 22편을 바치자 학자들이 입을 모아 그의 글들을 칭찬했다고 한다. 그 후 소순은 비서성 교서랑을 지냈다. 소순의 글은 아름다우며 날카롭고 잘 정돈된 것이 특징이었다. 소식, 소철 두 아들과 함께 3소(三蘇)라고 불리며, 그를 특히 노소라고 부른다.

소식(蘇軾, 1036~1101)

소식은 1036년에 태어나 1101년에 죽은 당대 최고의 종합 예술인이었다.

자는 자담(子瞻). 호는 동파(東坡)이다. 시(詩), 사(詞), 서예(書藝)에도 능했으나 정치적으로 수많은 고난과 영광을 겪었다. 야사(野史)에서 과거 시험에서 최고 실력이었으나 차석으로 급제했다는 얘기가 전한다. 이는 당시 시험관이자 당대 최고의 문인이었던 구양수가 소식의 글을 보고 "이건 내 애제자의 글이 틀림없다. 훌륭하지만, 이걸 장원 줬다간 부정 의혹이 일 수가 있다." 해서 차석을 줬다고 한다.

1068년 신종이 즉위하자 참지정사 왕안석을 중심으로 한 개혁파가 중앙 정부의 물자 조달을 합리화하기 위한 균륜법, 농촌에 저리 자금을 융통하여 빈농을 보호하려는 청묘법 등 이른바 새로운 법을 시행했다. 새로운 법에 대해서 비판적이었던 소식은 노골적으로 반대 의사를 표명하다가 구법당(舊法黨), 즉 법 개정을 반대하는 인물로 몰려 왕안석이 이끄는 신법당(新法黨)과 대립하게 되었다. 그는 결국 좌천되어 항주, 밀주, 서주, 호주 등의 지방을 전전하게 되었고, 그러는 와중에도 신법으로 인해 고생하는 농민들의 생활상을 시로 읊었다.

1079년, 그는 결국 조정을 비방하는 내용의 시를 썼다는 죄목으로 체포되었지만, 가까스로 사형을 면하고 100일간의 옥살이 후 황강현 단련부로 좌천되었다. 일종의 유형이었다. 황주에서의 생활은 매우 비참했다. 부인은 양잠을 했고, 그는 본래 병영이었던 땅을 빌려 농사를 지었다. 이 땅을 동파(동쪽 언덕)라 이름 짓고 스스로를 동파거사라고 칭했는데, 그의 호는 여기서 유래했다. 그 유명한 〈적벽부(赤壁賦)〉가 지어진 것도 이곳에서였다.

1085년, 철종이 즉위하고 할머니 선인태황후가 섭정을 시작했다. 이에 따라 왕안석 일파가 만든 법은 폐지됐고, 소식도 다시 발탁되어 조정의 요직에 오르게 되었다. 하지만 선인황태후가 사망하고 철종의 친정이 시작되면서 다시 신법이 부활했다. 소식은 다시 좌천되어 혜주사마로 임명되었으나 그를 질시하는 정치인들로 인해 해남도까지 유배되어 비참하게 지냈다. 철종이 죽고 휘종이 즉위하면서 제거옥국관이라는 명예직에 봉해져 상경하던 도중 병으로 상주에서 예순여섯 해의 생을 마감했다.

소식이 활동하던 송나라의 시문학은 일반적으로 당나라 시대의 시에 비해 다소 떨어진다는 평가를 받고 있다. 그러나 수적으로는 오히려 많은 시인이 배출되었다. 소동파는 구양수(歐陽修), 매요신(梅堯臣) 등에 의해서 기틀이 마련된 송시를 더욱 발전시켰다. 구양수와 매요신 이전의 시가 대개 비애를 주제로 해왔던 데 비해서 이 두 사람은 평안하고 고요한 심정을 주로 읊었고, 동파는 이에서 벗어나 훨씬 적극적, 자각적인 관점을 취했다. 소식은 작가의 마음이 자연스럽게 묻어나와야만 훌륭한 문장이 된다고 믿었고, 청년기부터 일관되게 지켜왔다. 그의 시는 자유분방한 심정과 재능의 표현을 통해 경쾌한 리듬 속에 절묘한 비유와 유머를 담고 있다. 제재에 있어서도 특별히 구애받지 않아 이전까지 다른 사람들이 취하지 않았던 것, 간과되어왔던 것들까지 대상으로 삼았다. 그의 시에는 모든 사람에 대한 폭넓은 애정을 기저에 깔고 있으며, 인간의 욕망을 긍정했고 인간의 선의(善意)를 신봉했다.

소식은 이 중 특히 사(詞)에 재능을 보였다. 일종의 새로운 형식의 산문인 사는 시보다 표현 형식이 자유로운 편으로, 당나라 말기에는 문인과 학자들에게 외면당했지만 송대로 올수록 발전을 거듭했다. 이욱(李煜), 신기질(辛棄疾) 등이 소식과 더불어 이름을 날리던 뛰어난 작사가였다. 삼소(三蘇) 모두 사에 능했으나 그중 소식의 산문은 대단히 이색적이었다. 그의 작품에는 작가의 마음이 자연스럽게 묻어나오는 자유분방함이 고스란히 드러났다. 소식은 기존의 평안하고 고요한 분위기 대신 호방한 사풍을 창시한 인물이라 할 수 있다.

소식은 서예에도 뛰어났다. 그의 글씨는 동진(東晋)의 왕희지(王羲之), 왕헌지(王獻之) 부자의 정통적인 서법과 당대 안진경(顔眞卿) 일파의 혁신적 서법을 겸비하고 있는데, 그 자신은 글씨 자체보다도 살아 있는 정신과 기백의 표현을 가장 중요한 가치로 여겼다. 산문과 마찬가지로 그는 글씨가 자기 됨됨이의 표현이며 그것을 잘 드러내는 것이야말로 훌륭한 글씨라고 주장했다. 그의 글씨로는 유배지 황주에서 쓴 〈한식시권(寒食詩卷)〉, 예부상서 시절에 쓴 〈이태백선시권(李太白選詩卷)> 등이 원본으로 남아 있다. 미불(米芾),

황정견(黃庭堅), 채경(채양)과 함께 북송 사대가로 손꼽히기도 한다.

한편 그의 죽화(竹畵)는 문동(文同)에게서 배운 것이라고 스스로 밝혔다. 동파는 그림을 그리는 데 기교를 쓰지 않았으며, 친구들은 그러한 그의 그림에 한 점의 세속성도 보이지 않는다고 칭찬을 아끼지 않았다. 그는 대나무를 그릴 때 "자신의 마음에 대나무가 있어야 한다"고 말하면서 글이나 그림에 있어서 자신의 마음을 드러내는 것이 얼마나 중요한지를 설파한 바 있다. 그는 왕유의 그림에 대해 "시 속에 그림 있고 그림 속에 시 있네"라는 말을 남겼는데, 이는 이후 중국 화론사에 면면이 이어지고 있다. 이 같은 예술 사상과 기교에 대한 무관심은 문인화(文人畵)를 크게 부흥시키는 힘이 되었다. 다른 문인들과는 달리 소식의 시문집은 생전에 간행되어 많은 인기를 누렸다.

1077년, 소식은 서주 지사 시절 홍수가 나자 백성들을 이끌고 제방을 쌓아 피해를 최소한으로 막아 민심을 안정시키고 인망을 얻었다. 이전 백거이(白居易)가 쌓은 백제(白堤)와 함께 소제(蘇堤)란 이름으로 지금도 서호에 남아 있다. 백성들은 감사의 뜻을 담아서 돼지고기와 양고기를 바쳤는데, 소식은 입맛이 까다롭고 미식가였으며 자기가 만든 요리를 나눠주는 취미도 있었기 때문에 그 고기들로 홍소육을 만들어 백성들과 나눠 먹었다. 그때 그의 레시피로 만든 홍소육이 바로 동파육(東坡肉)이라고 전해진다. 돼지 삼겹살이나 오겹살을 간장을 베이스로 한 소스에 졸여서 조림과 수육 중간 정도로 만든 음식인데, 저장성 항저우와 상하이 지방에서 흔히 찾아볼 수 있다.

소철(蘇轍, 1039~1112)

소철의 자는 자유(子由)로 1057년 형 소식과 함께 진사에 급제하여 관리가 되었지만, 1072년 신법에 반대하는 서를 올렸다가 허난 유수로 좌천되었다. 1079년 소동파가 신법에 반대하는 시를 지었다가 탄핵받았을 때 이것에 연루되어 하급직으로 밀려났다. 철종 즉위 후, 다시 수도로 부름을 받아 여러 관직을 거쳐 문하시랑에까지 올랐지만, 후에 다시 지방관으로 전출되었다. 휘종 때 대중대부로 복직되었다가 사직한 뒤 시골에 별장을 짓고 창작 생활을 하며 말년을 보냈다.

그는 산문 창작에서는 양기(養氣)를 위주로 하여 내적 수양을 중시할 것을 주장했고, 특히 사마천의 문장을 높이 받들었다. 그의 산문은 소동파만은 못하지만 뛰어나고 담백한 맛이 있었다.

증공(曾鞏, 1019~1083)

증공의 자는 자고(子固)이며, 건창 난펑[南豊] 사람이다. 1057년에 진사가 되었고, 관직은 중서사인까지 지냈다. 그의 문장은 일찍이 왕안석(王安石)으로부터 칭송을 받았다. 먼 혈통의 인척 관계에 있는 왕안석과는 1041년경에 직접 알게 되었고, 이후 평생에 걸쳐 친하게 사귀었다. 동생인 증포(曾布)는 신법당(新法黨)의 유력한 일원이었지만, 증공 자신은 신법(新法)을 비판하는 태도를 보였다. 왕안석에게 간절한 편지를 직접 송부해 그 반성을 재촉하기도 했다.

그의 문장은 당시 권력자의 무사안일한 태도에 대해 불만을 표시하는 한편, '선왕의 뜻에 합치한다'는 전제 아래 '법 제도'에 대한 일련의 개혁이 필요하다고 주장했다. 증조(曾肇), 증포(曾布), 증우(曾紆), 증굉(曾紘), 증협(曾協), 증돈(曾敦)과 더불어 남풍칠증(南豐七曾)으로도 일컬어진다. 세상에서 남풍선생(南豐 先生)으로 불리기도 했다.

왕안석(王安石, 1021~1086)

왕안석의 자는 개보(介甫)로 어려서부터 총명하여 한 번 본 것은 좀처럼 잊지 않았고, 어린 시절부터 공부하기를 즐겨 전통적인 유학 교육을 받았다. 그는 지방관이던 부친 왕익(王益)을 따라 여러 지방에서 생활했다. 당시 송나라는 건국 이후 전성기를 맞이했으나 내부적으로는 많은 사회적 모순을 안고 있었다. 왕안석은 오랜 지방관 생활을 통해 사회적 병폐의 원인을 소수의 사대부와 지주들의 토지 겸병에서 찾았다. 그리고 1058년 인종에게 개혁안인 '만언서(萬言書)'를 올렸다. 하지만 인종은 이전의 실패로 개혁에 대한 의지가 없었으며, 조정에도 그의 주장을 지지하는 대신들이 없었다.

1067년 신종이 황제로 즉위했다. 1069년에 참지정사가 된 왕안석은 신종에게 제치삼사조례사(制置三司條例司)라는 입법 기관을 설립하고 이곳에 참신한 인재를 등용하여 신법을 제정할 것을 건의했다. 또한 한기(韓琦), 사마광(司馬光) 등 구법당의 인물들을 축출하고, 구법(舊法)을 철폐하고 신법(新法)을 채택하여 재정 위기를 극복하고 민생을 안정시키고자 했다. 1069년부터 1076년 무렵까지 균수법, 시역법, 면행법, 청묘법, 면역법, 보갑법, 보마법 등의 신법 개혁을 단행했다. 왕안석의 신법은 상인의 횡포를 막고, 농업 기술을 발전시켜 생산량을 증가시켜 세수를 늘리며, 관료 체제와 군사 제도를 개혁하여 중앙 집권 체제를 강화하는 것을 목적으로 했으나 결국 실패하고 말았다.

왕안석은 평생 변법을 위해 헌신한 개혁 정치가였지만, 뛰어난 문장가이기도 했다. 그는 관직 생활을 그만두면서 세상사를 잊은 듯 은거했지만, 포부까지 감추지는 않았다. 만년에 쓰인 시들은 한가로운 어조를 띠고 있지만, 비장한 개혁 의지를 드러내고 있다. 그는 시뿐만 아니라 사(詞)를 짓는 솜씨도 탁월하여 이전의 완곡하고 섬세한 작풍을 없애고, 소식(蘇軾)으로 대표되는 호방한 작풍의 선구자 역할을 했다.

한편 그는 권위 있는 고문가(古文家)이기도 했는데, 필력이 자유분방하고 식견이 매우 탁월했다. 시인으로서 왕안석은 두보(杜甫)의 진가를 처음으로 높이 평가하여 그 후 송시의 세계에 두보를 존경하는 풍조를 개척했다. 저서로는 한자의 연원과 제자 원리 등을 연구한 《자설(字說)》, 문집인 《왕임천문집(王臨川文集)》, 《임천집습유(臨川集拾遺)》 등을 남겼다.

성리학의 수립

위진 남북조 시대 불교 사상은 도가 사상을 매개로 해서 중국에 도입되었고, 도가 사상의 종교화는 불교의 체제와 수련법에서 크게 영향 받으며 발전했다. 이 과정에서 불교와 도교는 중세 중국의 정신 세계를 지배했다. 주나라 때 형성된 유교가 지도적인 사상으로 재등장하기 위해서는 불교와 도교의 도전을 창조적으로 극복해야 했고, 고대 유교의 통찰력을 다시 회복해야 했다. 더욱이 당의 멸망 이후 거란족, 여진족, 몽골족 등 북방 민족의 침략은 중국의 문화적 유산을 위협했다. 개인적 지식을 풍부하게 하고 문화 민족으로서의 중국을 보전하기 위해서 유학자들은 유학을 살아 있는 전통으로 만들 수 있는 상징적·정신적 자원을 개발했다.

송은 군사력이 약했고 그 판도도 당보다 매우 축소되었다. 그러나 송대의 경제적 번창과 과학 기술, 예술 등의 문화적 발전은 역사상 유래가 없을 정도였다. 당의 귀족제가 무너지고 서책과 교육의 광범위한 보급과 확산, 과거 제도의 완전한 시행은 새로운 사회 계급으로 사대부를 출현시켰다. 그들은 특히 높은 학문적 소양과 사회의식, 정치적 참여 의식을 가지고 있었다.

송대의 탁월한 사대부로는 고전학자인 호원(胡瑗, 993~1059)과 손복(孫復, 992~1057), 개혁가인 범중엄(范仲淹, 989~1052)과 왕안석(王安石, 1021~86), 관직에 있던 문학가인 구양수(歐陽修, 1007~72)와 소동파(蘇東坡, 1036~1101), 정치가·역사가인 사마광(司馬光, 1019~86) 등을 들 수 있다. 이들은 교육, 정치, 문학, 역사에서 유교를 부활시키는 역할을 했다.

유교 부활의 과정을 성리학 사상가들의 학통(學統)으로 살펴보면 주돈이(周敦頤, 1017~73) 소옹(邵雍, 1011~77) 장재(張載, 1020~77) 정호(程顥, 1032~85) 정이(程頤, 1033~1107)를 거쳐 위대한 집대성자인 주희(朱熹, 1130~1200)로 이어진다. 이들은 개인과 사회의 윤리, 도덕적 형이상학이 통합되어 있는 포괄적인 인(仁)을 중심으로 한 사상 체계를 발전시켰다. 당시의 사대부들은 이러한 새로운 철학이 유교 경전의 정신을 충실히 회복시키면서 동시에 현재의 문제들을 해결할 수 있다고 믿었다.

주돈이(周敦頤, 1017~1073)

주돈이의 자는 무숙(茂叔)이고 시호는 원공(元公)이며 주염계(周濂溪)라고도 한다. 중국의 사상 가운데 거의 1,000년 동안 국가의 이념으로 자리잡았던 이학(理學)의 토대를 마련했으며, 또한 부분적으로 신도가(新道家)를 기초로 하여 유교를 다시 체계화했다. 그는 유교 사상을 재구성하면서 도가의 교의와 《주역(周易)》에 바탕을 두었다. 주요 저서 가운데 하나인 **《태극도설**(太極圖說)》은 "만물의 근원은 태극이며, 태극이 실제로 만물을 형성한다."라는 사상에 근거한 일종의 형이상학을 제시했다. 우주에 대한 도교의 설명을 창조물의 진화적 과정을 설명한 《주역》의 개념과 결합시켰다. 즉 태극(이것은 동시에 無極임)으로부터 음(陰)과 양(陽)이 생겨나고, 음양의 상호 작용으로 5행(五行: 金, 木, 水, 火, 土)이 일어난다. 음양과 오행이 합하여 하나가 됨으로써 건(乾)과 곤(坤), 즉 남성적인 것과 여성적인 것이 생겨나고, 바로 여기에서 차례로 만물이 발생하여 진화한다는 것이다. 그런데 이 같은 음양오행의 과정에서 사람만이 '가장 빼어남(秀靈)'을 얻는다. 그리고 사람이 외부의 대상에 반응할 때 사람의 생각과 행위에서 선악의 구분이 생겨난다. 사람의 도덕성의 기초는 신중함(愼)에 있고, 신중함을 통해 사람은 선악을 구분하며 자신을 완전하게 하는 힘을 얻을 수 있다고 했다. 이렇듯 간단명료하고 체계적인 형이상학을 통해 유교 이학의 기초를 세웠는데, 이는 이후 성리학을 소생시키고 체계화하는 데 커다란 영향을 끼쳤다. 그의 사상은 이후 주희(朱熹)가 보다 체계적으로 성리학을 전개하는 데 바탕이 되었다. 그의 영향으로 《주역》은 이후 주희와 그밖의 남송(南宋) 성리학자들에 의해 위대한 유교 경전으로 존중받게 되었다. 주돈이는 <애련설(愛蓮說)>을 썼고 그중 연꽃의 은은한 향기를 예찬한 '향원익청(香遠益淸)'등의 구절은 아직도 많이 인용된다.

정호(程顥, 1032~1085) · 정이(程頤, 1033~1107) 형제

정호·정이 형제의 철학은 일반적으로 함께 묶어 생각하지만, 그들의 사상은 각각 다른 방향으로 발전했다. 정호는 이학의 이상주의학파에 영향을 미친 반면, 정이는 합리주의학파의 발전에 영향을 주었다. 정호는 젊었을 때 불교와 도교에 관심을 가졌다. 이후 유교를 공부하여 문관 시험에 합격했으며 고위직에 올랐다. 그러나 왕안석의 급진적인 개혁에 반대하여 관직에서 파면되었다. 허난에서 동생 정이와 합류하자 그들 주위에 문하생이 몰려들었다. 이 두 형제는 주로 자신들이 불교나 도교 저작으로부터 성리학에 차용한 사상인 이(理)의 개념에 관한 철학을 확립했다. 이(理)는 기본 동력, 보편적 법칙, 모든 존재의 기초가 되면서 통제하는 진리 등으로 정의된다. 그들 모두 이(理)에 대한 철저한 연구가 정신적인 교화를 위한 최상의 방법이라는 데 인식을 같이했다.

정호는 차분한 내성을 강조하여, 원초적 상태에서 인간은 우주와 일체한다고 가르쳤다. 또한 그는 사색을 강조하여, 육구연과 왕양명(王陽明, 1472~1529)이 창시한 후기 이학의 이상주의파에 영향을 미쳤다.

정이의 철학은 원래 도학으로 불렸다가 후에 이학으로 알려지게 되었다. 그는 형과는 달리 이(理)를 발견하는 길은 이(理)가 존재하는 우주의 무수한 사물을 탐구하는 것임을 강조했다. 정이는 연역법, 귀납법, 역사와 다른 원칙에 대한 연구, 인간사의 참여 등 많은 탐구 방법을 신봉했다. "나는 생각한다. 그러므로 나는 존재한다"는 데카르트의 말이 서양에서 잘 알려진 것처럼 중국에서는 "원칙은 하나이지만 그 원칙의 발현(發現)은 많다"는 정이의 말이 유명하다.

정호가 주장한 심학(心學)과 정이가 주장한 이학(理學)은 북송 유학 사상의 두 줄기를 형성했다. 정이가 죽은 뒤 10년 후 주희(朱熹)는 정이의 사상을 확대시켜 정주학파로 발전시켰다. 이 사상은 1911년 신해 혁명 이전까지 학계에서 그 권위를 유지했다.

주희(朱熹, 1130~1200)

주희는 지방 관리의 아들로 태어나 18세 때 대과에 급제했는데, 당시 그 시험에 급제한 사람들의 평균 연령은 35세였다. 주희는 정이의 이학파를 계승했으며, 은연중에 정호의 심학은 배격했다. 주희는 유학을 단순히 종합한 것이 아니라 지금까지의 유학에 새로운 구조, 특색, 의미를 부여함으로써 이학(理學)이라는 새로운 유학을 구성했다. 주희는 1179~1181년 장시성[江西省] 난캉[南康]의 지사(知事)로 근무하면서 이 기회를 이용해, 9세기에 건립되어 10세기에 번성했다가 그 뒤 폐허가 된 무이산(武夷山)의 백록동서원(白鹿洞書院)을 재건했다. 주희에 의해 원래의 모습을 회복하게 된 이 서원은 그 후 8세기에 걸쳐 그 명성을 유지했다. 서원들은 성리학이 발전하는 데 큰 도움을 준 제도적 기반이 되었다. 고려 말 우리나라에 유학을 도입한 안향을 추모하여 풍기현감 주세붕이 세운 백운동 서원[후에 사액(賜額)을 받아 소수서원]은 바로 이 서원을 모델로 한 것이었다.

주희는 1188년부터 《대학(大學)》을 필두로 《중용(中庸)》의 주석서를 펴내 《대학》, 《중용》이 《논어》,《맹자》와 함께 유교 교과 과정의 기본서인 4서(四書)에 편입되게 했다. 이로써 오경뿐만 아니라 사서를 존중하고 유학의 핵심 경전으로 삼고자 했다. 그는 《사서집주(四書集注)》를 저술하여 이후에 유교의 기본 경전으로서 권위를 얻었다.

주희는 만년에 조정의 부름을 받아 고위직으로 승진할 기회가 여러 번 있었다. 그러나 과감한 직언, 소신 있는 의견, 부패와 사리사욕이 판치는 정치에 대한 비타협적인 공격 등으로 인해 파면되거나 수도로부터 멀리 떨어진 지방 관직으로 좌천되었다. 후대에는 전제주의적인 통치자들도 주희가 했던 정치적 비판과 이성적인 자세에는 귀 기울이지 않으면서도 그의 철학 체계 만큼은 유일한 관학(官學)으로 삼았는데, 이 같은 풍조는 19세기 말까지 지속되었다.

주희는 그의 철학에서 주지적인 이론, 궁리적(窮理的)인 논증, 고전의 권위를 성실히 받드는 것을 중시했는데, 특히 공자와 그의 후계자인 맹자를 존경했다. 그는 우주가 형이상학적인 무상(無象, 형체가 없는 것)과 형이하학적인 유상(有象, 형체가 있는 것)의 두 가지로 구성되어 있다고 보았다. 무상은 본연의 이(理)로서 태극(太極)이라고도 하며 만물이 생겨나는 본체이다. 그리고 이(理)가 형이하학적인 기(氣)와 합해져 여러 가지 형상을 만들어낸다. 인간에게는 이(理)가 그 본성으로 나타나는데 본질적으로 지극히 순수하고 선한 것이다. 악덕을 포함한 결함이 육체와 정신에 나타나게 되는 것은 불순한 기(氣) 때문이다. 인간은 자기의 불완전한 심성을 면학(勉學), 즉 사물의 이치를 밝히는 격물(格物)에 의해 제거할 수 있다. 이 점에서 당시의 저명한 성리학자 육구연은 주희와 견해를 달리했다.

육구연은 자연법칙과 형상(氣) 간에 차이가 없으며, 오도(悟道, 省察)를 통해 인간의 부정한 마음을 바로잡을 수 있다고 보았다. 인간 내부의 원칙을 중시하는 육구연의 유심적(唯心的) 해석과는 대조적으로 주희와 그 추종자들은 윤리적 행동의 실천과 유교 오경(五經)의 연구를 강조하는 격물(格物)을 중시했다. 주희는 또한 윤리와 형이상학적 원칙의 연구에는 필수적으로 인간적인 성실성의 함양이 포함되어 있고, 또 덕화(德化)에 의해 정치를 했던 고대 성왕(聖王)의 예처럼 인정(仁政)을 펴라고 황제에게 진언하기도 했다. 주희의 이상이 후대에 와서 도전을 받지 않은 것은 아니지만 그의 성리학은 오랫동안 중국 지식인 사회를 지배해왔고, 사서에 대한 그의 주석서는 과거에 합격하려는 사람들의 필독서가 되었다.

주희는 주돈이, 이정(二程)으로 대표되는 이전 송학의 흐름을 이어받아 이를 집대성하고, 종래 유교가 불교와 도교에 비해 사상적인 약점이었던 이론적 결여를 보완하는 우주론적, 인간론적 형이상학을 수립했다. 이로써 한당(漢唐)의 훈고학적인 한계에서 벗어나 윤리학으로서의 본래성을 되찾는 한편 그것을 우주론적인 체계 속에 자리잡게 하고자 했다.

이후 주자의 철학은 20세기 초에 이르기까지 동아시아를 지배하는 주도 이념으로 자리잡았다. 특히 우리나라의 경우 고려 시대 말에 도입된 이후 조선 왕조 내내 이 성리학은 사회를 지배한 주 이념이었다. 그가 조선의 지식인 사회에 끼친 영향은 절대적이었고, 그의 철학은 일본의 도쿠가와 바쿠후[德川幕府] 시대에도 널리 받아들여져 공식적인 지지를 얻었다. 우리 사회와 역사에도 긍정적이든 부정적이든 엄청난 파급력을 미친 그의 사상을 간단히 요약해 보자.

- **이기론**(理氣論) – 이기론은 우주 만물의 구조를 이(理)와 기(氣)라는 두 가지 개념으로 설명하려는 이론이다. 이기론에 따르면 우주 만물은 이와 기가 결합되어 나타나는데, 여기서 이는 만물을 낳는 근본 원리를 말하며, 기는 만물을 생성하는 재료를 말한다. 주자는 모든 사물이 이와 기의 결합으로 되어 있기 때문에 이와 기가 서로 떨어질 수 없으며[理氣不相離], 동시에 원리로서의 이와 재료로서의 기의 역할이 분명히 달라 이와 기는 서로 뒤섞일 수 없다[理氣不相雜]고 보았다. 주자는 모든 사물은 이(理)를 갖추고 있기에 이의 측면에서는 똑같다고 보았다. 하지만 현실에 존재하는 만물이 서로 다른 것은 기(氣)의 맑고 흐림 또는 바르고 치우침의 차이가 있기 때문이라고 했다.

- **심성론**(心性論) – 심성론은 이기론을 바탕으로 인간의 내면적 구조와 본질을 규명하고자 하는 이론이다. 심성론에 따르면 심(心)은 성(性)과 정(情)을 통괄한다.[心統性情] 성이란 하늘로부터 부여받은 이치(理)로, 본연지성(本然之性)과 기질지성(氣質之性)으로 나눌 수 있다. 본연지성은 기질(氣質)의 영향을 받기 이전의 순선한 것이고, 기질지성은 본연지성이 기질의 영향을 받아 나타나는 것이다. 모든 사람의 본연지성은 동일하지만, 기질은 사람마다 다르기 때문에 사람마다 기질지성이 달라지는 것이다. 또한 정(情)은 성(性)이 외부의 사물에 감응(感應)하여 나타난 감정으로 사단(四端)과 칠정(七情)을 말한다.

- **거경궁리론**(居敬窮理論) – 거경궁리론은 도덕을 실천하여 인격적으로 완성된 군자나 성인이 되는 방법에 관한 이론이다. 주자에 따르면 순선한

본연지성이 온전히 드러나기 위해서는 본연지성이 기질(氣質)의 영향을 받지 않도록 수양(修養)이 필요하다고 한다. 그는 이를 위해 먼저 인간 자신을 포함한 세계의 참모습을 밝게 알아야 한다고 했다.[格物致知] 또한 사물의 이치와 도리를 먼저 알아야 그에 맞는 올바른 행동을 할 수 있다는 선지후행(先知後行)을 강조했다. 주자는 이와 더불어 선한 본성을 보존하고 함양하여 잘못된 길로 빠지지 않도록 살펴 경계해야 한다[存養省察]고 주장했다. 주자에 따르면 이러한 노력을 통해 인간은 천리를 보존하고 이기적 욕망을 제거하여[存天理去人欲] 이상적 인간이 될 수 있다.

- **경세론**(經世論) – 경세론은 세상을 다스리는 것에 관한 이론이다. 주자는 자신을 먼저 수양하고 다른 사람을 편안하게 한다는 수기안인(修己安人)의 원리에 근거하여, 수양을 통해 자신의 내면을 닦는 데 그치지 않고 제도, 법률, 생산 등과 같은 사회적이고 현실적인 문제까지도 적극적으로 해결할 것을 강조했다. 이것은 주자가 주전파(主戰派)로 오랑캐(요, 금, 서하)를 공격하고 한족의 세상을 회복하자고 주장한 것과 관계있어 보인다.

- **이기이원론**(理氣二元論)**과 태극도설**(太極圖說) – 우주 만물을 형이상학적인 이(理)와 형이하학적인 기(氣)로 구성되어 있다고 보고, 인간의 본성은 선한 이(理)가 발하여 나타나는 것이나 불순한 기(氣)로 인하여 악하게 되는 것이라고 했다. 이러한 이와 기로 이뤄진 우주와 만물이 생성되고 움직이는 운동 법칙, 원리로서 태극(太極)을 제시한다. 이런 개념들을 통해 주자는 주염계의 태극도설, 정이의 성즉리(性卽理), 이기이원론(理氣二元論)에서 강한 영향을 받았다는 것을 알 수 있다. 주자는 동시에 젊은 시절 탐독했던 불교와 도교 사상에 착안하여 유학의 사상적 이학적 내용을 풍성하게 하는 것에 기여했다.

공자와 맹자로부터 이어져 내려오는 최고 유학자의 계보인 도통(道統)의 해설가 또는 전달자로서 주희는 북송의 유학자들을 선별하여 도통에 포함시켰다. 그는 주돈이, 장재, 정호, 정이는 포함시켰지만, 소옹, 사마광은 제외시켰다. 또한 격물(格物)의 과정을 사물에 있는 이치를 탐구하기(窮理) 위해 마음을 엄격히 수련하는 것으로 정의했다. 이중의 독서 방법을 권장하여 먼저 경건하게(居敬)하면서 그 뜻을 확고히 하도록 했다. 이것은 덕성과 지식을 결합한 포괄적 교육관이었다.

주희는 남송 최대의 유학자였지만, 동시대의 육구연(陸九淵, 1139~93)에 의해 크게 비판받았다. 육구연은 맹자의 도덕적 이상주의를 높이 평가하여 주희의 도통론을 비판했다. '마음이 곧 이치(心卽理)'라고 주장하면서 하늘, 사람, 사물의 이치가 모두 나의 마음에 갖추어져 있다고 하여 주희의 '격물치지설'을 반박했다. 또한 나의 본심만 알면 "6경(六經)도 나의 마음에 풀어놓은 주석에 지나지 않는다"고 하여 독서 등의 강학을 중심으로 하는 주희의 주지주의적 교육관을 비판했다.

명(明)대에 주희 이후 최대의 사상가인 왕양명(王陽明, 1472~1529)이 육구연의 심리학을 발전시켜 경전에만 매달리는 정주학(程朱學)에 대항했다. 그는 지행합일(知行合一)을 주장하여 지식과 실천을 구분하는 정이 등의 학설에 반대했고, 맹자의 도덕적 이상주의로 돌아갈 것을 주장했다. 그의 심학(心學)은 당시에는 소수파에 머물렀지만, 명대에 와서 육왕학파(陸王學派)로 성립되었고, 일본에서는 도쿠가와 막부[德川幕府] 시대에 융성했다. 그러나 중국 일본과는 달리 조선에서는 이단(異端)으로 취급당했다.

제28강

남송의 쇠락과 북방족의 흥기

거란족의 요나라

야율아보기(耶律阿保機, 872~926)

야율아보기(耶律阿保機)의 본명은 야율억으로 자는 아보기이며, 묘호는 태조(太祖)로 거란의 초대 황제(재위: 907~926)이다. 그는 872년 태어났으며 불안한 어린 시절을 보냈다. 그의 조부는 종족 간의 갈등으로 피살되었고, 그의 아버지와 삼촌은 달아났다. 야율아보기는 그의 할머니가 숨겨 키웠다.

야올리안족은 750년대부터 거란족을 이끄는 부족이었다. 그들은 당나라와 좋은 관계를 유지했으나 9세기 말까지는 질라족의 지도자가 야올리안 칸에 불만을 표현하고 있었다. 야율아보기의 부친 야율살랄적은 질라족의 부족장으로 선출되었다. 야율아보기는 903년에 질라족의 부족장이 되었다.

거란의 여러 부족은 9세기 말 당의 정치적 혼란(5대 10국 시대가 시작되던 시기)을 틈타 발흥하기 시작하여 질라부(迭剌部)의 야율아보기(耶律阿保機)가 907년 거란의 대가한(요 태조)이 되었다. 그는 중국 북부에서 7개 부족장의 지지를 받았고, 야올리안 대가한의 승인을 받았다. 야율아보기는 원래 3년 임기의 거란족 칸[汗, 황제]으로 선출되었으나 3년째 되는 해에 퇴위를 거절하고 스스로 왕이 되었다. 야율은 916년 황제라 칭하고 요하 상류인 임황에 도읍하여 국호를 대요(大遼)라 했다.

야율아보기는 922년 고려에 사신을 보냈다. 그는 주위 나라들에 조공을 바치도록 했으며 중국의 문물을 받아들여 한자를 본뜬 거란 문자를 창제했고, 농업을 발달시켰다. 그동안 단임제인 황제를 종신제로 하여 요나라 황실의 기초를 다졌다.

그는 각 부족을 '오르도스'라는 전투 단위로 조직했고, 12개의 오르도스를 하나의 행정 구역으로 통합했다. 이리하여 야율아보기 통치하의 거란 각 부족은 초원의 주현제라고 할 수 있는 행정 구획으로 나누어졌다.

그는 먼저 몽골 지역을 정벌하기 위해 서방 정책을 실시했으며, 서방 정책이 마무리되었을 때인 925년 12월에 발해 정벌을 꾀하여 926년 1월 발해를 멸망시켰다. 이후 발해 유민들이 세운 정안국 등 발해의 계승국들이 생겨났으나 결국 이 지역은 요나라의 영향권 아래 편입되었다.

거란 제국은 북아시아 대부분과 발해를 정복한 뒤, 936년에는 중국의 황하 유역까지 진출해 다수의 중국인마저 지배하에 두었다. 936년에는 후진(後晉, 936~946)의 건국을 도와준 대가로 만리장성 안쪽에서 현재의 베이징[北京]을 에워싸고 있는 지역인 허베이성[河北省] 북동 지역의 연운(燕雲) 16주(州)를 획득하고 국호를 요(遼)라 한 후 다시 후진을 멸망시켜 대량(大梁, 카이펑)으로 진출했다. 그는 발해를 멸망시키고 거란으로 돌아갔을 때 사망했다.

요나라 태조 야율아보기가 죽자 그의 부인 술율평[述律平, 요사(遼史)에서는 소황후로 기록됨]이 잠시 나라를 다스리다가 자신의 둘째 아들인 요 태종에게 왕위를 물려주었다. 거란제국이 북쪽에서 내려오면서 송(宋)과 거란의 군사력은 역전되었다. 그러나 거란은 중국 본토로 진출하고도 통치에 어려움을 느끼고 철수했으며, 이후 왕위 계승을 둘러싼 내분으로 불안한 정국이 이어지다가 성종(聖宗) 때 안정을 되찾았다.

성종은 송(宋)을 공격하여 1004년 유리한 조건으로 화의를 맺고, 송에서 받는 세폐(歲幣)로 재정을 확충했으며, 송과 무역하여 경제적·문화적으로도 현저히 발전시켰다. 즉 정복하여 지배하기보다는 계속 압력을 가해 조공을 받아 실리를 추구한 결과였다.

북아시아와 중국 본토에 걸쳐 존재한 거란 제국은 북방의 유목 문화와 중국의 농경문화를 혼합한 독특한 문화를 낳았다. 거란 문자를 발명해 문화적 독자성을 유지하는 한편, 중국식 행정 조직을 받아들여 제국을 통치하기도 했다. 거란은 실크로드의 대부분을 지배해 경제적으로도 번영했다. 또한 성종은 정치 조직과 군사 조직을 정비하고, 법전을 편찬·공포하는 등 강력한 중앙 집권적 체제를 갖추었다. 이때 고려와 북만주의 여진을 침략하여 동아시아 최고의 강국이 되었다. 거란족은 나라 이름을 요(遼)와 거란(契丹) 두 가지를 번갈아 사용했는데, 서양에는 마르코 폴로가 《동방견문록》에서 가리킨 대로 키타이(Khitai) 혹은 케세이(Cathay)로 부르며 차이나(China)와 함께 중국을 가리키는 또 다른 명칭이 되었다. 우리 말로 '거란'이라고 한 이유는 자세히 밝혀지지 않고 있다. 다만 《훈몽자회(訓蒙字會)》에 '맺을 계(契)'를 '부족이름 글'이라 해석한 것을 보면 '글단'에서 여러 음운 변화를 거쳐 거란이 된 것으로 추정해 볼 수 있다.

요 왕조의 관제는 점령지의 중국인을 통치하기 위해 북면관(北面官), 남면관(南面官)이라는 2중 지배 체제를 만들어냈다. 중국인 지역을 통치하는 남면관에서는 당(唐)식의 군현 제도를 그대로 모방했고, 북면관에서는 내륙아시아의 초원 지대에 살고 있던 유목민을 거란족의 관습법으로 다스렸다. 거란족 지배자들은 중국인 고문을 두고 중국식 행정 기술을 본받았기 때문에 자신들의 부족적 주체성이 흐려질 것을 두려워한 나머지 그들 부족 고유의 의식, 음식, 복제 등을 유지하려고 노력했으며, 한자를 쓰지 않고 자신의 고유한 문자를 고안해냈다. 그러나 성종 이후인 흥종(興宗), 도종(道宗) 때 황실의 내분으로 반란이 일어났다.

송과의 강화, 전연의 맹

송나라 초기, 태조와 태종의 치세 30여 년간은 송 왕조의 창업 시기였고, 이 시기에는 북쪽 거란족인 요 왕조가 내분으로 혼란에 빠져 남쪽 송나라에 압력을 가할 여유가 없었던 행운의 시기였다. 937년 나라 이름을 요(遼)로 바꾸었던 거란은 982년에는 다시 거란이라 칭했다가 1066년에는 다시 요로 고쳤으나 여기서는 편의상 요라 칭하기로 한다.

내분으로 혼란했던 정국이 일단 안정을 되찾자 1004년 9월, 요는 20만 대군을 황하의 북쪽 언덕까지 남하시켜 포진하고 송나라에 일격을 가할 태세였다. 이 보고를 받은 송의 황제 진종은 급히 중신들을 모아 대책을 의논했다. 부재상격인 왕흠약(王欽若), 진요수(陳堯叟)는 우선 요의 예봉을 피하기 위해 수도를 남쪽으로 옮겨야 한다고 주장했다. 강남 출신인 왕흠약은 금릉으로, 사천 출신인 진요수는 성도로 수도를 옮기자고 했다. 모두 자신들의 고향에 수도를 옮기려 했다. 결단을 내리지 못한 진종은 재상 구준(寇準, 961~1023)을 불러 천도 문제에 대해 의견을 구했다. 구준은 황제와 두 부재상을 앞에 놓고 사건의 경위를 전혀 모르는 척 말했다.

"남쪽으로 천도라니 가당치도 않습니다. 완전히 국가를 멸망시키려는 계책입니다. 누구의 계책인지는 모르오나 황공하옵게도 폐하께 이따위 엉뚱한 말을 하는 자는 목을 베어도 시원치 않다고 생각되옵니다."

구준은 정세를 소상히 분석하여 설명하고 군대를 거느려 요군을 맞아 싸울 것을 제안했다. 그해 10월, 구준 등의 거듭되는 재촉에 못 이겨 송의 진종은 마침내 개봉에서 친정에 나서 북상했다. 그러나 진종이 미처 황하 남쪽 언덕에 이르기도 전에 중신들이 동요하여 다시 남방 천도설이 나왔다. 구준은 이런 말 따위는 들은 척도 하지 않고 다음과 같이 진언했다.

"요나라 군사는 이미 코앞에 다가와 있어 형세는 매우 긴박합니다. 폐하에게 남은 길은 오직 전진이 있을 뿐 한 걸음도 후퇴할 수는 없습니다. 전진하면 우리 군사의 사기는 올라가고 적은 간이 콩알처럼 될 것입니다. 그러나 후퇴한다면 우리 군사는 삽시간에 와해되어 적군의 생각대로 될 것입니다. 그렇게 된다면 개봉은 말할 것도 없고 금릉도 적의 수중에 떨어지게 될지 모릅니다."

송의 진종은 마음에 내키지 않는 북상을 계속하였으나 황하 남쪽 언덕에 이르자 더 이상 전진하려 하지 않았다.

이때 요나라 군사가 전주(澶州)에 모여들어 3면에서 포위 공격을 감행해 왔다. 송나라 대장 이계륭(李繼隆) 등이 성을 나와 이들을 맞아 싸웠다. 이 싸움에서 요의 장수 소달람(蕭撻覽)이 활에 맞아 전사하자 요나라 군사는 겁을 먹고 퇴각하여 성 멀리 도망쳐 꼼짝도 못 하고 있었다.

구준은 진종에게 이때 황하를 건너 하북에 진출해야 한다고 진언했다. 도지휘사 고경(高瓊)도 구준의 제안을 지지하여 진종에게 황하를 건널 것을 권했으나 진종은 선뜻 결단을 내리지 못했다. 이 모습을 본 고경이 부하에게 지시하여 진종에게 탈것을 갖다 대며 진군을 재촉했다.

"폐하께서 황하를 건너 하북에 가시지 않는다면 하북 백성들은 실망하여 부모를 잃은 것처럼 슬퍼할 것입니다."

그러자 진종을 모시는 문관 양적(梁適)이 임금에 대한 예를 잃은 처사라고 질책했다. 고경은 버럭 성을 내며 큰소리로 양적을 꾸짖고 그대로 진종을 옆에 끼고 황하를 건넜다.

"경들은 이 같은 위급한 상황에서도 예의 따위를 따지는가. 그렇다면 한번 시라도 지어 요나라 군사를 멀리 쫓아버리는 것이 어떻겠는가?"

잠시 후 진종의 수레가 전주에 이르러 북성에 도착했다. 진종이 북성의 망루에 오르고 천자의 깃발이 힘차게 나부끼자 성 안팎의 군사들은 일제히 만세를 불렀고, 그 만세 소리는 북성 주위 수십 리까지 메아리쳤다. 요나라 군사는 만세 소리를 듣고 더욱 사기가 떨어졌다. 그러나 송의 진종은 이렇게 유리한 정세 앞에서도 행재소에 틀어박혀 벌벌 떨고만 있었다. 그래서 사자를 구준이 있는 곳에 보내 그가 무엇을 하고 있는지 살펴보고 오도록 했다. 걱정이 되어 견딜 수가 없었기 때문이었다.

"구준은 부장들을 모아 술을 마시며 연극을 구경하거나 잡담을 하고 있습니다."

사자의 보고에 진종은 비로소 안도의 한숨을 내쉬었다.

"그렇다면 걱정할 것 없겠군."

한편 요군의 진지에서는 요의 소태후가 초조함에 떨고 있었다. 출진 부대는 패전하고 통수 소달람은 전사한 데다 요군의 사기는 떨어졌다. 거기다 요군을 넘보는 각지 송의 원군들이 전주에 속속 집결한다는 정보까지 들어왔다. 이런 불리한 정세하에서 요군은 본국과 멀리 떨어져 고립되어 있으니 만약 후퇴한다 해도 그 후퇴하는 길에서 송나라 백성들의 공격을 받을지도 모르는 일이었다. 그래서 소태후는 송나라에 사자를 보내 강화를 제의했다.

요나라로부터 강화 교섭을 받은 송나라에서는 재상 구준이 이 기회를 이용해 연운 16주의 반환을 요구해야 한다고 주장했다. 연운 16주란 앞에서도 언급했듯이 후진의 황제 석경당이 938년 거란(후의 요나라)에게 넘겨준 땅으로 현재의 하북, 산서 북부에 해당하며, 남북이 3,400리, 동서가 1천여 리에 달하는 지역이었다. 구준은 만약 요가 연운 16주의 반환을 거부할 경우 다시 결전을 벌여야 한다고 아뢰었으나 송의 진종은 행여 강화의 기회를 잃을까 두려워 구준의 간언을 받아들이지 않았다. 진종은 급히 대신 조이용(曹利用)을 강화 교섭 사절로 삼아 요나라에 보냈다.

조이용은 요나라와 강화 교섭을 벌이고 돌아와 요나라가 후진의 석경당으로부터 할양받은 연운 16주 가운데, 후주 세종 때 빼앗긴 관남의 땅(영주, 막주, 역주 등)을 반환해 줄 것을 제시했다고 교섭 결과를 보고했다. 그러나 진종은 영토는 절대 할양할 수 없고 그 대신 옷감과 돈을 주는 조건으로 강화를 추진하라고 명했다.

재상 구준은 지속적으로 강경책을 고수했다. 관남의 땅 할양은커녕 반대로 연운 16주를 송나라에 반환할 것과 요나라가 송나라에 대해 신칭(臣稱,

신하로 칭함)할 것 등을 요구했다. 구준은 이러한 조건이 받아들여지지 않을 경우 결전을 벌이자고 강력히 주장했으나 진종의 마음은 이미 강화 쪽으로 기울고 있었다.

“수십 년 후에는 능히 요나라의 침공을 방어할 자가 나타날 것이오. 짐은 백성들이 전쟁으로 고생하는 것을 차마 볼 수 없소. 당분간 요나라의 제의대로 강화를 맺는 것이 좋겠소.”

구준은 강력히 항전할 것을 주장했으나 조정 내에서는 구준이 전쟁을 이용하여 자신의 세력을 확장하려 한다는 비난마저 일고 있었다. 사태가 이 지경에 이르자 그토록 자신만만했던 구준도 강화를 지지할 수밖에 없었다. 강화 특사 조이용이 요나라로 떠나기에 앞서 진종은 훈령을 내렸다.

“요나라가 강화의 조건으로 세공(歲貢, 연말에 바치는 공물)을 요구할 경우 부득이하다면 비단 70만 필, 은 30만 냥, 도합 1백만 정도에서 강화를 맺도록 하라.”

이 말을 전해 들은 구준은 조이용을 불러 엄중 경고했다.

“폐하의 훈령은 그렇지만, 30만을 넘어서는 안 되오. 이 숫자를 넘는 교섭 따위를 하려거든 그대는 살아 돌아올 생각은 마시오. 만약 뻔뻔스럽게 돌아오는 날에는 단칼에 그대의 목을 베어버리겠소.”

1005년 1월, 마침내 송과 요 사이에 강화가 맺어졌다. 그 조건은 첫째, 송과 요는 형제의 의를 맺어 요나라 황제는 송나라 황제를 형으로 섬길 것, 둘째, 송나라는 매년 비단 20만 필, 은 10만 냥을 요나라에 보낼 것 등이었다. 이 강화 교섭은 전연군(전주, 澶州)에서 이루어졌기 때문에 역사상 ‘전연의 맹(盟)’이라 부른다.

진종은 조이용이 돌아왔다는 소식을 식사 중에 들었다. 교섭 결과를 알고 싶은 마음은 간절했으나 식사 중에 조이용을 불러 물어볼 수도 없었다. 그래서 시종을 조이용에게 보내 요나라에 얼마를 지불하기로 했는가를 알아오도록 했다. 시종을 만난 조이용은 이러한 중대사를 황제보다 먼저 시종에게 알려서는 안 되겠다고 생각했다. 조이용은 시종의 물음에는 대꾸도 하지 않고 잠자코 있었다. 시종은 조이용이 볼에 세 손가락을 대고 있는 모습을 보고 급히 돌아와 황제에게 보고했다.

"폐하, 조이용이 세 손가락을 볼에 대고 있었습니다. 신이 생각하기에 아마도 3백만 정도로 요나라와 타결을 본 듯하옵니다."

이 말을 들은 진종은 너무 많은 양이라고 놀라는 표정을 보였지만, 이윽고 자신을 위로하듯 말했다.

"좀 지나친 듯하다만, 이것으로 일이 무사히 끝났다면 3백만도 많은 것은 아니지!"

3백만이라는 숫자는 물론 시종의 성급한 지레짐작에서 나온 잘못된 보고였지만, 이 이야기에서도 송의 진종이 얼마나 겁쟁이이며, 진종 자신의 안락한 생활을 위해서 백성의 고생 따위에는 전혀 신경 쓰지 않는 인간이었다는 사실을 엿볼 수 있다.

송과 요의 강화 조약 이후 약 40년간 양국 관계는 안정을 유지했다. 그러나 강화가 성립되자 원래 강화파였던 왕흠약은 이 '전연의 맹'이야말로 굴욕적 외교라고 구준을 공격하기 시작했다. 심지어 주전파였던 구준에게 황제를 협박했다는 죄목마저 뒤집어 씌우려 했다. 구준이 황제의 힘을 빌려 도박하다가 마침내는 요와 강화를 맺게 함으로써 황제의 위신을 크게 손상시켰다고 주장하여 역사의 시비가 완전 뒤바뀌었다. 공신이 역적이 되고 역적이 공신으로 둔갑하는 형편이었다.

구준은 구준대로 직선적인 성격 때문에 잇따라 정적을 만들었다. 황태자를 보필하고 있던 정위(丁謂)와 전유연(錢惟演) 두 사람을 간사한 무리라고 진종에게 아뢰었는데, 이 사실이 당사자인 정위에게 알려져 오히려 그들을 참소했다는 죄를 뒤집어쓰게 되었다. 당시는 진종의 병이 위독하여 황후가 정사를 전결하는 일이 많았던 시기였다. 구준은 결국 도주사마로 좌천되었다가 진종이 죽은 직후 뇌주로 유배되어 그곳에서 일생을 마쳤다.

그런 가운데 요나라는 동북 만주에서 일어난 여진족 완옌부[完顏部]의 추장 아쿠타[阿骨打]가 세운 금(金)과, 연운 16주를 되찾으려는 송의 협공을 받아 1125년 황제 천조제(天祚帝)가 사로잡힘으로써 멸망했다. 이때 황족이었던 야율대석(耶律大石)은 서쪽으로 망명하여 중앙아시아 지역에 서요(西遼)를 건국했다. 이후 서요는 칭기즈 칸에 의해 멸망했다.

요의 문화와 고려와의 관계

요는 농업을 장려해 농업 생산에 주력했고, 여기서 국가 재정의 거의 대부분을 충당했다. 직물, 도자기, 기와, 마구 등 제조업이 발달했으며, 인쇄술이 발달해서 거란 대장경을 조판했다. 제조업 발달을 배경으로 상업도 도시를 중심으로 번성했다. 요는 북송, 고려와 교역했다. 요와 송은 차, 비단, 도자기, 양, 말, 낙타와 교역했으며, 고려와 함께 금, 은, 인삼, 말, 가죽 등과 함께 교류했다. 요와 송, 고려는 공통적으로 말을 가지고 교역했다.

거란족의 고유 종교는 원시적 샤머니즘이었다. 태무(太巫)라는 사제가 범민족적인 제사를 주관했고, 씨족마다 제사를 담당하는 사제가 있었다. 발해와 중국에서 불교를 도입했고, 발해가 망한 뒤에는 많은 발해 승려가 요의 수도에 사찰을 세웠다. 화엄종이 가장 융성했고, 진언종과 다라니 신앙도 민간에서 성행했다. 성종 이후에는 대장경 등 불교 서적을 인쇄했고 명승(名僧)도 나왔다. 한족이 들어오면서 유교와 도교도 함께 들어왔지만, 유교는 한족 지배를 위한 방책에 불과했고, 도교는 민간에서 유행했다. 거란족은 고유 문화를 보존하고 발전시키려는 노력 끝에 독자적인 문자인 거란 문자를 만들었다. 태조는 대자(大字)를 만들었고, 위구르 문자를 본떠 소자(小字)를 만들었다. 거란 문자는 공문서에 사용한 표음 문자로 한자의 해서와 전서를 모방한 서체인데, 현재 완전히 해독하지 못하고 있다. 거란어는 고대 몽골어와 유사하다.

984년에 요가 세운 허베이성의 독락사 관음각은 중국에서 가장 오래된 목조 건축물이다. 이것은 당나라의 건축 기술을 계승한 것이다. 1054년에 산시성에 세운 목탑은 8층으로, 규모와 기술에서 전대미문의 것이다. 미술 분야에서는 동몽골의 경릉에서 발굴한 인물화, 산수화, 사원 벽화가 대표적이다. 산수화에는 사냥을 즐기는 거란족의 생활 풍습이 잘 나타나 있는데, 당과 5대의 산수화 기법을 계승하고 있다.

요삼채(遼三彩)라고 부르는 도자기도 유명하다. 요삼채는 당삼채의 기술을 받아들인 것으로, 자연 경관과 사계절의 변화를 정밀하고 사실적으로 보여준다.

거란족과 우리 민족의 관계는 이미 고구려 장수왕 때부터 시작되어 연원이 깊지만, 보다 밀접한 관계가 형성된 것은 고려 시대부터이다. 야율아보기는 922년(태조 5) 고려 태조에게 낙타, 말 등을 보내 수교를 요청했다. 그러나 926년, 요가 발해를 멸망시키자 고려 태조는 요를 적대시하여 942년에 요나라 태종이 보내온 낙타 50필을 만부교(萬夫橋) 아래에서 굶겨 죽이고 사신 30명을 유배 보냈다.

광종은 요의 침입에 대비하여 광군사(光軍司)를 설치했다. 요나라 성종은 정국의 안정을 이룩한 이후 송이 고려에 요를 협공하자고 제의한 것과 발해 유민이 세운 정안국(定安國)이 고려와 왕래하는 것을 주시하다가 986년 정안국을 멸망시키고 압록강 유역에 성책을 구축하여 고려 침입을 준비했다. 이후 993년(성종 12) 10월, 요의 소손녕(蕭遜寧)은 고려가 고구려의 옛 땅을 점령하고 있으며 요와 수교하지 않는다는 구실로 침입해 왔다. 1010년(현종 1) 11월에는 강조(康兆)가 목종(穆宗)을 시해했다는 것을 구실로 성종이 직접 침략해왔고, 1018년 12월에는 소배압(蕭排押)이 침입하는 등 모두 3차례에 걸쳐 공격해왔다. 그러나 그때마다 서희(徐熙), 양규(楊規), 강감찬(姜邯贊) 등이 뛰어난 전술로 격퇴했다.

비록 이 전쟁들로 인해 양국의 인적, 물적 손실은 적지 않았으나 결국 양국 간의 화해가 이루어졌고, 고려는 송과 국교를 끊고 요의 연호를 쓰는 대신 1차 침입 때 획득한 강동 6주를 그대로 차지하게 되었다. 이때 서희가 활약했다. 이후 고려는 북방에 대한 경계를 강화할 필요를 느껴 강감찬의 건의에 따라 개경에 나성(羅城)을 축조하는 한편, 압록강 하구에서 도련포(都連浦)에 이르는 지역에 천리장성을 축조했다.

이런 적대적인 정사(正史)의 내용과는 달리 필자의 사견(私見)을 말해 본다면 실제로 함경, 강원, 경상도 동해안변의 지역들은 동해 연안의 바다를 통한 거란족과의 교류가 상당했던 것으로 보인다. 신석기 시대의 토기들의 모양이 북방계라는 것은 차치하고라도 춘천 국립박물관에 보관되어 있는 국보 124호인 한송사지 발굴의 석조보살좌상이 북방식 원통형 모자를 착용하고 있다. 이런 불상의 모양은 강릉시 내곡동 신복사(神福寺) 불상이나 월정사(月精寺) 9층 석탑 앞의 불상에서도 나타난다. 이 보살상은 다리를 편안히 놓는 서상(舒相)의 자세로 앉았다. 오른쪽 다리를 안으로 하고 왼쪽 다리를 밖에 두는 좌서상(左舒相)을 취하고 있어서 우서상(右舒相)을 취한 강릉 시립박물관의 한송사지 석조보살좌상과 반대되는 자세이다. 또한 반타원형의 대좌 위에 앉아 있는데, 이것은 원 대좌에 끼워 넣기 위한 대좌 촉으로 생각된다. 신복사지 석불좌상처럼 원래의 연화대좌는 따로 만들어졌을 것으로 생각된다. 보살상의 명칭은 《동문선》에 기록된 바와 같이 문수보살일 수도 있으나 거기에 대해서는 도상적(圖像的)인 문제와 함께 앞으로 검토되어야 할 것이다. 고려 초(10세기)의 대표적 작품의 하나로서 주목될 뿐만 아니라 일반적 석조 불상의 재료인 화강암 대

춘천박물관 소장 국보 124호 한송사지 출토 석조보살좌상

강릉 오죽헌 박물관 소장 보물 81호 석조보살좌상

평창 월정사 국보 48-2호 석조보살좌상

강릉 신복사 보물 84호 석조보살좌상

신 백대리석을 사용하여 제작한 점도 주목된다.

강릉시 구정면의 굴산사(崛山寺)지 발굴 조사에서는 1113년을 지칭하는 '천경 3년(天慶三年)'이라는 글자를 새긴 기와가 발굴됐다. 천경(天慶)은 거란족이 세운 요나라 마지막 황제인 천조제(天祚帝) 야율연희가 1111년 이래 1120년까지 사용한 연호다. 이런 연호와 연대를 쓴 명문 기와는 양양 진전사(陳田寺)에서도 발견된 바 있어 두 사찰이 같은 1113년에 중수됐음을 알려주는 자료라는 점에서 관심을 끈다.

특히, 요나라 연호를 쓴 유물이 발견됨으로써 고려와 요나라 간 활발한 교류 관계도 다시금 드러났다. 이는 서희의 담판 이후 한때 요나라 연호를 쓴 흔적일 수 있고, 요나라가 멸망하는 과정에서 고려로 요나라 사람들이 대량 이주(移住)해 온 것을 시사할 수 있으며, 사찰 중수 과정에서 요나라 인물들이 시주(施主)에 동참했을 수도 있으니, 교류의 구체적 내용은 더 조사해 보아야 할 것이다.

여진족의 금나라

금나라의 성립

오늘날 만주 동부와 한반도 북부에 살던 여진족은 처음에 요의 지배하에 있었지만, 1115년 족장 아쿠타(아골타)에 의해 독립하면서 금나라를 건국했다. 여진족은 원래 쑹화강[松花江], 무단강[牧丹江], 헤이룽강[黑龍江] 유역과 동만주 해안 일대에 살던 종족으로, 숙신(肅愼), 읍루(挹婁), 물길(勿吉) 등으로 불리다가 수(隋)나라 이후 말갈(靺鞨)이라 불렸다. 당(唐)나라 초기에는 흑수(黑水), 속말(粟末) 등 7개 부족으로 나뉘어 고구려에 복속되었다가 고구려가 망하자 대체로 발해에 예속되었으며, 일부는 신라에 편입되기도 했다.

10세기 초 발해가 요에 망하자 말갈족의 중심 세력이던 흑수말갈이 요에 속하면서 여진이라 불렸다.

여진족은 크게 만주 지린성[吉林省] 동북 지방에 흩어져 사는 생여진과 그 남서쪽의 숙여진(熟女眞)으로 나뉜다. 전자는 대개 요의 지배권 밖에서 부락 생활을 했고, 후자는 요에 속했다. 여진은 문화적으로 선진 국가였던 고려를 부모의 나라로 섬기며 고려를 통하여 문화적인 욕구를 만족시켰다. 마필(馬匹)이나 모피(毛皮) 등을 고려에 가져오고 그 대신 식량, 포목, 농구, 무기 등을 가져갔다. 그들 중에는 원거주지에 살다가 고려에 투항(投降)하여 오는 자도 많았다. 고려는 이들에게 가옥과 토지를 주어 생활의 근거를 마련해 주었다.

그러나 북만주 완옌부의 추장 우야소[烏雅束]가 여진족 전체를 통일하면서 정세는 변했다. 1104년(숙종 9) 완옌부의 여진은 고려에 복속하고 있는 여진 부락을 공격하여 함흥(咸興)을 아우르고, 도망가는 자를 쫓아 정주관(定州關, 定平)에 이르렀다. 고려는 임간(林幹)과 윤관(尹瓘)을 차례로 보내 이들을 치게 했지만 모두 패했다. 여진은 기병인 데 비해, 고려는 주로 보병이었고 조직도 약했기 때문이었다. 이에 고려는 기병을 주축으로 별무반(別武班)을 편성하고 여진과의 싸움에 대비했다.

1107년(예종 2) 마침내 여진 정벌을 단행하여 윤관은 17만 대군을 이끌고 정주관을 지나 함흥 평야를 점령했고, 그 지역에 함주(咸州), 영주(英州), 웅주(雄州), 길주(吉州), 복주(福州), 공험진(公嶮鎭), 통태진(通泰鎭), 진양진(眞陽鎭), 숭녕진(崇寧鎭)의 9성을 쌓아 군사를 주둔시켰다. 그러나 여진의 반격과 반환 요청, 윤관에 대한 비판 등 복합적인 사정으로 고려는 1109년 결국 9성을 여진에게 돌려주었다.

금 태조(金太祖, 1068~1123)는 금나라의 초대 황제로 여진식 휘는 완옌 아쿠타(完顔 阿骨打)이고, 한식 휘는 왕민(王旻)이다. 아쿠타는 완옌부의 추장 핵리발의 둘째 아들이었다. 사서에 의하면 핵리발의 아버지는 고려 평주에 살다가 여진으로 이주한 고려인 금준(今俊)이라고 한다. 그의 어머니는 나라

(拏懶)부 수장의 딸이었다. 이들은 함경도 근처에서 아시허로 이주했고, 아쿠타는 1068년 헤이룽장성 하얼빈시의 아시허(阿什河) 근처에서 태어났다고 알려져 있다. 아쿠타는 여진족 내에서 용맹함으로 잘 알려져 있었고, 적국인 요에 대항하는 수많은 전투에 참전했다. 1109년, 광범위한 기근이 한창일 때, 아쿠타는 자신의 군대를 강화하여 다른 여진족의 침략으로부터 그의 아버지를 보호했다. 이후 다른 여진족과 전쟁을 벌였고, 완옌부의 지휘 아래 모든 생여진 부족들을 통합하는 데 성공했다. 1113년 아쿠타는 형 오아속(우야소)의 뒤를 이어 부족의 지도자로 즉위했다.

1114년 초, 아쿠타(아골타)는 요 영토에 첩자를 파견하고, 부패한 요 정권에 대한 반란을 준비했다. 1115년 아쿠타는 황위에 오르며 "요나라는 빈철(賓鐵)을 국호로 삼아 그 견고함을 취했지만, 결국에는 녹이 슬고 부러지니 오직 금만이 변하지 않고 무너지지 않는다. 금의 색깔은 백(白)인데, 완옌부의 색깔 또한 백이다."라고 했다. 이로부터 국호를 대금(大金)이라 정했다.

언어는 기록이 남아 있지 않지만 거란어 영향을 받은 현재 만주어와는 다르며 언어적으로 고구려의 영향을 받았다고 한다. 황제가 된 아쿠타는 여세를 몰아 요동 지역의 황룡부(黃龍府)를 멸망시켰다. 1120년 요나라의 수도인 상경 임황부(上京臨潢府), 1121년 말에는 중경 대정부(中京大定府)를 함락했다. 강남에서 일어난 '방랍의 난'으로 인해 그 해에 겨우 북송은 북방에 출병하여 요나라의 천조제가 있는 연경을 공격했다. 송나라 군대는 요군에 연패를 당하고 성과를 올릴 수 없게 되자 송군의 지휘관 동관은 금에 원군을 요청했고, 송나라는 금나라에 조공을 바치는 해상의 맹을 약속했다.

당시 요나라 황제인 천조제(天祚帝) 야율연희(耶律延禧)는 자칭 70만의 대군을 편성하여 금나라를 공격했으나 도리어 대패를 당했다. 아쿠타는 요나라를 물리치고 요동으로 진출했다. 이를 지켜보던 송 휘종은 종래 요나라에 주고 있던 세공을 금나라에 보내고, 양국이 요나라를 협공할 것을 제안했다. 금나라는 요나라를 공격하는데 송나라 군사들은 미적거리기만 했다. 금나라가 이에 항의하자 송은 공물을 대폭 인상하여 바치겠다는 약속을 하고 막상 요가 멸망하자 시치미를 뗐다. 이에 금나라는 출병하여 연경을 함락시키고 연운 16주를 차지했다. 또한 금은 출병의 대가로 은 20만 냥, 비단 30만 필, 전 100만 관, 군량 20만 석을 요구했고, 북송은 이것을 거부할 수 없어 금나라에 조공했다.

아쿠타는 1123년 9월 19일에 병에 걸려서 회령부로 가던 중에 객사했다. 후사는 금 태종이 계승했다. 이후 송이 약속을 지키지 않았다는 핑계로 금나라 군대는 남하하여 수도 카이펑을 공격하여 정강의 변을 일으켰다. 정강 1년인 1126년 11월, 수도 카이펑이 함락되고 휘종과 흠종은 포로로 끌려가고 북송은 망했다. 휘종의 아홉 번째 아들이자 흠종의 동생인 조구가 강남의 임안(현재의 항저우)으로 가서 남송을 세운 이야기는 이미 앞에서 했다.

금은 1117년, 요(遼)를 의식하여 고려에 형제 관계를 맺고 화친하자는 내용의 제의를 해왔으나 1125년(인종 3) 요를 멸망시킨 후 태도를 바꾸어 고려에 압력을 가하면서 군신 관계를 강요했다. 1126년, 고려가 금에 대한 군신 관계 수립을 받아들인 뒤 양국 간에 별다른 무력 충돌은 없었다. 금은 1127년 송의 서울 카이펑[開封]을 함락시키고 송을 화이허강[淮河] 이남으로 축출하여 만주 전역과 내몽골, 화북 지역에 걸친 대제국을 이룩했다.

금이 짧은 기간에 대제국으로 성장한 데는 병농일치의 군제(軍制)인 밍칸무케[猛安謀克] 제도의 역할이 컸다. 건국 직전인 1114년 아쿠타가 완비한 이 제도는 300호(戶)를 1무케[謀克]로 하여 100명의 군사를 내고, 10무케를 1밍칸[猛安]으로 하며 그 장(長)은 세습시키는 것이었다. 이에 의하여 군사와 행정 조직을 완비함으로써 정복 왕조로서의 체제를 다져놓았다.

금은 요나라와 마찬가지로 2중 통치 제도를 확립했다. 즉 영토의 남부를 지배하기 위해 중국식 관료제를 도입했고, 중앙아시아의 유목 민족을 지배하기 위해 민족 자치구를 두었다. 수도는 후이닝이었다가 후에 다싱현[大興縣, 현재 베이징성(北京城) 서쪽]으로 옮겼다. 금의 주요 영토가 중국 안에 있기는 했지만, 여진족은 자신의 민족 정신을 보존하기 위해 노력했다. 그래서 비록 왕조의 이름은 중국식인 '금(金)'이지만, 그들은 끝까지 자신의 문자와 언어를 사용했으며, 군대를 동원해서 중국식 옷과 관습을 금지했다.

금나라 사회에서는 지배층이 여진족이며 피지배층은 정복된 한족이었다. 물론 항복하여 여진족에 충성을 맹세한 한족들은 등용될 수 있었다. 여진족에 충성을 맹세하고 등용된 한족들은 남송에서는 한간(漢奸)이라고 불렸다. 당시 호구 조사가 제대로 되지 않았고 기록도 없기 때문에 인구는 추측에 불과하나 여진족과 한족의 수는 차이가 별로 없었다. 현재 중국 인구에서 한족이 다수이기 때문에 금나라도 여진족이 소수, 한족이 다수로 잘못 아는 경우가 있는데, 호구 조사에 대한 자세한 기록이 없고, 금나라가 언급한 여진족 군대의 숫자를 보면 한족과 인구 면에서 차이가 없다는 것을 알 수 있다. 중국 역사에서 한족(漢族)을 내세울 수 있었던 것은 소수 귀족 계층뿐이었고, 대다수 인구를 구성하던 백성들은 족속으로 분류되지 않았고, 성씨조차 없었다. 남송 시기, 국가 경제를 지탱하는 것은 인구 대다수를 차지하던 소농 계층의 수전(水田) 농업이었다. 북송을 정복한 이후 많은 여진인이 화북에 살기 시작했으며 금나라는 각 성에는 여진족들을 보내 한족들을 통솔 및 감시하며 지배하도록 했다. 이 과정에서 여진족들에게는 지주의 권한이 부여되어 땅이 배분되었으며, 그 토지 위에 살던 한족 소농들은 여진족 지주들의 재산이 되었다. 이들 소농들에게는 각각 군직의 의무가 부여되었다. 또한 여진족들은 자국민끼리만 결혼하게 했는데, 이 규제는 1191년에 철폐되었다.

1135년에 금 태종이 사망한 이후, 황위에 오른 자들은 모두 금 태조의 손자들이었다. 정복되어 피지배층으로 전락한 한족들은 여진족에게 차별을 받았고, 특히 송나라에 협력한 한족들은 살해되었다. 이후 금나라는 남송과 지속적으로 전쟁을 벌였고, 남송 전역이 금나라군에 의해 유린되었다. 이에 따라 남송 조정에서는 주화파가 득세했고, 1141년에 남송의 진회가 금나라와 굴욕적인 평화 협상을 맺으며 일시적으로나마 평화가 찾아왔다. 이 협상에서 굴복한 송나라는 화이허 이북의 영토를 모두 금나라에 내주어야 했으며, 조건 중 하나로 당대 남송의 충신이었던 악비를 죽여야만 했다.(악비와 진회의 이야기는 따로 장을 마련하겠다.) 거다가 금나라에 세공(歲貢)으로 매년 은(銀) 25만 냥과 비단 25만 필을 조공하고 수만 명의 남송 여성들을 공녀로 보내기로 합의했다.

금나라 희종은 말년에 점차 술에 빠져 정사를 돌보지 않았고, 그를 비판하는 관리들을 모두 참살하며 폭정을 펼쳤다. 그는 심지어 최측근인 완옌부의 인물들도 그에게 반대했다는 이유로 죽여버렸다. 이는 여진의 지도계급 내에서 엄청난 반발을 불러왔다. 결국 1149년, 희종은 암살되었고 그의 뒤를 이어 완옌량이 제4대 해릉왕으로 즉위했다. 해릉왕은 황위를 찬탈한 직후, 송나라를 함락시키기로 했다.

1153년에 해릉왕은 금나라 수도를 상경 회령부에서 중도 대흥부(지금의 베이징)로 옮겼고, 4년이 지난 1157년에는 중도 대흥부의 중요성을 높이기 위해 상경에 남아 있던 여진족들의 집까지 모두 중도 대흥부로 강제로 옮기도록 명했다. 해릉왕은 1127년에 금나라에 의해 함락된 이래 폐허로 남아 있던 옛 송나라의 수도 개봉(開封)을 재건하여 금나라의 남쪽 거점 도시로 삼았다. 해릉왕은 여진족 군대에 명하여 1161년에 남송을 원정하게 했는데, 이때 많은 남송의 한족들이 죽거나 끌려갔다.

황제의 눈이 딴 데로 쏠린 틈을 타 상경에서 반란이 일어났다. 해릉왕은 종실 내 반대 세력을 제거하고 남송을 멸망시켜 한족들을 모두 정복하려는 야심이 있었고, 이를 위하여 강제 징병을 실시했다. 강제 징병에 시달리던 거란족이 반란을 일으킨 틈을 타 금나라 황실 내 반대 세력이 해릉왕을 쫓아내고 랴오양에서 해릉왕의 사촌 완옌옹을 세종 황제로 옹립했다. 이후 얼마 되지 않아 해릉왕은 반란을 진압하기 위해 남송에서 철수할 수밖에 없었다. 그러나 그는 휘하 장군들에게 1161년 12월에 살해당하고 말았다.

금나라 세종은 해릉왕을 몰아내고 황제가 되었고, 1164년이 되어서야 겨우 거란족의 반란을 진압할 수 있었다. 세종은 거란족들을 다시 금나라 군대로 편입시켜 군을 강화하고자 했다. 그러나 이미 금나라의 국력은 반란 때문에 심각할 정도로 약화되어 있어 결국 세종은 국력 강화 정책을 펴기 위해 일단 남쪽의 송나라와 화의를 맺어 안정을 도모하고자 했다.

금나라는 1164년에 송나라와 융흥화의를 맺었다. 송나라는 융흥화의를 맺지 않으려 했으나 금나라의 위협에 굴복했다. 1180년대 세종은 탈세를 방지하고 여진족들의 기틀을 잡기 위하여 200여 호에 달하는 맹안(猛安)을 다시 만들었으며, 농경지 개발을 크게 장려했다. 세종의 선정 덕분에 금나라는 빠르게 번영했으며, 쌀 생산량도 크게 늘어났다. 세종은 여진족의 풍습을 진흥시키기 위해 여진어 사용을 모든 백성에게 장려했고, 여러 문학 작품들을 여진어로 편찬했으며, 황실 주도의 여진 학교를 만드는 등 큰 노력을 쏟았다. 또한 과거제를 여진어로 보게 하여 여진어 사용이 크게 확대되었다. 하지만 그만큼 한족들의 차별은 더 심해졌다. 세종은 1161년부터 1189년까지 통치했으며, 그의 치세는 금나라 역사상 최고의 전성기로 평가받는다. 백성들도 그를 존경했으며, 세종을 종종 전설적인 임금 요순과 비교하곤 했다.

금나라의 몰락

세종 사후, 장종이 황위에 올랐다. 세종의 손자인 장종은 여진족들의 문화를 중시했다. 1207년, 남송 정권은 금나라를 토벌하려 들었으나 금나라 군대는 효과적으로 이들을 몰아냈다. 이후 금나라는 이를 빌미 삼아 송에게 더 많은 공물과 공녀를 조공할 것을 요구했고 남송은 이에 굴복했다. 당시 장종이 추진한 협약에 따르면 남송이 금에게 주어야 할 물건은 은 20만 냥, 비단 20만 필로 바뀌었으며, 명칭도 '세공(歲貢)'에서 '세폐(歲幣)'라는 단어로 바뀌었다. 또한 금나라는 송나라 재상이자 주전론자였던 한탁주를 처형하도록 요구했고, 송나라 조정은 이를 들어줄 수밖에 없었다.

13세기 초, 금나라는 점차 북쪽 몽골의 위협을 받기 시작했다. 1205년, 몽골의 칭기즈 칸은 서하를 침공했고 서하 바로 옆에 있던 금나라도 점차 위기감을 느끼기 시작했다. 1211년에는 5만 명에 달하는 몽골 기병들이 금나라로 침략하여 전쟁이 일어났다. 당시 금나라는 15만 명에 달하는 기병들로 이들에게 맞섰으나 패퇴했다. 결국 위소왕 때 몽골군의 침입으로 금나라의 국력은 약화되었다.

이후 1213년, 몽골족들은 금나라의 수도 중도 대흥부를 공격했고, 1214년 여름에 금나라는 몽골과 조약을 맺으며 전쟁 피해를 줄이려고 했다. 이후 금의 황제 선종은 중도 대흥부를 버리고 개봉으로 천도하여 몽골의 위협을 어떻게든 피해보고자 했다.

1216년, 금나라 조정의 신하들이 선종에게 송나라를 정벌하여 몽골에 받은 분을 풀자고 제안했다. 선종은 이 제안을 받아들여 송나라를 공격했으나, 양쯔강에서 송나라군에 패하면서 위신이 추락했다. 이후 황위에 오른 애종은 국난을 타개하고자 송나라와의 전쟁을 끝내고 수도로 돌아와 나라를 안정시키고자 했다. 그는 서하의 탕구트족과도 평화 협정을 맺었다. 1227년에는 칭기즈 칸이 죽었고, 그의 후계자인 오고타이 칸은 1232년 금나라를 다시 침공했다. 1233년에 애종은 개봉을 탈출해 허난 지역을 전전하다가 1234년에 채주에서 몽골군에게 포위당하자 자살했다. 뒤이은 말제도 몽골군에게 살해되어 금나라는 멸망했다.

금나라는 영토는 넓었지만 경제 가치가 있는 곳은 화베이[華北]뿐이었다. 그러나 화베이 지역도 물산이 풍부하지는 않았기 때문에 주요 물자는 남송에서 수입할 수밖에 없었다. 이로 인해 남송과의 분쟁이 지속되면서 백성이 물자 부족으로 고통을 겪었다. 금나라는 주로 조세로 국고를 충당했는데, 여진족이 화베이로 이주하면서 조세 수입이 크게 줄어 재정난에 직면했다. 그러자 세종은 재정을 확보하려고 물력전(物力錢)을 실시했다. 물력전은 한족을 대상으로 재산에 따라 세금을 부과하는 제도였는데, 한족은 이 제도로 정부에 반감을 품게 되었다.

한편, 해릉왕 때 동전 부족 현상을 해결하고자 교초(交鈔)를 발행했다. 그러나 교초는 장종 이후 재정 궁핍으로 남발해서 가치가 폭락했고, 정부는 신임을 잃어갔다. 재정 위기 때문에 돈을 받고 관직과 도첩 등을 파는 일이 잦았다. 이러한 관직 매매와 부패 행위는 국가 체제의 붕괴를 더욱 앞당기는 요인으로 작용했다. 한편 시간이 지나면서 여진족은 이미 한족처럼 농경 생활을 하고 있었고 정주 목축을 하게 되어 민족 정체성도 희미해져 가고 있었다.

악비와 진회

악비(岳飛, 1103~1141)

악비는 1103년 지금의 하남성 탕음현(湯陰縣) 정강촌(程崗村)의 가난한 농노의 집안에서 태어났다. 자는 붕거(鵬擧), 이름은 비(飛)였다. 그가 태어나던 날 고니같이 생긴 새가 그의 집 지붕 위에서 울다가 날아갔다 하여 이렇게 이름을 붙였다고 한다.

악비는 어린 시절부터 독서를 좋아하여 책의 종류를 가리지 않았다. 그는 《좌씨춘추(左氏春秋)》와 《손자병법》을 통해 유학과 병법을 익혔다. 특히 병법에 관심이 많았던 그는 진광(陳廣)에게서 창술과 검술을 배웠고, 성인이 된 후에는 주동(周同)에게 궁술을 배웠다. 악비는 1122년 조정에서 군사를 모집할 때 응시하여 진정부로(眞定府路) 선무사(宣撫司)의 소대장이 되었다. 그러나 그는 1122년 부친 악화가 세상을 뜨자 군대를 떠났다가 2년 후에 다시 입대했다. 재입대할 때 어머니 요부인이 "충성을 다해 나라의 은혜에 보답하는 것을 잊어서는 안 된다"라는 의미로 '진충보국(盡忠報國)'이라는 네 글자를 그의 등에 새겨 주었다고 한다.

악비가 살던 당시 송나라는 국운이 매우 기울어 있는 데다 제8대 황제 휘종의 무능으로 인해 국내적으로 매우 혼란한 시기였다. 한편, 송이 쇠퇴 일로를 걷고 있는 것과는 반대로, 동북방에서는 여진족이 1115년 금을 건립하여 점차 세력을 확장하는 중이었다. 송은 금과 협력하여 과거에 잃었던 땅을 회복하기 위해 요(遼)를 공격했고, 마침내 1125년 요를 멸망시켰다. 그러나 송나라는 이 과정에서 금과의 협력 조건을 이행하지 않아 곧 금의 위협을 받게 되었다. 금이 군대를 이끌고 남하하자 휘종은 흠종에게 양위하고 태상황이 되어 남쪽으로 피신했다. 곧 금의 군대가 송의 수도 개봉을 포위했다. 흠종은 이강(李綱)을 등용하여 방어했지만, 결국 금을 물리치지 못하고 배상금과 영토 할양의 조건으로 강화 조약을 체결했다. 송은 또다시 강화 조건을 이행하지 않았고, 금은 이를 빌미로 공격을 시작하여 1126년 개봉을 함락했다. 개봉을 함락한 금은 송의 대신 장방창(張邦昌)에게 점령한 지역을 다스리게 하고 흠종을 포로로 잡아 북으로 철군했다. 이것이'정강의 변'이다. 하지만 이로써 송나라가 완전히 멸망한 것은 아니었다. 1127년 휘종의 아홉째 아들 조구(趙構)가 강남으로 피신하여 임안(臨安)에서 송나라를 재건하고 고종으로 즉위했다. 이를 기점으로 1126년 이전 시기를 북송, 1127년 이후 시기를 남송 시대라고 한다.

악비는 이 시기 금나라와의 전투에서 승리하여 전공을 세웠고, 정강의 변 이후 우한(武漢)과 양양(襄陽)을 거점으로 하는 호북성 일대의 대군벌이 되었다. 1127년 고종을 따라 남하한 악비는 고종에게 남하를 멈추고 친히 6군을 이끌어 금나라를 몰아내고 중원을 회복하자는 내용의 상소를 올렸다. 이 일로 그는 고종의 분노를 사 군에서 파면되었다. 하지만 고종이 주전파(主戰派) 관료를 등용하고 군대를 재정비하는 등 금나라에 대항하는 일련의 조치를 취하자 금나라는 남침을 감행했고, 악비는 그해에 다시 복직되었다. 금나라는 여러 차례 남침을 시도했지만, 관군과 연계한 각지의 의병들 때문에 번번이 공격에 실패했다. 이에 금나라는 1130년 괴뢰 정부인 제(齊)를 세워 송의 대신이던 유예(劉豫)를 황제로 옹립하고 남송을 공격했다. 악비는 1130년 건강부(建康府) 탈환을 시작으로 1134년에는 6개의 주를 수복하는 전과를 올렸다. 또한 1130년 도주(道州)와 하주(賀州) 등지에서 할거하던 도적 무리를 토벌하여 불안을 해소시켰다. 악비는 그 전공을 인정받아 고종으로부터 '정충악비(精忠岳飛)'라는 깃발을 하사받았다. 이후 '정충'은 악비를 상징하는 단어가 되었다.

악비는 도적 무리들을 무조건 토벌하지 않고 군인으로 받아들이기도 했다. 그는 군율을 엄격히 하는 한편 군사들을 식구처럼 보살피는 행동으로 군기를 잡았다. 악비가 이끄는 군대는 반드시 승리하며 백성들에게 민폐를 끼치지 않아 악비가 지나는 마을의 백성들은 앞다투어 술과 고기를 바쳤다.

악비군은 악비가 이끄는 군대라는 의미로 '악가군(岳家軍)'이라고 불렀다. 악가군이 얼마나 강했는지 금나라 병사들은 "태산을 흔드는 건 쉽지만 악비의 군사를 흔드는 건 어렵다."라고 할 정도였다고 한다. 악비는 한세충, 장준, 유광세 등의 군벌들과 합세하여 금나라 군을 회하 이북과 진령산맥에서 저지시키는 데에 성공했으며, 구릉 지대가 많은 강남 지방 지형의 이점을 살려 금나라의 철기군을 효과적으로 격퇴했다. 남송의 완강한 저항과 남송의 주화파 관료들의 설득으로 결국 금나라는 제가 다스렸던 영토를 돌려주는 대신 세금을 받는 선에서 타협했다. 남송은 금나라와의 관계는 일시적으로 회복했으나 내부적으로 도적들이 활개를 치고 다니는 등 사회가 매우 혼란스러웠다.

금나라와의 화친 관계는 그리 오래가지 않았다. 1140년 금나라의 정권을 잡은 올출(兀朮)이 남침을 강행했다. 악비는 부장 왕귀(王貴), 우고(牛皐), 양재흥(楊再興)을 보내 적군의 남진을 막고, 의병대장 양흥(梁興)을 보내 적군의 후방을 공격했다. 악비 자신은 언성에서 전투를 지휘했다. 악비의 세 부장은 전투를 승리로 이끌었고, 악비의 군대는 주선진(朱仙鎭)에 주둔한 채 금나라를 공격할 준비를 했다. 이후 악비는 강하게 북벌론을 주장했다. 하지만 금나라와 싸워 잃어버린 영토를 수복하자는 주장으로 인해 주화론(主和論)을 밀던 재상 진회와 매우 심한 갈등을 빚게 되었다. 진회는 매번 승전을 거듭하는 악비를 극도로 경계했으며, 악비를 비롯한 주전파 군벌들은 주화파 관료들과 지속적으로 충돌했다.

기록에 따르면, 악비는 4번에 걸쳐서 북벌을 했는데, 4번째 북벌에서는 악가군을 이끌고 금나라 군대를 여러 번 쳐부수고 낙양과 정주 등을 회복했으며, 북송의 수도였던 개봉에서 불과 40여 리 떨어진 주선진까지 점령했다. 이때 금나라 대장 올출은 여러 번 패전하자 개봉을 버리고 퇴각하려고 했으나 한 문관의 만류로 개봉을 끝까지 수비했다. 그 문관은 올출의 말고삐를 잡으며 "예로부터 간신이 조정에서 전횡하면 외지에서 아무리 능력 있는 장군도 공을 세우지 못했습니다. 그래서 곧 송나라 내부에 변란이 일어날 것입니다."라고 했고, 올출은 문관의 말을 들었다.

악비의 주전론으로 인해 금과 화친해야 한다는 주화파 재상 진회와의 마찰은 심화되었다. 진회는 1141년 군제 개편을 명목으로 기습적으로 당시 군벌들의 지휘권을 모두 박탈하고 모든 병사들을 중앙군 휘하로 전속시켰다. 그리고 악비에게 회군 명령을 내려 악비는 어쩔 수 없이 1141년 남송의 수도인 임안부로 귀환했다.

남침을 강행한 올출은 악비 등의 선전으로 성과를 얻지 못하자 남송에 화의를 제안했다. 악비 같은 주전파 군벌들의 연이은 공으로 입지가 좁아진 주화파는 재상 진회(秦檜)를 중심으로 올출의 화의 제안을 받아들이기로 했다. 진회는 임안부로 돌아온 악비를 추밀부사에 임명하여 병권을 회수한 후, 감찰어사 만사설(萬俟卨)에게 그를 모함하는 상소를 올리게 해 악비가 사직하도록 했다. 다음으로 진회는 악비의 부장인 왕귀와 왕준(王俊)을 사주하여 악비의 다른 부장 장헌(張憲)이 악비의 아들 악운(岳雲)과 함께 병변을 일으켰다고 참소하도록 했다. 이리하여 장헌과 악운은 물론 악비까지 투옥되었다. 심문을 받으면서 악비는 자신의 등에 새겨진 '진충보국' 문신을 내보이며 결백을 주장했고, 심문관도 악비의 죄를 입증할 증거를 찾지 못했다. 이때 악비의 전우이자 남송의 명장 한세충(韓世忠)이 "악비의 죄상이 무엇입니까?"라고 따지자 진회는 "아마 있을지도 모르오.(막수유, 莫須有)"라는 궁색한 대답을 했다. 이에 기가 막힌 한세충은 "고작 그 세 글자로 천하가 납득하겠소이까?"라며 한탄했다 한다. 결국 악비는 사형에 처해져

1142년 겨울 서른아홉 살의 젊은 나이에 생을 마쳤다. 죽기 전 유언으로 "나의 결백한 마음은 하늘의 태양처럼 밝을 것이다."라고 했다고 한다. 그가 어떻게 죽었는지는 명확히 알려진 바 없지만, 일설에는 살가죽을 벗겨 죽였다고도 하나 일반적으로는 사약을 받아 사사(賜死)당했을 것으로 본다.

악비가 이처럼 쉽게 처형된 것은 정치적인 이유가 컸다. 당시 남송은 악비 중심의 주전파와 진회 중심의 주화파가 대립했고, 고종은 현실적으로 북벌이 성공하지 못할 것이라고 생각했다. 또한 고종은 주전파의 주장인'중원 회복과, 휘종과 흠종의 복귀'를 쉽게 받아들일 입장이 아니었다. 북벌이 완성되면 고종은 휘종이나 흠종에게 황위를 내놓아야 할 상황에 처할 수 있기 때문이었다. 때문에 주화파를 지지할 수밖에 없던 고종에게도 악비의 숙청은 필요했던 것이다.

악비 동상과 진회 부부상

현재 중국 역사학계에는 '악비(岳飛)의 딜레마'라는 용어가 있다. 악비는 이민족과 맞서 싸운 한족(漢族)의 영웅으로 중국에서 오랫동안 높은 존경을 받았다. 그러나 최근 중국 정부가 중국 내 소수 민족을 포용하는 정책을 펴면서 악비에 대한 영웅화는 일종의 금기가 되고 있다. 한족과 소수 민족 사이의 갈등을 부채질할 우려가 있다는 점에서다. 과거 남송 지역에 해당하는 강남 지방에서는 지금도 악비는 구국의 영웅으로 널리 추앙되고 있다. 항저우에는 악왕묘(岳王廟)라는 사당도 있고 그 안에는 주전론자 악비의 상이 있다. 악비의 상 앞에는 매국노 진회는 물론 그 부인 왕씨, 묵기설, 장준이 함께 무릎 꿇고 있는 동상이 놓여 있다.

오늘날에도 진회(秦檜) 부부를 향한 민중의 분노는 여전히 식지 않았다. 악왕묘에 세워진 진회 부부의 동상 앞에는 침이나 쓰레기 투척은 물론, 오물 투척도 자주 일어난다고 한다.

하지만 악왕묘 역시 문화 대혁명의 마수는 피해 가지 못해서, 홍위병들이 악비의 묘를 파헤치고 유골을 불로 태워 재로 만들어버리는 만행을 저지르기도 했다. 중국 중앙 정부 입장에서 보면 악비가 맞서 싸운 적들은 오늘날 중화 민족의 일부이다. 한족(漢族)이 절대 다수를 차지하기는 하지만 56개 소수 민족을 감싸 안고 중화 인민 공화국의 단결을 도모해야 하는 입장에서 악비는 '편가르기'의 소재로 사용될 뿐이다. 그러잖아도 신강 위구르족의 소수 민족이 분리 독립을 주장할까 봐 철저히 단속하고 있는 입장에서 그런 편 가르기는 분리주의자로 보일 뿐이다. 악비를 존경하는 사람들이나 악비가 물리친 사람들이나 모두 중국인이기 때문이다. 겨우 황제(黃帝)를 중심에 세우고 중화족의 단합을 외치는 현실에서 여간 난감한 상태가 아닌 것이다.

악비는 남송 시대의 무인으로 여진족이 세운 금나라에 대항해 싸운, 중국인이 사랑하는 민족 영웅이다. 그는 남송 최후의 재상 문천상(文天祥), 촉한의 제갈량과 함께 충절의 상징으로 여겨진다. 그러나 그에 대한 역사적 평가는 그의 인생만큼 곡절을 겪었다.

악비는 1162년 송 고종이 승하한 후 효종이 즉위하면서 복권되었다. 백성들은 그를 구국의 영웅으로 받들었고, 남송 조정은 그에게 무목(武穆), 충무(忠武)의 시호를 내리고, 항저우에 악왕묘라는 사당을 지어 그의 충절을 추모했다. 하지만 1271년 몽골족의 원나라가 건국되면서부터 그에 대한 관심은 줄어들었다. 이후 한족이 중원을 회복한 명나라 시대에 이르러서야 그에 대한 재평가가 이루어졌고, 악비는 다시 충신으로 존경받았다. 1616년, 만주족의 청나라가 들어선 이후 악비는 여진족과 싸운 인물이었기 때문에 다시 평가가 애매해졌다.

현재 중화 인민 공화국은 한족이 다스렸던 기간뿐만 아니라 비한족의 통치 기간도 중국 역사에 포함한다는 개념에서 2002년 "악비는 외국 침략에 대항한 인물이 아니기 때문에 민족 영웅이라 할 수 없다."라고 공식 발표했다. 중국에서 외부 민족의 역사를 끌어안아 중국의 일부로 만들어 버리는 역사 공정 작업이 활발해짐에 따라 송을 정복한 금나라 역시 중국 역사의 일부로 인정되면서 지금까지의 평가와는 반대로 대항자 악비가 절하되고, 진회는 국가를 대환란에서 구한 인물로 평가받고 있다.

그러나 일반 시민들의 평가는 예전과 크게 차이가 없으며, 악왕묘 역시 그대로 유지되는 중이다. 이에 대해서는 아직까지도 의견이 분분하다.

진회(秦檜, 1091~1155)

남송의 재상으로 자는 회지(會之)이며 현재의 난징인 강녕(江寧) 출신이다. 금나라와의 외교 정책에 있어 화평을 진행하고, 강화를 주창했지만, 그 과정에서 주전파인 악비와 한세충 같은 군벌을 탄압하고, 그 후로도 스스로의 권력 유지를 위해 공포 정치를 동반했기 때문에 후세에 매국노, 즉 한간(漢奸)으로 지탄받았다.

그는 1115년 과거에 합격하고 순조롭게 출세했다. 1127년 정강의 변이 발생하여 진회와 많은 신하가 포로 신분으로 같이 끌려가게 되었다. 정강의 변으로 화북 지역을 점령한 금나라는 화북 통치를 위해 꼭두각시 국가인 초나라를 세우려고 했지만, 진회는 이것을 맹렬히 반대했기 때문에 금나라 수뇌부에 의해 북으로 압송되었다. 이때 금나라의 중신이 달려와 밀약을 맺고, 남송의 주전론을 억누르고 화친을 결정했다고 소문을 흘린 후에 풀려났다. 1130년, 진회는 금나라를 탈출해 가까스로 남송 황제 고종에게 도착했다. 고종은 진회가 돌아온 것을 보고 크게 기뻐하며 당일로 예부상서에 임명하고, 다음 해에는 재상에 임명했다. 그 후 일시적으로 재상에서 파면되기도 하지만 곧바로 복귀했으며, 금나라와의 화평 교섭 추진을 위해 노력했다. 진회는 자신도 정강의 변에 끌려갔던 피해자라는 인식을 갖고 있었으며, 악비를 비롯한 강경파 주전론자를 극도로 경계했다. 당시는 금과의 교전에서 공을 세운 악비 등의 군벌 세력이 대두하고 있었고, 주화파의 진회를 비판했다.

1141년 진회는 군벌 간의 알력을 이용하여 군벌의 힘을 견제하고, 그 군대를 중앙군에 편입하여 주전파들을 숙청했다. 특히 당시 구국의 영웅이라고 일컬어졌던 악비를 반역죄로 몰아 처형했다. 그는 "분명하지는 않지만 그럴 만한 일이 있을 것이오(其事體莫須有)"라는 말로 처형의 이유를 한세충에게 설명했다. 이것이 후에 그의 평가를 낮추는 이유가 된다.

주전파를 억누른 진회는 다음 해 1142년에 드디어 금과의 화친을 추진했다. 그러나 이 화친은 양국의 역관계를 반영한 결과를 초래하게 된다. 화친 조약으로 황하강 이북의 땅을 금나라에게 양보했을 뿐만 아니라 매년 25만 냥의 은과 25만 필의 비단을 조공으로 바쳐야 했고, 남송의 황제가 금의 황제에게 '신하의 예'를 취해야 했다. 이 때문에 진회는 매국노, 즉 한간(漢奸)으로 지탄받았고, 그 후에도 진회에 대한 비난은 그치지 않았지만, 남송의 재상이었던 진회는 그러한 반대파에 대해서는 철저히 탄압하는 공포 정치를 펼쳤다. 진회는 1155년, 재상에 있은 지 20년 만에 66세로 사망했다. 사망하자 신왕(申王)으로 추증되었고 충헌(忠獻)이라는 시호를 받았다.

진회는 사후, 매국노라는 오명을 얻었다. 당시 상황에서 군사력이 약한 남송의 현실적인 처세였다는 판단에도 불구하고, 악비를 숙청하여 처형시킨 행위가 후세에 엄청난 비난의 대상이 되었기 때문이다. 남송이 망한 이후에도 악비는 영웅시되었지만, 진회는 매국노의 대명사가 되었다. 그래서인지 지금도 중국인들은 이름에 회(檜)를 쓰지 않는다.

진회는 19년간이나 재상 자리에 있었고, 죽은 뒤엔 성대한 장례식도 치렀다. 그를 노리던 사람들도 있었다. 한때 시전이라는 사람이 입궐하는 진회를 암살하려고 칼을 휘둘렀으나 빗맞았고, 진회는 놀란 말에서 떨어져 간신히 목숨을 건졌다. 그 후부터 진회는 경비병 50여 명과 같이 다녔다고 한다.

사실 진회는 적극적으로 매국을 한 것이 아니라 오히려 나름대로 백성들의 삶과 평화를 지키기 위해 악역을 맡아 나라에 충성한 신하였지만, 후대 중국인들이 가장 미워하는 사람 중 하나가 되었다. 사실 당대에도 진회의 평은 좋지 않았다. 진회는 재상이 되었을 때 안하무인이었고, 문자의 옥을 일으켜 자신의 반대파들을 무자비하게 탄압할 정도로 잔인해서 많은 사람이 싫어했다고 알려졌다. 특히 진회의 권력은 진회를 발탁한 황제인 고종조차 부담스러워할 정도로 커져서 진회 사후에는 효종에 의해 진씨 일족이 멸족당했다.

악비는 백성들의 존경을 받아, 죽어서는 최고의 시호를 받고 왕으로 추존되는 영광을 누렸지만, 진회는 지금까지도 동상에 오물을 뒤집어쓸 정도의 평가를 받고 있다. 진회는 아내 왕씨와의 사이에서 자손이 없어 조카 진희를 양자로 들여야 했다. 진희는 양아버지의 강력한 힘과 뇌물로 과거 시험에 장원 급제했다. 이 때문에 억울하게 차석으로 밀린 사람이 많은 명시를 남긴 시인 '육유'였다고 한다. 진회는 사후 '충헌(忠獻)'이라는 시호와 신왕(申王)의 작위를 받았으나, 영종(寧宗)은 권신 한탁주(韓侂胄)의 건의로 시호를 '유추(謬醜)'로 바꾸고 왕작도 박탈했다. 이후 한탁주가 몰락하면서 시호와 작위는 다시 복원되었으나 1254년에 시호를 유한(謬狠)으로 다시 바꿨다. 여기서 류(謬)는 '그르치다', '속이다', 추(醜)는 '추하다', 한(狠)은 '사납다', '원한을 품다'라는 뜻으로 바뀐 두 시호가 다 좋은 의미가 전혀 아니다.

진회는 한족 기준에서 보면 오랑캐인 금과 대항해 싸운 유능한 장수를 죽음으로 내몰았고, 이후에도 공포 정치를 펼쳐 반대파를 숙청해 큰 비판을 받았다. 그리고 오늘날 악비의 명성을 만든 게 아이러니하게도 진회 자신이라는 것 역시 부정할 수 없다. 아무리 악비가 무리한 북벌을 감행하려 했다 하더라도 옛 수도 개봉을 비롯한 북쪽 땅을 되찾아야 한다는 명분론 역시 남송에서 팽배했던 것은 사실이었다. 진회는 이들을 진심으로 설득하는 대신 그냥 힘으로 찍어누르기 바빴다. 오죽하면 진회를 두둔해 함께 욕을 먹는 송 고종조차도 진회의 '남인귀남, 북인귀북(남쪽 사람은 남쪽으로 돌아가고 북쪽 사람은 북쪽으로 돌아간다)'이라는 현상 유지 주장에 대해 "그렇다면 짐은 북인인데 어디에서 살아야 하는가?"라며 불쾌한 기색을 보였을 정도였다.

이런 야사도 있다. 악비 처형 전날 진회는 악비를 찾아가 이렇게 말했다고 한다.

"그대의 죽음으로 그대는 충신으로 기록될 것이고 나는 희대의 간신으로 기록될 것이요. 그러나 그것은 알고 있소? 살아 있는 동안의 승자는 나요."

이러다 보니 학계와 달리 일반 대중들의 평가는 지금도 그대로이다. 양계초는 진회를 후한의 십상시, 진의 조고, 당의 노기와 이임보, 북송의 채경, 남송의 한탁주, 명의 류진과 위충현과 동급으로 보았다.

옹호론적 입장에서 보면 당시 송은 경제력에 비해 군사력은 부실했는데, 이를 고려하지 않고 대책 없는 주전론을 내세워 금나라에 몰살당하느니 차라리 돈을 주고 화평을 유지하는 게 단기적으로는 합리적일 수도 있었다. 장기적인 군사력 강화를 생각한다는 전제 아래서 말이다. 게다가 진회 본인이 포로 출신이었으니 멸망 즉시 비참한 생활로 이어질 수 있는 주전론의 위험성을 누구보다도 뼈저리게 인식했을 수 있다. 그렇다고 진회가 본인 목숨에 연연한 사람도 아니었다. 금 태종이 북송 영토에 송의 재상인 장방창을 황제로 삼고 '초(楚)'라는 괴뢰국을 세우려고 하자 이를 목숨 걸고 반대하여 분노한 금 태종에게 죽을 뻔한 적도 있었다.

조선에서의 평가

진회는 중국에서도 비판받는 인물이니만큼 중화권 영향을 많이 받은 조선에서도 그에 대한 평가는 부정적이었다. 고려 성종 때 《동국통감》에서 신돈을 비판하는 구절에서 진회가 등장했다.

"그 충의(忠義)로운 속마음은 곧바로 빙상(氷霜), 일월(日月)과 더불어 광채를 다툴 만합니다. 아! 주운이 배척했던 자는 장우(張禹)였고, 호전(胡銓)이

논박했던 자는 진회(秦檜)였는데, 지금 신돈은 나라에 두 임금 행세를 하면서 살리고 죽이는 권한을 마음대로 부렸으니, 그 기세의 대단함이 어찌 장우·진회의 정도에만 그쳤겠습니까?"

《성종실록》에도 진회에 대한 평가는 부정적이었다.

"노기와 진회의 간계가 마침내 나라를 그르치는데 이르렀는데도, 당시의 인주가 이것을 알지 못했으니, 지금까지도 사람들로 하여금 마음 아프게 하고 이를 갈게 합니다."

이순신도 난중일기에서 '유몽인(어우야담의 저자)'을 진회에 빗대어 비판한 부분이 있다. 당시 유몽인은 암행어사로 활동하면서 이순신 관할인 전라도의 지방관들을 평가하고 수군의 징발 문제를 비판했는데, 이순신은 이를 매우 부정적으로 바라보았다. 그리고 난중일기에 이를 언급하면서 다음과 같이 표현했다.

"(전략) 유몽인은 나라의 위급함은 생각하지도 않고, 쓸데없이 눈앞의 임시방편의 일에만 힘쓰고 있다. 남쪽 지방의 종작없는 말만 듣고서 나라를 그르치는 교활하고 간사한 말이 악무목(악비)에 대한 진회의 짓거리와 다를 바가 없다."[갑오년(1594년) 일기 2월 16일 내용]

그 외 류성룡도 북인 세력의 탄핵을 받아 실각할 때, 진회와 같다는 오명을 쓴 적이 있다. 하지만 류성룡은 진회와 다르게 누구보다 나라와 백성을 위해 노력했던 충신이자 명재상이었다. 또한 최명길도 주화를 주장하다가 김상헌 등 척화파에 의해서 진회와 같다는 비난을 받은 적이 있다. 그러나 진회가 간신 짓을 하거나 포악한 정치를 펼치면서 악비를 모함한 것과 다르게 최명길은 누구보다 나라와 백성을 생각했으며 조선을 진심으로 위한 충신이었다. 또한 청렴하고 선정을 펼친 명재상이었다.

최명길은 진회와 다르게 척화파인 김상헌의 생각도 옳다고 했다. 그러나 어떤 면에서는 병자호란 시기 화친을 주도한 최명길이 그 후 역사에서 부당하게 매도되고, 대책 없이 항전을 주장했던 김상헌 등 척사파들의 후손이 충신의 계승자로 대접받은 모습과 어딘지 닮아 있다.

남송의 최후

정강의 변이 있었던 1926년을 기점으로 송나라는 남송과 북송(960~1126)으로 나누어진다. 북송은 국내의 무인 세력을 억제하기 위해 문치 정책을 썼는데, 이것 때문에 요나라와 서하의 침입에 대항하지 못해 조공이나 다름없는 은이나 비단을 매년 수차례 보내 침입을 방어했다. 그 때문에 송의 재정은 나날이 갈수록 피폐해지고, 그 타개책으로 왕안석의 개혁을 통해 수많은 개혁 정치를 실행했지만, 보수파 관료들의 반발에 부딪혔다. 그 때문에 투쟁이 격화되고, 피폐한 농민들에 의해 '방랍의 난' 같은 농민의 반란이 잇달았다. 송나라는 방랍의 반란군 10만을 제압하기 위해 15만의 병력을 동원해 300만의 백성을 학살했다.

1127년 고종(高宗)은 기후가 온화하고 경치가 좋은 강남 지방으로 천도하여 남송을 세웠다. 고종은 임안[臨安, 지금의 항저우(杭州)]에 도읍을 정하여 적대 관계였던 금을 방어하는 한편, 이 지역에서 황제의 권위를 회복하는 데 진력했다.

고종이 전쟁에 대비하자 금나라는 다시 대군을 이끌고 남침을 감행했다. 1127년부터 1130년까지 세 차례에 걸친 금나라의 남침을 피해 고종은 진강부, 상주, 평강부, 임안부, 경원부로 도망쳤다. 특히 1130년의 공격 때는 해상으로 탈출을 시도하여 멀리 온주까지 피신했다. 이처럼 남송의 군사력은 금나라에 상대가 안 될 정도로 약했지만, 금나라는 남송을 일거에 멸망시키지 못했다. 남송 각지에서 의병이 일어나 관군과 연계하면서 금나라에 거세게 저항했기 때문이다.

양국은 수차례 사신을 교환하고 절충한 끝에 화의를 맺었다. 강화 내용을 살펴보면, 첫째 남송은 금나라의 신하를 자칭하며 조공을 바친다, 둘째 금나라는 하남, 섬서 땅을 남송에게 되돌려 준다, 셋째 1135년에 죽은 휘종의 유해와 고종의 생모 위현비와 아내 형부인을 송환한다 등이었다. 이러한 내용이 알려지면서 남송 내부에서는 강화를 반대하는 목소리가 커졌다. 특히 첫 번째 내용은 큰 반발을 야기했다. 북방 이민족의 신하를 자처하는 것은 한족의 자존심이 허락하지 않았던 것이다. 하지만 진회는 이런 반대 의견들을 모두 진압했고, 1139년에 드디어 양국의 강화가 성립되었다.

그러나 1139년, 금나라 내부에 정변이 일어나면서 강화는 무효가 되었다. 올출(兀朮)이 당시 금나라의 실력자이자 강화파인 달라와 포노호를 반역자로 몰아 제거하고 정권을 장악한 후 강화파의 주장을 백지화시켰기 때문이다. 급기야 1140년에는 남송의 사신을 억류하고 군대를 나누어 하남, 섬서 지역을 공격했다. 이에 남송도 반격을 가했다.

1141년 송나라 군사를 지휘하던 악비는 진회의 농간에 의해 살해되었다. 악비를 제거하자 강화파 진회는 1142년 금나라와 강화 조약을 체결했다. 소흥 12년에 이루어진 이 조약을 '소흥의 화의'라고도 한다. 소흥의 화의에는 첫째 양국은 회수와 섬서 대산관(大散關)에 이르는 선을 국경으로 한다, 둘째 남송 황제는 금나라 황제에 대해 신하의 예를 취한다, 셋째 금나라가 남송의 강남 지배를 인정하는 대신 남송은 매년 25만 냥의 은과 25만 필의 비단을 세폐로 지불한다 등의 내용이 포함되었다. 이는 남송에게 매우 치욕적인 일로, 남송이 금나라의 부속국이 되었다는 것을 의미했다. 조약 체결 후 남송은 금나라와 큰 전쟁 없이 평화로운 시절을 보낼 수 있었으나 금나라의 지속적인 영향에서 벗어날 수 없었다.

역대의 모든 왕조와 마찬가지로 남송도 점차 쇠퇴하기 시작했다. 그러나 최후의 몰락은 갑작스럽거나 몇몇 전대의 왕조에서처럼 내분으로 인한 것은 결코 아니었다. 칭기즈 칸이 이끄는 몽골군이 1211년 금나라 정벌과 함께 화북 지방으로부터 중국을 공략하기 시작했다. 그 후 몽골족(元)이 화북 지방에 있던 송의 영토를 장악한 수십 년 간 송과 원은 서로 불안한 상태로 공존하게 되었다. 시간이 지나면서 관료주의적 지배 체제는 점차 부패했고, 여진족과 몽골족이 북방 변경의 주를 침입했다. 여진족은 화북 지방을 점령하여 금을 세웠으나 양쯔강 이남의 송 지배 지역은 점령하지 못했다.

그러나 13세기에 들어서면서 금나라도 남송도 모두 몽골의 막강한 군사력 앞에 무릎을 꿇고 무너져버린다. 1211년 칭기즈 칸이 금나라를 공격한 뒤, 1234년 금이 먼저 멸망했고, 남송은 쿠빌라이 칸의 공격으로 1279년 애산 전투를 끝으로 붕괴했다.

애산 전투

13세기에 몽골 기병이 폭풍처럼 유라시아를 석권할 때, 몽골군은 오직 남송에서 가장 격렬하고 지속적인 저항을 받았다. 1235년 원나라 군대가 처음 남송을 공격했을 때부터 1279년 광동 애산(崖山) 전투에서 승상 육수부가 어린 황제를 업고 바다에 뛰어들어 죽을 때까지 장장 40여 년 동안이나 전쟁을 벌였고, 심지어 몽골의 몽케 칸도 남송의 합주성에서 전사했다. 재상 문천상을 중심으로 한 남송의 사대부들이 최후의 궁지에서도 혈전을 벌이며 송 황실을 위해 목숨을 바친 행동은 송 왕조가 300년간 사대부들을 우대한 것에 대한 최선의 보답이었고, 송의 문관 정치에 유종의 미를 거두게 한 것이기도 했다.

애산 전투 또는 애산 해전(崖山海戰)은 1279년 3월 19일 중국 남부 광둥성의 애산에서 벌어진 원나라와 남송의 최후 결전이다. 원나라의 군대가 10배 넘는 병력인 남송의 해군을 격파한 이 전투로 남송은 완전히 멸망했다.

쿠빌라이 칸의 원나라는 3차에 걸친 수십 년의 남송 정벌을 진행했고 남송의 거센 저항에 이기기 위해 가는 곳마다 남송의 많은 인구를 학살했으며 곳곳의 성을 공략할 때마다 포위하여 남송인들을 굶겨 죽였다. 1276년에는 남송의 수도 임안을 함락시켰고, 남송 공종은 이에 항복했다. 이로써 남송은 사실상 멸망했다. 독이 오른 몽골군은 공종의 부인과 일족들을 기생으로 만들고 치욕을 주었다. 그러나 육수부, 문천상, 장세걸 및 진의중(陳宜中) 등 일부 남송의 유신들은 임안 함락과 동시에 공종의 서형 조하(趙昰,

1269~1278)를 황제(단종, 端宗)로 추대하고 원나라에 대한 저항 운동을 계속했다. 원나라 군대는 이들을 격파하는 한편, 천주의 실력자로 해상 교역으로 부를 축적한 포수경을 포섭하여 화남 지역을 지배하에 두게 되었다.

서서히 강남에서 광동으로 밀려난 옛 남송군은 병사한 단종의 후임으로 동생인 조병(趙昺)을 황제로 옹립하니 이가 남송 소제이다. 이후 선단으로 해상을 떠돌며 저항을 계속하여 현재의 홍콩 주변에 있던 애산(崖山)이라는 무인도에 요새와 행궁(行宮)을 구축하고 철저한 항전의 의지를 보였다. 애산에 임시로 세워진 남송 조정에는 각지에서 모집된 20만 명의 의병(義兵)이 집결해 조씨 황실과 최후를 같이할 것을 각오했고, 조송에 선양한 후주의 구 황족인 시씨 가문도 남송과 명운을 함께할 것을 결의하며 송 태조 조광윤 이래 300여 년간 이어져 온 의리를 지키기로 맹세했다.

한편 원나라군은 포수경으로부터 선박 및 숙련된 선원을 제공받게 되어, 약했던 해군력에서도 남송군과 대등한 전투 능력을 가지게 되었다. 원나라 측의 기록에 의하면 남송 함대는 1,000척의 대형 선박을 모두 한데 묶어서 화공 대책으로 선체 외장에 진흙을 칠하고 적이 가까이 오지 못하게 긴 목재를 엮어 외부에 부착함으로써 방어망을 설치했다. 이로써 기름을 이용해 화공을 가하려던 원나라군을 물리쳤다.

양측의 대치는 원나라 측에 이항이 부원수로 합류하면서 끝나게 되었다. 이항이 합류한 뒤 장홍범은 곧바로 군을 재정비했고, 3월 18일 저녁, 끝을 낼 작정으로 각 함대에 화포 사용을 금지시키는 한편 함대를 자신이 이끄는 본대와 그 외 3명의 지휘관들이 이끄는 세 부대로 나눠 사방으로 남송을 포위하게 했다. 다음 날 아침이 되자 장홍범은 함대를 돌격시켰다.

질병과 기아로 이미 진이 빠져 있던 송의 해군은 원 함대의 대공세에 제대로 대응할 수 없었고, 이들에게는 원 함대에서 쏘아올린 화살비가 쏟아졌다. 남송 병사들은 쏟아지는 화살에 맞아 죽거나 부상당하여 사실상 붕괴되었다. 배를 묶어놓은 상태로 후퇴조차 할 수 없는 상황에서 원의 병사들이 송의 함대로 뛰어들어 근접 전투가 벌어졌고, 그 결과 대규모의 학살이 자행되었으며, 수만여 명에 달하는 남송 병사들이 학살당하거나 물에 빠졌다. 절망한 남송군 수뇌부는 차례차례 자살을 택했다. 이에 장세걸은 대세가 기운 것을 깨닫고 정예병을 중군에 집중시켰으며 육수부와 송 소제를 데려오게 했다. 최후의 돌파를 계획한 것이었다. 그러나 육수부는 배 안에서 어린 황제에게 제왕학의 개론서인《대학》을 강론하고 있던 중, 패배를 직감하고 결국 어린 황제와 함께 바다에 투신했다. 황제의 모친 양태후는 구출되었지만, 그녀도 절망하여 바다에 뛰어들어 자결했다. 남송 함대를 이끌던 장세걸은 끝까지 살아남아 대월로 망명해 후일을 기약하려 했으나 태풍이 불어 닥쳐 최후의 함대와 함께 익사했다.

이 애산 전투는 인류 전쟁사 중에서 가장 비장하고 장렬한 최후 중 하나로 유명하며, 동로마 제국 최후의 전투인 제20차 콘스탄티노폴리스 공방전과 비교되기도 했다. 송사(宋史)에 의하면 전투가 끝난 지 일주일 뒤, 약 10만여 구의 시신이 해상으로 떠올랐다 한다. 한편, 육상에서 저항 운동을 벌이던 문천상은 이 전투 이전인 1278년에 원나라의 포로가 되어 대도(지금의 베이징)로 압송되었다. 원나라 왕조는 문천상과 일족들에게 원나라에 충성을 요구했지만 송나라 신하로 남기를 원하며 옥중에서 정기의 노래를 읊었고, 1283년에 처형되었다. 이로써 원나라는 중국 정복을 완수했다.

좌승상 육수부는 몽골군에게 포위된 애산섬 앞바다에서 마지막 천자인 소제와 함께 몸을 던지며 다음과 같은 유언을 남겼다고 전해진다.

"이제 사직의 명운이 경각에 달린 바, 존망을 짐작할 수 없게 되었습니다. 폐하께선 오랑캐들에게 사로잡혀 욕을 당하시느니 차라리 이 노신(老臣)과 바다에 몸을 던져 순국하시어 구천에 계신 조종조(祖宗朝)를 뵘이, 대송 (大宋)의 천자로서 떳떳한 바가 될 것입니다."

문천상도 원나라의 끈질긴 회유를 거부하면서 "나는 내 업무를 완수했다.(吾事畢矣)"라며 형장에서 선비로서의 품격을 지켰다고 한다. 원나라 장수 장홍범은 문집인《회양집》에서 애산 전투를 회상하며 다음과 같은 시를 지었다.

마 검 검 석 석 정 열 磨劍劍石石鼎裂	검을 갈아 돌로 만든 정이 갈라지고
음 마 장 강 강 수 갈 飮馬長江江水竭	말이 강물을 마셔 장강이 말라버렸다
아 조 백 만 전 포 홍 我朝百萬戰袍紅	우리 군의 100만 전포 붉게 물들었는데
진 시 강 남 아 녀 혈 盡是江南兒女血	모조리 강남 아이와 여인의 피로구나

바빌로니아가 군사 강국 페르시아에 의해 무너지고, 고대 그리스가 로마의 군대에 붕괴되었듯이, 그리고 로마가 게르만의 대이동에 몰락했듯이, 송나라의 화려한 경제 체제도 결국엔 몽골의 군사력에 무너지고 말았다. 몽골 세력에 굴복한 것은 비단 중국만이 아니었다. 몽골의 군사력은 역사상 처음으로 유라시아 대륙을 하나로 만들었다. 중앙아시아의 군사 대국이 중국부터 페르시아를 거쳐 지중해와 흑해 연안까지 드넓은 대륙을 하나로 통일하는 데 성공한 것이다. 그 결과 13세기 들어와서 처음으로 구 세계가 정치적으로 하나가 되는 경험을 공유하게 됐다. 마침내 동아시아와 아랍, 유럽의 소통과 교역이 활발하게 진행되었다.

미국의 아부 루고드(Janet Abu-Lughod)는 1991년 출간된 《유럽 헤게모니 이전의 세계 체계 1250~1350년》이라는 저서에서 몽골 제국이 이룩한 세계화를 묘사했다. 그녀는 700여 년 전 중국 송나라의 선진 문화와 기술이 몽골 제국을 통해 인도와 아라비아와 유럽으로 확산될 수 있었다고 강조했다. 인류 최대 발명품이라 일컬어지는 종이, 화약, 나침판, 인쇄술 등의 기술은 이제 빠른 속도로 세계로 퍼져나갔다. 우리는 앞에서 송나라 화폐 경제를 이야기했다. 11세기 세계에서 가장 많은 철과 동을 생산해서 동전, 철전으로 사용하고 종이에 고난도 인쇄를 통해 지폐를 대량 생산한 것은 다름 아닌 송나라였다. 또한 철통에 화약을 넣어 폭탄으로 사용하기 시작한 것도 송나라요, 나침판을 항해에 적극 활용한 것도 송나라였다. 이런 기술과 발명품은 손에 손을 거쳐 세계로 전해졌고, 결국 유럽에서 한 단계 높은 수준으로 발전했다.

종이와 인쇄는 유럽에 지식 혁명을 불러왔다. 책과 교육의 대중적 보급 없이 종교 개혁이나 과학 기술의 발달을 상상하기 어렵다. 유럽은 또 대포와 대포를 장착한 배를 타고 세계로 나가 유럽이 지배하는 제국주의 시대를 열었다. 핵심적인 발명은 송나라가 했는데, 그 이득은 유럽이 독점한 셈이다. 어떻게 이런 일이 가능했을까? 향후 인류 역사 연구를 통해 탐구할 질문이다.

울퉁불퉁 중국인 이야기

제6장

북방 유목민의 발흥과 부침

제29강

몽골족의 흥기와 칭기즈 칸의 등장

칭기즈 칸의 몽골 통합

칭기즈 칸(成吉思汗, 1155~1227)은 아명이 테무친(鐵木眞)으로 몽골의 유목 부족을 통일하고, 중국과 중앙아시아, 동유럽 일대를 정복하여 인류 역사상 최대의 제국, 몽골 제국의 기초를 쌓았다.

12세기 중엽 몽골 고원에는 타타르족, 메르키트족, 나이만족, 몽골족 등 많은 부족이 각기 살아가고 있었다. 그중 가장 앞선 문화를 향유했던 부족은 타타르족이었다. 동쪽으로 금나라와 가까이 있어 금의 문화를 접할 기회가 많았기 때문이었다. 당시 금나라에 복속되어 있던 타타르족은 몽골족의 수장을 붙잡아 금나라에 바쳐 충성을 증명하기도 했는데, 보

르지긴족의 수장이던 칭기즈 칸의 조부도 이러한 방식으로 희생되었다. 부친의 뒤를 이어 보르지긴족을 이끌게 된 예수게이는 당시 초원의 풍습대로 이웃 메르키트 부족장의 여자를 약탈해 아내로 삼았고 그 사이에서 칭기즈 칸을 낳았다. 그가 출생했을 때 마침 원수 타타르족과 싸워 적진의 용사 테무친을 포로로 잡았고, 승전을 기념하는 의미에서 아들의 이름을 테무친(鐵木眞)이라고 지었다. 그가 바로 훗날의 칭기즈 칸이다.

테무친은 보르지긴족 수장의 아들로 태어났지만, 그의 어린 시절은 순탄치 못했다. 테무친의 유년 시절에 대한 기록은 자세하지 않다. 전설에 의하면 그가 태어날 때 오른손에 피 한 덩이를 쥐고 있었기 때문에 상서로운 기운이 감돌았다고 한다. 그러나 그의 유년 시기는 결코 행복한 것이 아니었다. 그가 9세 때 몽골 왕족 보르지긴족의 후예인 아버지 예수게이가 그의 부족과 오랜 불화 관계에 있던 타타르족에 의해 독살되었다. 예수게이가 죽자 부족 사람들은 예수게이의 정적인 타이치우트 일가의 사주를 받아 예수게이의 미망인 호엘룬과 그 자녀들이 지도력을 발휘하기에는 너무 약하다고 생각하고 권력을 찬탈했다. 이로 인해 몰락한 테무친의 가문은 유목민의 일상 음식인 양고기와 우유는 전혀 먹지 못하고 풀뿌리와 생선으로 연명하는 극심한 가난을 경험했다. 이웃 부족들의 침입도 끊임없이 이어졌다. 칭기즈 칸의 생애를 기록한 《원조비사(元朝秘史)》에서는 이 시기의 테무친 일가를 "그림자 외에는 친구가 없고, 꼬리 외에는 채찍이 없다."라고 표현하고 있어 그의 성장 시기가 얼마나 혹독했는지를 알려 준다. 혹독했던 환경은 오히려 테무친을 더욱 강하게 단련시켰다.

당시 유목민에게는 다른 부족에서 강자로 떠오르는 자를 포로로 잡는 관습이 있었다. 이에 따라 자라면서 용맹을 떨친 테무친은 타이치우트 부족에게 사로잡히는 등 여러 번 다른 부족의 습격을 받았다. 이것은 그가 다른 부족에게 위협적인 존재였다는 것을 의미한다. 테무친과 그의 가족은 비록 보르지긴족들의 배척을 받긴 했지만, 왕족 출신이라는 이유로 상당한 대접을 받은 것 같다.

한 번은 메르키트족의 습격을 받아 부인 보르테가 납치되었는데, 케레이트족의 왕인 토그릴 완 칸의 도움으로 아버지 예수게이가 죽기 전에 정혼해 준 아내 보르테를 되찾아올 수 있었다. 몽골 북방에 사는 메르키트족은 테무친의 아버지 예수게이가 그들에게서 빼앗은 여자인 호엘룬을 아내로 삼았기 때문에 테무친 일가에 반감을 가지고 있었다. 이러한 이유로 메르키트족은 테무친의 아내인 보르테를 납치하여 다른 남자와 강제 결혼시켰다. 테무친은 아버지 예수게이와 의형제를 맺었던 케레이트족의 왕인 토그릴 완 칸에게 사정을 말하여 보르테를 다시 찾아올 수 있었다.

당시 토그릴은 몽골 지역 안에서 가장 강력한 통치자였다. 테무친은 결혼 기념물로 받은 담비의 모피를 토그릴 완 칸에게 선물했고, 답례로 토그릴 완 칸은 테무친의 흩어진 부족민들을 모아주겠다고 약속했다. 그 후 토그릴 완 칸은 테무친에게 2만 명의 병력을 제공하고 테무친의 어릴 적 친구인 자무카도 설득시켜 병력을 제공하게 함으로써 그 약속을 지켰다. 테무친은 부인 보르테의 구출을 계기로 토그릴 완 칸과 자신의 어릴 적 친구인 자무카와의 연합을 성립시켰다. 그 후 테무친은 메르키트족을 정복하고, 주르킨족의 귀족들도 복속시켰다. 원래 주르킨족의 귀족들은 테무친의 동맹 세력이었으나 테무친이 타타르족을 공격하러 출정했을 때 그의 재산을 약탈한 적이 있었기 때문에 적이 되었던 것이었다. 그는 장차 자신을 배신할 가능성이 있는 이들을 모두 처형했고, 평민들은 노예로 삼아 그중 용맹한 자는 자신의 휘하 병졸로 편입시켰다.

이후 몽골 연합의 우두머리인 칸으로 성장한 테무친은 금나라가 타타르족을 공격했을 때를 이용하여 타타르족의 배후를 노려 승리를 거두었다. 그는 아버지를 살해한 타타르족을 정복한 후 수레바퀴보다 키가 큰 자들은 모두 죽이고, 과거를 잊고 몽골의 추종자가 될 가능성이 있는 어린아이들만 살려 두었다고 한다.

타타르족과의 싸움이 끝난 후 테무친과 토그릴 완 칸, 자무카의 연합 관계는 붕괴되기 시작했다. 먼저 친구이자 오랜 동맹자였던 자무카가 테무친이 몽골 연합의 우두머리가 되자 질투심에 사로잡혀 11개의 부락과 연합하여 그를 공격했다. 자무카와의 전투에서 불리한 위치인 산 아래에 자리 잡은 테무친의 군대는 산을 둘러싸는 고립 작전을 펼치는 포위 전술로 자무카 군대를 물리치니 이것이 1201년의 구위텐 전투였다. 결국 자무카는 측근 몇 명만 데리고 나이만 부족으로 도망쳤고, 테무친은 그에게 복속되었던 여러 부족을 흡수해 세력은 더욱 강해졌다. 그러나 다시 동맹자였던 케레이트족의 토그릴 완 칸이 자무카의 이간질로 테무친에게 등을 돌렸다. 테무친은 케레이트족을 맹공격하여 일시에 무너뜨렸으며, 케레이트족을 모두 병졸과 노예로 삼았다. 테무친은 저항의 중심이 될 수 있는 옛 정적과 귀족들은 하나도 살려두지 않았다. 그 이유는 첫째 이들의 군대를 빼앗아 자신의 군대로 삼고, 둘째 몽골 지역의 분열을 가져온 소속 부족 안에서의 충성심을 분쇄하고, 셋째 모든 유목민 부족을 통일하여 테무친의 가문에만 충성을 바치도록 한다는 것이었다.

여세를 몰아 테무친은 도망친 자무카를 받아준 서몽골 최대의 부족인 나이만족을 공격하기로 결심했다. 1204년 테무친은 옹구트족과 동맹을 맺고 나이만족을 침공했다. 병사의 숫자가 절대적으로 적었으나 말 등에 허수아비를 태우거나 말꼬리에 나뭇가지를 매달아 먼지를 피워 적들에게 허장성세를 보이며 공격해 들어갔다. 나이만족의 통치자는 몽골족의 세력에 두려움을 느끼고 자무카와 연합하여 대항했으나 테무친의 공격을 막아내기에는 역부족이었다. 결국 테무친은 나이만족을 멸망시키고 초원의 모든 몽골 민족을 그의 지배하에 두는 대업을 이루었다. 이때 자무카는 전투 중 측근들과 도망갔으나 전세가 불리함을 느낀 부하들이 자무카를 잡아 테무친에게 바쳤다. 그러나 테무친은 상을 받기를 기대하며 자무카를 잡아 바친 그의 부하들을 배신자로 처형했다. 생포된 자무카는 옛정을 생각해 피를 흘리지 않도록 해 달라는 요청에 따라 그를 가죽 자루에 넣은 후 말로 밟아 죽였다고 한다.

1206년, 몽골 연합의 맹주 테무친은 마침내 오논강 부근에서 각 부족 수장들의 추대를 받아 '칭기즈 칸'이 되었다. 칸의 자리에 오른 칭기즈 칸은 몽골 민족을 조직화하기 위해 자신의 친인척과 동료들을 중심으로 기존의 부족 중심의 지배 체제를 버리고 봉건 제도와 유사한 조직 체제를 만들어 냈다. 십호, 백호, 천호, 만호 등의 단계적인 행정 및 군사 조직을 만들어 상급 조직이 하급 조직을 차례로 다스리게 했고, 최고 통치자인 칭기즈 칸은 만호만 관리했다. 또한 구두로 되어 있던 유목민의 법령 체제를 정비하여 '예케 야삭'이라는 성문법을 만들어 국가 체제를 갖추었다. 그 법은 여행자를 돕지 않으면 사형, 강물이나 재에 소변을 보면 사형, 도망친 포로나 노예를 발견하고 돌려주지 않으면 사형 등 단순하지만 강력한 법이었다.

당시 중국 북부를 통치하고 있던 금(金)나라의 황제는 칭기즈 칸을 여전히 깔보고 중요하지 않은 인물로 여기고 있었다. 그러나 테무친이 칭기즈 칸이 된 1206년은 몽골 및 세계의 역사에 전환점이 되는 해였다. 몽골족은 스텝 지역 밖으로 출정할 준비가 되어 있었고, 몽골 자체도 새로운 조직으로 재정비되었던 해였다. 칭기즈 칸의 탁월한 지도력으로 인해 몽골족이 통일되었고, 몽골족은 많은 변천 과정(봉건적 분열, 부족 간의 세력 다툼 재연, 식민 통치)을 거쳐 오늘날까지 그 형태를 유지하고 있다.

그러나 몽골족의 야망은 스텝 지역 밖으로까지 세력을 확장해나가는 것이었다. 칭기즈 칸은 세계 정복의 원대한 야망을 실현시킬 준비가 되어 있었다. 새로운 몽골군은 무엇보다도 전쟁을 치르기 위한 조직으로 정비되었다. 칭기즈 칸의 군대는 10진법 체제로 나누어져 엄격한 기강을 유지했고, 보급품과 군비를 잘 갖추었다. 부장(部將)들은 칭기즈 칸의 아들이거나 그에게 절대 충성을 바치는 선발된 사람들이었다. 칭기즈 칸은 군사적으로 탁월한 재능을 가지고 있어서 급속하게 변하는 외부 환경에 잘 적응했다. 처음에 그의 군대는 사료가 필요 없는 튼튼한 초식 동물인 몽골 조랑말을 타는 기병으로만 구성되어 있었다. 그러나 이러한 기병 중심의 군대로 다른 유목민들은 정복할 수 있었지만, 도시들을 함락시킬 수는 없었다.

수많은 전투 경험을 통해 배운 몽골족들은 규모가 큰 성읍도 투석기, 쇠뇌, 사다리와 끓는 기름 등을 사용하여 함락시킬 수 있었고, 흐르는 강물을 다른 데로 돌려놓는 방법을 사용하기도 했다. 정착 문화를 가진 국가와 접촉하게 되면서 칭기즈 칸은 서서히 공격, 파괴, 약탈보다 더 멋진 권력의 향유 방법이 있다는 것을 알게 되었다. 칭기즈 칸에 대항했던 마지막 몽골 부족인 나이만의 한 신하는 그에게 문화의 유용함을 일깨워 주었고, 몽골어를 문자로 정착시키는 일을 도와주었다. 《몽골족 비사》에 의하면 1222년 말 아무다리야(고대 이름은 옥수스)강과 시르다리야(SyrDarya, 고대 이름은 작사르테스)강 지역에서 호라즘 샤 왕조와 전쟁을 벌였을 때, 칭기즈 칸은 이슬람 출신의 측근으로부터 성읍의 의미와 중요성을 배우게 되었다. 한때 금나라의 신하였던 또 다른 측근은 농민과 장인들이 생산해내는 물품은 과세의 대상이 될 수 있음을 일러주었다. 칭기즈 칸은 당초 중국 북부의 비옥한 전답들을 말의 목초지로 만들 생각이었다. 그러나 몽골을 세계 최강 대국으로 부상시킬 위대한 정복은 아직 수행되지 않은 단계였고, 그 주 목표로 중국이 떠올랐다.

내부 체제를 정비한 칭기즈 칸은 정복 전쟁에 착수했다. 먼저 그는 중국 북서쪽 변방 국가 서하와 여러 번 전투를 벌였다. 이는 서하의 종주국인 금나라를 의식한 것이기도 했지만, 무엇보다 초원에서 유목민 간의 전투만 치러 공성전 경험이 없던 군대에 경험을 쌓게 하기 위한 것으로 여겨진다. 칭기즈 칸의 공격을 받은 서하는 금나라에 원조를 요청했으나 금나라는 거절했다. 서하는 칭기즈 칸에게 화해를 청하고 조공을 약속했다.

1211년, 칭기즈 칸은 드디어 숙적 금나라를 공격했다. 그는 금나라가 군마(軍馬)를 키우는 곳을 먼저 습격하여 기동력을 약화시키는 한편, 금나라의 여러 지역을 수시로 공격했다. 이때 금나라 도성을 포위한 칭기즈 칸은 금나라에 1만 마리의 제비와 고양이를 바치면 포위를 풀겠다는 제안을 했다. 그게 야만인 몽골의 보급 식량인 줄 안 금나라 군사들은 제비와 고양이를 잡아 보냈다. 그러자 칭기즈 칸은 제비와 고양이 꼬리에 기름 먹인 천을 매달아 불을 붙인 다음 풀어 놓자 제비와 고양이가 모두 성안의 제 집으로 귀소(歸巢)했는데, 그 과정에서 도성은 불바다가 되었다는 믿지 못할 이야기도 전해져 온다. 어찌 되었든 칭기즈 칸 군대는 곧 금나라의 성 90여 개를 초토화시켰고, 1214년 금나라에서 내분이 일어나자 금의 수도 중도를 봉쇄했다. 중도가 포위되자 금나라 선종은 화의를 요청했고, 칭기즈 칸은 매년 막대한 공물을 받는 조건으로 군대를 철수시켰다. 하지만 금나라는 약속을 지키지 않았고, 칭기즈 칸은 1215년 다시 금나라를 침입하여 이번에는 중도를 점령했다. 그 후 그는 금나라 정벌을 부장 무칼리에게 맡기고, 자신은 서쪽 지역의 호라즘 정벌에 나섰다.

몽골의 서구 공략

칭기즈 칸이 중도를 점령할 즈음인 1216년, 그는 호라즘(하레즘 또는 코라즘: Khwarezm)왕의 사신과 이슬람 대상을 접하고 서역과 교역하기 위해 사신과 함께 많은 물건을 실은 대상(隊商)들을 보냈다. 그러나 호라즘 동방 총독(오트라르 성주) 이날추크(Inalchug)에 의해 대상들이 습격당하여 죽고 물건은 약탈당하고 말았다. 평소 칭기즈 칸은 동서양을 오가며 장사하는 대상들을 중요시하고 보호하고 있었다. 더구나 어릴 때부터 부족 간 약탈에 넌더리가 났으므로 남의 물건을 부당하게 약탈하는 처사는 용서하지 않았다. 칭기즈 칸은 다시 사신(使臣)을 호라즘왕에게 보내 범인인 이날추크 총독을 인도해 주면 우호 관계를 유지하겠다고 전언했으나 호라즘왕은 이를 거절하고 몽골 사신마저 사형에 처해 버리고 말았다. 1219년 대노한 칭기즈 칸은 20만 대군을 이끌고 중앙아시아의 대국인 호라즘 왕국 원정에 나섰다. 1225년까지 계속되는 칭기즈 칸의 7년 서정(西征)이 시작된 것이었다. 그해 여름 칭기즈 칸은 알타이산 남쪽과 발하쉬(Balkhash)호의 동쪽 이르티시강 연안에 병력 15만에서 20만을 집결시켰다. 먼저 장자 주치(术赤)에게 1개 부대를 주어 선발대로 시르다리아강 하류와 북쪽으로 알라타우(Ala tau)산맥 사이를 약탈하여 약탈한 말과 마초를 후송하고 주민들이 사는 지역을 불태워 버렸다. 몽골군은 초원에 불을 질러 화염을 일으켜 자기들의 기동을 적이 간파하지 못하게 했다. 그 후 수개월간 기동하지 않고 적의 동정을 살펴 적이 방어 계획을 수립하여 20만의 병력을 소집하고 병력을 분산 배치한 사실을 탐지했다. 호라즘왕 알라드 딘 모하메드는 몽골군이 침공한다는 소식을 듣고 시르다리아강을 연하여 오트라르(Otrar), 코젠(Khojend)에 이르는 주요 요새에 예하 병력을 배치하고 별도로 사마르칸트(Samarcant), 부하라(Bochara), 우르겐치(Urgench) 등 주요 도시에 수비병을 배치했다. 이렇게 병력을 분산 배치하고 몽골군이 공격해 오기만을 기다리고 있었다. 시르다리아(SyrDarya)강은 호라즘국 북동쪽으로 국경선을 이루는 무려 2,800킬로미터나 되는 큰 강이었다.

서기 1220년 초, 칭기즈 칸은 4개군 1개 별동대로 나누어 전면 공격을 실시했다. 1개군(우익)은 장자 주치(求赤)가 이끌고 시르다리아(Syr Darya)강 하류쪽으로 나아가 시크나크(Sighnaq)을 7일간 공격하여 초토화시켜 버렸다. 그리고 계속 강 하류로 내려가 공성용 사다리를 타고 잔드(Jend: 현재 페로프스크 부근)성을 공격하자 사령관은 도주하고 주민들이 항전했으나 결국 몽골에 점령당했다. 주치는 시내를 약탈하고 부하라인 알리 호자를 시 총독으로 남겨 두었다. 이라크 노얀(阿里海), 수케츠 체르비, 타카이(塔海拔都兒) 등이 지휘하는 5천 명의 별동대는 강 상류로 가서 타쉬켄트(Tashikent) 서쪽에 있는 베나케트(Benaket)를 공격했다. 그리고 강 상류로 올라가 코젠드(Khojend)를 포위했다. 둘째 아들 차카타이와 셋째 오고타이(좌익) 역시 병력 5만 명을 인솔하여 발하쉬를 지나 시르다리아강가에 있는 오트라르(Otrar)를 공격하여 점령했다. 그런 후 대상(隊商)을 죽여 몽골군 원정의 원인을 제공한 이날추크를 포로로 잡고, 남쪽으로 방향을 전환하여 시르다리아강 지역에 있는 수 개 요새를 탈취했다. 별동대는 체베(Chepe)가 병력 2만 명을 이끌고 파미르고원을 지나 아무다리아(Amu Darya)강을 따라 트란스옥시아나(Transoxiana)로 접근했다. 체베 뒤를 수부타이 부대가 그대로 따라가고 그 뒤에 토쿠차르(Tokhuchar)가 도시 주변을 약탈하면서 치중(輜重) 부대를 이끌고 따랐다. 별동대는 카쉬가르(Kashgar)에서 남쪽 경로를 따라 페르가나(Ferghana) 골짜기를 통과하여 코칸트를 점령하고 코젠드를 포위했다. 이때 체베 분견대는 북동쪽으로 나아가 차카타이와 오고타이군과 만났다.

칭기즈 칸이 직접 이끄는 중군 역시 병력 5만 명을 인솔하여 주치와 차가타이가 통과한 뒤를 따라 발하쉬호 남쪽을 지나 시르다리아강이 아랄해(Aral sea)에 이르는 어구에 접근했다. 칭기즈 칸은 넷째 아들 툴루이를 데리고 시르다리아강을 건넌 후 종적을 감추었다. 칭기즈 칸군은 전위(前衛) 다이르 바아투루를 따라 광대한 키질쿰(Kizyl Kum: 붉은 모래땅) 사막을 동남쪽으로 통과하여 첫 새벽에 누라타(Nurata)에 나타났다. 이때 주민들은 몽골군의 척후를 보고 자기편 대상으로 오인하고 대비하기는커녕 성문을 활짝 열었다. 칭기즈 칸은 주민을 가축과 함께 몰아낸 후 마음껏 약탈한 후 배상금을 물렸는데, 그것은 호라즘국의 세금 정도에 불과했다.

몽골군은 기마병의 특성을 살려 신속하게 움직였다. 또한 수마일씩 간격을 두고 산개하여 접근해 호라즘왕은 몽골군의 병력이 굉장히 많은 것으로 오인했다.

서기 1220년 2월에 칭기즈 칸 군은 갑자기 부하라(Bokhara) 근교에 나타났다. 갑자기 부하라 배후에 나타나 적의 허를 찔러버린 것이다. 호라즘왕은 자기의 병력을 모두 부하라, 사마르칸트 및 기타 요새에서 방어하도록 하고 자기는 가족과 친위대를 이끌고 어쩔 수 없이 남쪽으로 도주했다. 부하라 수비대는 2만 내지 3만으로 대부분 터키 용병들이었다. 몽골군은 사흘 동안 쉴새 없이 공격하여 수비 대장은 도주하고 수비병들은 흩어졌다. 2월 중순에 부하라는 점령되었다. 그러나 성내 성채에서 400여 명의 터키병이 남아 농성하자 몽골군은 주민들을 모두 동원하여 해자(垓子)를 메우게 하고 노포(弩砲)를 쏘아 성채를 파괴했다. 호라즘군은 전 병력을 집중하지 않고 분산시켜 놓아 몽골군을 효과적으로 방어할 수 없었다.

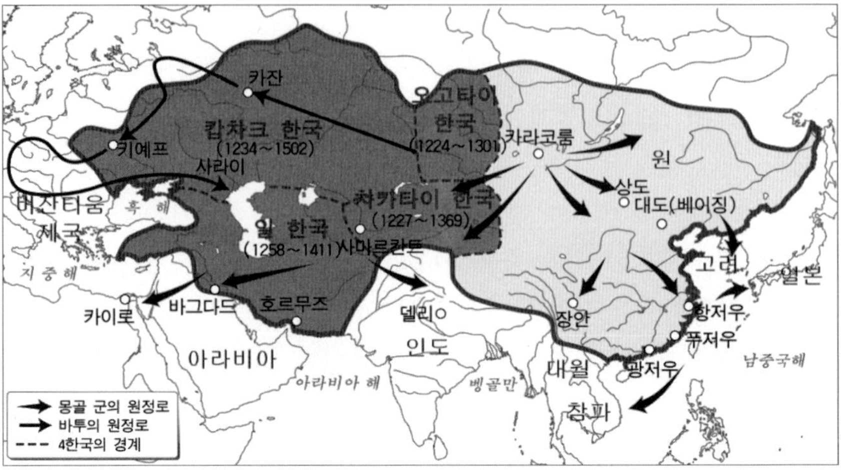

몽골의 원정

한편, 대상을 약탈했던 오트라르 성주 이날추크는 이때 붙잡혀 은을 녹여 눈과 코에 부어 넣는 형벌을 당했다. 이는 일종의 시범 케이스로, 칭기즈 칸의 심리전의 일환이자 약탈자를 얼마나 증오했는지를 나타내는 일면이라 할 수 있다. 부하라시는 약탈 와중에 불길이 솟구치어 목조 건물은 대부분 소실되었고 대성당, 궁전 등 벽돌 건물만 남았다.

칭기즈 칸은 폐허가 된 부하라를 뒤에 두고 자라후샨(Zarafshan)강 골짜기를 따라 동쪽으로 나아가서 서기 1220년 3월에 사마르칸트(Samarkand)에 나타났다. 이때 체베군과 차카타이 및 오고타이군도 사마르칸트에 집결했다. 칭기즈 칸은 사마르칸트 포위 작전을 시작했다. 사마르칸트 성내는 호라즘왕의 숙부 투카이 칸이 터키 용병 약 5만 명을 거느리고 수비하고 있었다. 칭기즈 칸은 성을 공격할 많은 포로를 거느리고 포로들에게 많은 깃발을 들게 하여 부대가 많은 것처럼 보이도록 했다. 포위 공격이 계속되어 3일째 되는 날, 몽골군은 처음에 공격하다가 서서히 후퇴하여 성 밖으로 공격해 오는 사마르칸트군을 기병으로 습격하여 무찌르고 성내 사람들을 공포에 떨도록 했다. 4일째는 이슬람교 성직자와 협약을 체결하여 성문이 열렸고, 5일째 몽골군이 성내로 들어가 주민들을 강제로 퇴거시키고 시내를 약탈했다. 그러나 성내 성채에 남아 있던 터키 용병들은 계속 완강하게 저항했다. 칭기즈 칸은 먼저 성벽, 성루(城壘) 및 성문 등을 조사하고 성내로 흘러 들어가는 수로를 막아 수공법(水攻法)을 사용하도록 했다. 결국 성채를 지키던 호라즘 병사 약 1천 명이 야음을 타서 성을 빠져나가 달아났고, 나머지 병사들은 이슬람 대성당 모스크에서 결사 항쟁했으나 결국 피살되고 말았다. 칭기즈 칸은 처음 항복했던 투가이 등을 비롯하여 이전에 항복했던 병사까지 모두 살육했다. 그는 배신 행위를 극도로 싫어했기 때문이다.

칭기즈 칸은 저항에 참여한 시민을 모두 학살하고 내성을 파괴했다. 사마르칸트를 완전히 점령한 뒤, 수공업자 3만 명을 그의 자손과 부하에게 분배해 주었다. 몽골군은 성을 점령하고 나면 마음껏 약탈하기 위해 시민을 시외로 몰아냈다. 그러나 칭기즈 칸은 이슬람교 장로, 성직자, 법률 박사, 법관 등 수천 명에 대해 보호령을 내리고 엄중히 지켰다.

호라즘 수도 우르겐치는 아무다리아강이 아랄해로 흘러 들어가는 삼각주에 위치한 도시이고 방어가 견고했다. 그래서 칭기즈 칸은 보올추, 토룬체르비(脫忽蘭兒必), 카다안 등 노련한 장군을 보내 자신의 세 아들을 보좌하도록 했다. 그중 장남 주치는 아버지로부터 호라즘 본토를 영지로 약속 받았으므로 처음에는 회유책으로 도시를 평화롭게 점령하려 했으나 실패했다. 이에 몽골병은 포로를 시켜 성의 해자(垓字)를 메우게 하고, 공성 장비를 동원하여 성벽을 허물기 시작했다. 우르겐치는 아무다리아강으로 양분되어 있어서 두 지구를 연결시키는 다리로 3천 명의 몽골병들이 돌격해 들어가다가 모두 몰살당했다. 이 때문에 온건책을 주장하는 주치와 강경책을 주장하는 차가타이 사이에 불화가 일어났다. 칭기즈 칸은 화를 내며 두 형제에게 오고타이 지시를 따르도록 하여 지휘권을 일원화했다.

공격은 다시 재개되어 몽골병은 하나하나가 성채 구실을 하는 집에 석유를 넣은 항아리를 던져 불을 지르면서 파상공격을 감행했다. 그렇게 한 지역 한 지역 점령해 나갔다. 7일 후 수비군은 막다른 지역에 몰려 어쩔 수 없게 되자 사신을 보내 항복할 터이니 자비를 베풀어 달라고 간청했으나 칭기즈 칸은 거절했다. 1221년 4월에 우르겐치성이 완전히 점령되자 주치는 주민을 모두 들로 내보낸 뒤, 기술자들을 선별하여 몽골로 보내고, 사내들은 모두 처형했으며 여자와 아이들은 노예로 삼았다. 끝으로 몽골군은 아무다리아강의 둑을 터트려 우르겐치(Urgench) 전 시가지를 수장해 버렸다.

칭기즈 칸의 사위 토쿠차르는 네사(Nessa)를 점령하고, 1220년 11월에 니샤프르(Nisapur)를 공격하다 화살을 맞아 사망했다. 이에 몽골군은 곧 철수했다.

툴루이는 점령지에서 장정을 모집하여 부대를 재정비한 후 다시 7만의 몽골군을 이끌고 서기 1220년 가을, 지금의 이란 동부 호라산으로 진격하여 셀주크 왕조의 수도 메르브(Merv)를 1221년 2월에 점령했고, 12일간 행군하여 니샤프르에 나타나 매부의 복수전을 시작했다. 이때 몽골군의 공성술은 최고 수준에 도달하여 창을 던지는 장치 3천 기, 노포(弩砲) 300기, 석유에 불을 붙여 던지는 장치 700기, 돌 던지는 장치 2천5백 기, 그리고 사다리 4천 개를 동원했다.

1221년 4월 10일, 몽골군은 니샤프르를 완전히 점령하고 니샤프르 공격 중에 전사한 칭기즈 칸의 사위 토크차르의 복수를 위해 시민들을 사흘간 살해했으며, 열흘간 도시를 파괴했다. 이 과정에서 살육된 사람의 머리로 피라미드를 쌓았다. 그러나 이 와중에도 솜씨가 훌륭한 기능인 400명은 살려 주었다.

다음은 헤라토를 포위하고 항복을 권유했다. 이때는 헤라토 총독이 죽은 이후여서 헤라토 주민들이 시민의 안전을 조건으로 순순히 항복하자 툴루이는 그 약속을 지켰다. 그 후 툴루이는 칭기즈 칸에 합류했다. 그동안 제베와 수부타이는 도주한 호라즘왕을 체포하라는 칭기즈 칸의 특명에 따라 메르브성을 지나 1220년 6월 견고한 니샤프르성을 공격하지 않고 그냥 지나 투우스를 점령하고 호라즘 술탄 모하메드(Mohammed)를 집요하게 추적했다. 수부타이는 호라산 지방 북쪽에 있는 길을 따라 세부제바르(Sabzevar), 샤루드(Shahrud), 담칸(Damghan) 등을 거쳐 아라크(Arak)의 아제미로 들어간 다음, 셈난(Semnan)을 지나 테헤란(Tehran) 근교 동남쪽에 위치한 레이

(Rey)시에 도달했다. 제베는 카스피해 연안 마잔데란(Mazandaran) 지방으로 들어가 아모르(Amol)시를 점령하고 레이시로 내려와 두 부대는 다시 만났다. 술탄 무하메드는 레시뜨(Rasht)에서 다시 카즈빈(Qazvin)으로 가서 그의 아들이 병력 3만을 모아 왔으나 병사들은 몽골군에 대한 공포심으로 이성을 잃고 도주할 생각만 했다. 술탄 무하메드는 바그다드로 도주할까 생각하다가 하마단(Hamadan)에서 몽골군이 바짝 따라오자 생각을 바꾸어 카스피해 연안으로 도주했다. 그가 마잔데란에 이르렀을 때 몽골군이 알고 선발대가 추격했다. 그는 가까스로 그루칸강 하구에 있는 조그만 섬 아베스쿤(abaskun)에 몸을 숨겼으나 공포와 피로가 겹쳐서 1221년 1월에 사망했다. 대상을 살해하고 물건을 탈취한 죄값은 결국 이렇게 치러졌다.

술탄 무하메드가 죽었다는 소식을 전해 들은 칭기즈 칸은 제베와 수부타이에게 카스피해 동쪽과 북쪽을 정찰하고 돌아오라는 새로운 임무를 맡겼다. 제베와 수부타이는 아제르바이젠 지방으로 들어가 타브리즈(Tabriz)를 점령하고 카스피해 연안으로 나아갔다. 이들은 쿠라강 부근에서 겨울을 보내고 그루지아로 침입하여 수도 티프리스(Tiflis, 지금 Tbilis)에서 그루지아군을 무찔렀다. 이후 다시 남으로 내려와 하마단을 잿더미로 만들고 1221년 가을에 그루지아로 다시 진입했다. 이어 카스피해 연안 저지대의 좁은 통로 데르벤트(Derbent) 협로를 통과하여, 1222년 아스족(아란인)과 킵착족을 무찌르고 러시아로 진출했다. 1222년 5월 31일, 제베와 수부타이는 드네프르(Dnieper)강 골짜기에서 키에프공, 체르니고프공, 가리치공 세 영주가 이끄는 8만의 연합군을 만나 거짓 퇴각으로 적을 유인한 다음 복병으로 격파하는 전법으로 러시아 연합군을 격파했다.

칭기즈 칸이 호라즘의 중심 도시 사마르칸트를 점령하자 바로 무하메드 술탄을 추격하는 일면 전장 확대 작전을 실행하여 큰 전과를 올렸는데, 그 배후에는 몽골 특유의 정보 시스템이 있었다. 무하메드 술탄을 추격할 때 몽골군의 정보 활동은 주도면밀했다. 이 추격전에서 제베와 수부타이는 그 지역 청년들을 모집하여 활용했고, 현지인으로부터 술탄이 있는 위치를 파악하여 집요하게 추격했다. 이 과정에서 참(站) 제도를 적극 활용하여 멀리 떨어져 있는 칭기즈 칸과 끊임없이 연락을 취하고 지시를 받았다. 술탄이 사망했다는 소식을 들은 칭기즈 칸은 제베와 수부타이에게 카스피해를 멀리 돌아 귀환하도록 명령을 내렸다. 이는 몽골군이 현지 적응 능력이 탁월했을 뿐 아니라 먼 거리 보고 체계를 유지하고 있었음을 보여준다.

한편, 정으로 연결된 몽골군의 내부 결속력은 니샤프르 전투에서 알 수 있다. 툴루이는 매부 도크차르가 전사하자 철저히 준비하여 복수전을 처절하게 했다. 몽골군이 성을 공격할 때 전사자가 많으면 점령 후 철저하게 복수했지만, 피해가 없다면 주민들을 보호해 주었다. 니샤프르성과 헤라트성이 그러한 차이를 보여주는 좋은 예이다.

몽골군은 전사하면 반드시 그 시체를 찾아 낙타에 싣고 왔다. 그렇지 않으면 그의 모든 소유물을 자루에 넣어 땅속에 묻었다. 송대 사신 서정(徐霆)이 보고 기록한 내용을 보면 군대에서 사망할 경우 만약 노비가 죽은 주인의 목을 낙타에 싣고 돌아오면 주인의 가축과 재산을 지급했고, 다른 사람이 그것을 가져온다면 처와 노예 그리고 가축과 재산을 주었다. 그래서 몽골군은 죽어도 고향에 돌아갈 수 있다는 일념에서 더욱 용감하게 싸웠다.

사마르칸트를 함락시킨 후 칭기즈 칸은 1220년 여름 사미르칸트 남쪽 나사프(지금의 Karshi)에서 더위를 피하고 가을에 아무다리아강으로 나가 발흐(Balkh) 맞은편 도시 테르메르(Termez)를 공격하여 11일 만에 함락시켰다. 1221년 봄에는, 아무다리아강을 건너 발흐시를 점령하여 고대 박트리아 지역(현재 아프카니스탄령 투르게스탄)을 정복했다. 칭기즈 칸은 무하메드 술탄의 아들 자랄 웃딘이 호라산에서 활동한다는 소식을 듣고 세 아들을 보내어 적의 퇴로를 차단하도록 했다. 몽골군은 자랄 웃딘의 경로를 조사하여 사막을 넘어 추격했다. 그 과정에서 몽골군은 네사(Nassa, 호라산 서쪽에 있는 도시) 부근에 있는 카란다르(Kharandar)성에서 술탄의 아들이며 자랄 웃딘의 두 동생인 우즈라그 샤(Uzlagh Shah)와 아쿠 샤(Akhu Shah)를 만났다. 몽골군은 교전 중에 패주하는 척하여 그들이 승리했다고 방심하는 틈에 급습하여 두 왕자를 죽였다.

칭기즈 칸은 발흐와 타레칸(Talecan) 함락 후 1221년 여름 박트리아 산지에서 여름을 보내고 파로포미사스(Paropamisus)산맥이 힌두쿠시(Hindukusi)산맥과 이어지는 지점에 위치하는 군사적 요충지인 바미얀(Bamijan)을 공격했다. 바미얀 공격 시 차카타이 아들 무츠겐이 적의 화살에 맞아 죽었다. 이에 칭기즈 칸이 분노하여 직접 독려하여 바미얀시를 점령하고 전리품은 아랑곳하지 않고 도시 전체를 철저히 파괴하고 모두 살육했다.

이즈음 호라즘 황태자 자랄 웃딘은 바미얀 동남쪽 500킬로미터에 있는 가즈니(Ghazni)로 피신했다. 자랄 웃딘은 그곳에서 터키 용병과 아프가니스탄 토착민들을 모아 7만 명의 기병을 구성했다. 이에 칭기즈 칸은 4만5천 명의 군사를 주어 시기 쿠두크(忽都忽)에게 그들을 정벌하도록 했다. 당시 시기 쿠두크는 자랄 웃딘을 감시하기 위해 카불(Kabul)과 자부리스탄(Zabulistan) 사이 힌두쿠시 산악 지역에 3만 명을 주둔시키고 있었다. 그런데 한 분견대가 파르완(Parwan)에서 자랄 웃딘군을 만나 패했다는 소식을 접수받고 시기 쿠두크는 전군을 이끌고 파르완 평원으로 나아가 자랄 웃딘군과 대치했다. 자랄 웃딘 자신은 중앙을 맡고, 우익은 아민 아루 마리크(Amin Al Malik), 좌익은 아그라크(Seit-ud-din-Agrac)를 배치했다. 전투가 시작되자 자랄 웃딘군의 우익은 1만 명 정도의 몽골군을 돌파했다. 시기 쿠두크는 중군으로 급히 좌익을 도와 전열을 간신히 회복했다. 이후 자랄 웃딘군과 시기 쿠두크군은 파르완 평원에서 서로 돌격하면서 싸웠으나 승패를 결정짓지 못한 채 밤이 되어 각각의 진지로 돌아갔다.

시기 쿠두크는 몽골군의 수가 적보다 적었으므로 밤사이에 예비 말에 인형을 태우고 다음 날 아침 전투 대형을 갖추고 지원병이 도착한 것처럼 꾸몄다. 그러자 자랄 웃딘은 기병들에게 허리띠에 말고삐를 묶도록 하여 전투 대형을 갖추고 몽골군이 오기만을 기다렸다. 몽골 기병은 적진으로 돌격했으나 빗발치는 화살로 사상자가 속출하여 진영을 재정비하려고 일시 후퇴했다. 이후 재차 공격하자 자랄 웃딘의 진영이 무너지는 듯했으나 자랄 웃딘이 나팔을 불자 호라즘군은 대형을 넓히면서 몽골군을 양익으로 포위할 듯이 덤벼들었다. 시기 쿠두크는 군기(軍旗)를 잡고 지휘했으나 몽골병은 군기(軍旗)를 보지 않고 뿔뿔이 흩어져 달아났다. 평지에 패인 홈에 말발굽이 빠져 말과 사람이 같이 나둥그러지면서 추격하는 적의 칼에 맞아 태반이 죽음을 당했다. 파르완 전투는 몽골군이 패한 최초의 전투였다.

칭기즈 칸은 파르완의 패배 소식을 듣고 "지금까지 시기 쿠두크는 너무 승리만 하여 어려움에 대처하는 방법을 모르고 있다. 실패의 교훈을 잘 살려 활용하지 않으면 안 된다."라고 조용히 타일렀다. 그리고 병사들이 식사할 틈을 주지 않고 서둘러 파르완으로 향했다. 칭기즈 칸은 파르완에 도착하여 먼저 시기 쿠두크로부터 양군 진형에 대해 설명을 들었다. 칭기즈 칸은 쿠두크의 작전이 잘못되었음을 질책하고 전쟁터 선정도 잘못됐음을 지적했다. 전쟁 패인이 시기 쿠두크의 지휘 잘못에 있음을 일깨워 준 것이다.

칭기즈 칸은 서기 1221년 가을, 호라즘에서 귀환한 주치, 차카타이 및 오고타이와 호라산에서 돌아온 툴루이와 함께 가즈니(Ghazni)로 급히 진격했다. 모하메드의 아들 자랄 웃딘이 새로운 근거지를 찾아 그곳으로 갔기 때문이었다. 그러나 칭기즈 칸이 가즈니에 도착하자 이미 자랄 웃딘은 그곳에 없었다. 자랄 웃딘은 시기 쿠두크와의 전투에서 대승한 이후 전리품을 서로 다투다 아프가니스탄병과 터키병이 불화하여 병력들이 모두 흩어져 버려 가즈니를 지킬 수 없었던 것이다. 그래서 이들은 인도 국경을 넘어 펀자브 지방으로 달아나려 했다. 칭기즈 칸은 자랄 웃딘군이 인더스(Indus)강을 건너 도주할 것이라는 정보를 입수하고 급히 추격하여 밤중에 인더스강 가까이서 적의 후미를 만나 격파했다.

서기 1221년 11월 24일, 인더스강을 배후로 몽골군과 자랄 웃딘의 호라즘군이 결전을 벌였다. 자랄 웃딘은 우익에 정예 이슬람군을 배치하고 용장 아민 아르말릭의 지휘하에 인더스강을 따라 몽골군 우익을 공격하도록 했다. 칭기즈 칸은 반월형(半月形)으로 진형을 갖추고 여러 겹으로 종대를 이루어 자랄 웃딘군을 포위했다. 달이 밝아 전투는 계속되어 몽골군이 자랄 웃딘군을 초생달 모양으로 겹겹이 포위하여 인더스강으로 압박해 들어가자 자랄 웃딘군은 본의 아니게 배수진 형세에 놓이게 되었다. 칭기즈 칸은 적의 우익이 강함을 알고 먼저 적의 우익을 집중 공격했고, 이로 인해 아민 아르 말릭의 우익은 거의 전멸했다. 아민 아르 말릭은 펀자브 지방으로 도주해 버렸다.

날이 밝아 몽골군이 포위망을 좁혀 오자 자랄 웃딘은 700명 정예 부대로 중앙을 수비하면서 포위망을 뚫으려고 전후좌우를 돌격하는 등 결사적으로 싸웠다. 화살이 다 떨어지자 육박전(肉薄戰)이 진행되었다. 정오가 되어 자랄 웃딘은 도저히 포위망을 돌파할 수 없음을 깨닫고, 등에 방패를 멘 채 손에 기를 들고 인더스강까지 말을 달려가서 20척(6미터)이나 되는 절벽에서 말과 함께 인더스강의 물속으로 뛰어들었다. 그리고 헤엄쳐서 인도 쪽으로 도망했다. 칭기즈 칸은 도망가는 자랄 웃딘을 높은 언덕에서 바라보며 "저런 아들을 둔 아버지는 행복한 사람이야"라고 말하면서 자기 아들들에게 본받으라고 말했다. 그리고 적장을 예우하여 추격을 중지하도록 했다.

그 후 칭기즈 칸은 인더스강 우안으로 북상하여 서기 1222년 봄 힌두쿠시 산중에서 여름을 보냈다. 그러나 다음 해에 발라 노얀(八剌)이 인더스강을 넘어 물탄(Multan)과 라흐레(Lahore)를 유린하면서 자랄 웃딘을 추격했으나 너무 더워 탐색을 포기하고 돌아왔다. 칭기즈 칸은 자랄 웃딘이 다시 재기해 쳐들어올 것에 대비하여 1222년 봄에 오고타이를 시켜 가즈니를 토벌케 했다. 오고타이는 가즈니를 철저히 파괴했다. 헤라트시에서는 자랄 웃딘이 파르완에서 승리했다는 소식을 듣고 시민들이 몽골군에 반기를 들었다. 그래서 칭기즈 칸은 에르지기데이(Ilchigidei)를 보내 오고타이를 돕도록 했다. 주민들은 집요하게 저항했으나 1222년 6월 14일 헤라트(Herat)는 에르지기데이 부대에 의해 함락되어 철저히 파괴되었고, 주민들은 1주일 동안 학살당했다. 메르프(Merv) 그리고 발흐시도 파르완 승리의 소식을 듣고 반란을 일으켰으나 칭기즈 칸이 보낸 5천 명의 두루바이 부대에 의해 다시 점령되어 파괴되었다.

서기 1223년 봄, 칭기즈 칸은 사마르칸트를 출발하여 그해 여름을 타슈켄트에서 가까운 크란바시(Qulan Bashi)에서 보내고 가을에 이르티시강 상류에 머물러 있다가 1224년에 다시 출발하여 1225년 봄에 투우라강가(지금 울란바토르 지방)에서 휴식을 취했다. 그리고 남러시아를 원정하고 돌아오는 체베와 수부타이군과 합류했다.

칭기즈 칸의 몽골군은 순순히 항복하지 않고 강력하게 저항할 때 철저하고 잔인하게 복수했다. 호라즘 전투에서 몽골군은 포로로 잡은 기술자들을 우대하여 즉시 활용한 한편, 지역 주민을 동원하여 요새를 공격하는 잔인성을 보여주었다. 특히, 성을 지키고 있던 호라즘 시민들은 그들의 동족이 몽골군 선두에 서서 성의 해자를 메우고 공성기를 옮기자 동족에게 활을 쏘지 못한 채 참담한 심정에 사로잡혔고, 결국에는 성을 방어하려는 의지마저 상실하게 되었다. 이러한 모든 재앙을 끌어들인 근본 원인은 호라즘 샤 아라우드 딘 모하메드(Alaud Din Mohammed, 1119~1220)의 지도력 부재에 있었다. 패인을 정리하면, 첫째 지나친 사리사욕으로 이웃 이슬람족과 사이가 좋지 못했으며, 둘째 몽골 사절단과 상인들을 이유 없이 약탈하고 살해하여 왕으로서의 도덕성을 잃고 칭기즈 칸에게 공격 구실을 주었으며, 셋째 현실을 파악하지 못하고 오만하게 굴다가 몽골군을 만나자 우유부단하여 어떤 결정도 내리지 못했으며, 넷째 전략과 전술에 대해 전혀 알지 못하여 각 도시에 많은 병력을 분산시켜 몽골군에게 제대로 대항하지 못했고, 각 도시와 성을 그 지역 군인과 주민에게 맡겨 방어만 하다가 몽골군의 집중 공격에 모두 패했다.

칭기즈 칸은 호라즘 정벌과 국왕 추적 과정에서 페르시아와 중앙아시아를 초토화시켰다. 몽골 군대는 호라즘 국왕이 쫓기면서 피란했던 도시들을 철저히 짓밟았다. 칭기즈 칸은 호라즘 왕국을 점령한 후 남쪽으로는 인더스강, 서쪽으로는 카스피해를 넘어 러시아 동남부까지 점령했으나 기후가 맞지 않아 군대를 이끌고 귀국했다. 칭기즈 칸은 서기 1218년에서 1224년에 이르는 7년간의 서정(西征)을 마치고 서기 1225년 몽골로 개선했다. 귀국 즉시 그는 금(金)나라 정벌을 결심하고 서기 1225년 겨울에 대군을 일으켜 금나라로 진격하려 했다. 이에 야율초재(耶律楚材)는 금나라 정벌의 시기가 아님을 건의하여 정벌은 보류되었다.

1226년, 칭기즈 칸은 군대를 이끌고 두 번째로 서하를 공격하여 서하의 국토 대부분을 점령했다. 그러나 도중에 그만 병을 얻어 1227년 8월 18일,"서하와 금나라를 멸망시켜라. 나의 죽음을 외부에 알리지 마라."라는 유언을 남기고 세상을 떠났다. 칭기즈 칸의 유언은 결국 1233년 아들인 오고타이와 툴루이의 손으로 완성되었다.

칭기즈 칸에 대한 평가

여러 가지 다른 근거들을 종합하여 판단해볼 때, 칭기즈 칸은 다면적인 성품을 가지고 있었던 듯하다. 그는 뛰어난 체력, 강한 목표 의식, 강철 같은 의지를 가지고 있었다. 그는 고집이 센 사람이 아니었기에 아내들이나 어머니를 포함한 모든 사람의 조언을 즐겨 들었다. 남을 속이기도 했지만 사소한 일에는 신경 쓰지 않았다.

그는 토그릴이나 자무카와는 달리 충성심의 가치를 잘 알고 있었다. 상관을 배신하는 적수들은 칭기즈 칸으로부터 차가운 대접을 받았지만, 동시에 그는 그들의 배신을 이용할 줄도 알았다. 그는 종교적 신앙이 강하여 신이 자신에게 내려준 신성한 사명을 늘 의식했고, 위기의 순간마다 몽골족의 최고신에게 깊은 경배를 올렸다.

이 같은 경향은 그의 유년 시절에 특히 강화되었다. 그러나 스텝 지역을 벗어나 외부의 낯선 정착 문화와 접촉하게 되면서 그의 성품 가운데 다른 면이 나타나기 시작했다. 처음에는 학살과 약탈에 의해 얻어지는 직접적인 이득 외에는 생각이 미치지 못했고, 때로는 복수의 일념으로 불타오르기도 했다. 그러면서 점차 평생 자신에게 충성할 사람들을 주위에 끌어모았다. 그리하여 그의 추종자들 중에는 동료 유목민뿐만 아니라 정착 문화 세계에 사는 문화인들도 있었다. 그는 무엇보다도 적응력이 뛰어나고 배울 줄 아는 사람이었다.

그가 군사적 성공을 거둘 수 있었던 바탕에는 조직, 기강, 기동성, 무자비한 목적 의식 등이 있었다. 특히 피정복민을 무자비하게 학살하고 약탈을 자행하는 것은 그가 전략적으로 사용해온 수단이었다. 성읍들에 항복을 요구하고 그 요구에 응하지 않는 주민들을 무자비하게 학살한 것이 일종의 심리전이었다고 이야기되지만, 그가 사용한 방법은 20세기에 저질러진 학살에 비교될 만큼 잔인했다. 학살 정책은 공포심을 불러일으켜 저항 의식을 꺾고자 한 것이었지만, 학살을 위한 학살도 많이 자행되었다.

그럼에도 불구하고 칭기즈 칸의 업적은 위대했다. 그는 유목민 부족을 모두 통일했고, 수적 열세에도 불구하고 호라즘이나 금(金) 같은 대제국을 정복했다. 또한 그렇게 하면서도 자신의 부족들을 피폐시키지 않았다. 그는 아들인 오고타이를 후계자로 선임하고, 다른 아들들이 오고타이의 말에 따르도록 세심한 배려를 했으며, 오고타이에게 강성한 군대와 국가를 물려주었다.

칭기즈 칸이 세상을 떠났을 때, 베이징에서부터 카스피해에 이르는 광대한 지역이 몽골 제국의 영토로 복속되었고, 그의 부장들은 페르시아와 러시아를 침공했다. 또한 그의 후계자들은 중국, 페르시아, 러시아의 대부분 지역에까지 세력의 판도를 넓혔다. 그들은 칭기즈 칸이 미처 생각지 못했던 그들의 정복 지역을 잘 조직된 제국으로 개편하는 일을 실행했다. 칭기즈 칸은 파괴와 약탈을 자행했으나 그가 벌인 정복전은 몽골 제국의 출현을 처음으로 알렸다는 점에서 중요한 의미를 갖는다.

몽골 제국은 중세와 현대를 통틀어 가장 영토가 큰 제국이었다. 중국 역사뿐만 아니라 세계 역사상 가장 넓은 영토를 차지했던 몽골. 그 대업을 이룩한 사람이 바로 몽골 제국의 초대 칸인 칭기즈 칸이다.

"우리는 똑같이 희생하고 똑같이 부를 나누어 갖소. 나는 사치를 싫어하고 절제를 존중하오. 나와 나의 부하들은 같은 원칙을 지니고 서로에 대한 애정으로 굳게 결합되어 있소. 내가 사라진 뒤에도 세상에 위대한 이름이 남게 될 것이오. 이후로도 많은 왕들이 나타나겠지만, 그들은 모두 내 이야기를 할 거요."라는 그의 말처럼 그는 천 년이 지난 오늘날에도 가장 위대한 일인자로 칭송받고 있다. 1995년 《워싱턴 포스트》는 지난 천 년간 세계사에서 가장 중요한 인물로 칭기즈 칸을 꼽기도 했다.

몽골 초원을 통일하고 동서양에 걸친 거대한 제국을 건설하면서 수많은 전쟁을 일으켜 칭기즈 칸은 무자비하고 잔인한 정복자라는 비판을 받기도 한다. 특히 호라즘 정벌은 몽골족에게 야만족이라는 악명을 얻게 했다. 하지만 그것은 어쩌면 일방적인 서구적 세계관과 역사관일 수 있다. 알렉산더나 나폴레옹 등이 위대한 정복자로 찬양받고 서구 식민주의자들이 아프리카나 아메리카 대륙에서 저지른 학살에 비하면 그렇다는 말이다. 동양적 시각이라 하더라도 그 역사 기록의 주도권은 칭기즈 칸이 속한 북방 유목 민족의 것이 아닌 남방의 한족(漢族) 혹은 농경 민족의 것이었기 때문에 상대적으로 유목민은 내내 오랑캐나 야만족으로 분류되어 왔던 것이다. 한편 유목민적 입장에서 보면 칭기즈 칸은 세계 역사상 가장 큰 제국을 건설한 지도자이자 철저하게 능력을 중시해 이민족도 서슴없이 받아들이고, 타문화에서도 우수한 것은 적극적으로 수용했던 개방적인 리더십의 소유자로 평가되기에 충분하다.

칭기즈 칸 초상

유사 이래 유목민과 정착민은 늘 접촉 관계를 유지했다. 이 두 사회는 정반대되는 생활 양식을 유지했기 때문에 늘 적대적인 관계에 있었지만, 그럼에도 불구하고 상호 의존적인 처지에 있었다. 북방의 유목민들은 생활필수품에 가까운 남부 지역의 일부 주요 생산품과 때로는 그 지역의 사치품들을 필요로 했다. 유목민들이 이 같은 물품을 얻는 방법은 무역, 대상(隊商), 무력 약탈의 3가지가 있었다. 반면에 중국의 정착민들은 유목민들이 사는 스텝 지역의 가죽이나 유제품 등 생산품들을 절실히 필요로 하지는 않았지만, 유목 야만족들의 존재를 무시할 수 없었기 때문에 여러 방법을 동원하여 유목민들의 내침을 막아내야만 했다.

스텝 지역 유목민들의 단합과 분열은 중국 왕조의 흥망성쇠에 따라 결정되었다. 유목민들은 세력이 강성할 때 결단력 있는 지도자를 옹립하여 다른 유목민 부족들을 복속시켰고, 중국의 왕조가 쇠망의 길을 걸으면 그들의 세력을 스텝 지역 밖으로까지 확장시켰다. 그러나 유목민들이 이같이 세력을 확장하여 남방 정착민들의 문화를 수용하게 되면 결국에는 비극적 결말을 맞았다. 유목민들은 원래 기동성이 뛰어나 후방에서 별도의 물자 보급을 받을 필요가 없었다. 그러나 세력 확장 이후에는 이 전통적인 우월성을 상실해 끝내는 그들이 복속시킨 중국인들에 의해 동화되고 말았다. 그 후 중국에는 다시 강력한 제국이 일어나고 유목민들은 족장들끼리 끊임없이 싸움을 벌여 분열되었다. 이렇게 하여 그들의 흥망성쇠는 계속 반복되었다.

몽골 정복의 역사는 이 같은 형식을 그대로 드러내고 있으며, 이러한 정치적 갈등과 긴장을 배경으로 칭기즈 칸의 생애를 검토해야 한다. 그는 자신이 속한 부족들 내부에 재통일의 기운이 무르익었고 또 그 당시 중국과 기타 정착 문화를 가진 나라들이 쇠퇴의 길을 걷고 있음을 인식했기 때문에 그러한 상황을 이용하여 정복자의 길로 나선 것이다. 그는 후손들에게 다음과 같은 말을 남겼다.

> 집안이 나쁘다고 탓하지 말라. 나는 아홉 살 때 아버지를 잃고 마을에서 쫓겨났다.
> 가난하다고 말하지 말라. 나는 들쥐를 잡아먹으며 연명했고 목숨을 건 전쟁이 내 직업이고 내 일이었다.

작은 나라에서 태어났다고 말하지 말라. 그림자 말고는 친구도 없고 병사로는 10만, 백성은 어린애, 노인까지 2백만도 되지 않았다.
배운 게 없다고, 힘이 없다고 탓하지 말라. 나는 내 이름도 쓸 줄 몰랐으나 남의 말에 귀 기울이면서 현명해지는 법을 배웠다.
너무 막막하다고, 그래서 포기해야겠다고 말하지 말라. 나는 목에 칼을 쓰고도 탈출했고, 뺨에 화살을 맞고 죽었다 살아나기도 했다.
적은 밖에 있는 것이 아니라 내 안에 있었다. 나는 내게 거추장스러운 것은 깡그리 쓸어버렸다. 나를 극복하자 나는 칭기즈 칸이 되었다.

칭기즈 칸의 군사 전략

칭기즈 칸의 군대라고 백전백승의 완벽한 승리를 거둔 것은 아니었다. 그럼에도 불구하고 인류 역사상 칭기즈 칸의 군대만큼 결국 목표를 달성해내고 성과를 거두며 당대를 휩쓴 강력한 '진격의 거인'은 없었다. 역사상 최대의 제국을 건설한 정복 사업과 동서양 장벽을 허문 힘의 근원은 바로 칭기즈 칸의 군대의 역량에서 비롯되었다. 하지만 그 출동 규모는 고작 5만에서 10만 정도에 불과했다. 칭기즈 칸은 가장 경제적인 원리로 전쟁을 수행했다는 평가를 받는다. 칭기즈 칸의 군대는 어디서 그런 무적의 위력이 발휘되었을까? 소수의 병력으로 효율적으로 전쟁을 수행하는 비결을 현대적인 시각으로 연구해볼 가치는 충분해 보인다.

첫째, 뿌리, 즉 부족의 힘이다. 세계 제국 건설이 가능했던 이유는 어려운 상황에서도 죽음과 패배를 두려워하지 않고 고난에 굴복하지 않았던 칭기즈 칸의 용맹한 몽골 기병 덕분이었다. 열악한 환경 조건에도 전천후로 견딜 수 있는 몽골 말이 있었고, 강한 DNA를 가진 기병이 있었기에 가능한 일이었다. 몽골 기병은 강인한 DNA와 원초적인 마술 기술을 보유했고, 말은 초원에서 단련된 야생 능력과 지구력을 겸비하여 전투력 측면에서 시너지 효과를 창출했다. 몽골 기마병은 독립적인 전사이자 단독적 전투 주체였다. 작은 주체가 여럿이 모여 이른바 기마 군단을 이루면서 엄청난 전투력이 발휘된 것이다. 각 개체로 그들의 강점이 발휘되면서 칭기즈 칸 군대 전투력을 성장시키는 구심력이 되었다. 몽골 기병 한 사람은 대개 3~5마리 정도의 말을 끌고 다니며 번갈아 탔기 때문에 말이 피로하지 않았다. 게다가 말 다루기에 능수능란해 달리면서 말을 갈아타기도 하고 말이 도주할 때도 뒤로 활을 쏘는 '파르티잔 샷'을 능숙하게 할 수 있었다. 말에 철갑을 씌워 중무장하고 긴 창을 든 당시 유럽의 기사들은 기동성 면에서 몽골 병사들의 적수가 되지 못했다.

고구려 벽화 수렵도 중 파르티잔 샷 부분

둘째, 공감의 힘이다. 칭기즈 칸의 군대는 꿈을 공유하는 연대감에서 분출된 전투 에너지가 최대 강점이었다. 태어나는 곳은 달라도 죽는 곳은 같을 수 있다는 공동 운명체 의식을 가지고 있었다. 칭기즈 칸의 솔선수범과 자기 절제 노력은 동고동락하는 기풍을 조성했다. 이는 결국 골육지정의 군대로 하나로 뭉쳐서 백전불패의 신화를 남기게 되었다. 그것은 '나'와 '너'가 아닌 '우리'라는 동지(안다) 의식을 불러일으켰다. 또한 이것은 더 나은 세상을 만들어 더 큰 파이를 나누자는 공동 부유 정신을 촉발시켰다.

칭기즈 칸의 군대는 전리품을 기여도에 따라 분배하는 인센티브 제도를 통해 전투 의지를 고양시켰다. 전리품(戰利品)을 나누는 과정에서도 병사와 장군의 구분 없이 모두에게 공정하게 분배하는 원칙을 끝까지 지켰다. 개인이 전리품을 챙기는 다른 군대와는 달리 전투가 끝난 뒤에 모든 전리품을 모아 놓고 칸이 직접 공정하게 분배했기 때문에 전투 중간에 전리품을 챙기느라고 전투에 소홀한 병사가 없었다는 것이다. 이순신 장군이 《난중일기》에서 전투 중에도 전공(戰功)을 확인받는 증거물인 적의 수급(首級)을 모으기에 급급한 병사들에게 "너희들의 공(功)은 내 눈에 있지, 적의 수급에 있지 않다"라고 외쳤던 사실을 상기해 보면 사후 분배와 공정 분배의 의미가 더 다가올 것이다.

셋째, 조직의 힘이다. 몽골 제국이 전장에서 승리를 얻은 것은 병마가 많고 우수해서가 아니었다. 일사불란한 지휘 체계, 즉각적인 전·평시 동원 제도, 충성스러운 친위(親衛)대 운용, 엄격한 규율과 제도, 효율적인 조직 운용 때문이었다. 칭기즈 칸은 십호제, 백호제, 천호제 등으로 조직을 십진법(十進法)식으로 제대별로 조직화시키고 효율적으로 재구성했다. 특히 신분과 민족을 가리지 않고 능력만 있으면 지휘관으로 중용했다. 천호제(千戶制)는 수평적 개념에서 각종 씨족 간 분파적인 사회 분위기를 일소하고 사회 행정 조직을 출신 성분과 종족을 고려하지 않고 전시 동원 체제 위주로 재결성했다. 수직적인 개념에서 국가 경영과 군대의 중심축 역할을 할 수 있는 충성스러운 엘리트를 다양한 분야에서 선발해서 친위(親衛, 케식)대를 조직했다. 그리고 특별 교육을 통해 정예화시키면서 그 수를 늘려 점차 확대 발전시켰다.

평시에는 칸의 지휘 통제권 강화를, 전시에는 지휘관의 역할을 효과적으로 수행하도록 충성 조직을 운영했다. 이런 방식은 후일 마오쩌둥이 정신 무장을 단단히 한 '공산 당원'을 뼈대로 중국 대륙을 확보하고 지배하는 전략으로 응용되기도 했다. 칭기즈 칸은 이를 통해 혁신적이고도 창의적인 조직으로 변모시켰다. 제대별로 단순화시켜 통제가 용이하도록 책임제 관리를 정착시켰다. 능력과 성과에 따라 승진시키는 제도를 확립하여 통합적인 강력한 응집력과 신속성을 발휘토록 했다. 당시 13세기 기준으로 볼 때 혁신적인 내부 통제 시스템과 효율적인 조직 관리 시스템을 갖추었다는 평가다.

초창기 초원에서 격전이 끝난 후 칭기즈 칸 휘하의 장군들이 모여 대장군을 선출할 때의 일이었다. 장군들이 모두 입을 모아 전날 전투에서 사흘 밤낮을 잠도 자지 않고 적병에 둘러싸인 채로 용감히 싸워 결국 승리한 예순빼이라는 장군을 추천했다. 그러나 칭기즈 칸은 이렇게 말했다.

"나도 예순빼이가 훌륭한 장군임을 안다. 그러나 그런 용맹함은 누구나 가질 수 있는 것이 아니다. 그가 대장군이 된다면 그는 그런 초인적인 능력을 모두에게 요구할 것이고 그것은 평범한 병사들에게는 큰 부담이 될 것이다. 병사들 모두가 할 수 있는 능력을 모아 전투력을 최대로 끌어낼 수 있는 사람이 대장군이 되어야 한다"

칭기즈 칸은 홀로 반대 의견을 밝혔다. 이런 일화는 칭기즈 칸의 인간적 면모가 어떤 것임을 잘 보여주는 것이다. 칭기즈 칸은 적에게는 최악의 학살자이자 악몽이었지만, 부하들을 다스리는 데에는 그야말로 완벽한 상사였다. 광대한 땅에 흩어진 부대들이 단 한 번의 반란 시도도 없이 절대적 충성을 유지한 것은 칭기즈 칸이 얼마나 시스템 조작과 운영에 강한 인물이며, 또 존경받는 인물이었는가를 보여주는 것이다.

넷째, 스피드의 힘이다. 칭기즈 칸의 군대는 압도적인 스피드와 기동력으로 전장을 장악했다. 신속한 기동력을 기반으로 전광석화 같은 기습전으로 신출귀몰하는 속전속결 전략을 구사했다. 기마병 한 사람이 통상 말 3~5필을 추가로 끌고 다니다 말이 지치면 대체마로 바로 갈아타는 방식으로 기마병 위주의 전투·이동 전략을 채택했다. 기마병의 기동성은 원초적인 기마 전사의 능력과 기질에 거듭된 전쟁 경험을 통해 더욱 발전되었다. 전투 식량의 간편성과 용이성, 살상 장비의 경량화는 진격 속도에 부담이 되지 않았다. 고기를 빻아 분말을 만든 뒤 좁은 자루에 넣어 병사 개인이 X-Band처럼 차고 식사 때 분말에 따뜻한 물을 넣어 먹었고, 또 안장 아래 생고기를 넣고 다니면 그 고기가 햄버거의 패티처럼 부드러워져 먹기 좋았다는 이야기도 전한다. 간편식과 경량 무장의 조합 덕분에 몽골군은 후방 보급 지원 부대를 따로 활용할 필요가 없었다. 고구려를 공격하다 패퇴한 수당 군대 혹은 러시아를 쳐들어갔던 나폴레옹이나 히틀러의 독일군이 패한 까닭은 전진할수록 보급선이 길어져 청야(淸野) 작전을 쓰는 방어군을 당할 수 없었기 때문이다. 이렇게 몽골군의 신속한 기동력은 간편성과 몽골 기마병의 자신감에서 비롯되었다. 몽골 기마 군단은 1241년 헝가리 정복 원정에서 하루 평균 1백 킬로미터를 주파했다. 이 속도는 2차 세계 대전에서 기록된 독일 나치 기갑 군단의 전격 작전의 돌파 속도보다 더 빠른 것으로 알려지고 있다. 몽골 기마 군단의 성공 원리는 현대 경영인의 대표인 잭 웰치가 규정한 대로 "간편하지 않으면 빨라질 수 없고 빨라지지 않으면 이길 수 없다"는 점을 여실히 증명했다.

다섯째, 연결된 정보의 힘이다. 칭기즈 칸의 군대가 도입한 역참(驛站)제는 원거리 전투 역량을 극대화시켰으며, 대제국의 틀을 유지시켜준 동력이었다. 수시로 정보를 획득하고 지휘 보고 체계를 위해 정보망을 운영하는 전달 및 전령(傳令) 시스템은 거의 현대적 개념에서의 지휘·통제·통신·컴퓨터·정보 체계 시스템을 구축했다고 평가할 수 있다.

몽골의 역참 제도는 원활한 군수 보급을 위해 실크로드를 따라 공용 도로를 건설하고, 1만 개 이상의 역사(驛舍, 병참기지)를 세우고, 총 20만 마리 이상의 말(기동력)을 보유하도록 했다. 몽골군 전령은 말 10마리를 교대로 운영하여 하루에 2천 리를 이동할 수 있었다. 거의 만 킬로미터에 달하는 장거리 보고 체계를 확립하여 효율적 군수·정보망을 운영했다. 현대전의 개념에서 보아도 상상을 초월하는 탁월한 시스템이었다.

당시 역참 제도는 군사적인 측면에서 정보, 통신, 보급, 수송 기지였고, 교역적인 측면에서는 숙박과 상품 판매, 유통 센터였으며, 문화 예술적인 측면에서는 교류의 장이었던 셈이다. 21세기 관점에서 보면 사람과 정보의 네트워크화를 이뤄내 유럽과 아시아를 하나로 묶은 오프라인 넷(망, 網)을 구축했다고 할 수 있다. 연결은 공유하게 하고 더 나아가 공존을 통한 공영으로 나아가게 했다. 당시 몽골 초원에서 성장한 칭기즈 칸이 이렇게 '연결의 힘'을 구현했다는 것은 세기를 초월한 발상이었다. 요즘 말로 하면 GPS를 이용한 안내 정보, SNS를 이용한 네트워크 소통, 헬리콥터와 수송기를 이용한 현장 보급 체계를 동시에 운용한 것이었다.

여섯째, 상상력의 힘이다. 숫자가 열세인 상황에서는 적이 미처 상상하지 못하는 전법이 효과를 발휘해야 승리할 수 있었다. 누구나 생각하는 방식대로 싸우면 병력이나 장비가 매우 우세해야 한다. 그렇더라도 상식대로 움직이면 적은 이미 대처 방안을 마련해 두고 있기 마련이다. 이에 상상의 힘에서 나오는 패러다임의 대전환이 요구된다. 가장 경제적인 원리로 전쟁을 효율적으로 수행하는 방안을 창출할 수밖에 없다. 결국 작지만 강한 군대, 효율적인 시스템, 뛰어난 지휘관 배출이 관건이었다. 칭기즈 칸은 능력에 따라 중용했고, 전투 현장에서도 피아를 가르지 않고 필요하고 유능한 기술 인재의 영입을 시도했다. 출신보다 조직을 발전시킬 수 있는 능력 제일주의를 선호했다. 명장 쩨베도 원래는 칭기즈 칸을 향해 먼 거리에서 활을 쏘아 맞힌 적병이었지만, 전투 후 오히려 칭기즈 칸이 그의 능력을 칭찬하고 거두어 명장(名將)으로 키워냈다.

몽골군은 의도적인 잔혹함을 보여주어 몽골 군대가 침입하여 대치하면 대부분의 유럽 나라들은 미리 항복을 구하는 것도 다반사였다. 공포감을 최대한 활용하는 전술이었다. 구태의연한 전술을 고집하지 않고 현지 실정과 전장 환경에 부합되는 창의적인 전술을 고안했다. 공성전, 백병전, 요새전 등 그때그때 상대국의 약점을 잘 알고 현명하게 전술을 구사했다. 아울러 타민족의 전술과 신무기 같은 강점을 연구해서 되치기 전략을 구사했다.

적군의 포로를 활용해 전선에서 바로 인력을 획득하고 보충시키는 것도 전략 중 하나였다. 이것은 '적의 힘에 의지해 적을 공격하는' 책략으로 몽골의 수적 열세를 극복하는 효율적인 방법이었다. 적의 기술 인재를 적극 활용하여 전술 장비를 개발하고 적의 취약점을 강타했다. 별도의 화력과 보급 부대 지원 없이도 자체 기마 부대가 단독적으로 작전을 수행 가능하도록 혁신적인 업그레이드 작업을 계속 진행했다. 이는 기존 고정 관념을 깨드리는 혁신이었다. 그는 당시 현장 전투 환경에 부합되는 방향으로 모든 개혁의 초점을 맞추었다. 전술적 전략적으로 과거의 패러다임에 얽매이지 않고 과감하게 전환했다. 즉 지속적인 '창조적 파괴(creative destruction)'를 통해 그는 전혀 다른 방식으로 정벌 전쟁을 전개했다.

칭기즈 칸은 전투력과 국력이 우세한 상대를 마주하면 늘 개방적인 자세로 다양한 전술을 활용해서 각종 난관을 타파했다. 전략적으로는 상대 부족이나 나라 간의 갈등을 이용할 줄 알았고, 국가 경영적으로는 몽골 부족의 규모와 상황에 맞게 군사 조직과 정책, 기율을 채택했다.

일곱째, 사람을 '활용하는 힘'이다. 능력과 충성심만 보증되면 원수까지도 중용했던 칭기즈 칸의 용인술은 당시 전통적인 풍습을 고려했을 때 가히 상상을 초월했다. 그는 민족과 출신을 묻지 않고, 신분과 환경을 따지지 않고, 자신을 반대했던 사람이나 적도 개의하지 않고 사람을 중용했다. 하지만 주인을 배신하고 의탁해 온 자를 칭기즈 칸은 살려 두는 법이 없었다. 당시 초원의 대부분의 리더들은 결과론에 의거해 책임을 추궁하는 스타일이었으나 칭기즈 칸은 자신의 자리에서 최선을 다한 지휘자에게는 책임을 묻지 않았고, 대신 겁을 내거나 적과 적절히 타협하거나 배신한 자는 끝까지 배척하거나 처형했다.

그는 평소부터 같이 가야 할 너케르(동지)를 규합했다. 칭기즈 칸이 처음 뜻을 세웠을 때 그의 수하에는 겨우 하인 두 사람과 동생 네 명 정도뿐이었다. 그는 자신과 몽골 부족이 처한 상황에 따라 기회가 있을 때마다 시의적절한 동지, 참모를 영입했다. 몽골 통일 이전, 세력이 미약할 때는 안다(맹우)인 토그릴 완 칸, 자무카와 쿠다(인척)에 의지했다. 그리고 점점 단순한 연대 관계는 물론 결혼 동맹 관계를 통해 위기를 돌파하려 했다. 몽골 초원에서 차츰 세력이 커지고 독자적으로 정치적, 군사적 능력을 갖추면서 능력 있는 장수들을 충원해 나갔다. 외연 확장 차원에서 제국의 기초를 다지기 위해 거란족 출신의 유학과 불교에 조예가 깊은 야율초재와 야율아해 같은 참모를 영입하여 팽창한 영토에 걸맞은 정치, 경제, 문화 제도를 정착시켰다. 그는 실용주의적 사고와 열린 종교관을 통해 출신과 성분을 따지지 않았다. 영토가 넓어지는 만큼 다국적 군대화, 다민족 공동체가 되어 갔다. 그는 분명 사람을 잘 보고 고르고 활용할 줄 알았다. 결국 인재 비즈니스를 잘한 것이다.

칭기즈 칸은 무에서 유를 창조한 리더였다. 불가능을 가능으로, 열세를 열정으로 극복했다. 13세기 100만 인구와 10만 군대의 몽골은 수적 열세에도 불구하고 수천만 인구와 수백만 대군을 거느린 제국들을 차례로 무너뜨렸다. 그 배경에는 공동 운명체적인 병영 분위기 조성, 능력 우선주의에 입각한 인재 등용과 양성, 창의적인 전략 수립, 군사 제도와 장비의 혁신, 뛰어난 전술 운용과 통솔력을 바탕으로 강하고 효율적인 군대를 키워낸'전쟁의 신' 칭기즈 칸이 있었다. 그는 분명 세기를 초월하는 천재적인 군사 전략가이자 통솔력이 탁월한 리더였다.

제30강

칭기즈 칸의 후계자들

오고타이 칸(1185~1241)

오고타이 칸, 일명 우구데이 칸은 몽골 제국의 제2대 군주였다. 그밖에 외게데이, 《원조비사》에는 우게다이(斡歌歹), 화가다이(和歌台), 기타 문헌에는 우고다이(倭闊岱)로도 등장하며 악각덕의(諤格德衣)로도 불렸다. 묘호는 태종(太宗), 시호는 영문황제(英文皇帝)였다. 오고타이 칸은 칭기즈 칸과 그의 아내 보르테 사이에서 셋째 아들로 태어났다. 그에게는 형 주치, 차가타이와 동생 톨루이 및 여동생들이 있었다. 보르테가 메르키트 부족에게 납치되었다가 풀려난 지 9개월 만에 태어난 형 주치에 대해, 둘째 형이자 칭기즈 칸의 친아들이 확실한 차가타이가 형으로 대접하지 않고 일찍부터 혈통 문제를 들어 갈등을 빚었다. 차가타이는 과격한 성격으로 주치의 출생에 계속 의문을 제기하여, 그 과정에서 몽골의 부족장들로부터 후계자로서 부적격자로 간주되었다. 차가타이는 주치가 칭기즈 칸의 아들이라 해도 혈통상의 의혹이 제기되는 한 단결을 해칠 우려가 있다고 보았다.

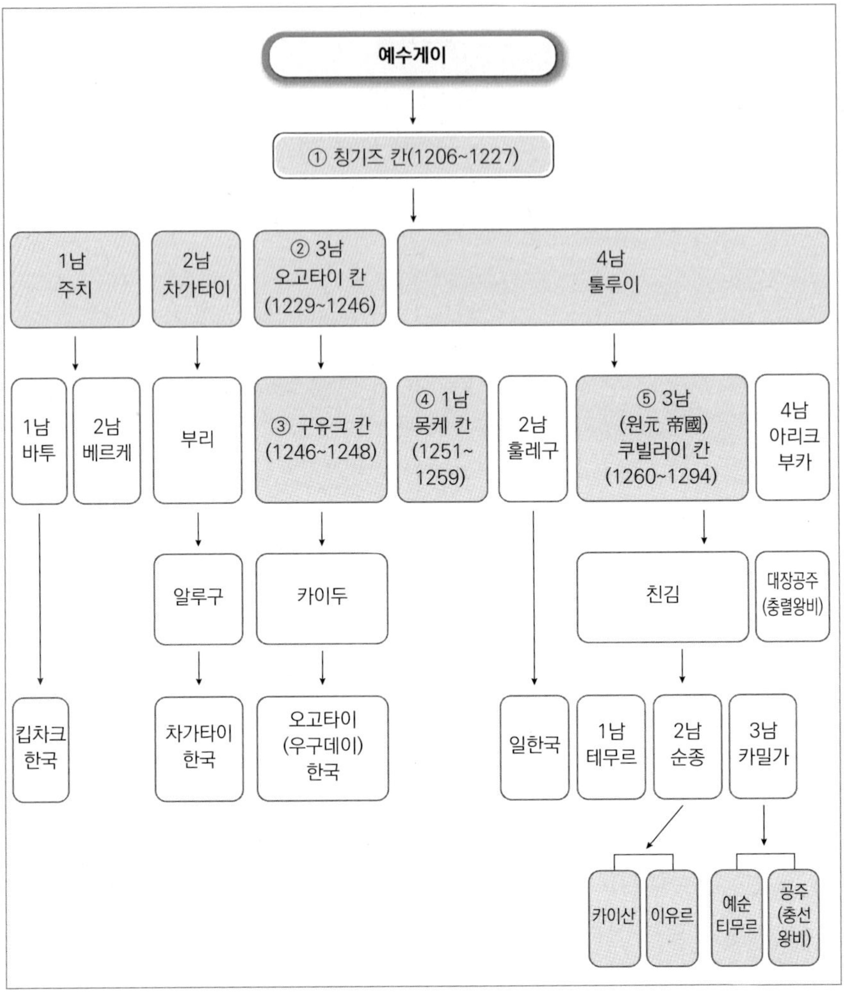

호라즘 원정길에서도 주치와 차가타이는 대립했다. 오고타이는 주치와 차가타이를 달래어 싸움을 말리거나 조정했다. 칭기즈 칸은 불문율에 붙이게 했으나 둘은 계속 갈등했고, 칭기즈 칸은 오고타이와 툴루이 중에서 후계자를 고민하다가 다소 온화하고 지적인 오고타이를 후계자로 내정했다. 주치, 차가타이는 이 결정에 이의를 제기하지 않았다.

1227년 칭기즈 칸이 호라즘 정벌에 호응하지 않은 서하를 정벌하려다 죽자, 톨루이는 2년간 감국(監國)을 맡았다. 칭기즈 칸은 죽기 전 몽골 부족장들을 불러 모아 오고타이에게 충성을 다하라고 지시했다는 설이 있다. 몽골 내부에서는 막내 상속의 관습에 따라 오고타이 칸의 동생이자 칭기즈 칸의 막내인 톨루이를 후계자로 요구하는 목소리가 있었다. 이것은 관습뿐만 아니라 톨루이가 지용(智勇)을 겸비한 명장이었던데다 주변에서 덕망도 두터웠기 때문이었다. 사실 칭기즈 칸도 내심 막내인 톨루이를 가장 아꼈다. 장군으로서 톨루이는 많은 군사력과 많은 몽골 부족장, 군주들의 지지를 얻어 왕좌에 앉을 수 있는 매우 재능 있는 사람이었다. 처음에 칭기즈 칸은 톨루이에게 몽골 본토를 상속해줄 계획이었으나 톨루이는 알코올 중독자였던 만큼 통찰력이 부족했다. 또 건강 악화도 후계에 부담을 주었다.

1229년 봄, 몽골 케룰렌 강가에서 누구를 대칸으로 추대할지 토론이 열렸다. 몽골의 여러 귀족은 톨루이를 지지했고, 40일간의 토론을 벌였지만, 결론이 나지 않았다. 토론 마지막이 다 되어갈 때 차가타이와 삼촌 테무게 옷치긴만이 오고타이를 지지했다. 그러나 톨루이는 몽골 제(諸)귀족의 추대를 사양했고, 어디까지나 아버지가 마음에 두고 후계자로 지명한 인물은 오고타이라는 뜻을 표명했다. 1229년 9월 13일, 쿠릴타이에서 오고타이 칸은 차가타이와 톨루이의 협력하에 대칸에 오르게 되었다.

오고타이는 즉위 직후 칸이 아닌 '카안'이라는 칭호를 썼는데, 일부 문헌에서는 합간황제(哈罕皇帝)로 기록되었다. 즉위 후에는 카라코룸에 성곽을 짓기 시작했고, 궁궐도 같이 지으면서 이곳으로 천도를 결심했다. 그는 위구르 출신 친친카이와 거란족 출신 야율초재를 재상으로 임명하고, 동투르키스탄과 네스토리우스파 기독교인들을 조정에 채용하여 하나의 세력을 형성했다. 또한 마흐무드 아라와치와 그의 아들 마우스트베크 외에도 호라즘 출신 인사들을 조정에 기용했다.

오고타이는 어려서부터 아버지 칭기즈 칸의 정복 전쟁 중 거의 대부분을 따라 다녔다. 1202년 토그릴 완 칸의 케레이트족과의 전투에도 참가했다.

1204년에는 아버지 칭기즈 칸을 따라 나이만족 정벌에 나섰다. 이때 아버지 칭기즈 칸은 나이만족 여성 퇴레게네를 사로잡았는데, 그녀가 똑똑한 인물임을 알아보고 퇴레게네를 오고타이의 아내로 삼게 했다. 1206년 아버지 칭기즈 칸이 전(全) 몽골 제국의 대칸으로 선포된 후, 오고타이에게는 나이만족, 잘라이르, 베수드, 술두스 및 온가탄 부족과 그들의 영토가 분봉되었다.

1211년 11월, 오고타이는 형제들과 함께 금나라 원정을 시작했다. 오고타이는 허베이를 통해 남쪽으로 진격했고, 1213년에는 산시성 일대를 점령했다. 또한 오르도스에서 금나라 군사를 몰아냈다. 오고타이는 타타르족과도 수시로 교전하여 타타르족을 복속시키는 데 기여했다. 칭기즈 칸의 서아시아 원정 당시 오고타이는 몽골인과 타타르인으로 구성된 군사를 이끌고 호라즘의 수도 우르겐치 성(城)을 공략했다. 이 과정에서 투항한 이슬람 상인 야라와치(牙剌洼赤)와 그의 아들 마수우드베이(馬思忽惕別乞占) 부자는 오고타이의 측근이 되었다. 몽골군이 퇴각하고 마수우드베이는 호라즘의 총독으로 임명되었고, 후일 오고타이 즉위 후에는 투르키스탄의 다루가치로 임명되어 현지에 체류했다.

오고타이와 차가타이는 5개월 만에 오트라르를 점령하여 지역 주민들을 학살하고 도시를 파괴한 뒤 주치가 주둔한 곳으로 돌아갔다. 호라즘 정복 성공 후 그 전공을 인정받아 1224년 칭기즈 칸은 오고타이에게 나이만부 영지와 신장 웨이우얼 자치구 일대, 몽골고원 서부를 영지로 주었다. 이곳은 후일 오고타이 울루스로서 후일의 오고타이한국이 되는 곳이다. 그러나 오고타이는 나이만 지방에 가지 않았고, 실질적인 오고타이 울루스의 통치자는 그의 손자 카이두였다. 오고타이가 이끄는 부대 병력 중에는 타타르인이 많이 포함되어 있었는데, 후일 유럽인들이 몽골과 타타르를 같은 민족으로 혼동하는 계기가 되었다.

오고타이는 체력이 강하지는 않았으나 온화하면서도 꾸준했고, 다소 지적이고 현명한 인물이었다. 그러나 고집과 낭비벽이 있고, 결단력은 떨어진다는 인물평도 있었다. 아버지 칭기즈 칸은 잘라이르의 부족장 중 한 사람인 일루구이를 오고타이의 가정 교사로 임명했다. 또한 요나라 황족 출신 측근 야율초재에게 오고타이를 돕게 했다. 야율초재는 중국의 역사와 문화에 대해 오고타이에게 설명하고 설득했으며, 오고타이는 그를 신뢰했다. 한때, 야율초재가 근거도 없는 부패 혐의로 모함받고 체포되어 오고타이에게 끌려온 적이 있었다. 오고타이는 그를 신뢰하여 풀어주려고 했으나 야율초재는 이유가 있어서 잡혀 왔는데, 아무 해명도 없이 풀어주면 원칙이 바로 서지 않는다며 거절하기도 했다. 오고타이는 이런 강직한 야율초재를 고문 겸 스승처럼 존중하며 그의 충고를 대부분 받아들였다.

1229년, 오고타이는 몽골의 군주가 되어 개혁과 제도 정비에 힘썼다. 야율초재를 중용하여 중국 화북 지방의 경영에 나섰고, 중국식 유교 제도를 받아들였으며, 중서성과 좌우 승상직을 설치하여 행정 제도를 개편했다. 1229년 야율초재(耶律楚材)가 하북(河北)의 주민들은 호(戶) 수를 기준으로 조세를 받고, 서역 사람들에게는 정(丁)을 기준으로 세금을 걷도록 주청하여 승인하고 시행했다.

1230년 야율초재가 황하강 이북 화북 지역 통치에 대한 진언을 올렸다. 허베이, 산시, 산둥성, 연경 등에 10개의 로를 정비하고 십로정수과세사(十路征收课税使)를 보내 세금을 거둘 것을 청했다. 동시에 저명한 유사(儒士)를 조세 관료로 채용할 것을 청하여 오고타이는 그대로 승인했다. 또한 야율초재는 중국 화북 지역을 목초지로 개간하기보다는 농업 지역으로 두고 농작물 수확량, 생산량에 따라 세금을 차등하여 거둘 것을 건의했다. 국고 확충을 위해 농사를 폐지하고 목축업을 장려하는 것도 좋은 방법이나 한족에게 농사를 계속 짓게 하고 그들의 수확량에 따라 세금을 거둔다면 지속적인 국고 수입원이 생기게 된다고도 했다. 오고타이는 야율초재의 이런 정책을 대부분 수용하여 몽골의 재정 기반을 튼튼하게 만들었다. 유목 목축인에게는 유목민에 맞는 조세나 통치 방식을 사용하고 농경민인 한족에게는 거기에 맞는 조세 방식을 차등 적용해 불만을 없애고 재정도 확충했다. 이 과정에서 자신의 영지에서 주로 생활하던 형 차가타이는 몽골의 법령을 수호하는 인물로서 제국의 중서부 지역에서의 법령 집행에 협조했다. 오고타이는 정복지와 속국에 총독격인 관료 다루가치를 직접 임명하여 파견하는 한편, 교통로를 건설하여 수도 카라코룸성과 연결하여 제국 내의 교통망과 통신망을 정비했다. 그는 정복지의 백성과 자원을 적극 활용해야 한다는 야율초재의 건의를 받아들여 정복지를 파괴하고 방화하기보다 현지인들을 몽골의 국민으로 받아들이고 그 지역의 자원과 인력, 기술, 특산물 등을 이용하는 정책을 펼쳤다. 야율초재는 오고타이의 정책에 이견이 있다면 여러 가지 정책과 결과를 설명하고 어느 것을 선택할 것인가를 문의했다. 오고타이는 야율초재가 제시한 것 중 최선책으로 생각되는 정책들을 선택했다.

오고타이는 몽골 본국과 정복지에 우편과 파발을 도입하고 파발마를 통해 서신을 주고받게 했으며, 중간중간에 말과 전령이 쉬어갈 수 있도록 각 지방과 속국에 역참[驛站, 잠치(站赤)]과 여관을 설치했다. 《십팔사략》에 의하면 오고타이는 정복지의 각처에 몽골 최초로 창고를 건립하고 역참을 세워 명을 전달하고 받았다 한다.

1231년, 오고타이는 운중(云中, 현 산시성 다퉁시)에 십로정수과세사를 보내 세금을 거두었다. 그해에 오고타이는 중서성을 설치하고 관원을 중용했으며, 야율초재를 중서령, 몽골인 충산(粘合重山)을 좌승상, 위구르족 출신 진해를 우승상으로 채용했다. 같은 해인 1231년, 동생 툴루이에게 군사를 보내 금나라를 원정하게 했다. 툴루이는 1232년 초, 몽골군을 이끌고 허난성, 위저우의 삼봉산(三峰山) 일대까지 차지했다. 오고타이는 친히 군사를 이끌고 가 툴루이와 회견했다.

1232년 음력 9월, 오고타이에게 생긴 병환의 희생물이 필요하다는 제사장들의 점괘가 나왔다. 툴루이는 스스로 황제 오고타이의 제물(祭物)을 자처하여 북방으로 가 독약이 든 배를 먹고 죽었다. 그러나 일설에는 퇴레게네 황후와 일부 오고타이의 측근 귀족들이 툴루이를 독살한 것이라는 설이 있다. 오고타이 칸은 한때 툴루이의 처 소르칵타니 베키를 자신의 아들 구유크와 결혼시키려 했다. 소르칵타니 베키는 아이들의 나이가 어리다고 오고타이의 요구를 거절했다.

1232년, 오고타이는 코카서스를 원정했다. 그러나 간자크 지역에 이르러 투석기와 공성전으로 고전을 겪었고, 결국 몽골군은 철수하게 되었다. 1233년 6월 남송이 오고타이의 금나라 원정 제의에 동의하자 오고타이는 몽골-남송 연합군을 꾸려 금나라의 서부를 공격했다. 1233년 몽골 제국은 금나라의 수도 개봉을 함락하고 1234년 2월 9일 금나라는 멸망했다. 채주성(蔡州城)에서는 금나라의 잔존 군대를 격파해 1234년 봄, 최종적으로 금나라 정복에 성공했다. 금 애종은 개봉을 탈출해 허난 지역을 전전하다가 1234년 채주에서 몽골과 남송의 연합군에게 포위당하자 자살했다. 이때 오고타이는 개봉 주민 130만 명에 대한 처형을 지시했다가 야율초재의 진언으로 지시를 바로 취소했다. 야율초재는 오고타이에게 어려움을 겪으면서 정복하는 것은 땅과 백성을 얻기 위한 것인데, 땅을 얻어도 백성이 없다면 누가 재물을 만들겠느냐고 조언했다.

금나라 원정 시 개봉 지역의 오랜 저항과 몽골군이 항복을 종용하러 보낸 사자의 목을 벤 일로 오고타이는 개봉 지역을 불쾌히 여겼다. 금나라 멸망 후 몽골은 일시 북쪽으로 물러나고, 그 뒤를 송나라군이 북상하여 낙양(洛陽)과 카이펑(개봉)을 손에 넣었다. 금나라의 옛 영토는 몽골과 송나라가 나누어 가졌는데, 개봉을 남송이 차지한 것을 두고 오고타이는 남송의 조약 위반이라 보고 격노하며 남송군을 상대로 전투 상태에 들어가게 되었다. 그러나 남송의 명장으로 널리 알려진 맹홍의 저항으로 고전을 면치 못해 몽골군은 일진일퇴를 거듭했다. 이후 오고타이는 수부타이를 구 금나라 영토의 다루가치로 임명하여 파견했다.

금나라 정복에 성공하자 오고타이는 송나라 정복을 계획했다. 1235년 세 방향에서 남송을 압박하는 삼면 포위 전략을 수립했다. 서쪽은 오고타이의 셋째 아들 카탄과 타하이 장군이 이끌고 쓰촨 지방으로, 또 다른 경로로는 오고타이의 넷째 아들 쿠추와 토무다이 장군이 후베이성 한수이강을 거쳐서, 동쪽으로는 벨구테이의 아들 부하군과 트간 노얀이 이끌도록 했다. 즉, 이것은 남송을 동쪽 바다를 제외한 삼면에서 포위하는 전략이었다. 몽골군은 양쯔강 인근까지 다다랐으나 경험 부족으로 결국 후퇴했다. 이 전투에서 오고타이의 넷째 아들 쿠추가 전사했다. 쿠추를 총애했던 오고타이는 일찍이 그를 후계자로 결정했지만, 쿠추의 이른 죽음으로 그 아들이자, 자신의 손자인 시레문을 황궁에서 직접 양육했다. 오고타이는 시레문을 자신의 후계자로 정했지만, 퇴레게네 황후는 구유크를 후계자로 지명할 것을 촉구했다. 오고타이 사후 퇴레게네는 바로 후계자를 선포하지 않고 섭정하면서 교묘한 정치 술수로 손자 시레문 대신 자신의 아들 구유크를 대칸에 오르게 했다.

1236년 오고타이는 바투를 총사령관으로 임명하고 서방 원정군을 편성·파견하여 러시아의 각 제후국을 굴복시켰다. 1236년에는 크로마칸이 이끄는 군대가 코카서스를 완전히 정복했다. 1237년 겨울, 몽골군은 리아잔 공략전에 참여했고, 1239년에는 구유크와 몽케가 알라니족과의 전투에서 승리를 거두었다. 그해 말 또는 이듬해 초에는 구유크가 툴루이의 장남인 몽케와 함께 아스인들의 거점인 메게스를 점령했다. 수부타이가 이끄는 군대는 헝가리 국내에 들어갔고, 바이다르가 이끄는 군대는 폴란드 일대를 공격했다. 1240년까지 크로마칸은 트랜스코카시아(Transcaucasia)를 정복하고, 그루지아(현재의 조지아) 귀족들의 항복을 종용했다.

1240년 겨울 서방 원정군은 키예프 공성전에 성공해 러시아 일대를 점령했다. 전황은 파발마를 통해 실시간으로 오고타이에게 보고되었다. 1241년 초, 서방 원정군은 헝가리에 도착했고, 헝가리와 폴란드의 각지 및 신성 로마 제국의 동부 지방까지 진출했다. 그러나 이 원정의 과정에서 구유크와 바투 사이의 갈등이 본격화되었다. 구유크는 바투 형제들의 실책을 보고 그들의 지휘 능력, 특히 바투의 역량을 불신했다. 그는 “모든 공은 수부타이 장군의 것이고 바투는 그 공을 가로챈 지휘관에 불과하다”라고 주장했다.

차가타이의 아들 부리가 주치의 아들 바투를 주치의 혈통 문제를 언급하며 비난할 때 구유크가 동조하면서 서방 원정군 내에 갈등이 벌어졌다. 이 소식을 들은 오고타이는 통합을 위해 구유크와 몽케에게 있던 우익군의 지휘권을 카단과 부첵에게 맡기고, 두 사람에게 돌아오라고 명령했다. 바투는 티사강과 도나우강 강변에서 이별연을 열었는데, 이 자리에서 구유크는 전쟁에서 바투의 소극적 태도를 비난했다. 구유크는 바투에게 '화살통을 들고 다니는 늙은 여자일 뿐'이라고 조롱했다. 이에 분노한 오고타이는 구유크를 책망하여 사자를 파견하고 소환했지만 구유크가 돌아오기 전에 오고타이는 사망했다.

1240년, 오고타이는 1239년에 남송 전투에서 돌아온 아들 코단에게 다시 군사를 주어 티베트에 파견했다. 또한 남송에 셀무스 등 사절을 보냈지만, 남송 군인들이 셀무스와 오고타이의 사절을 살해하면서 두 나라 사이의 상황은 악화되었다.

1241년, 오고타이는 다시 인도 원정을 추진했고, 다이르를 가즈니 원정군 사령관으로, 멩게투를 곤두즈(현 아프가니스탄) 원정군 사령관으로 임명해 인도로 보냈다. 1241년 겨울, 몽골군은 인더스강을 점령하고, 델리 술탄령 치하에 있던 라호르(현 파키스탄 펀자브)를 점령했다. 그러나 가즈니 원정군 사령관 다이르는 1241년 12월 30일 갑작스러운 기습 공격을 받고 전사했다. 곧이어 인도 원정군은 오고타이 칸의 사망 소식을 접했다. 당황한 몽골군은 우왕좌왕하다가 라호르 지역 주민 전원을 학살하고 도시를 불태운 뒤, 델리 술탄령에서 철수했다. 1241년 음력 11월 4일, 오고타이는 소수의 측근들을 데리고 카라코룸 외곽으로 대규모 사냥을 나섰으며, 11월 7일에는 우테그클랑산(鈋鐵鐔胡蘭山) 행궁에 갔다. 그러나 음력 11월 8일 오고타이는 갑자기 사망했다.

오고타이는 평소 술을 매우 좋아하여 즐겨 마셨는데, 알코올 중독과 장기 부전증으로 사망한 것으로 알려졌다. 오고타이의 갑작스러운 죽음으로 서방 원정은 취소되었고, 구유크 외에도 남아 있던 몽골군은 전원 본국으로 퇴각했다. 당시 몽골군의 일부는 달마티아, 이탈리아의 프리울리 근처, 알바니아 국경 앞까지 도착한 기마 병력도 있었다. 그들이 하루아침에 철수하여 사라지자 유럽 국가들은 신을 향한 기도가 효험이 있어 사탄이 물러갔다고 감사 기도를 드리며 환호했다는 기록도 남아 있다.

생전 오고타이 칸은 쿠추의 아들이자, 자신의 손자인 시레문을 자신의 후계자로 내정했다. 또한, 조카인 톨루이 가문의 몽케 역시 잠재적 후계자로 생각했다. 《십팔사략》에는 오고타이가 시레문을 후계자로 지정하는 유언을 남겼다는 기록이 있다. 그러나 오고타이 칸의 승하 후 황후 퇴레게네에 의한 교묘한 정치 공작으로 구유크가 다음 칸으로 선출되었다. 퇴레게네는 구유크를 다음 칸으로 올리려 했으나 킵차크한국의 바투는 구유크의 즉위를 강하게 반대했다. 바투는 구유크의 즉위를 방해할 목적으로 쿠릴타이에 불참을 선언했고, 대칸 선출을 위한 쿠릴타이 개최를 지연시켰다. 오고타이 사후 칭기즈 칸의 이복동생 테무게 옷치킨이 1241년과 1246년 두 번에 걸쳐 쿠릴타이 없이 군사를 이끌고 카라코룸을 점령하려다가 퇴레게네 황후의 강한 반발로 실패했다.

오고타이는 만년에 비만으로 말을 타지 못했고, 알코올 중독으로 체력이 약해져 전염병에 자주 걸리기도 했다. 오고타이 치세 후반에는 퇴레게네가 국정에 적극 관여하면서 정치가 혼란스러워졌다. 중국의 사서는 야율초재가 퇴레게네 황후의 영향력을 억제하려 했으나 실패했다고 기록하고 있다.

오고타이의 사망에 대해서는 여러 가지 설이 있다. 오고타이가 중독되어 독살당했다는 설, 퇴레게네 혹은 퇴레게네의 사주를 받은 페르시아 여성 파티마 및 그의 자매에게 암살당했다는 설, 1241년 가을, 사냥을 나갔다가 아랍 상인 압둘 라흐만(Abdur Rahman)과 며칠간 밤새 술을 마신 후 얼마 뒤 사망했다는 설이 있다. 압둘 라흐만은 퇴레게네의 정부였다고 한다. 또 다른 설에 따르면 술에 취해 말을 타려다가 낙마해서 사망했다는 설도 있다.

오고타이 칸의 황후는 퇴레게네(1186~1246)이며 그의 사후 장남 구유크가 1246년에 칸으로 선출될 때까지 섭정했다. 1266년 조카 쿠빌라이 칸이 사당을 건립하면서 추존한 묘호는 태종(太宗)이고, 시호는 영문황제(英文皇帝)이다.

오고타이 칸은 집권한 기간 고려와도 갈등했다. 1225년 3월 2일, 몽골 사신 저고여(著古與)가 고려를 방문하고 돌아가던 중 고려-금나라 국경 압록강변에서 의문의 암살을 당했다. 때마침 고려 조정은 몽골에 보내는 공물을 중단하여 오고타이는 고려 무신 정권이 의도적으로 저고여를 살해한 것으로 규정했다. 이에 1231년, 오고타이 칸은 몽골 사신 저고여 살해 사건에 대해 힐책하는 내용과 함께 고려에게 항복하라는 국서를 보냈다. 그러나 고려에서 반응이 없자 1231년 8월 오고타이 칸은 억울하게 죽은 저고여의 복수를 선언하고, 장군 살리타이를 고려로 보냈다. 살리타이의 군대는 곧 개경에 당도했고, 고려 왕이 다시 공물을 보낸다고 약속한 후 몽골군은 철수했다. 그러나 몽골군이 퇴각하는 길에 살리타이는 고려 장군 김윤후의 기습공격을 받고 활에 맞아 전사했다. 살리타이의 전사 소식을 접한 오고타이는 고려 조정을 괘씸히 여기고, 미구에 고려를 다시 정벌할 것을 다짐했다.

1235년, 오고타이는 남송을 공격하는 길에 따로 당올태(唐兀臺)에게 대군을 주어 다시 강화도로 도망간 고려 무신 정권과 왕을 치게 했다. 몽골은 개주(介州: 개천), 온수(溫水: 온양), 죽주(竹州: 죽산), 대흥(大興: 예산) 등지를 침공하여 4년간에 걸쳐 전국 각지를 휩쓸었다. 이 과정에서 유명한 황룡사 9층 목탑도 파괴되었다. 몽골군은 기병, 궁병, 보병의 전투에는 능했으나 수중전에서는 미흡했다. 몽골은 육지에 화를 입혔으나 강화도만은 침공하지 못하니 고려 조정은 강화도에 웅거하여 방위에 힘쓰는 한편 부처의 힘을 빌려 난을 피하고자 팔만대장경의 재조(再彫)를 시작했다.

그런 한편으로 강화도에서는 백성에게 미치는 피해를 우려하여 1238년(고종 25년) 겨울 김보정(金寶鼎) 등을 적진에 보내어 강화를 제의했고, 몽골은 왕의 입조를 조건으로 이듬해 봄에 철수했다. 철수 후 고려는 약속을 이행하지 않다가 몽골의 독촉으로 입조의 불가능함을 말하고 왕족 신안공 전(新安公 佺)을 왕제(王弟: 왕의 아우)라 칭하여 대신 몽골에 보냈다. 1241년에는 신안공의 종형(從兄, 사촌 형) 영녕공 준(永寧公 綧)을 왕자로 가장시켜 몽골에 인질로 보냈다. 고려의 이러한 현란하고 능수능란한 외교 전략에 1241년 오고타이는 고려 침공 중단을 선언했다.

구유크 칸(貴由 汗, 1206~1248)

구유크 칸(貴由 汗)은 몽골 제국의 3대 칸으로 1246년부터 1248년까지 제위에 있었다. 이름은 귀위크 혹은 구유크인데, 한자로는 구육이다. 《원조비사》에는 그의 이름을 고여극(古余克)으로 기록하고 있다. 구유크는 오고타이 칸(우구데이 칸)과 그의 여섯 번째 부인 퇴레게네 황후 사이에서 장자로 태어나 메르키트 부족의 오굴 카이미쉬와 결혼했다. 오고타이는 대칸으로 즉위한 뒤에 자신의 영지인 중앙아시아 에밀 코보크 지역을 구유크에게 주었다. 구유크는 칭기즈 칸이 생존해 있을 때부터 몽골군 장수로 활동했다. 뒤에 아버지 오고타이가 칸에 오른 뒤에도 계속 몽골군의 소부대를 지휘했다. 오고타이 칸은 구유크 대신 쿠추와 카시를 후계자로 봤으나 쿠추가 남송 전쟁에서 죽고, 카시도 일찍 죽어 쿠추의 아들 시레문을 사후 후계자로 내정했다. 또한 툴루이의 아들 몽케도 잠재적인 후계자로 보고 있었다. 그러나 퇴레게네 황후의 끈질긴 천거와 책략으로 구유크가 후계자가 되었다. 구유크의 어머니 퇴레게네 황후는 오고타이 칸에게 구유크를 후계자로 정할 것을 여러 번 요구했지만, 오고타이 칸은 살아생전 이 요구를 모두 거절했다.

1229년 봄과 그해 여름의 쿠릴타이에서 삼촌 차가타이가 그의 아버지 오고타이를 적극 지지했다. 아버지 오고타이는 몽골 제국의 대칸으로 취임한 뒤 구유크를 차가타이의 궁정에 보내 사촌 형인 바투를 돕게 했다. 1232년 삼촌 툴루이 칸이 사망하자 그의 아버지 오고타이는 툴루이의 미망인 소르칵타니 베키를 구유크와 결혼시키려 했다. 그러나 소르칵타니 베키는 자신의 아들들을 책임져야 한다며 거절했다.

오고타이는 1234년부터 시작된 몽골 제국의 루스(러시아) 원정에 구유크를 보냈다. 주치의 차남 바투는 주치 가문과 차가타이 가문에서 차출된 좌익군의 지휘관이자 원정의 총사령관이었고, 구유크는 오고타이 가문과 툴루이 가문에서 차출된 우익군의 지휘관이었다. 구유크는 1236년 가을, 서방 원정군에 합류하여 바투, 툴루이 가문의 장남 몽케와 차가타이 가문의 부리 등과 함께 루시 원정에서 활약했다. 1237년에는 리아잔 공략전에 참여했고, 1238년에는 콜롬나 전투에 참여했다. 1239년에 구유크는 몽케와 함께 알라니족과의 전투에서 승리를 거두었다. 1240년 초에는 툴루이의 장남인 몽케와 함께 아스인들의 거점인 메게스를 점령했다. 1240년 겨울에는 키예프 공성전에도 참여했으며, 1241년에는 모히 전투에 참가했다.

1240년, 키예프를 점령한 직후, 승전 축하연에서 총사령관 바투가 건배를 제의하고 술을 마시자 구유크는 자신이 칸의 아들이라며 자신이 먼저 건배 제의를 해야 한다, 혹은 자신이 먼저 잔을 들어야 한다고 이의를 제기했다. 이는 곧 언쟁으로 이어졌고, 이는 오고타이 칸에게 보고되었다. 오고타이는 구유크가 칸의 아들이라는 지위를 이용해서 자신의 주군인 바투형을 능멸했다며 분개했다. 오고타이 칸이 바투를 지지하자 구유크는 불만을 품고 전쟁 도중 자신의 병력을 슬그머니 뒤로 빼거나 지원을 주저했다. 이는 그대로 오고타이 칸에게 보고되었다. 몽골 비사에 의하면 오고타이는 다시 서신을 보내 "너는 너의 주인(바투를 말한다)이 러시아인과 킵차크를 정복하는 동안 러시아인이나 킵차크인을 한 명도 제대로 붙잡지 못했고 염소 발굽도 얻지 못하지 않았느냐"라며 속히 돌아오라고 책망했다고 한다. 오고타이 칸은 사자를 통해 서신을 보내 구유크를 질책했다. 바투의 지시를 따르지 않은 것과, 바투는 총사령관으로서 구유크의 상급자라는 점을 명시하고, 서방 원정대에서 한 일이 무엇이냐며 추궁했다. 《집사(集史)》에 의하면 구유크가 귀환하면서 몽케도 같이 몽골로 돌아갔다고 한다.

구유크가 아직 회군 길이던 1241년 12월, 오고타이는 카라코룸에서 알코올 중독으로 사망했다. 당시 몽골 제국의 칸들이 모두 원정 중이었는데, 이

틈에 오고타이의 친 숙부이자 칭기즈 칸의 동복 막내아우이며 73세 고령의 옷치킨 테무게가 군사를 이끌고 오고타이의 오르도로 접근했다. 그의 목적은 선제(先帝)의 유해와 그의 부인들을 방패 삼아 정권을 잡자는 것이었다. 그러나 마침 구유크가 에밀에 도착했다는 소식이 전해지자 테무게는 야욕을 버리고 자신의 영지로 돌아갔다. 구유크는 바로 카라코룸으로 가지 않고 칭기즈 칸이 오고타이 칸에게 영지로 준 땅 중, 에르키스강과 타르바가타이산맥 근처의 에밀에 잠깐 체류했다. 퇴레게네 황후는 오고타이 칸이 지명한 시레문이 아직 나이가 너무 어리며, 구유크가 오고타이 칸의 장남이자 후계자로 적임자라며 몽골 귀족, 왕공족과 정복지의 귀족들을 면담하고 서신을 통해 설득했다. 이미 오고타이의 오르도를 장악한 것은 퇴레게네였다. 그녀는 장남 구유크를 남편 오고타이가 남긴 대칸 위로 세우고자 했으나 동유럽 원정에서 서로 갈등했던 바투의 방해로 쿠릴타이 개최는 계속 미뤄졌다. 하지만 퇴레게네의 공작은 결국 성공했으며, 1244년 봄 달란다바스에서 열린 쿠릴타이에 참석한 몇몇 몽골의 칸들은 구유크의 즉위를 합의했다. 그러나 바투는 구유크와 사이가 좋지 않았고, 톨루이의 처 소르칵타니 베키와 수시로 연락을 주고받았다. 바투는 몽케를 추대하려 했으나 불가능하다고 판단되자 수단과 방법을 동원해 쿠릴타이를 지연시켰다. 몽골 일부 부족장들과 조정 중신들도 오고타이 칸이 생전 후계자로 지정한 인물의 존재를 들어 반대했다.

그러나 구유크는 1246년 8월 24일에 오르홍강 상류 카라코룸 근처 우르멕투에서 대칸으로 즉위했다. 구유크의 즉위가 유럽에 알려지자 교황 인노첸시오 4세는 델 카르피네를 파견했고 유럽 각국에서도 사절을 파견했다. 교황의 사절 델 카르피네(Piano del Carpini)의 기록에 의하면 타미르강 안의 오고타이 칸의 궁전 만안궁에서 구유크 칸의 즉위식이 열렸다고 한다. 델 카르피네는 자신의 저서 《몽골사》에서 "선홍색 대형 천막이 세워졌고, 그 크기가 얼마나 컸는지 2천 명이 넘는 사람들이 모두 다 들어갈 수 있었다." 라고 기록했다. 델 카르피네는 1246년 9월까지 체류한 뒤, 구유크의 서신을 들고 바티칸으로 돌아갔다. 구유크는 교황 이노센트 4세에게 편지를 보내,

교황이 제후들을 직접 데리고 몽골로 와서 자신에게 복종할 것을 명령했다. 해가 뜨는 곳부터 해가 지는 곳까지 몽골에 주어진 것은 신의 뜻이며, 언젠가 너희는 몽골의 신하가 될 것이라고 했다. 구유크는 유럽 군주들을 교황의 제후로 생각했다. 그가 바티칸에 보낸 편지는 1920년 바티칸 공문서관에서 발견되었다.

구유크 칸이 즉위할 때 몽골의 종실과 대신들은 구유크가 모자를 벗고 황금 어좌에 오르자 대칸이라고 외쳤다. 이때 주치 가문의 바투는 구유크의 즉위식 참석을 거부했다. 바투는 구유크에 대한 충성 맹약도 역시 거절했다. 구유크는 스스로를 카안이 아니라 칸이라고 지칭했는데, 카안이라는 호칭은 아버지 오고타이만의 칭호라고 생각했다. 오고타이가 내정한 시레문 대신 구유크가 대칸으로 선출된 일을 두고, 툴루이계는 이의를 제기했는데, 후일 툴루이의 아들 쿠빌라이, 서자 무게 등이 이 일을 언급하며 문제 삼았다. 구유크는 바투, 오르다 등 주치 가문과도 계속 갈등했다. 오고타이, 차가타이 양가 세력의 지지 기반을 다지고자 억지로 당주 지위를 고쳐 없애고, 아버지 오고타이 칸에게 후계자로 지명받았던 조카 시레문 또한 경계하고 멀리했다. 일각에서는 그를 정통 군주로 보지 않았는데, 후대에 티무르 제국의 창립자 티무르도 구유크를 찬탈자라고 격하했다. 그의 즉위식에 참석을 거부한 바투는 이후 몽골 제국 본국과는 멀어졌고, 스스로 독자적으로 자신의 영토를 통치했다.

한편 구유크가 즉위한 후 잠시 모후 퇴레게네가 섭정을 맡아보았다. 그는 친정하려 했지만 즉위 초반의 실권은 퇴레게네 황후에게 있었고, 그녀는 실권을 순순히 넘겨주지 않았다. 모후 퇴레게네는 구유크가 즉위한 지 몇 달 만인 1246년 10월에 오고타이의 영지인 에밀로 은퇴했다가 사망했다.

친정을 시작하면서 구유크는 몽골 황족, 부족장들에게 "앞으로 대칸은 그 자신의 후손들에게만 전해져야 한다"며 여기에 동의하도록 요구했고, 몽골 황족과 부족장들은 일단 이를 받아들였다. 주치 울루스의 바투는 구유크의 즉위에 분노했으나 형식상 대칸으로 인정했다.

구유크는 칭기즈 칸이 정한 고문 금지를 깨고 반대파에게 고문을 가했으며, 특히 어머니 퇴레게네 황후의 측근이자 신뢰했던 무슬림 노예 출신 여성 파티마에게 고문을 가하여 몽골인들에게 충격을 주었다. 그는 중앙 집권적 정책을 펴고, 각 왕족, 부족장들의 권한을 견제했다. 또한 즉위 직후 세금을 올려 몽골계 여러 부족은 물론 정복지의 주민들에게도 반감을 샀다. 그는 체력이 약했음에도 술을 좋아하여 건강이 급속히 악화되었다. 관절염과 고혈압에 시달리고 있었으며 알코올 중독에 빠지게 되었다. 과도한 주색으로 만년에는 정무를 제대로 볼 수 없었으며, 손과 발이 자주 마비되기도 했다. 정무는 측근인 위구르인 재상 친친카이(田鎭海), 몽골인 카다쿠, 거란인 야율주(耶律铸) 등에게 위임하여 이들이 대신하도록 했다. 구유크 칸의 개인 가정 교사이기도 했던 카다쿠는 네스토리우스파 기독교도이며, 그의 영향으로 구유크 칸의 통치 아래 몽골 제국에서 기독교는 어느 정도 공인을 받았다.

1247년 8월, 구유크는 장군 이루지기데이에게 군사를 주어 페르시아 원정군을 편성하도록 하여 이란으로 보냈다. 구유크는 그해 9월 구문타르를 순행하고 돌아왔다. 10월에는 관료들에게 명하여 인구를 조사하게 했다.

1248년 봄, 구유크는 제2차 서방 원정대를 다시 편성하고, 바투 등에게 지휘를 맡겼다. 그러나 바투는 응하지 않았고, 구유크는 직접 바투를 치러 군사를 이끌고 킵차크한국으로 출발했다. 구유크는 다시 바투에게 소환령을 내렸지만, 바투는 응하지 않고 대군을 이끌고 출병했다. 구유크는 질병 치료를 위해 서행(西行)한다는 이유로 대군을 이끌고 출발했다. 혹은 서방의 새 영지를 방문한다는 이유를 댔다고도 한다. 소르칵타니 베키는 구유크가 군사를 일으켜 킵차크한국을 치려 한다고 바투에게 급히 알려주었고, 구유크의 거병 소식을 접한 바투는 군사를 이끌고 볼가강을 건너 동쪽으로 향했다.

구유크는 1248년 4월, 루스 지역으로 가던 도중에 자신의 몫으로 분배된 영지 비슈바리쿠(横相乙兒) 방면, 현재의 신장 위구르 자치구 북쪽 칭허현의 동남쪽 근처에서 갑자기 사망했다. 그의 갑작스러운 죽음에 대해서는 질병과 알코올 중독 합병증이라는 설이 있고, 과로사라는 설이 있다. 일설에는 툴루이의 처 소르칵타니 베키 또는 바투가 보낸 자객에 의해 암살되었다는 설도 있다.

주치 가문의 바투는 구유크와 갈등하면서 암암리에 몽케에게 사람을 보내 차기 대칸이 되어보라고 권고했다. 구유크의 갑작스러운 죽음으로 몽골의 제2차 유럽 원정은 전면 취소되었고, 고려 강화도 앞까지 갔던 몽골군 역시 퇴각했다. 구유크는 후계자를 지명하지 못하여 황후 오굴 카이미쉬는 시레문을 그의 후계자로 내세웠다. 그 이후 바투는 톨루이의 왕비 소르칵타니와 손잡고 다시 오고타이계와 분쟁했다. 구유크와 갈등하던 주치 가문에서 툴루이 가문의 편을 지지하면서 칸위는 툴루이 가문으로 넘어가게 되었다. 바투는 1251년에 쿠릴타이를 통하여 툴루이의 장남 뭉케가 칸에 오르도록 도왔다.

구유크의 황후(카툰) 오굴 카이미쉬가 구유크의 이복 동생 코추(闊出)의 장자이자 오고타이 칸이 후계자로 낙점해두었던 시레문(失烈門)을 오고타이계 칸으로 옹립하려고 모의하다 발각됐다. 몽케 칸와 소르칵타니는 애초에는 관용적으로 대응했으나 툴루이계와 부하 일당의 주장으로 결국 대대적인 숙청을 단행했다. 시레문을 처형했고, 시레문의 생모를 물에 던졌으며, 오굴 카이미쉬는 몽케 칸이 친히 국문을 벌여 나체 고문을 하고 펠트에 말아 강물에 던져 죽였다. 이 과정에서 몽케 칸은 오고타이계 왕자와 측근 77명 이상을 처형했다고 한다. 아들 호자, 나쿠 등은 선대 칸의 아들이거나 혹은 어리다는 이유로 죽음을 면하고 카라코룸의 서부로 추방되었다. 1266년 쿠빌라이 칸이 태묘를 세우면서 묘호는 정종, 시호는 간평황제로 추서되었다.

몽케 칸(蒙哥 汗, 1209~1259)

몽케 칸(蒙哥 汗)은 몽골 제국의 제4대 칸이다. 휘는 보르지긴 뭉케[별칭은 멩케(蒙客), 망구(莽扣, Mangu), 망래구(莽赉扣)]이다. 몽케는 1209년 1월 10일 칭기즈 칸의 넷째 아들인 툴루이와 케레이트족 출신 소르칵타니 베키의 장남으로 태어났다. 쿠빌라이 칸, 훌라구 칸, 아리크부카는 그의 동복 친동생들이었다. 묘호는 헌종(憲宗), 시호는 환숙황제(桓肅皇帝)이다.

《원사》〈헌종전〉에는 어려서 황홀탑(黃忽答) 부족의 관상가가 어린 몽케를 보고 그가 후에 귀하게 될 관상이라 예언했다고 한다. 몽케는 당차고 용감하며 굳센 성격으로, 말수가 적고 사치를 좋아하지 않으며 사냥을 즐겼다. 무속 신앙을 가진 독실한 신앙인이기도 했다. 《원사(元史)》는 그가 침착하고 말수가 적으며 사치를 좋아하지 않았고, 부하들을 엄격하게 통솔했다고 기록했다.

오고타이 칸의 시대에 몽케를 비롯한 일부 몽골 왕족들은 위구르계와 이란계 관료들로부터 페르시아어 문학과 페르시아어로 소개된 그리스 로마 문명 이야기 등을 튀르크어나 몽골어 번역을 통해서 접했다. 몽케 자신은 몽골어, 튀르크어, 중국어, 페르시아어, 아랍어 등 몇 개 국어를 구사할 수 있었다. 라시드 알딘의 집사에 의하면 몽케는 유클리드의 기하학 원론의 문제를 풀 줄 알았다고 한다. 큰아버지 오고타이 칸은 쿠추, 시레문 다음으로 그를 잠재적인 차기 후계자로 대했다. 몽케는 리더십과 재능이 있었고, 준엄했으며 자신에게도 엄격했다. 사치품을 싫어하기로 유명했고, 어떤 일에 탐닉하기를 거부했으며 사냥 이외에는 취미가 없었다. 그러나 그는 공동체의 통합, 단결을 소홀히 여겼고, 독단적인 행동을 곧잘 했다. 몽케는 형제 중 아리크부카를 총애했고, 일찍부터 중국 문화와 문치주의, 유교 사상의 영향을 받은 다른 동생 쿠빌라이를 속마음으로 불신하여 견제했다.

오고타이의 황후 중 앙회 2황후(昂恢 二皇后)는 자녀가 없었고, 어떤 이유에서였는지 몽케를 양자로 삼아 한동안 데려다 길렀다. 이때 오고타이 칸의 첩 중 한 명인 화리차(火里差)가 몽케의 아내가 되었다. 화리차는 몽케가 칸위에 오른 뒤 황후의 한 사람으로 책봉되었다. 오고타이 칸은 총애하던 아들 쿠추가 1236년 남송 원정길에 죽자 몽케를 잠정적 후계자 후보로 낙점하기도 했다.

오고타이 칸은 페르시아 학자 이디 단 무하메드에게 명하여 몽케에게 글과 학문을 가르치라고 지시했다. 1230년 몽케는 아버지 툴루이, 숙부 오고타이 칸을 따라 금나라 전쟁에 출정했다. 1232년 1월에는 아버지 툴루이를 따라 삼봉산 전투에서 금나라의 장군 완안진화상과 교전했다. 1232년 10월 툴루이가 독배를 마시고 죽자 몽케는 쓰촨성 일대 툴루이의 영지로 보내져 그곳을 다스렸다. 생부 툴루이는 병든 오고타이 칸을 대신하여 저주가 든 독배를 마시고 죽었다고 하나, 일설에는 퇴레게네 황후 혹은 오고타이의 측근들이 툴루이를 견제해 음모를 꾸며 죽였다는 설이 있다. 아버지 툴루이가 죽자, 몽골 관습에 따라 몽케는 아버지의 첩들 중 한 명인 오이라트족의 오굴 투이미시를 물려 받았다. 오굴 투이미시는 몽케의 사촌 구유크의 부인 오굴 카이미쉬와 자매이기도 했다. 몽케는 그녀를 깊이 사랑했고 그녀의 큰 딸 시린에게 특별한 호의를 베풀었다. 일설에는 오굴 투이미시는 툴루이와 결혼하기로 했는데, 툴루이가 죽어 몽케가 대신 결혼했다는 설도 있다.

1234년 몽케는 오고타이의 명으로 군사를 이끌고 금나라 전투에 출전해 채주를 공격했다. 이 전투에서 금나라 장군 완안승린은 체포되어 처형됐지만, 금나라 장군 곽하마는 몽케의 본진이 퇴각한 뒤에도 서주(西州)성 외곽에서 몽골군을 상대로 2년을 더 항전했다. 1235년 초봄, 오고타이 칸은 카라코룸에서 쿠릴타이를 다시 소집하고, 주치 가문의 장손 바투를 총사령관으로하는 동유럽 원정군, 구유크의 세 동생 쿠츄, 코단 등이 지휘하는 남송 원정군을 편성했으며, 고려에도 정벌군을 파견하기로 결정했다. 몽케는 구유크 칸을 따라 바투의 서방 원정에 출정했다.

1235년 중앙아시아에 도착한 몽케는 군사를 이끌고 킵차크족, 러시아인, 불가르족을 상대로 교전했다. 몽케는 카스피 해변에서 킵차크족의 족장 바크만니와 교전했고, 바크만니는 볼가 삼각주에서 최종 패배하고 강을 건너 도망쳤다. 몽케는 볼가강을 건너가 바크만니를 체포했다. 몽케는 바크만니에게 무릎 꿇으라고 명령했지만, 바크만니는 거절했고 몽케의 형제 부제크에 의해 처형되었다. 몽케는 몽골군의 루스 공략에 참여했고, 그의 사촌 시리반과 부리가 크리미아로 갔을 때 몽케는 오고타이 칸의 아들 코단과 함께 체르케스의 부족들을 학살하도록 명령 받았다. 1236년 가을, 몽케는 구유크를 따라 원정군에 합류하여 바투, 차가타이 가문의 부리 등과 함께 루시 원정에서 활약했다.

1240년 겨울에는 키예프 공성전에도 참여했고, 1241년 모히 전투에서는 바투의 휘하에 들어가 싸웠다. 당시 키예프 시내의 화려함과 웅장한 건축물에 끌린 몽케는 키예프 성주에게 사자를 보내 항복을 제안했지만, 키예프 성주는 몽케의 사자를 살해했다. 화가 난 몽케는 바투의 군대가 몽케의 병사들과 합류하자 바로 키예프 시내를 파괴, 방화, 약탈했다.

그러나 내부적으로 차가타이 가문의 부리 등이 주치의 혈통을 문제 삼아 바투를 모욕했고, 구유크는 부리 등에 동조하면서 서방 원정군 사이에 말썽이 벌어졌다. 이 소식을 접한 오고타이 칸은 분개하여 구유크를 소환했으나 구유크가 몽골로 도착하기 전에 오고타이는 사망했다. 칸의 죽음으로 쿠릴타이에 참석하기 위해 바투를 사령관으로 했던 서방 원정은 취소되었고, 몽케 역시 군사를 이끌고 귀환했다.

1241년, 몽케와 그의 군대는 몽골 고원에 도착했다. 1244년, 그는 톨루이의 울루스로 보내져 톨루이 몫의 영지를 세습했다. 1246년, 칭기즈 칸의 막냇동생인 종조부 테무게 옷치킨은 쿠릴타이 없이 대칸 자리를 찬탈하려고 시도했다. 그러나 퇴레게네 황후의 강한 반발로 무산되었고, 구유크가 돌아온 뒤 테무게의 부하 장군들은 전원 사형당했다. 테무게도 곧 사망했다.

1246년 7월, 쿠릴타이에서 구유크가 대칸에 선출되었다. 그 이후 1246년 8월 24일 구유크가 정식으로 몽골 제국의 대칸 위에 올랐다. 몽케도 이에 불만을 가졌지만, 퇴레게네 생존 시에는 불만을 드러내지 못하고 조용히 숨어 지내며 바투와 교류하며 손을 잡았다. 그의 어머니 소르칵타니 베키는 몽케에게 조언을 아끼지 않았고, 몽케는 주치 울루스의 바투를 설득하여 그의 지지를 얻어냈다. 구유크 칸 재위 기간 중, 몽케는 어머니 소르칵타니 베키의 조언에 따라, 당시 통풍으로 거동이 불편했던 바투를 만나러 킵차크한국을 여러 번 찾아가기도 했다고 한다.

1248년 구유크 칸이 죽자, 그의 처 오굴 카이미쉬 황후가 섭정을 맡았다. 오굴 카이미쉬는 오고타이 가문의 후계자를 세우려 했고, 툴루이 계열은 이에 반발했다. 1250년 바투의 영지에서 쿠릴타이가 열려 몽케가 칸으로 선출되었으나 차가타이 가문과 오고타이 가문에서는 결과에 승복하지 않았다. 구유크와 사이가 좋지 않던 주치계 바투는 툴루이 가문의 손을 들어주었다.

1251년 6월 11일에 열린 쿠릴타이에서 구유크 칸의 미망인인 오굴 카이미쉬의 강력한 반대에도 불구하고 다시 툴루이계의 몽케가 대칸에 선출되었다. 몽케가 대칸에 선출되자 오고타이계 왕자들은 이를 인정하지 않았다. 구유크 칸의 왕비 오굴 카이미쉬 황후는 다음 칸은 시레문(失烈門)이라며, 몽케를 추대하는 것은 오고타이 칸의 유지를 어기는 것이라고 주장했다. 이에 몽케는 다음과 같이 반박했다.

"이전 쿠릴타이에서 시레문이 아닌 구유크를 칸으로 세운 사람이 누구인가? 오고타이 칸의 유언을 먼저 어긴 것은 오고타이 가문이다. 이제 또 시레문이 아닌 다른 사람이 칸위에 오르는 것을 반대할 자격이 있느냐?"

일설에는 몽케 칸이 아니라 쿠빌라이가 현장에서 오고타이 가문의 주장을 반박했다는 설도 있다. 몽케는 즉위 후 이렇게 선언했다.

"나는 조상들이 가던 길을 따르겠다. 다른 나라의 법을 모방하지 않을 것이다."

즉위 직후 몽케는 차가타이계의 분리 독립 시도에도 불구하고, 중앙 정부를 강화하고 몽골 제국의 무역로 확보에 관심을 두었다. 그는 무슬림과 중앙아시아의 상인들을 통해 교역로 확보 정책을 펼쳤다. 1252년 몽케는 아버지 툴루이에게 황제와 이크 카간(Ikh Khagan)의 칭호를 추봉했다.

몽케는 사치스러운 관행과 비용이 많이 드는 행사들을 제한하고 금지했으며, 모든 법령은 보르지긴 및 비(非)보르지긴 귀족에게도 적용시켰다. 또한 지방관과 부족장들에게 선물을 제한하고, 녹봉을 지급했으며 상인에게 세금을 부과했다. 몽케는 무역 조건을 간소화하면서 일반 상인에게도 세금을 부과했다. 또한 몽골 부족장과 귀족들에 의한 약탈을 법으로 금지하고, 과도한 세금 부과도 억제하여 교역이 증가했다. 권력 남용의 상징이었던 파이자(마패) 사용도 금지시켰다. 몽케는 귀족의 사치뿐 아니라 상인의 미신고 밀거래를 금지했다.

몽케는 자신의 즉위를 도와준 킵차크한국의 바투에 대해 종주권을 인정하여 독자적인 통치와 자치권을 허용해주었다. 몽골 제국의 점령지와 직할지에는 직접 총독, 재무 담당자, 세금 징수 담당자를 파견했으나 킵차크한국에는 파견하지 않고 독자적으로 해결하도록 승인해주었다. 종교에 대해서도 그는 관대하고 개방적인 태도를 보였다. 칭기즈 칸처럼 각자가 숭배하는 신을 믿으면 된다며 신앙의 자유를 허락했고, 모든 종파를 포용할 수 있다고 선언했다.

몽케 즉위 후, 오고타이계 왕자들과 차가타이계 왕자들은 몽케를 폐위시킬 계획을 세웠다가 실패했다. 시레문(失烈門)을 비롯한 오고타이계 왕자들은 대칸의 자리를 되찾으려는 음모를 꾸몄다. 하지만 음모는 금세 발각되어 음모의 주동자인 시레문을 비롯한 여러 오고타이계 왕자들과 구유크 칸의 미망인인 오굴 카이미쉬 등이 툴루이의 측근이었던 멘게사르 노얀에 의해 체포되어 숙청당했다. 몽케는 오굴 카이미쉬를 직접 고문한 후 펠트에 싸서 강물에 던졌다. 그밖에도 반란에 관계한 오고타이계 인사 77명을 처형했는데, 일설에는 3백여 명이 처형당했다고도 한다. 그밖에 색목인 출신 재상 친카이(鎭海) 혹은 친친카이(田鎭海) 등 오고타이 가문의 측근 관료들도 대거 숙청했다. 오고타이한국의 카이두는 형식적으로는 몽케에게 복종했으나 오고타이 가문을 몰락시킨 것에 불만을 품고 점차 몽케 칸의 지시에 복종하지 않고 반발했다. 카이두는 후일 쿠빌라이와 아리크부카 간 내전이 발생하자 아리크부카의 편에 섰고, 아리크부카 몰락 이후에는 아리크부카 계승을 선언하고 쿠빌라이에게 저항했다.

1251년 10월, 몽케 칸은 고려에 특사를 보내 자신의 즉위를 알리며 고려 고종이 직접 몽골로 올 것을 요구했다. 그러나 고려 고종(高宗)은 동생과 왕족들을 보내기로 했다. 몽케의 특사는 고려 고종에게 수도를 강화도에서 개경으로 옮길 것을 요구했으나 고려 조정은 강화도를 떠나지 않았고, 무신 정권은 수도 천도에 반대했다. 몽케는 다시 특사를 파견했고, 고려 관료들은 몽케의 특사를 일단 환대했으나 천도하지는 않았다. 몽케의 특사는 고려 관료들을 비난하며 귀국했다. 1253년 7월, 몽케는 예쿠(也窟 또는 也古)에게 군사를 딸려 고려의 강화도로 파견해 항복을 종용했다. 그러나 고려 조정은 형식적인 답을 주어 되돌려 보냈다.

1254년 1월, 고려 고종은 왕족 중 한 명을 자신의 아들이라고 칭하고 몽골 카라코룸으로 보내 몽케 칸에게 입조하게 했다. 몽케는 고려의 항복을 받아들였지만, 나중에 고려의 사절단이 돌아간 뒤 고려에서 보낸 사절이 고려의 왕자가 아니라는 사실을 전해 듣고 분개하여 고려를 비난했다.

몽케는 칙령이나 조서를 내릴 때 반드시 초안을 직접 기초했다. 직접 문서를 작성하고 검토한 뒤 신하들이 문구와 어구를 수정해서 올리면 네 번을 다시 읽고 검토한 뒤에 시행했다. 몽케는 강한 지도력과 일관성 있는 정책, 과단성 있는 정책으로 오고타이 칸 사후부터 분열의 조짐을 보이던 몽골 제국의 분열을 일시적으로 완화했다. 자신의 즉위에 대해 차가타이 가문과 카단, 오굴 카이미쉬를 제외한 오고타이 칸 가문, 차가타이 가문 일부를 다소 혹독하게 다스렸다. 그는 자신의 군사적 재능과 정치적 통솔력을 믿고, 몽골 공동체 간의 관계를 소홀히 했으며, 독단적인 정책을 추진하기도 했다. 상인에게도 세금을 부과하여 백성들의 착취를 방지하는 방식으로 제도를 조직했다. 또한 귀족과 지역 유력자들의 사치품 소비, 재정적 적자를 엄금했다.

몽케는 형벌도 엄격히 적용했다. 그는 자신과 타인에게 모두 엄격하여 자신의 가족, 측근, 몽골 제부족장과 몽골인, 정복지와 속국의 백성들에게도 예외가 적용되지 않았다. 몽케의 통치 기간 중에는 여인이 홀로 물항아리를 들고 여행해도 강도 강간의 위험이 없다는 말이 회자되었다. 몽케는 사법과 행정을 분리하여 재판관과 조사 담당자를 따로 임명했다. 점령지와 정복지에는 몽골인 군대를 주둔시키고 총독인 다루가치와 고위층은 몽골인이나 무슬림을 임명하는 한편 실무 담당자는 현지인을 채용하여 통치했다. 또한 몽골 백성이라는 점을 주지시키는 한편으로 현지 주민의 종교와 풍속에 대해서는 관용적인 정책을 펼쳤다.

당시 하루에 약 5백여 대의 세금과 공물을 실은 수레가 카라코룸을 다녀갔다. 그의 동생 쿠빌라이는 친중국화 정책으로 성리학과 도교를 수용했고, 몽케 칸은 이를 내심 불쾌하게 여겼다. 몽골의 보수적 부족장들 또한 쿠빌라이를 의심의 눈초리로 보았다. 몽케는 쿠빌라이가 다스리던 허베이성의 세무, 재무 조사를 실시하여, 쿠빌라이 측근들이 조세를 바로 하지 못한다는 이유로 처형했다. 쿠빌라이는 아내를 보내고 자신도 직접 가서 몽케에게 사죄하고 용서를 구했다. 몽케 칸의 재위 중 러시아의 류리크의 사절단, 아르메니아 왕국의 군주 헥툼 2세의 사절단이 몽골 제국 카라코룸을 방문해 이들을 접견했다.

몽케는 티베트 불교의 승려들과도 교류했다. 1250년 티베트의 승려, 역사(譯師), 티베트 각처의 지방 수령, 왕공들이 몽케를 방문하여 왕실 형제들이 라마에게 공양할 분지를 정해주기를 요청했다. 이에 몽케 칸은 코단으로부터 티베트 영지를 회수하고 이를 티베트 불교의 각 교파에 공양했다고 한다. 1251년부터 1252년, 조카이자 쿠빌라이의 서자인 코리다이 등을 티베트 원정군으로 보내 티베트를 정벌하게 했다.

1252년 6월, 몽케는 동생 쿠빌라이를 시켜 운남성(雲南省) 일대의 대리국을 공격하게 했다. 그러나 당시 몽골의 귀족, 군주들은 친중국적인 쿠빌라이를 의심했고, 몽케 역시 친중국적인 동생 쿠빌라이를 내심 의심하고 견제했다. 쿠빌라이는 그해 7월에 군사를 이끌고 대리국으로 가 교전했다. 이때 쿠빌라이와 같이 딸려 보낸 일부 족장이 갑자기 독에 중독되어 회군하는 일도 있었다.

한편, 쿠빌라이의 군대와 우량카다이의 군대는 분리되어 쿠빌라이의 군대가 북중국으로 가는 동안 우량카다이의 군대는 티베트 각 부족을 격파하고 말머리를 돌려 베트남의 국경 지대로 가 쩐 왕조에 항복을 종용했다. 몽케는 이때 우량카다이 군대를 직접 만나 다른 방면으로 공격할 것을 지시했고, 이에 따라 우량카다이는 산둥, 하이난, 광시성을 공격했다.

1254년 1월 2일, 쿠빌라이는 단흥지(段興智)의 항복을 받아내어 대리국의 수도인 대리성(大理城)을 정복했다. 그는 대리성(大理城)을 정복하고 운남행성(雲南行省)을 설치했다. 1256년, 단흥지(段興智)는 숙부 단신저복(段信苴福) 등을 데리고 몽골 고원으로 친히 와 카라코룸에서 몽케 칸을 알현했다. 몽케 칸은 단흥지를 운남행성의 총독인 대리성 총관 주국사(主國事)로 임명하여 대대로 세습하게 했다. 후일 쿠빌라이가 자신의 아들 후게치를 운남왕에 봉해 파견할 때까지는 구 대리성은 사실상 자치권을 행사했다. 일설에는 몽케 칸이 단흥지에게 마하라자(摩訶羅嵯)로 봉해 사실상 왕으로 승인했다는 설도 있었다.

몽케 칸이 쿠빌라이에게 딸려 보낸 군사의 일부는 운남성으로 가지 않고, 중도에 쿠빌라이 본진에서 나뉘어 위구르로 가 투루판(吐魯蕃) 일대를 공략했다. 몽케는 즉위 초 이슬람의 압바스 왕조에게 사절을 보냈으나, 압바스 왕조는 몽골의 종주권을 거부했다. 1253년 6월 몽케는 훌라구에게 10만 군대를 주어 이란 이라크 정벌을 명했다. 훌라구는 몽케의 명을 받들어 대군을 이끌고 막북고원을 출발해 1255년부터 서남아시아의 이슬람 국가들에 대한 정복 전쟁을 시작했다. 그는 바그다드 압바스 왕조의 칼리파 알 무스타심에게 몽골족에 대한 종주권을 인정할 것을 강요했지만, 압바스 칼리파가 거부했다. 훌라구는 수십 만의 몽골군을 이끌고 아무다리야강을 건너 바그다드로 진격해 페르시아 남부의 루어 왕조들을 공격했다. 또한 1256년 12월 서부 페르시아의 물라이르 왕국과 알라무트의 아사신 근거지를 파괴하고 거침없이 바그다드로 쳐들어갔다. 훌라구의 군대가 바그다드를 포위하자 칼리파 알 무스타심은 자비를 구했으나 소용없었다.

1258년 2월 10일, 훌라구는 이슬람군의 항복을 받았고 이슬람군이 무장

해제함과 동시에 무차별 학살을 감행하여 거의 8만 명의 바그다드 이슬람 교도가 학살당했고 칼리파 알 무스타심 역시 죽임을 당했다. 이로써 압바스 왕조는 멸망하고 말았다.

1259년 훌라구의 군대는 시리아로 진격해 다마스쿠스와 알레포를 점령했다. 이 시기는 몽케의 치세 기간 중 몽골의 판도가 최대로 넓어진 시기이기도 했다. 바그다드를 함락시킨 뒤에 훌라구의 군대는 1260년 3월 1일, 아이유브 왕조를 사실상 궤멸시키기도 했다. 몽케 칸은 이란에 주둔한 훌라구 등의 주둔군을 통해 이집트 원정을 계획했으나 몽케 칸의 죽음으로 이집트 원정은 중단되었다.

시리아를 점령한 후, 훌라구의 1만 군대는 지중해 동쪽 해안의 팔레스타인 지역에 도착해 이집트의 마물루크 술탄조와 전쟁을 준비하고 있었다. 그러나 이때 몽케 칸이 쓰촨성에서 전사했다는 소식을 듣고, 훌라구는 군대를 즉시 철수했다. 훌라구 군대가 퇴각하자 1260년 9월 3일, 이집트 마물루크 술탄조는 훌라구의 주력 부대가 동쪽으로 이동한 것을 기회로 시리아를 재점령했다. 결국 훌라구는 아제르바이잔 지역까지 진출한 뒤, 그곳에 잠정적으로 주둔하며 원정을 중단했다. 훌라구는 계속 서방 원정을 원했으나 킵차크한국의 베르케 칸과의 갈등으로 난관에 봉착했다. 몽케 칸의 죽음을 계기로 몽골의 서방 원정은 사실상 종결되었다. 몽케 칸 사후 몽골에서 아리크부카와 쿠빌라이 사이에 대칸위를 두고 내전이 발생하자 훌라구는 관망하다가 귀국을 포기하고 이라크 중서부에 눌러앉아 일한국을 건설했다.

1254년 고려의 무신 정권 최항은 친몽골계 인사들을 처형했다. 이에 분노한 몽케 칸은 그해 7월 자랄타이에게 군사를 이끌고 고려로 출병할 것을 명했다. 자랄타이 군대는 강화도에 있는 고려 조정에 개경으로 환도할 것과 몽골에 조공을 바칠 것을 요구했다. 자랄타이의 군대는 고려 북부 지방을 정벌하고 파괴했다. 자랄타이는 고려 주민 2십만 6천8백 명을 포로로 잡아갔다. 1259년 고려에서 항복을 선언했고, 고려 왕 고종은 태자 왕전(후일의 원종)을 연경으로 보내 몽케를 알현하게 했다.

이 무렵, 몽케는 동생 쿠빌라이, 장군 우량카다이 등을 데리고 함께 남송 친정을 추진했다. 만년의 몽케는 친중국화 정책과 학문적, 정치적으로 유능한 쿠빌라이의 존재를 내심 두려워했다. 그 때문에 한동안 쿠빌라이를 경계하거나 남송 정벌에서 일시적으로 배제하고 다른 장군들을 투입하는 등 견제의 태도를 취했다.

남송 공략이 다소 지지부진해지자 이에 화가 난 몽케는 직접 남송 정벌을 결심했다. 1256년 첫 부인 쿠툭타이 황후와 1258년 장남 반투가 길하(吉河) 남쪽에서 사망했다. 반투의 사망 원인은 기록에 나타나지 않지만, 그의 죽음은 몽케 동생들이 대권을 도전하는 계기가 되었다.

1257년 여름 혹은 가을, 몽케는 다가차르에게 명하여 남송을 공략하게 했다. 그러나 다가차르는 양쯔강의 지류인 한수 좌측의 번성(樊城), 양양(養陽)을 공략하다가 장마를 만나 퇴각했다. 1257년 10월, 몽케 칸의 남송 친정군이 출발하여 배편으로 남중국해를 거쳐 1258년 2월 남송으로 원정했다. 몽케 칸은 쿠빌라이와 우량카다이에게 각각 군사를 주어 남송을 좌우에서 공격하게 했다. 몽케 칸도 세 갈래 길로 남송을 공략하기로 하고 곧 직접 출정했다. 몽케는 출정 직전 아리크부카에게 섭정과 카라코룸의 진수를 맡기고 출발했다. 후일 몽케 칸이 갑자기 죽자 아리크부카는 이를 근거로 자신의 정당성을 주장했다. 몽케의 아들들은 어떤 이유에서였는지 아리크부카를 지지했고, 몽케의 옥새를 갖고 있던 우룽타시는 아리크부카가 항복할 때까지도 아리크부카의 곁을 지켰다.

공성기와 활로 적을 공격하는 몽골군의 모습

1258년 5월, 몽케의 군사는 쓰촨성 근처 육판산에 도착했다. 몽케는 쓰촨성의 남송 성주 왕견(王堅)에게 사자를 보내 투항할 것을 권고했다. 왕견은 몽케의 사자를 죽였다. 몽케가 친히 인솔한 군대는 쓰촨성 북부를 장악했으나 남송 군대의 화살 공격은 계속되었고, 전황은 지지부진했다. 일부 장수들이 퇴각을 여러 번 건의했으나 몽케는 이를 강하게 거부했다. 그는 1259년 여름 쓰촨성에서 남송군과의 전투 중 투석기 돌에 맞아 부상을 입어 병석에 누웠다. 몽케가 이끄는 군대는 그해 7월 쓰촨성 충칭[重慶]을 차지했다. 몽케 휘하 장군들은 쓰촨성 일대의 폭염과 습기를 피해 북쪽으로 다시 올라갈 것을 건의했지만, 몽케 칸은 모두 물리치고 진군을 계속했다. 몽케 칸 휘하 장군들은 죽어나갔고, 몽케의 군대에는 전염병이 돌기 시작했다. 그는 결국, 그해 8월 11일, 쓰촨성 합주(合州, 현 충칭시 허촨구) 조어산(釣魚山) 산성 근처에서 부상 후유증과 이질, 발진티푸스 등으로 사망했다. 마르코 폴로는 그가 합주의 남송 군사가 쏜 투석기에 맞아 생긴 중상으로 죽었다고 기록했다.

몽케는 생전에 후계자를 지명하지 않아 그로 인해 그의 사후 쿠빌라이와 아리크부카 사이에 대칸 위를 두고 내란이 일어났다. 더욱이 몽케의 정실 소생 장남 반투가 1258년 그보다 앞서 사망한 것도 동생들에게 명분이 되었다. 몽케의 갑작스러운 서거 직후, 일부에서 몽케의 죽음은 쿠빌라이파의 독살설 때문이라는 소문이 돌기도 했다. 몽케의 갑작스러운 죽음을 계기로 훌라구의 제3차 서방 원정이 전면 중단되었다. 그의 동생 쿠빌라이 칸과 아리크부카 사이의 대칸 지위를 놓고 갈등이 발생해 이후 몽골 제국은 국가의 분열로 이어졌다.

몽케의 사망 소식을 들은 쿠빌라이는 남송 가사도(賈似道)와 화약을 체결하고 북상했다. 남송의 장군 가사도는 쿠빌라이의 군대를 악주(무창)에서 격파한 공적으로 재상에 등용되었다. 이때 가사도가 승리할 수 있었던 것은, 몽골 황제 몽케의 사망으로 몽골군이 퇴각하지 않을 수 없었기 때문이었다. 또는 가사도와 쿠빌라이와의 사이에 밀약이 있었다는 설도 있다.

제31강

쿠빌라이의 꿈과 대원 제국

쿠빌라이의 성장 과정

몽골이 호라즘을 정복하고 돌아오는 길, 칭기즈 칸은 1224년 사냥길에 나서면서 손자 몽케와 쿠빌라이를 시험했다. 쿠빌라이는 형 몽케와 함께 토끼와 영양을 사냥해왔다. 칭기즈 칸은 9세 된 쿠빌라이의 손에 사냥한 동물들의 피와 지방을 묻힌 후, 일행에게 쿠빌라이를 지명하며 "이 아이는 지혜로운 소년"이라고 칭송했다. 1227년 칭기즈 칸이 죽고 아버지 툴루이가 2년간 섭정을 맡게 되었고, 쿠빌라이는 아버지를 따라 카라코룸으로 갔다. 그러나 쿠빌라이는 툴루이 가문의 둘째 아들이라는 위치로 인해 1251년경까지는 가문의 회의에서 상당 부분 배제되었다.

1232년 쿠빌라이의 아버지 툴루이가 갑자기 사망했다. 그의 죽음에 관해서는 여러 설이 있다. 형을 위한 제물이 된다며 자진(自盡)했다는 설, 오고타이의 황후에 의해 독살되었다는 설, 혹은 알코올 중독으로 죽었다는 설 등 소문이 많았다.

1236년, 오고타이는 툴루이의 가족에게 허베이성의 8만 호를 주었다. 쿠빌라이는 아직 통치 경험이 부족하여 허베이성 지역 토착민들에게 자치권을 허용했다. 그러나 지역 토착민 관료들의 농간으로 세금이 적게 걷히고, 몽골 정부에서 오는 보조금도 줄었으며, 농민들이 도망치는 일이 발생했다. 농민의 감소로 영지가 황폐화되자 쿠빌라이는 직접 허베이성을 다스렸다. 어머니 소르칵타니 베키는 그를 돕기 위해 새로운 관료들을 보내 그의 세법(稅法)을 수정하게 했다. 이때 쿠빌라이는 중국의 여러 문화와 가치관을 받아들이게 되었다.

1242년, 쿠빌라이는 중국 화북 지역의 저명한 불교 승려 하이윤[海雲]을 몽골의 오르도에 초빙해 그와 불교 철학에 대해 담론했다. 하이윤에게 감명받은 쿠빌라이는 1243년에 태어난 아들 친킴의 교육을 후일 하이윤에게 맡겼다. 1244년부터 쿠빌라이는 본격적으로 사방에서 문인, 학자, 불교 승려 등을 초빙하여 자신의 가신 그룹을 구성했다. 그리고 자신이 관할하는 지역에 총독을 파견하여 대리 통치하는 한편, 형주 분지에 안무사(按撫司), 경조 분지에 선무사(宣撫司), 하남에 경략사(經略司)를 파견하여 현지 민심과 지역 사회를 파악했다.

승려 하이윤은 다른 불교 승려이자 건축가인 류병충(劉秉忠)을 비롯하여 중국의 도교 사상과 도교 사제들을 쿠빌라이에게 소개했다. 류병충은 화가, 서예가, 시인, 수학자였으며 하이윤[海雲]이 주도한 사원 건립 일의 고문이 되었다. 산서(山西) 출신 학자 조벽(趙璧) 역시 쿠빌라이의 측근으로 두었다. 쿠빌라이는 다른 국적의 사람들도 자문이나 측근으로 고용했다. 그는 몽골은 물론이고, 지역과 제국의 이익, 몽골과 투르크 제부족 간의 균형을 맞추기를 열망했다.

1251년 7월 1일, 형 몽케 칸이 몽골의 대칸으로 즉위하자 쿠빌라이는 남부군 총사령관에 임명되었다. 몽케는 오고타이 칸이 계획했던 남송과 페르시아 정벌을 결심하고, 쿠빌라이에게는 중국 전선을, 동생 훌라구에게는 페르시아 전선을 각각 맡겼다. 이때 몽케 칸은 쿠빌라이에게 중국 정벌을 맡긴 동시에 정벌에 대한 군사·행정의 전권을 주었다. 쿠빌라이는 곧 중국 북부 지방의 영향력을 장악했고, 자신의 오르도를 내몽골 중부 혹은 내몽골 남부로 옮겼다. 특히, 하북성(河北省) 장가구(張家口)에 금련천막부(金蓮川幕府)를 설치했다. 이때 쿠빌라이는 허형(許衡), 장문겸(張文謙), 두묵(竇默), 조벽(趙璧), 요추(姚樞), 적경(郝經) 등의 한족 문사들을 영입했다.

그는 또한 금나라의 옛 영토를 접수하면서 금나라 조정에서 일했던 원호문, 장덕휘 등을 초빙하여 유교대종사(儒教大宗師)라는 칭호를 내리고 불렀으나 이들은 요청을 거부했다. 쿠빌라이의 친한족 정책에 대해 보수적인 몽골 부족장들은 의심의 눈초리로 보았고, 몽케 칸은 쿠빌라이를 경계하여 일부 작전에서 쿠빌라이를 배제시키고 직접 보고 받기도 했다. 그러나 쿠빌라이는 북중국을 잘 다스려 화남 지역은 농업 생산량이 늘었고 서민은 삶의 질이 올라갔다. 그는 자신의 영지인 화북 하남성의 농업 생산량을 늘렸고, 경조(京兆, 오늘의 西安)의 관할권을 받은 뒤 경조 지역에 행정 체제와 보급 기지를 갖추고 말단의 촌장들에 이르기까지 직접 관리, 감독했다. 이러한 성과로 쿠빌라이는 북중국의 장수들과 관리들에게 지지를 받았고, 이들의 지지는 이후 원(元) 제국을 세우는 데 큰 도움을 주었다.

1253년, 쿠빌라이는 형 몽케 칸의 명령을 받고 운남 지방의 대리국(大理國)을 정벌하여 남송의 측면을 돌파하고자 했다. 쿠빌라이는 먼저 사자를 보내 대리국에 항복을 권유했으나 대리국의 단씨 왕조는 사자를 죽이고 항전했다. 쿠빌라이는 1254년 대리국 단흥지(段興智)의 항복을 받아내 수도인 대리성(大理城)을 정복하고 운남행성(雲南行省)을 설치했다. 대리국에서 몽골의 사신을 죽였음에도 몽골 제국의 전통과는 달리 대량 학살은 하지 않았다. 이것은 결국 대리국이 쿠빌라이의 항복 권유를 받아들였기 때문인 듯하다. 중국 측 사료에는 쿠빌라이의 참모 요추가 건의하여 쿠빌라이가 관용을 베풀었다고 했지만, 잘못된 기록일 가능성이 높다.

훗날 남송 정벌 과정에서의 행동을 보면 쿠빌라이는 다른 칸들에 비해 비교적 온건하고 호전적이지 않은 성격으로 과하게 피를 흘리는 것을 좋아하지 않는 지도자로 평가된다. 물론 사절 살해에 관여한 관리들은 처형했다. 사신을 죽이고 항전을 주장했던 대리국 재상 고태상은 사형당했지만, 그 자손들은 처벌받지 않고 차별도 받지 않았다.

쿠빌라이는 대리국 정벌을 통해 군사적 역량을 인정받았다. 그러나 대리국 정복 직후인 1254년 초, 훌라구와 아리크부카 등이 세력 확장과 인재 포섭 등 칸의 지위에 오르려는 움직임들이 감지되면서 쿠빌라이는 본국으로 복귀할 필요성을 느꼈다. 그는 운남 인근 지역의 방어와 치안 유지를 위해 부장인 우리앙카다이에게 위수(衛戍)를 맡기고 본국으로 귀환했다.

쿠빌라이는 티베트 불교 승려들의 능력을 높이 사서 티베트 불교와 그들의 정치적 문제에도 개입했다. 사실 쿠빌라이는 불교를 편애했다. 도교의 도사들이 절을 빈번히 약탈하자 몽케 칸이 쿠빌라이에게 두 종교의 분쟁을 중재하라고 명했다. 이에 따라 1258년 쿠빌라이는 승려와 도사들을 불러 종교 토론을 벌였고, 도사들이 논리 대결에서 승려들에게 패배했다. 이에 쿠빌라이는 강제로 237개 도장을 불교 사원으로 바꾸고 도교 경전을 불태웠다. 그러나 그의 지지 기반 세력이 북중국에 있었기 때문에 쿠빌라이는 친(親)중국적인 정책을 펼친 것이 화근이 되어 형 몽케와 초원에 있는 몽골의 보수 세력에게 의심을 받았다. 이 갈등은 제법 심각해서 1257년에는 세무 조사를 받았고, 상당수 쿠빌라이의 측근 가신들이 제대로 변호조차 하지 못한 채 처형당했다. 당시 쿠빌라이는 아직 자신의 세력이 미약하다고 생각해 형인 몽케를 카라코룸에서 직접 만나 복종을 표하고 갈등을 봉합했다. 그래도 몽케와 보수 세력의 견제는 계속되어, 결국 1258년 남송 원정 초반에 원정군에서 제외되는 대위기를 겪었다. 그러나 당시 좌익군을 이끌던 테무게 옷치킨 가문의 타가차르가 약탈 문제로 몽케와 갈등을 빚고 자진 귀환하자, 그 공백을 메우기 위해 쿠빌라이가 임명되어 원정에 참여 할 수 있었다. 쿠빌라이는 이후 대도(大都)로 들어가 몽케 칸을 알현한 뒤, 1257년 몽케 칸의 지휘 아래 출정에 참여하여 남송 공략을 준비했다. 몽케는 1258년 3월에 성도(成都)를 점령하며 사천 지방 일부를 장악했으나 1년이 지나도록 진전이 없었다. 몽케 칸은 끝내 1259년 8월, 쿠빌라이가 전장에 도착하기 이전에 사망했다. 쿠빌라이는 몽케가 죽었다는 사실을 알았음에도 불구하고 계속 장강 변의 주요 도시 악주를 공격했다. 가사도(賈似道)와 여문덕의 군대가 악주로 지원을 오기 전 고달과 장승의 군대가 악전고투하고 있었다. 장승은 몽골군과의 난전 중 전사하고 여문신은 장영실이 이끄는 군대에 패사했지만, 고달은 계략으로 몽골군의 공언휘를 주살했다. 이후 뒤늦게 합류한 송의 장군 가사도는 쿠빌라이의 공격을 모두 막아내었는데, 적이지만 쿠빌라이도 가사도를 극찬했다고 한다. 그러나 성내 사상자가 1만3천여 명에 달해, 비밀리에 쿠빌라이에게 접촉하여 장강을 경계로 국경을 나누는 대신 매년 남송이 막대한 세폐를 바치는 조건을 제안했다. 쿠빌라이는 처음에는 거절했지만, 한족 참모 학경(郝慶)이 몽케 칸의 장례식과 쿠릴타이 등 할 일이 많다고 진언하여 그것을 받아들이고, 곧 가사도와 평화 협정을 맺고 철군했다.

아리크부카와 쿠빌라이의 대권 경쟁

1259년 직접 남송 정벌에 나섰던 몽골 제국 제4대 황제 몽케 칸이 병사했다. 그러면 후계 문제를 놓고 왕족들이 쿠릴타이를 소집하여 대칸을 추대하는 것이 일반적인 모습이었다. 몽케 칸의 후계자가 될 자로는 큰아들인 아스타이와 동생들인 쿠빌라이, 훌라구, 그리고 수도를 지키고 있던 막냇동생 아리크부카 등이 있었다. 그러나 몽케의 장자 아스타이는 강력한 대제국을 이끌어 나가기에는 아직은 어렸고, 훌라구 역시 대칸의 적임자가 아니라는 사실을 자타가 인정하고 있었다. 그러므로 몽케 칸의 후계자로 대칸에 오를 수 있는 사람은 아리크부카와 쿠빌라이 두 사람이었다. 특히 대칸에 대한 욕심이 많은 사람은 아리크부카였다. 막내아들이 대칸의 지위에 오르는 몽골의 관습상 벌써 대칸이 되었어야 하지만, 큰형인 몽케 칸에게 빼앗겼기에 이번에는 꼭 대칸의 자리를 차지하고야 말겠다는 결의를 다졌다. 사실 여건은 아리크부카에게 유리했다. 그는 몽골 수도인 카라코룸에 영지(領地)가 있었으며, 막내였기 때문이다. 게다가 몽케와 쿠빌라이에 의해 권력에서 밀려난 오고타이계와 차가타이계의 후손들이 아리크부카를 지지하고 있었기 때문이다. 왕족들의 지지를 얻었다고 판단한 아리크부카는 군사력 증강을 위해 병력 징집에 나섰다. 그의 단 하나의 약점은 쿠빌라이에 비하여 열세에 있는 군사력이었기 때문이다.

쿠빌라이는 자신의 군대를 이끌고 남송 북방 지역의 한 성곽을 포위하고 공격하던 중, 몽케 칸의 전사 소식과 함께, 막냇동생 아리크부카가 칸에 오르려 한다는 소식을 들었다. 이로 인해 쿠빌라이는 교전 중이던 남송의 가사도와 휴전 협정을 체결했다. 곧 쿠빌라이는 그의 아내로부터 동생 아리크부카가 군사를 모으고 있다는 연락을 받고 북쪽으로 회군하여 몽골 평원으로 돌아왔다. 쿠빌라이가 몽골에 도착하기 전인 1259년 아리크부카는 수도 카라코룸에서 쿠릴타이(Kuriltai, 大會議)를 개최하고 주치 가문과 차가타이 가문 등 왕공족을 비롯한 일부 부족장들의 지지를 얻어 스스로를 대칸으로 선언했다. 다만 쿠빌라이와 그의 넷째 동생 훌라구는 이에 반대하며 관망했다. 쿠빌라이의 한인(漢人) 참모는 쿠빌라이가 대칸의 위에 오르도록 지지했으며, 중국 북부와 만주에 있는 귀족, 장수들을 설득하여 호족 세력의 지지를 확보했다.

1260년 3월, 쿠빌라이는 군사를 이끌고 몽골 남동부 상도(上都)에 도착했다. 그는 이곳에서 보르지긴 씨족 위주의 부족장들과 소수의 왕실 근친들을 불러모아 쿠릴타이를 임의로 개최했다. 1260년 4월 15일에 개최된 쿠릴타이에서 쿠빌라이를 정식 대칸으로 선출했다.

대세가 이미 아리크부카에게 넘어갔음에도 불구하고 쿠빌라이는 그의 아내의 “지금이야말로 큰 뜻을 이루실 때”라는 말에 용기를 얻어 자신의 근거지인 카이펑에서 스스로 대칸 즉위식을 거행했다. 쿠빌라이는 즉위 직후 아리크부카를 비롯한 주변 국가에 자신의 즉위를 알렸다. 사실 그는 이미 남쪽 자신의 봉지(封地)에서 독자적인 한화(漢化) 정책을 통해 독립 왕국을 추구하고 있었다. 영명한 군주였던 형 몽케 칸이 집권했을 때는 묵묵히 지시된 임무만을 수행하고 있었으나 그는 이미 유목 민족인 몽골족을 정주 민족인 한(漢) 문화권에 편입시킨다는 큰 밑그림을 그리고 때를 기다리고 있었던 것이다. 몽골족 중에서는 쿠빌라이와 그의 다른 형제 훌라구만이 아리크부카의 대칸 즉위를 반대하는 형세였다. 그러나 점령 지역이자 쿠빌라이가 다스리던 북중국의 한족(漢族) 장군과 만주의 과거 금나라 출신의 여진족 장군들은 모두 쿠빌라이를 지지하고 나섰다.

그러나 쿠빌라이의 행동은 분명 쿠데타였다. 대칸의 승계는 카라코룸에서 개최되는 쿠릴타이에서 결정되지만, 쿠빌라이는 카라코룸에서 떨어진 개봉부에서, 그것도 몽골의 유력한 왕족인 차가타이가와 오고타이가를 배제한 채 몇몇만을 모아 쿠릴타이를 열어 대칸에 올랐으므로 일종의 정변(政變)이었다.

쿠빌라이의 정변은 몽골 제국의 운명을 송두리째 바꿔놓은 사건이었다. 쿠빌라이의 대칸 취임 소식을 들은 아리크부카는 큰 충격을 받았다. 아리크부카는 급히 자신을 지지하는 차가타이가와 오고타이가 왕족들을 비롯하여 부족장들을 모두 소집하여 쿠릴타이를 열고 그 자리에서 만장일치로 다시 대칸에 선출되었다. 그리고 곧바로 대칸 즉위식을 거행했다. 그 즉위식에서 아리크부카는 자신이야말로 정통적인 몽골 제국의 칸임을 선언했다. 제국에 바야흐로 두 칸의 시대가 개막된 것이다. 왕족의 지지를 받는 아리크부카와 강한 군사를 보유한 쿠빌라이의 대결이 시작된 것이다.

1260년 3월, 고려 조정은 몽골에 항복하기로 결정하고 태자 왕전(王倎, 원종)을 대표로 파견했다. 태자 왕전은 신하들과 함께 몽케 칸을 만나러 연경(燕京, 북경)에 갔다가 몽케의 행재소(行在所)로 가는 길에 경조(京兆)와 동관(潼關)을 지나게 되었다. 여기서 몽케의 사망 소식을 접하게 되었다. 당시 몽골의 제후들은 차기 대칸을 누구로 할지 고민하며 공론을 벌이는 상황이었다. 고려 태자 왕전은 이에 쿠빌라이를 지지하기로 선택하고 쿠빌라이의 군사가 강남(江南)에 있어 왕전은 남쪽으로 방향을 돌렸다. 험한 길을 거쳐서 양주(梁州)를 지나 초주(楚州)의 교외에 도착하니 마침 쿠빌라이 칸이 양양(襄陽)에 있다가 군대를 돌려서 북상하고 있는 중이었다. 왕전 일행을 만난 쿠빌라이는 "고려는 만 리나 떨어져 있는 나라이고, 당 태종(唐 太宗)이 친히 정벌했으나 굴복시키지 못했는데, 지금 그 나라의 세자가 스스로 나에게 귀부(歸附)해오니 이것은 하늘의 뜻이다.(高麗萬里之國, 自唐太宗親征而不能服, 今其世子, 自來歸我, 此天意也.)"라면서 크게 칭찬하고, 함께 개평부(開平府)에 도착했다. 고려 태자의 합류는 아리크부카에 비해 명분이 부족했던 쿠빌라이에게 큰 선전 도구가 되었다. 그 기회를 이용하여 고려 태자 왕식[전(倎)에서 식(植)으로 개명. 후일의 원종]은 쿠빌라이에게 항복의 6가지 요구 조건을 내세워 대부분 허락을 받았다.

첫째, 의관은 고려 본국의 풍속을 따르며 고치지 않는다.

둘째, 개경 환도(還都)를 재촉하지 않는다.

셋째, 고려에 주둔하고 있는 몽골군은 철수한다.

넷째, 고려에 머무는 몽골 관리인 다루가치는 철수한다.

다섯째, 사신은 몽골 조정에만 보낸다.

여섯째, 전쟁 중 몽골에 항복한 고려인들은 돌려보낸다.

외교의 천재답게 기회 포착에 성공한 협상 결과였고, 그 후 고려는 쿠빌라이의 약속을 바탕으로 부마국의 지위로 왕국의 독자성을 유지하여 나갈 수 있었다. 얼마 후 고려에서 고종(高宗)의 훙서를 부고하니 쿠빌라이 칸은 바로 다루가치 쉬리다이(束里大) 등에게 명령하여 세자의 귀국행을 호위하라고 하는 등 고려 세자 왕전(식)이 왕위에 오를 수 있도록 도와주었다.

1260년 9월, 쿠빌라이의 군대가 카라코룸으로 진격했고 아리크부카와 쿠빌라이군의 교전에서 쿠빌라이의 군사가 승리했다. 쿠빌라이는 그동안 남부 전선의 안정을 확보하기 위해 일단 남송 외교를 시도하고 항주(杭州)로 사절을 보냈다. 그는 배후를 든든히 하기 위해 남송에 학경(鶴慶)을 사신으로 보냈다. 하지만 가사도는 협정을 지키지 않았을 뿐더러 오히려 학경을 가두었다. 그 사이 아리크부카와 쿠빌라이 간의 내전이 일어나고 결과적으로 쿠빌라이가 승리하여 명실상부한 대칸의 지위에 오르게 되었다. 그때 산서성과 사천성에 있던 몽케 칸이 지휘하던 군대는 아리크부카를 지지했다. 이에 쿠빌라이는 1260년 6월, 중국 사람으로 쿠빌라이를 돕고 있던 염희헌(廉希憲)에게 병력을 주어 사천성과 산서성에 보내 아리크부카의 아수타이 부대를 공격하도록 명령했다. 염희헌은 류태평을 사살하고, 혼도하이와 아란타르를 제거했으며, 적장 휘하 여러 장수를 격파했다. 양측은 4일간 전투를 계속하여 결국 염희원이 승리를 거두었다.

아수타이 부대의 패배로 초원의 아리크부카는 식량과 함께 수송로도 빼앗겨 곤경에 빠졌다. 당시 식량 생산이 부족했던 아리크부카 지배의 몽골 지역과 카라코룸 지역은 쿠빌라이가 다스리는 북중국 지역에서 생산하는 식량에 의존해 왔는데, 내전이 일어나면서 식량 수급에 차질이 생긴 것이었다. 대세를 파악한 다른 부족들도 아리크부카를 도와주길 거부했다. 아리크부카는 쿠빌라이에게 항복하는 척 했다. 쿠빌라이는 아리크부카가 항복하겠다고 하자 아리크부카가 머물고 있는 카라코룸을 공격하기 위해 소집한 군대를 모두 해산하고, 에승게 장군에게 5백 명의 군사를 주어 카라코룸으로 파견했다. 그에게 아리크부카의 군사와 재산을 파악하여 그들이 살 수 있게끔 해주고 나머지는 모두 몰수하도록 했다. 그러나 아리크부카는 쿠빌라이가 항복 절차를 밟기 위해 5백 명의 군사만 보냈다는 소식에 항복을 거부하고 에승게와 5백 명의 군사를 공격했다. 갑작스러운 공격에 에승게는 힘껏 싸웠지만 중과부적(衆寡不敵)으로 패했고, 일부 살아 돌아간 군사들이 쿠빌라이에게 사실을 전했다. 쿠빌라이는 아리크부카의 배신에 개봉부 주변에 머물던 군사들에게 진군하여 공격하라고 명령했다.

1261년 11월, 쿠빌라이와 아리크부카의 양군은 여러 차례 격돌했으나 승패가 나지 않았다. 그러나 시간이 지날수록 군사력과 화북의 물자를 장악한 쿠빌라이에게 전세가 유리해지기 시작했다. 1261년 말, 카이펑 북쪽 시무토노르 호수에서 벌어진 전투에서 쿠빌라이가 승리했으나 아리크부카는 북서쪽 몽골의 오이라트 부족의 지원을 얻어 저항을 계속했다. 쿠빌라이는 아리크부카가 식량과 보급품이 부족하므로 보급로만 끊어놓으면 시간이 모든 것을 해결해준다고 생각했다. 하루 만에 아리크부카는 패배하여 카라코룸으로 쫓겨났다. 결국 아리크부카는 바닥에 무릎을 꿇었다. 쿠빌라이는 아리크부카의 장수 10명을 처형했다. 그리고 왕족이라는 이유로 아리크부카와 아수타이는 먼 곳으로 귀양을 보냈다. 이제 쿠빌라이가 진정한 몽골의 대칸이 된 것이다. 아리크부카와의 내분을 완전 진압한 쿠빌라이는 1271년 나라 이름을 원(元)이라 했다. 그러나 아리크부카를 지지했던 카이두와 두아가 제국의 서부에서 반기를 들어 몽골 제국은 동부와 서부로 분열되었다. 이들은 쿠빌라이의 가까운 친척으로 카이두는 오고타이의 5남 카시의 아들이고, 두아는 차가타이의 장남 무투겐의 삼남 이슨 도아의 아들이었다. 카이두는 차가타이한국의 지지를 받아 몽골 타르박타이산맥 근처에 정착해 원나라를 공격했다.

한편 내전 도중인 1262년, 쿠빌라이의 한족 관리들이 반란을 일으켰다. 이 반란에는 쿠빌라이가 가장 신임하던 한족 관료도 끼어 있었다. 사실 쿠빌라이는 처음부터 한족 관료를 완전히 신뢰하지도 않았으며, 대부분 몽골 칸들이 그러했듯이 다국적으로 가신들을 구성했다. 쿠빌라이는 역대 칸들 중에서 한족을 가장 신뢰한 대칸이었다. 그가 원하는 중국의 지배자가 되려면 한족들에게 지지받고 그들을 위한 정책이 필요했기 때문에 한족 관리는 계속해서 등용했다. 하지만 이들의 반란은 쿠빌라이가 남송을 공격하는 데 영향을 주었다. 이들이 언제라도 남송과 연대해서 자신의 뒤통수를 칠 수도 있다는 우려가 생겼기 때문이다. 또한 이 반란은 북중국 정복지를 기반으로 한 쿠빌라이 군대가 아리크부카의 전통적인 몽골 기병 군대를 제압할 수 있음을 보여준 사례였고, 이는 한 세기 뒤 남중국 홍건적들이 몽골 기병들을 몰아내는 사건으로 되풀이되었다.

남송 정벌

1271년, 쿠빌라이는 수도를 몽골 고원의 카라코룸에서 중국의 대도(大都)로 옮기고, 나라 이름을 대원(大元)이라고 정했다. 그리고 중국식으로 건원(健元)하여 연호를 중통(中統)이라 했다. 그리고 할아버지 칭기즈 칸을 성조(成祖)에 추증했다. 아울러 아버지 툴루이는 예종(睿宗), 큰아버지들인 주치, 차가타이, 오고타이에게도 각각 목종(穆宗), 성종(聖宗), 태종(太宗)이라는 묘호를 올렸다. 사촌 구유크 칸에게는 정종(定宗), 형인 몽케 칸에게는 헌종(憲宗)의 묘호를 올렸다. 이후 복식이나 의례도 죄다 중국식으로 바꿔 중국식 황제의 이미지를 만들려고 노력했다. 이는 칭기즈 칸이나 다른 유목 제국들이 정주 민족과 엄격하게 선을 긋고 문화적으로 섞이기를 꺼렸던 것과는 정반대 행위였다. 당시 중국의 인구와 경제력은 결코 무시할 수 없을 정도로 거대했기 때문에 안정적으로 중국을 정벌하고 통치하기 위한 수단인 듯하다.

즉위 초에는 반대파 몽골 귀족들의 반발을 무마시키느라 제대로 남송 정벌에 집중하지는 못했다. 그는 상당히 오랫동안 남송 정벌을 위해 취약했던 수군을 준비하고 훈련하는 등 오래 전쟁 준비를 했다. 실제로 별수를 다 써도 양양(襄陽)을 공략하지 못했고, 결국 훌라구에게 도움을 요청해 일한국에서 파견된 이슬람 기술자들의 공성 병기를 동원하여 겨우 점령했다. 한편으로는 그의 군대가 양양 공방전에서 일부러 힘을 온전히 보존하면서 포위전만 끌어 물자를 바닥내려는 작전을 썼기 때문이기도 하다. 전투 중간중간에 중단된 적도 있으며 서로 시장을 연 적도 있고, 성안에서 먹을 것이 떨어져 부녀자들을 내보내는 것을 승인하고 보호해준 적도 있었다. 한마디로 처음부터 몽골군은 많은 피를 흘리는 것보다는 육로와 수로를 철저하게 봉쇄하여 상대를 말려 죽이는 전략을 택했던 것이다.

반면 남송 측은 정반대의 입장이었다. 어떻게든 양양을 지켜내기 위해 필사적으로 싸웠다. 수많은 장군이 몽골군의 포위를 뚫어내기 위해 목숨을 걸고 포위망을 뚫어 물자와 병사를 전달하곤 했다. 이런 필사적인 남송군의 의지는 어느 정도 성공을 거둬 몽골군이 완벽한 포위망을 유지하지 못하게는 했지만, 이것도 후반에 가서 수군을 제대로 구축한 몽골군에게 실패하는 일이 잦았다. 결국 쿠빌라이는 훌라구가 보내 준 이슬람 기술자들의 공성 병기에 힘입어 번성(樊城)을 함락시켰고, 양양성에 마지막으로 항복 권유를 하여 양양 성주였던 여문환의 항복을 받아냈다. 양양 함락 뒤 남송의 방어 체계는 줄줄이 무너져 몽골군은 파죽지세로 남송 영토를 차례차례 정복했다. 실제로 몽골군은 포위전을 하면서 거의 피해를 입지 않은 반면, 남송군은 포위망을 뚫기 위해 수많은 병사들이 전사했고 물자를 써야 했기 때문에 몽골군의 포위 전략이 효과를 거둔 셈이었다.

양양 공략에 몽골과 남송이 이토록 집중한 이유는, 이곳이 남송의 가장 중요한 요충지였기 때문이다. 양양을 비롯한 형주 지역은 북중국과 남중국을 연결하는 중심지였다. 남송의 수도인 임안(臨安, 현 항주)을 중심으로 한 강남 지역은 하천과 호수, 습지가 많아서 직접 공격하기엔 몽골의 기병이 제힘을 발휘하기 힘들었고, 이 양양을 뚫어야만 순조로운 진격이 가능했다. 따라서 남송은 이곳을 반드시 막아야 했던 것이다. 1276년, 마침내 몽골군은 남송의 수도 임안를 함락해 멸망시키고 조씨 황족을 대도로 불러와 나름대로 후대했다. 하지만 남아 있던 잔당 세력이 어린 황자를 데리고 도주했다. 남송의 잔당은 홍콩 근처 애산(涯山)이라는 섬에 요새와 행궁을 짓고 자리를 잡았는데, 1279년 애산 전투를 끝으로 남송은 사라졌다.

이제 유목 국가였던 몽골은 중원을 차지하면서 정주(定住) 국가가 되었다. 그러자 오고타이한국과 차가타이한국이 연합하여 쿠빌라이에게 도전했다. 중국 전체를 차지한 쿠빌라이는 칸국들의 자치권을 보장해 킵차크한국, 차가타이한국, 오고타이한국, 일한국의 자치권을 인정했다. 다만 자신은 전체를 아우르는 몽골 울루스의 황제가 되는 체제를 선택했다. 정복 전쟁에 나선 뒤 40년간 지속된 전쟁이 끝나고 몽골은 4개의 칸국으로 분리 독립되고,

몽골의 원나라는 중원을 지배하게 되었다. 쿠빌라이는 중원을 지배하면서 연경으로 수도를 옮겨 대도(大都, 베이징)라 칭하고, 중앙 집권제를 확립했다. 그리고 마르코폴로와 같은 색목인(色目人)을 우대하여 자연 과학 발달에 기여했으며, 역참(驛站)을 통한 지배를 통해 아시아에서 유럽에 걸친 대제국을 지배할 수 있었다. 따지고 보면 중국 땅을 차지한 쿠빌라이의 원(元)나라가 명목상 대칸으로 우두머리이긴 했으나 4개의 칸국은 일정한 자치권을 가지고 있었고, 이들을 모두 합쳐 '대몽골 울루스'라고 부르는 세계 제국 체제를 구성했다고 볼 수 있다.

원나라는 순수 이민족 왕조로서 역사상 최초로 중국을 통일했다. 북방 민족의 피가 섞인 한족이 세운 통일 왕조로는 수나라나 당나라가 있었지만, 순수 이민족 혈통이 세운 통일 왕조는 원나라가 처음이었다. 쿠빌라이는 중국에 학교, 무역항, 운하를 건설하고 과학과 예술을 지원하면서 원 제국을 크게 융성시켰다. 쿠빌라이는 미얀마, 베트남, 사할린 등을 침공했지만 완전히 점령은 못 하고 형식적으로 칭신(稱臣)만 하게 하는 것에 그쳤다. 특히 인도네시아의 자바섬과 베트남으로의 침공, 2차례의 일본 원정은 완전히 실패로 끝나고 말았다. 쿠빌라이와 일한국은 십자군과 동맹을 맺어 이집트의 맘루크 왕조를 공격하려 하기도 했다.

카이두의 도전과 몽골 제국의 분열

보르지긴 카이두는 오고타이의 손자로, 몽골 제국의 황족이자 몽골 오고타이한국의 칸(재위: 1248~1301)이다. 카이두는 1230년에 칭기즈 칸의 셋째 아들 오고타이 칸과 보라쿠친 황후 사이에 태어난 카시(合失)의 아들로 태어났다. 카이두의 아버지 카시는 술을 좋아하다가 서하 혹은 하서(河西) 탕구트 원정 도중 와인 혹은 소주(嗜酒)의 술독으로 일찍 죽었다. 어려서부터 카이두는 칭기즈 칸의 본부에서 조부 오고타이 칸에 의해 양육되었다. 그가 아직 어렸던 1241년에 오고타이가 죽자 대칸의 자리를 두고 오고타이의 아들인 구유크와 킵차크한국의 바투 간에 분쟁이 발생했다. 1246년, 구유크는 바투의 반대에도 불구하고 쿠릴타이를 소집하여 칸위에 올랐다. 이렇게 칸위에 오른 구유크는 재위 3년 만인 1248년에 사망했고, 그 후 바투와 연합한 툴루이계와 오고타이계 간의 분쟁이 다시 발생하게 되었다. 이 분쟁에서는 바투와 툴루이계가 승리하여 1250년 킵차크한국에서 열린 쿠릴타이에서 툴루이계의 몽케가 대칸에 선출되었다. 1251년에 카라코룸에서 제대로 열린 쿠릴타이에서 구유크 칸의 미망인인 오굴 카이미쉬의 강력 반대에도 불구하고 다시 툴루이계의 몽케가 몽골 울루스 대칸에 선출되었다. 이에 반발했던 오고타이계 왕자와 측근들은 대거 처형되거나 숙청당했다.

카이두 역시 이 숙청 과정에서 희생당할 뻔했으나 미리 몽케 칸에게 복종을 맹세하여 목숨을 건졌다. 카이두는 일찍부터 냉담하고 신중한 자세로 처신했다. 그러나 카이두는 곧 타르바가타이산 근처로 추방되었다. 오고타이가 후계자로 지명한 시레문을 비롯해 오고타이계 왕자들이 처형되고 유일하게 살아남은 그가 오고타이 가문의 종주가 되었다. 겨우 목숨을 건진 카이두는 나이만과 신장 위구르 일대, 중가르 분지 등의 자신의 영지로 가서 당분간 정치적, 군사적인 발언과 행동을 자제했다. 그는 와신상담하며 오고타이계의 부흥과 툴루이계에 대한 복수를 다짐했다. 카이두는 칭기즈 칸이 오고타이의 몫으로 분봉해준 지역 중, 후일의 카자흐스탄 동부 지역, 발하슈 호 주변과 키야리크, 중국 신장 위구르 자치구 일대와 일리강 이북, 이밀 강변 주변 지역, 타르바가타이산맥 일대, 카자흐스탄 동부 지역을 차지하며 세력을 회복해 갔다.

1259년 8월, 몽케 칸이 남송 원정 도중 부상과 이질 등으로 진중(陣中)에서 사망하자, 다음 해인 1260년에 그의 동생인 쿠빌라이와 아리크부카가 각각 대칸을 자처하며 양립했다. 서로 대칸을 칭한 쿠빌라이와 아리크부카는 곧바로 전쟁에 들어갔다. 카이두는 아리크부카를 지지했고, 쿠빌라이와 일한국과 갈등하기 시작했다. 카이두는, 쿠빌라이는 몽골을 한화(漢化)시키려는 역적이며, 쿠빌라이로 인해 몽골도 거란족처럼 중원에 흡수될 것이라 주장했다. 쿠빌라이와 동맹을 맺은 훌레구는, 카이두가 아리크부카를 도왔다는 구실로 카이두를 공격해 오고타이한국을 황폐화시켰다. 훌레구의 공격을 받은 카이두는 킵차크한국의 베르케의 지원을 받아 차가타이한국의 영토로 침입했으나 반격을 당해 본국으로 철수했다. 카이두는 베르케의 도움으로 타르바가툼산, 흑 이르티시 분지 등 오고타이의 영지를 회복했고, 차가타이한국령인 트란스옥시아나까지 진출했다. 카이두는 훌레구와도 오래 대립했다. 그러나 훌레구는 1266년에 사망하여 중앙아시아에서 권력을 회복하려는 카이두의 계획에 기여했다.

한편 몽골 초원에서는 1264년 8월, 아리크부카가 최종적으로 패하고 쿠빌라이가 몽골 울루스의 유일한 대칸이 되었다. 쿠빌라이 통치 아래 원 제국은 명실공히 세계의 중심에 올라 그의 연회에는 전 세계에서 사신이 몰려들었다. 그러나 내부적으로 몽골 제국은 결국 분열되고 말았다. 오고타이 칸의 손자 카이두 칸이 반(反)쿠빌라이 세력을 규합하며 아리크부카의 계승을 선언하며 쿠빌라이 칸을 찬탈자로 비난하고 대란을 일으켰다. 최대의 경쟁자 아리크부카를 제거한 쿠빌라이는 이후 훌레구와 협력하여 카이두 제거에 초점을 맞췄다. 1264년 쿠빌라이는 카이두를 상도로 소환했다. 그러나 카이두는 울루스의 말들이 병들어서 출두할 수 없다며 거절했다. 그러던 1266년에 훌레구가 죽고 훌레구에 의해 쫓겨났던 무바라크 샤가 잠시 칸위를 차지했다가 곧 바락으로 교체되었다. 1268년 쿠빌라이 칸은 카이두의 폐위를 선언하고, 구유크의 셋째 아들 호쿠를 오고타이한국의 칸으로 임명하여 보냈으나, 카이두는 이를 저지하고 호쿠를 추방했다. 같은 해 쿠빌라이 칸은 차가타이한국의 바락에게 카이두를 공격하도록 사주했다. 바락의 기습 공격에 카이두는 속수무책으로 밀려났지만, 베르케의 후임인 킵차크한국의 몽케 테무르의 도움으로 바락을 물리쳤다.

차가타이의 칸이 바락으로 교체되자 카이두는 다시 원정에 나섰다. 1269

년 킵차크한국의 만그 티무르의 도움으로 일리강변(중국 서부와 카자흐스탄의 경계), 카슈가르 지역에서 바락을 물리치고, 대칸의 칭호를 얻었다. 1270년 바락의 군대는 아바카와의 전투에서 대패했고, 바락은 부상을 입었다. 엄청난 손해를 본 채 본국으로 돌아온 바락은 카이두에게 지원을 요청하는 편지를 보냈지만 카이두는 군대를 보내는 것으로 응답했다. 결국 1271년, 바락은 카이두의 군대에 둘러싸인 채 막사에서 사망했으며, 카이두는 죽은 바락 대신 네구베이를 차가타이 칸으로 세웠다.

카이두는 1271년부터는 차가타이한국의 실질적인 통치자였다. 원나라 세조 쿠빌라이 칸의 주요 정치적 경쟁자의 한 사람으로, 1266년부터 아리크부카의 계승자를 자처하며 당숙뻘인 쿠빌라이 칸과 몽골 제국의 대권을 놓고 50년간 경쟁했다.

1273년 카이두는 쿠빌라이 타도를 선언하고 군사를 일으켰으며, 몽골의 반쿠빌라이파 부족장, 왕족들이 협력했다. 아리크부카의 아들들과 몽케 칸의 자손 일부도 카이두에게 협조했다. 그밖에도 금장 호르드 칸국, 차가타이한국, 칭기즈 칸 혈통의 일부 귀족과 오이라트, 케레이트, 킵차크, 키르키스 등 중앙아시아 중요한 부족들이 카이두를 지원했다. 그러나 카이두군은 쿠빌라이 칸과 바얀의 군대에 크게 패하고 퇴각했다. 카이두는 그 뒤로도 기회만 있으면 몽골 본토를 공략했으나 계속 실패했다.

1276년, 쿠빌라이는 4남 노무간에게 대군을 주어 원정을 보냈지만, 친(親)아리크부카 장수들이 진중 반란을 일으켜 노무간을 킵차크한국에 넘겨버리고 카이두에게 합류했다. 1277년 카이두가 카라코룸으로 진군해 오자 쿠빌라이는 명장 바얀을 파견하여 카이두를 격파했다.

1287년 카이두는 만주와 동몽골을 영지로 하는 카사르의 후손 식투르, 카치운의 후손 카다안, 테무게 옷치킨의 후손인 나얀 등 동방 3왕가와 동맹을 맺고 다시 쿠빌라이와의 전쟁에 나섰다. 카이두는 이어 몽골 동부 지역의 부족장들과도 결탁해 군사를 이끌고 다시 상도로 갔다. 1288년 몽골 동부 군대의 맹주인 나얀은 쿠빌라이의 친위대와 결전을 벌였으나 패했고, 쿠빌라이에 의해 처형당했다. 쿠빌라이 칸은 카이두에게 협조했던 몽골 동부 지역의 칸들을 몰살시키고, 친히 카이두를 상대했다. 나얀 등이 패한 이후 대부분의 반란 가담 세력들은 쿠빌라이에 항복했다.

쿠빌라이가 몽골 동부로 간 사이 카이두의 군사가 우세했다. 동쪽 반란군과 함께 상도로 진군했던 카이두는 쿠빌라이의 손자인 카말라를 격파하는 등 우세한 전황을 유지했지만 나얀을 평정한 쿠빌라이가 본군을 이끌고 상도로 온다는 소식을 듣고 본국으로 회군했다. 이 원정이 실패한 후 카이두는 산발적인 전투를 몇 번 더 벌였으나 바얀의 방어에 막혀 큰 성과를 거두지는 못했다. 이후로도 카이두는 쿠빌라이의 종주권에 반발해 끊임없이 쿠빌라이와 갈등했다. 1289년 쿠빌라이는 친히 군사를 이끌고 카이두를 상대했지만, 체포하지 못하고 원나라 국경 밖으로 쫓아낸 뒤 철수했다. 이후에 카이두의 세력은 점차 위축되었지만 동서(東西) 두 칸의 전쟁은 쿠빌라이가 죽은 뒤까지도 이어졌다. 킵차크한국, 차가타이한국 등이 모두 반(反)쿠빌라이파였기 때문에 지금의 중동 지방을 지배한 일한국과만 친교를 이었다.

1294년, 원나라를 건국한 쿠빌라이가 사망하고 그의 손자 테무르 올제이투가 제위에 올라 성종이 됐다. 쿠빌라이의 죽음을 계기로 카이두는 다시 군사를 일으켜 원나라를 공격했으나 테무르 올제이투에게 격퇴당했다. 즉위 직후 테무르 올제이투는 칙령을 내려 자신의 지위, 재산을 지킬 목적으로 카이두에게 투항한 자들을 용서하겠노라고 발표했다. 이 발표 이후 카이두를 따르던 이들이 오랜 전쟁에 지쳐 원나라로 투항하면서 카이두의 세력은 급격히 줄어들었다. 1295년, 카이두는 군사를 이끌고 일한국을 공략했으나 기후와 환경 요인으로 성과를 거두지 못했다. 하지만 몽골 제국 내에서 자신의 세력과 영향력이 지속적으로 줄어드는 데에 대해 위기감을 느끼고 있던 카이두는 1301년 아리크부카의 차남 멜릭 테무르, 차가타이한국의 칸 두아와 함께 최대 규모의 원정에 나섰다. 전쟁 초기엔 카이두의 군대가 우세하여 카말라와 그의 아들 예순 테무르 군대를 압도했지만 카이샨의 군대가 전장으로 지원되면서 전황은 급속도로 변했다. 그해 9월 차가타이한국의 칸인 두아는 전투 중 부상을 당해 본국으로 퇴각했고, 카이두는 원나라 성종 예순 테무르군과의 전투 중 카라코룸 전투와 타밀 전투에서 입은 중상으로 약 1개월 후인 1301년 카라코룸 근처에서 사망하고 말았다.

카이두는 자신의 영지 내 관료, 백성, 정복지 주민들에 대해 종교적으로 관대했고, 이슬람에 다소 우호적인 태도를 취했다. 유목민의 삶의 방식을 지키면서도, 차가타이한국군과 원나라군과의 전쟁 중에도 마수드 베그 치하의 부카라와 사마르칸트 등 중앙아시아의 몽골 도시들의 약탈을 금지하고 도시를 보호했다. 카이두는 암말의 젖을 발효시킨 마유주나 포도주, 소주를 전혀 입에 대지 않아 알코올 중독으로 수명을 스스로 단축한 자신의 아버지 카시, 할아버지 오고타이와도 달랐다.

카이두는 오고타이 가문이 몽골 제국의 대칸 자리와 권력을 회복하려는 야망을 포기해야 했지만, 차가타이 울루스에서 자신의 영향력을 유지할 수 있었다. 카이두에게는 14명의 아들이 있었지만, 그는 아들들 대신 자신을 따라 전쟁터에서 활동한 딸 쿠툴룬 샤카를 신뢰하여 그의 자문을 얻었다고 한다. 쿠툴룬은 결혼하고 싶지 않아서 자신과 씨름하여 이기는 남성과 결혼하겠다고 공언했고, 씨름에서 지는 남성에게는 벌금으로 말 1백 필을 물게 했다. 딸의 재산이 계속 늘어나는 것을 보다 못한 카이두는 1296년 쿠툴룬을 아부 타쿨과 결혼시켰다. 일설에는 쿠툴룬이 푸치니의 오페라 '투란도트'의 모델이 되었다고 한다.

쿠빌라이 칸의 통치

쿠빌라이 칸(忽必烈 汗, 1215~1294)은 대원의 제5대 칸(재위: 1260~1294)이다. 쿠빌라이는 칭기즈 칸의 손자이자 톨루이 칸과 케레이트족 출신 소르칵타니 베키의 넷째 아들이며 몽케 칸의 동생이었다. 1215년 음력 8월 28일(9월 23일)에 태어났으며 막북(漠北) 초원 출생인데, 일설에는 허베이성 근처에서 태어났다는 설이 있다. 쿠빌라이의 용모는 키가 크고 덩치가 컸다고 하며, 쿠빌라이의 어린 시절에 대해서는 알려진 것이 거의 없다. 본명은 쿠빌라이이고 묘호는 세조(世祖)이다. 할아버지 칭기즈 칸의 지시로 탕구트족 출신 독실한 불교 신자 여성이 그의 유모로 지정되었는데, 그는 후일 이 유모의 인품을 높이 평가했다. 불교에 유화적인 정책을 펼친 것도 그러한 성장기의 영향으로 보인다. 또한 그의 어머니 소르칵타니는 중국인들을 탄압하고 착취할 것이 아니라 그들을 보살피고 다독이는 정책을 취해 우리 몽골에 충성하도록 해야 한다고 주장했다. 혹은 중국인들을 멸시하기보다 이해하고 존중할 것을 당부했고, 이는 쿠빌라이에게 영향을 주었다.

1279년, 쿠빌라이는 남송을 정복하고 금나라와 거란족의 잔당을 토벌했으며, 고려를 부마국으로 편입했다. 또한 태국, 캄보디아, 자바섬을 원정하고 베트남 북방까지 영토를 확장시켰다. 그는 칭기즈 칸의 아들 톨루이의 넷째 아들로서 경쟁자이자 막냇동생 아리크부카 세력을 꺾고 몽골 제국의 칸으로 즉위했다. 1271년 몽골 제국의 국호를 유학에서 따서 대재건원(大哉乾元)의 약칭인 대원(大元)으로 개칭하고 대도(大都, 현재의 베이징시)를 도읍으로 정했다. 1276년 2월 4일 남송의 수도 임안을 점령한 뒤 1279년 3월 남송을 멸망시키고 전 중국을 정복했으며 버마, 베트남, 일본 등지에 군사를 보내 침공했다. 그는 중앙아시아 출신 등 다양한 종족을 실력 위주로 채용했고, 실크로드를 정비하고 수호했다. 또한 서역에서 오는 문화를 중시했으며 티베트 불교를 받아들였다.

사실 원나라는 몽골 제국의 울루스 중 대칸 직할령인 울루스의 명칭을 대원(大元)으로 삼은 것에 지나지 않았다. 영토 확장 이후 쿠빌라이 칸부터는 울루스 간의 대립과 병합이 활발하게 일어났다. 오고타이한국은 쿠빌라이 칸 치세에 몰락하여 흡수되었으며 여러 울루스들의 분열과 통합을 거쳐 1310년 무렵 우리들이 아는 4개의 대형 울루스가 나타나게 된다. 당시 몽골족은 러시아 남부 지역과 카자흐스탄, 우즈베키스탄 지역의 킵차크한국,

페르시아 지역의 일한국을 비롯하여 몽골 족장들이 전통적인 유목민 생활을 영위해 나가고 있었던 스텝 지역을 모두 다스리고 있었다.

칭기즈 칸 이전의 시대에 그들은 반야만적인 부족 집단에 불과했고 역사적으로도 별반 알려져 있지 않았다. 그들은 원시적 문화유산밖에 가지고 있지 않았으며 조직적인 수렵 행위와 가축 무리의 관리를 빼놓고는 특별한 경제 활동 경험이 없었다. 쿠빌라이가 태어나기 몇 해 전만 해도 그들은 문맹이었고 통치술에 대해서는 극히 기본적인 지식밖에 없었다. 사실 중앙아시아로 진출한 몽골족 지도자들은 한 도시를 함락시키면 대규모 학살을 당연한 것으로 여겼다. 이 같은 통치 미숙 때문에 몽골족의 제국은 급속히 붕괴하게 되었다. 쿠빌라이와 같은 몇몇 특출한 예를 제외하면(이 때문에 몽골족은 쿠빌라이를 현명한 군주라고 했음) 몽골족 출신의 군주들은 권력을 개인 또는 가문의 소유물로 여겨, 그로부터 즉각적인 이익을 추구하는 경향이 강했다. 이 때문에 몽골족은 확고한 정치적 전통이 확립되어 있던 중국과 같은 지역을 제외하고는 늘 지속적인 국가 형태를 조직하는 데 실패했다. 중국에서조차도 몽골족은 통치자의 의지와 능력에 따라 모든 것을 결정하곤 했다. 몽골족 출신의 쿠빌라이가 정치·문화에 있어서 독창적이고 유구한 역사를 가진 중국을 다스리기 위해서는 특별한 통치술이 요구되었다. 쿠빌라이는 중국 사상의 우수함을 일찍 깨닫고 자신의 주변에 믿을 만한 유교학자들을 불러모았다. 그의 통치술은 주위 한족 학자들의 영향을 받아 형성되었으며, 이로 인해 통치자와 피지배자는 상호 의존 관계가 되어야 한다는 것도 알았고 타고난 도량과 인자함의 폭도 한층 넓혀 나갈 수 있었다. 또한 쿠빌라이는 자신의 사령(私領)인 경조[京兆: 시안(西安)]에 탁월한 행정체제와 보급 기지를 갖추었다. 야전(野戰)에서 그는 휘하의 부장(部將)들에게 측근 학자들이 가르쳐 준 교훈, 즉 피정복민에게 자비를 베푸는 것이 중요하고 또 효과적이라는 점을 강조했다. 이것은 칭기즈 칸의 방법과는 매우 다른 것이었고, 중앙아시아로 진격한 쿠빌라이의 동료들과 비교해 볼 때 엄청나게 진보한 문화적인 태도였다.

그러나 쿠빌라이는 치세 초기부터 해결할 수 없는 난관에 봉착했다. 이 점은 한족(漢族) 출신의 한 신하가 그에게 제출한 보고서에 생생하게 나타나 있다.

"신(臣)이 듣기로 마상(馬上)에서 제국을 정복할 수는 있어도 통치할 수는 없다고 합니다."

바꾸어 말하면 경험이 없는 몽골족이 중국을 통치하려면 중국의 방식대로 운영하면서 중국적 문화 양식에까지도 적응하며 살아야 한다는 것이다. 그들이 중국의 방식을 수용하면 할수록 점점 더 중국 문화에 동화되어 몽골족의 정체성을 잃어버리게 되는 것이었다. 반면 몽골족이 중국 및 기타의 문화적 요인들을 억압해 나간다면 그들은 백성들로부터 소외당하게 되고 결국은 배척받게 될 것이었다. 어떤 경우이든 몽골족은 문화적으로나 수적으로나 열세에 놓여 있었기 때문에 능력 있는 특권 계급으로서 오랫동안 중국을 다스릴 수는 없었다. 단지 쿠빌라이 개인이 이룩한 빛나는 업적 때문에 이 같은 사실이 감추어졌을 뿐이었다.

몽골족은 순전히 무력으로 중국을 장악했다. 이 같은 무력과 자신의 뛰어난 능력을 바탕으로, 그리고 그 전대인 송(宋)이 발전시킨 빛나는 문화적 기반에 힘입어 쿠빌라이는 잠시나마 몽골족의 통치권이 확립되었다는 환상을 가질 수 있었다. 실제로 동시대인의 눈에는 그의 치세가 내실 있는 영토 확장과 지속적인 업적의 시대로 보였음에 틀림없다. 이 때문에 베네치아 출신의 상인인 마르코 폴로는 쿠빌라이의 신하가 되었고, 그가 쓴 책 《동방견문록》은 르네상스 시대에 동양에 대한 1차적 정보원이 되었다. 몽골 제국과 중국을 여행한 마르코 폴로에 의해 쿠빌라이 칸은 유럽의 전설이 되었다. 또 한편, 칸에 즉위하기 전 아리크부카와 경쟁 시기에 자신을 찾아온 고려 태자였던 원종과 동맹 관계를 맺었고, 그의 아들인 충렬왕을 사위로 맞으면서 고려와 특수한 관계를 가졌다. 이후 고려의 역대 군주들은 원나라의 공주 혹은 종실의 딸과 결혼하여 원나라의 부마국인 동시에 외손이 되었다. 그는 한때 고려와 연합해 일본을 정복하려 했으나 두 차례 모두 태풍으로 실패했다.

쿠빌라이 칸은 중앙 집권제를 확립하기 위해 중국의 각 지역에 자사, 총독, 부총독을 직접 임명하고 파견하여 통할하게 했다. 또한 한인(漢人)의 세습적 봉건 제후제를 폐지하고 몽골의 제부족장 칸의 권한을 축소시켰으며, 파견된 지방관으로부터 직접, 혹은 태자 친킴, 시중 등을 통해 정무를 보고받고 처리하는 등 통치의 주도권을 중앙에 집중시켰다.

법제 면에서는 당(唐)나라와 금(金)나라의 법률 제도를 참고하여 법률 정비를 상시 추진했다. 또한 세제를 정비했고, 무슬림 출신 아흐메드에게 재무성을 맡겨 조세를 관장하게 했다. 쿠빌라이는 중근동의 학자와 과학자들을 초빙해 후원했으며 아라비아 출신 천문학자들은 산시성 천문대 건설에 참여했다. 천문학자 부카리는 새로운 천문 장치 설치와 중국 달력의 보정을 허용하는 개념을 도입했다. 또한 아라비아 출신 지도 제작자들을 고용해 육로와 해로를 정확하게 표시한 지도를 제작하게 했다. 이들은 실크로드를 따라 모든 주변 인접 지역의 정확한 지도를 만들었다. 또한 아라비아의 수학자들을 통해 중국에 유클리드 기하학, 구면 삼각법 및 아라비아 숫자를 소개하여 이를 배우게 했다. 쿠빌라이는 무슬림 학자, 상인들을 초빙하여 관료로 임명해 중국 지역을 다스리게 함으로써 남송과 한인 세력을 견제했고, 몽골에는 한인 관료들을 자사와 총독, 부총독으로 파견하여 몽골 귀족들을 견제했다.

쿠빌라이 칸은 대칸으로 즉위한 뒤, 중국을 주요 기지로 간주하여 중국을 통치하는 데 집중할 필요가 있다는 것을 서서히 인식했다. 그래서 그는 자신의 영토를 몽골과 내몽골, 만주 및 중국 화북 지역에 국한했다. 다른 중앙아시아의 칸국으로부터는 명목상의 종주권을 인정받는 선으로 협상했다. 1260년 쿠빌라이는 독자적인 지폐 중통원보교초(中統元寶交抄)를 대량 발행했다. 화폐의 단위는 문(文)과 관(寬)이었으며, 지폐의 재질은 뽕나무의 속껍질을 재료로 사용했다. 동시에 금과 은, 동을 상당수 정부에서 독점하고 유통은 지폐를 통해 사용하게 했다. 중통원보교초는 보통 A4 용지 크기였으나 길이가 일정하지 않아 33센티미터가 넘는 것도 있었으며, 지폐는 원나라 외에도 몽골 4개 칸국(汗國)과 원나라의 속국인 고려, 베트남 등에도 통용시켰다. 쿠빌라이는 친히 칙령을 내려 중통원보교초의 사용을 거부할 경우 처벌하게 했다. 지폐의 존재를 모르던 서양, 중동의 상인들은 이것을 특이하게 보았다. 마르코 폴로는 쿠빌라이 칸의 지폐를 종이에 금, 은과 같은 가치를 부여했다고 놀라워하며 연금술이라고 평가했다.

파스파 문자(八思巴文字)는 1265년 몽골 원나라(元) 국사(國師)인 파스파(八思巴)가 쿠빌라이의 명을 받아 몽골어를 표기하기 위해 만든 문자로써 '몽골 신자', '방형 몽골 문자'라고도 하는데, 파스파의 백부(伯父) 사펜이 처음 고안한 것을 파스파가 개량한 것이라는 설도 있다. 파스파 문자는 몇 년의 연구 끝에 1270년 제정되었다. 1282년에는 칭기즈 칸 사망 60주년을 기념하여 학자들에게 명하여 몽골어 백과사전 바르탄도르지 수무바타르를 편찬했다. 《원사(元史)》에 의하면 바르탄도르지 수무바타르는 총 12권이었다고 한다.

쿠빌라이는 대운하 재건, 공공건물 수리, 도로 확장 정책을 펼쳐 경제력을 상승시켰다. 그러나 그의 국내 정책에는 옛 몽골의 관습법과 전통이 일부 반영되었으나 점차 중국식의 제도와 정책으로 변화해갔다. 쿠빌라이는 상인들을 중요한 국정의 파트너로 보고 1262년에는 세금의 대상으로 선포했으며, 1268년에는 그들을 감독하는 시장 세무 부서를 세웠다. 쿠빌라이는 이슬람, 위구르족과 중국 상인들을 장악해 남중국해와 인도양의 교역로와 상권을 확보했다. 1266년부터 쿠빌라이 정부의 주요 수입원은 소금 생산권의 독점이었다.

쿠빌라이는 중국의 북부 지역만을 다스리고 남부 지역은 남송이 명목적으로 관리하는 공존 체제를 유지해나갈 생각이었다. 1276년 쿠빌라이는 회유책으로 귀부안민소(歸附安民詔)를 반포해 새로 편입된 강남 지역의 주군현 관리 및 사졸 군민에게 새 질서를 받아들이고 안정적으로 생업에 종사할 것을 명했다. 그러나 그가 남송에 보낸 사절들이 소홀한 대접을 받고 억류당하자 남송을 정벌하기로 결심했다. 1276년 2월 4일 바린 바얀(伯顔)이 이끄는 원나라 군대에 의해 남송의 수도 임안(臨安, 항주)이 무혈 함락되었고, 남송의 어린 황제가 사로잡혔다. 공제를 비롯한 남송의 황족은 북쪽으로 연행되었으나 쿠빌라이는 그들에게 몽골 제국의 황족과 같은 예우를 하라 명했고, 남송의 황족들은 몽골 황족의 예에 따라 정중한 대우를 받았다.

그러나 육수부(陸秀夫) 등은 쿠빌라이의 회유를 거부하고, 송 단종과 동생 조병을 데리고 도피하여 해상 망명 정권을 세우고 쿠빌라이 군에 저항했다. 남송의 장군 문천상이 원나라와 강화를 체결하고자 장군 바얀에게 왔다가 사로잡혔지만, 곧 탈출했는데, 문천상은 육상에서 원나라에 저항했다. 1276년 이후 쿠빌라이는 다시 세를 결집하여 저항하려는 여진족을 토벌하고, 만리장성 밖에 있던 거란족의 잔당을 궤멸하고 몰살시켜 내몽골과 만주 지역을 평정했다. 또한 일부 군사를 보내 위구르족과 티베트를 정벌했으며, 옛 서하 지역의 부흥 운동 역시 좌절시켰다.

1278년, 육상에서 저항하던 남송 장군 문천상군을 상대로 장홍범군을 보내 오파령 전투에서 궤멸시켰다. 장홍범은 문천상을 사로잡는 데 성공해 대도(大都, 지금의 베이징)로 압송했다. 쿠빌라이는 사람을 보내 장군이면서 뛰어난 문인이던 문천상을 회유하며 여러 번 설득했으나, 그는 완강하게 거부하고 옥중에서 정기의 노래를 읊으며 결의를 드러냈고, 곧 재투옥되었다. 그 후 쿠빌라이는 다시 남송 정벌군을 편성하여 해상으로 도망친 남송의 유민을 1279년 3월 19일 애산 전투에서 최종 전멸시켰다. 이로써 북송 이후 150년 만에 중국을 통일했다. 《송사(宋史)》에 의하면 일주일 뒤, 십만여 구의 시신이 해상에 떠다녔다고 한다. 1283년까지 문천상을 설득했지만 충신은 두 주군을 섬기지 않는다는 요지의 말만 되풀이하고 거절해 결국 1283년 1월 문천상은 처형당했다. 문천상의 사형 선고를 접한 쿠빌라이는 문천상의 사형을 당장 중지할 것을 지시했으나 이미 처형된 뒤였다.

쿠빌라이는 풍부한 옛 남송 지역의 부(富)를 대도로 집중시켜 그 이윤을 국가가 흡수했고, 각종 경제 제도 정비를 통해 화북을 중심으로 했던 정권으로서는 유례없는 번영을 맞이했다. 쿠빌라이의 업적은 당대 이래 분열되어 있던 중국을 통일했다는 것이다. 그는 인종 정책을 써서 중국의 인구를 네 부류로 나누었다. 하급직에는 한족 출신의 관리들을 썼지만 중요한 자리는 외국인들에게 배당했는데, 그 좋은 예가 바로 마르코 폴로이다. 그러나 쿠빌라이 칸의 이러한 통치술은 그의 사후 이어지지 못했다.

1274년 2월 9일, 그는 대도 황궁의 정전 대명전(大明殿)을 새로 지어 즉위의식을 거행한 뒤 정식으로 조회를 시작했다. 태자 친킴과 제친왕, 족장 및 고려 군주 원종이 대도로 와 조회에 참여하여 하례했다. 쿠빌라이 칸은 대도를 화려하게 조성했다. 대도는 《동방견문록》에 제너두(Xanadu)'라는 이름으로 소개된 이후 '부의 도시'로 유럽인들에게 회자되었다.

쿠빌라이의 대외 원정

중국 전 지역이 몽골족의 손안에 들어오게 되자 중국 남부와 동부에서의 몽골 원정은 사실상 끝나게 되었다. 그러나 쿠빌라이는 중국의 위신을 회복할 목적으로 아무런 소득도 없는 전쟁을 여러 번 벌였다. 또한 여러 차례에 걸쳐 주변 왕국들에게 턱없이 많은 조공을 요구했다. 1267년 쿠빌라이 칸은 기거사인(起居舍人) 반부(潘阜)를 일본 사신으로 파견하여 쿠빌라이의 친서를 전달하게 했으나 일본은 쿠빌라이 칸의 친서를 무시했다.

반부가 귀환한 후 쿠빌라이는 고려 원종에게 조서를 보내 사신과 군사를 일본에 보낼 예정이니, 고려 중신(重臣)들이 이들을 일본까지 인도하고 원정을 방해하지 말라고 통지했다. 이후 쿠빌라이는 고려에 공물의 양을 줄이는 대신, 두 차례의 일본 원정에 고려의 협력을 종용했다. 쿠빌라이는 황후 차브이를 섬기는 인물이던 중앙아시아 출신의 상인 아흐마드 파나카티를 재무 장관에 발탁하여 증세를 꾀해 남송 정벌을 준비하는 한편, 일본이 남송과의 교역을 지속하고 있다는 점을 주목하여, 복속한 고려를 통해 일본에도 몽골에 대한 복속을 요구했다. 그러나 일본의 가마쿠라 막부는 이를 거부했다.

쿠빌라이는 남송과 일본이 연합하여 원나라에 대항하는 것을 막기 위해 1274년 900척의 함대를 편성하여 고려로 보냈다. 이어 중국 남부에서 온 10만 명의 선원을 태운 배 3천5백 척을 보내고, 고려에서도 장정을 징발하여 일본으로 보냈다. 이 연합군은 그해 10월 일본 근처에 도착했다. 원나라와 고려의 연합군은 쓰시마섬, 이키노시마, 규슈의 다자이후 주변을 석권하는 것만으로 끝났다. 이때 몽골 함대의 선박은 악천후가 없는 환경에 맞게, 용골이 없는 강 보트를 기반으로 설계된 선박이라 풍랑과 해일에 견디지 못하고 파괴되었다. 일본에 대한 첫 공격 이후 일본 수군 와우코가 보복으로 고려의 남부와 남동부를 습격했다가 잔류 몽골군에 의해 퇴각했다. 쿠빌라이의 일본 원정은 실패로 끝났으나 쿠빌라이는 일본 원정을 포기할 수 없었다. 일본 정벌 준비를 위해 설치한 기관인 정동행성과 고려 정부는 점차 긴밀히 통합되었으며, 이로 인해 고려는 속국으로서 원나라 조정과 긴밀한 관계를 맺게 되었다.

1280년, 쿠빌라이 칸은 2차 일본 정벌을 준비하기 위한 기구로 만주 지방과 고려 개경에 정동행중서성(征東行中書省, 정동행성)을 설치했다. 1281년 5월, 전함 900척에 몽골인 및 한인, 고려인으로 편성된 동로군(東路軍) 5만 명을 태워 일본으로 향하게 했다. 전함 3천5백 척에는 남만(南蠻)의 범문호(范文虎)가 이끄는 강남군(江南軍) 10만 명을 태워 황해상으로 일본에 보냈다. 그러나 그해 6월, 2차 일본 정벌 중 쓰시마 주변에서 태풍(颱風)이 발생해 여원 연합군 함대 다수가 침몰했다. 원나라군 약 10~20만 명, 고려인은 7천여 명이 해상에서 익사했다. 일본은 태풍이 자신들을 지켜주었다 하여 '신풍(神風, 가미카제)'이라고 불렀다. 생존한 원-고려 연합군은 다카시마 해변 서쪽에 도착해 불이 붙은 화살로 연속 공격했다. 그러나 생존 부대는 곧 일본군에 의해 격파되었다.

1281년 6월 23일, 배를 타고 하카타만에 도착한 고려군은 중국, 몽골에서

온 배가 도착하지 않아 단독으로 일본군과 싸우다가 전멸했다. 그런데도 쿠빌라이는 세 번째 일본 원정을 계획하는 등 적극적인 대외 원정을 추진했다. 그러나 1287년 즉위 때 지지 모체였던 동쪽 3왕가가 나얀을 지도자로 삼아 반기를 들었고, 중국 내에서도 반란이 빈발해 만년의 쿠빌라이는 일본 원정을 포기했다. 또한 1292년, 대월(베트남)의 참파 원정을 시도했으나 이것도 실패로 끝났다. 참파 공략을 비롯한 동남아시아에 대한 원정은 상업 루트 개척에 뜻을 둔 경우가 많아 최종적으로는 해상 루트의 안전이 확보되는 성과를 올렸다. 이어 1293년에 다시 원나라 군대를 보내 오키나와를 공격하여 일본인 100명을 체포했다.

1277년, 쿠빌라이는 군사를 보내 미얀마를 공략했으나 실패했고, 1283년과 1287년에 다시 몽골군을 보내 미얀마를 원정하여 이라와디 삼각주까지 점령했다. 일단 쿠빌라이군은 버마의 수도 바간을 점령하고, 새 정권을 세운 뒤 종주권만 인정받는 선에서 회군하여 퇴각했다. 왜냐하면 카이두의 거병으로 버마 정벌을 일시 중단할 수밖에 없었기 때문이다. 그 후 버마는 1287년 1월, 원나라의 종주권을 인정하는 조약에 동의하고 태자를 대도로 보냈다. 1283년에 대월(베트남) 참파에서 육로를 통해 캄보디아 남쪽으로 진출을 시도하여 캄보디아 북부를 점령했다. 같은 해 태국을 공격하여 당시 크메르 제국의 자야바르만 8세로부터 복속을 인정받고 조공을 약속받았다. 1284년에는 캄보디아도 원나라의 속국이 되어 조공을 바쳤다.

쿠빌라이는 1293년 자바섬 정벌을 기획하고 2~3만 명의 해군을 징발하여 원정을 시작했지만, 인도네시아를 침략한 몽골군은 더위로 인한 열사병, 탈수, 고열, 말라리아 등으로 3~5천여 명 이상의 병력을 손실한 끝에 철수했다. 그럼에도 불구하고 쿠빌라이가 죽은 해인 1294년에 태국의 수코타이 왕국과 치앙마이 왕국은 확실히 원나라의 속국이 되었다.

1287년, 쿠빌라이 칸은 카단의 반란을 정벌하려고 군사를 일으켰고, 테무르를 지휘관으로 임명하여 마침내 반란을 진압했다. 1288년 4월 초, 쿠빌라이는 해군을 대월(베트남) 원정에 파병했으며, 오마르가 이끄는 보병 부대도 딸려 보냈다. 몽골의 해군 함대는 박당강을 거쳐 대월을 공격했으나, 대월군은 미리 병력 일부를 매복한 뒤, 소함대를 전투에 투입하여 후퇴하는 척하면서 몽골군을 유인했다. 매복해 있던 수천 대의 작은 대월 함대가 양면에서 몽골 함대를 공격했다. 갑작스러운 공격에 당황한 몽골군은 다시 바다로 나가려 했으나 중간에 좌초되어 침몰했다. 강둑으로 패주하던 몽골군은 육지에서 기다리던 쩐흥다오가 이끄는 군대에 격파당했다. 같은 해 말에는 토곤이 안남(대월 쩐 왕조)에 이르러 군을 나누어 대월을 침공했다. 그러나 대월의 장군 진국준(陳国峻)의 활약으로 원군은 고전을 면치 못했고, 1288년 박당강 전투에서 토곤이 이끄는 원군은 대패했으며 오마르가 포로로 잡혔다. 1288년 말 토곤은 몽골군을 이끌고 대월에서 퇴각했다. 그럼에도 대월 쩐 왕조의 성종은 몽골과의 갈등을 피하려고, 일단 원나라의 종주권을 인정하고 조공을 약속했다. 1291년 패퇴한 토곤은 명을 받아 몽골군 500명과 한인 병력 1천 명과 함께 양주에 출진했다. 하지만 안남의 패전에 분노한 쿠빌라이는 죽을 때까지 토곤이 알현하는 것을 허락하지 않았다. 토곤은 쿠빌라이가 사망할 때까지 양주로 추방당했다.

1292년 봄, 쿠빌라이 칸은 아들 다르마발라의 사망을 계기로 후계 구도를 명확히 하고자 했다. 1293년 4월 14일, 그는 황태자의 인장을 테무르에게 건네주며 장차 왕위를 이을 것을 약속했다. 동시에 테무르에게 군을 위문하기 위해 북쪽으로 가라고 명했다. 테무르는 군사적 경험을 통해 북부 지역 군대의 권한을 장악했다.

쿠빌라이는 독실한 불교 신자이면서도 유교 경전을 탐독하고, 유교에서도 일정 부분 영향을 받아서 자신의 정책에 반영했다. 그러나 계속된 정벌과 정복 사업의 강행으로 장정들이 사라져 육체 노동을 담당할 인력이 급감했고, 군비 조달로 인한 세금 수요 증가와 재정난으로 재정의 악화를 가져왔다. 이 재정난을 해결하기 위해 그는 상인들의 교역과 무역을 적극적으로 장려하고 지원했다. 이슬람교도 출신 서역 상인들과 위구르인 상단 등 주로 색목인(色目人) 계통의 상인들의 중국 진출을 허용함과 동시에 이들 색목인 출신 신흥 관료를 발탁하여 활용하기도 했다. 그는 토목 공사를 통해 몽골 지역의 초원으로도 물을 공급하려 했으나 잇단 전쟁으로 장정들이 사라져서 수로 개척 공사는 실패하고 말았다. 쿠빌라이 말년에는 만주에서 티베트, 중앙아시아까지 제국 각지에서 잇단 반란과 그칠 줄 모르는 통치권 도전으로 시끄러웠다.

1285년, 킵차크한국과의 전쟁에서 포로로 잡혔던 장남 친킴이 풀려나 돌아왔다. 그러나 쿠빌라이는 어떤 이유에서였는지 친킴을 북방으로 좇아냈고, 친킴은 자신이 좇겨난 것을 불쾌히 여겼다. 일부 신하가 친킴에게 양위하고 물러나야 한다는 발언을 했다가 그의 분노를 사기도 했다. 그러나 그는 이 신하들을 처벌하지는 않았다. 쿠빌라이는 이 일로 태자 친킴을 두려워했고, 친킴은 전전긍긍했다. 대월 정벌 실패와 2회의 일본 원정 실패 역시 그를 실의에 빠뜨렸다. 차부이 황후가 1281년 3월 20일에 죽고, 1286년 1월 5일 장남 황태자 친킴이 알코올 중독으로 병사하자 그는 우울감과 고독에 시달렸다. 1283년에는 차부이 황후가 추천한 남부이 황후와 재혼했다. 그 후 그는 후처 남부이 황후와 두 딸에게 정치 업무를 일임하고 폭음과 폭식을 거듭했다.

1287년 4월, 칭기즈 칸의 동생 벨구테이의 4대손으로 몽골 동부 지역의 영주이던 나얀이, 계속된 일본 정벌 실패 등에 불만을 품고 거병해 반란을 일으켰다. 1274년에 쿠빌라이가 여진족을 시켜서 동북부를 견제한 것이 불만의 시작점이었다. 쿠빌라이는 친히 군사를 이끌고 출전했다. 이때 카이두도 동시에 카라코룸을 공략하면서 서쪽으로 원나라를 침공하자 쿠빌라이는 바얀에게 군사를 딸려 보내 패퇴시켰다. 쿠빌라이는 황하 강변에서 나얀 군대를 격퇴하고 친히 나얀을 체포하여 사형에 처했으며, 서부로 가 카이두와 교전했다. 카이두는 1289년 철수했다.

쿠빌라이는 1289년까지 나얀을 지지하는 잔존 세력을 소탕했다. 1287년

12월 4일 랴오닝 지방 나얀의 영지를 몰수하고 관료를 파견하여 중국식 행정 구역으로 개편했다. 만년의 쿠빌라이는 폭음과 폭식으로 인한 소화불량과 위장 질환, 통풍, 우울증에 시달렸으며, 혈전을 앓았다. 정치적으로는 아리크부카와 그의 잔당이던 두아 등 칸국의 리더들의 반발과 반란에 봉착했다. 결국 1294년 2월 18일 대도 황궁 자단전(紫檀殿)에서 79세를 일기로 병사했다. 시신은 현재의 몽골 켄티주의 부르칸칼둔에 매장되었다. 원사에 의하면 기련곡(起輦谷)에 매장되었다고도 한다.

쿠빌라이 사후, 1294년 5월 10일, 손자 테무르가 상도에서 즉위하여 그의 뒤를 이었다. 그러나 두아 등 서북 칸들의 반란은 계속되었고, 제국의 북방은 쿠빌라이 사후 한동안 혼란에 빠졌다. 반란을 일으킨 서북의 칸국들은 1303년 손자 테무르와 최종 협상해 형식적인 종주국의 지위를 회복했다. 그러나 쿠빌라이가 중국 본토를 장악하고 원(元)을 건국해 중국식 제도와 문화로 몽골 제국을 재편한 이후, 거대한 몽골 제국의 칸국인 킵자크 칸국은 칭기즈 칸의 장남 주치의 후손들이 통치했고, 차남인 차가타이의 칸국은 차가타이한국을 그대로 유지했으며, 오고타이 칸의 손자인 카이두는 오고타이한국을 장악하여 독자적인 세력으로 존재했다. 쿠빌라이의 동생 훌레구가 다스리던 일한국도 원(元)에 우호적이긴 했으나 독자성을 유지한 왕국으로 기능했다.

쿠빌라이는 몽골에서는 제국의 영토를 사상 최대 규모로 확장한 영웅으로 평가받는다. 그러나 몽골식 전통을 버리고 중국의 제도를 시행한 점, 수도를 카라코룸에서 베이징으로 옮긴 점 등 중국화한 점을 부정적으로 보는 평가도 있다.

중국에서 쿠빌라이는 애산 전투 직후 남송의 군사들과 귀족들을 학살하고 남송을 잔인하게 멸망시킨 학살자로 기억되고 있다. 다만, 근래 탐원공정과 동북공정 이후에는 그를 중국사로 편입시키고 있어서 그에 대한 중국 내의 평가는 달라질 가능성이 있다.

제32강

몽골 제국의 유산

몽골 제국의 유산

몽골 제국은 13세기 몽골족이 세운 인류 역사상 최대 규모의 단일 제국으로, 육상 제국이자 황제국, 유목 제국으로 인류사에 가장 큰 영향을 끼친

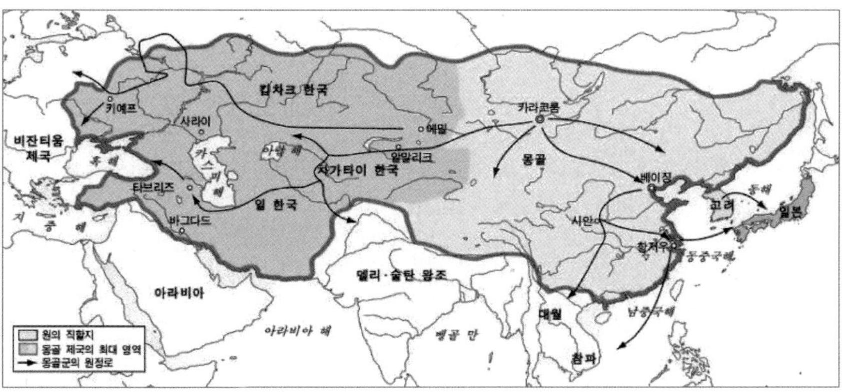

몽골 제국의 영역

국가 중 하나이다. 동남아시아, 남아시아, 서유럽, 북유럽을 제외하고 유라시아의 거의 모든 국가가 몽골의 침략을 받았고 대부분 복속되거나 멸망당했다. 몽골 제국은 침략을 통하여 서로 동떨어져 있었던 서구 세계와 동방 세계를 연결했으며 그 후 세계는 동서 교역의 시대로 접어들어 세계사의 흐름이 바뀌게 되었다. 몽골 제국의 시조인 칭기즈 칸은 유년기에 아버지를 갑작스럽게 잃고 살기 위해 몸부림치던 어린 소년에서, 훗날 동아시아와 중앙아시아, 중동, 동유럽을 정복하며 세계적인 군사적 공포의 대상으로 군림하게 되었다. 그의 몽골 제국은 시작부터 끝까지 모든 전쟁사를 갈아치운 대제국이었다. 그 세력은 서쪽 끝으로 오스트리아의 빈에서부터 동쪽 끝으로 일본의 후쿠오카와 극동 북극 문화권인 사할린까지, 남쪽 끝으로는 인도네시아의 자바섬까지 뻗쳤다. 몽골 제국군의 말발굽에 짓밟히지 않은 유라시아 국가는 인도 중남부와 동남아시아 일부, 서유럽 등의 몇몇 국가 정도뿐이었다. 구대륙 사람들의 세계관에서 전 세계는 유럽과 아시아, 북아프리카밖에 없었던 시절에 진정한 의미의 세계를 경험한 국가는 몽골 제국이 유일했다. 단기간에 정복으로 거대 제국을 세웠다는 점에서 헬레니즘 제국과 흔히 비교되기도 하지만, 헬레니즘 제국이 한 세대 만에 붕괴한 데 비해 훨씬 더 큰 규모로 백 년 이상 긴 시간 동안 유라시아 중심의 패권을 유지했다. 동서 교섭사를 연구한 김호동 교수는 "몽골 제국에 의해 세계사(世界史)가 시작되었다"라고 단언하기도 한다.

실제로 몽골 제국이 존재하는 기간 동안 실크로드를 통한 무역이 더 활발해졌으며, 동양과 서양이 모두 한 나라에 속해 더 이동하기가 수월했다. 대표적인 사례로 《동방견문록》을 집필한 마르코 폴로가 있다. 만약 몽골 제국이 없었다면 마르코 폴로는 중국 지역까지 올 수 없었을 것이다. 이슬람 역사가인 아불 가지(Abu'l-Ghazi Bahadur Khan, 1605~1663)는 "모든 나라 사람들은 누구도 누구한테서도 어떠한 폭행도 당하지 않은 채 황금 쟁반을 머리에 이고 해가 뜨는 땅에서 해가 지는 땅까지 여행할 수 있었다"라고 말하기도 했다. 몽골 제국 이전에는 유라시아에 수많은 민족과 세력들이 있었고, 실크로드를 통해 동서양을 이동하는 여행자들은 언제 어디서 약탈당하고 죽을지 모르는 위협을 받아야 했다. 하지만 몽골 제국이 이 지역을 통일하면서 이러한 위험 요소들이 제거되었고, 이는 교역과 문화 교류가 급격히 활성화되는 계기가 되었다. 이러한 질서 유지는 몽골의 법률 체계, 즉 야삭(Yassa)의 영향이 컸다. 야삭은 칭기즈 칸이 제정한 법률로, 몽골 제국 전역에 적용되는 통일된 규범을 제공했다. '야삭'은 몽골어 '자사크(jasaq)'에서 유래한 말로, 대개 법전(法典)을 의미하나 보다 넓게는 '법령(法令)'이나 군주의 칙령(勅令), 혹은 명령, 때로는 '처형'을 뜻하기도 했다. 이 외에도 차가타이가 관습법을 강력하게 옹호했다는 사료가 있어 성문화되지 않은 관습법이 존재했다고 여겨지며, 페르시아 쪽 기록에는 칭기즈 칸 이후의 칸들도 나름의 '야삭'을 선포했다고 되어 있다. 그런데 이들의 법령 또한 창시자 칭기즈 칸이 선포한 '야삭'과 동등한 권위를 지닌 것으로 간주되었다.

몽골의 국가 제도는 칸을 중심으로 하는 계층적 지배 구조로 백호제, 만호제라고도 한다. 십진법에 기초한 조직 체계로 10단위로 편성되었으며, 군사 조직과 행정 조직이 동일한 구조이다. 인구와 군대를 10단위로 편성하여 십호 위에 백호, 백호 위에는 천호, 그 위에는 만호를 두었고, 천호장은 휘하에 백호장과 십호장을 임명할 수 있었다.

칭기즈 칸이 창건한 예케 몽골 울루스는 이전의 여러 부족을 해체해 천호 단위로 재편성했다. 또한 천호장과 백호장의 자제들을 모아서 '케시크테이'라는 칸의 친위대를 편성했다. 몽골 제국에서는 어린 소년병들이 전쟁터를 따라다니면서 직접 참전은 하지 않아도 말을 관리하거나 군사 훈련을 받으면서 자랐다. 특히 몽골 제국의 군인은 전쟁에서 이길 때마다 전리품을 얻고 그걸 지금의 택배처럼 역참을 통해 집으로 보냈다. 전공이 클수록 가족의 경제력 향상에 도움을 주어 몽골군은 소년들의 선망의 대상이 되었고, 지원자도 넘쳐났다.

몽골에서 씨족과 부족의 개념은 혈연 중심의 집단이 아니라 국가에 의해서 규정되고 '만들어진' 조직이었다. 씨족과 부족 집단은 어느 특정한 혈족

(血族)과 종족(宗族)이 정치적 지배권을 행사하는 단위일 뿐 친족 조직이 아니었다. 이를 '머리 없는 국가'라고 하기도 하고 '가문(家門)'이라고도 부른다. 가문은 가족 외에 다른 객식구도 포함될 수 있는 개념이었기 때문이다. 이를 통해 칭기즈 칸 이전 몽골 초원의'오복 혹은 울루스'도 실은 가문 사회로 이해될 수 있다. 칭기즈 칸이 속한 보르지긴 씨족도 일반적인 씨족이 아니라 가족과 혈연적으로 무관한 다종 다양한 유목민으로 구성된 집단이었다. 그것이 '보르지긴 오복'이라고 불리게 된 것은 가문의 지배 그룹이 보르지긴이라는 이름의 가족이었기 때문이다. 이러한 오복들 여럿이 모여 하나의 부민을 형성했기에 울루스는 친족과 무관한 정치적 통합체로 이해할 수 있다. 오복이 그러하듯이 울루스도 일종의 '머리 없는 국가'와 같은 것이었다. 그것은 상호 협력하기도 하고 때로는 경쟁하기도 하면서 일정 지역 안에 공존하는 오복들의 집합체, 그 이상도 이하도 아니었다.

몽골 제국의 공식 명칭은 '예케 몽골 울루스'로, 대(大)몽골 부민(部民)이라는 뜻이다. 1206년, 몽골 제국의 시조인 칭기즈 칸은 몽골 초원을 통일한 뒤 몽골을 구성하는 95개의 천호(千戶)를 조직하고 그것을 지휘할 88명의 장(長)을 임명했다. 각각의 천호는 다시 백호(百戶)로, 백호는 다시 십호(十戶)로 나누어 각각의 장(長)을 임명했다.

오늘날의 군대 조직과 비교하면 백호는 중대(약 1백 명) 규모이고, 천호는

몽골어	번 역	역 할
투먼	만호장(萬戶長)	칭기즈 칸의 직계 혈족에게 4~10여 개의 천호를 소속시킨 지위
밍간	천호장(千戶長)	천호제의 근간. 1,000명 정도의 병사를 공출 가능한 집단의 우두머리
자우트	백호장(百戶長)	천호에 소속, 100명 정도의 병사를 공출 가능한 집단의 우두머리
아르반	십호장(十戶長)	백호에 소속, 10명 정도의 병사를 공출 가능한 집단의 우두머리

대대(약 450명)보다는 크고 연대(약 2천 명 미만)보다는 작은 규모이다. 95개의 천호에서 9만5천의 병력이 차출된다고 가정할 때, 1개 사단이 1만5천 정도이므로 대략 6~10개의 사단 규모가 된다. 즉 당대 기마병으로만 구성된 6~10개 사단이 출현한 것이다. 이들 95개의 천호는 좌익, 중군, 우익 3개의 만호(萬戶)에 배속되어 몽골 전역에 배치되었다. 칭기즈 칸의 이러한 군사 조직은 여진족 대금(大金)의 밍칸무케(猛安謀克)의 경우와 똑같이 몽골 부족을 10진제 군사 행정 조직으로 편성한 것이었다. 천호 백호장은 칭기즈 칸에게 충성을 서약하여 그 신임을 얻은 장령이 임명되었다. 이 장령(將領)들의 지위는 세습되어 칭기즈 칸의 일족과 함께 몽골 제국의 귀족을 형성하고 칭기즈 칸 일족과 군신 관계를 형성했다.

칭기즈 칸 사후, 몽골족의 전쟁은 단순한 응징이나 약탈이 아닌 정복을 통한 세계 제국 건설 의지의 표명이었다. 그들은 몽골 제국의 지배를 받아들이는 정권에 대해서는 일단 명맥을 보존시키되 일련의 의무 조항을 이행할 것을 요구했다. 이 의무 조항은 대체적으로 '육사(六事)'라고 불리나 꼭 6가지의 특정한 항목으로 정해진 것은 아니었다. 그 주요 항목은 ① 국왕 친조(親朝) ② 질자(質子) 파견 ③ 호적 제출 ④ 역참(驛站) 설치 ⑤ 병력 파견 ⑥ 물자 공출 ⑦ 다루가치 주재(駐在) 등으로 구성되었다. 이 조건을 받아들이지 않으면 전쟁이 선포되었고, 그 전쟁은 정복을 통한 몽골 제국 영역의 확대를 목표로 했다. 이렇게 하여 인류 역사상 유례가 없던 몽골 제국의 정복전이 유라시아 대륙 전역에 펼쳐진 것이다. 이후 근대 식민 제국의 출현 이전까지 몽골 제국의 강역을 넘어서는 나라는 나타나지 않았다.

칭기즈 칸은 1219년부터 1225년까지 남으로는 인더스강 유역에, 서로는 카스피해를 넘어 러시아 남부에 이르는 중앙아시아 전역을 거의 지배하에 두었고, 1227년 서하를 정복했다. 서하는 중국사 오호(五胡) 중 하나로 티베트의 전신인 강족(羌族)의 또 다른 분파가 중국과 중앙아시아 사이에 세운 대하(大夏)라는 나라였다. 제2대 오고타이 칸은 1234년 숙원이었던 대금(大

金) 나라의 완전 멸망을 성공시키고 황하(黃河) 유역을 석권했으며, 그 원정군은 러시아와 동유럽까지 뻗어나갔다. 제4대 몽케 칸은 동생 훌라구를 시켜 1258년 중동의 압바스 왕조를 멸망시켜 그 영역은 동으로는 동해부터 서로는 러시아 남부까지 이르렀다. 몽케 사후 뒤를 이은 쿠빌라이 칸은 1279년 중국 남송(南宋)을 멸망시켜 최대 판도를 이룩했다. 이 광활한 영토는 몽골족 관습에 따라 여러 자제들에게 나누어졌다. 몽골 초원과 금나라가 있던 중국 북부는 황제의 직할령이 되었고, 러시아 남부에서는 장남 주치의 아들 바투가 세운 킵차크한국(훗날 투르크), 서아시아에는 막내 툴루이의 아들 훌라구의 일한국(훗날 이란), 서(西)투르키스탄에는 차남 차가타이의 차가타이한국, 동(東)투르키스탄에는 오고타이한국의 4개 칸국이 들어섰고, 그 밖의 지역도 칭기즈 칸의 일족과 귀족들에게 배분되었다. 그렇게 황제를 주축으로 하는 대제국 몽골 제국이 출현했다.

북방 유목 민족은 독자적인 군주 호칭이 있었다. 흉노, 선비족, 저족, 강족은 기원전부터 '탱리고도선우'라는 명칭을 사용했고, 아내는 '연지(閼氏)'였으며, 후계자는 '좌도기왕(左屠耆王)'이라고 불렀다. 탱리고도선우가 무슨 뜻인지는 알 수 없으나 몽골어 '텡그린 후후두 초노(하늘의 자손인 늑대)'를 음차했다는 추측이 있다. 이 설에 따르면 선우라는 왕명은 늑대를 뜻하는 '초노'에서 왔다는 뜻이 되는데, 늑대는 몽골 문화권에서 '하늘의 개(텡그린 노호이)' 등의 별칭으로 불릴 정도로 신성시되어 돌궐(괵튀르크)의 깃발에도 그려질 정도로 숭배되었다.

하지만 흉노 분열 이후 탱리고도선우를 자칭하는 자들이 난립하자 새로운 호칭이 필요해졌는데, 그때 '가한(可汗)'이라는 호칭이 나타났다. 그 이름은 '하늘의 지명을 받은 자'라는 뜻으로 고대 제정일치 사회의 잔재를 보여준다. 이 호칭은 비공식적으로 3세기 선비족이 사용했다고 전해지며, 공식적으로는 5세기에 독립한 유연(柔然)이 사용한 것이 시초였다.

이러한 명칭 변화는 몽골 제국의 군주가 표방하는 정치적 이념의 변화와 맞물려 있었다. 가한은 황제와 마찬가지로 지상에서 유일무이한 절대 군주이며 그가 지배하고 통치하는 지역적 범위는 초원과 농경 모두를 포괄하는 것이었다. 3~5세기 한반도 삼한 지배자들의 명칭에 주로 사용된 '간(干)'과 유사하여 고구려를 통해 만주로 수출되었다는 추측도 있고, 반대로 수입되었다는 설도 있다. 단군신화의 단군(檀君, 탱그리)이나 신라 초기의 마립간(麻立干)도 어원적으로 계통을 함께한다고 볼 수 있다. 나아가 우리가 삼한(三韓)이라 자칭할 때의 '한(韓)'도 '가한'이나 '칸'의 음차로 보이며, 알파벳으로는 'Khan'이라 쓸 수 있다. 고종 황제가 대한제국(大韓帝國)이라 했고, 3.1운동 이후 상해에 설립된 망명 정부인 대한민국 임시 정부를 대한민국(大韓民國)이라 했으니 우리도 칸의 나라라는 뜻의 국호를 가진 셈이다.

칭기즈 칸이 건설한 몽골 제국은 처음부터 여러 울루스로 이루어진 복합체였다. 각각의 울루스는 칭기즈 칸이 후손과 동생 일족들에게 나누어준 유목민들로 구성되어 있었다. 이 시기에는 농경민을 정복하고 주민들을 지배하지는 않았다. 그 뒤 전쟁이 확대되고 정주 지대가 제국의 영역 안으로 들어오자 가한은 칭기즈 칸의 일족에게 정복의 성과를 나누어서 공동으로 향유한다는 정신에 따라 피정복된 농경 지역과 그 주민들을 일족들에게 분배했다. 하지만 정주 지대의 주민들을 관할하고 그들에게 징세하는 것은 가한의 독점적인 권한이었다. 정주민들은 제왕(諸王)의 관할권 밖에 있었으며, 제왕들은 가한의 재정 수입 가운데 일정한 몫을 할당받았다. 결과적으로 몽골 제국의 지배 체제는, 유목민들은 칭기즈 칸 일족이 지배하는 여러 울루스로 나누고, 농경 민족들은 가한의 일원적인 지배하에 놓이도록 하는 이중 구조를 형성했다. 이것은 다수의 울루스라는 분권적 측면과 농경 지대에 대한 중앙 집권적 통치 구조가 공존하는 지배 형태였다. 하지만 이러한 구조는 농경에 대한 지배권을 둘러싸고 가한과 각 울루스 지배자 사이에서 갈등을 일으켰다. 울루스 지배자들은 세금 징수가 편리하고 가능한 농경 지대를 직접 관할하기를 바랐고, 이런 경향은 시대가 지날수록 강해졌다. 특히, 몽케 칸 사후 누가 후계자가 되느냐를 두고 벌어진 투쟁은 이러한 갈등을 더욱 강화시켰다.

쿠데타로 집권한 쿠빌라이 칸은 정통성에 문제가 있었기에 자신의 지지 세력을 확보하고자 가한의 고유 권한이었던 정주 지대에 대한 관할권을 일부 제왕에게 위임하겠다는 약속을 했다. 이로 인해 몽골 제국은 유목민과 농경민을 동시에 장악하고 지배하는 여러 울루스로 나누어졌다. 아울러 가한에 대한 정치적인 독자성도 강화되었다. 하지만 쿠빌라이 칸의 통치 이후에도 대(大)몽골 울루스는 변함없이 여러 울루스의 복합체였고, 4대 울루스 이외에도 다른 울루스들이 다소 분포하고 있었다. 쿠빌라이 칸의 직할령인 대원(大元) 울루스 동쪽에는 칭기즈 칸 동생 일족이 세운 동방 3왕가가 있었으며, 이들은 1287년 반란을 겪기 전까지 가한의 직할령이 아니었다. 또한 유라시아 서부 초원에는 주치의 여러 후손이 지배하던 울루스가 있었고, 킵차크한국은 그중의 하나일 뿐이었다. 중앙아시아에도 차가타이와 오고타이의 후손이 지배하는 여러 울루스가 있었다. 따라서 단일 제국이 1260년을 기점으로 4개로 분열되었다는 것은 실제 사실과 다르다. 비록 시간이 흐르면서 각 울루스가 자율적으로 칸을 추대하는 등 통합이 약해진 것은 분명하지만, 이들은 여전히 연대성을 유지하고 있었다. 무엇보다 가한은 하나뿐이었고 각 울루스의 칸들은 명목상일지라도 가한의 정치적 우위를 인정했다. 따라서 새로운 가한이 즉위하면 여러 울루스에 사신들을 파견하여 그 사실을 알렸고 칸들도 즉위하면 가한에게 사절을 보냈다. 가한은 중국에서 거둔 재정의 일부를 여전히 칸에게 분배했고, 칸 또한 울루스에서 징수한 수입의 일부를 가한에게 보냈다. 무엇보다 중요한 것은 제국의 통치자들이 모두 '칭기즈 칸의 일족'이라는 관념을 가지고 있었다는 점이다. 즉 몽골 제국은 느슨한 울루스 간의 연맹으로서 제국의 연대감과 일체성을 보존하고 있었다. 이 일체성이 이들 간의 활발한 교류를 가능하게 했고, 그 결과 수세기 동안 명맥이 끊어진 실크로드가 다시금 활발히 일어날 수 있었던 것이다.

칭기즈 칸은 1206년, 몽골 초원을 통일한 뒤부터 대외 원정을 시작했지만, 그는 영토 확장을 목적으로 전쟁을 벌이지는 않았다. 칭기즈 칸 시대 몽골군은 1214년 대금과 화친을 맺은 뒤 바로 철군했고, 1225년 호라즘 원정이 끝난 뒤에도 즉각 초원으로 귀환했다. 그는 유목 민족에게는 필수적이었던 외부 생활 품목의 자유로운 통상을 위한 여건을 조성하기 위해 원정을 시작했다고 보는 것이 옳을 것이다.

반면에 칭기즈 칸 사후 후손들이 추진한 대외 원정은, 정치적 응징이나 군사적 위협이 아닌 상대 국가 영토의 영구적 또는 정치적 복속을 목적으로 하는 쪽으로 방향이 크게 변했다. 칭기즈 칸의 3남 오고타이가 가한의 칭호를 받은 1231년 무렵, 고려로 보낸 국서에 이런 방침 변화가 드러나 있다. 몽골 제국이 "'영원한 하늘의 가호'를 받아 정복 전쟁을 수행하기 때문에 이에 저항하는 사람이나 국가는 모두 멸망할 것"이라는 언사와 함께 고려 국왕이 직접 자신에게 찾아와 항복 의사를 표시하라는 요구가 포함되어 있었다. 후일 가한으로 즉위한 구유크 칸이나 몽케 칸이 교황과 프랑스 국왕에게 보낸 서한에서도 완전히 똑같은 요구가 확인되었다. 칭기즈 칸 사후의 몽골 제국은 문자 그대로 세계 정복을 목적으로 한 전쟁을 벌인 정복 제국이 되었던 것이다. 그리하여 몽골 제국의 소위 '세계 정복' 전쟁은 2대 오고타이 칸이 즉위한 1229년부터 5대 쿠빌라이 칸이 남송을 멸망시킨 1279년까지 반세기에 걸쳐 지속적으로 추진되었다. 특이한 점은 여러 세력 및 지역에 대한 동시다발적인 공략을 감행하는 방식이었다는 점이다.

원(元)나라는 몽골 제국의 여러 울루스 가운데 가한 직할령인 울루스의 명칭을 대원(大元)으로 삼은 것에 지나지 않는다. 영토 확장 이후부터는 울루스 간의 대립과 병합이 활발하게 일어났다. 오고타이한국은 쿠빌라이 칸 치세에 몰락하여 흡수되었으며 여러 울루스들의 분열과 통합을 거쳐 1310년 무렵 우리들이 아는 4개의 대형 울루스가 나타나게 되었다. 하지만 변함없이 소형 울루스들이 존재하고 있었으며, 그런 점에서 몽골 제국이 울루스 연합체라는 측면은 변화하지 않았다.

쿠빌라이 칸이 대원(大元)의 황제라서 간과하는 사실이지만, 대원(大元)이라는 명칭은 중국 왕조로 동화되었다는 뜻이 아니라 대몽골 울루스에서 가한 울루스를 구별하기 위해 붙인 명칭일 뿐이다. 쿠빌라이 칸은 결코 새로운 왕조를 세우지 않았으며 대원이라는 중국 왕조가 아닌 대몽골 울루스의 최고 지배자 가한이라는 정체성을 확고히 유지했다.

몽골 제국이 출연한 13세기 초부터 울루스들이 붕괴하는 14세기 중반에 이르기까지, 울루스 내부와 그들 사이에 혼란과 갈등이 있었지만, 유라시아를 무대로 한 교류는 몽골 제국 시대에 이르러 그 어느 때보다 거대하고 광범위하게 이루어졌다. 중요한 것은, 이러한 교류가 자발적 흐름이 아니라 몽골 제국의 지배층에 의해 적극적으로 후원되었다는 점이다. 이 때문에 고대 로마 제국의 '팍스 로마나'와 같은 '팍스 몽골리카', 즉 몽골에 의한 평화가 나타났다고 평가할 수 있다. 이런 거대한 교류를 가능하게 한 기반은 역참(驛站) 제도였다.

본래 참(站)의 기원이 된 몽골어 '잠'은 초원을 지나다 잠시 쉬어가는 여관을 뜻하는 말이었다. 우리 말에도 남아 있는 '한참'이라는 시간관념이나 '새참'이라는 식사 개념이 모두 거기서 나온 말로 보인다. 중국에서도 Station의 경우 우리가 사용하는 '역(驛)'이라는 말 대신 '참(站)'이라는 말을 사용하고 있다. 역참 제도는 오고타이 칸 시절부터 정식 교통 네트워크로 채택되어 체계적인 모습을 갖추게 되었다. 오고타이는 카라코룸을 도읍으로 정하고 서쪽의 주치 울루스, 차가타이 울루스와 연락하기 위해 역참 제도를 실시했다. 또한 몽골 초원과 중국 북부에 '나린, 모린, 차도(車道)'의 세 역로를 설치했다. 이후 제국의 영역이 확대되면서 역참도 유라시아 대륙의 주요 부분을 연결하는 교통망으로 발전하여 울루스가 된 외국인 고려와 같은 나라에도 역참이 설치되기에 이르렀다. 쿠빌라이 시대에 이르면 가한 울루스 내부에만 1,400여 개의 역참이 설치되었고, 역참을 관리하는 참호(站戶) 또한 35~70만 호 정도가 배정되었다. 배정되는 사람은 마필, 선박, 수레 등의 교통수단과 사신들이 머무는 숙소를 책임졌으며, 식량과 사료를 항시 준비했다. 또 역참을 사용하는 자들에게도 규정이 있어 역참 사용자는 신분증인 패자(牌子)와 포마차찰(鋪馬差札)이라는 문건을 소지하도록 규정했다. 일반 사무와 별개로 군사적인 긴급 사무를 신속하게 수행하기 위해 급체포(急遞鋪)라는 제도를 마련하기도 했다. 당시 몽골 제국이 운영한 역참 제도는 마르코 폴로의 《동방견문록(東方見聞錄)》에서 경탄어린 어조로 상세히 묘사된 바 있으며, 초창기 미국 식민지에서는 'Pony Express'란 이름으로 시행되기도 했다. 이런 네트워크는 유라시아 내륙 교통의 활성화에 크게 기여했으며, 중앙아시아에서 전쟁이 격화된 1280년대 말부터 10여 년 정도를 제외하고는 대체로 원만하게 운영되었다. 이와 관련하여 사신의 왕래 이외에 군인, 종교인, 학자, 기술자 등의 교류가 이루어진 것도 주목할 만하다. 대원에서 훌라구 울루스로 파견되어 라시드 앗 딘의 집사 편찬을 도왔던 사람이나 훌라구 울루스에서 대원으로 파견되어 쿠빌라이 칸 휘하에서 중용되었던 자말 앗 딘 이사 등은 그런 울루스 간 다양한 교류의 구체적인 사례로 볼 수 있다.

재정 관리를 맡아 자본을 운영하던 오르톡 상인들의 존재 또한 팍스 몽골리카와 관련되어 빼놓을 수 없는 요소다. 이들은 육로와 해로를 이용해 원거리 무역을 수행했는데, 그들의 임무는 자신들에게 자본을 제공한 지배층에게 최대의 이익을 안겨주는 것이었다. 이들은 중국에서는 고리대금업에 종사하여 고액의 이자를 요구하는 알탈전을 운용한 것으로 악명(惡名)이 자자했다. 다른 한편으로 대륙 차원의 경제 교류를 활성화시키고자 은(銀) 본위 제도를 시행하고 각 지역 간의 교환 단위를 통일하기도 했다. 이 체제하에서 은과 2킬로그램이 통일성을 가지는 하나의 경제 단위로 통용되었다. 이러한 제도는 초국적 경제의 기초를 마련함으로써 대규모 교역의 기반이 되었으며, 결과적으로 유라시아 경제권 형성에 기여했다. 이와 같은 교역은 세계사라는 개념의 태동에도 크게 기여했다. 세계 지도와 세계 지리, 세계사 관련 서적이 본격적으로 등장한 것이 이 시기부터였는데, 15세기 초 조선에서 만든 세계 지도에서는 아프리카 대륙 남단의 희망봉까지 등장했다. 이는 과거 몽골 제국에서 유입된 세계 지식이 기반이 되었음을 시사한다.

마르코 폴로의 《동방견문록》은 원제가 '세계의 서술'이었다. 이 제목이 보여주듯이 이 책은 단순한 여행기가 아니라 자신의 여행을 통해 얻은 견문을 토대로 다른 자료를 참조하여 찬술한 세계 지리지이자 박물지였다. 따라서 마르코 폴로가 쿠빌라이 칸을 만났는지, 그가 실존했는지에 대한 의문은 이 책을 단순한 여행기나 견문록으로만 인식했기에 나타난 현상이라고 볼 수 있다. 실질적인 의미의 세계사 관념이 이때 나타난 것에는 의미가 있다. 세계사 개념이 본격적으로 문헌에 등장한 시점은 훌라구 울루스의 라시드 앗 딘이 편찬한 《집사》에서였다. 그는 훌라구 울루스의 7대 칸인 카잔 칸의 명령에 따라 몽골 제국의 역사를 편찬했는데, 그의 뒤를 이은 올제이투 칸의 후원을 받아 3부로 구성된 《집사》를 만들었다. 1부에서는 몽골과 몽골 제국의 역사, 2부에서는 아랍, 인도, 유다, 중국, 프랑크, 투르크 등 몽골 제국 등장 이전까지의 유라시아 세계사, 3부에서는 세계 각지의 지리적 특징과 도시 및 산천을 각각 설명하고 있다. 3부는 소실되어 알 수 없으나 1부와 2부는 지금도 남아서 중세 말 세계사의 새로운 개념을 확인할 수 있다.

몽골 제국의 치세는 중국의 경제를 극도로 악화시켰고, 대명(大明)이 중국에서 몽골을 몰아낸 이후에도 원은 북원과 6부 체제로 존속하면서 지속적으로 중국을 위협했다. 이 경험은 중국에 깊은 상처를 안겨 세계 제국하에서 최첨단 통상 무역 경제의 폐해에 대한 반작용으로 스스로 고립주의를 자초하는 원인이 되었다. 이는 조선도 마찬가지였다. 팍스 몽골리카를 통해 득을 본 것은 어이없게도 서유럽이었다.

알려진 것과 달리 몽골 제국은 원나라의 가한을 정점으로 한 느슨한 상호연대가 이어지고 있었으며, 이것이 몽골식 봉건제의 기반이 되었다고 볼 수 있다. 현대 사학계 연구에 따르면 원 간섭기의 고려 또한 가한 직속의 예케 몽골 울루스 중에 하나로 인식되었을 가능성이 높다고 한다. 몽골 황족은 남녀 공통으로 자신의 지분(울루스)으로 생활을 영위했는데, 기존 고려의 왕실과 고려로 시집간 공주가 울루스의 지분을 나누어 가진 것이라고 한다. 단 고려는 어디까지나 고려 왕실의 것이었기에 공주는 자신의 지분을 별도로 가지고 있었고, 이러한 지분의 실체가 사후에 제국대장공주나 노국대장공주와 같은 칭호로 격상된 것으로 볼 수 있다. 여담으로 몽골 제국의 울루스 중에서 가한의 직계와 통혼한 외국 왕실은 고려 왕실뿐인데, 나머지 통혼은 칸의 후손으로 이루어졌다. 괜히 고려 왕실이 쿠릴타이에 참가하고 심왕(瀋王) 자리까지 받은 게 아니었다.

만일 고려가 이 당시 울루스들 중 하나로 인식되고 있었음이 사실이라면, 1368년 주원장이 명나라를 건국했을 때 고려인들이 이를 반기기보다 오히려 미래를 걱정하는 기록이 더 많았던 것 역시 자연스럽게 설명된다. 당시 고려인들 입장에서는 대륙을 차지한 명나라 군대가 고려에 대해서도 어떻게 나올지 도무지 장담할 수 없는 상황이었기 때문이다. 물론 실제 역사에서는 명나라가 고려에 대해 별 간섭 없이 넘어갔으나 당시 고려인들 입장에서는 당연히 미래가 불안했을 것이다.

몽골인들은 초기 거란이나 여진족과 같은 주요 유목 세력에 비해 세력이 미약한 중소 유목 민족에 불과했다. 게다가 각 부족 간의 분열이 워낙 잦아 타유목 민족에 비해 세력도 턱없이 적었다. 이들은 바이칼 호수에서 북만주에 이르는 넓은 구역을 유랑했고, 정해진 거처도 없었다. 칭기즈 칸 역시 출생지는 외몽골이었다지만 그의 일족은 대흥안령부터 바이칼, 알타이까지를 고루 떠돌아다녔다. 그리고 그 과정에서 적대적인 부족에게 아버지가 독살당하고 아내가 납치당하는 등 엄청난 고난을 겪기도 했다. 칭기즈 칸이 기초를 닦은 몽골 제국은 4대 칸인 몽케 칸 사후 그의 동생들인 쿠빌라이와 아리크부카 간의 대칸 계승 내전을 기점으로 분화되기 시작했다. 그 결과 제국은 일한국, 오고타이한국, 차가타이한국, 킵차크한국, 그리고 원나라로 나뉘게 된다. 원래 몽골족의 전통 상속 제도는 자식들에게 모든 것을 평등하게 분배하는 방식이었다. 그래서 나라도 평등하게 분봉받았는데, 자손들이 서로 사이가 나빠져 분열이 심화되었다. 다만 이를 제국의 분열로 바라보는 것에 이견을 표하는 학자도 있다.

연변 조선족 출신으로 중국에서 공부하고 북한을 통해 들어와 단국대에서 실크로드학을 연구한 정수일 교수와 함께 대표적인 동서 교섭 역사 분야의 세계적인 권위자인 김호동 서울대학교 동양사학과 교수는, 몽골 제국이 몇 개의 칸 국으로 분열된 것이 아니라 기존의 제국적 틀이 유지된 상태에서 대칸이 각 울루스의 칸들에게 정주 지역에 대한 관할권을 위임한 것으로 해석했다. 이것이 대칸의 제국 장악력에 한계를 가져온 것은 사실이지만, 단일 제국이란 관념을 부인한 것은 아니었다고 한다. 원나라, 정확히는 대원(大元)이라는 명칭은 대몽골 울루스를 나타내던 다양한 한자식 명칭을 폐기하고 만들어낸 것에 불과하다고 주장했다. 즉 당시 몽골인들에게 대몽골 울루스는 대칸이 직접 지배하는 울루스를 중심으로 그의 종주권을 인정하는 다른 칸들의 여러 울루스로 구성된 느슨한 통합체로 인식되었던 것이다. 원은 카라코룸에서 칸발리크로 수도를 옮기고 본격적으로 중국화되기 시작했지만, 하필이면 원의 전성기에 정복에 목마른 쿠빌라이 칸이 등장하면서 주변국들은 졸지에 재앙을 맞고야 말았다. 고려는 복속 이후 일본을 정벌할 배를 만들고 무리한 공물을 바치느라 고생해야 했고, 송나라, 미얀마의 파간 왕조, 참파 등이 망했으며, 대월과 일본, 자바섬 등도 간접적으로나마 된서리를 맞았다.

한편 중앙아시아로 진출한 몽골인들은 당대의 선진 문명권이던 중동으로 진출해 셀주크 튀르크 등 이슬람 제국과 전쟁을 벌였으며, 끝내 바그다드를 무너뜨렸다. 또 다른 한편으론 유럽으로 진출한 몽골인들은 러시아의 크고 작은 공국들을 무너뜨리고, 이어서 폴란드의 레그니차 전투 등 3~4번의 침공 끝에 폴란드와 헝가리, 불가리아까지 위협했다. 특히 헝가리에서는 치열한 공방전이 이어졌다. 그런데 이 시기에 오고타이 칸의 사망으로 국내 정세가 혼란해지자 정복 활동을 중단하고 귀환해 버렸다.

몽골 제국이 유라시아 전역을 정복한 이후, 동에서 서에 이르는 무역로를 단일 세력권으로 통합하면서 동서 무역로는 본격적으로 가동될 수 있었다. 마르코 폴로가 《동방견문록》을 쓸 수 있었던 것도 몽골 제국이 동방 무역로를 완전히 통제하는 상황이었기에 가능했다. 유럽과 아시아는 서로 붙어있었음에도 그동안 상호 직접적인 교류가 없었지만, 이후 역참제가 중앙아시아까지 확장되고, 13세기 말에는 흑해와 지중해를 잇는 해상로와 연계되어 전례 없는 원거리 무역 발달의 원동력이 되었다. 마르코 폴로 이외에도 기욤 드 루브룩(Guillaume de Rubrouck) 등의 선교사나 이븐 바투타(Ibn Battuta)와 같은 여행가들, 아르메니아 국왕 헤툼 1(Hethum I)세와 같은 사절단도 이 역참로를 이용했다. 당시 몽골 제국의 국제적인 위상과 위엄이 거의 전 세계에 뻗칠 정도여서 칸이 중대한 쿠릴타이를 소집할 때에는 몽골인들뿐만 아니라 중국인, 중동의 무슬림, 그리고 유럽인 사절단이 찾아왔다.

한편으로 동유럽 국가들을 제외한 서유럽에서는 몽골을 매우 우호적 시각으로 본 듯하다. 이는 유럽이 오랫동안 동방에 '프레스터 존'이라는 상상의 기독교 왕국이 존재한다는 환상을 품고 있었던 것과도 관련이 깊다. 이 신화가 허구임이 밝혀진 뒤에도 몽골 군주들이 선교만 받으면 그리스도교로 개종하리라 믿었던 것으로 짐작된다. 이 때문에 프랑스에서는 뤼브뤼키를, 교황은 델 카르피니 등의 사절을 보내기도 했지만, 현실은 만만치 않았다. 그럼에도 불구하고 몬테 코르비노의 전도 활동은 제법 성공적이어서 오래가지는 못했지만, 대도에 성당을 세우기도 했다.

사실 역사학자들 사이에서는 마르코 폴로의 《동방견문록》보다 이들 선교사의 여행기가 중요한 사료로 인용된다. 특히 교황 인노첸시오 4세(Innocent IV)의 사자 델 카르피니는 쿠릴타이와 대칸 구유크의 즉위식까지 참가하여 몽골인들의 쿠릴타이를 직접 묘사한 거의 유일한 기록으로 인정받고 있다. 또한 몽골 제국은 개인 역량에만 의존하던 이전 유목민 제국과 달리 칭기즈 칸의 칙령에 기반하여 성문화한 야삭(Yasaq)을 통해 어느 정도 일체성을 유지할 수 있었으며, 이 야삭은 몽골 제국이 정복한 영토 내에 수세기 동안 통용되었다. 특히 중앙아시아에서의 몽골 영향력은 오랫동안 지속되어 칭기즈 칸의 후예를 자청했던 티무르 역시 이슬람 율법 샤리아와 함께 칭기즈 칸의 야삭을 통치 규범으로 삼았다. 심지어 그는 동차가타이로 칸국의 야삭에 정통한 학자를 요청하기도 했다. 이후에도 이 지역에서는 18세기 마지막 칸국이 사라질 때까지 '칸'이라는 칭호와 함께 보르지긴의 혈족을 잇는 지배 체제가 유지되었다.

몽골 군대라고 해서 모든 정복 전쟁에서 승리한 것은 아니다. 델리 술탄국들인 인도의 노예 왕조, 할지 왕조, 투글루크 왕조도 분열 제국인 차가타이한국의 공격을 받았으나 치열하게 싸운 끝에 견뎌냈다. 그러나 이후 몽골의 후예를 자처한 티무르가 델리를 침략하면서 델리 술탄국은 점차 쇠퇴의 길을 걷게 되었다.

중동의 맘루크 왕조도 바이바르스의 활약으로 중동으로 발을 뻗치던 몽골군을 격퇴했다. 바이바르스는 터키 아나톨리아 지방에서 있었던 일한국의 몽골군을 1277년 전투에서 패퇴시키고, 아인잘루트 전투에서 몽골군 사령관인 키트부가를 사살하는 성과를 거두었다. 이후 몽골군은 중동 지역에 대한 약탈과 점령을 반복했지만, 끝내 맘루크 왕조를 복속시키지는 못했다. 대월 쩐 왕조도 살아남았다. 1차 대월 침공 시에는 정송가도를 내세워 3만의 군사로 침공해 수도인 탕롱까지 점령했지만 전염병으로 물러났다. 이후 쿠빌라이 칸 시기인 2차 침공에는 참파, 운남, 광둥 세 방향으로 공격했지만, 쩐흥다오의 저항과 전염병 및 게릴라전으로 5만 명이 포로로 잡히며 패배했다. 여기에 그치지 않고 3차 침공까지 가하지만 박당강에서 또 패배했다. 이후 대월에서 명목상의 사대를 받고 공식적인 외교 관계를 맺으면서 침공은 백지화되었다.

보헤미아 왕국도 올로모츠 전투에서 몽골군을 패퇴시키며 국체를 보존할 수 있었다. 몽골은 헝가리를 침략하고 이후 비엔나 북쪽에 위치한 코르노이부르크에 소규모 군대를 보내면서 오스트리아도 침략하지만, 프리드리히 2세의 활약으로 전멸했다. 이 전투 이후 몽골군은 오고타이 칸의 사망으로 러시아로 물러났다. 몽골군은 자바섬도 침략했는데, 당시 자바에는 싱하사리(Singhasari) 왕국이 있었다. 침공 이유는 당시 싱하사리 왕국의 왕 크르타나가라(Kertanagara)가 1289년에 원나라에서 보낸 사절의 조공 요구를 거부하고 사신의 코를 잘라 돌려보냈기 때문이다. 하지만 막상 1292년에 자바로 원정을 왔더니 크르타나가라는 크디리(Kediri) 지역 유력자의 반란으로 이미 살해당한 뒤였고, 원 제국 군대는 졸지에 목적을 상실해 버렸다. 이렇게 몽골군이 목적을 잃고 무엇을 해야 할지 몰라할 때 크르타나가라의 사위이자 후계자였던 라덴 위자야(Raden Wijaya)가 몽골군에 접근해서 자신의 적인 크디리 반란군을 함께 토벌하자고 제안했다. 원군은 이에 동의해 크디리 지역의 반란군을 진압했으나 이후 위자야는 현재의 수마트라 지역으로 원정 나가 있던 군대가 다시 돌아오자 바로 원나라 군대를 공격해 패퇴시켰다. 반란군과 몽골군을 모두 무찌른 위자야는 훗날 인도네시아를 최초로 통합한 마자파힛(Majapahit) 제국의 시조가 되었다.

원나라는 두 번에 걸쳐 쓰시마를 통해 큐슈 하카타에 대군을 상륙시키며 일본을 침공했다. 이에 가마쿠라 막부가 각지 영주의 군대를 규합하여 방어에 나섰다. 양측은 하카타 인근 지역에서 치열한 접전을 벌였고, 전황이 교착 상태에 빠졌을 때 정박 및 항해 중인 원나라 함대에 태풍이 불어닥쳤다. 이 태풍으로 원나라군은 많은 수의 선박을 망실했다. 태풍이 물러간 직후 보급 능력과 전투 지속 능력을 상실했다고 판단한 수군은, 지상군에 통보도 하지 않고 남은 선박을 끌고 다급히 철수했다. 지상군은, 운 좋게 철수하는 선박에 탈 수 있었던 소수를 제외하면 대부분 퇴각하지 못하고 일본에 남겨졌고, 모두 전투 끝에 토벌되거나 항복했다.

한편 일본에서는 원나라군이 물러갔음에도 불구하고 막부는 원나라의 침공에 대비해 군비를 무리하게 증강하고 휘하 영주들에게 군사적, 경제적 의무를 이행할 것을 압박하며 많은 부담을 주었다. 이에 영주들의 신임을 잃고 약해져 흔들리기 시작했다. 결국 반(反)가마쿠라 막부를 기치로 영주들이 모여 결국 가마쿠라 막부를 타도하고 무로마치 막부가 들어서게 되었다.

쿠빌라이 칸은 대월과 마찬가지로 일본 진출도 포기하지 않고 3차 원정을 준비했으나 쿠빌라이 칸이 숨지면서 원정 추진력이 크게 약화되었다. 결국 원이 일본에서 명목상의 사대를 받고, 정식 국교를 맺어 교역하기로 하면서 제3차 침공 계획은 백지화되었다.

폴란드 공국은 1241년, 1259년 두 차례 침공에서 몽골군에 대패했다. 특히 1241년의 레그니차 전투는 일반인들에게도 유럽 대 몽골 대결의 이미지를 크게 각인시켰다. 하지만 1287년에 있었던 3차 침공 시에는 이미 폴란드 역시 헝가리처럼 석조 성채와 중장기병으로 무장하고 있어서 역으로 몽골군을 궤멸시켰다.

1241년 몽골의 1차 침공 당시 헝가리군은 모히 전투에서 대패했다. 40여 년 후, 1285년 노가이의 11만 대군이 2차 침공을 거행했으나, 헝가리 왕 벨라 4세는 이를 대비해 군제 개혁을 단행하여 서유럽식 성채를 도입함과 동시에 중장기병의 비중을 대폭 높였다. 덕분에 불과 3만 명으로 몽골군으로부터 수성(守城)한 것을 넘어 몽골군에 심대한 타격을 입혔다. 라디슬라우스 4세가 이끄는 중장기병 부대는 탈리부가의 몽골 기병대와 서부 트란실바니아 언덕에서 정면 대결했다. 이때 헝가리군은 중장기병의 돌격을 통하여 몽골군의 궁기병을 물리쳤다. 이 당시 몽골군의 전과는 마을 몇 개, 작은 요새 몇 개를 약탈한 것뿐 제대로 된 공성전은 전부 실패했고, 야전에서도 벨라크, 보이스키블리스의 헝가리군에게 거듭 패퇴했으며, 잔존병마저 현지 주민들에게 무너졌다.

몽골 제국의 분열과 몰락

사실상 몽골 제국의 적통이라 할 수 있는 원나라는, 강남에서 명나라를 건국하고 파죽지세로 북쪽으로 올라오던 주원장의 세력에 밀려 1368년 대도를 버리고 내몽골의 후룬부이르 초원으로 물러났다. 이후 원나라는 그나마 북원으로 명맥을 이어갔으나, 1388년 쿠빌라이 칸 가문의 마지막 황제 평종 토구스 테무르가 암살당하고, 뒤를 이은 조리그투 칸이 몽골의 대칸 자리만 이었을 뿐 '원나라 황제'라는 중국식 칭호는 포기했다. 이때부터 중국 왕조로서의 원은 사실상 끝났고, 대칸의 지위는 완전히 사라지지는 않았지만, 실질적인 권력은 크게 약화되어 상징적인 존재로 전락했다. 이후에도 부족 단위로 쪼개진 몽골족은 명나라의 영락제에게 토벌 대상이 되었고, 외몽골을 제패한 오이라트의 지도자 에센 타이시 등은 자주 북원 및 그 후예 차하르부를 침략하곤 했다. 이후 다얀 칸, 알탄 칸 등의 시대에 몽골이 다시 부흥하면서 명 5대 황제 영종을 포로로 억류한 '토목의 변' 등으로 명나라를 압박했다. 그러나 1634년 만주족 청 태종이 몽골 지역을 합병하면서 스스로 몽골의 대칸을 겸하게 되었고, 역대 청나라 황제가 대대로 몽골의 대칸 자리를 겸하는 식으로 칭호를 유지했다. 이후 내몽골의 차하르부는 청나라의 속국으로 남게 되었으며, 이후 청과 남하하는 러시아의 중간에서 두 세력의 압박을 받게 되었다. 이러한 분쟁은 강희제, 옹정제 시기 네르친스크 조약(만주 및 내몽골 동부)과 캬흐타 조약(외몽골) 등으로 국경선이 정해지면서 일단락되었다. 그러나 세계 열강의 각축이 본격화한 이후 신해혁명으로 청이 붕괴하자 몽골에서는 유력자들이 회의를 열어 복드 칸을 휴브트 요스 칸(청나라 선통제)을 잇는 대칸으로 추대하고 독립했다.

러시아 혁명과 적백 내전의 혼란을 틈타 외몽골에 침투한 러시아의 미치광이 남작 운게른 슈테른베르크에 의해 1921년 몽골이 강제 점령되었다. 마지막 칸인 복드 칸은 1924년에 사망하여 이로써 칭기즈 칸부터 계속 이어져온 몽골의 대칸위의 계보는 끊어지게 되었다.

한편 내몽골은 운게른의 광기 어린 통치로부터 벗어났으나 여전히 중화민국의 일부 영토로 남아 차하르, 열하, 흥안성의 3성으로 나누어 통치되었다. 그러나 1931년 만주를 침략한 일본 육군이 만주국을 세우면서 동몽골(내몽골 동부) 흥안성은 만주국이 되어 버리고 남몽골(내몽골 중부 및 서부)은 몽강자치연합정부라는 또 다른 일본 괴뢰국으로 전락했다. 이 몽강국은 '몽골판 만주국'으로 사실상 몽골을 일본이 식민 지배했으며 국가 주석이었던 데므치그돈로브는 꼭두각시였다. 동몽골의 몽골인은 '만주인'으로 한족 및 조선인과 같이 분류되어 2등 국민으로 차별받았다.

한편 원나라 이외의 '칸국'은 4칸국 이후에도 많은 국가가 그 이름을 따와 러시아와 중앙아시아 지역에 난립했으나 점차 소형화되어 다른 국가들에 병합되거나 흡수되었다. 칭기즈 칸 다음 대에 형성된 4칸국만 들자면 킵차크한국은 1502년 타타르족에게 멸망했고, 오고타이한국은 14세기 초 내부 분열 이후 원과 차가타이한국에게 그 세력을 흡수당했으며, 차가타이한국과 일한국은 14세기 중후반 소국으로 분열한 후에 티무르 제국이나 러시아 제국에 병합당했다.

유목민들은 정주민들보다 혈통을 훨씬 중요시했기 때문에 티무르를 비롯한 중앙아시아, 중동, 북인도의 많은 왕조가 어떻게 해서든지 칭기즈 칸의 후예들과 혈연관계를 맺으려고 노력한 것이다.

몽골 제국 멸망의 중요한 정치적 요인으로는 흔히 원과 4칸국의 분할 상속으로 권력이 분산된 점이 지적되지만, 그 정도 규모의 거대 제국이 일원적 통치하에 움직이는 것도 쉽지 않은 일임을 감안하면 분할 통치도 일리 있는 조치였다. 하지만 종주권의 계승을 놓고 4칸국이 상호 충돌한 것은 몽골 제국의 쇠퇴에 큰 영향을 미쳤다.

이후 원은 본격적으로 쇠퇴하기 시작했다. 혜종 토곤 테무르 시대에 그 하락세가 정점에 달했다. 당시 원의 화폐 정책이 철저히 실패로 돌아가면서 교초의 유통량이 폭증해 경제 구조가 뒤흔들렸고, 이를 수습하지 못하고 오히려 교초의 남발이 가속화되면서 민중에게서 직접적인 반발을 불러일으켰다. 이미 몽골인들은 지배층의 특권과 중국식 문화에 상당히 젖어 있어 정복기의 활력을 잃은 뒤였다. 게다가 유목민 출신이던 몽골인들은 정착기에 익숙하지 않은 화폐 문화를 사용하게 되면서 빚더미에 올라 자식들을 노예로 팔아야 할 정도로 몰락한 이들이 적지 않았다. 이런 와중에 몽골 귀족들은 이곳저곳에서 긁어모은 재산으로 호화로운 생활을 누려 빈부 격차가 심했다. 결국 홍건적과 같은 반원 한족 세력이 크게 대두되었고, 이 틈을 타 주원장이 득세했다. 원은 결국 이를 이겨내지 못하고 1368년 만리장성 북쪽인 내몽골의 후룬부이르(응창)로 퇴각해 북원이라는 이름으로 이 일대에 잔존했다. 그러나 1388년 북원마저 멸망당했으며, 이후 한동안은 아리크부카계가 대칸을 이었으나 오이라트 계열의 에센 타이시가 즉위하면서 칭기즈 칸계 왕통은 15세기 후반 다얀 칸 시대까지 끊겼다.

15세기 후반, 몽골에선 다얀 칸이 등장해 토목의 변을 일으킬 정도로 강력했던 오이라트를 몰아내고 몽골 제국의 부흥을 선언했다. 이후 16세기 중엽, 알탄 칸의 시대에는 베이징을 포위하는 등 한동안 몽골 제국은 크게 세력을 떨쳤다. 그러나 대칸이 아니었던 알탄 칸의 명성과 세력 때문에 오히려 실질적인 대칸의 지위가 약화되어 대칸의 권력이 차하르부에만 국한되었고, 몽골은 6부족으로 분열되었다.

결국 1634년, 릭단 칸이 청에 의해 정복되어 쫓겨나면서 몽골은 칸의 직위를 청에게 빼앗기고 한동안 청에 복속되었다. 하지만 숭덕제가 원나라의 옥새를 획득하고 칸의 직위를 받은 이후에 칭제한 것을 생각하면 이전의 이민족 국가들에 비해 우대받은 경우라고 할 수 있다. 숭덕제는 내몽골을 평정한 후 만주-몽골 연합 제국으로서 청 제국을 선포했으며, 이후 정통 동몽골 황족인 보르지긴 씨족은 청의 외척이 되었다.

사실 몽골 제국이 잠시 위대한 업적을 세우고 급속도로 와해되어 갔던 것은 우연이 아니다. 몽골 제국 분열의 이유 중 가장 크게 꼽는 것이 바로 몽골의 상속 풍습이었다. 몽골은 장자 상속제가 아닌 분할 상속제를 시행했는데, 장자 상속제였다면 상대적으로 분배를 적게 받은 이들이 불만을 가질 수는 있었겠지만, 어느 정도 수용하고 넘어갈 여지가 있었다. 그러나 몽골은 모두 정확히 분배를 받아야 했기 때문에 내부 갈등이 심했다. 이러한 문제로 15세기에 상속법을 고치기는 했으나 풍습은 쉽게 바꿀 수 있는 것이 아니어서 몽골 제국의 부흥에 큰 지장을 주었다. 몽골 제국은 위대한 지도자 아래에서는 급성장할 수 있지만, 그 지도자가 사망한 후에는 급속도로 분열과 내부 갈등으로 약화되었다.

열대 지방까지 진출했던 몽골 제국이 분열 이후 열대와 온대 농경 지대를 상실하고 급속도로 유목 민족 중심의 초원 지대로 밀려난 것은 근본적으로 몽골 제국의 지배 체제 자체에 약점이 있었기 때문이기도 하다. 특히 몽골 제국이 오랜 기간 지속되지 못하도록 한 것은 몽골 자체의 문화적 경제적 역량의 부족에서 찾을 수 있다. 유목 민족 특유의 적은 인구는 이러한 두 가지 한계를 불러일으켰을 뿐만 아니라 이를 심화시켜 몽골 제국의 존속 가능성에 심각한 악영향을 주었다.

칭기즈 칸이 정복 활동을 시작하던 무렵의 몽골 인구는 80만 내외로 추정된다. 이는 당시 1억 3천6백만에 달하던 중국(금+남송)은 물론, 350~450만 정도로 추정되는 고려, 450~800만 사이로 추정되는 러시아에 비해서도 훨씬 적은 인구였다. 즉, 고려의 1/3도 안 되는 인구로 그 넓은 영토와 엄청난 피지배 인구를 거느린 대제국을 유지해야 했던 것이다. 물론 몽골의 침공으로 중국, 고려, 러시아, 페르시아, 아랍 등의 인구가 크게 줄었고, 몽골인은 통일과 피지배 민족에 대한 착취로 어느 정도 늘기는 했으나 여전히 인구에서 몽골인은 피지배 민족들에 비해 절대적 열세였다.

몽골 제국은 엄청난 영토를 보유했지만, 내전으로 지역별로 분열하게 되었다. 또한 초원에서 가축을 치던 유목민이 인구의 대부분이었던 몽골인들에게는 중국인, 고려인, 아랍인, 투르크인, 쿠르드인, 페르시아인, 슬라브인 등 훨씬 높은 문화적 수준을 지닌 피지배 정주 민족들을 동화시킬 수 있는 어떠한 문화적 역량도 없었다. 만약 인구가 많았다면 혼혈 정책을 펼쳐 혈통 의식이라도 강조할 수 있었겠지만, 적은 인구와 낮은 문화적 소양 때문에 기존 농경 정주 민족을 다스리던 유목민 왕조들이 피지배 민족들에게 동화될 수 있다는 우려가 있었다. 원이나 여타 다른 몽골계 국가들이 이를 막기 위해 피지배 민족들을 몽골에 동화시키려 했으나 결국 실패하고 피지배 민족들의 반란으로 점점 쇠락해졌다. 오히려 몽골로 돌아가지 못했거나 귀환하지 않은 몽골인들은 높은 문화적 역량과 많은 인구를 지녔던 중국, 한국, 터키, 아랍, 이란, 러시아, 우크라이나 등에 동화되었다.

그나마 티무르나 무굴 제국의 경우를 보면, 몽골 제국의 지배층과 통혼하던 중앙아시아 및 그 주변 지역의 유목 민족계 지배층들 중 일부에게는 18

세기 무렵까지 몽골인의 후손이라는 의식이 있었던 것으로 보인다. 그러나 이들의 몽골 계승 주장은 사실상 통치 정당성 확보를 위한 정치적 레토릭에 불과하며 실질적으로 이들을 규정하는 문화적·혈연적 정체성은 아니라는 주장도 존재한다. 그나마도 이러한 몽골 계승 의식은 18세기 이후 각지의 민족의식 혹은 국가 의식이 강화되면서 사라지거나 영국, 러시아 등의 지배를 받으며 완전히 소멸했다.

그렇기 때문에 몽골 제국은 그 넓은 영토를 지배하고 각지에 몽골인들을 보내 살게했지만, 대부분 소규모 지배층 및 중간 계층에 불과했다. 그리고 이들은 자신들을 보호하던 제국의 지배력이 사라지고 자신들이 피지배 민족이 되자 너무나도 쉽게 압도적 다수의 피지배민들에게 혈연 정체성과 문화 정체성 둘 다에서 동화되어 버렸다. 이런 이유로 오늘날 몽골인 후손으로서의 자각과 정체성을 비교적 온전하게 유지하고 있는 것은 결국 몽골 제국의 본토이자 칭기즈 칸 이전 시대 몽골의 영역인 외몽골과 내몽골 출신의 몽골인들밖에 남지 않게 되었다.

여기에 더해서 몽골 제국은 자체 인구와 경제력이 부족했기 때문에 피지배 민족들에게 다양한 세금을 엄청나게 높은 세율로 징수했다. 이로 인해 몽골 복속 이전보다 훨씬 높은 세금을 부담해야 했던 피지배 민족들의 반발이 날이 갈수록 심해졌다.

몽골 제국이 피지배 민족들의 반발을 감수하면서 엄청난 세금을 물렸던 데에는 이유가 있었다. 농업이 가장 큰 부가가치를 생산하던 당시 기준에서 보면 몽골인들의 본거지인 몽골 지역의 토지 중 대부분은 농경이 사실상 불가능했기 때문에 몽골의 자체적 경제 역량으로는 대제국을 경영하는 것이 불가능했기 때문이었다. 거기다 이런 자연 환경적 요인으로 인해 자체적으로 국가 경제를 경영하며 국력을 유지할 수준의 인구를 확보할 방법이 없었다.

결국 몽골은 빠른 기동력과 기마 궁병의 전술적 우위를 이용하여 정주 농경민들의 국가들을 정복한 후, 제국을 유지하기 위한 경제 역량을 피지배 민족들에게 의지하는 사실상 약탈 경제 혹은 기생 경제 체제를 구성했다. 더 나아가 정복지의 치안 유지 능력은 물론 군사력조차도 사실상 피지배 민족들에게 의지하는 경향이 강했다. 이 때문에 몽골 제국은 대제국을 통치하기 위한 자금을 이들 피지배 민족들에게서 세금이나 조공으로 받아내거나 약탈해온 물자들과 농경 민족들 간 교역을 독점하며 챙긴 마진 이익으로 충당했다.

이러한 이유로, 정주 민족들이 몽골식 기마 궁병에 익숙해지고 대응 전략을 세우면서 칭기즈 칸 이래의 몽골 전술은 점점 고유한 가치를 잃기 시작했다. 이에 더 이상 몽골식 기마 궁병의 전술적 우위를 바탕으로 정주 민족들을 빠른 시간 안에 제압할 수 없게 되자 몽골 제국과 반기를 든 피지배 민족 간의 전쟁은 지구전과 소모전 양상으로 변해갔다. 이에 몽골은 자체적인 인구와 경제력이 부족한 데다 각지의 반란 및 내분이 겹친 탓에 피지배 민족에 대한 동원 능력마저 급격히 떨어졌다. 전쟁에 대한 지속 능력이 부족했던 몽골인들은 자신들에게 반기를 든 피지배 민족을 차례로 놓아줄 수밖에 없었다. 피지배 민족들에 대한 지배력을 하나둘 상실하기 시작하자 몽골 제국의 경제 붕괴에 더욱더 속도가 붙어 빠르게 제국이 무너지게 되었다.

최근의 연구에 의하면 몽골 제국은 무너진 뒤에도 러시아 제국, 오스만 제국, 사파비 제국, 청(清) 제국과 같은 유라시아 제국의 등장과 발전에 크고 작은 영향을 주었고, 다른 한편으로는 티무르 제국, 무굴 제국, 카자흐 칸국, 우즈벡 칸국, 크림 칸국, 북원(北元) 등과 같은 강력한 계승 국가들로 분화 발전하여 근대 유라시아 형성 과정에서 중대한 역할을 했다고 한다.

그러면 몽골 제국에서 분파한 각 칸국들을 살펴보자.

1. 킵차크한국

1) 백장 칸국(칸국의 서부)

- 이흐 칸국 - 모스크바 대공국이 멸망시킴

- 카심 칸국 → 러시아 차르국
- 카잔 칸국 → 러시아 차르국
- 아스트라한 칸국 → 러시아 차르국
- 크림 칸국 - 오스만 제국 보호국 → 러시아의 후원 아래 독립 → 러시아 제국
- 호라즘 - 티무르 제국이 정복

2) 청장 칸국(칸국의 동부)

- 시비리 칸국 → 러시아 차르국
- 스큐발드 칸국 → 러시아 차르국
- 노가이 칸국 -대 노가이 칸국 노가이 - 칼미크 전쟁으로 인해 멸망
- 소 칸국 - 흑해 북부로 이주
- 사르다리아 울루스 - 킵차크한국이 파괴
- 우즈베크 칸국 - 카자흐 칸국 소 주즈→ 러시아 제국 속국인 부케이 칸국이
  점령중앙 주즈 - 중가르 칸국이 점령 → 러시아 제국
  대 주즈 → 러시아 제국 → 우즈베크족 국가

2. 원나라

1) 오이라트

- 볼가강 하류로 이주 → 러시아 제국 속국인 칼미크 칸국이 점령
- 중가르 칸국 - 3차 오이라트 - 청나라 전쟁 시기 청나라에게 점령

2) 북원 - 청나라에게 점령

3) 명나라 - 청나라의 만주족에게 점령

3. 차가타이한국

1) 모굴리스탄 칸국 - 야르칸드 칸국 - 중가르 칸국이 점령

2) 티무르 제국이 점령 - 서차가타이 칸국

3) 티무르 제국(창시자 - 티무르) 히바 칸국

- 부하라 칸국
- 무굴 제국

4. 일한국

1) 사르바데르 왕조 - 티무르 제국이 점령

2) 잘라이르 왕조

- 티무르 제국이 점령 → 독립 시기 → 카라 코윤루가 점령
- 카라 코윤루 - 아크 코윤루가 점령

3) 추판 왕조 - 카라 코윤루가 점령

4) 무자파르 왕조 - 카라 코윤루가 점령

몽골 제국에 대한 평가

몽골 제국의 위세가 워낙 거대했기에 아직도 유럽과 이슬람교 문화권에서는 칭기즈 칸을 학살자나 위대한 정복자로 보는 등 시선이 갈린다. 몽골에서는 당연히 자랑스러운 자국의 전성기이자 세계 제국의 건국자로 다룬다. 많은 아시아 국가에서는 몽골 제국에 대한 이미지가 나쁘지 않은 편이지만, 서구에서는 야만성을 강조하는 느낌이 큰 편이다. 엄밀하게 말하면 직접 침략을 당한 폴란드나 체코, 러시아를 비롯한 동유럽에서 이미지가 좋지 않고, 직접적인 피해가 적었던 서유럽 쪽에서는 훈족과 함께 야만적인 유목민 정도로 인식하고 있다.

다만, 터키는 몽골 제국 장군들의 대부분이 튀르크계로서 유럽이나 서아시아, 중앙아시아 원정에 참가했고 킵차크한국이나 일한국, 차가타이한국, 오고타이한국 등이 전부 몽골-튀르크 제국이었다는 이유로 몽골 제국에 호의적이다. 애초에 훌라구의 바그다드 원정 때 사령관이었던 키트 부카 부터가 네스토리우스파 기독교를 믿는 튀르크인이었다. 칭기즈 칸 역시 아랍이나 이란과 달리 같은 알타이인으로서 영웅으로 보고 관련 학회도 많이 있다. 사실 튀르크인 자체가 원래 몽골계 종족이었고 몽골 통일 이전에는

외몽골에 키르기즈나 나이만, 메르키트, 케레이트 등 여러 튀르크 부족이 섞여 살았다. 이로 인해 튀르크인과 몽골인은 형제나 다름없는 관계이기 때문에 몽골로 인해 셀주크가 망했음에도 불구하고 심각하게 받아들이지 않았으며, 이는 티무르 제국에 대해서도 마찬가지였다. 그저 같은 튀르크계 부족끼리의 알력 다툼 정도로 보는 시각이다.

반면, 남쪽의 아랍인들에게는 몽골이나 튀르크나 둘 다 적대적 존재였다. 특히 몽골 제국의 이슬람 침공에 이어 이후 오스만 제국 당시 아랍인을 차별한 튀르크인에 대한 증오는 대단했다. 거기다 오스만 제국 황제가 썼던 칭호 중에는 몽골족이나 튀르크족의 군주를 가리키는 단어인 '칸', '한'에서 비롯된 것이 있었으니 아랍인들의 입장에서 오스만 제국은 몽골 제국의 연장선이나 다름없었던 셈이다. 덕분에 오스만 제국의 지배를 겪었던 이라크나 시리아 같은 중동 아랍권 나라에서는 튀르크 이야기에는 민감하다.

서구 학계에서는 원래 야만적인 파괴의 제국이라는 평가가 강했지만, 근래에 들어서는 동서양 교류의 촉진을 통해 세계사 발전에 큰 영향을 줬다는 재평가도 힘을 얻고 있다. 중국 학계에서도 이전까지는 몽골과 유목 민족에 대한 전반적인 평가 자체가 부정적이었지만, 현재는 정체된 한족의 중화 문명에 유목 민족이 끊임없이 일종의 문화적, 인적 수혈을 해주었다는 긍정적인 견해 또한 제시되고 있다. 그래도 몽골 제국이 자행한 대규모 인명 피해와 파괴한 문화적 지적 유산 때문에 부정적으로 보는 경향이 크다.

몽골 제국이 가지고 온 파괴와 학살과는 별개로 몽골 제국과 그 후계 중앙아시아 유목 제국들이 유라시아 동서 문명 간 교류 역사에 거대한 새로운 장을 쓴 것만큼은 확실하다. 몽골에서 비롯한 칸이란 호칭은 훗날 만주족에서 페르시아, 심지어 제정 러시아의 차르들에 이르기까지 유라시아 국가들에 무적의 군사력을 가진, 절대적인 권위의 지배자로서 강력한 이데올로기를 형성했다. 이뿐만 아니라 중세 후기의 티무르 제국과 후대의 오스만 제국마저도 칭기즈 칸과 몽골 제국의 권위를 빌려 정복 제국으로서의 지배력을 강화하려고 했을 만큼 몽골 제국이 유라시아 문명사에 남긴 영향은 매우 크다.

마르코 폴로의 중국 답사는 실크로드가 몽골의 통치 아래 마지막으로 안정적인 번영을 누렸던 때였다. 13세기 당시 아프리카 사하라 횡단 무역도 몽골 제국과의 교역을 통해 성행했다. 이러한 몽골 제국의 영향력으로 인해 대항해 시대와 같은 근대의 발판이 마련되었으니, 칭기즈 칸의 영토 확장과 몽골 제국의 성립이라는 사건은 단순히 역사상 최대 크기의 황제국 출현이란 점을 넘어, 세계 역사적 측면에서의 분수령이었다고 할 수 있다. 즉, 동방 사회와 서방 사회를 직접 연결한 세계사 최초의 사건이라는 점에서 역사적 의의가 크다고 할 수 있다.

제33강

명의 창업주 주원장과 영락제

주원장의 창업

대명국(大明國, 1368~1644)은 한족계 반란군 주원장(朱元璋, 1328~1398)이 원을 중국에서 몰아내고 세운 마지막 한족 왕조이다. 주원장은 거지 대장 출신 황제라는 소문이 날 정도로 열악한 환경에서 자라났다. 그는 호주 종리현에서 태어났는데, 그의 부친 주오사(朱五四, 나중 주세진으로 개명)는 소작농이었으며, 어린 시절 그의 이름은 주중팔(朱重八)로 불렸다. 그 이후에도 여러 번 개명을 한 바 있는데, 이것은 그가 태어난 시대의 혼란과 사회적 급변 상황을 나타내고 있다. 부친과 그의 이름에 숫자가 많이 들어갔다는 것은 아마 보잘것없는 가문이었기 때문에 그리했을 것으로 보인다. 일설에는 그의 할아버지가 송나라 마지막 전투인 애산 전투에서 살아남은 패잔병으로, 어린 주원장에게 한족의 의식을 심어주었다는 설도 있으나 확인할 수는 없다.

그가 태어난 1328년은 칭기즈 칸과 쿠빌라이를 이은 원나라 황실이 제위 계승을 놓고 혼란에 빠졌던 때였다. 이 해에 태정제(泰定帝) 예순 티무르가 병사(病死)하자 아들 아리바가가 상도에서 천순제(天順帝)로 즉위했으나, 대도에서 따로 즉위식을 가진 토그 티무르가 그를 폐위시키고 황제 자리를 차지하는 사건이 있었다. 하지만 토그 티무르 역시 다음 해에 형인 쿠실라에게 제위를 빼앗기는데, 얼마 후에는 쿠실라를 없애고 다시 황제가 되는 등 황족끼리의 골육상잔으로 옥좌의 향방이 엎치락뒤치락했다. 원 제국의 두 수도인 대도와 상도, 그리고 본래의 수도 카라코룸 사이에 흙바람과 피바람이 그칠 날이 없었다. 이렇게 제국의 중심이 불안정해지자 지방에서는 억눌려 있던 한족들의 반발이 점점 뚜렷해졌다.

주원장의 초상

특히 원나라 재정의 80% 이상을 충당하면서도 '남인(南人)'이라 하여 정치적으로 가장 낮은 대우를 받고 있던 강남 지역 한족들의 불만이 하늘을 찔렀다. 마침내 지역민과 손잡은 양자강의 해적들이 강남에서 강북으로 가던 세금 운반선들을 차단해 버리자 원 왕조의 재정은 급속도로 악화되었다. 원(元) 왕조는 이를 진압하려고 토벌대를 계속 보냈으나 문란해진 군 기강과 수전에 약한 몽골군의 특성 때문에 성과가 신통치 않았다.

원나라의 정치와 경제가 모두 혼란에 빠지자 각 지방은 점점 무법천지가 되어갔다. 난세에는 부자들보다 가난한 사람들이 더 힘든 법인데, 떠돌이 소작농의 막내아들이었던 주원장은 그야말로 참담한 유년 시절을 보내야 했다. 주원장이 17세가 되던 1344년에는 기근까지 겹쳤다. 이로 인해 주원장의 부모와 큰형이 영양실조 상태에서 전염병에 걸려 세상을 떠났고, 나머지 형제는 뿔뿔이 흩어졌다. 소년 주원장은 하루 한 끼도 먹기 어려운 생활을 견디다 못해 승려가 되기로 하고 황각사라는 절에 들어갔지만, 절이라고 끼니가 충분할 리 없었다. 두 달 만에 그는 탁발승이 되어 여기저기를 떠돌아다니는데, 그런 유랑 생활을 4년간 이어갔다.

난세란 특별한 절망과 함께 특별한 희망도 주었다. 1351년, 한산동(韓山童)이 세운 백련교도를 주축으로 한 '홍건적'이 봉기하고, 양자강 일대가 이들의 세력권이 되면서 "망할 놈의 세상을 한번 뒤집어 보자"는 민중의 목소리가 결실을 보는 듯했다. 당시 홍건적은 처형된 한산동의 아들 한림아(韓林兒)가 이끌고 있었는데, 주원장도 이 시류에 동참하여 안휘성에서 봉기한 홍건적 곽자흥(郭子興)의 수하로 들어갔다. 이후 별 볼 일 없는 탁발승인 줄만 알았던 주원장의 숨은 재능은 두각을 나타내기 시작하여 몇 년 만에 곽자흥군의 2인자 위치까지 올랐다. 곽자흥의 양녀인 마(馬)씨 처녀와 혼인도 했는데, 그녀는 후일 지혜롭기로 유명한 마황후로서 주원장의 정치에 많은 도움을 준다.

주원장은 곽자흥이 죽은 후 그 아들을 명목상 받들며 실질적인 대장 노릇을 했고, 송나라 황실의 후예를 자처하며 제일 먼저 봉기했던 한림아(韓林兒)가 소명왕(小明王)이라는 이름으로 송(宋)을 세우자 주원장은 이를 인정하고 부원수의 직함을 받았다. 정통성도 실권도 불분명한 나라였지만, 일정한 권위와 대의명분은 확보한 셈이었다. 주원장은 자신의 근거지를 장강 이남으로 옮길 것을 심각하게 고려했다. 당시 주원장의 근거지는 정원(定遠)이었는데, 안휘성 중부에 있는 큰 호수인 소호의 장군 요녕안(廖永安)과 유통해(俞通海)가 무려 1천 척의 배를 이끌고 자신에게 항복하자 이를 기반으로 강을 건너 원나라 중승 만자해아(蠻子海牙)의 군대를 격파하고 강남으로 세력을 옮기게 되었다. 그 후 주원장은 태평(太平), 채석(采石), 우저(牛渚), 그리고 현재의 남경인 집경(集慶)을 손에 넣으며 일약 강력한 세력으로 떠오르게 되었다.

주원장은 1356년에 집경(후의 남경)을 점령하고는 그곳을 '응천부(應天府)'로 개명하고 본거지로 삼았다. 이로써 주원장(朱元璋)은 당시 홍건적 군벌 중에서도 장사성(張士誠), 진우량(陳友諒)과 함께 가장 강력한 3대 세력의 하나로 발돋움했다. 당시 강남에서는 주원장 말고도 강력한 세력들이 있었다. 그중에 장사성은 원(元) 말기의 혼란에서 가장 먼저 일어난 군웅 중에 한 사람으로, 원나라 승상 탈탈(脫脫)에게 대패하여 세력이 약해졌다가 탈탈이 모함을 받고 쫓겨나자 다시 한번 세력을 일으키는 데 성공했다.

1356년, 주원장은 양헌(楊憲)을 사자로 보내 장사성과 우호 관계를 맺자는 의사를 표시했으나 장사성은 양헌을 돌려보내지 않고 아무런 대답도 하지 않으면서 의사 표시를 하지 않았다. 오히려 그는 역으로 주원장을 공격했는데, 이 공격은 주원장 휘하의 가장 뛰어난 지휘관인 서달(徐達)이 막아내고 반격까지 하면서 격파했다. 서달은 상주(常州)까지 점령함으로써 장사성에게 대단한 타격을 주었다. 이에 장사성은 원나라 조정에 항복하여 그 기반으로 항주를 점령해서 다시 세력을 떨치게 되었다.

이러한 때, 주원장도 자기 세력을 키우는 데 열심이었다. 서달(徐達)과 상우춘(常遇春) 두 명의 장수는 계속해서 밖에서 승리를 거두었고, 주원장 본인은 학자들을 모으고 지역 백성들을 만나 다독이며 민심을 얻는 데 주력했다. 그는 장수들에게도 약탈을 막으라고 계속해서 지시했다. 차츰 기반을 넓혀 가던 중, 1360년이 되자 마침내 또 한 사람의 강자인 진우량과 인접하게 되었다. 진우량은 본래 어부의 자식으로, 당대 군웅 중 한 사람이었던 서수휘(徐壽輝) 군단의 예문준(倪文俊)이라는 인물의 수하로 있었다. 서수휘는 천완(天完)이라는 나라를 만들었으나 원나라에 패배하여 세력이 약화되었고, 다시 세력을 일구었지만 이번에는 승상인 예문준에게 좌지우지되는 신세가 되었다. 그때 진우량은 기회를 보아 예문준을 참살하고 스스로 선위사(宣慰使)라고 일컫으며 그 세력을 손아귀에 넣었고, 서수휘의 세력 역시 실질적으로 장악했다. 진우량은 안경(安慶), 용흥(龍興), 서주(瑞州), 소무(邵武), 길안(吉安), 무주(撫州), 건창(建昌), 공(贛), 장(汀), 신(信), 구(衢)를 모두 격파하고 손에 넣어 일약 장강 이남 최대의 세력이 되었다.

진우량과 주원장은 태평을 경계로 세력을 마주했다. 하지만 나중에 주원장 스스로 이렇게 회고했다.

"장사성은 재정이 풍부하고 진우량은 병력이 강했다. 내게는 특별히 내세울 장점이 없었다."

그 때문에 대부분의 사람은 이미 원나라의 지배에서 사실상 벗어난 강남을 제패할 세력은 장사성 아니면 진우량이라고 생각했다. 그러나 사실 주원장에게도 그만의 장점이 있었다. 원나라에서 천대받으며 묵묵히 학문에만 정진해온 강남의 선비들이 주원장의 응천부로 찾아와 힘을 보탰던 것이다. 장사성이나 진우량 등은 눈에 보이는 힘만 중시하며 선비들의 말과 글이 갖는 힘을 돌아보지 않았다면, 주원장은 그 잠재력을 제대로 읽어 그 덕분에 천하쟁패의 싸움에서 최종 승리자가 될 수 있었다.

송렴, 유기, 장일, 섭침 등 4대 선생을 비롯한 선비들은 주원장에게 "명분을 뚜렷이 내세우고 민심을 잡으라"는 조언을 했다. 주원장은 이를 받아들여 명목상 송나라의 후예라는 소명왕 한림아를 떠받드는 한편, "절대로 백성들을 괴롭히지 마라. 백성을 괴롭히는 자는 아무리 지위가 높아도 처단하겠다"는 엄명을 내렸다. 그리고 "북방 오랑캐의 압제를 물리치고 중화를 회복한다"는 구호를 내세웠다.

그런데 선비들의 조언 중에는 "당장 원나라 조정과 맞서 싸울 것이 아니라 우선 강남을 평정해야 한다"는 것도 있었다. 주원장은 이 조언을 받아들여 이후 10년이 넘도록 다른 홍건적들의 북벌에는 동참하지 않고 오직 강남에서 세력을 늘리는 데만 힘썼다. 그 사이에 홍건적 북벌군은 원나라에게 격파되었고, 원나라 역시 지칠 대로 지쳐서 주원장이 본격적으로 북벌에 나서자 막을 힘이 없었다.

주원장이 "말로만 중화 회복을 내세우면서 철저히 기회주의적으로 행동했다"는 비판도 있다. 하지만 사실 그렇게 하지 않았다면 천하 통일은커녕 목숨 보전도 힘들었을지 모른다. 다른 강남 군벌들도 먼저 강남부터 손에 넣는다는 전략을 썼기 때문이다.

당시 강남은 가장 동쪽(황해 연안)에 장사성, 가장 서쪽인 무창 지역의 서수휘, 그리고 북으로 한림아, 남으로 진우량의 세력권이 있었고, 그 가운데 주원장의 영역이 자리 잡은 형태였다. 그런데 진우량이 서쪽의 서수휘를 무찌르고 그 땅을 차지하고는 장사성에게 "힘을 합쳐서 주원장을 해치우자"고 제의했다. 주원장과 친했던 북쪽의 한림아가 원나라의 공격으로 눈코 뜰 새 없는 상황이었던지라, 자칫하다가는 사면초가 위기에 놓일 것을 우려한 주원장이 서둘러 남쪽으로 전력을 집중시켜 선제적으로 진우량을 공격했다. 주원장은 먼저 상우춘을 보내 진우량이 원나라의 영토를 함락시킨 지주(池州)를 공략하게 함으로서 선공을 취했다.

1360년 5월, 진우량은 조보승(趙普勝)을 격파하고 그 세력을 병합한 후 지주를 공략하려 했지만, 명나라 최고의 장군이라고 할 수 있는 서달은 진우량을 패퇴시켰다. 허를 찔린 진우량은 패배했으나 다시 전열을 정비하고 반격에 나섰다. 진우량은 태평을 함락하고, 수비장이었던 주문손(朱文遜), 원판(院判) 화운(花雲), 왕정(王鼎), 지부 허원(許瑗)을 모조리 살해했다. 곧 명목상의 군주였던 서수휘까지 참살하고 명실상부한 강남 최강자가 된 진우량은, 광서와 호광을 손아귀에 넣고 국호를 한(漢)이라고 정하여 강력한 기세를 뽐내었다. 황제가 된 진우량은 장사성에게 동맹을 제안하고 주원장의 세력인 응천부(應天府)를 함께 함락시키자고 제의했다. 이 소식에 응천부는 큰 혼란에 빠졌고, 주원장은 이제 최대의 위기에 봉착하게 되었다.

당시 시점에서 진우량의 기세는 하늘을 찌를 듯했다. 만약 진우량이 장사성과 힘을 제대로 합친다면 주원장은 도저히 당해낼 수 없었다. 주원장 휘하의 맹장들은 모두 의견이 분분했다. 어떤 이는 아예 항복하자고 주장했고, 어떤 이는 종산(鍾山)으로 달아나서 굳게 수비만 하자고 건의했다. 여러 장수의 의견이 분분한데도, 계책을 내놓을 유기(劉基)만은 아무 말도 하지 않고 가만히 있었다. 대충 그 속을 짐작한 주원장이 따로 유기를 불러 개별적으로 묻자, 그때까지 조용히 있던 유기는 갑자기 화를 버럭 내면서 소리쳤다.

"항복이나 달아날 것을 주장하는 자들은 참수해야 합니다!"

주원장이 적절한 계책이 있는지를 묻자 유기는 "적이 교만하니 깊이 들어오길 기다려, 복병을 두어 이들을 맞이하게 하면 된다."는 전략을 제시했다. 그러던 중, 의견을 교환한 일부 장수들은 함락된 태평을 먼저 회복하자고 주장했지만, 주원장은 이 의견에 회의적인 생각이었다.

"불가(不可)하다. 저들은 상류에 있는 데다 수군이 우리보다 10배나 되니 갑작스레 회복하기는 어렵다."

또 다른 장수들은 직접 병사를 거느리고 진우량과 격돌하자고 주장했지만, 주원장은 이에 대해서도 분명한 전략적 이유를 들어 반대했다.

"불가하다. 저들은 측면 부대(偏師)로 우리를 막고 있어서 전군이 금릉(金陵)으로 재촉하여 가면 흐름을 타고 반나절이면 도달할 수 있지만, 전 병력이 백 리를 급히 가서 싸우는 것은 병법에서도 꺼리는 바이니 계책이 못 된다."

장수들의 제안을 모조리 거부한 주원장은 수하인 호대해(胡大海)를 진우량의 후방인 신주(信州)로 진격시키고, 부하 중에 과거 진우량과 친분이 있던 강무재(康茂才)를 이용해 거짓 편지를 보내어 진우량을 꾀어내었다. 이에 제대로 걸린 진우량은 급하게 부대를 이끌어 동쪽으로 나아갔는데, 이미 주원장 휘하의 명장들은 모두 매복한 상태였다. 상우춘은 오익군(五翼軍)을 이끌고 석회산(石灰山)에 매복했고, 서달은 성 남문 밖에 진을 쳤으며, 양경(楊璟)은 대승항(大勝港)에 주둔했다. 장덕승(張德勝) 등은 수군으로 용강관(龍江關)을 나오고, 주원장은 직접 노룡산(盧龍山)에서 군단을 지휘했다. 이후 진우량이 도달할 때가 되자 때마침 날씨는 금방이라도 비를 퍼부을 것만 같은 형세였다. 이에 주원장은 부하들에게 서둘러 밥을 지어 먹게 하고는 공격을 가했다. 과연 예상대로 비가 내리기 시작했는데, 이 비 때문인지 진우량은 자신을 포위하는 주원장의 군대를 눈치채지 못한 듯 빗속에 여러 수군이 뒤엉켰다. 육지에서 주원장의 군대가 협공을 가하자 진우량은 전력의 우세에도 불구하고 크게 패했고, 전선 수백여 척이 일시에 도망쳤으며, 물에 빠져 죽은 자는 셀 수조차 없었다. 진우량 본인은 작은 배를 타고 서둘러 강주로 달아났다. 이 싸움으로 인해 많은 이들이 가장 우려했던 장사성과 진우량의 연대는 이루어지지 않았다. 당초 주원장이 강무재를 진우량에게 보낼 당시, 계책의 성공을 의심스러워하던 이선장에게 주원장은 이렇게 말하면서 걱정할 것 없다는 태도를 보였다.

"두 명의 도적들이 힘을 합치면 우리의 꼬리와 머리는 적을 상대해야 하는데, 만약 급히 와서 (한쪽을) 먼저 물리치면 장사성은 깜짝 놀라 낙담할 거요."

실제로 장사성은 전혀 움직이지 않았다. 주원장은 당면한 최대의 위기를 벗어나게 되었다. 뿐만 아니라 주원장은 기세를 몰아 태평을 회복하고 안경(安慶)을 탈환하면서 역으로 공세적인 태도를 취하며 진우량을 압박했다.

진우량도 계속 당하지 않기 위해 반격에 나섰다. 다음 해인 1361년의 7월, 진우량의 장수인 장정변(張定邊)은 안경을 함락시켰는데, 때마침 8월, 주원장은 산동을 평정하며 기세를 떨치고 있는 원나라의 차칸테무르(察罕帖木兒)와 손을 잡고 북으로부터의 위협을 봉쇄했다. 당시 차칸테무르가 익도(益都) 공략에서 많은 시간을 소모하자 그 틈을 놓치지 않고 직접 주력을 이끌고 남하하여 진우량과 격돌했다. 주원장은 진우량을 대파시키고 강주(江州)를 함락했고, 군사를 나누어 남강(南康), 건창(建昌), 요(饒), 기(蘄), 황(黃), 광제(廣濟)까지 모조리 손아귀에 넣었다. 대패를 거듭한 진우량은 무창(武昌)으로 물러났다.

주원장의 세력은 날개 달린 듯이 성장했고, 진우량은 계속해서 엉거주춤 물러나고만 있었다. 진우량은 점점 세력이 약화되자 더 이상 참을 수 없어 결단을 내렸다. 그는 자신이 가지고 있는 전력을 총동원하여 남창(南昌)으로 진격했다. 이에 맞서 주원장의 장수 주문정(文正)과 등유(鄧愈) 등은 있는 힘을 다해 싸웠으나 도저히 당해낼 수 없게 되자 결국 주원장 역시 대군을 이끌고 이들을 지원하기 위해 진군했다. 이것이 바로 운명을 가른 파양호(鄱陽湖) 대해전이었다.

파양호 대해전

진우량은 파양호 전투에 앞서 그야말로 자신이 가지고 있는 모든 전력을 동원했다. 그는 즉시 누선(樓船) 수백여 척을 제조했는데, 그 누선은 모두 높이가 십여 장(약 30미터)이나 되고 붉은 칠로 장식되어 있으며 3층 구조에 마구간(馬棚)까지 달려 있는 충격적인 위용을 갖추었다. 그 모습을 본 사람들이 모두 기가 막혀서 이렇게 큰 배는 생전 처음 본다고 할 정도로 거대했다. 요즘 식으로 말하면 항공 모함급이었던 것이다. 또한 남창 공략에서는 비제(飛梯)와 충차(衝車) 등을 있는 대로 동원했다. 《명사(明史)》〈진우량전〉에서는 가족과 백관을 싣고, 모든 예봉으로 남창을 공격했다는 언급이 있다. 기둥뿌리까지 뽑아서 진격한 것이었다.

《명사(明史)》〈태조본기〉에서는 진우량의 병력이 60만에 주원장은 20만이라고 기록되어 있다. 병력의 숫자보다 더 차이가 났던 부분은 바로 함선의 차이였다. 진우량은 거대한 병선(兵船)인 몽둥선(艨艟船) 위주로 함대를 꾸렸으나 주원장은 가벼우면서도 속도가 있는 배 위주로 함대를 보유했다. 싸움에 들어가기 이전까지 눈앞에 보이는 함선의 거대한 크기 차이에 모두가 주눅이 들었으나 이것은 오히려 실제 싸움에서 주원장이 승리를 거두는 가장 주요한 원인으로 작용했다. 주원장은 우선 호구(湖口)에 진을 치고, 그보다 후방인 경강구(涇江口) 및 남호자(南湖觜)에 복병을 배치하여 진우량의 퇴로를 완전히 막아버렸다. 한편 주원장이 당도하여 자신에 대한 포위망을 펼치는 모습이 보이자 진우량은 남창에 대한 포위를 풀고 파양호로 나와 주원장과 결전을 벌이려는 모습을 취했다. 어차피 주원장의 주력군만 무찌르면 남창 정도는 언제든지 함락이 가능하니 당연한 선택이었다.

7월 20일, 양군은 강랑산(康郎山)이라는 곳에서 처음 조우했다. 주원장은 부대를 11부대로 나누어 적을 막아냈다. 본격적인 교전은 다음 날부터 이루어졌다. 7월 21일, 상류의 흐름을 타고 있는 진우량의 군세가 가히 하늘을 찌를 듯했다. 이에 맞서 서달은 몸소 다른 장수들보다 앞장 서서 싸워 적의 선봉을 깨고 1천5백 명의 적을 무찌르고 적의 큰 배 한 척을 탈취하는 전과를 올렸다. 상우춘 역시 장수들을 이끌고 싸웠고, 사방에서 외치는 소리가 가히 하늘을 찌를 듯했다. 조용하던 파양호는 수십만 대군이 외치는 함성 소리로 가득 찼다. 유통해(兪通海) 역시 군대를 지휘하며 화포를 사용해 진우량군의 함선 수십여 척을 박살내었다. 이때, 진우량군의 효장(驍將) 장정변(張定邊)이 주원장이 타고 있는 함선을 발견하고, 바로 이를 노리고 달려들었다. 모래사장이 있는 얕은 곳에서 배가 서로 뒤엉켜서 주원장은 엄청난 위기에 처했지만, 곁에 있던 상우춘이 화살을 쏘아 장정변을 물러나게 하여 일단 위기를 벗어났다. 그러나 주원장의 배는 다시 얕은 곳에 걸려들어서 움직이지 못하게 되었고, 때마침 패주하던 아군의 배를 발견하여 급히 갈아타면서 간신히 위기를 벗어날 수 있었다.

이날 밤, 주원장은 진우량과 싸우고 있는 동안 장사성이 움직일 것을 염려하여 가장 믿을 수 있는 서달을 남경인 응천부로 귀환시켜 장사성에 대비하게 했다. 나머지 장수들에게는 진우량과 결전할 준비를 하게 했다.

7월 22일, 아침 진(辰)시에 진우량은 가지고 있는 모든 전력을 동원하여 공격해왔다. 거함(巨艦)들의 엄청난 위용에 주원장 군단의 모든 장수와 병졸들이 입을 다물지 못하고 사기가 꺾였다. 주원장은 직접 전선에서 지휘하면서 퇴각하거나 움찔하며 나아가지 않는 자들은 죽이면서까지 전투를 독려했다. 이에 모든 병졸이 죽기를 각오하고 나아가서 결전했고, 엄청난 대혈전이 벌어졌지만, 위에서 내려다보며 공격하는 진우량군을 당해내기에는 역부족이었다.

당시 주원장은 호상(胡牀)에 앉아 지휘하고 있었는데, 갑자기 곁에 있던 유기가 펄쩍 뛰며 주원장에게 이동할 것을 재촉했다. 주원장은 영문을 모르고 있다가 다른 배로 이동했고, 석포(石砲)가 날아와 주원장이 타고 있었던 배를 박살내었다.

오시(午)를 넘기자 갑자기 동북풍이 불기 시작했다. 진우량은 거함들을 쇠사슬로 연결하여[連鎖] 진을 이루고 있었다. 이에 주원장은 일곱 척의 결사대를 뽑아 화약과 갈대를 실어 바람을 이용해 화공을 가했고, 진우량의 함선은 삽시간에 불에 타버리게 되었다. 사방이 모두 붉은 빛이었다. 진우량의 군대는 엄청난 혼란에 빠졌고, 주원장 군단의 장수들은 모두 신이 나서 북을 치며 가공할 공세를 가했다. 이미 지휘 계통이 마비된 진우량 군단은 아무런 반항조차 하지 못했다. 주원장 군단이 수급을 잘라 확인한 숫자만 2천여 명이었으며, 불에 타서 죽고 물에 빠져 죽은 진우량군의 병력은 다 헤아릴 수 없었다. 진우량은 기세를 완전히 빼앗겼다. 이 싸움에서 진우량의 동생인 진우인(陳友仁)도 죽었는데, 진우인은 애꾸로 용맹하고 지략이 있는 인물이었지만 전사하고 말았다. 이제 진우량은 더 이상의 싸움 자체가 불가능하다고 판단하여 혜산(鞵山)으로 물러나서 도망치려고 했지만, 주원장이 미리 군대를 움직여 좌려(左蠡) 등을 장악하고 파양호의 퇴로를 막아버려 도주조차 불가능했다. 이에 진우량군의 우금오 장군(右金吾將軍)이 건의를 올렸다.

"호수를 탈출하기 어려우니 마땅히 배를 불태우고 뭍으로 올라 바로 호남으로 가서 다시 일어나는 것을 도모해야 합니다."

그러자 진우량군의 좌금오 장군(左金吾將軍)이 반론했다.

"이러면 우리가 약하다고 보이는 것이며, 저들이 보병과 기병으로 우리를 뒤쫓으면 진격하거나 퇴각해도 의지할 바를 잃게 되어 대사를 잃게 됩니다."

진우량은 한참을 갈팡질팡하며 결론을 내리지 못하다가 우금오 장군이 말한 대로 행하려고 했다. 그러는 사이 좌금오 장군이 주원장에게 항복해 버렸고, 그 모습을 본 우금오 장군마저 항복했다.

형편없어진 진우량에게 주원장은 서신을 보냈다.

> "나는 공과의 약속을 따르고자 하여 각자 일방(一方)을 편안케 하며 천명을 기다렸소. 공이 방자하여 그 독이 나에게까지 미쳤소. 또 다시 병화(兵禍)의 단서를 만들었소. 한 번에 홍도(洪都)에서 곤궁해졌고, 두 번째는 강랑산에서 패했으니 골육과 장사(將士)들은 거듭 도탄에 빠졌소. 공은 다행히 살아 돌아갔으니, 또한 의당 황제의 호칭을 버리고 진정한 주인을 앉아 기다려야 하며, 그러지 않으면 가속을 잃고 일족이 멸할 것이니 (그때는) 후회해도 늦소."

이 편지를 본 진우량은 격분하여 잡아놓았던 포로들까지 모조리 학살했다. 이에 비해 여유가 넘치는 주원장은 오히려 잡은 포로들을 놓아주면서 잘 대해 주었고, 죽은 사람들의 친척들에게 조문하면서 진우량과 대조를 이루었다.

대치가 이어지던 8월 26일, 마침내 진우량 군대의 식량이 바닥났다. 진우량은 최후의 발악으로 백 척의 전함으로 호수 입구로 돌진하여 포위를 뚫으려고 했지만, 기다리고 있던 주원장의 장수들은 진우량의 군대를 공격했다. 진우량 부대는 살아남기 위해 죽을 힘을 다해 싸웠지만, 오히려 해가 저물 때까지 포위망을 벗어나지 못했다. 혼란하고 절망스러운 전투 와중에 군대를 지휘하던 진우량은 유시(流矢)에 맞아 눈과 머리를 관통 당하고 즉사했다. 진우량군은 모조리 괴멸당하고, 태자였던 진선아(陳善兒)는 사로잡혔다. 이 싸움에서 주원장을 위협했던 장수인 장정변만이 진우량의 둘째 아들 진리(陳理)와 진우량의 시신을 가지고 무창으로 탈주하는 데 성공했다. 주원장은 완벽한 승리를 거두었고, 진우량은 완전한 패배를 당했다.

파양호 전투 이후 진우량의 아들 진리를 대하는 주원장의 태도는 묘한 여운을 남겼다. 잘 알려졌다시피 주원장은 자신들의 신하들에게는 무자비할 정도로 잔혹한 처벌을 내렸지만, 이미 완전히 패망한 적들에게는 의외로 관대한 모습을 보인 경우가 많았다. 이를 테면 여진족 나하추도 주원장에게 사로잡혔지만 곧 자유를 얻었고, 용맹하게 싸우다 죽은 적 장수들에 대해서는 예를 갖춰 장사를 치러주었다. 심지어 멸망한 원나라 순제(順帝)의 손자인 매적리팔라(買的里八剌)가 사로잡혀 오자 많은 부하가 그 자를 종묘에 바쳐 명나라의 위엄을 널리 알려야 한다고 했지만, 주원장은 그 모든 제안을 거부하고 그를 숭례후(崇禮侯)에 임명하여 융숭하게 대접해 주었다.

진리(陳理)에 대해서도, 진리가 항복하는 순간 벌벌 떨며 감히 주원장의 얼굴도 마주보지 못하자 주원장은 그를 귀덕후(歸德侯)에 임명하며 직접 손을 잡고 이렇게 말해주었다.

"나는 너를 처벌하지 않을 것이다."

주원장의 이 말은 거짓말이 아니었다. 그는 진우량의 아버지와 죽은 형제들에게 모두 작위를 내렸으며, 우울증에 빠져 있던 진리가 무심결에 자신의 처지를 원망하는 말을 내뱉자 "이 아이는 어린 젖먹이에 지나지 않으나 소인들이 미혹해서 짐의 은혜를 보전하지 못할까 두려우니 원방에 거처하게 하는 게 의당할 것이다"라고 하여 벌을 주지는 않고 진리를 고려로 보내주는 상상하기 힘든 대인배 같은 모습을 보여주었다. 물론 일반적인 경우라면 중국을 떠나 머나먼 외국으로 보내는 게 좋은 일이 될 수는 없지만, 진리의 경우는 달랐다. 그는 명나라 개국의 최대 적이었던 진우량의 아들이었고, 주원장 주변에는 그를 죽이려는 세력이 얼마든지 존재했기 때문이다. 그렇게 본다면 그를 고려에 보낸 것은 정치적 자비에 가까웠다. 심지어 공민왕에게 비단까지 주면서 진리(陳理)를 좀 잘 돌봐주라는 의사까지 전했다고 한다.

주원장은 진우량을 물리친 다음 해인 1364년, 이선장 등의 제안으로 오왕(吳王)에 등극했다. 떠돌아다니던 유민, 가족이 전염병과 굶주림으로 모조리 죽은 고아, 심지어 죽은 부모를 매장할 땅조차도 없는 가장 비참한 자리에서 출발했던 주원장은, 이제 파양호 대전의 승리로 수천만 중국인 중 가장 강력한 사나이로 자리매김하게 되었다.

이 파양호(鄱陽湖) 전투의 결과로 진우량은 완전히 몰락해버렸고, 또 다른 군웅인 장사성(張士誠) 역시 주원장의 상대가 될 수는 없었다. 파양호 대전의 결과로 주원장의 황제 등극은 사실상 확정되었다고 볼 수 있다. 파양호 대전은 주원장 일생일대의 격전이었다.

파양호 전투는 중국 역사에서는 매우 보기 드물게 당대 최강의 군웅들이 모든 전력을 걸고 수군(水軍)을 동원해서 겨룬 전투였다. 이 정도 규모와 역사적 의미를 가진 수전(水戰)은 오직 적벽대전(赤壁大戰)밖에 없었다. 또한 파양호 싸움에서는 분명하게 화약 병기가 사용되었다는 언급이 나온다. 이제 수전에서도 화포가 사용되면서 수전과 해전(海戰)의 양상은 분명하게 바뀌게 되었다.

1368년, 서달을 총사령관으로 하는 20만 대군이 북상하자 원순제(元順帝)

토곤 티무르는 제대로 싸워보지도 못한 채 대도, 즉 북경을 버리고 몽골 본토로 달아났다. 칭기즈 칸이 1215년 금나라를 격파하고 북경을 점령한 지 150여 년 만이었고, 일찍이 후당에서 거란이 이 땅을 빼앗은 937년부터는 430여 년 만에 북경(北京)이 다시 한족의 땅이 된 것이다.

명 태조 주원장의 정책

'중화의 회복'은 단지 군사적, 정치적인 것에 그쳐서는 안 된다는 것이 명 태조가 된 주원장의 신념이었다. 그는 수백 년 동안 북방 민족의 지배가 남긴 사회적, 문화적 영향을 말끔히 청산하려 했다. 그래서 먼저 북방 민족 특유의 '호복(胡服) 변발(辮髮)'을 일체 금지하고 한족 고유의 옷차림과 머리 모양을 하도록 했다. 또한 유교의 가르침을 장려하고 과거제를 실시해 사대부들이 다시 관료로서 국가를 경영하도록 했다. 다만 시문을 위주로 했던 송나라 때의 과거 방식에서 벗어나 팔고문(八股文)이라고 하는 특별한 형식에 따라 답안을 작성하도록 했다. 국가 관료에는 문학적 재능이 뛰어난 인재보다 기본적 교양과 일정한 수준의 실무 감각을 갖춘 사람이 적합하다는 것이다. 시문 짓기로 과거를 보다 보니 엘리트 계급이 지나치게 소심하고 유약해져 결과적으로 북방 민족의 도전에 제대로 맞서지 못했다는 반성에 따른 선택이었다. 또한 정부의 권위와 기본적 국민 윤리에 대한 인식이 사대부뿐 아니라 일반 서민들에까지 퍼져 있어야 마땅하다는 생각에서 '육유(六諭)'라는 것을 반포했다. 육유는, '부모에게 효도하라, 웃어른을 공경하라, 자식들을 바로 가르쳐라, 이웃끼리 화목하라, 각자의 직무에 충실하라, 옳지 않은 일을 옳다고 하지 마라'이며, 이 교훈은 훗날 일제의 교육 칙어, 박정희의 국민교육헌장 등에도 영향을 주었다. 주원장은 이를 동네(里)마다 매월 여섯 번씩 전체 동민들이 모여 낭독하도록 했다.

한편으론 상인들이 활발히 활동했던 원나라의 시대상을 뒤집고자 '농본

억상(農本抑商)'이라는 유교적인 산업 정책을 도입해 이를 위해 전국적인 토지 조사 사업을 벌였다. 그 결과 작성된 토지 대장은, 물고기 비늘(魚鱗)이 촘촘히 늘어선 것처럼 보인다 하여 '어린도책(魚鱗圖冊)'이라 불렸는데, 송나라 때에도 있었지만 명 태조처럼 꼼꼼하고 철저하게 작성한 적은 없었다. 동시에 인구 조사도 행해졌고, 이 자료를 기초로 세금을 거두었다. 그리고 국가가 나서서 개간과 둔전 사업을 적극적으로 벌였고, 치수와 관개 사업 역시 힘썼다. 이렇게 명 태조는 농민의 생활 수준을 향상시키고 농업을 기반으로 국가를 운영하도록 했다. 상업은 최소한으로만 허용한다는 뜻에서 화폐 유통을 대부분 금지시키고 대외 무역 역시 금지해 "한 조각의 널빤지조차 바다에 띄우지 마라"는 엄명을 내렸다. 몽골 제국 시절, 유럽에서 극동까지 하나로 연결되어 바닷길과 초원길을 각국의 상인들이 바쁘게 오가던 모습은 더 이상 찾아볼 수 없게 되었다.

이제 자급자족을 목표로 하나의 울타리 안에서 내실을 기하며 살아가는 세상이 도래했다. 명 태조는 정부 조직과 법령 역시 새롭게 바꾸었다. 승상 제도를 폐지하고 육부를 황제에게 직속시켰으며, 군사 행정의 핵심인 대도독부를 다섯으로 나눈 다음 육부와 마찬가지로 황제에게 직속되도록 해서 문무의 최고 통치권을 한손에 거머쥐었다. 지방에는 아들들을 포함한 황족들을 왕으로 봉하여 두루 파견했는데, 겉으로는 황족들을 각 행성에 파견했던 원나라와 비슷해 보였지만, 명나라의 분봉왕들은 원나라 때와는 달리 독자적인 행정권, 조세 징수권을 일체 갖지 못했고, 단지 그 지역의 군사 지휘권만을 가졌다. 말하자면 이것은 아직 국가적 통합이 덜 된 변방을 잠시 군사적으로 통치하기 위한 방편일 뿐, 사실상 모든 권력은 황제 명 태조에게 집중되어 있었다.

명 태조는 당시 상대적으로 낙후되어 있었던 농촌 지역들을 발달시켜 엄격한 사회 제도 내에 편입시키고자 했다. 이를 통하여 군사력 증강을 꾀하기 위함이었다. 이 같은 정책은 큰 성공을 거두었고, 명나라는 백만 명에 달하는 상비군을 소유하고, 난징에 세계에서 가장 거대한 군항을 짓는 등 강력한 군사력을 자랑하게 되었다. 명 태조는 원나라를 교훈 삼아 환관들, 재력가들의 영향력을 최대한 줄이고자 했고, 장자 계승 원칙을 확립함과 동시에 후대의 황제들을 위하여 《황명조훈》을 집필해 절대적인 황권을 구축하려 노력했다.

명 태조가 많은 업적을 이룩하고서도 후대의 평판이 별로 좋지 않았던 까닭은, 이처럼 독재 체제를 구축하고 그것이 조금이라도 훼손될까 두려워 끊임없이 피바람을 일으켰기 때문이다.

1380년, 개국 공신이던 승상 호유용(胡惟庸)이 역모를 꾀했다 하여 처형되었다. 명 태조는 이를 승상 제도 폐지의 빌미로 삼았는데, 문제는 역모에 대한 이렇다 할 증거가 전혀 없이 고문에 의한 자백만으로 처형이 확정되었고, 이 사건에 연루되어 함께 처형된 사람이 무려 1만 5천 명에 달했다는 것이다. 이어서 1384년에는 역시 개국 공신인 이문충이 독살 당했고, 그다음 해에는 강남 평정과 북벌 통일의 전쟁에서 둘도 없는 공헌을 했던 노장 서달(徐達)이 독살되었다. 1390년에는 이선장 등 1만 5천 명이 호유용 역모에 연루된 혐의를 다시 받아 처형되었고, 1393년에는 남옥이 호유용처럼 사실 여부가 의심스러운 역모 혐의를 받고 2만여 명의 연루자들과 함께 처형되었다.

강남 군벌 시절일 때 천하 제패의 계책을 들려주었던 '4대 선생' 역시 뒤끝이 좋지 못했다. 유기(劉基)는 낙향해 있다가 독살되었고, 송렴(宋濂)은 유배지에서 죽었다. 한 마디로 명 태조는 개국 공신을 한 사람도 살려 두지 않을 생각이었고, 그 생각대로 되었다. 공신만이 아니라 조금이라도 권세를 가진 신하는 항상 의심의 대상이 되었다. 명 태조는 검교(檢校)라고 하는 첩보 조직을 키워 그런 신하들의 일거수일투족을 낱낱이 살펴보게 했다.

송렴이 어느 날 손님을 초대해 식사를 하자, 다음 날 명 태조가 그를 불러 그 일에 대해 물었는데, 송렴이 보니 누구를 불러 무슨 이야기를 하고 무슨 음식을 어떻게 먹었는지 명 태조가 직접 옆에서 본 듯 훤히 알고 있었다고 한다. 이처럼 공포와 불신만이 가득한 군신 관계에 대해 황태자인 주표(朱標)도 우려를 표했다. 주표는 명 태조에게 신하들을 의심하고 죽이는 일을 그만두라고 청하자 명 태조는 가시가 잔뜩 박힌 막대기를 가져오게 해서 주표에게 집어보라고 했다고 한다. 주표가 "가시 때문에 잡을 수 없습니다"라고 하자 명 태조는 "그러면 내가 너를 위해 가시를 말끔히 잘라내 주겠다. 지금 내가 하고 있는 일이 바로 그런 것이니라. 어째서 그 뜻을 몰라주느냐?"라고 말했다고 한다. 사실 애써 세운 왕조가 강력한 공신들 때문에 힘을 잃고 결국 멸망한 예는 중국사에서 흔했다. 명 태조는 자신의 숙청에 대해 왕조의 기반을 다진다는 정치적 의미를 부여하고 있었다.

그렇다 하더라도 공신뿐 아니라 그 관계자들까지 수만 명씩 살해하는 일은 아무래도 정당화될 수 없었다. 아울러 명 태조는 '문자의 옥'이라 불리는 언론 탄압 사태까지 일으켰다. 누가 자신을 비웃는 것을 극단적으로 싫어하고 불우했던 옛 시절을 부끄러워했던 그는 상소문이나 공문서 등에 '광(光)', '승(僧)', '적(賊)' 자가 들어가 있으면 그것을 쓴 사람을 가차 없이 처형했다. 광(光)은 승려였던 자신의 깎은 머리를 연상시키며, 승(僧)은 승려를, 적(賊)은 도적을 뜻하기 때문이라고 한다. 이런 터무니없는 검열은 갈수록 심해져서 '칙(則, 賊과 발음이 비슷하므로)', '도(道, 盜와 발음이 같으므로)', '생(生, 僧과 발음이 같으므로)'자 등이 계속 금기어가 되었을 뿐 아니라 조금만 삐딱하거나 황제를 거스르는 듯한 글을 쓰면 모두 처형장으로 보냈다. 법률도 엄해져서 그가 집대성해 반포한 대명률(大明律)은 과거의 법률에 비해 한층 엄격했으며 잔인한 처형 방식이 많이 들어 있었다. 그는 당시 새로 선 왕조인 조선에 대해서도 끊임없이 의심하고 불신하며 조선 당국자들을 괴롭히기도 했다.

영락제, 스스로 왕이 되다

영락제(永樂帝) 주체(朱棣, 1360~1424)는 주원장의 넷째 아들로 태어나 제2대 황제인 조카 건문제에 반란을 일으켜 정권을 잡고 제3대 황제에 올랐다. 이후 강력한 통치를 펼쳐 명의 제도를 정비하고 팽창주의적 외교로 주변

국가들과의 관계를 강화했다. 영락제의 관심은 특히 북쪽 국경에 있어서 수도를 난징에서 베이징으로 옮겼는데, 이후 베이징이 오늘날까지 중국의 수도로 자리하게 했다. 그는 양쯔강과 황허강을 잇는 오래된 대운하를 재건하는 등 큰 업적을 남겼다. 하지만 해외 원정, 안남 정벌, 북벌, 베이징 재건, 대운하 복원은 모두 막대한 물자와 인력을 요구했으므로 후일 국가 재정과 백성의 삶에 큰 부담을 주게 되었다. 그로 인해 그의 후계자들은 소모된 국력을 회복하는 데 전념할 수밖에 없었다.

아버지 주원장(朱元璋)은 1368년에 난징을 도읍으로 하는 명나라를 세우고 연호를 홍무(洪武)로 정했다. 이곳에서 주체는 26명의 왕자 가운데 넷째 아들로 태어났다. 오늘날 학자들은 주체가 고려 사람인 둘째 왕비의 소생일 것이라고 주장하지만, 중국의 전통적 방식에 따라 그는 항상 아버지의 정실인 마(馬)황후를 법적 어머니로 대접했다. 마황후는 덕이 높아서 사람들의 공경을 받았으며 상당한 영향력을 갖고 있었다.

1370년, 홍무제는 10세인 주체를 연왕(燕王)에 봉했다.(연은 지금의 베이징) 그 후 주체가 어른으로 성장하는 10년 동안 신생 명 제국은 안정을 얻고 정교한 행정 기구를 마련했으며, 많은 분야에서 강력하게 개편을 추진하여 새로운 사회적·경제적 질서를 확립했다. 주체는 아버지의 강인하고 정력적이며 변덕스러운 성격을 닮아 범상하지 않은 인물로 성장했고, 아버지의 총애를 받았다. 그의 타고난 지도자적 자질은 형제들보다 훨씬 뛰어났다.

1380년, 20세가 된 연왕은 베이징에 거처를 정했다. 명대 초기의 행정 체제는, 황태자는 수도 난징에 남아 통치를 준비하고, 다른 황자들은 전국의 전략 지역에 배치하여 그 지역의 번왕(蕃王)으로 봉하도록 규정하고 있었다.

1380년대, 연왕은 당시 가장 뛰어난 장수들의 보호 아래 북부 국경 지방을 순찰하면서 소규모 전투를 벌여 경험을 쌓기 시작했다. 1390년 이복형인 진왕[晉王: 산시성(山西省)의 번왕]과 함께 만리장성을 넘어 정벌에 나선 북벌군을 지휘했으며, 1393년에는 북부 국경 지방의 중앙을 지키는 수비대를 완전히 통괄하게 되었다. 그 후 연왕은 거의 해마다 북쪽으로 원정하여 뿔뿔이 흩어지고 혼란에 빠진 몽골족을 계속 궁지에 빠뜨렸다.

1392년, 황태자가 사망하자 일부에서는 홍무제가 스스로 공포한 황실의 규범과 전통을 어기고 연왕을 새 황태자로 책봉할 것을 진지하게 고려할 것이라고 믿었다. 그러나 황제는 반년 동안이나 망설이다 결국 전통에 따라 죽은 황태자의 아들 주윤문(朱允炆)을 후계자로 지명했다. 황태손은 15세밖에 안 된 소년이었다. 1395과 1398년에 주체의 두 형이 각각 차례로 세상을 떠나면서 넷째인 연왕이 사실상 장남이 되었다. 그리고 1398년 여름에 홍무제가 세상을 떠나자 38세의 한창 나이인 연왕은 자신이 사실상 황실의 우두머리라고 생각하여 새로 황제가 된 조카 건문제(建文帝)에게 정중하게 대접받기를 기대했다. 그러나 건문제는 다른 생각을 하고 있었다.

학문을 좋아했던 건문제는 유학자 출신인 정치가들의 영향을 받아 국정에 혼란을 야기할 수도 있는 개혁에 착수했다. 그의 목표 가운데 하나는 번왕들에게서 지방 권력을 빼앗는 것이었다. 1398년부터 그는 번왕들을 잇따라 투옥하고 평민으로 격하시키거나 추방했다. 이에 황제의 처단이 두려워 스스로 목숨을 끊은 번왕도 있었다. 연왕은 자신의 지위가 점점 위태로워지고 있음을 깨닫고 반란을 결심했다. 문자 그대로 이기면 충신, 지면 역적이 되는 기로에 서게 된 것이다.

정난의 변

정난의 변[靖難之變]이란, 영락제가 제위를 조카인 건문제로부터 탈취한 사건을 말한다. 이 변은 1399년 8월 6일, 건문제 원년에 발생하여 4년간 지속되었다. 1368년에 명을 건국한 주원장은 중앙 집권을 통한 황권 강화와 더불어 강한 황권을 안정적으로 후계자에게 물려주기 위해서 창업 공신들을 대대적으로 숙청했다. 이와 동시에 자신의 아들 25명을 전국 요소에 왕으로 봉하여 국경 수비를 담당시켰는데, 이를 통해 이들이 중앙 정치에 관여하지 못하게 했다. 또한 그들에게 세록을 지급하는 방식을 취하여 독자적인 행정권이나 조세 징수권을 부여하지 않는 등 지방 백성에 대한 실질적인 지배권 행사를 허락하지 않았다. 그러나 대몽골 관계로 인해서 북방의 아홉 제후들[요왕 주식, 녕왕 주권, 연왕 주체, 곡왕 주혜, 대왕 주계, 진왕(晉) 주강, 진왕(秦) 주상, 경왕 주전, 숙왕 주영]에게는 더 많은 병권을 위임했기 때문에 세력이 강한 자가 나타났고, 그중에서 현재의 북경인 북평에 분봉된 연왕 주체의 세력은 북벌을 통해 점차 강대해졌다.

1392년에 황태자 주표(홍무제의 장남)가 갑자기 사망하자 명 태조는 후계자로 자신의 기질을 닮고 북방의 방어에 큰 공을 세운 4남인 연왕 주체를 염두에 두고 있었다. 그러나 학사 유삼오(劉三吾) 등 많은 신하가 적장자 승계의 원칙을 들어 반대하여 뜻을 이루지 못했다. 후계자로 내정된 것은 사망한 장남 주표의 아들이자 태조의 손자인 주윤문이었다. 16세에 황태손이 된 주윤문은 유삼오와 방효유, 황자징(黃子澄), 제태(齊泰) 등에게 학문을 배우는 동시에 그들을 참모로 삼아 차기 황제로서의 준비를 내실 있게 해나갔다. 태조도 자기 사후에 어린 손자가 노련한 공신들에게 휘둘릴 것을 우려하여 가혹한 숙청 작업을 다시 재개했다.

1393년, 양국공(涼國公) 남옥은 역모 혐의를 받고 2만 명의 연루자들과 함께 처형당했다. 남옥을 처형한 죄목은 원나라가 보낸 여자 간첩을 받아들여 미인계에 호응하여 내통했다는 것이었다. 과거에 황권 강화를 위해 태조가 단행한 여러 차례의 숙청과 더불어 추가로 황태손을 보호하기 위해 진행된 숙청으로 인해 예상치 못한 부작용이 발생했다. 정작 위급할 때 손자를 지켜주고 보호해줄 경험 많고 능력 있는 신하들이 남아 있지 않게 되었고, 황태손의 치세기에 위협이 될 소지가 있던 개국 공신들이 사라지자 26명이나 되는 자신의 아들들(건문제의 숙부들)이 새로운 위협 세력으로 부상한 것이었다. 그래서 태조는 아들들에게 자신이 죽은 후에 장례식에 참석하지 말고 영지를 지키라는 유언을 남겼다. 문상(問喪)이라는 구실로 아직 어린 손자 주윤문의 숙부들이 남경에 몰려오면 혹시라도 무슨 변란이 생길까 염려한 까닭이었다.

1398년, 할아버지인 태조가 71세를 일기로 사망하자 주윤문이 22세로 명나라의 제2대 황제로 오르니 이가 혜종 건문양황제(惠宗 建文讓皇帝)이다. 건문제는 제일 먼저 할아버지의 유지라는 명분을 들어 숙부들에게 조문과 장례식 참석을 위해 남경으로 오지 말고 영지를 지키라고 하달했다. 그리고는 서둘러 장례식을 끝마쳤다. 장례식 후 측근들의 조언에 따라 주원장의 정책을 계승하여 여러 영주들을 비롯한 지방 제후들의 권력을 축소시키는 억압책을 취했다. 특히 그들이 지닌 군사력을 감축시키는 것이 핵심이었다. 그러나 연왕 주체를 필두로 한 번왕, 즉 건문제의 숙부들과 사촌들은 이에 반발하며 주체를 중심으로 몰래 연락을 주고받으며 정부에 대항할 방책을 세웠다. 건문제는 이에 대해 세가 약한 번왕들을 수도인 남경으로 은밀히 불러들여 체포한 후 유배를 보내거나 죽여버렸다.

위기감을 느낀 연왕 주체는 1399년 8월, 황제 주변에 있는 간신들로부터 황제를 구출하는 것이 숙부인 자신의 도리라고 선언하면서 반란을 일으켰다. 반란 초반에 건문제는 사태가 심각하지 않다고 판단하여 크게 신경쓰지 않았다. 연왕 주체의 반란군은 정예병이었으나 수도 남경의 황제군에 비해 수적으로 크게 열세였기 때문이었다. 그래서 한때 연왕 측이 크게 패하고 연왕조차 죽거나 사로잡힐 위험에 빠진 경우도 있었지만, 건문제가 "숙부님의 생명까지 위협해서는 안 된다. 지나치게 몰아붙이지 마라"며 제동을 거는 바람에 위기를 모면할 수 있었다고 한다. 그러나 내전은 점차 건문제에게 불리하게 돌아갔다. 황제군은 수적 우세에도 불구하고 북방에서 잔뼈가 굵은 연왕 주체의 반란군에게 패하는 경우가 점점 잦아졌다. 또한 조부 홍무제 주원장 시절의 과도한 숙청으로 인해 건문제의 주변에는 훌륭한 대신이나 능력 있는 장수가 거의 남아 있지 않았고, 건문제를 도와 줄 제대로 된 충성파 세력이 없었다. 손자의 황권을 공고히 하기 위해서 조부 홍무제가 취한 숙청 작업이 도리어 화근이 되어 버렸던 것이다.

번왕들은 주체의 편에 서거나 중립을 고수하며 조정의 편을 들지 않았다. 연왕 주체는 무려 4년간이나 이 반란을 질질 끌었는데, 그 이유는 번왕들과 장군들의 지지를 얻기 위함이었고, 병기와 군마를 모집하기 위함이었다. 이에 건문제는 빨리 대책을 세워야 했으나 관군이 계속해서 패전하는 바람에 물자 등이 바닥나며 점차 위태로워지기 시작했다.

1402년 7월, 연왕 주체는 결국 수도 남경을 함락시켰다. 반란군이 밀려들자 건문제는궁전에 불을 지르라 명령했다. 궁궐을 완전히 장악했으나 건문제의 행적을 알 수 없는 상태가 되자 연왕 주체는 스스로 황위에 올라 명나라의 제3대 황제인 영락제가 되었다. 영락제는 간신을 몰아내고 황실의 난을 다스렸다는 명분을 들어 자신의 거병을 '정난(靖難)'이라 일컫고, 그 군사들을 정난사(靖難師)라 불렀다.

영락제의 정책

영락제는 즉위 직후 제태와 황자징 등 건문제의 측근 세력을 처형했다. 건문제의 측근이자 당대의 대문장가인 방효유에게 자신을 찬양하는 글을 쓰라고 요구했는데, 그가 오히려 비난하는 글을 쓰자 투옥하고 고문한 뒤 회유했으나 끝내 영락제에 대한 찬양을 거부했다. 영락제가 방효유에게 당시 즉위 조서를 쓰도록 명하자 방효유가 붓을 집어던지며 이를 거부했다. 영락제는 그의 십족(구족에다 방효유와 친분이 있는 모든 사람, 방효유의 문집을 애독하는 모든 사람과 모든 제자 추가)을 차례로 처형하고, 집안 여성들은 노비와 첩으로 분배했으며 제일 마지막에 방효유를 처형했다. 방효유의 처와 자녀들은 자신의 집에서 음독자살하여 화를 면했다. 이 사건으로 총 847명이 목숨을 잃었다고 한다. 방효유 등을 처형하면 나라에 충신이 사라질 것이라는 일부의 경고에도 그는 "나의 패륜은 세월이 흐르면 비바람에 잊히겠지만, 나의 위업은 역사에 오래 기록될 것"이라고 말했다. 여기서 '십족을 멸한다'는 고사가 나왔다. 또한 이는 "영락 연간의 오이넝쿨 당기기"라는 유행어의 어원이 되기도 했다. 기타 건문제 주변 인물들은 측근뿐만 아니라 그들의 일가친척도 모조리 죽음을 당했으며, 수천 명이 죽은 뒤에야 겨우 숙청이 끝났다.

새 황제는 조카인 건문제가 바꾼 제도와 정책을 원래대로 되돌렸다. 게다가 초대 황제의 연호인 홍무를 1402년까지 연장하여 마치 건문제가 나라를 다스린 적이 없는 것처럼 역사를 다시 쓰라고 명령하기까지 했다. 그러면서도 그는 번왕의 권력을 축소하는 건문제의 정책은 바꾸지 않았다. 그 후 살아남은 번왕들은 전략적 요충지에 자리 잡은 봉토에서 중국 변방인 중부와 남부 지방으로 잇달아 옮겨졌고, 모든 행정권을 박탈당했다. 영락제 시대부터 제국의 번왕들은 봉록이나 받고 빈둥거리면서 자신이 배정받은 도시에 사실상 갇혀 있는 신세로 전락했으며, 그 도시를 사회적으로 치장하는 의례적 장식품에 불과했다. 그 후 명의 황제는 아무도 번왕의 봉기로 인한 심각한 위협을 받지 않았다.

영락제가 된 주체는 오만했고 자신의 권력을 잃지 않으려고 늘 경계를 게을리하지 않았으며, 권력을 적극적으로 강화하는 경향이 있었다. 그는 자신을 추종하는 젊은이들을 중용했다. 또한 환관에게 전례없이 의존하여 그들이 예로부터 맡고 있던 궁중 내부의 일에서 벗어난 일을 맡기기도 했다. 예를 들면 외교 사절, 건축 자재를 징발하는 일 같은 특별한 사업의 감독관, 수비대가 주둔하는 군사 요새의 지역 감찰관 등이 여기에 해당되었다. 1420년에는 동창(東廠)이라는 특별환관위원회를 설치하여 반역 활동 색출의 임무를 전담하게 했다. 이 제도는 영락제 시대에는 그다지 악명이 높지 않았지만, 그 후 수백 년 동안 황실 근위대와 협력하여 온갖 악행을 일삼은 비밀 경찰로서 증오와 공포의 대상이 되었다.

영락제의 궁정에는 예로부터 서적을 편찬하고 편집하는 기관인 한림원(翰林院)에서 파견된 젊은 유학자들이 관리로 일하고 있었는데, 영락제는 이들에게 많이 의존했다. 영락제 말년에 이들은 황제와 조정 사이에서 강력한 완충 역할을 하는 대학사(大學士)가 되었다. 영락제는 홍무제와 마찬가지로 성미가 급해서 걸핏하면 화를 잘 냈고 때로는 관리들을 잔인하게 학대했지만, 강력하고 효율적인 정부를 만들었다. 그가 다스리는 동안 중국의 정치, 사회, 경제는 대체로 안정된 형태로 자리 잡았고, 이것은 그 후 명나라의 특징이 되었다. 영락제는 아버지와 마찬가지로 중국의 고급 문화를 별로 존중하지 않았다. 그는 원나라 통치자들의 방식에 따라 티베트의 달라이 라마를 중국에 불러들여 높이 예우했는데, 그에게 가장 강한 지적 영향력을 행사한 사람은 오랫동안 황제의 측근으로 총애를 받은 도연(道衍)이라는 도사였다.

영락제의 정부는 좀더 정통적인 방침에 따라 유학과 주자학의 고전을 편찬·출판했으며, 특히《영락대전(永樂大典)》이라는 기념비적인 문헌집(필사체 형식) 발간을 후원했다. 1만 1천 권이 넘는 이 전집에는 여기에 실리지 않았더라면 영원히 사라졌을 작품들이 많이 보존되어 있다. 한편으로《사서대전(四書大典)》,《오경대전(五經大全)》,《성리대전(性理大全)》등을 편찬케 하여 과거(科擧) 응시자를 위한 수험 참고서(受驗參考書)로 삼았다. 그러나 황제 자신은 이런 활동을 문학자들의 심심파적 소일거리쯤으로 생각한 것이 분명하다. 이들은 대중한테서 높은 평가를 받았지만 황제의 신임은 얻지 못했기 때문이다. 무인(武人) 출신인 영락제는 행정 업무를 참고 해낼 만한 인내심이 부족했고, 더군다나 지적 훈련을 쌓을 만한 끈기는 전혀 없었다.

그런 그에게도 나름의 순정(純情)은 있었다. 1407년, 정비(正妃) 서황후가 죽자 인효(仁孝)라는 시호를 내리고, 인효황후(仁孝皇后)의 여동생이며 명나라의 개국 공신인 위국공 서달(徐達)의 셋째 딸 서묘금(徐妙錦)에게 청혼했다. 처제인 서묘금은 재주와 용모가 친언니이자 영락제의 정비인 인효황후보다 더 뛰어났다고 한다. 정비의 모습을 닮은데다가 그녀의 뛰어난 용모와 재주를 본 영락제는 1407년 그해에 새로운 황후의 간택령을 내렸다가 취소하고, 바로 서묘금을 불러들여 청혼했다. 서묘금은 학식도 뛰어나고 역사서와 고전에도 능했다 한다. 그러나 영락제를 멸시하던 서묘금은 영락제의 청혼을 여러 번 사양했고, 마지막으로 서신을 보내 영락제의 요청을 완곡하게 거절했다. 이 서신에서 그녀는 다음과 같이 적었다.

"저는 양가집 규수로 태어났지만 욕심도 없고 부귀영화도 꿈꾸지 않으며 오직 불교에 귀의하고 싶습니다. 그저 열심히 불공을 드려 황제의 앞날을 축원하겠습니다."

그녀는 다시는 세속으로 돌아올 생각이 없다는 뜻을 여러 번 강조했다. 마지막으로 서묘금의 장문으로 된 청혼 거부 서신을 받자 결국 영락제는 결혼을 포기했다. 이후 그는 새 황후를 맞이하지 않고 여생을 보냈다.

영락제의 대외 정책

영락제는 황제 초기에 중국 남쪽 국경 너머에 있는 지역에 매혹되었다. 건문제가 해외로 달아났다는 소문도 그가 그 땅에 관심을 가진 이유 중 하나였을 것이다. 1403년 영락제는 환관들과 장수들을 시켜서 3개의 대함대를 편성해 동남아시아로 파견했다. 이 함대는 자바섬, 보르네오섬, 필리핀, 베트남, 인도 남부 등 동남아시아 전역에 파견되어 그의 즉위를 알리게 했다. 즉위 초기 그는 주변 대외국으로부터 패자(霸者)로 인정받기를 원했고, 중국에서 멀리 떨어진 이 지역의 군주들한테도 인정받고 싶어했다. 그의 위세에 눌린 말라카, 브루나이를 비롯한 자바섬, 보르네오, 필리핀 등의 부족 국가와 족장들은 그가 재위에 있는 동안 정기적으로 중국에 조공 사절단을 보냈다. 이러한 사절 파견이 신통치 않으면 그는 즉시 해당국에 경고와 통첩을 보내기도 했고, 그의 정복 전쟁이 실제 감행되고 있었으므로 동남아 군주들은 그의 위압에 저항하지 못했다.

영락제가 거느리고 있던 많은 함대 사령관 가운데 가장 유명한 인물은, 이슬람교도인 환관 정화(鄭和)였다. 그는 1405년부터 1433년까지 총 일곱 차례나 대함대를 이끌고 먼 외국까지 항해했다. 정화는 페르시아만과 홍해뿐 아니라 아프리카 동해안을 따라 잔지바르까지 남하하면서 최소한 37개 나라를 방문했다. 그가 방문한 모든 나라는 영락제의 종주권을 인정하여 공물을 가진 사절단을 정화에게 딸려 보냈다. 그 때 정화의 화물 중에는 황제에게 바치기 위해 싣고온 사자(獅子) 등 희귀 동물도 많았다고 한다. 특히 중국 설화에서 상서로운 동물로 알려진 기린(麒麟)을 황제에게 보이기 위해 왕성의 담을 헐었다는 기록까지 남아 있다.

영락제는 티베트와 네팔에도 환관과 사절단을 파견하여 명나라의 종주권을 인정할 것과 조공을 거듭 요구했다. 그 뒤 네팔 등에서도 수시로 사신과 조공이 왔다. 이어 중앙아시아를 지나 아프가니스탄과 러시아의 투르키스탄까지 사절과 관료를 파견하여 명나라의 종주권을 인정할 것을 강요했다. 또한 일본에도 사절을 파견하여 종주권을 인정하라고 요구했다. 당시 일본을 통치하던 실권자 아시카가 막부(足利幕府)의 아시카가 요시미쓰(足利義滿)는 충돌을 피하기 위해 그의 요구를 받아들였고, 쓰시마섬 등의 왜구를 잡아가다 난징으로 보내기도 했다. 아시카가가 있을 동안 일본은 조선과 명나라의 해안가를 노략하여 약탈하던 왜구들의 송환 명령에 적극 호응했고, 이들을 중국 조정에 보내어 벌을 받게 할 만큼 고분고분하게 따랐다. 그러나 아시카가의 후임자들은 중국의 종주권과 조공을 거절했다. 한편, 명 조정 내부에서는 원나라가 일본 정벌을 시도하다 '카미카제 사건'으로 실패했다는 역사적 사건을 언급하며 일본 원정을 반대하는 여론이 높아졌고, 결국 일본 원정을 포기하게 되었다.

예로부터 중국에 왕조가 새로 들어설 때마다 가장 위험한 지역이었던 북쪽 국경 지방은 영락제의 통치 초기에는 비교적 조용했다. 1402년 그가 연왕이었을 당시 베이징을 근거지로 하여 남쪽의 난징으로 쳐들어갈 때, 영락제는 바로 후방에 있던 중국 북동부 지역의 몽골 부족들에게 지원을 요청했다. 그는 황제가 된 뒤, 몽골 부족들의 지원에 대한 대가로 만리장성 남쪽에 있던 중국군 전투 사령부를 철수시켜 우리앙가드(Urianghad) 몽골족에게 사실상의 자치권을 부여했다. 그리고 그 후에도 정기적으로 우리앙가드 족장들에게 푸짐한 선물을 보냈다. 북부 국경 너머에 있던 다른 몽골 부족 동몽골족(타타르족)과 서몽골족(오이라트족)은 너무 질서가 없어서 자기들끼리 싸우는 것이 고작이었다.

영락제가 제위에 올랐을 때, 저 멀리 서쪽에서는 투르크-몽골 제국을 세운 티무르가 이미 인도와 시리아를 침략했고, 1404년에는 중국 원정에 나설 준비를 하고 있었다. 영락제는 이것을 어렴풋이 알아차리고 서쪽을 지키는 중국 장군들에게 분쟁에 대비하라고 경고했다. 그러나 티무르가 1405년에 죽자 원정은 취소되었다. 그 후 영락제는 사마르칸트와 헤라트에 있는 티무르의 후계자들과 우호 관계를 유지하면서 중앙아시아와의 교역로를 계속 열어놓았다.

영락제가 제위에 오른 지 몇 년 뒤, 동몽골족(타타르족)에는 아루크타이라는 유능한 지도자가 새로 등장했다. 그러자 영락제의 관심은 남부에서 다시 북쪽 국경 지방으로 옮겨갔다. 1410년, 그는 연왕 시절인 1380~1390년대에 그의 관심을 끌었던 북쪽 국경 밖으로 넘어가 타타르족을 공격하여 그 지역을 순찰하기 시작했다. 1410~1424년, 다섯 차례에 걸쳐 몸소 대군을 이끌고 고비 사막까지 북벌을 단행했다. 이 원정의 주 대상은 주로 타타르족의 아루크타이였지만, 때로는 오이라트족이나 불온한 우리앙가드 집단을 공격 대상으로 삼기도 했다. 이런 원정에서 실제 전투는 몇 번밖에 벌어지지 않았고, 중국군이 결정적인 승리를 거두지는 못했다. 그러나 이 원정은 몽골족의 세력을 분쇄함으로써 그들이 대규모로 연합했을 때 생길지도 모르는 위협을 미리 방지하는 효과를 거두었다. 더욱이 이 무렵에 영락제는 기민한 외교정책을 펼쳐 몽골족을 분열 상태로 묶어두었고, 저 멀리 북동쪽의 헤이룽강[黑龍江] 유역에 살고 있던 여진족에 대해서도 명목상 종주권을 확립했다.

베이징 천도

영락제 시대에 국내에서 일어난 가장 중요한 사건은 수도와 중앙 정부를 난징에서 베이징으로 옮긴 것이었다. 이것은 황제와 국가의 관심이 남쪽 바다에서 북쪽 국경지방으로 바뀌었음을 반영하는 사건이었다. 베이징은 이상적인 수도는 아니었다. 베이징은 예로부터 주로 원 같은 '오랑캐' 제국과 결부되어 있었고, 중국의 경제·문화의 심장부에서 너무 멀리 떨어져 있었으며, 북쪽 국경과 너무 가까워서 이민족의 침략을 받을 우려가 있었다. 그러나 베이징은 영락제의 세력 기반이었고, 베이징에서는 북부 지방의 수비대를 효율적으로 감독할 수 있었다.

1407년, 영락제는 베이징 천도를 정식으로 승인했고, 1409년부터는 대부분의 시간을 북부에서 보냈다. 1417년에 베이징을 재건하는 대규모 공사가 시작된 뒤, 그는 한 번도 난징으로 돌아가지 않았다. 베이징의 새 궁전은 1420년에 완공되었고, 1421년 새해 첫날 베이징은 정식으로 명의 수도가 되었다.

그런데 이 천도 작업을 성공적으로 완수하고 북방의 수비를 만족스럽게 강화하려면 우선 비옥한 양쯔강 유역에서 북부까지 식량을 확실하게 운반할 수 있는 믿을 만한 수송 수단을 마련해야 했다. 양쯔강과 황허강[黄河]을 잇는 오래된 대운하는 몇 세기 동안 방치된 까닭에 거의 무용지물이나 마찬가지였다. 그래서 산둥반도를 우회하는 연안 수송로가 재건되었고, 이 수송로는 영락제의 통치 초기에는 해군 사령관 진선(陳瑄)의 지휘로 대단한 성공을 거두었다.

북부에 있는 낡은 수로를 재건 및 확장하는 사업도 동시에 이루어져 1411년에는 해상 수송선이 산둥성 남쪽에 있는 황허강 어귀로 들어가 연안 항로 중에서 가장 위험한 지역을 피할 수 있게 되었다. 하지만 해상 수송은 여전히 자연재해와 왜구, 기상 조건에 취약했기에 영락제는 보다 안정적이고 지속 가능한 내륙 수송망의 복원을 추진했다. 그 후 진선은 1415년까지 대운하의 남쪽 부분을 성공적으로 재건했고, 해상 수송로는 더 이상 쓰이지 않게 되었다. 진선이 1433년 죽을 때까지 대운하 망을 관할하는 최고 사령관으로 일했기 때문에 남부의 항저우[杭州]에서 북부의 베이징 교외까지 뻗어 있는 수로 망을 군 주도로 운영했다. 이 새로운 체제 밑에서 북부가 필요로 하는 식량을 충분히 수송할 수 있었다. 베이징이 수도가 된 1421년에 수송량은 연간 18만 톤을 넘어서기 시작했다.

영락제의 해외 원정, 안남 정벌, 북벌, 베이징 재건, 대운하 복원은 모두 막대한 물자와 인력을 요구했다. 영락제 시대에 착수된 위와 같은 대규모 토목 사업들은 그 강력한 지도력을 입증하는 증거이지만, 나라를 피폐하게 만들어 그의 후계자들은 소모된 국력을 회복하는 데 전념할 수밖에 없었다. 그의 치세 후반에는 혹독한 징발과 연이은 기근, 흉년과 천재지변이 계속되어 각지에서 농민 반란이 일어났다. 그러나 영락제는 이를 모두 강경 진압했으며, 그중 '당새아의 난'은 그의 치세 말년의 권위를 약화시켰다.

1420년(영락 18년), 2월 청주 포대현(蒲臺縣) 출신 당새아(唐賽兒)라는 여성이, 당시 중국 각지 농민층을 중심으로 광범위한 영향력을 확대하고 있던 종교 단체 백련교(白蓮教)를 근간으로 하여 청주에서 반란을 선언했다. 명나라의 평범한 농부인 임삼(林三)의 아내였던 당새아는 어릴 때부터 불경(佛經)을 외웠는데, 나중에는 스스로를 불모(佛母)라고 자칭하고 백련교도가 되었다. 그녀의 설법에 많은 사람이 설복했다. 당새아는 백련교도들을 기반으로 1419년 겨울부터 익도(益都)를 점령하고 영락제의 실정을 비판하며 그를 폭군이라고 규탄했다. 당새아가 이끄는 반란군은 난징과 강소성, 산동성 주변을 점령하고 산둥 지방을 중심으로 맹위를 떨쳤다. 영락제는 즉시 진압 명령을 내렸으나 관군들은 번번이 패전하여 부상당하거나 사상자들만 내던 중 그해 말 겨우 반란을 가라앉혔다. 나중에 당새아는 체포되어 목과 손발에 형구를 쓰고 굵은 철사에 묶였는데, 매복한 당새아의 잔당이 그녀를 탈옥시켰다. 이에 시중에는 당새아가 요술(妖術)을 부려 형구를 모두 벗어던지고 달아났다는 전설이 나오게 되었다.

화가 난 영락제는 "삭발하고 중이 되었거나 여도사(女道士) 무리에 당새아가 숨어 있을지 모르니 산둥과 난징, 베이징의 비구니들과 출가한 부녀자들을 모조리 잡아들이라"는 조칙을 내렸다. 명나라 각지에서 수만 명의 비구니 여승과 여도사들이 잡혀 왔으나 결국 당새아는 잡지 못했다. 이는 그의 만년 치세에 큰 타격을 주었고, 이는 민중들 사이에 회자되어 민담과 전설의 소재가 되었다. 후일 청나라 때의 백련교도의 난은 당새아의 난과 홍건적의 난을 참고했으며, 청나라 때의 작가 여능(呂能)은 당새아의 반란을 소재로 하여 소설《여선외사(女仙外史)》를 쓰기도 했다. 당새아의 난은 조선에도 알려져《인조실록》등에도 고사로 소개되어 있다.

영락제는 1424년 몽골 원정에서 돌아오다가 병에 걸려 베이징에 도착하기 전인 8월에 진중에서 64세의 나이로 세상을 떠났다. 그의 맏아들이 뒤를 이어 홍희제(洪熙帝)가 되었는데, 홍희제는 황태자 시절에 아버지가 오랫동안 수도를 비울 때마다 섭정으로 유능하게 나라를 다스렸다. 홍희제의 묘호는 인종(仁宗)이다. 영락제는 홍희제 이외에도 아들 셋과 딸 다섯을 두었다. 그의 정실은 명초의 위대한 장군인 서달(徐達)의 딸 서황후였다. 서황후는 영락제가 제위에 오른 지 얼마 안 된 1407년에 사망했다. 원래 영락제는 전통적으로 나라의 제2대 황제에게 주어지는 태종(太宗)이라는 묘호를 받았다. 그러나 이 칭호를 부여한 것은 사실상의 두 번째 황제인 건문제의 존재 자체를 무시하는 부당한 처사였다. 따라서 1538년 영락제의 묘호는 성조(成祖)로 바뀌었는데, 이는 왕조를 반석에 올려놓은 사람이 영락제라는 점을 인정한 칭호였다.

그가 죽자 30여 명의 궁인도 함께 순장했다. 이 중 두 명이 조선 태종 17년에 영락제에게 시집간 조선인 출신 공녀(貢女)였다. 그중 한 명은 황씨, 다른 한 명은 강혜장숙여비(康惠莊淑麗妃) 한씨로 지순창군사 한영정(韓永矴)의 딸이자 세조 시절 좌의정을 지낸 한확의 누이였고 소혜왕후(후일 인수대비)의 고모였다. 현재 베이징 근교의 명나라 13릉 중 영락제의 능인 장릉은 그가 직접 조성한 황제 묘역이며, 현재 박물관으로 이용되고 있다.

맺음말

중국사 5천 년을 공부하면서 늘 아쉬움이 남는 것은 그 오랜 시간 동안 중국 사회를 지배한 실체가 권력자 한 사람을 위한 왕조 사회로 시종일관해 왔다는 점이다. 물론 유럽이나 우리나라도 그랬지만, 적어도 동아시아 문화의 선두주자였던 중국이 그러했기 때문에 변방의 다른 나라들도 그 모델을 따를 수밖에 없었다는 점에서 중국 사회에 책임의 중요한 부분이 있다고 말하고 싶다. 이따금 반란이란 이름으로 왕조 사회에 거스르는 자가 있었지만, 그들도 구호만 민중이었을 뿐 또다른 권위주의자였을 뿐이다. 오히려 그런 과정에서 애먼 백성만 죽어나간 것이 역사의 현실이었다.

우리 사회에서 흔히들 민주주의의 반대말을 공산주의라고 가르치고 그렇게 배워온 사람들이 적지 않다. 물론 구소련이나 마오쩌둥 시절의 중화인민공화국, 그리고 세습 왕조인 북한 정권에 이르기까지 공산주의 체제가 프롤레타리아 일당 독재라는 그럴듯한 가면을 쓰고 실제로는 몇몇 권력자가 농단하거나 심지어는 세습하는 반민주적인 구조를 가지고 있었다는 사실을 부인할 수는 없을 것이다. 그럼에도 불구하고 민주주의의 반대는 왕정 혹은 독재이다. 두 체제 사이에는 권력 자체가 선출된 권력이냐 세습된 권력이냐의 차이도 있겠지만, 그 권력이 작동하는 시스템이 위로부터의 상명하복인가 아래로부터의 여론 수렴인가의 차이도 분명히 존재한다.

문제는 독재나 왕정의 경우, 백성 혹은 국민의 삶이 오직 권력자의 선의(善意)에만 기댈 수밖에 없다는 점이다. 세종대왕 같은 훌륭한 왕이 있어 백성의 삶을 골고루 보듬어 주는 성군(聖君)이 있는가 하면, 백성들의 삶은 아랑곳하지 않고 자신의 탐욕과 권력 놀이에만 열중했던 연산군 같은 혼군(昏君)도 있었다. 이때 백성들은 아무 선택권 없이 그저 세습되는 권력자가 선정하기만을 기도하는 방법 외에 할 수 있는 일이 없었다. 백성이 스스로 임기제 권력자를 선택하고 제어하며 때로는 탄핵하는 제도를 갖춘 것이 현대 민주주의이고, 이제 더 이상 권력자의 선의에만 기대어 허송세월하고 있지 않아도 되는 제도가 바로 민주주의다.

중국 주나라 때에 잠깐 공화(共和) 시대가 있었고, 로마 초창기에도 원로원(元老院)에 의한 정치가 있었지만, 그것은 민주정이 아니라 과두(寡頭) 정치라는 일종의 집단 지도 체제일 뿐 권력의 원천이 백성에게 있는 것이 아니었다. 아마도 민중이 권력의 원천이 된 첫 사례는 미국이 신생 독립한 것이 최초의 사례일 것이고, 중국의 경우 신해혁명 이후, 우리의 경우는 해방 이후 겨우 그런 형식적 제도를 갖추었을 뿐이다. 중국의 경우 마오쩌둥이나 덩샤오핑의 시대도 사실상 독재 국가였고, 현재까지도 권위주의적인 통치 형태에서 벗어나지 못했다고 진단할 수 있다. 우리나라의 경우도 이승만, 박정희, 전두환에 이르는 오랜 군사 독재 시절을 거쳐 87년 이후 겨우 민주적인 제도적 틀을 미흡하나마 갖추었다고 말할 수 있다. 그러나 우리 사회 곳곳에는 아직도 왕조적 사고 혹은 군사 독재 시절에 대한 향수를 가지고 있는 사람들이 곳곳에 분포하고 있다. 오랜 왕조 시대와 짧지 않은 식민지 시절, 그리고 해방 후에도 40년간이나 이어진 권위주의 정권에 물들어 자기도 모르게 파시즘적인 사고 체계가 내면화된 결과라고 볼 수 있다.

"암탉이 울면 집안이 망한다는데… 여자가 어디 감히", "애들은 좀 엄하게 키워야지. 요즘 애들은 버르장머리가 없어서…", "나 때는 말이야. 상사(上司)의 말에 어찌 감히 토를 달아… 죽을려고 환장하지 않은 바에야"

이런 대화들 속에 담겨 있는 파시즘을 사람들은 전통 혹은 예의라는 이름으로 호도하고 있다. 혹은 효도라는 포장지로 그런 굴종을 아름답게 포장하기도 한다.

우리 사회에서 소위 권력 기관에 있는 자들의 면면을 따져 보자. 그들 대부분은 권위에 대한 순종(順從)을 내면화한 사람들일 가능성이 매우 높다.

학창 시절에는 선생님이 시키는 대로 시험 범위에 드는 교과서 내용을 의미 없이 달달 외워 좋은 석차를 받았을 것이고, 자라선 법전이나 경제학 서적 등 자격 시험에 필요한 몇 권의 책을 노량진이나 외딴 절간 방에서 달달 외워 각종 국가 고시에 합격하여 공인(公認)된 자격증을 받았을 것이다. 판검사, 행정 관료, 의사, 언론인, 교수가 그러하다. 몇 권의 입시 서적과 몇 권의 처세술 책으로 이루어진 그들의 두뇌 속에 인사권자에 대한 절대적인 순종과 상위 권력에 대한 절대적인 복종 의식 이외에 뭐가 있겠는가.

교직에 있을 때를 생각해 보면 아이들에게 욕을 많이 먹고 동료들에게 비웃음을 당하던 사람이 오직 인사권자인 교장 한 사람에게만 좋게 보여 승진의 기회를 잡는 것을 여러 번 목격했다. 그런 자들이 교감이 되고 그런 교감들 중에 더 비겁하고 아부에 능한 자가 교장이 되는 것을 지켜보며 교직을 떠난 경험이 있다. 군대를 가정해서 이런 경우를 상상해 보자. 소대장 중에 가장 소신없는 자가 중대장이 되고, 중대장 중 부하를 승진 도구로 이용하는 자가 대대장이 되고, 대대장 중 가장 줄을 잘 타는 자가 연대장이 되고, 연대장 중 가장 정치 바람에 민감한 자가 장군이 되고, 장군 중 정치권의 말을 가장 잘 듣는 자가 사단장이 되고 군단장이 되고 총장이 될 것이다. 그러니 장군(將軍)에게서 빛나는 별만큼 군인다운 소신이나 진정한 애국심을 기대하는 것은 어리석은 일이다. 소신 있는 자는 이미 위관급 영관급 시절에 도태되었을 가능성이 매우 높기 때문이다. 그래서 위로 갈수록 바보들의 행진이 되고 마침내 권력의 정상은 태풍의 눈처럼 텅빈 자가 자리 잡게 되는 것이다.

상위 권력자나 인사권자의 눈치를 보는 소위 엘리트란 지식층 그룹의 이런 태도는 사실 어제 오늘에 생긴 것도 아니고 안에서만 벌어진 일도 아니다. 조선 왕조 건국 이후 사대부들이 정치의 전면에 등장하면서 그들이 모델로 삼았던 인물이 중국 송나라 성리학의 대가인 주자였다. 그런데 주희란 인물이 속했던 나라가 남송이고, 시대적으로는 그들이 오랑캐라 불렀던 여진족이나 몽골족의 나라인 금나라 혹은 원나라의 침략을 받았던 시기이다. 그 때문에 주자는 특유의 화이론(華夷論)을 그 철학적 근거로 삼고 예의를 회복하는 것과 오랑캐를 물리치는 것을 동의어로 보고 있었다. 그러잖아도 성리학이 주류였던 조선 사회가 명(明)의 원조로 임진란의 왜(倭)를 물리친 뒤 재조지은(再造之恩)을 소리 높이 외쳤고, 병자년에 청(淸)의 침략을 받는 과정을 통해 소중화주의라 부르는 정신 승리 체계가 완성되었다. 역사에서 이미 사라진 명(明)에 대한 사대(事大)로 현실적 세력인 청나라에 반청(反淸)하는 수준의 사고 체계가 주류(主流)로 등장하게 되었다. 그것도 대외적인 것이 아니라 주로 대내적 통치술로 작동했다.

사대부들의 사색 당파도 사대주의란 점에서는 대동소이했다. 하지만 그중 가장 외세 의존성이 강했던 우암 송시열계 노론(老論)이 조선 후반기를 지배하게 되면서 조선 사회는 점차 주체성을 상실하고 망국의 길로 치닫게 되었다. 이들의 후예들이 중국 대신 모신 나라가 결국 일본이 되고 해방 이후엔 미국으로 변하게 된 것이다. 국내적으로는 권력을 가진 자를 추종하고 그 권력을 가진 자는 강한 외세를 추종하는 비주체적 사대주의가 조선, 나아가 한국 엘리트의 기본 정신으로 자리 잡게 되었다.

김구 선생이 '나의 소원'이란 글에서 세 번에 걸쳐 강조한 '조선의 완전한 자주 독립'이란 바로 외세를 배격한 우리만의 민주주의 체계를 제대로 수립하는 것이 아니었을까? 그런 점에서 우리는 아직 완전한 자주 독립 국가가 아닐 수도 있다. 친명 사대가 친일 사대를 거쳐 친미 사대가 된 현장을 우리는 늘 광화문 앞 태극기 부대가 성조기를 들고 있는 모습에서 확인하고 있다.

완전한 자주 독립 국가가 되기 위해서는 나와 남을 공정하게 대해야 한다. 내가 지켜야 할 가치가 소중한 만큼 남이 지키고 있는 가치도 존중할 줄 알아야 하기 때문이다. 그것은 개인의 문제이기도 하지만 국가 간의 문제이기도 하다.

고구려사를 중국 역사의 지방사로 보는 동북 공정을 비판하기 위해서는 우리의 역사에 대한 태도도 점검해 보아야 한다. 외국은 현재 자신의 영토 안에 살았던 사람들의 과거 역사를 자국의 역사로 간주하는 반면, 우리는 세계적으로 유례 없이 실체도 분명하지 않은 우리 민족이 과거 살았던 곳의 역사까지 모두 우리 역사로 보고 있다. 이러한 태도에 문제점은 없는지 살펴보아야 한다.

독도를 실효적으로 지배하고 있는 우리가 괜히 '독도는 우리 땅'이라는 당연한 이야기를 이슈화하여 일본을 자극한 면은 없는지도 반성해 보아야 한다. 내 집을 내 집이라고 주장하니 남들이 보기에 허점이 있는 것처럼 보이는 것이다. 그런 점에서 한국을 동북아의 중심으로 보는 국수주의적인 재야 사학도, 어용에서 출발하여 친일로 돌아선 강단 사학도 모두 축출되거나 수정되어야 한다. 우리의 역사든 다른 나라의 역사든 엄밀한 과학적인 기준 아래 재진단하고 재평가해야 한다.

문제는 그 기준이 인간적이고 민주적이어야 한다는 것이다. 여성과 아이를 막 대하거나 성 소수자를 비롯한 나와 다른 생각을 가진 남을 혐오하는 태도로는 그런 기준을 충족할 수 없다.

일본 서점 코너에 자리 잡고 있다는 혐한(嫌韓)을 비웃으려면 우리 언론들이 가진 혐중(嫌中)의 태도도 비판할 줄 알아야 한다. 무수한 중국 언론 보도 중 혐한적인 것만 골라 마치 중국인 전체가 혐한적인 태도를 가진 것처럼 왜곡하는 기존 언론의 태도가 바뀌어야 한다. 그것은 역사 왜곡을 하는 것이 일본 정부와 일부 일본인이기에 일본인 전체를 미워하거나 기피하는 것이 잘못인 것과 마찬가지이다.

역사적으로 밀접하게 관련성을 가진 한중일 삼국이 서로 미워하고 적대해서 결국 얻을 수 있는 것이 무엇이겠는가. 그런 적대감을 국내 정치에 이용하여 프레임을 전환하려는 엘리트들의 술수에 더 이상 속아서는 안 된다. 그것은 북한에 대한 태도도 마찬가지다. 우리가 남침(南侵)을 두려워하는 만큼 북한도 북침(北侵)을 두려워하고, 우리가 체제를 유지하고 싶은 만큼 그들도 그들의 체제를 유지하고 싶어한다는 것을 일단은 인정해야 한다. 나는 착하지만 너는 나쁜 놈이라는 일방적 도덕론으로 남북 문제는 해결되지 않는다. 우리나라나 미국은 착한 나라니까 강력한 무기로 무장하고 핵폭탄을 수천 개 가지고 있어도 되지만, 북한은 나쁜 나라니까 신형 대포 하나도 한 개의 핵무기도 허용할 수 없다는 태도로 대한다면 과연 협상이 제대로 되겠는가. 그렇다고 북한을 공격하여 주민을 옥죄고 있는 김씨 세습 왕조를 무너뜨릴 북진 통일 전쟁을 할 용기와 배짱이라도 있는가? 그래서 세금을 왕창 내며 2천 7백만 북한 동포들을 먹여 살리고 새 집을 지어주고 새 도로와 철도를 깔아 줄 능력이 있는가? 배짱도 능력도 없으면서 그저 국민에게 적대감만 불러 일으켜 자신들의 정권을 보위하는 데 북한을 이용하고 있는 것은 아닌지 우리 모두 반성해 보아야 한다. "동냥을 주지 않으려면 쪽박은 깨지 마라"라는 속담이 있다. 도움도 안 주면서 비난하고 허세를 부리며 북쪽을 향해 짖어대는 것이 우리의 대북 태도이다.

냉정하게 말하면 우리가 걱정해야 할 것은 북의 남침이 아니라 북한의 붕괴이다. 남아도는 쌀 몇만 톤을 준다고 '북한 퍼주기'라고 매도하고, 전쟁을 회피할 우호적인 방책이라도 마련하려면 종북(從北)이니 빨갱이니 손가락질 하는 사람들에게 물어 보자. 만약 그대들이 그토록 소망하는 북한 김씨 정권이 붕괴되어 북한 국민들이 적대적인 남반부보다 그나마 우호적이었던 중국의 '북조선 자치구'가 되겠다고 나서면 어찌할 것인가. 태극기와 성조기, 이스라엘기를 함께 흔들어 대는 뼛속 깊은 사대주의자들인 당신들이 중국을 상대로 세계 대전이라도 일으킬 용기와 배짱이라도 있는가. 아니면 하루아침에 정권이 붕괴되어 2천5백만의 굶주린 동포들이 남쪽으로 몰려 내려오면 당신의 곳간을 열어 그들을 받아들이고 먹이고 재울 수 있는가?

집권 세력들이 걸핏하면 내뱉는 '친북 세력'이나 '반국가 세력'이라는 말은 또 얼마나 허황된 주장인가? 21세기에 시효가 지나 사라진 공산주의를 누가 추종하며 소련조차 내다버린 공산주의를 누가 좋아한단 말인가. 자유도 민주주의도 없이 3대가 세습하는 절대 왕조이고 GDP가 우리보다 40배나 적은 북한을 누가 추종하여 종북(從北)한단 말인가. 바보이거나 정신병자가 아니라면 있을 수 없는 이런 용어들이 우리 사회에 유령처럼 떠도는 것은 바로 정권을 쥔 자들이 그것을 지키기 위해 허상을 만들어냈기 때문이다. 이것은 결국 겁박하여 집안 식구들을 잡도리하는 저질의 통치술에 불과하다. 우리가 어리석지 않다면 그런 허상은 다시는 우리 주변을 배회하지도 입에 오르내리지도 못할 것이다. 이것이 국민이 정신차려 옥석(玉石)을 제대로 구분해야 하는 이유이고 내가 미욱한 재주로 이런 책을 쓰는 이유이다.

정치를 무조건 매도하거나 외면하지 말고 정확히 진실을 파악하여 누가 옳고 그른지 판단해야 한다. 검다고 모두 까마귀는 아니고 희다고 모두 백로는 아니다. 검은 까마귀는 악하고 하얀 백로는 선하다는 이분법적 사고도 버려야 한다. 적극적으로 참여하는 국민들이 있어야 민주주의도 바로 서고 국제 관계도 바로 선다. 수많은 말과 그림 중에서 진실의 입과 진짜 그림을 가려볼 줄 아는 판단력이 국민 모두의 것이 되어야 한다.

어쩌다 내뱉은 말 한마디나 행동 하나가 언론들에 의해 과대 포장되고 그것에 동조한 국민들이 여론이란 이름으로 그 허상에 열광하여 최고 권력자를 만들어낸다. 이후 엘리트라 불리는 자들이 전부 권력에 줄을 대고 거기서 파생되는 달콤한 열매를 맛보며 겉으로는 민주주의가 잘 작동하는 것으로 포장하고 있는 것이 한국 정치의 현실이라고 감히 진단해 본다. 조선조 말 강화도에서 나무하던 왕손 강화 도령을 모셔와 왕 자리에 앉히고 모든 국정을 농단했던 안동 김씨를 비롯한 세도가들이 했던 짓이 현대 한국 사회에서 거듭 반복되고 있는 이유를 이렇게 설명하지 않으면 어찌 해석할 수 있겠는가. 일찍이 을사년의 오적은 다섯 명이었지만, 김지하 시인이 손가락질했던 오적(五賊)은 재벌, 국회의원, 고급 공무원, 장성, 장차관이었다. 요즘은 폴리페서라 불리는 교수 집단, 권력과 정보와 이권을 주고받는 언론인 등도 여기에 포함시켜야 한다. 자본주의 사회가 되면서 그런 굴종과 순종주의는 '효율성'이란 이름으로 포장지를 바꾼 채 우리 사회를 좀 먹고 있다. 그들이 기득권 카르텔을 이루어 한국 사회에 빨대를 꽂고 이익을 극대화시키고 있다. 그들은 강남 3구를 비롯한 요소요소에 골고루 분포하고 있으며, 그 자리를 노리는 예비 오적들도 수십 수백만 명에 이를 것이다.

1910년대에 소련에서 시작된 공산주의 실험은 70년 만에 끝났다. 이제 공산주의는 구호에 그치고 있고 현실 정치에서 과거와 같은 공산주의를 채택하는 나라는 없다. 우리가 흔히 공산주의 국가라고 부르는 중국이나 베트남, 쿠바 등은 공산당 일당 독재 체제하에서 자본주의적 요소를 도입한 국가들이다. 그러나 북한은 이도저도 아닌 김일성 왕조 체제일 뿐이다. 전 세계 누구도 동의하지 않는 주체 사상 아래 공포 정치를 실현하고 있을 뿐이며 그것이 국제 질서와는 동떨어진 고립 체제를 스스로 고착화하고 있다. 이러한 현실은 아마 자신들도 잘 알고 있을 것이다. 최후의 수단으로 핵무기를 만들었지만, 핵무기는 공격 수단이 아닌 방어 수단이다. 그것은 최악의 경우 이웃 국가와 동반 자살 작전으로라도 체제를 지키겠다는 발악이다.

소위 백두 혈통의 왕조를 지키기 위해 인민을 희생시키고 있는 사실을 지배층은 잘 알고 있지만, 개혁 개방을 통해 자본주의적 방법을 취할 경우 스스로의 권력이 해체될 것을 알기에 버티고 있는 것이다.

현재 전 세계는 자본주의의 유산인 양극화 현상을 공유하고 있다. 단순한 소득 불균형이 아니라 상위 20%가 국가 재산의 80%를 차지하고 있는 극도의 쏠림 현상이 대부분의 나라에서 가속화되고 있다. 이런 양극화는 결국 '성장과 분배', '비례세와 누진세', '보호 무역과 자유 무역,''보편적 복지와 선택적 복지', '대도시와 지방', '국토 개발과 환경 보전' 등으로 수많은 정책 분야에서 국민을 둘로 나누고 있다. 이런 양극화가 그나마 선거에서 논쟁의 주제로 나타나면 다행이지만 대부분의 경우 양 극단으로 나뉘어 상호 폭력을 행사하는 일이 빈번해지고 있다. 일부 소수자들은 극단적 선택으로 의사를 표현하기도 한다.

교육은 보다 좋은 자리를 차지하기 위한 경쟁 수단으로 전락했다. 점잖던 사람들도 트럼프 현상 이후 모두가 자신의 욕망을 노골적으로 드러내며 이기주의자로 변해 다른 사람들로부터 스스로를 격리시키고 있다. 콩 반쪽을 나누어 먹던 이웃과 가난을 공유하던 시대가 아니라 이제는 이웃을 이용하여 내 가족의 안락함만을 추구하는 풍요의 시대를 살고 있다.

이제 공동체의 가치를 회복하고 인간과 인간의 신뢰에 기반하는 사회적 자본을 확충해야 하는 것이 우리 앞에 놓인 당면한 과제가 되었다. 인간과 인간뿐만 아니라 집단과 집단, 도시와 도시, 나아가 국가와 국가 사이에도 서로 간의 믿음과 신뢰를 회복해야 한다. 나의 이 책이 그런 세상을 만들어 나가는 데 작은 보탬이 되기를 바랄 뿐이다.

스스로 지식인이라고 자부하면서 문학과 역사 등 인문학 주변을 어슬렁거리며 살아온 지 어언 50년이 다 되어간다. 중고등학교는 물론 대학 시절 배운 것들 중 일부는 머리 속에서 지우고, 그 빈자리에 신선한 지식들을 채우는 일을 오랫동안 해 왔다. 그럼에도 내 생각들 속에는 나도 모르게 익힌 식민지적 사관들이나 친일적인 문학관 등이 자리잡고 있는 것을 발견하고 소스라쳐 놀란 적도 많이 있다. "하루에 세 번 반성하라"는 공자의 말은 끝없이 자기 수정과 교정을 거치며 정도를 향해 나아가야 한다는 뜻이다. 개인이 그러하듯 사회가 더 나아지기 위해서도 마찬가지 과정을 거쳐야 한다.

2024년 12·3 비상 계엄 사태 이후 무책임한 계엄에 항의하고 농민들의 의견을 전달하기 위해 경상도, 전라도, 충청도에서 출발한 전봉준 투쟁단이란 트랙터 시위대가 우금치를 지나 서울 한남동으로 향하던 중, 남태령에서 서울 경찰들의 차벽에 가로막히는 일이 발생했다. 이 소식이 전해지자 수천 명의 2030 젊은 지원 세력이 SNS를 통해 순식간에 모여들었고, 이들의 힘으로 경찰의 저지선을 돌파한 시위대는 무사히 서울에 도착해 시위를 마칠 수 있었다. 시위 이후, 한 농부는 그의 SNS에 이런 글을 남겼다.

"나는 불량한 자들의 시대가 가고 인간이고 싶은 이들의 시대가 열리고 있음을 직감했다. 나는 저들을 배불리 먹이기 위해 농사를 더 열심히 짓고 싶어졌다."

이것이야말로 우리 민족이 나아가야 할 길이다. 우리의 아이들이 더 건강한 사회에 살도록 하기 위해, 더 평화로운 세상에서 마음껏 뛰놀고 제 꿈을 키우도록 하기 위해 오늘 우리가 해야 할 일이 이런 것이다. 이제 진짜와 가짜를 가려볼 줄 아는 안목을 기르자. 얼마 전 개봉된 안중근 장군의 의거를 다룬 '하얼빈'이라는 영화에서 이토 히로부미가 이런 말을 했다.

"조선의 백성들은 참 이상하단 말이야. 나라나 왕으로부터 아무 혜택도 받은 것 없는 무지렁이 백성들이 나라가 위태로우면 왜 저리 목숨 걸고 나서는지 정말 알 수가 없네."

외적이 쳐들어 왔을 때 잘잘못을 따지기보다는 우선 모두가 떨쳐 일어나 외적을 물리쳤던 의병(義兵)의 정신! 임진왜란에서 동학 혁명을 거쳐 3.1 운동, 그리고 오늘날까지 이어져 온 공동체를 위한 연대의 힘은, 난국을 헤쳐 나온 우리 국민들의 저력이었다. 이제 모두 일어나 손에 손 잡고 벽을 넘어서 하나되는 세상을 만들어 보자.

2025년 8월

강릉시 명주동 루외루(樓外樓) 우거(寓居)에서 홀로 외치다

참고문헌

- 김기협(2022), 오랑캐의 역사: 만리장성 밖에서 보는 중국사, 돌베개
- 김세정(2014), 왕양명의 전습록 읽기, 세창미디어
- 김영수(2009), 난세에 답하다: 사마천의 인간 탐구, ㈜알마
- 김영수(2010), 사마천, 인간의 길을 묻다, 왕의 서재
- 김충렬, 공기두 공저(1985), 모택동 사상론, 일월서각
- 김한종(2006), 역사왜곡과 우리의 역사교육, 책세상
- 김호동(2007), 몽골제국과 고려 : 쿠빌라이 정권의 탄생과 고려의 정치적 위상, 서울대학교 출판문화원
- 김호동(2021), 몽골제국과 세계사의 탄생, 돌베개
- 김희영(2020), 이야기 중국사 1: 중국 고대부터 전한시대까지, 청아출판사
- 딕 윌슨, 한영택 역(1985), 주은래: 중국 혁명을 이끈 한 인간의 일대기, 한길사
- 라오웨이, 이향중 역(2004), 저 낮은 중국: 인터뷰로 보는 중국 인민의 과거와 현재, 이가서 퍼슨앱
- 리쩌허우, 이유진 역(2024), 중국 사상의 기원 - 무에서 예로, 예를 인으로, 글항아리
- 미할 비란(2021), 몽골제국, 실크로드의 개척자들: 장군, 상인, 지식인, 책과 함께
- 민두기(1983), 중국 현대사의 구조, 청람
- 박영철(2021), 한자의 재구성: 주령시대의 기억과 그 후, 도서출판 길
- 박한제(2003), 박한제 교수의 중국 역사 기행 1-3, 사계절 출판사
- 벤저민 양, 권기대 역(2004), 덩샤오핑 평전, 황금가지
- 샤오젠셩, 조경희·임소연 역(2021), 송나라의 슬픔: 근대의 문턱에서 좌절한 중국문명을 반성하다, 글항아리
- 송재소(2015), 중국 인문기행, ㈜ 창비
- 스기야마 마사야키, 이경덕 역(2013), 유목민의 눈으로 본 세계사, 시루
- 시바료타로, 양억관 역(2002), 항우와 유방 1-3, 달궁

- 양하이잉, 우상규 역(2018), 반중국 역사 : 오랑캐, 주변국 지식인이 쓴, 살림출판사
- 에드가 스노우, 신홍범 역(1992), 중국의 붉은 별, 도서출판 두레
- 오긍, 김원중 역(2021), 정관정요, 휴머니스트
- 오드 아르네 베스타, 옥창준 역(2022), 제국과 의로운 민족 - 한 중관계 600년사 - 하버드대 라이샤워 강연, 너머북스
- 원가, 정석원 역(1988), 중국의 고대신화, 문예출판사
- 위에난, 유소영 역(1998), 진시황릉: 중국 고대사의 불가사의, 도서출판 일빛
- 유시민(2018), 역사의 역사, 돌베개
- 이승훈(2023), 한자의 풍경: 문자의 탄생과 변주에 담긴 예술과 상상력, 사계절출판사
- 이언 모티머, 김부민 역(2023), 변화의 세기: 서양 천 년을 바꾼 결정적 사건들, 현암사
- 이연도(2019), 강유위가 들려주는 대동이야기, 자음과 모음
- 이영희(1983), 10억 인의 나라 - 모택동 이후의 중국대륙, 두레
- 이주엽(2023), 몽골제국의 후예들, 책과 함께
- 이희수(2023), 인류 본사: 오리엔트 중동의 눈으로 본 1만 2000년 인류사, ㈜휴머니스트 출판그룹
- 장철환 편저(2017), 중국 고대사: 대륙의 문명을 급진전시킨 춘추전국시대와 영웅호걸들의 이야기, 북랩
- 정수일(2012), 문명 교류사 연구, 사계절 출판사
- 정재서 역주(1985), 산해경, 민음사
- 정지호(2020), 진수의 삼국지 나관중의 삼국연의 읽기, 세창미디어
- 제임스 스콧, 전경훈 역(2019), 농경의 배신, 책과 함께
- 제홍호핑, 하남석 역(2022), 제국의 충돌: 차이메리카에서 신냉전으로, 글항아리
- 조관희(2014), 중국사 강의: 고대 신화전설의 시대에서 신해혁명까지, 궁리출판
- 조영남(2016), 덩샤오핑 시대의 중국 1-3, 민음사
- 조영남(2022), 중국의 통치체제: 1. 공산당 영도체제 2. 공산당 통제기제, 21세기북스
- 찰스 핼퍼린, 권용철 역(2020), 킵차크 칸국: 중세 러시아를 강타한 몽골의 충격, 글항아리

- 채몽필 집록, 의의강 역(2003), 두공부시 초당시화, 도서출판 다운샘
- 텐 위빈, 김주희 역(2024), 청명상하도 - 송나라의 하우, 글항아리
- 팀 마샬, 김미선 역(2020), 지리의 힘, 사이
- 한명기(2013), 역사평설 병자호란 1-2, 도서출판 푸른 역사
- 홍대선(2023), 한국인의 탄생, 메디치
- 효기심(2024), 권력으로 읽는 세계사 한중일편: 힘과 욕망이 만들어낸 동아시아의 역사, 다산초당

누워서 읽는 중국사

울퉁불퉁 중국인 이야기 2

초판1쇄 인쇄 2025년 8월 11일
초판1쇄 발행 2025년 8월 18일

저 자 박 삼 균
펴낸이 임 순 재
펴낸곳 (주)한올출판사
등 록 제11-403호
주 소 서울시 마포구 모래내로 83(성산동 한올빌딩 3층)
전 화 (02) 376-4298(대표)
팩 스 (02) 302-8073
홈페이지 www.hanol.co.kr
e-메일 hanol@hanol.co.kr
ISBN 979-11-6647-578-8

울퉁불퉁 중국인 이야기